21世纪会计系列规划教材

通用型

Practice of Accounting Information System

会计信息系统实务教程

黄辉 / 编著

东北财经大学出版社
Dongbei University of Finance & Economics Press
大连

图书在版编目（CIP）数据

会计信息系统实务教程 / 黄辉编著. —大连 ：东北财经大学出版社，2015. 2

（21 世纪会计系列规划教材 · 通用型）

ISBN 978-7-5654-1857-0

Ⅰ. 会… Ⅱ. 黄… Ⅲ. 会计信息-财务管理系统-教材 Ⅳ. F232

中国版本图书馆 CIP 数据核字（2015）第 025639 号

东北财经大学出版社出版

（大连市黑石礁尖山街 217 号 邮政编码 116025）

教学支持：（0411）84710309

营 销 部：（0411）84710711

总 编 室：（0411）84710523

网 址：http：//www. dufep. cn

读者信箱：dufep @ dufe. edu. cn

大连雪莲彩印有限公司印刷 东北财经大学出版社发行

幅面尺寸：185mm×260mm 字数：648 千字 印张：27 插页：1

2015 年 2 月第 1 版 2015 年 2 月第 1 次印刷

责任编辑：王 莹 孙冰洁 高 铭 吴 茜 刘晓彤 责任校对：丽 质

封面设计：冀贵收 版式设计：钟福建

定价：45. 00 元

前 言

2014 年 1 月 6 日，《企业会计信息化工作规范》开始实施，主要目的是推动企业会计信息化，节约社会资源，提高会计软件和相关服务质量，规范信息化环境下的会计工作。目前，会计工作中信息技术的应用已到了一个新的阶段，管理型会计要求信息技术更多地支持企业决策。

为适应上述变化，继《会计电算化》之后，作者编写了本教材。本教材的主要特点有：

1. 由于核算是决策的基础，所以本书用大量篇幅解决核算问题，但更加注重各核算系统之间的联系。

2. 遵循软件认识的基本规律。要掌握一个软件特别是专用软件，首先需要了解业务以及软件的操作流程，这样才能从总体上把握它。按照这个要求，本书在各模块实验操作章节前面都安排了一个流程图，把该部分的操作流程清晰地展示出来，有助于读者在操作时胸有成竹。

3. 账套数据设计合理。以一个账套联结所有业务的操作，更加贴近实际业务情况。既可以独立进行单项实验，也可以进行综合实验。每一张图片既是针对账套的实际操作指导，又是操作结果，便于自行学习时验证。

4. 由于会计信息系统的运行环境包括操作系统、数据库、财务软件的安装和配置，是一个复杂的工作，教材对这部分内容进行了详细的说明，帮助使用者快速构建实验环境。

5. 为了方便教学课时安排，本书附有“课程上机任务安排（参考）”。

用友管理（财务）软件是国内市场占有率很高的管理软件，是一套非常具有代表性的系统，因此本书选择了用友软件 U8 v10.0 演示版作为实验平台，分别介绍了系统管理、总账、应收应付、薪资管理、固定资产管理、供应链管理、出纳管理、报表、财务分析等模块的操作。

在总结多年教学经验基础上，华东交通大学经济管理学院黄辉教授编著了本书。本书在编著过程中参考了相关文献资料，这些资料在参考文献部分有详细列示，实验部分使用了用友软件，部分内容改编自软件的联机帮助，在此向所有版权拥有者致谢。同时也感谢华东交通大学经济管理学院会计系张敏老师对账套数据的测试。

本书既可以作为高等院校本专科经管类各专业会计信息系统课程的教材，也可以作为会计从业资格证考试的辅导教材，还可以作为会计人员在实际工作中的参考用书。

由于作者水平有限，书中难免存在不妥之处，敬请广大读者批评指正。

黄 辉

2015 年 1 月

目 录

第一章

会计信息系统概述

“经济越发展，会计越重要”。与此相适应的是，随着生产的发展，会计也在不断地发展变化。经过人们长期实践经验的积累和理论的归纳，会计由简单到复杂、由不完善到完善，逐渐形成了一套完整的体系，在企业经营管理中所起的作用也由单纯的事后核算转变为事前预测、事中控制、事后核算和考核相结合。同时，随着大数据时代的来临，云计算技术的广泛应用，经济管理对会计数据处理要求也日益提高。不单是简单地注重快速和准确，还要求处理有深度和效率，要揭示出规律性。不单是探究事物之间的因果关系，更需要了解事物之间的相关关系。这样对数据处理方式的要求也就越来越高，会计数据处理技术也在不断地演变，经历了手工方式、机械化方式、单机电算化方式的发展历程，目前已经全面采用网络方式，局部采用移动互联方式。

自 1946 年电子计算机在美国诞生，直到 1954 年 10 月美国通用电气公司第一次在电子计算机上计算职工工资，标志着电子计算机被真正应用到了会计领域，引起了会计处理技术的重大变革。最初的处理内容仅限于工资计算、库存材料的收发核算等一些数据处理量大、计算简单而重复次数多的经济业务，它以模拟手工会计核算形式代替了部分手工劳动，提高了这些劳动强度较高工作的效率。

在我国，计算机在会计中的应用最早开始于 1979 年财政部在长春第一汽车制造厂的试点。“会计电算化”一词是在 1981 年 8 月财政部和中国会计学会于长春市召开的“财务、会计、成本应用电子计算机专题讨论会”上被正式提出来的，在当时是电子计算机信息技术在会计工作中应用的简称。随着我国会计电算化事业的发展，会计电算化的概念也在发展，有狭义和广义之分。狭义的会计电算化，是指以电子计算机为主体的当代电子信息技术在会计工作中的应用；广义的会计电算化，是指与实现会计工作电算化有关的所有工作，包括会计电算化软件的开发和应用、会计电算化人才的培训、会计电算化的宏观规划、会计电算化的制度建设、会计电算化软件市场的培育与发展等。1999 年 4 月，在深圳市财政局与深圳金蝶软件科技有限公司举办的“新形势下会计软件市场管理研讨会暨会计信息化理论专家座谈会”上提出了“会计信息化”的概念，这个概念的内涵和外延基本上与广义的会计电算化一致。

2014 年 1 月，为进一步推动企业会计信息化，节约社会资源，提高会计软件和相关服务质量，规范信息化环境下的会计工作，财政部发布了《企业会计信息化工作规范》。在该规范中，会计信息化是指企业利用计算机、网络通信等现代信息技术手段开展会计核算，以及利用上述技术手段将会计核算与其他经营管理活动有机结合的过程。显然，要开展企业会计信息化工作，会计信息系统的构建是必不可少的，会计信息系统是指由会计软件及其运行所依赖的软硬件环境组成的集合体，其组成要素包括人员、计算机软硬件、数据、规章制度。核心部分是适应信息社会数据处理需求的会计软件，而完备的规章制度是确保数据安全、软件运行稳定可靠的重要保障。

第一节 会计软件

会计软件是指企业使用的，专门用于会计核算、财务管理的计算机软件、软件系统或者其功能模块。它包括采用各种计算机语言编制的用于会计工作的计算机程序，是由一系列指挥计算机执行会计工作的程序代码和有关文档技术资料组成的。凡是具备相对独立完成会计数据输入、处理和输出功能模块的软件，如账务处理、固定资产核算、工资核算等功能的软件均可视为会计软件。

会计软件具有以下功能：为会计核算、财务管理直接采集数据；生成会计凭证、账簿、报表等会计资料；对会计资料进行转换、输出、分析、利用。

会计软件按不同的适用范围可分为专用会计软件和通用会计软件。

专用会计软件是指由使用单位根据自身会计核算与管理的需要自行开发或者委托其他单位开发、供本单位使用的会计软件。专用会计软件也称为定点开发会计软件，其特点是把使用单位的会计规则如会计科目、报表格式、工资项目、固定资产项目等固化到会计软件，定点开发的专用会计软件适合本单位的特点，使用起来更加方便。但因受到使用范围的限制，仅适用于个别单位。

通用会计软件是指由专业软件公司研制，公开在市场销售，能适应不同行业、不同单位会计核算与管理基本需要的会计软件。通用会计软件的特点是一般设计有一个初始化模块，对本单位的所有会计规则进行设置，从而把一个通用会计软件转化为一个适合本单位情况的专用会计软件。通用会计软件虽然存在许多不足，比如系统初始化的工作量大，计算机系统的资源占用和浪费严重，难以满足用户单位的某些特殊要求，但是与专用会计软件相比，通用会计软件具有软件质量高、成效快、成本相对较低、系统维护量小并且维护有保障等优点，所以中小企业甚至大型企业大都选择通用会计软件以迅速实现会计信息化。

作为会计人员或者准会计人员，为了能够迅速适应信息化的工作环境，应该掌握一些市场占有率较高的通用会计软件的基本操作方法及实现原理。在我国，国产通用会计软件市场占有率较高的有用友、金蝶、浪潮、新中大、速达、金算盘等，国外软件有 SAP、Oracle 等。尽管会计软件的取得方式各不相同，品牌很多，但由于会计工作的特殊性，在软件组成和功能方面，各种会计软件需要遵循相同的规章制度要求。

一、会计软件的组成及联系

会计软件在企业单位的管理信息系统中需要处理的数据较多、处理流程复杂，而且各种会计业务在数据处理上各有其特点，因此会计软件内部还需要划分若干个功能相对独立的模块，一般可以划分为总账、报表、薪资管理、固定资产管理、应收款/应付款、成本核算、供应链管理、财务分析等。

1. 总账模块，是整个会计核算软件的核心，以会计凭证为原始数据，通过凭证的输入和处理，完成记账、算账、对账、转账、记账、账簿查询等功能。

2. 报表模块。根据事先定义好的格式和数据生成公式，由计算机自动从账务处理系统的账簿数据库中获取核算数据，完成各种报表的编制与汇总工作。企业会计报表发生变动时，只需要修改或重新定义报表格式和取数公式。

3. 薪资管理模块，主要用来计算职工应发和实发工资，并根据部门对工资进行分配。

4. 固定资产管理模块，主要用来反映单位固定资产增减变动及折旧计提情况。

5. 应收款/应付款模块，主要用来处理企业生产经营过程中发生的单位与单位、单位与个人业务往来所形成的债权、债务。

6. 成本核算模块，主要用来归集和分配各种成本费用，及时计算产品总成本和单位成本，计算和结转成本差异，输出成本核算的有关信息。

7. 供应链管理模块，主要用来完成采购管理、销售管理、库存管理、存货核算等方面的业务处理以及相应的财务处理工作，实现业务与财务的一体化管理。

8. 财务分析模块，主要用来利用会计核算数据进行会计管理和分析。

一套完整的会计软件是一个大系统，它可分解为若干个子系统，各子系统之间相互作用，共同完成会计软件的总体工作目标。了解各子系统间的数据联系是非常重要的，例如用友软件中常用的子系统之间的数据联系如图 1–1 所示。

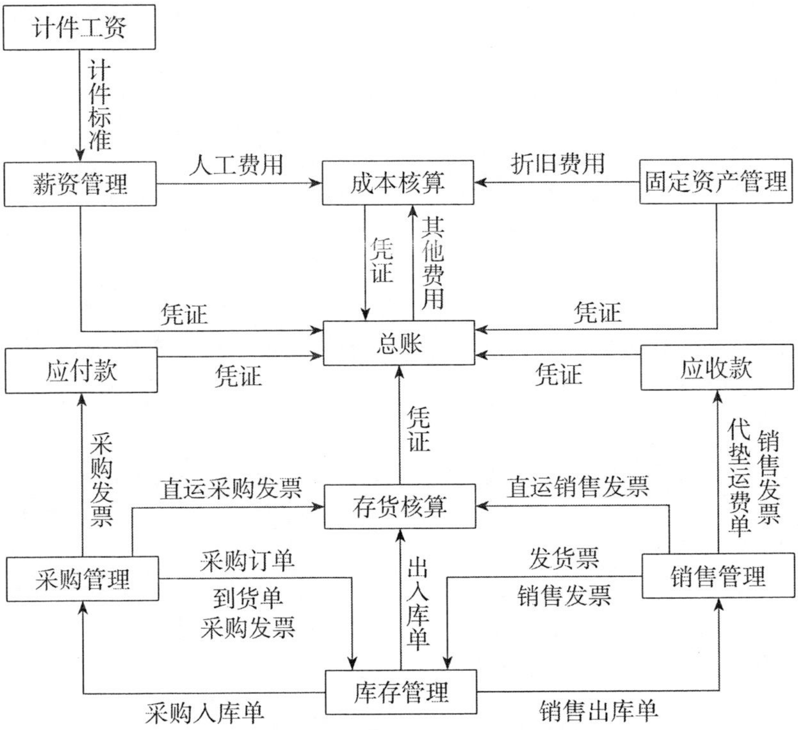

图 1–1　子系统之间的数据联系

二、会计软件的基本要求

1. 会计软件应当保障企业按照国家统一会计准则制度开展会计核算，不得有违背国家统一会计准则制度的功能设计。

2. 会计软件的界面应当使用中文并且提供对中文处理的支持，可以同时提供外国或者少数民族文字界面对照和处理支持。

3. 会计软件应当提供符合国家统一会计准则制度的会计科目分类和编码功能。

4. 会计软件应当提供符合国家统一会计准则制度的会计凭证、账簿和报表的显示和打印功能。

5. 会计软件应当提供不可逆的记账功能，确保对同类已记账凭证的连续编号，不得提供对已记账凭证的删除和插入功能，不得提供对已记账凭证日期、金额、科目和操作人的修改功能。

6. 鼓励软件供应商在会计软件中集成可扩展商业报告语言（XBRL）功能，便于企业生成符合国家统一标准的 XBRL 财务报告。

7. 会计软件应当具有符合国家统一标准的数据接口，满足外部会计监督需要。

8. 会计软件应当具有会计资料归档功能，提供导出会计档案的接口，在会计档案存储格式、元数据采集、真实性与完整性保障方面，符合国家有关电子文件归档与电子档案管理的要求。

9. 会计软件应当记录生成用户操作日志，确保日志的安全、完整，提供按操作人员、操作时间和操作内容查询日志的功能，并能以简单易懂的形式输出。

10. 以远程访问、云计算等方式提供会计软件的供应商，应当在技术上保证客户会计资料的安全、完整。对于因供应商原因造成客户会计资料泄露、毁损的，客户可以要求供应商承担赔偿责任。

11. 客户以远程访问、云计算等方式使用会计软件生成的电子会计资料归客户所有。软件供应商应当提供符合国家统一标准的数据接口供客户导出电子会计资料，不得以任何理由拒绝客户导出电子会计资料的请求。

12. 以远程访问、云计算等方式提供会计软件的供应商，应当做好本厂商不能维持服务情况下，保障企业电子会计资料安全以及企业会计工作持续进行的预案，并在相关服务合同中与客户就该预案做出约定。

13. 软件供应商应当努力提高会计软件相关服务质量，按照合同约定及时解决用户使用中的故障问题。会计软件存在影响客户按照国家统一会计准则制度进行会计核算问题的，软件供应商应当为用户免费提供更正程序。

14. 鼓励软件供应商采用呼叫中心、在线客服等方式为用户提供实时技术支持。

15. 软件供应商应当就如何通过会计软件开展会计监督工作，提供专门教程和相关资料。

第二节 会计信息化规章制度

会计信息化不是简单地将会计软件应用于会计业务，而是有领导、有目标、有计划、有组织推进的技术革命，在此过程中，规章制度的制定和执行是这场技术革命能否成功的重要方面。

美国注册会计师协会（AICPA）于 1976 年发布了《管理咨询服务公告第 4 号——计算机应用系统开发和实施指南》。国际会计师联合会（IFAC）分别于 1984 年 2 月、1984 年 10 月、1985 年 6 月公布了 3 个有关会计电算化的国际审计准则。

我国于 1999 年 10 月 31 日修订通过的《中华人民共和国会计法》（以下简称《会计法》）规定，“使用电子计算机进行会计核算的，其软件及其生成的会计凭证、会计账簿、财务会计报告和其他会计资料，也必须符合国家统一的会计制度的规定”，“用电子计算机进行会计核算的，其会计账簿的登记、更正，应当符合国家统一的会计制度的规定”。按照《会计法》的规定，财政部先后制定并发布了《会计电算化管理办法》（1994，已废止）、《商品化会计核算软件评审规则》（1994，已废止）、《会计核算软件基本功能规范》（1994，已不适用于企业及其会计软件）、《会计电算化工作规范》（1996，已不适用于企业及其会计软件）、《关于全面推进我国会计信息化工作的指导意见》（2009）、《企业会计信息化工作规范》（2014）、《会计档案管理办法（征求意见稿）》（2014）等一系列相关的规章制度，这些制度对单位使用会计软件、软件生成的会计资料、采用电子计算机替代手工记账、电算化会计档案保管等工作做出了具体规范。

一、会计信息化管理

财政部主管全国企业会计信息化工作，主要职责包括：拟订企业会计信息化发展政策；起草、制定企业会计信息化技术标准；指导和监督企业开展会计信息化工作；规范会计软件功能。

县级以上地方人民政府财政部门管理本地区企业会计信息化工作，指导和监督本地区企业开展会计信息化工作。

企业应当充分重视会计信息化工作，加强组织领导和人才培养，不断推进会计信息化在本企业的应用。企业应当指定专门机构或者岗位负责会计信息化工作。未设置会计机构和配备会计人员的企业，由其委托的代理记账机构开展会计信息化工作。

二、会计信息化工作规范

1. 企业开展会计信息化工作，应当根据发展目标和实际需要，合理确定建设内容，避免投资浪费，应当注重信息系统与经营环境的契合，通过信息化推动管理模式、组织架构、业务流程的优化与革新，建立健全适应信息化工作环境的制度体系。

2. 大型企业、企业集团开展会计信息化工作，应当注重整体规划，统一技术标准、编码规则和系统参数，实现各系统的有机整合，消除信息孤岛。

3. 企业配备会计软件，应当根据自身技术力量以及业务需求，考虑软件功能、安全性、稳定性、响应速度、可扩展性等要求，合理选择购买、定制开发、购买与定制开发相结合等方式。定制开发包括企业自行开发、委托外部单位开发、企业与外部单位联合开发。企业通过委托外部单位开发、购买等方式配备会计软件，应当在有关合同中约定操作培训、软件升级、故障解决等服务事项，以及软件供应商对企业信息安全的责任。

4. 企业应当促进会计信息系统与业务信息系统的一体化，通过业务的处理直接驱动会计记账，减少人工操作，提高业务数据与会计数据的一致性，实现企业内部信息资源共享。企业应当根据实际情况，开展本企业信息系统与银行、供应商、客户等外部单位信息系统的互联，实现外部交易信息的集中自动处理。

5. 企业进行会计信息系统前端系统的建设和改造，应当安排负责会计信息化工作的专门机构或者岗位参与，充分考虑会计信息系统的数据需求。

6. 企业应当遵循企业内部控制规范体系要求，加强对会计信息系统规划、设计、开发、运行、维护全过程的控制，将控制过程和控制规则融入会计信息系统，实现对违反控制规则情况的自动防范和监控，提高内部控制水平。对于信息系统自动生成且具有明晰审核规则的会计凭证，可以将审核规则嵌入会计软件，由计算机自动审核。未经自动审核的会计凭证，应当先经人工审核再进行后续处理。

7. 处于会计核算信息化阶段的企业，应当结合自身情况，逐步实现资金管理、资产管理、预算控制、成本管理等财务管理信息化。处于财务管理信息化阶段的企业，应当结合自身情况，逐步实现财务分析、全面预算管理、风险控制、绩效考核等决策支持信息化。

8. 分公司、子公司数量多、分布广的大型企业、企业集团应当探索利用信息技术促进会计工作的集中，逐步建立财务共享服务中心。实行会计工作集中的企业以及企业分支机构，应当为外部会计监督机构及时查询和调阅异地储存的会计资料提供必要条件。

9. 外商投资企业使用的境外投资者指定的会计软件或者跨国企业集团统一部署的会计软件，应当符合要求。

10. 企业会计信息系统数据服务器的部署应当符合国家有关规定。数据服务器部署在境外的，应当在境内保存会计资料备份，备份频率不得低于每月一次。境内备份的会计资料应当能够在境外服务器不能正常工作时，独立满足企业开展会计工作的需要以及外部会计监督的需要。

11. 企业会计资料中对经济业务事项的描述应当使用中文，可以同时使用外国或者少数民族文字对照。

12. 企业应当建立电子会计资料备份管理制度，确保会计资料的安全、完整和会计信息系统的持续、稳定运行。

13. 企业不得在非涉密信息系统中存储、处理和传输涉及国家秘密、关系国家经济信息安全的电子会计资料；未经有关主管部门批准，不得将其携带、寄运或者传输至境外。

14. 企业内部生成的会计凭证、账簿和辅助性会计资料，同时满足下列条件的，可以不输出纸面资料：

①所记载的事项属于本企业重复发生的日常业务；

②由企业信息系统自动生成；

③可及时在企业信息系统中以人类可读形式查询和输出；

④企业信息系统具有防止相关数据被篡改的有效机制；

⑤企业对相关数据建立了电子备份制度，能有效防范自然灾害、意外事故和人为破坏的影响；

⑥企业对电子和纸面会计资料建立了完善的索引体系。

15. 企业获得的需要外部单位或者个人证明的原始凭证和其他会计资料，同时满足下列条件的，可以不输出纸面资料：

①会计资料附有外部单位或者个人的、符合《中华人民共和国电子签名法》的可靠的电子签名；

②电子签名符合《中华人民共和国电子签名法》的第三方认证；

③满足第 14 条第①项、第③项、第⑤项和第⑥项规定的条件。

16. 实施企业会计准则通用分类标准的企业，应当按照有关要求向财政部报送 XBRL 财务报告。

17. 建立会计信息化岗位责任制，要明确各个工作岗位的职责范围，切实做到事事有人管、人人有专责、办事有要求、工作有检查。工作岗位可分为基本会计岗位和会计信息化岗位。基本会计岗位包括会计主管、出纳、会计核算各岗、稽核、会计档案管理等工作岗位。会计信息化岗位包括直接管理、操作、维护计算机及会计软件系统的工作岗位。会计信息化岗位和工作职责一般可划分如下：

①会计信息化主管：负责协调计算机及会计软件系统的运行工作，要求具备会计和计算机知识，以及相关的会计信息化组织管理的经验。

②软件操作：负责输入记账凭证和原始凭证等会计数据，输出记账凭证、会计账簿、报表和进行部分会计数据处理工作，要求具备会计软件操作知识，达到会计信息化初级知识培训的水平。

③审核记账：负责对输入计算机的会计数据（记账凭证和原始凭证等）进行审核，操作会计软件登记机内账簿，对打印输出的账簿、报表进行确认。要求具备会计和计算机知识，达到会计电算化初级知识培训的水平，可由主管会计兼任。

④会计信息化维护：负责保证计算机硬件、软件的正常运行，管理机内会计数据。要求具备计算机和会计知识，经过会计信息化中级知识培训。

⑤会计信息化审查：负责监督计算机及会计软件系统的运行，防止利用计算机进行舞弊。要求具备会计和计算机知识，达到会计电算化中级知识培训的水平。

⑥数据分析：负责对计算机内的会计数据进行分析，要求具备计算机和会计知识，达到会计电算化中级知识培训的水平。

实施会计信息化过程中，各单位可根据内部牵制制度的要求和本单位的工作需要，对会计信息化岗位的划分进行调整，设立必要的工作岗位。基本会计岗位和会计信息化岗位可在保证会计数据安全的前提下交叉设置，各岗位人员要保持相对稳定。由本单位人员进行会计软件开发的，还可设立软件开发岗位。

三、会计档案管理办法[①]

1. 会计档案范围

（1）会计档案是指各单位在进行会计核算过程中接收或形成的，记录和反映单位经济业务事项的，具有保存价值的文字、图表等各种形式的会计资料。

以下会计资料应纳入归档范围：

①会计凭证：原始凭证、记账凭证。

②会计账簿：总账、明细账、日记账、其他辅助性账簿。

③财务会计报告：月度、季度、半年度、年度财务会计报告。

④其他会计资料：银行存款余额调节表、银行对账单、会计档案移交清册、会计档案保管清册、会计档案销毁清册、会计档案销毁鉴定意见书、其他具有保存价值的会计资料。

（2）单位可以利用计算机、网络通信等现代信息技术手段管理会计档案。

（3）单位内部形成的电子会计资料，同时满足下列条件的，可仅以电子形式归档保存：

①电子会计资料来源真实有效，由相应的信息系统生成和传输。

②使用的会计核算系统能够准确、完整、有效接收和读取电子会计资料数据；能够输出符合归档格式的会计凭证、账簿、报表等会计资料；设定并履行了经办、审核、审批等

---

① 本部分以《会计档案管理办法（征求意见稿）》（财会便［2014］56 号）为依据编写。

必要的电子签证程序。

③使用的档案管理系统能够有效接收、管理、利用电子会计档案数据，符合电子数据长期保管要求，并建立了电子会计档案与相应纸质会计档案的索引关系。

④采取有效措施，防止电子会计档案数据被篡改。

⑤建立电子会计档案备份制度，能够有效防范自然灾害、意外事故和人为破坏的影响。

⑥不属于永久保存的会计档案。

（4）单位从外部接收的原始凭证，附有符合《中华人民共和国电子签名法》规定的第三方认证的电子签名，且同时满足规定条件的，可仅以电子形式归档保存。

2. 会计档案归档

单位会计机构按照归档范围和归档要求，负责定期将应当归档的会计资料整理立卷，编制会计档案保管清册。

属于当年归档范围的会计资料，一般应当在会计年度终了后半年内，由单位会计机构向档案机构或档案工作人员进行移交。因工作需要确需推迟移交、由会计机构临时保管的，应当经档案机构或档案工作人员所属机构同意，且最多不超过三年。临时保管期间，会计资料的保管应当符合国家有关规定，且出纳人员不得兼管会计档案。

单位会计机构在办理会计档案移交时，应当编制会计档案移交清册，并按国家有关规定办理移交手续。移交的会计档案为纸质会计档案的，应当保持原卷的封装；移交的会计档案为电子会计档案的，应当将电子会计档案及其元数据一并移交，且文件格式应当符合国家有关规定。特殊格式的电子会计档案应当与其读取平台一并移交。

3. 会计档案利用

各单位应当严格按照有关制度利用会计档案。利用会计档案的过程中，严禁篡改和损坏会计档案。单位保存的会计档案一般不得对外借出。确因工作需要且根据国家有关规定必须借出的，应当严格按照规定办理相关手续。

4. 会计档案保管

会计档案的保管期限分为永久、定期两类。定期保管期限分为 5 年、10 年、15 年、25 年四类。会计档案的保管期限，从会计年度终了后的第一天算起。

5. 会计档案销毁

各单位应当成立档案鉴定委员会（或小组），定期对已到保管期限的会计档案进行鉴定，并形成会计档案鉴定销毁意见书。经鉴定，仍需继续保存的会计档案，应重新划定保管期限；对保管期满，确无保存价值的会计档案，可以进行销毁。

单位确定可以销毁的会计档案，应当按照以下程序进行销毁：

①单位档案机构编制会计档案销毁清册，列明销毁会计档案的名称、卷号、册数、起止年度和档案编号、应保管期限、已保管期限、销毁时间等内容。

②单位负责人、档案机构负责人、会计机构负责人、档案机构经办人、会计机构经办人在会计档案销毁清册上签署意见。

③单位档案机构、会计机构、审计机构共同负责组织销毁工作，并共同派员监销。电子会计档案销毁时，还应当由信息系统管理机构派员监销。

④监销人在会计档案销毁前，应当按照会计档案销毁清册所列内容进行清点核对；在

会计档案销毁后，应当在会计档案销毁清册上签名或盖章。

电子会计档案的鉴定销毁应当符合国家有关规定。

保管期满但未结清的债权债务会计凭证和涉及其他未了事项的会计凭证不得销毁，纸质会计档案应当单独抽出立卷，电子会计档案单独转存，保管到未了事项完结时为止。单独抽出立卷或转存的会计档案，应当在会计档案销毁清册和会计档案保管清册中列明。

6. 终止经营的会计档案管理

单位因撤销、解散、破产或其他原因而终止的，在终止和办理注销登记手续之前形成的会计档案，应当按照国家有关规定处置。

7. 分立后的会计档案管理

单位分立后原单位存续的，其会计档案应当由分立后的存续方统一保管，其他方可查阅、复制与其业务相关的会计档案；单位分立后原单位解散的，其会计档案应当经各方协商后由其中一方代管或按照国家有关规定处置，各方可查阅、复制与其业务相关的会计档案。单位分立中未结清的会计事项所涉及的会计凭证，应当单独抽出由业务相关方保存，并按规定办理交接手续。单位因业务移交其他单位办理所涉及的会计档案，应当由原单位保管，承接业务单位可查阅、复制与其业务相关的会计档案。对其中未结清的会计事项所涉及的会计凭证，应当单独抽出由业务承接单位保存，并按规定办理交接手续。

8. 合并后的会计档案管理

单位合并后原各单位解散或一方存续其他方解散的，原各单位的会计档案应当由合并后的单位统一保管。单位合并后原各单位仍存续的，其会计档案仍应当由原各单位保管。

9. 建设期的档案管理

建设单位在项目建设期间形成的会计档案，应当在办理竣工决算后移交给建设项目的接受单位，并按规定办理交接手续。

10. 会计档案交接

单位之间交接会计档案时，交接双方应当办理会计档案交接手续。移交会计档案的单位，应当编制会计档案移交清册，列明应移交的会计档案名称、卷号、册数、起止年度和档案编号、应保管期限、已保管期限等内容。交接会计档案时，交接双方应当按照会计档案移交清册所列内容逐项交接，并由交接双方的单位有关负责人负责监交。交接完毕后，交接双方经办人和监交人应当在会计档案移交清册上签名或盖章。电子会计档案应当与元数据、相关软件一起移交，电子会计档案有相应纸质载体的，应在相应的元数据中著录相关信息，建立关联关系。档案接受单位应对保存电子会计档案的载体及其技术环境进行检验，确保所接受电子会计档案的完整、可读。

11. 境外机构会计档案管理

关系国家安全的会计档案，未经有关业务主管部门及国家保密主管部门批准，不得以任何形式将其携带、寄运或传输至境外。

12. 会计信息化档案管理制度

①会计信息化档案，包括存储在计算机硬盘中的会计数据以及其他磁性介质或光盘存储的会计数据和计算机打印出来的书面等形式的会计数据。会计数据是指记账凭证、会计账簿、会计报表（包括报表格式和计算公式）等数据。

②会计信息化档案管理是重要的会计基础工作，要严格按照财政部有关规定的要求对

会计档案进行管理，由专人负责。

③对会计信息化档案的管理要做好防磁、防火、防潮和防尘工作，重要会计档案应准备双份，存放在两个不同的地点。采用磁性介质保存会计档案，要定期进行检查，定期进行复制，防止由于磁性介质损坏而使会计档案丢失。

④通用会计软件、定点开发会计软件、通用与定点开发相结合会计软件的全套文档资料以及会计软件程序，视同会计档案保管，保管期截止到该软件停止使用或有重大更改之后的5年。

四、财政部关于全面推进我国会计信息化工作的指导意见

信息化是当今世界发展的必然趋势，是推动我国现代化建设和经济社会变革的技术手段和基础性工程。党中央、国务院高度重视信息化工作，中共中央办公厅、国务院办公厅制定发布了《2006—2020年国家信息化发展战略》（中办发［2006］11号），对各部门、各地区提出了全面推进信息化建设的要求，并有计划有步骤地组织实施。会计信息化是国家信息化的重要组成部分。为了贯彻国家信息化发展战略，全面推进我国会计信息化工作，进一步深化会计改革，充分发挥会计在经济社会发展中的作用，提出以下指导意见：

1. 全面推进我国会计信息化工作的重要意义

《2006—2020年国家信息化发展战略》明确指出，国家信息化发展的战略重点包括：推进国民经济和社会信息化、加强信息资源开发利用、推行电子政务、完善综合信息基础设施、提高国民经济信息应用能力等。全面推进会计信息化工作，是贯彻落实国家信息化发展战略的重要举措，对于全面提升我国会计工作水平具有十分重要的意义。

会计工作是经济社会发展的基础，直接关系到企事业单位会计信息质量和内部管理、国家宏观决策、社会管理和市场监管，以及市场经济秩序和社会公众利益等各个方面。随着社会主义市场经济不断完善和经济全球化，现代信息技术和网络技术的日益普及，会计工作应当按照国家信息化发展战略的要求，全面推进信息化建设。会计工作与信息化建设密切相关、相辅相成、相互促进。通过全面推进会计信息化建设，能够进一步提升会计工作水平，促进经济社会健康发展。

我国会计改革已经取得了显著成效和长足进展。企业会计准则实现了国际趋同并得到有效实施，企业内部控制规范体系建设基本完成，会计人员市场准入制度及会计人才评价体系业已建立，注册会计师行业管理全面加强，以委托代理记账为主要形式的农村会计服务已经启动，会计理论研究与会计教育水平逐步提升，会计参与企事业单位和社会管理的作用不断加强。在新的形势下，全方位的会计改革与发展要求推进会计信息化建设，会计信息化建设本身也属于会计改革的重要内容，应当顺时应势、抓住机遇，全面推进会计信息化工程，为我国经济社会全面协调可持续发展做出应有的贡献。

2. 全面推进我国会计信息化工作的目标和主要任务

全面推进我国会计信息化工作的目标是：力争通过5～10年的努力，建立健全会计信息化法规体系和会计信息化标准体系（包括可扩展商业报告语言（XBRL）分类标准），全力打造会计信息化人才队伍，基本实现大型企事业单位会计信息化与经营管理信息化融合，进一步提升企事业单位的管理水平和风险防范能力，做到数出一门、资源共享，便于不同信息使用者获取、分析和利用，进行投资和相关决策；基本实现大型会计师事务所采用信息化手段对客户的财务报告和内部控制进行审计，进一步提升社会审计质量和效率；

基本实现政府会计管理和会计监督的信息化，进一步提升会计管理水平和监管效能。通过全面推进会计信息化工作，使我国的会计信息化达到或接近世界先进水平。

根据以上目标，全面推进我国会计信息化工作的主要任务是：

①推进企事业单位会计信息化建设。一是会计基础工作信息化，会计基础工作涉及企事业单位管理全过程，只有基础工作信息化，才能为企事业单位全面信息化奠定扎实的基础；二是会计准则制度有效实施信息化，通过将相关会计准则制度与信息系统实现有机结合，自动生成财务报告，进一步贯彻执行相关会计准则制度，确保会计信息等相关资料更加真实、完整；三是内部控制流程信息化，根据企事业单位内部控制规范制度要求，将内部控制流程、关键控制点等固化在信息系统中，促进各单位内部控制规范制度的设计与运行更加有效，形成自我评价报告；四是财务报告与内部控制评价报告标准化，各企事业单位在贯彻实施会计准则制度、内部控制规范制度并与全面信息化相结合的过程中，应当考虑 XBRL 分类标准等要求，以此为基础生成标准化财务报告和内部控制评价报告，满足不同信息使用者的需要。

②推进会计师事务所审计信息化建设。一是财务报告审计和内部控制审计信息化，加强计算机审计系统的研发与完善，实现审计程序和方法等与信息系统的结合，全面提升注册会计师执业质量和审计水平；二是会计师事务所内部管理信息化，通过信息化手段实现会计师事务所内部管理的科学化、精细化，促进注册会计师行业做强做大，全面提升会计师事务所的内部管理水平和执业能力。

③推进会计管理和会计监督信息化建设。一是建立会计人员管理系统，创新会计人员后续教育网络平台，实现对全社会会计人员的动态管理；二是在全国范围内逐步推广无纸化考试，提高会计从业资格管理工作效率和水平；三是推进信息系统在会计专业技术资格考试工作中的应用，完善会计人员专业技术资格考试制度，切实防范考试过程中的舞弊行为；四是完善注册会计师行业管理系统，建立行业数据库，对注册会计师注册、人员转所、事务所审批、业务报备等实行网络化管理；五是推动会计监管手段、技术和方法的创新，充分利用信息技术提高工作效率，不断提升会计管理和会计监督水平。

④推进会计教育与会计理论研究信息化建设。一是建立会计专业教育系统，实时反映和评价会计专业学历教育情况，掌握会计专业学生的培养状况以及社会对会计专业学生的需求，改进教学方法和教学内容，促进会计专业毕业生最大限度地满足社会需求；二是建立会计理论研究信息平台，及时发布和宣传会计研究最新动态，定期统计、推介和评估有价值的会计理论研究成果，促进科研成果转化为生产力，以指导和规范会计理论研究，为会计改革与实践服务。

⑤推进会计信息化人才建设。一是完善会计审计和相关人员能力框架，在知识结构、能力培养中重视信息技术方面的内容与技能，提高利用信息技术从事会计审计和有关监管工作的能力；二是加强会计审计信息化人才的培养，着力打造熟悉会计审计准则制度、内部控制规范制度和会计信息化三位一体的复合型人才队伍。

⑥推进统一的会计相关信息平台建设。为了实现数出一门、资源共享的目标，应当构建以企事业单位标准化会计相关信息为基础，便于投资者、社会公众、监管部门及中介机构等有关方面高效分析利用的统一会计相关信息平台。该平台应当涵盖数据收集、传输、验证、存储、查询、分析等模块，具备会计等相关信息查询、分析、检查与评价等多种功

能，为会计监管等有关方面预留接口，提供数据支持。在建立统一的会计相关信息平台过程中，应当关注信息安全。

3. 全面推进我国会计信息化工作的措施和要求

（1）高度重视，加强领导

全面推进我国会计信息化工作是一项系统工程，涉及会计改革和经济发展的各个领域，政策性强，技术要求高，社会效用大，应当高度重视，加强领导，统筹规划，有序推进。这项工作做好了，将会带动各地区会计工作水平的全面提升。各地区在会计信息化方面已经做了卓有成效的工作，如企事业单位会计电算化、会计从业资格无纸化考试、注册会计师行业管理系统建设、委托代理记账和会计集中核算等。根据新形势发展的要求，各地区需要从全局和战略高度出发，组织调查研究，总结已有经验，分析存在的问题，提出本地区会计信息化建设的战略规划和具体措施。

各级财政部门应当根据指导意见，结合本地区实际情况，组建本地区会计信息化委员会，加强对会计信息化工作的领导，将推进会计信息化工作列入会计改革与发展的重要议程，从组织领导、制度建设、专业管理、试点工作、人才培养等方面，有序推进本地区会计信息化工作。

（2）明确职责，协调配合

财政部作为我国会计主管部门，负责全国会计信息化工作的组织领导。一是建立和完善会计信息化法规制度体系并组织实施，及时制定或修订会计基础工作规范及其他相关会计信息化管理规定；二是制定会计信息化标准体系并组织实施，当前着重制定基于国家统一的会计准则制度的 XBRL 分类标准；三是制定并实施会计信息化人才培养规划，特别重视复合型会计信息化人才的培养；四是开展会计信息化国际交流与合作，积极参与国际会计信息化技术标准与规则的制定与协调；五是其他有关会计信息化管理工作。

财政部及各地财政部门应当加强与相关部门的协调与合作，整合资源，齐抓共管，形成合力，积极构建统一的会计相关信息平台，促进会计相关信息资源的综合利用，全面提升政府监管效能。

各地财政部门应当按照财政部的统一部署，认真组织实施好本地区会计信息化工作。

（3）重视人才，加快培养

各级财政部门应当采取切实有效措施，抓紧打造会计信息化人才队伍。全面推进会计信息化工作，人才是关键，推动企事业单位、注册会计师审计、会计管理和会计监督的信息化建设，构建统一的会计相关信息平台，都需要强有力的人才保障和技术支持。为此，应当充分利用学历教育、继续教育、实践锻炼、交流培训等途径和方式培养会计信息化人才，同时要建立和完善会计信息化人才选拔和评价机制，发现和选拔会计信息化人才，在此过程中，要重视会计信息化人才培养与选拔工作的投入，以完成会计信息化人才建设任务，确保会计信息化人才建设与全面推进会计信息化工作的要求相适应。

（4）组织试点，稳步推进

各级财政部门应当根据指导意见做好全面推进会计信息化的试点工作。试点内容为全面推进会计信息化工作主要任务所涉及的范围。在组织试点工作中，既要防止一哄而起、盲目跟风，又要避免反应迟缓、贻误时机。试点单位的选择应当具有代表性，包括大型企事业单位和大型会计师事务所等。各级财政部门应当积极做好会计从业资格无纸化考试、会计人员管理系统建设、村级委托代理记账等试点和推广工作。试点工作应当制订方案，明确任务，精心组织，先易后难，稳步推进，务求实效。

在推进会计信息化工作中，应当重视发挥会计软件公司和有关服务商的技术支持作用，着力培育一个能够满足信息化发展需要的会计信息化服务产业，促进会计软件公司等提供的产品符合会计信息化法规制度和相关标准的要求。

（5）督促指导，强化监管

各级财政部门应当根据全面推进会计信息化工作的要求，加强对会计信息化建设的指导和监督，通过召开座谈会、现场会和组织经验交流等多种形式，推广先进经验，解决存在的问题。在会计信息化工作不断推进过程中，应当督促和指导进展情况，监管会计信息化工作是否符合国家统一的会计准则制度、内部控制规范体系和会计信息化标准的要求，确保完成会计信息化各项任务，努力实现全面推进会计信息化工作的目标。

（6）加强宣传，营造氛围

各级财政部门应充分利用各种媒体，采取多种形式，加强对会计信息化工作的宣传，重点宣传会计信息化建设的意义、目标和主要任务，会计信息化有关法规制度和标准，会计信息化建设方面的重大举措、重要活动、示范企业、人才战略、典型案例，以及会计信息化领域的热点、难点和焦点问题，提高社会各界对会计信息化工作重要性的认识，增强企事业单位和相关人员对会计信息化的应用意识，转变观念、交流意见、普及知识、推广经验，为全面推进会计信息化工作营造良好的社会氛围和发展环境。

思考题

1. 会计电算化与会计信息化有什么区别？
2. 基于会计信息化的会计档案保管有什么要求？
3. 我国会计信息化的任务有哪些？

第二章

系统安装与维护

会计信息系统的运行离不开硬件和软件环境，硬件主要包括计算机、网络设备等，软件包括操作系统、数据库系统、应用程序等。目前硬件的配置基本能够满足应用的要求，不需要特别设置。而就软件来说，安装和配置的好坏对系统运行有很大的影响，所以本章主要介绍会计信息系统的软件安装及配置，由于软件的安装是有顺序的，所以必须先了解一下软件安装的基本流程，如图 2-1 所示。由于现在大多数的会计软件是 C/S 结构或者 B/S 结构的，所以在操作系统中需要安装 IIS（Internet Information Servers），以便提供一些网络服务；对会计数据的管理需要用到大型数据库管理系统，如用友、金蝶使用 SQL Server 数据库，浪潮使用 Sybase 数据库；最后安装会计软件，例如用友 U8、金蝶 K3 等，本书以 SQL Server 2005 数据库、用友 U8 V10.0 为例来进行安装说明。

安装 IIS → 安装 SQL Server 及补丁 → 安装 U8

图 2-1　软件安装流程

第一节　SQL Server 2005 数据库的安装

1. 安装 SQL Server 2005 数据库前需要先安装好 IIS，打开控制面板，点击“程序和功能”，点击“打开或关闭 Windows 功能”，选中“Internet 信息服务”，点击“确定”就可以安装完成（如图 2-2 所示）。

图 2-2　安装 IIS

2. SQL Server 2005 有针对 32 位和 64 位操作系统的产品，安装前需要了解自己使用的操作系统是哪一种，然后选择对应的数据库（如图 2-3 所示）。

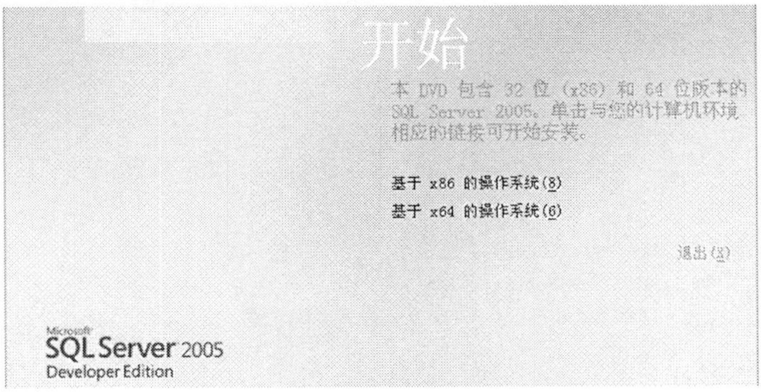

图 2-3　选择对应的操作系统

3. 开始 SQL Server 2005 安装过程，如图 2-4 所示。

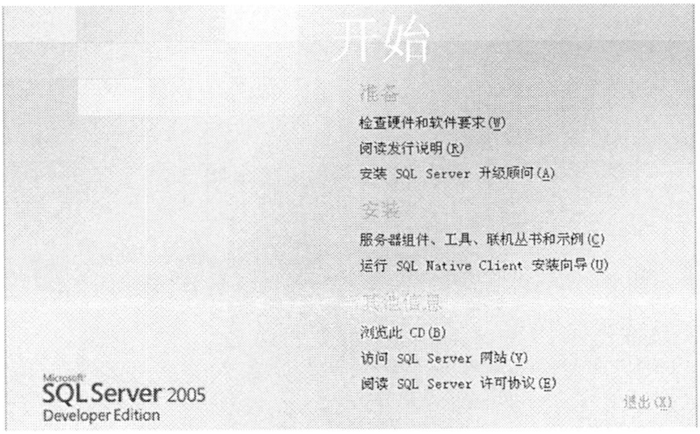

图 2-4　安装界面

4. 接受最终用户许可协议，如图 2-5 所示。

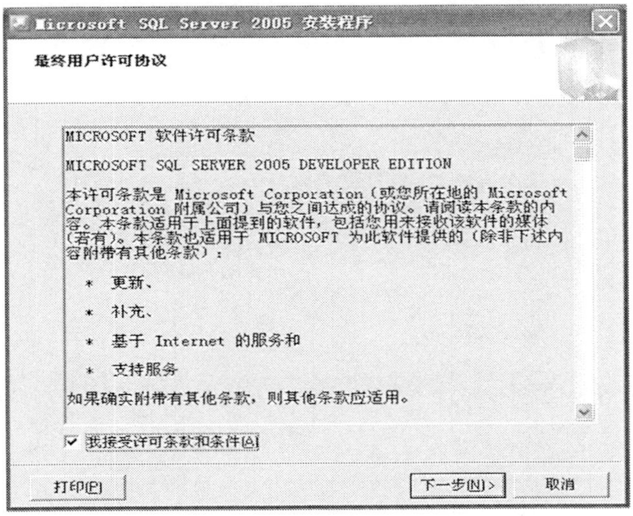

图 2-5　最终用户许可协议

5. 准备安装必备组件，如图 2-6 所示。

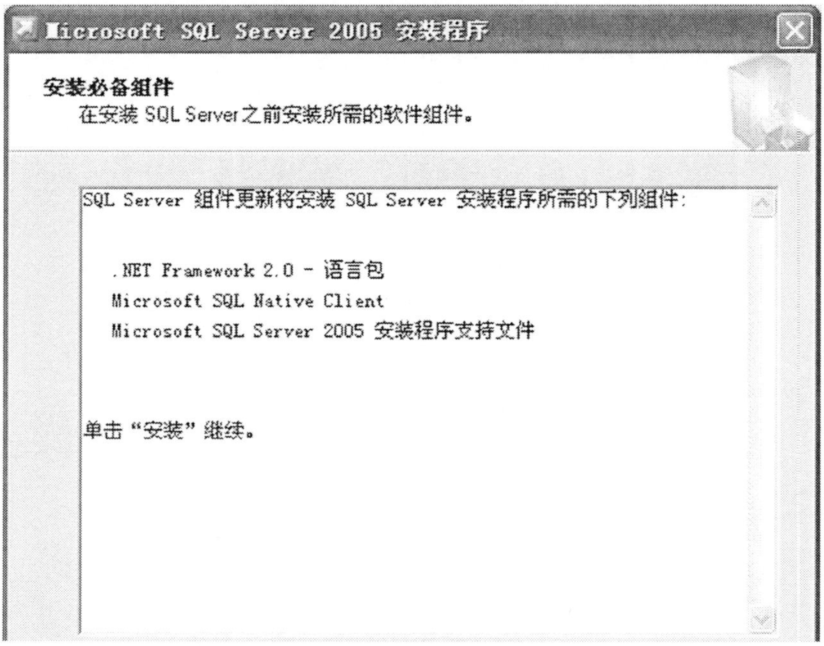

图 2-6　准备安装必备组件

6. 必备组件安装完成，如图 2-7 所示。

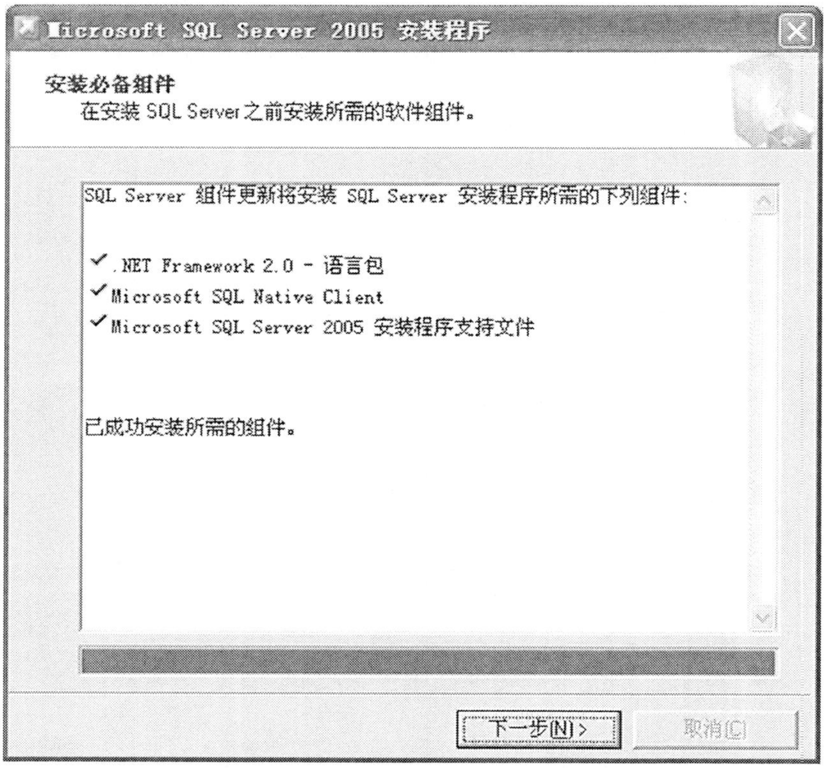

图 2-7　必备组件安装完成

7. 进行系统配置检查，如图 2-8 所示。

图 2-8 系统配置检查

8. 输入注册信息，如图 2-9 所示。

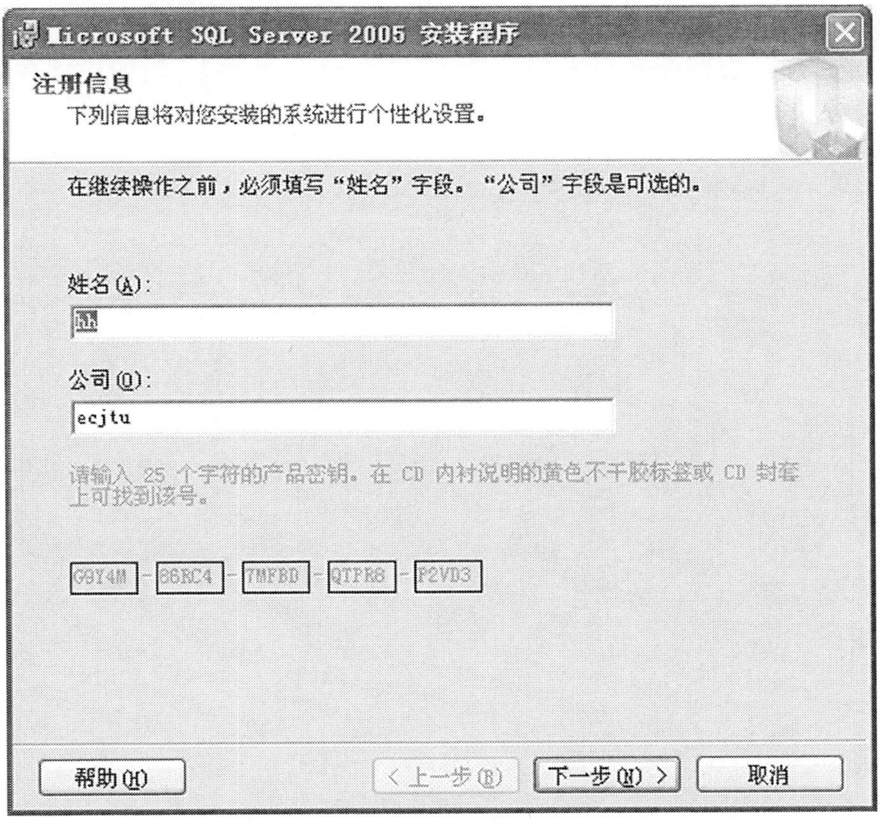

图 2-9 注册信息

9. 选择需要安装的组件，如图 2-10 所示。

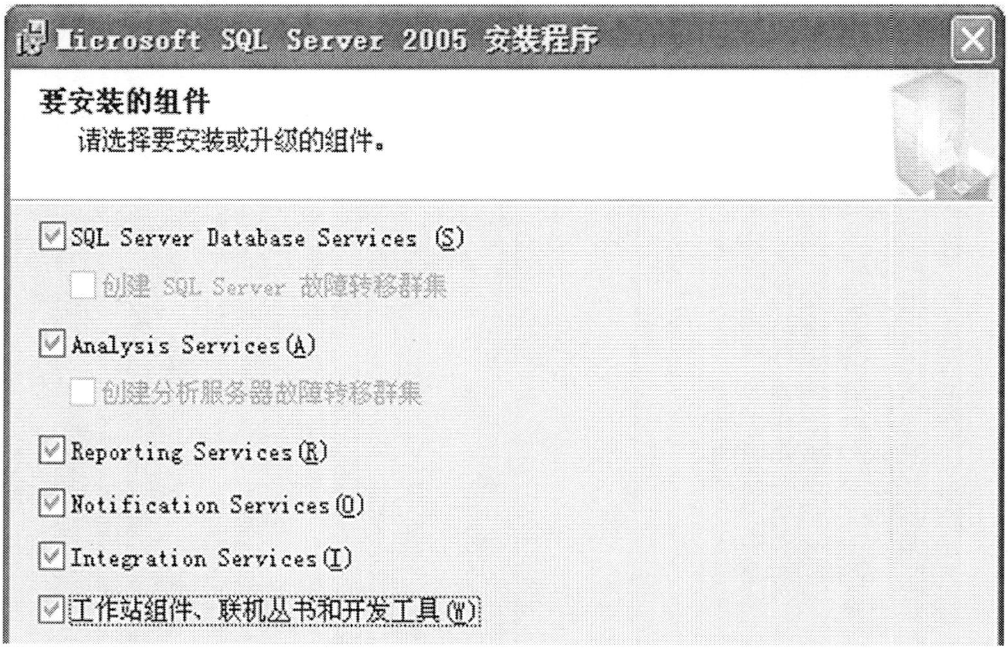

图 2-10　选择需要安装的组件

10. 指定实例名，如图 2-11 所示。

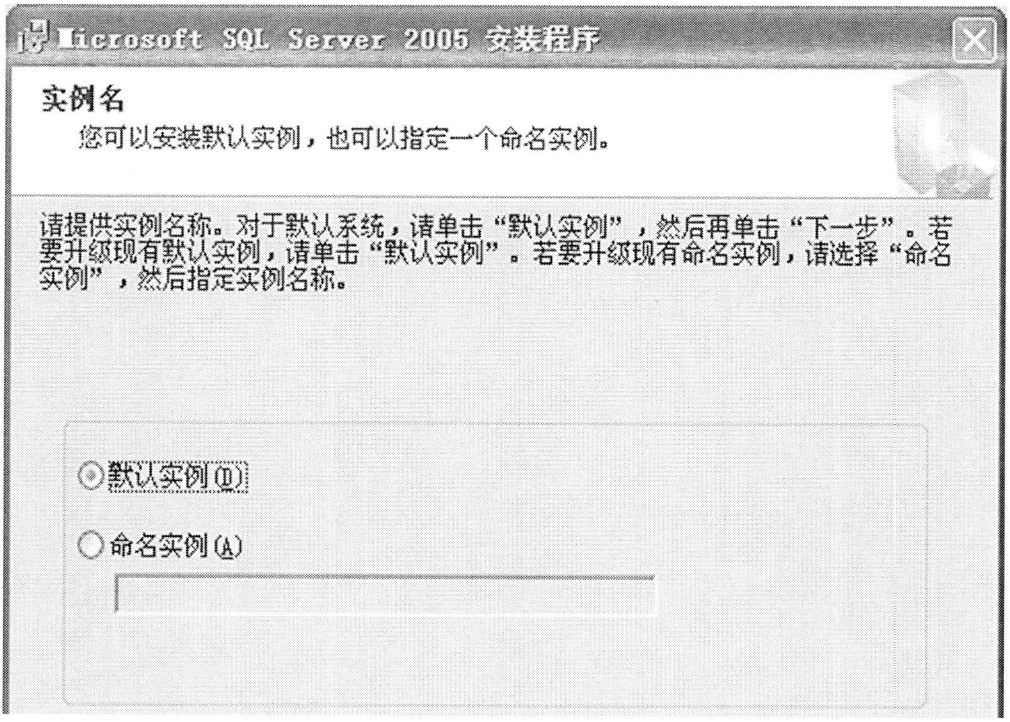

图 2-11　指定实例名

11. 确定服务账户为内置系统账户，如图 2-12 所示。

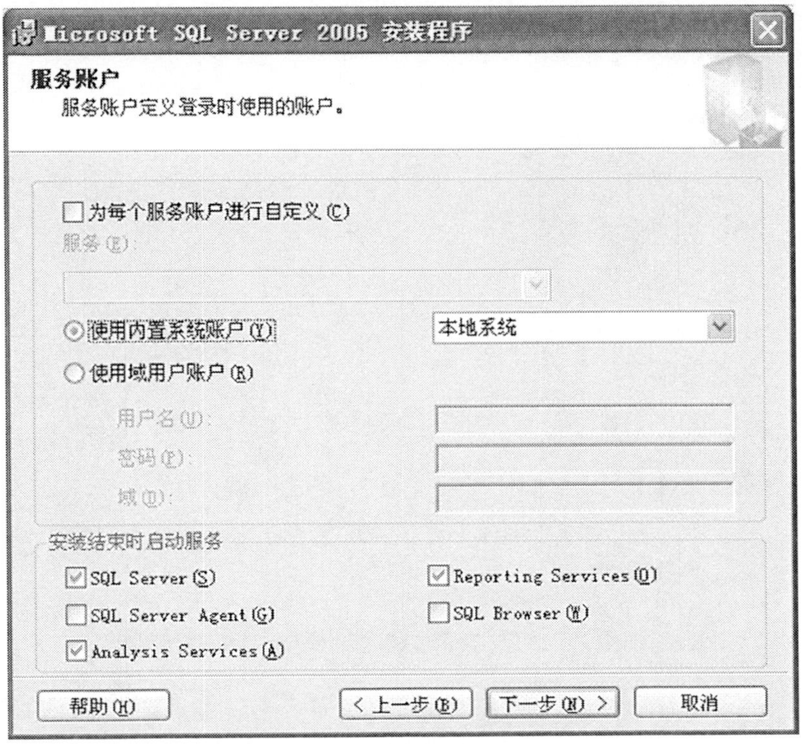

图 2-12　确定服务账户

12. 选择身份验证模式为混合模式，如图 2-13 所示。

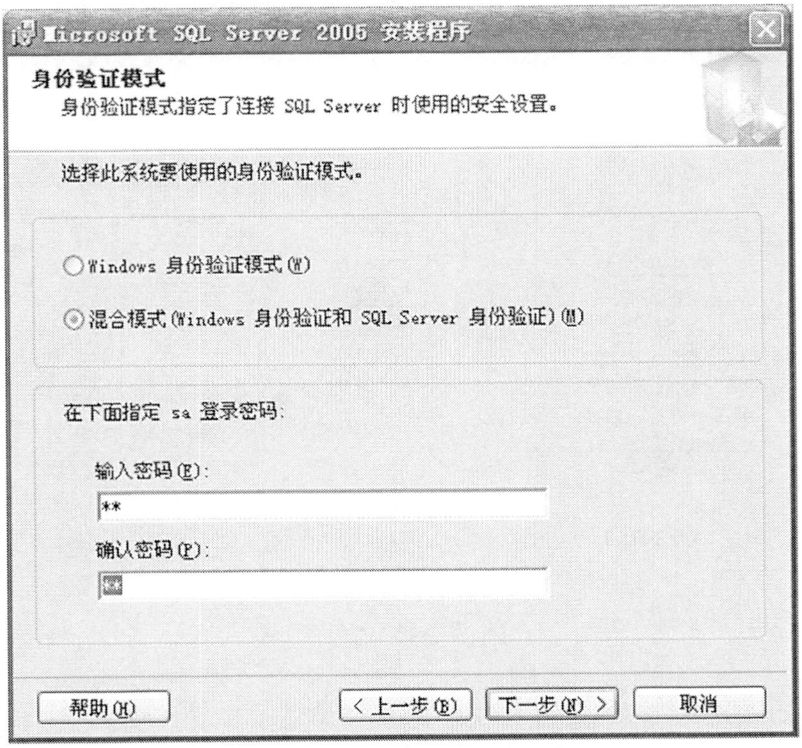

图 2-13　选择身份验证模式

13. 排序规则设置，如图 2-14 所示。

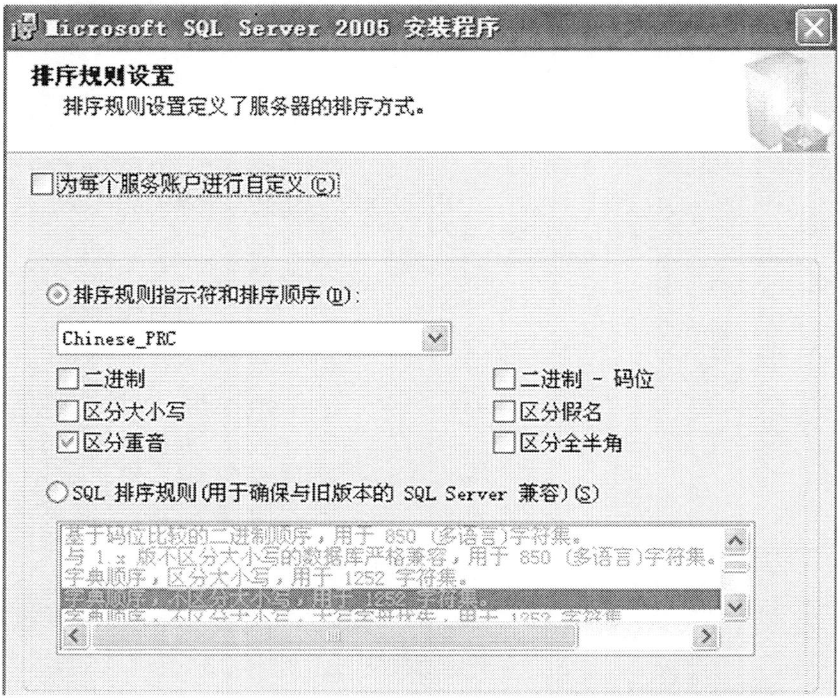

图 2-14　确定排序规则

14. 开始安装，显示进度，如图 2-15 所示。

图 2-15　安装进度条

第二节　U8 V10.0 产品安装

数据库安装完成以后，可以进行 U8 产品安装。以操作系统管理员身份进入系统，双击运行用友 Setup. exe 文件，进入安装欢迎界面（如图 2-16 所示）。

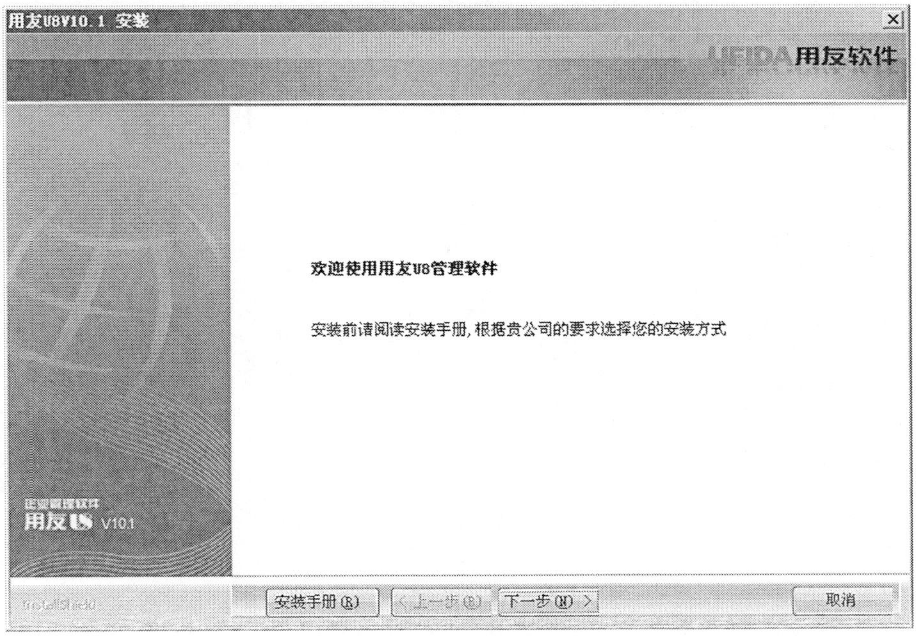
用友U8V10.1 安装
UFIDA用友软件
欢迎使用用友U8管理软件
安装前请阅读安装手册,根据贵公司的要求选择您的安装方式
用友U8 V10.1
InstallShield
安装手册(R)
< 上一步(B)
下一步(N) >
取消

图 2-16　安装欢迎界面

1. 接受许可证协议，如图 2-17 所示。

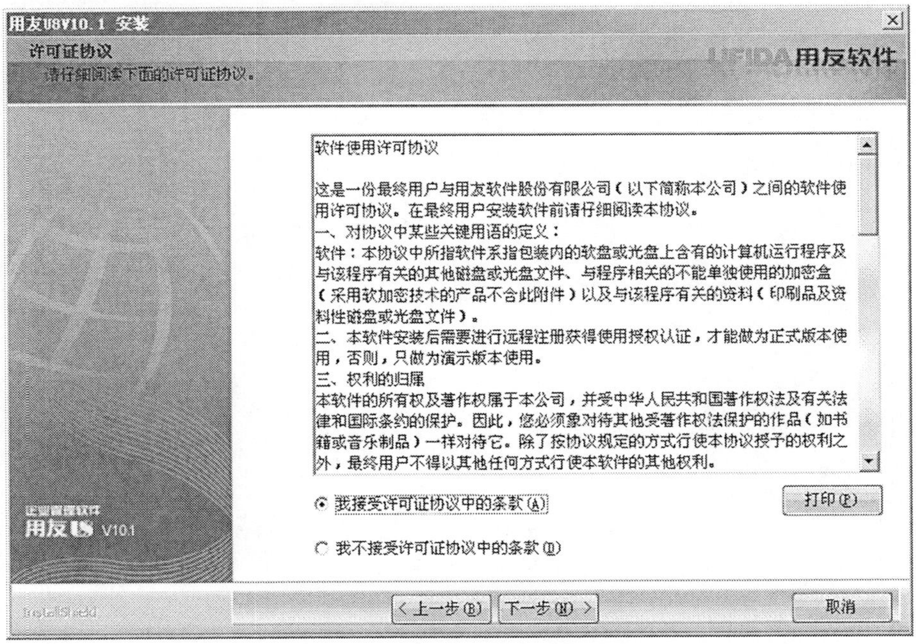
用友U8V10.1 安装
许可证协议
请仔细阅读下面的许可证协议。
UFIDA用友软件
软件使用许可协议
这是一份最终用户与用友软件股份有限公司（以下简称本公司）之间的软件使用许可协议。在最终用户安装软件前请仔细阅读本协议。
一、对协议中某些关键用语的定义：
软件：本协议中所指软件系指包装内的软盘或光盘上含有的计算机运行程序及与该程序有关的其他磁盘或光盘文件、与程序相关的不能单独使用的加密盒（采用软加密技术的产品不含此附件）以及与该程序有关的资料（印刷品及资料性磁盘或光盘文件）。
二、本软件安装后需要进行远程注册获得使用授权认证，才能做为正式版本使用，否则，只做为演示版本使用。
三、权利的归属
本软件的所有权及著作权属于本公司，并受中华人民共和国著作权法及有关法律和国际条约的保护。因此，您必须象对待其他受著作权法保护的作品（如书籍或音乐制品）一样对待它。除了按协议规定的方式行使本协议授予的权利之外，最终用户不得以其他任何方式行使本软件的其他权利。
我接受许可证协议中的条款(A)
打印(P)
我不接受许可证协议中的条款(D)
用友U8 V10.1
InstallShield
< 上一步(B)
下一步(N) >
取消

图 2-17　接受许可证协议

2. 首先检测是否存在历史版本U8产品，如图2-18所示。如果存在历史版本残留内容，提示并开始清理历史版本残留内容（清理MSI安装包时间较长）；如无历史版本残留内容，将直接进入下一步。

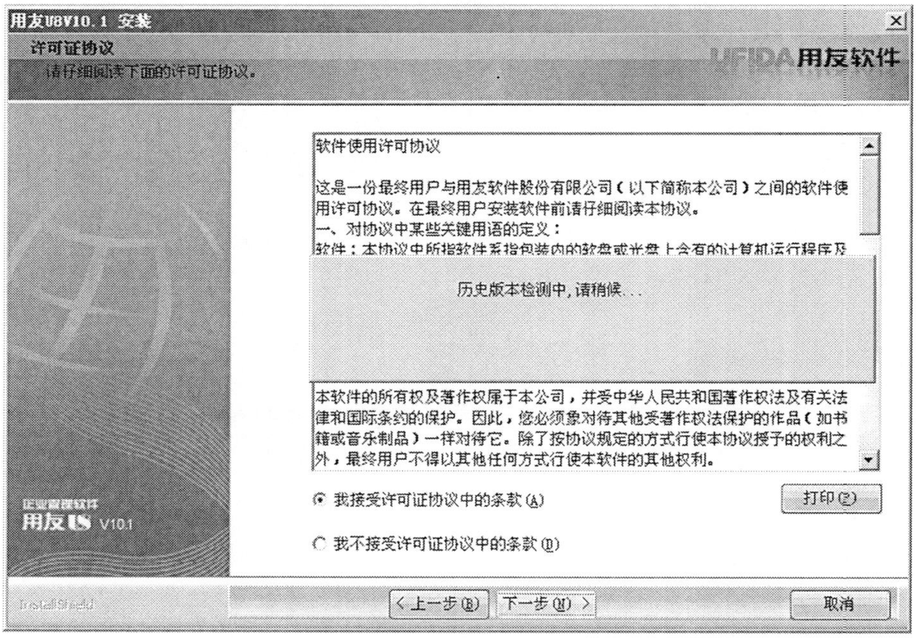
用友U8V10.1 安装
许可证协议
请仔细阅读下面的许可证协议。
UFIDA用友软件
软件使用许可协议
这是一份最终用户与用友软件股份有限公司（以下简称本公司）之间的软件使用许可协议。在最终用户安装软件前请仔细阅读本协议。
一、对协议中某些关键用语的定义：
历史版本检测中，请稍候...
本软件的所有权及著作权属于本公司，并受中华人民共和国著作权法及有关法律和国际条约的保护。因此，您必须象对待其他受著作权法保护的作品（如书籍或音乐制品）一样对待它。除了按协议规定的方式行使本协议授予的权利之外，最终用户不得以其他任何方式行使本软件的其他权利。
我接受许可证协议中的条款(A)
我不接受许可证协议中的条款(D)
打印(P)
企业管理软件
用友U8 V10.1
InstallShield
<上一步(B)
下一步(N)>
取消

图2-18　历史版本检测

3. 输入用户名和公司名称，如图2-19所示。

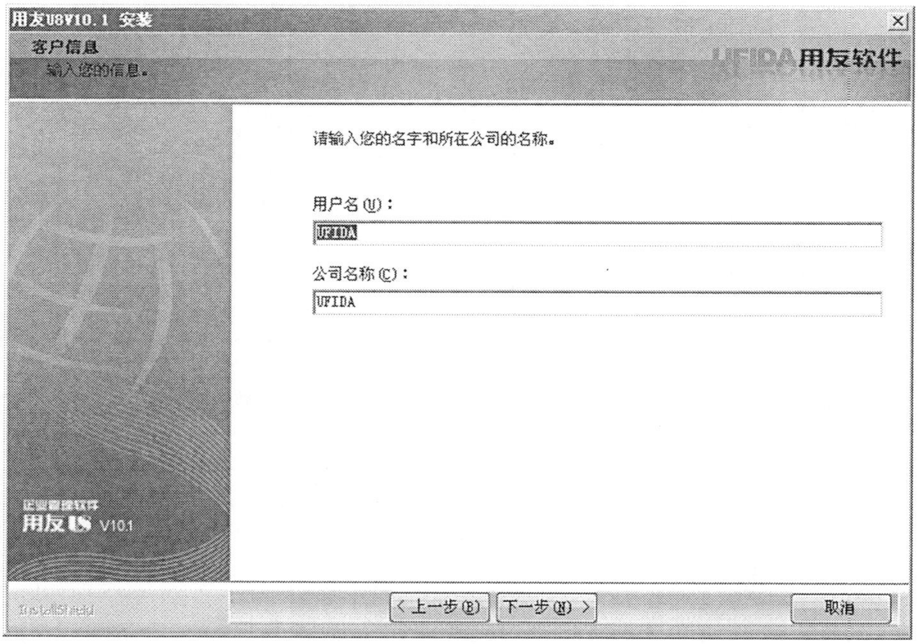
用友U8V10.1 安装
客户信息
输入您的信息。
UFIDA用友软件
请输入您的名字和所在公司的名称。
用户名(U)：
UFIDA
公司名称(C)：
UFIDA
企业管理软件
用友U8 V10.1
InstallShield
<上一步(B)
下一步(N)>
取消

图2-19　输入用户名和公司名称

4. 输入安装路径，如图2-20所示。

5. 选择需要安装的功能。如图2-21所示。有四种安装类型可供选择：①全产品，即

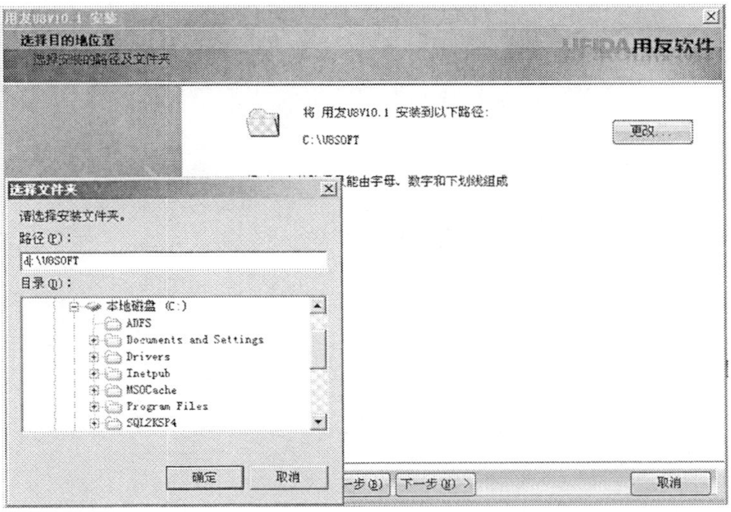

图 2-20 安装路径

U8 系统全模块安装，包括应用服务器、数据库服务器和客户端所有文件；②服务器，包括数据库服务器、应用服务器、Web 服务器的相关选择，用户也可以分别选择进行安装；③客户端，只安装应用客户端相关文件，不是用的产品可以不装；④自定义，如果上述产品的安装都不满足用户的要求，用户可自定义安装产品。

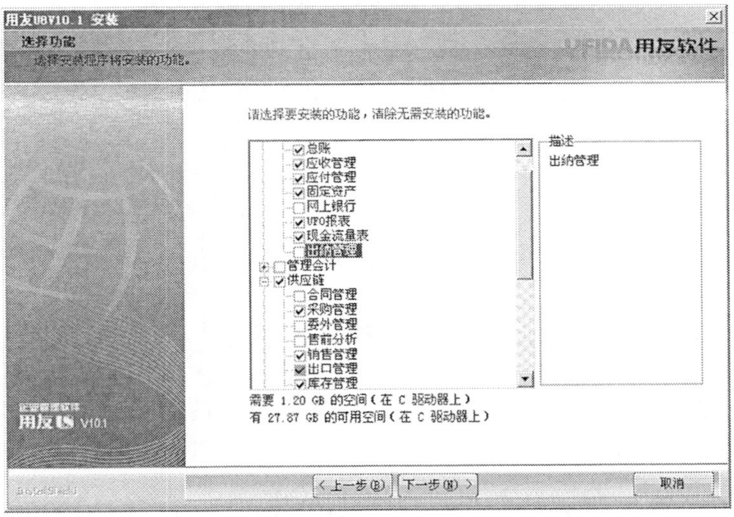

图 2-21 选择功能

6. 进入系统环境检测（如图 2-22 所示），分为：基础环境、缺省组件和可选组件三部分。如果“基础环境”不符合要求需要退出当前安装，手工安装所需要安装的组件或者补丁；“缺省组件”没有安装的，可以通过点击“安装缺省组件”功能自动安装，也可手工安装；“可选组件”可自行选择。

7. 当“基础环境”、“缺省组件”都满足要求后，点击确定进入下一步，检测报告会以记事本的形式保存检测结果。可以选择是否记录每一个 MSI 包的详细安装日志，默认不选择即可（如图 2-23 所示）。

8. 进行产品安装（如图 2-24 所示）。无论哪种类型的安装，安装完成后，系统都会

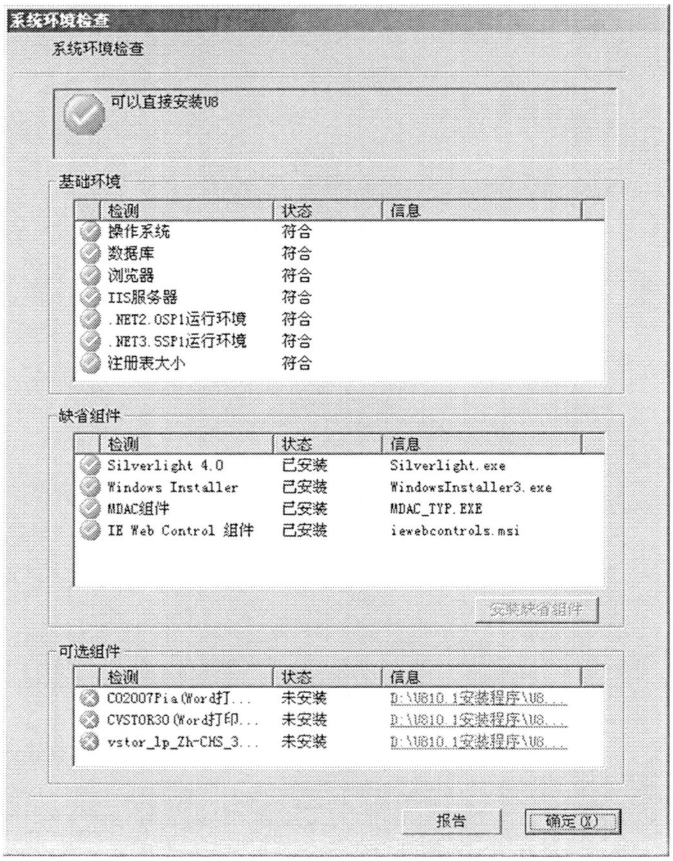

图 2-22　系统环境检查

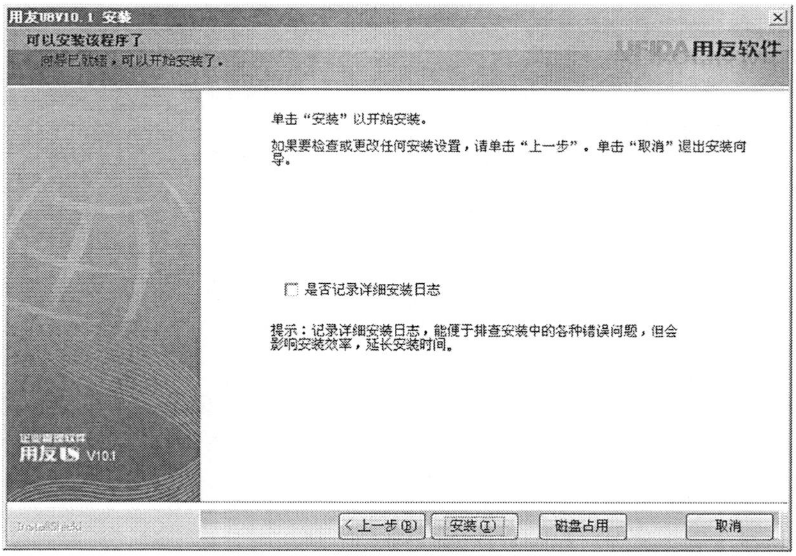

图 2-23　是否记录详细安装日志

提示已安装成功，是否需要立即重新启动电脑，建议选择“是，立即重新启动计算机”。重启后，即可完成 U8 V10.0 客户端的安装。

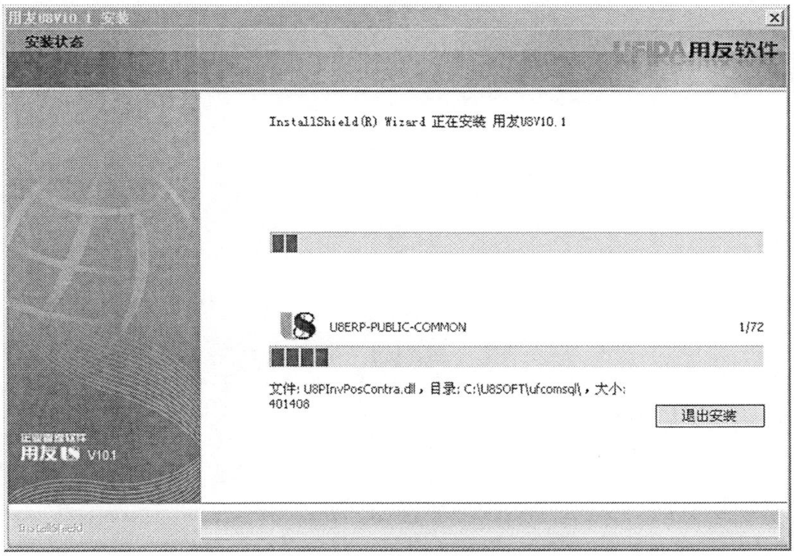

图 2-24　安装进度条

第三节　数据源配置及数据库初始化

完成系统安装以后，还需要进行一些基本的配置工作，否则可能无法顺利进入系统进行相关的工作。

一、数据源配置

由于 U8 采用三层架构，客户端在登录系统时，首先是登录到应用服务器上，再由应用服务器上的数据源配置设置情况决定用户所能进入的数据库和账套，以系统管理员（admin）身份登录系统管理模块时，登录界面提示的账套 default 是指数据源名称而非实体账套名称（如图 2-25 所示）。

图 2-25　系统管理员登录账套显示

如果以账套主管或者非系统管理员等身份登录系统管理界面时，此处显示的将是（账套号+数据源+账套名称）的组合名称方式（如图 2-26 所示）。

图 2-26　账套主管登录账套显示

系统的操作用户在登录系统管理或者企业应用平台时，如果没有配置好数据源，或者没有指定好数据源，即使系统内已有实体账套数据存在，也无法进行正常的登录（如图2-27所示）。

图 2-27　登录失败提示信息

如果数据库系统和 U8 安装正常，通常数据源的配置不需要人工干预。但是如果系统自动配置数据源时出现问题，则需要人工进行数据源配置。首先，运行 U8 应用服务器配置工具（如图 2-28 所示）。

点击数据库服务器，进入数据源配置操作界面（如图 2-29 所示）。此处的名为

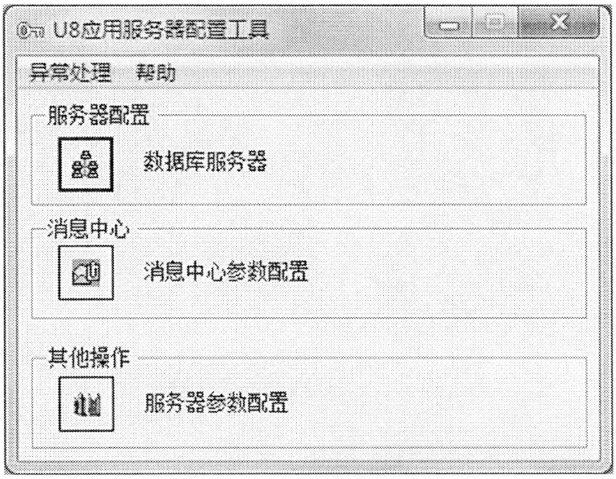

图 2-28　U8 应用服务器配置工具

default 的数据源就是系统自动建立的数据源名称，数据库服务器指 SQL 所在的服务器名称（可输入机器名称或者 IP）。

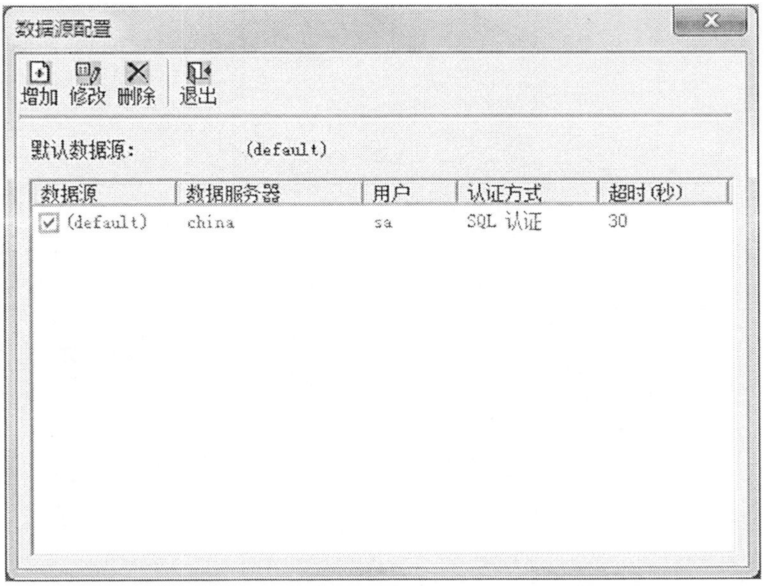

图 2-29　数据源配置界面

如果需要增加其他的数据源，点击增加功能，输入数据源名称、数据库服务器、SA 密码，然后点击“测试连接”（如图 2-30 所示）。

如果出现“连接串测试成功”的信息提示，说明数据源的配置成功完成（如图 2-31 所示）。

配置成功的数据源可以在登录时使用（如图 2-32 和图 2-33 所示）。

二、初始化数据库

U8 系统要正常使用，除了建立用户账套以及账套库以外，还需要 U8 系统数据库的正常运行作支持，通常系统数据库（例如 UFSystem）的建立也是系统自动进行的，如果自动建立系统数据库未成功，则需要人工完成。

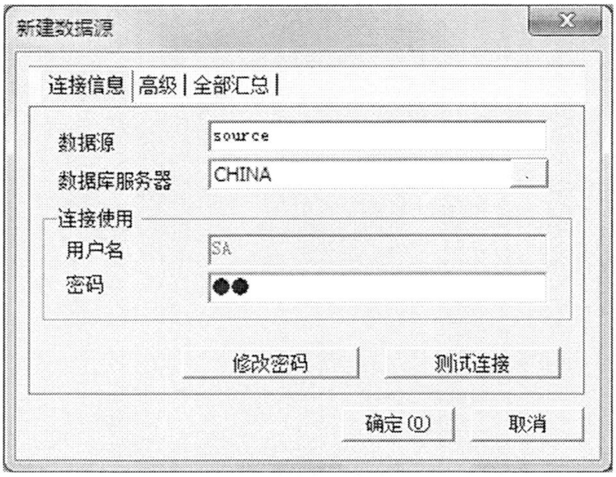

图 2-30　新建数据源

图 2-31　测试连接提示信息

图 2-32　系统管理员登录新建数据源

图 2-33　账套主管登录新建数据源

在未注册系统管理模块的情况下，在系统菜单项中运行“初始化数据库”（如图2-34所示）。

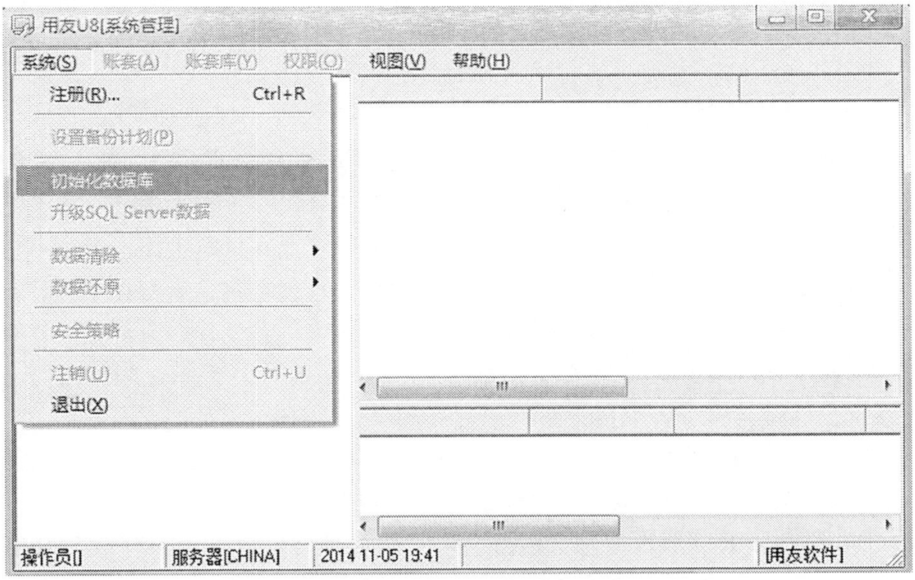

图 2-34　初始化数据库功能

输入需要初始化的数据库对象，此处的数据库实例是指 SQL 数据库所在的机器名称或者 IP 地址，正确输入 SA 口令即可（如图 2-35 所示）。该操作的本质是在安装了 SQL 的数据库服务器上生成 U8 的系统数据库文件，包括 UFportal、UFSystem。

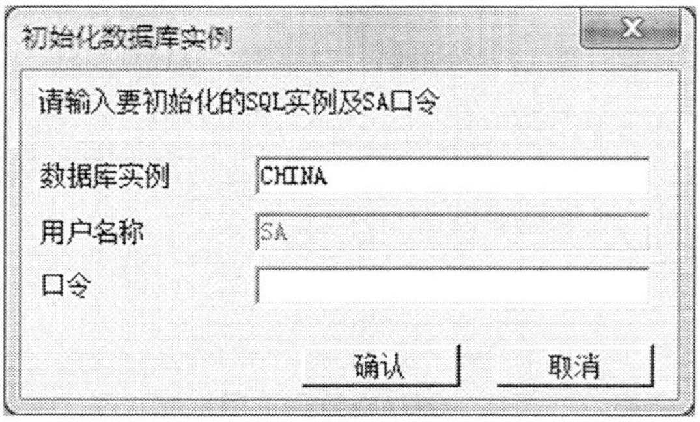

图 2-35 初始化数据库实例

第四节 会计软件教学环境的构建

一、概述

从目前我国会计信息系统的教学内容和方式来看，基本上是理论与实践结合的形式，即会计信息化相关理论需要通过一套实际的会计软件来实现，通常被选作实验平台的软件主要有用友 U8、金蝶 K3 等。由于这两套软件本身较为庞大，对操作系统的运行环境要求很高（例如需要安装 IIS、各种补丁程序），且后台数据库都是 SQL Server，存在数据库的安装和配置问题，软件安装以后可能与系统中已安装或者将来安装的软件有冲突而影响使用。所以，要使用这套软件，对于教师来说，把它安装成功是一个很复杂的工作。而对于大部分学生来说，自己独立安装成功更是一个难以完成的任务，这将影响软件的使用。如何把复杂的安装过程封装起来，快速构建软件的运行环境，以便将其应用于教学呢？可以通过虚拟机软件的应用来实现这个要求。

二、虚拟机简介及安装

虚拟机（virtual machine）指通过软件模拟的具有完整硬件系统功能的、运行在一个完全隔离环境中的完整计算机系统。通过虚拟机软件，可以在一台物理计算机上模拟出另一台或多台虚拟的计算机，这些虚拟机就像真正的计算机那样进行工作，例如可以安装操作系统、安装应用程序、访问网络资源等。对于用户而言，它只是运行在物理计算机上的一个应用程序，但是对于在虚拟机中运行的应用程序而言，它就是一台真正的计算机。流行的虚拟机软件有 VMware（VMWare ACE）、VirtualBox 和 Virtual PC，它们都能在 Windows 系统上虚拟出多个计算机，下面以 VirtualBox 为例来进行说明。

首先从网上下载共享的 VirtualBox 软件，然后安装 VirtualBox 软件。安装过程很简单，没有特殊要求，只需全部点“Next”即可完成（如图 2-36 所示）。

VirtualBox 软件安装完成以后即可运行，第一次运行时可以点击“新建”功能建立一个虚拟电脑，虚拟电脑的相关参数可以根据自己的需要进行设定和选择，例如名称为“V1”，操作系统类型为“Microsoft Windows”，版本为“Windows XP（32 bit）”（如图 2-37所示）。

可以根据宿主电脑物理内存情况决定分配给虚拟电脑的内存大小，分配给虚拟电脑的内存越大，运行速度就越快，但相应地会影响宿主电脑的运行速度，所以需要进行权衡。一般选择系统建议值即可（如图 2-38 所示）。

图 2-36 VirtualBox 软件安装

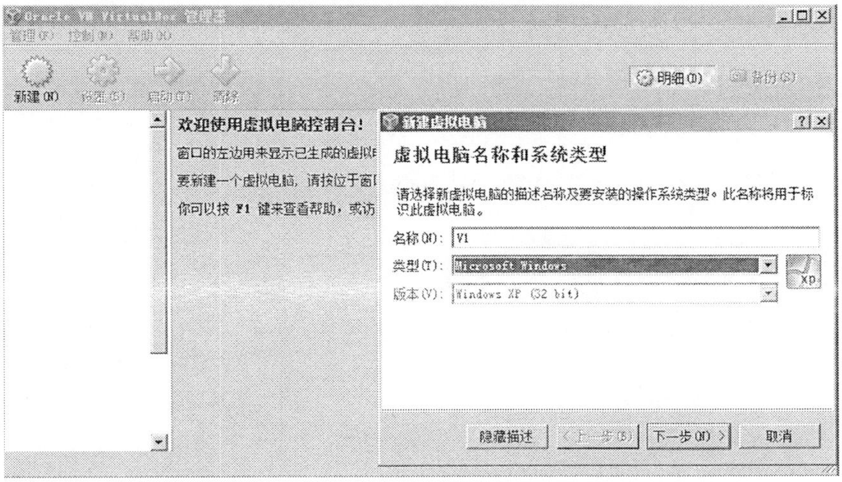

图 2-37 新建虚拟电脑

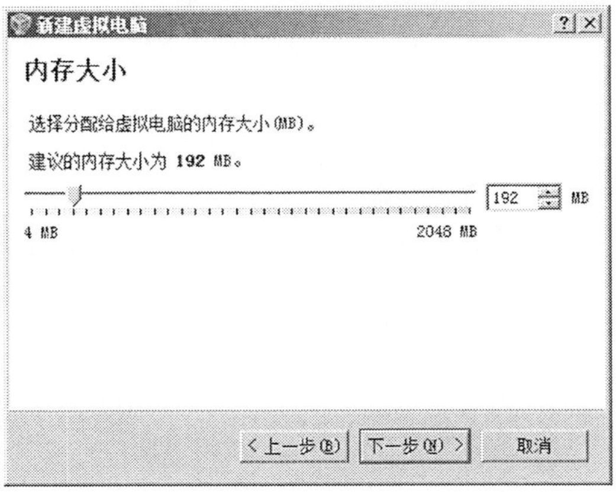

图 2-38 分配虚拟电脑内存

可以创建一个虚拟硬盘，将其添加到新虚拟电脑中，以便在虚拟电脑中获得必要的存储空间（如图 2-39 所示）。

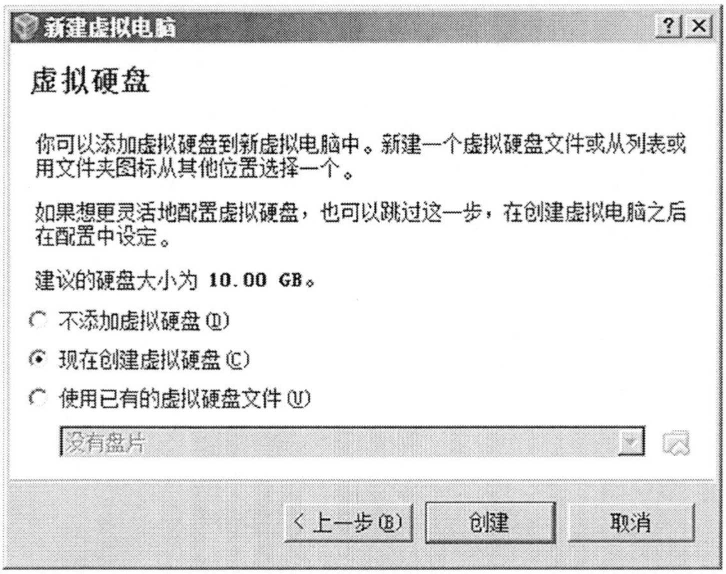

图 2-39　创建虚拟硬盘

可以进一步选择虚拟硬盘文件类型，一般选择“VHD（虚拟硬盘）”（如图 2-40 所示）。

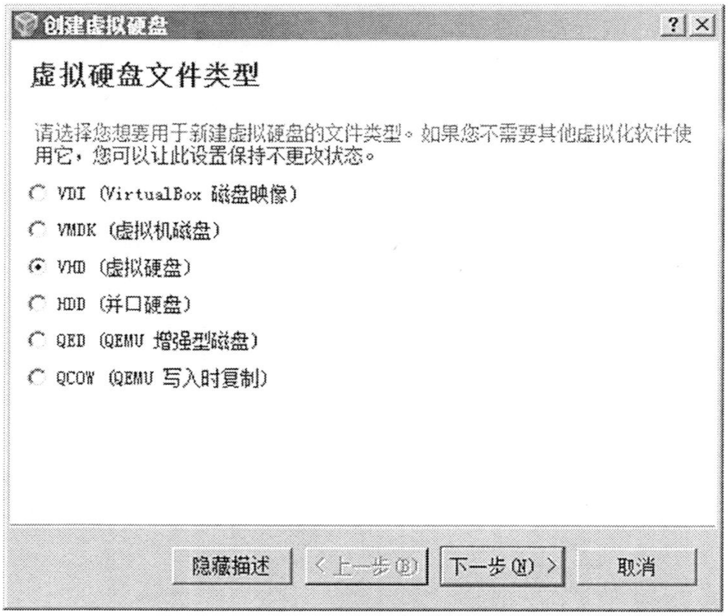

图 2-40　确定虚拟硬盘文件类型

确定虚拟硬盘文件是动态分配还是固定大小。动态分配通过牺牲速度实现少占物理硬盘空间，固定大小通过牺牲物理硬盘空间实现使用速度的提升，可根据实际情况进行权衡（如图 2-41 所示）。

确定新建虚拟硬盘文件存盘位置和虚拟硬盘文件在实际硬盘中能用的极限大小（如图 2-42 所示）。

最后，顺利完成 V1 虚拟电脑的建立（如图 2-43 所示）。

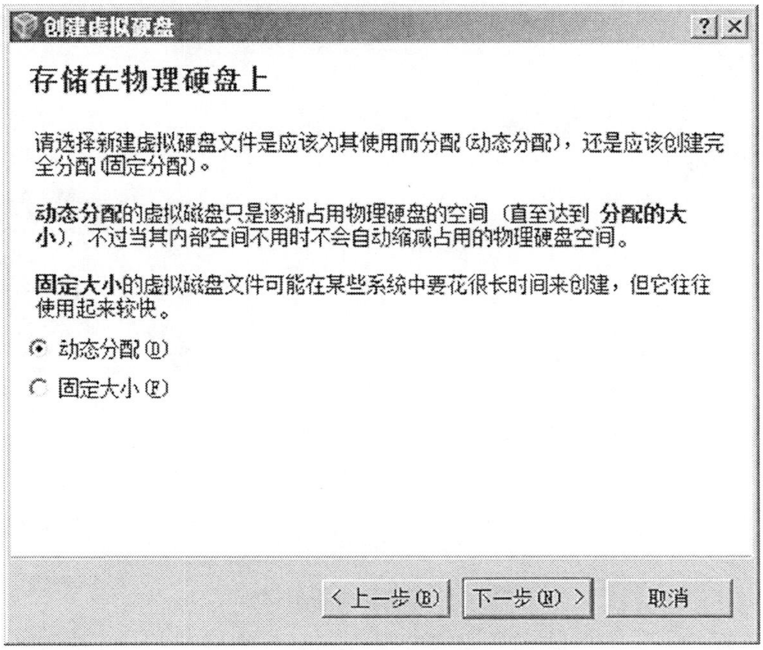
创建虚拟硬盘
存储在物理硬盘上
请选择新建虚拟硬盘文件是应该为其使用而分配(动态分配)，还是应该创建完全分配(固定分配)。
动态分配的虚拟磁盘只是逐渐占用物理硬盘的空间（直至达到 分配的大小），不过当其内部空间不用时不会自动缩减占用的物理硬盘空间。
固定大小的虚拟磁盘文件可能在某些系统中要花很长时间来创建，但它往往使用起来较快。
动态分配(D)
固定大小(F)
< 上一步(B)
下一步(N) >
取消

图 2-41　虚拟硬盘文件分配方式选择

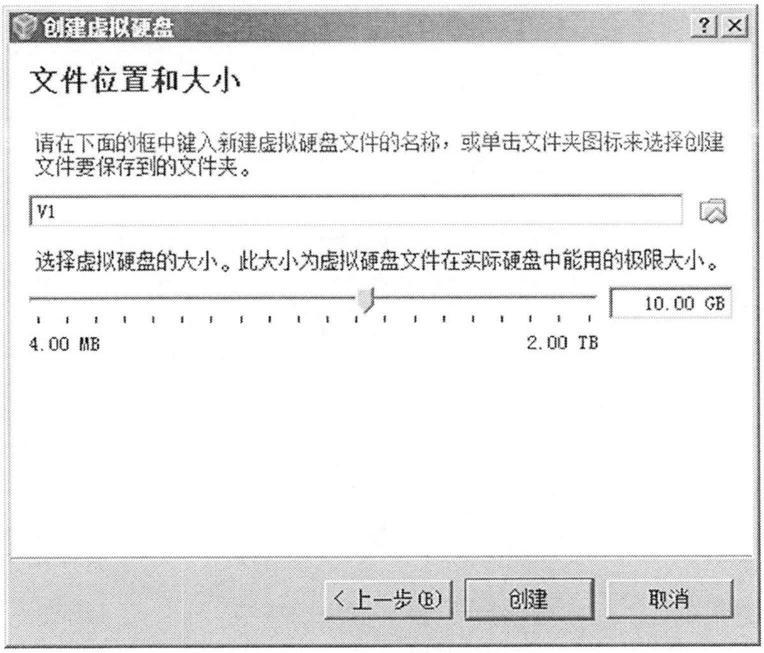
创建虚拟硬盘
文件位置和大小
请在下面的框中键入新建虚拟硬盘文件的名称，或单击文件夹图标来选择创建文件要保存到的文件夹。
V1
选择虚拟硬盘的大小。此大小为虚拟硬盘文件在实际硬盘中能用的极限大小。
10.00 GB
4.00 MB
2.00 TB
< 上一步(B)
创建
取消

图 2-42　确定虚拟硬盘文件位置和大小

三、会计软件教学运行环境的实现

虚拟电脑建立好以后相当于购买了一台新的电脑，例如图 2-43 的 V1。但是由于新电脑还没有安装操作系统和应用软件，所以暂时无法使用。接下来需要在虚拟电脑中安装操作系统和应用软件，这些操作与在物理电脑中安装的过程是一样的。

选择一个已经安装好的虚拟电脑，例如 V1，点击“启动”功能开始安装过程。首先

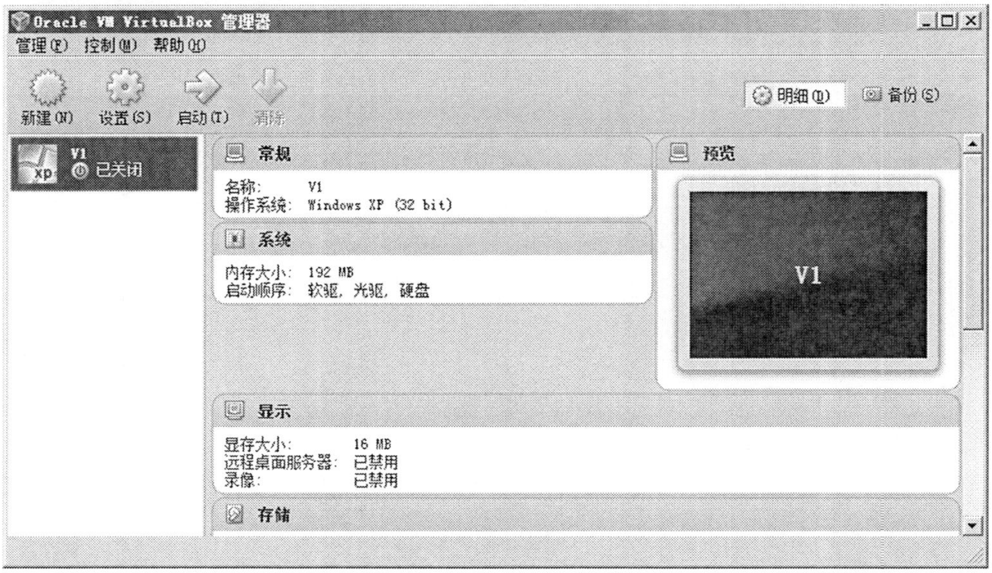

图 2-43　安装完成的虚拟机

需要选择一个有系统安装盘的物理光驱或者虚拟光驱（需要另行安装），以便启动操作系统的安装（如图 2-44 所示）。

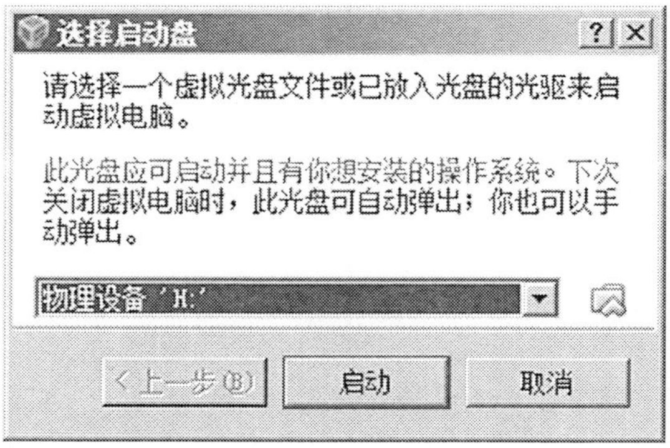

图 2-44　选择启动盘

操作系统安装完成以后可以进入虚拟电脑，首先通过“安装增强功能”准备好共享文件基础条件，然后通过虚拟电脑系统菜单中的“设备”—“共享文件夹”功能实现物理电脑与虚拟电脑的文件夹共享，从而实现物理电脑与虚拟电脑之间的数据交换（如图 2-45所示）。

例如，物理电脑的“E:\”分区被分配为共享文件夹，可以通过物理电脑的“E:\”与虚拟电脑进行数据交换（如图 2-46 所示）。

实现文件夹共享以后可以安装其他软件，基本流程是：Windows 操作系统补丁程序—Windows 操作系统 IIS 功能—SQL Server 数据库及补丁程序—U8 财务软件。

虚拟电脑中的系统软件和应用软件安装成功以后，可以进一步使用系统提供的“导出虚拟电脑”功能对虚拟电脑进行备份，方便将来重装或者将虚拟电脑发布到其他物理电脑中，类似于电脑的克隆与还原操作，可以大大减少操作系统与应用程序的重新安装时间，提高安装效率（如图 2-47 所示）。

图 2-45　安装增强功能

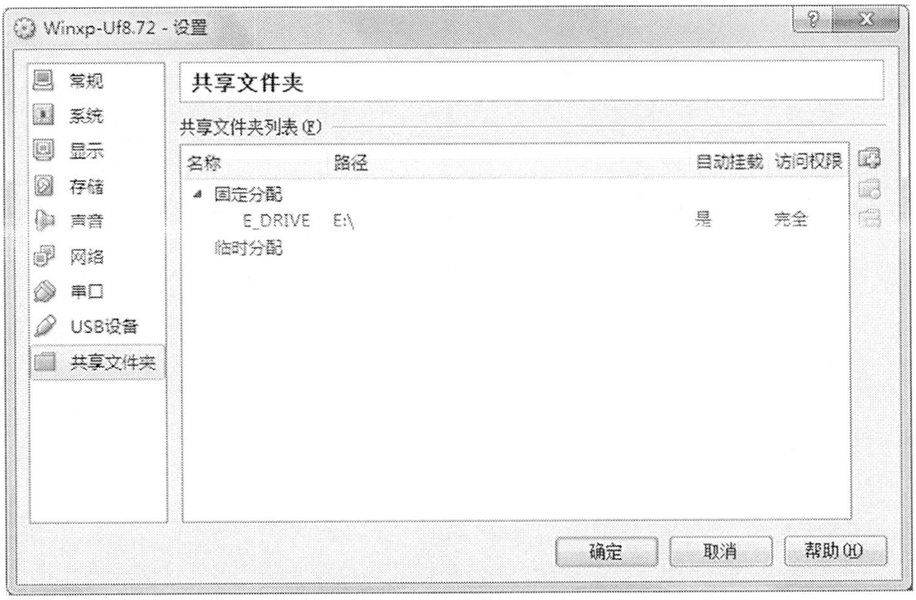

图 2-46　设置共享文件夹

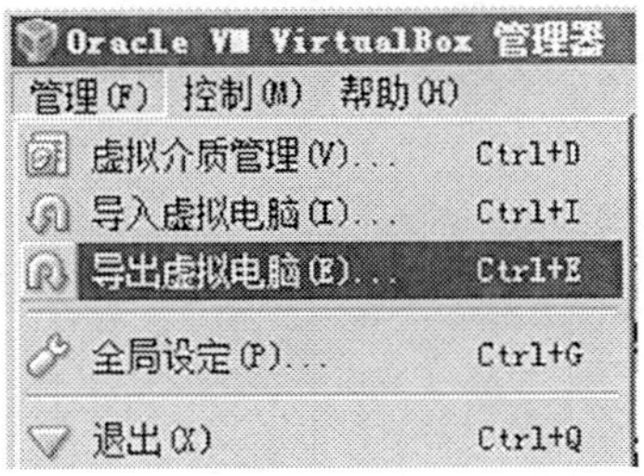

图 2-47　导出虚拟电脑功能

选择需要导出的虚拟电脑操作对象（如图 2-48 所示）。

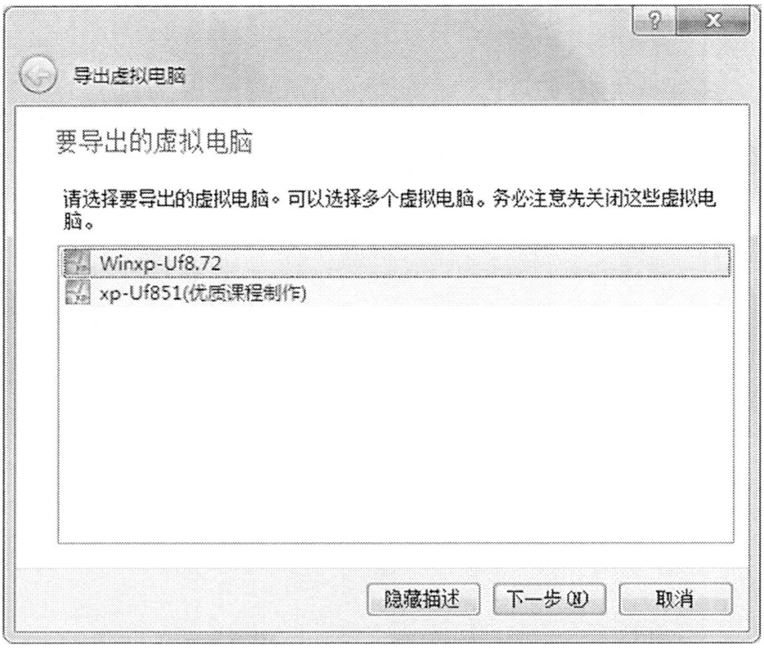
导出虚拟电脑
要导出的虚拟电脑
请选择要导出的虚拟电脑。可以选择多个虚拟电脑。务必注意先关闭这些虚拟电脑。
Winxp-Uf8.72
xp-Uf851(优质课程制作)
隐藏描述
下一步(N)
取消

图 2-48　选择导出对象

选择导出电脑的存储位置，导出的虚拟电脑文件会被放到该位置（如图 2-49 所示）。

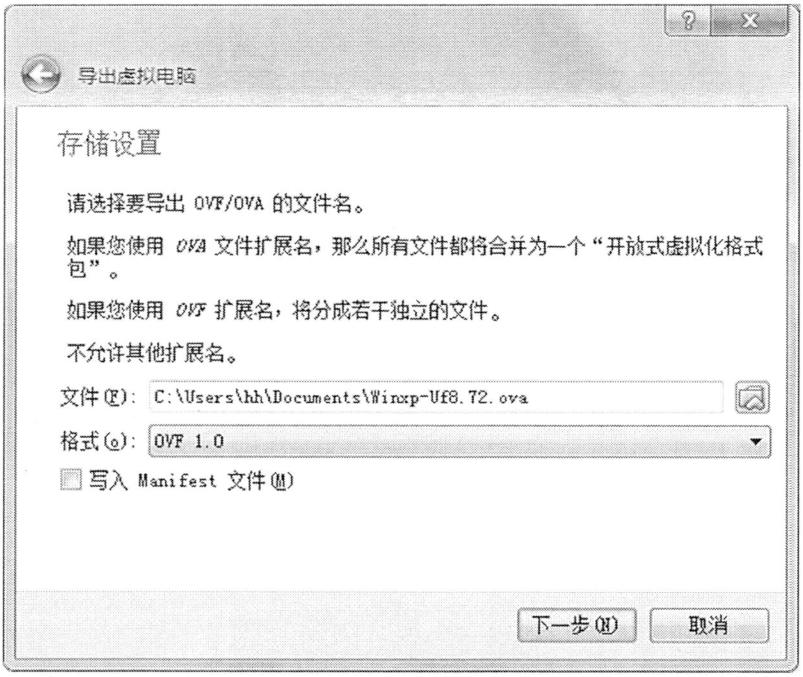
导出虚拟电脑
存储设置
请选择要导出 OVF/OVA 的文件名。
如果您使用 OVA 文件扩展名，那么所有文件都将合并为一个“开放式虚拟化格式包”。
如果您使用 OVF 扩展名，将分成若干独立的文件。
不允许其他扩展名。
文件(F): C:\Users\hh\Documents\Winxp-Uf8.72.ova
格式(o): OVF 1.0
写入 Manifest 文件(M)
下一步(N)
取消

图 2-49　选择存储位置

可以对虚拟电脑进一步进行导出设置（如图 2-50 所示）。

在拥有了导出的虚拟电脑文件基础上，如果需要重新安装虚拟电脑，只需要使用“导入虚拟电脑”功能就可以迅速恢复（如图 2-51 所示）。

可以根据需要设置虚拟硬盘存放位置（如图 2-52 所示）。

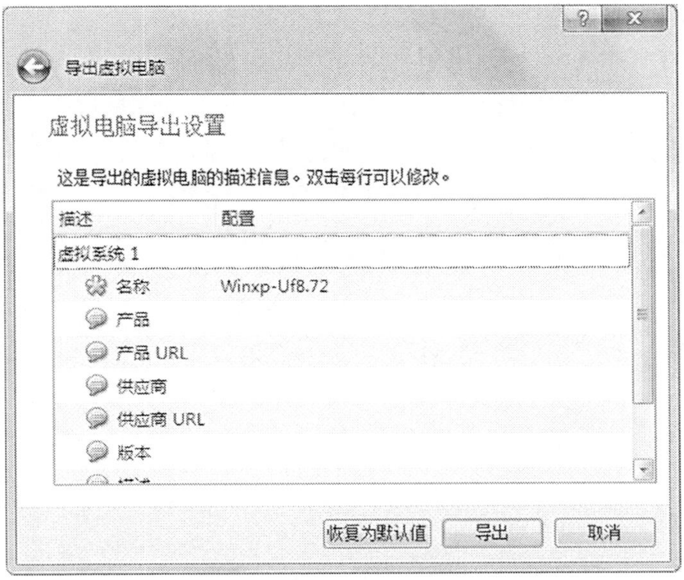

图 2-50　虚拟电脑导出设置

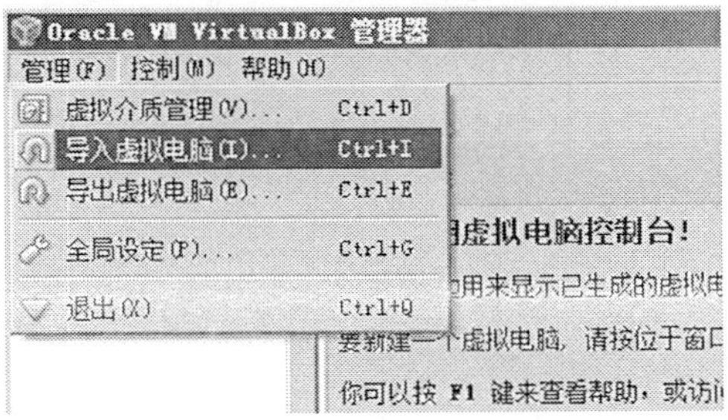

图 2-51　导入虚拟电脑功能

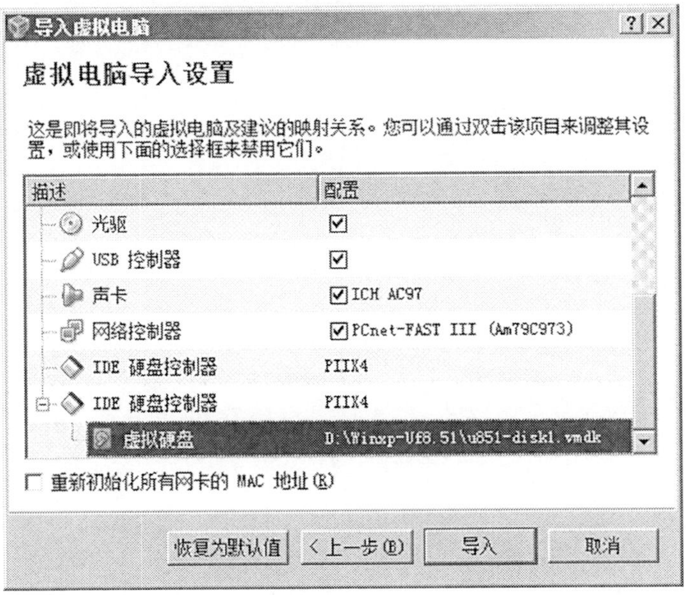

图 2-52　虚拟硬盘存放位置

系统显示导入进度（如图 2-53 所示）。

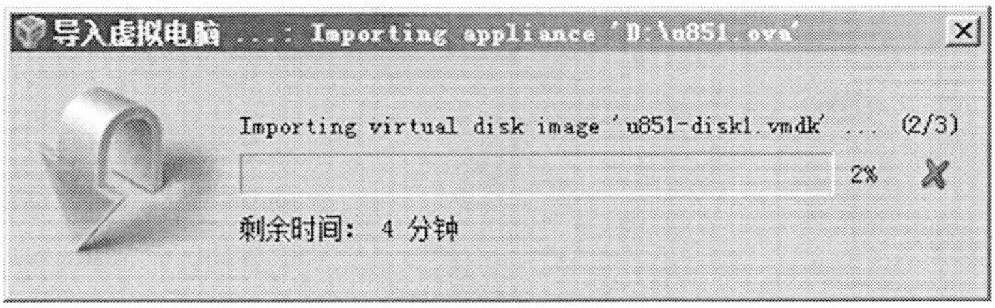

图 2-53 导入进度条

通过以上步骤，只需要在第一次进行完整的安装，以后会计软件的教学环境建立将非常简单和高效。

思考题及实践题

1. 虚拟机软件的作用是什么？
2. 初始化数据库有什么作用？
3. 如何进行数据源的配置？
4. 为什么在安装 SQL Server 2005 数据库前需要先安装好操作系统的 IIS？
5. 下载利用虚拟机等软件，独立完成操作系统、数据库系统、U8 软件的安装，体验 U8 运行环境的构建。

第三章

业务数据

第一节 建账信息及基础档案

华智股份有限公司是一家商品流通企业，主要从事服装以及手表的购销业务，也进行一些小型备件的生产加工。该公司位于江西省南昌市雅苑路，邮政编码是330013，手工账向计算机账转换日期是2014年11月1日。

一、建账信息

1. 操作员信息及分工

001 王主管（账套主管）：负责公用目录设置、审核、记账、结账。

002 张出纳（出纳）：负责凭证出纳签字、出纳、出纳管理。

003 李会计（会计）：负责其他总账工作、应收款管理、应付款管理、固定资产管理、UFO报表、供应链管理、人力资源管理。

2. 账套信息

账套号：888。

账套名称：华智股份有限公司。

账套语言：简体中文，English。

账套路径：默认。

启用会计期：2014年11月。

该账套为非集团账套，已建立专家财务评估数据库——pinggu。

3. 单位信息

单位名称：华智股份有限公司。

单位简称：华智公司。

机构代码：49101817-5。

纳税号：320583000674598。

4. 核算类型

记账本位币：人民币。

企业类型：商业。

该企业根据2006年发布的《企业会计准则》，采用系统预置的“2007年新会计制度”科目，不按行业性质预置科目。

5. 基础信息

根据管理要求，该企业需要对存货、客户、供应商分类。企业有外币核算业务。

6. 编码方案

科目编码级次为4-2-2，其余为系统默认值。

7. 数据精度

数据精度为系统默认值。

8. 系统顺序及启用日期

启用顺序：

①先启用总账，其他暂不启用；

②总账业务完成以后启用应收、应付系统，其他暂不启用；

③应收、应付业务完成以后启用薪资管理、固定资产，其他暂不启用；

④薪资和固定资产业务完成以后启用采购管理、库存管理、存货核算、销售管理；

⑤最后启用出纳管理。

启用日期：各子系统启用日期均为2014-11-01。

二、基础档案

1. 部门档案（见表3-1）

表3-1 部门档案

部门编码	部门名称
1	行政部门
101	办公室
102	财务部
2	供销中心
201	采购部
202	销售部
3	生产中心
301	一车间
302	二车间

2. 人员类别（见表3-2）

表3-2 人员类别

在职人员档案编号	在职人员档案名称
101	企业管理人员
102	经营人员
103	车间管理人员
104	生产人员

3. 职员档案（见表 3-3）

表 3-3 职员档案

人员编码	人员姓名	性别	人员类别	行政部门	是否操作员	是否业务员	生效日期	业务或费用部门
000	马阳	男	企业管理人员	办公室		是	2014-11-01	办公室
001	王主管	男	企业管理人员	财务部	是	是	2014-11-01	财务部
002	张出纳	女	企业管理人员	财务部	是	是	2014-11-01	财务部
003	李会计	女	企业管理人员	财务部	是	是	2014-11-01	财务部
004	王一	男	经营人员	采购部		是	2014-11-01	采购部
005	杨健	男	经营人员	销售部		是	2014-11-01	销售部
006	赵月	女	车间管理人员	一车间		是	2014-11-01	一车间
007	周强	男	生产人员	一车间		是	2014-11-01	一车间
008	罗青	女	生产人员	二车间		是	2014-11-01	二车间

4. 供应商和客户分类档案（见表 3-4 ）

表 3-4 供应商和客户分类档案

<table>
<tr><th>类别名称</th><th>一级分类编码和名称</th><th>二级分类编码和名称</th></tr>
<tr><td rowspan="4">供应商</td><td rowspan="2">01 服装商</td><td>01001 批发商</td></tr>
<tr><td>01002 代销商</td></tr>
<tr><td rowspan="2">02 手表商</td><td>02001 批发商</td></tr>
<tr><td>02002 代销商</td></tr>
<tr><td rowspan="4">客户</td><td>01 经销商</td><td>01001 江西省经销商</td></tr>
<tr><td rowspan="2">02 批发商</td><td>02001 广东省批发商</td></tr>
<tr><td>02002 湖南省批发商</td></tr>
<tr><td>03 子公司</td><td>03001 上海子公司</td></tr>
</table>

5. 供应商和客户档案（见表 3-5）

所有企业开户行币种都是人民币。

6. 存货资料

① 计量单位：

01：自然单位，无换算，包括套、对、匹、次。

02：手表计量，固定换算。1 盒 = 10 只，1 箱 = 40 盒。

03：服装计量，固定换算。1 袋 = 20 件，1 捆 = 10 袋。

②存货分类档案见表 3-6。

表 3-5 **供应商和客户档案**

类别	编码	供应商/客户名称	简称	所属分类码	税号	开户银行	银行账号
供应商	001	上海明珠服装厂	上海明珠	01001	02133221	中国工商银行	21118899
	002	湖北新星服装厂	湖北新星	01002	02155889	中国建设银行	02106688
	003	深圳海王手表厂	深圳海王	02001	01055998	中国建设银行	11055899
	004	浙江东方手表厂	浙江东方	02002	01022331	中国银行	01008899
客户	001	南昌百货大楼	南昌百货	01001	07913322	招商银行叠山路分行	21033366
	002	广州天河百货公司	广州天河	02001	02022288	中国银行花城支行	45210009
	003	长沙芙蓉百货公司	长沙芙蓉	02002	09998883	民生银行五一分行	98000123
	004	上海黄浦贸易公司	上海黄浦	03001	02155559	华夏银行浦东支行	20098011

表 3-6 **存货分类档案**

一 级	二 级
01 商品	0101 服装
	0102 手表
02 劳务	0201 劳务费用

③存货档案见表 3-7。

表 3-7 存货档案 金额单位：元

存货分类	存货编码及名称	计量单位组名称	主计量单位	税率	存货属性	参考成本	参考售价	计划单价/售价
0101 服装	01 明珠女装	服装计量	件	17%	内销、外销、外购	200	280	
	02 明珠男衣	服装计量	件	17%	内销、外销、外购	300	500	
	03 明珠男套装	自然单位	套	17%	内销、外销、外购	800	1 200	
	04 新星女风衣	服装计量	件	17%	内销、外销、外购	120	200	
0102 手表	05 东方女表	手表计量	只	17%	内销、外销、外购、受托代销	800	1 200	1 300
	06 海王女表	手表计量	只	17%	内销、外销、外购	120	200	220
	07 海王情侣表	自然单位	对	17%	内销、外销、外购	280	360	400
0201 劳务费用	08 运输费	自然单位	次	6%	外销、外购、应税劳务			

参考成本、参考售价和计划单价/售价均为含税价。

7. 外币及汇率设置

美元（USD）（2014 年 11 月记账汇率 6.2，调整汇率 6.21；2014 年 12 月记账汇率 6.21，调整汇率 6.19）、港元（HKD）。

8. 会计科目表（见表3–8）

表3–8 会计科目表

一级科目编码及名称	二级科目编码及名称	三级科目	方向	辅助核算
1001 库存现金			借	日记账
1002 银行存款	01 工行		借	日记账、银行账
	02 中行		借	日记账、银行账、外币核算（美元）
1012 其他货币资金			借	
1121 应收票据			借	客户往来/受控应收系统
1122 应收账款			借	客户往来/受控应收系统
1123 预付账款			借	供应商往来/受控应付系统
1221 其他应收款			借	个人往来
1231 坏账准备			贷	
1321 代理业务资产			借	
1401 材料采购			借	
1403 原材料			借	
1405 库存商品			借	数量核算（件）、自定义项“保管人”、“出厂日期”
1406 发出商品			借	
1407 商品进销差价			借	
1601 固定资产			借	
1602 累计折旧			贷	
1603 固定资产减值准备			贷	
1606 固定资产清理			借	
1701 无形资产			借	
1702 累计摊销			贷	
2201 应付票据			贷	供应商往来/受控应付系统
2202 应付账款			贷	供应商往来/受控应付系统
2203 预收账款			贷	客户往来/受控应收系统
2211 应付职工薪酬			贷	
2221 应交税费	01 应交增值税	01 进项	借	
		02 销项	贷	
	02 应交营业税		贷	

续表

一级科目编码及名称	二级科目编码及名称	三级科目	方向	辅助核算
2314 代理业务负债			贷	
4001 实收资本			贷	
4002 资本公积			贷	
4103 本年利润			贷	
4104 利润分配	01 未分配利润		贷	
5001 生产成本	01 基本生产成本		借	
	02 辅助生产成本		借	
5101 制造费用	01 差旅费		借	
	02 工资		借	
	03 折旧费		借	
6001 主营业务收入				数量核算（件）
6301 营业外收入				
6401 主营业务成本				数量核算（件）
6601 销售费用	01 广告费			
	02 工资			
	03 折旧费			
6602 管理费用	01 差旅费			部门核算
	02 工资			
	03 折旧费			
	04 坏账损失			
	05 无形资产摊销			
6603 财务费用	01 利息支出			
	02 汇兑损益			
6701 资产减值损失				
6711 营业外支出				

9. 凭证类别

收、付、转三类。设置限制类型：收（借方必有 1001、1002）；付（贷方必有 1001、1002）；转（凭证必无 1001，1002）。

10. 结算方式

1　转账；

101　现金支票；

102　转账支票（要求票据管理）；

103 商业承兑汇票；

104 银行承兑汇票；

105 电汇。

11. 付款条件（见表 3-9）

表 3-9 付款条件

付款条件编码	信用天数	优惠天数 1	优惠率 1	优惠天数 2	优惠率 2	优惠天数 3	优惠率 3
01	30	10	4	20	2	30	0
02	60	20	2	40	1	60	0
03	90	30	1. 5	60	0. 5	90	0

12. 本单位开户银行

①编码：01。银行账号：100010195588。账户名称：中国工商银行八一广场支行。开户银行：中国工商银行。币种：人民币。所属银行编码：01。

②编码：02。银行账号：100010195555。账户名称：招商银行福州路分行。开户银行：招商银行。币种：人民币。所属银行编码：02。

③编码：03。银行账号：100010195566。账户名称：中国银行老福山支行。开户银行：中国银行。币种：美元。所属银行编码：00002。机构号：5824。联行号：17。

13. 仓库档案

01：明珠服装库，计价方式采用先进先出法。

02：新星服装库，计价方式采用全月平均法。

03：手表库，计价方式采用售价法。

14. 收发类别（见表 3-10）

表 3-10 收发类别

一级编码和名称	二级编码和名称	一级编码和名称	二级编码和名称
1 入库	11 采购入库	2 出库	21 销售出库
	12 盘盈入库		22 盘亏出库
	13 调拨入库		23 调拨出库
	14 其他入库		24 其他出库

15. 采购类型和销售类型（见表 3-11）

表 3-11 采购类型和销售类型

采购类型		销售类型	
名称	入库类别	名称	出库类别
01 厂商采购	采购入库	01 批发销售	销售出库
02 代销商进货	采购入库	02 经销商批发	销售出库

16. 费用项目分类（见表 3-12）

表 3-12 费用项目分类

费用项目分类编码	费用项目名称
1	直接费用
2	间接费用

17. 费用项目（见表3-13）

表3-13 **费用项目**

费用项目编码	费用项目名称	费用项目分类
01	运输费	间接费用
02	安装费	间接费用
03	包装费	间接费用

第二节 总账初始化设置及日常业务

一、总账选项设置

需要进行支票控制；

可以使用应收受控科目；

可以使用应付受控科目；

出纳凭证必须经由出纳签字；

其余按系统默认设置。

二、总账11月期初余额

总账11月期初余额见表3-14。

表3-14 **总账11月期初余额**

一级科目名称及编码	二级科目名称及编码	三级科目	方向	期初余额	
				外币或数量	人民币（元）
1001 库存现金			借		3 000
1002 银行存款	01 工行		借		63 700
	02 中行		借	40 000 美元	248 000
1122 应收账款			借		106 600
1221 其他应收款			借		2 000
1231 坏账准备			贷		1 000
1321 代理业务资产			借		41 500
1405 库存商品			借	1 000 件	65 000
1406 发出商品			借		22 340
1407 商品进销差价			借		260
1601 固定资产			借		260 860
1602 累计折旧			贷		48 490.88
2202 应付账款			贷		10 000
2221 应交税费	01 应交增值税	01 进项	借		1 000
		02 销项	贷		
	02 应交营业税		贷		62 600
2314 代理业务负债			贷		41 500
4001 实收资本			贷		490 000
4002 资本公积			贷		50 669.12
4104 利润分配	01 未分配利润		贷		110 000

三、辅助账11月期初余额

辅助账11月期初余额见表3-15、表3-16、表3-17。

表3-15 **应收账款账户期初余额**

会计科目：1122 应收账款

开票日期	客户	摘要	方向	金额（元）
2014.10.8	南昌百货大楼	销售货款	借	56 000
2014.10.15	广州天河百货公司	销售货款	借	50 000
2014.10.15	广州天河百货公司	代垫运费	借	600

表3-16 **其他应收款账户期初余额**

会计科目：1221 其他应收款

开票日期	部门	个人	摘要	方向	金额（元）
2014.10.10	采购部	王一	预借差旅费	借	2 000

表3-17 **应付账款账户期初余额**

会计科目：2202 应付账款

开票日期	供应商	摘要	方向	金额（元）
2014.10.1	上海明珠服装厂	采购款	贷	10 000

四、总账日常业务

需要说明的是，如果同时启用其他子系统，有些业务可以在其他子系统完成，为了降低复杂度，以下所有业务均在总账完成。

1. 公司11月份发生的经济业务（月初美元记账汇率为6.2）

①1日，开出现金支票从工行提取3 000元备用，票据号xj01。

②2日，采购员王一预借差旅费1 000元，以现金付讫，借据号hz01。

③5日，向上海明珠服装厂购入商品40件，每件成本70元，价税共计3 276元，已用工行转账支票支付，票据号zz01。产品已经入库（保管人：董亮，出厂日期：2014.9.5）。

④7日，销售给长沙芙蓉百货公司商品100件，每件售价120元，价税共计14 040元，款项尚未收到。

⑤10日，采购员王一出差回来报销差旅费1 200元，以现金支付差额。

⑥13日，用工行转账支票支付广告费2 000元，票据号zz02。

⑦30日，结转销售成本。

⑧30日，结转汇兑损益，汇率为6.21。

⑨30日，结转期间损益。

2. 公司12月份发生的经济业务（月初美元记账汇率为6.21）

①3日，销售给南昌百货大楼明珠女装50件，每件售价150元，价款7 500元，增值税1 275元，款项尚未收到。

②5日，接受华人公司以商标权向公司投资，评估价100 000元，其中80 000元作为注册资本。

③6 日，委托工行汇款 30 000 元给外地银行开立采购专户，票据号 zz03。

④9 日，以现金支付车间管理人员差旅费 1 500 元。

⑤31 日，自定义当月无形资产摊销（摊销期按 10 年计）。

⑥31 日，定义制造费用对应结转至生产成本。

⑦31 日，结转销售成本。

⑧31 日，结转汇兑损益，汇率为 6. 19。

⑨31 日，结转期间损益。

第三节 应收款系统初始化设置及日常业务

一、应收款选项及相关的总账选项设置

坏账处理方式：应收账款余额百分比法。

单据审核后不立即制单。

总账选项中设置不可以使用应收受控科目。

系统启用中设置不启用销售管理系统。

二、初始设置

基本科目设置：应收科目 1122；预收科目 2203；销售收入科目 6001；商业承兑科目 1121；银行承兑科目 1121；票据利息科目 660301；汇兑损益科目 660302；坏账入账科目 1231。

控制科目：应收科目 1122；预收科目 2203。

产品科目：销售收入科目 6001；应交增值税科目 22210102；销售退回科目 6001。

结算方式科目：100201。

坏账提取比率：0. 5%。

坏账准备期初余额：1 000 元（贷）。

坏账准备科目：1231。

对方科目：6701。

三、应收账款期初余额

增值税专用发票见表 3-18，其他应收单见表 3-19。

表 3-18 增值税专用发票

单据类别	单据类型	方向	开票日期	客户名称	销售部门	货物名称	数量	含税单价（元）
销售发票	专用发票	正向	2014. 10. 8	南昌百货大楼	销售部	明珠女装	280	200
销售发票	专用发票	正向	2014. 10. 15	广州天河百货公司	销售部	明珠男套装	50	1 000

表 3-19 其他应收单

开票日期	客户	摘要	金额（元）
2014. 10. 15	广州天河百货公司	代垫运费	600

四、应收款日常业务

1. 11 月 5 日，批发销售给上海黄浦贸易公司海王女表 5 只，单价 200 元/只，开出销售普通发票，货已发出。

2. 11 月 7 日，批发销售给长沙芙蓉百货公司海王情侣表10 对，单价 360 元/对，开出增值税专用发票，货已发出。

3. 11 月 7 日，批发销售给长沙芙蓉百货公司海王情侣表，用现金代垫运费 210 元。

4. 11 月 8 日，收到南昌百货大楼交来转账支票 1 张，金额 56 000 元，支票号 CCB05，用于偿还前欠货款。

5. 11 月 9 日，收到广州天河百货公司交来转账支票一张，金额 51 000 元，支票号 CMB01，用于归还前欠货款以及代垫运费，剩余款项转为预收账款。

6. 11 月 12 日，南昌百货大楼交来转账支票 1 张，金额 5 000 元，支票号 CCB06，作为预收账款。

7. 11 月 30 日，将长沙芙蓉百货公司购买海王情侣表的货款 3 810 元转给广州天河百货公司。

8. 11 月 30 日，确认本月广州天河百货公司应收货款 500 元作为坏账处理。

9. 11 月 30 日，核销南昌百货大楼已结应收货款 56 000 元。

10. 填制应收款业务相关凭证。

第四节 应付款系统初始化设置及日常业务

一、应付款选项及相关总账选项设置

应付款所有选项按系统默认设置。

总账选项中设置不可以使用应付受控科目。

系统启用中设置不启用采购管理系统。

二、初始设置

基本科目设置：应付科目 2202；预付科目 1123；采购科目 1401；税金科目 22210101；汇兑损益科目 660302；商业承兑科目 2201；银行承兑科目 2201；票据利息科目 660301。

控制科目设置：应付科目 2202；预付科目 1123。

产品科目设置：采购科目 1401；产品采购税金科目 22210101。

结算方式科目设置：现金支票、转账支票、电汇 100201；商业承兑汇票、银行承兑汇票 1012。

三、应付账款期初余额

增值税专用发票见表 3-20。

表 3-20 增值税专用发票

单据类别	单据类型	方向	开票日期	供应商名称	部门	存货名称	数量	含税单价（元）	科目
采购发票	采购专用发票	正向	2014. 10. 1	上海明珠服装厂	采购部	明珠女装	50	200	2202

四、应付款日常业务

1. 11 月 10 日，采购部王一从湖北新星服装厂购入新星女风衣 30 件，含税单价 120 元/件，收到增值税专用发票，服装已经入库。相关款项未付。

2. 11 月 13 日，开出转账支票 zz05 支付前欠上海明珠服装厂货款 10 000 元。

3. 11 月 30 日，进行本月发票查询。

4. 填制应付款业务相关凭证。

第五节 薪资管理系统初始化设置及日常业务

一、薪资账套建立参数设置

薪资类别个数为多个。

核算计件工资。核算币种为人民币。

要求代扣个人所得税。

不进行扣零处理。

二、薪资基础信息设置

除系统预置的以外，需要使用到的薪资项目设置见表 3-21。

表 3-21 薪资项目设置

项目名称	类型	长度	小数位	增减项
基本工资	数字	8	2	增项
奖金	数字	8	2	增项
交通补贴	数字	8	2	增项
事假天数	数字	2	0	其他
事假扣款	数字	8	2	减项
养老保险	数字	8	2	减项
医疗保险	数字	8	2	减项
失业保险	数字	8	2	减项
住房公积金	数字	8	2	减项
个税缴纳基数	数字	8	2	其他

三、个人所得税税率表

2011 年 9 月 1 日起，实行 7 级超额累进个人所得税税率表（见表 3-22），扣除标准为 3 500 元/月。

应纳个人所得税额 = 应纳税所得额×适用税率-速算扣除数

表 3-22 个人所得税税率表（工资、薪金所得适用）

级数	全月应纳税所得额（含税级距）	全月应纳税所得额（不含税级距）	税率（%）	速算扣除数
1	不超过 1 500 元	不超过 1 455 元的	3	0
2	超过 1 500 元至 4 500 元的部分	超过 1 455 元至 4 155 元的部分	10	105
3	超过 4 500 元至 9 000 元的部分	超过 4 155 元至 7 755 元的部分	20	555
4	超过 9 000 元至 35 000 元的部分	超过 7 755 元至 27 255 元的部分	25	1 005
5	超过 35 000 元至 55 000 元的部分	超过 27 255 元至 41 255 元的部分	30	2 755
6	超过 55 000 元至 80 000 元的部分	超过 41 255 元至 57 505 元的部分	35	5 505
7	超过 80 000 元的部分	超过 57 505 元的部分	45	13 505

含税级距适用于由纳税人负担税款的工资、薪金所得；不含税级距适用于由他人（单位）代付税款的工资、薪金所得。

四、工资类别建立（正式员工）

工资类别为正式员工，11 月 1 日启用。

1. 部门选择：所有部门。

2. 工资项目：基本工资、奖金、交通补贴、事假天数、事假扣款、养老保险、医疗保险、失业保险、住房公积金、个税缴纳基数。

3. 正式员工工资类别人员档案见表 3–23。正式员工均不核算计件工资，代发工资银行均为中国工商银行。

表 3–23 **正式员工档案**

人员编号	姓　名	所在部门	人员类别	账　号	是否为中方人员	是否计税
000	马阳	办公室	企业管理人员	20060080001	是	是
001	王主管	财务部	企业管理人员	20060080002	是	是
002	张出纳	财务部	企业管理人员	20060080003	是	是
003	李会计	财务部	企业管理人员	20060080004	是	是
004	王一	采购部	经营人员	20060080005	是	是
005	杨健	销售部	经营人员	20060080006	是	是
006	赵月	一车间	车间管理人员	20060080007	是	是

4. 工资项目计算公式（见表 3–24）。

表 3–24 **工资项目计算公式**

工资项目	公　式
事假扣款	事假天数 * 基本工资/30
交通补贴	iff（人员类别＝“企业管理人员”，80，iff（人员类别＝“经营人员”，100，90））
养老保险	基本工资 * 0.08
医疗保险	基本工资 * 0.02
失业保险	基本工资 * 0.005
住房公积金	基本工资 * 0.12
个税缴纳基数	应发合计–养老保险–医疗保险–失业保险–住房公积金

5. 11 月份正式员工工资数据（见表 3–25）。

表 3–25 **正式员工工资数据** 单位：元

姓　名	基本工资	奖　金
马阳	5 000	500
王主管	3 000	300
张出纳	2 000	200
李会计	2 500	200
王一	2 000	200
杨健	3 000	300
赵月	4 500	450

6. 11 月份正式员工工资变动情况。

考勤记录：马阳请假 1 天，王一请假 1 天，赵月请假 2 天。

五、工资类别建立（临时员工）

工资类别为临时员工，11 月 1 日启用。

1. 部门选择：生产中心。

2. 工资项目：基本工资、养老保险、医疗保险、失业保险、住房公积金、个税缴纳基数。

3. 临时员工档案（见表 3-26）。

表 3-26 临时员工档案

人员编号	姓名	所在部门	人员类别	账　号	是否为中方人员	是否计税	是否核算计件工资
007	周强	一车间	生产人员	20060080008	是	是	是
008	罗青	二车间	生产人员	20060080009	是	是	是

4. 临时员工工资项目计算公式（见表 3-27）。

表 3-27 临时员工工资项目计算公式

工资项目	公　　式
养老保险	（计件工资+基本工资）＊0.08
医疗保险	（计件工资+基本工资）＊0.02
失业保险	（计件工资+基本工资）＊0.005
住房公积金	（计件工资+基本工资）＊0.12
个税缴纳基数	应发合计-养老保险-医疗保险-失业保险-住房公积金

5. 11 月份临时员工工资数据（见表 3-28）。

表 3-28 临时员工工资数据　　单位：元

姓名	基本工资
周强	8 00
罗青	1 000

6. 计件工资设置。

①计件要素设置（见表 3-29）。

表 3-29 计件要素

名　称	类型	数据类型	长度	小数位	启用
工时	标准	字符型	10	0	是
装配工时	数量	数值型	12	2	是
检验工时	数量	数值型	12	2	是
装配工价	单价	数值型	12	4	是
检验工价	单价	数值型	12	4	是

②计件工价设置（见表3-30）。

表3-30　　**计件工价**　　单位：元

工　时	装配工价	检验工价
装配工时	20	0
检验工时	0	10

③计件公式设置。

计件工资=装配工时＊装配工价+检验工时＊检验工价

计件工资=isnull（计件工资明细表．装配工时，0）＊ isnull（计件工资明细表．装配工价，0）+ isnull（计件工资明细表．检验工时，0）＊ isnull（计件工资明细表．检验工价，0）

④11 月份临时员工工时情况（见表3-31）。

表3-31　　**临时员工计件工时统计表**

姓　名	装配工时	检验工时
周强	100	300
罗青	50	500

六、工资分摊

应付工资总额等于工资项目“应发合计”，工会经费、职工教育经费以此为计提基数，各类费用分配的转账分录见表3-32。

表3-32　　**各类费用分配的转账分录**

<table>
<tr><td colspan="2" rowspan="2">工资分摊部门及人员类别</td><td colspan="2">应付工资（100%）</td><td colspan="2">工会经费（2%）
职工教育经费（1.5%）</td></tr>
<tr><td>借方</td><td>贷方</td><td>借方</td><td>贷方</td></tr>
<tr><td>办公室、财务部</td><td>企业管理人员</td><td>管理费用</td><td>应付职工薪酬</td><td rowspan="4">管理费用</td><td rowspan="4">应付职工薪酬</td></tr>
<tr><td>采购部、销售部</td><td>经营人员</td><td>销售费用</td><td>应付职工薪酬</td></tr>
<tr><td rowspan="2">一车间、二车间</td><td>车间管理人员</td><td>制造费用</td><td>应付职工薪酬</td></tr>
<tr><td>生产人员</td><td>生产成本</td><td>应付职工薪酬</td></tr>
</table>

第六节　固定资产系统初始化设置及日常业务

一、固定资产管理初始化设置

1. 控制参数（见表3-33）。

表 3–33 **控制参数**

控制参数	参 数 设 置
折旧信息	本账套主要折旧方法：平均年限法（一） 折旧汇总分配周期：1 个月 当“月初已计提月份=可使用月份–1”时，将剩余折旧全部提足
编码方式	资产类别编码方式：2112 固定资产编码方式：自动编码按“类别编号+序号”；序号长度为 5
财务接口	与账务系统进行对账；对账科目：固定资产（1601）、累计折旧（1602） 在对账不平的情况下允许固定资产月末结账
选项	月末结账前一定要完成制单登账业务，设置缺省入账科目固定资产（1601）、累计折旧（1602）

2. 部门及对应折旧科目（见表 3–34）。

表 3–34 **部门及对应折旧科目**

部 门	对应折旧科目
行政部门、采购部	管理费用/折旧费
销售部	销售费用/折旧费
生产中心	制造费用/折旧费

3. 资产类别（见表 3–35）。

表 3–35 资产类别

编码	类别名称	使用年限	净残值率	单位	计提属性
01	交通运输设备	10 年	4%		正常计提
011	生产用设备		4%		正常计提
012	非生产用设备		4%		正常计提
02	电子设备	5 年	4%		正常计提
021	生产用设备		4%	台	正常计提
022	非生产用设备		4%	台	正常计提

4. 增减方式的对应入账科目（见表 3–36）。

表 3–36 **增减方式的对应入账科目**

增减方式	对应入账科目
增加方式	
直接购入	银行存款——工行（100201）
投资人投入	实收资本（4001）
减少方式	
毁损	固定资产清理（1606）

5. 增加一个固定资产卡片自定义项目“产地”，定义一张华智公司固定资产卡片，把

"产地"项目加入该卡片。

二、原始卡片数据

原始卡片数据见表3–37，所有资产增加方式都是直接购入。

表3–37 原始卡片数据 单位：元

固定资产名称	类别编号	所在部门	可使用年限	开始使用日期	原值	累计折旧	产地	对应折旧科目
轿车	012	办公室	10	2012–12–31	215 470	37 922.72	上海	管理费用/折旧费
笔记本电脑	022	办公室	5	2013–10–31	28 900	5 548.8	苏州	管理费用/折旧费
一体机	022	办公室	5	2011–01–31	3 510	2 527.2		管理费用/折旧费
微机	021	一车间	5	2013–10–31	6 490	1 246.08		制造费用/折旧费
工作站	021	二车间	5	2013–10–31	6 490	1 246.08		制造费用/折旧费
合计					260 860	48 490.88		

三、日常业务

1. 11月21日，财务部购买磁带机1台，价值1 500元，净残值率4%，预计使用年限5年。

2. 11月23日，对轿车进行资产评估，评估结果为原值200 000元，累计折旧45 000元。

3. 11月30日，计提本月折旧费用。

4. 11月30日，二车间毁损工作站一台。

5. 12月16日，办公室的轿车添置新配件，价值10 000元。

6. 12月27日，办公室的一体机转移到采购部。

7. 12月31日，经核查对2013年购入的笔记本电脑计提1 000元的减值准备。

8. 12月31日，计提本月折旧费用。

第七节 供应链管理系统初始化设置及日常业务

一、供应链系统参数设置

供应链系统参数设置如下（未提及的参数按系统默认）：

1. 采购管理系统参数

启用受托代销；

普通业务必有订单。

2. 修改存货档案

将东方女表设置为"受托代销"属性。

3. 库存管理系统参数

采购入库审核时改现存量；

销售出库审核时改现存量；

自动带出单价的单据：销售出库单、其他出库单；

出入库检查可用量。

4. 存货核算系统参数

暂估方式：单到回冲；

零成本出库选择：参考成本；

结算单价与暂估单价不一致需要调整出库成本。

5. 销售管理系统初始化参数

有分期收款业务；

普通销售必有订单；

新增退货单、新增发票参照发货单生成；

允许非批次存货超可用量发货；

允许批次存货超可用量发货。

二、采购管理系统期初数据

1. 期初暂估

①2014 年 10 月 18 日，明珠男套装 10 套，单价 800 元/套，入明珠服装库，购自上海明珠服装厂。

②2014 年 10 月 8 日，新星女风衣 20 件，单价 120 元/件，入新星服装库，购自湖北新星服装厂。

2. 受托代销期初数据

2014 年 10 月 10 日，东方女表 20 只，单价 800 元/只，入手表库，系浙江东方手表厂委托代销。

三、库存管理、存货核算期初数据

库存管理、存货核算期初数据见表 3-38。

表 3-38 **库存管理、存货核算期初数据** 金额单位：元

仓库名称	存货编码和名称	数量	单价	金额	期初差异	差价科目
明珠服装库	01 明珠女装	10	200	2 000		
明珠服装库	02 明珠男衣	20	300	6 000		
明珠服装库	03 明珠男套装	10	800	8 000		
新星服装库	04 新星女风衣	30	120	3 600		
手表库	05 东方女表	20	800	1 600		
手表库	06 海王女表	10	120	1 200	1 20	商品进销差价
手表库	07 海王情侣表	20	140	2 800	1 40	商品进销差价

四、销售管理系统期初数据

1. 期初发货单

①2014 年 10 月 8 日，明珠男套装 50 套，单价 1 200 元/套，属于明珠服装库，销往广州天河百货公司，销售部门为销售部，销售类型为批发销售。

②2014 年 10 月 10 日，海王女表 10 只，单价 220 元/只，属于手表库，销往长沙芙蓉百货公司，销售部门为销售部，销售类型为批发销售。

2. 分期收款发出商品期初数据

2014 年 10 月 15 日，给上海黄浦贸易公司发出明珠男套装 40 套，单价 1 200 元/套，

属于明珠服装库，销售部门为销售部。

五、采购管理日常业务

1. 2014 年 11 月 8 日，向上海明珠服装厂提出采购请求，请求采购明珠男衣 100 件，报价 280 元/件，明珠男套装 5 套，报价 760 元/套。

2. 2014 年 11 月 8 日，上海明珠服装厂同意采购请求，但要求修改采购价格。经协商同意对方提出的订购价格，即明珠男衣单价 300 元/件，明珠男套装单价 800 元/套，并正式签订订货合同，要求本月 10 日到货。

3. 2014 年 11 月 10 日，收到上海明珠服装厂发来的男士服装和专用发票，发票号码 MD10098。该批服装系本月 8 日采购。发票载明，明珠男衣 100 件，单价 300 元/件；明珠男套装 5 套，单价 800 元/套。经检验质量全部合格，办理入明珠服装库手续。财务部门确认该笔存货成本和应付款项，尚未付款。

4. 2014 年 11 月 11 日，收到上海明珠服装厂的专用发票，系 2014 年 10 月 18 日明珠男套装开具的发票，发票号码 MD10088。发票载明明珠男套装 10 套，含税单价 780 元/套，增值税税率 17%。本公司验收入库后立即支付货款和税款（现金支票 xj03）。

5. 2014 年 11 月 12 日，与深圳海王手表厂签订购货合同，订购海王情侣表 4 只，单价 270 元/只，海王女表 6 只，单价 100 元/只。

6. 2014 年 11 月 19 日，收到深圳海王手表厂发来的海王情侣表和专用发票，系 11 月 12 日订购手表的订单，发票号码 MD10501。发票载明海王情侣表 4 只，单价 270 元/只，增值税税率 17%。同时附有一张运杂费发票，发票载明运杂费 200 元。订货合同约定运杂费由本公司承担。经检验，手表质量合格，入手表库，财务部门确认采购成本和应付款项。

7. 2014 年 11 月 20 日，收到本月 12 日采购的海王女表 6 只，单价 100 元/只，已收到发票，发票号 MD10502。21 日验收时发现有 2 只存在质量问题，与对方协商，办理退货手续，其余验收入库。

8. 采购管理月末结账。

六、销售管理日常业务

1. 2014 年 11 月 10 日，南昌百货大楼打算订购海王女表 5 只，出价 180 元/只。要求 11 月 15 日发货，本公司报价为 210 元/只。12 日，本公司与南昌百货大楼协商，对方同意海王女表销售单价为 200 元，但订购数量减为 4 只。本公司确认后于 11 月 13 日发货，本公司以现金代垫运费 100 元。次日开具销售专用发票，发票号为 MD210122，货款尚未收到。

2. 2014 年 11 月 18 日，收到广州天河百货公司 10 月 8 日购买明珠男套装的价税款 60 000元（电汇 DH020118），开具销售专用发票（MD10108），确认出库成本。

3. 2014 年 11 月 20 日，长沙芙蓉百货公司就明珠男衣 6 件进行询价，本公司报价 520 元/件，对方初步同意。本公司根据报价单生成销售订单。11 月 23 日，长沙芙蓉百货公司提出价格过高，只能接受 480 元/件，本公司不同意。对方撤销对本公司明珠男衣的订购。

4. 销售管理月末结账。

七、库存管理日常业务

1. 2014 年 11 月 18 日，将 10 件新星女风衣暂时转移到明珠服装库。

2. 2014 年 11 月 30 日，对手表库中的东方女表进行盘点，实际库存为 16 只。

3. 库存管理月末结账。

八、存货核算日常业务

1. 2014 年 11 月 30 日，对手表库存货进行 ABC 分析。

2. 2014 年 11 月 30 日，经核查，明珠服装库中明珠女装存货价格偏低，原成本为 200 元/件，经批准调整为 210 元/件。经查询存货共有 10 件。

3. 存货核算月末结账。

第八节 出纳管理系统初始化设置及日常业务

一、出纳管理初始化设置

所有参数都按系统默认设置。

账户包括：备用金（现金账户）；中国工商银行八一广场支行（银行存款账户）；中国银行老福山支行（银行存款账户，美元）。

出纳类别字：收（收入）；付（付出）。

11 月银行对账单数据：

①25 日，收到预收款 5 000 元，转账支票，编号 CCB06。

②27 日，收回货款 56 000 元，转账支票，编号 CCB05。

二、出纳管理日常业务

业务 1：5 日，收到投资人出资 20 000 元，存入工行存款户。

业务 2：8 日，从工行账户提取 30 000 元现金，准备发放职工福利费。

业务 3：进行业务制单。

业务 4：完成出纳签字。

业务 5：其他系统收款。

业务 6：其他系统付款。

业务 7：银行对账。

第九节 报表数据

1. 编制 2014 年 11 月和 12 月指标一览表（见表 3-39）

表 3-39 **指标一览表**

编制单位： 年 月 金额单位：元

项 目	行次	期初数量与金额		期末数量与金额		变化情况	
		数量	金额	数量	金额	数量	金额
库存商品	1						
银行存款——中行	2						
实收资本	3						
合 计	4						

2. 编制 2014 年 11 月和 12 月资产负债表，定义审核公式和舍位平衡公式。

3. 编制 2014 年 11 月和 12 月利润表。

4. 编制 2014 年现金流量表。

第四章

建账及基础设置

在进行具体的会计核算工作之前，都要先完成建账工作。建账实际是为原始数据、中间数据、最终数据准备好一个存放的容器。这里提到的“账”有两层含义：一是账套，也就是存放数据的容器，它是一个整体概念；二是账套库，它是账套分割以后存放特定数据的小容器，如果这个小容器中存放的是多年连续的数据，通常称之为账套库，如果账套库中存放的只是一个年度的数据，也可以把这种账套库称为年度账。账套和账套库与会计核算的持续性与分期性相对应。采用这种数据组织方式，可使数据的应用非常灵活。一方面，实现多年业务持续应用的特性，在同一个数据库内支持多年业务数据连续处理和分析；另一方面，为解决多年交易数据过大，可能引起的数据库空间过大和应用效率下降的问题，支持按年度卸出交易数据的功能，实现数据的分离，减轻系统负荷。“账”在手工会计中是存放在纸上，在电算化会计中是以文件的形式存放在计算机硬盘等介质上。建账工作是通过“系统管理”模块来完成的。

系统管理模块的使用对象是特定的，通常是企业中具备计算机教育背景的系统管理人员和具备会计教育背景的财务主管，具体包括系统管理员（admin）、安全管理员（SAdmin）、管理员用户和账套主管。他们可以通过该模块方便地对系统进行管理和及时地掌握系统的运行状况。第一次使用财务软件时，只能以系统内置的一个名为 admin 的系统管理员身份注册，以完成一些必要的初始化工作，系统管理员的初始登录密码通常为空。系统管理的主要工作包括新建账套、新建账套库、账套修改和删除、账套备份、根据企业经营管理中的不同岗位职能建立不同角色，新建操作员和权限的分配等功能。对系统任务的管理，包括查看当前运行任务、清除指定任务、清退站点等。各用户的系统管理操作流程如图 4-1 所示。

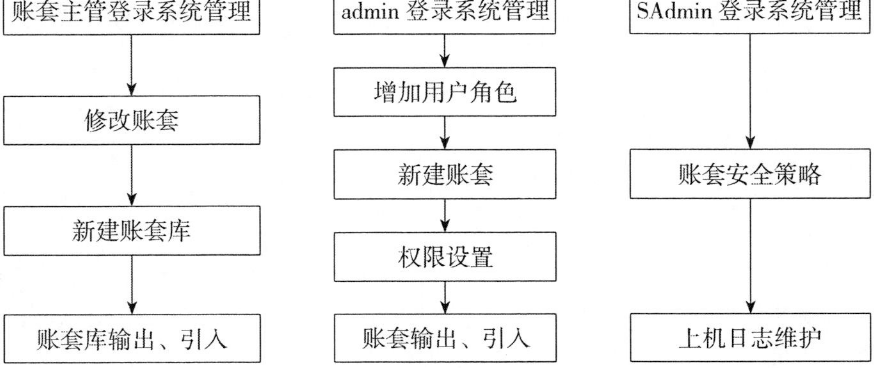

图 4-1　系统管理操作流程

第一节 建立账套

一、系统管理登录

1. 执行“系统管理”菜单中的“系统”—“注册”功能（如图4-2所示）。

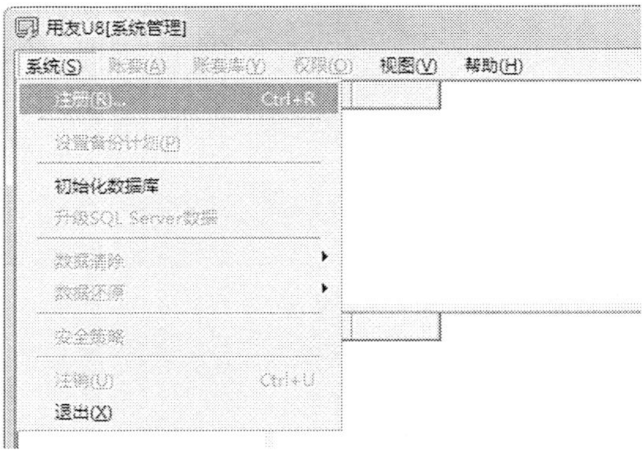

图4-2　系统管理注册

2. 输入系统预置的操作员admin，也称为系统管理员，默认的密码为空，实际应用时可以选中“修改密码”复选框进行密码设置，平时练习可不用设置密码（如图4-3所示）。

图4-3　系统管理登录

二、用户管理

企业在财务软件应用之前，需要先对操作人员进行岗位分工，对操作人员的权限进行明确规定，实施权限控制，以避免无关人员对系统进行错误或者恶意操作，做到责权分明，保证系统的安全。可以通过系统管理模块中“权限”菜单项中的“用户”功能实现对用户的日常管理，例如增加用户、删除用户、修改用户、注销用户等操作，这里的“用户”是指将来要承担某一个或几个账套中相关职能的具体操作人员。“用户管理”界面如图 4–4 所示。其中涉及的项目具体要求如下：

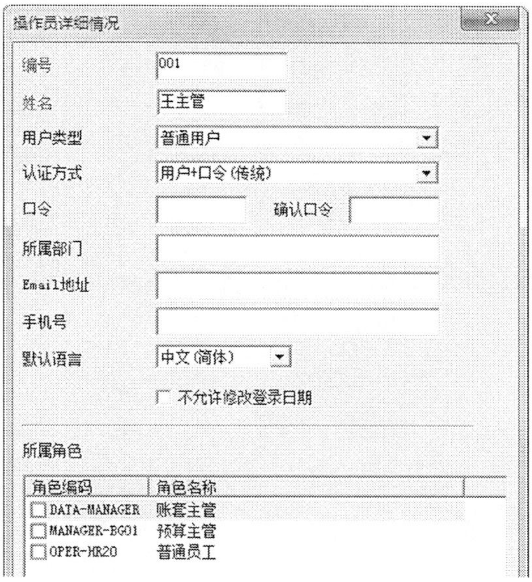

图 4–4　操作员详细情况

编号：必须输入，不能为空，最大不能超过 20 位，不能输入数字、字母、汉字之外的非法字符。

姓名：必输输入，不能为空，最大不能超过 20 位，不能输入数字、字母、汉字之外的非法字符。

用户类型：选择该用户的类型，是普通用户还是管理员用户，默认为“普通用户”。普通用户指一般的登录门户、进行各种业务处理的用户，系统中大部分用户属于此类型，这些用户是无法登录系统管理模块的。管理员用户是进行账套管理、协助系统维护的用户，他们只能登录“系统管理”进行操作，为系统管理员 admin 分担一部分管理工作，可以进行账套库备份、升级、用户/角色管理、权限管理、任务管理等，他们无法登录包括企业应用平台在内的业务模块。

认证方式：选择该用户登录时的认证方式，可以是用户+口令、动态密码或 CA 认证。用户+口令（传统）指的是 U8 软件默认提供的用户身份认证方式，通过系统管理模块来管理用户安全信息。动态密码采用的是第三方的用户身份认证方式。CA 认证指数字证书认证，如果该用户指定为 CA 认证，输入用户口令、选择数据源，登录界面确定后还需要输入 pin 码（CA 的认证码）。域身份验证指使用域账户认证的方式，登录时输入域账户及密码，通过配置好的认证服务器进行身份验证。

口令：可以为空，最长不能超过 20 位。

确认口令：不能输入非法字符。必须与前面输入的口令完全一致，否则不允许进行下一项内容的输入，也不允许保存该用户信息。

所属部门：可以为空，最大不能超过 20 位，不能输入非法字符。

默认语言：为用户选择合适的语言，U8 系统中的一些功能以此处设置的语种给用户发送通知。可以选择中文（简体）、中文（繁体）、英文。

不允许修改登录日期：设置用户登录应用平台时是否可以修改登录日期。选此项后，该用户登录门户时不能修改日期，强制要求操作员以正常时间处理业务，从而规避一些风险，比如，通过滞后制单享受已过期的价格优惠。

所属角色：选择用户所属的角色名称和 ID 号。

退出时间：在此处可以查看每个用户最后一次登录 U8 的退出时间。

本账套涉及的全部用户信息如图 4-5 所示。

用户编码	用户全名	部门	Email地址	手机号	用户类型	认证方式	状态	创建时间	最后登录时间	退出时间
001	王主管				普通用户	用户+口令(传统)	启用	2014-11-01 15:45:30	2014-12-31 14:55:55	2014-12-31 14:59:43
002	张出纳				普通用户	用户+口令(传统)	启用	2014-11-01 15:45:45	2014-12-31 14:47:17	2014-12-31 14:47:38
003	李会计				普通用户	用户+口令(传统)	启用	2014-11-01 15:45:54	2014-12-31 14:50:17	2014-12-31 14:51:26
admin	admin				管理员用户	用户+口令(传统)	启用		2014-11-01 15:52:05	2014-11-01 15:52:05
demo	demo				普通用户	用户+口令(传统)	启用			
SYSTEM	SYSTEM				普通用户	用户+口令(传统)	启用			
UFSOFT	UFSOFT				普通用户	用户+口令(传统)	启用			

图 4-5　用户信息表

三、建立账套的基本步骤

前已述及，账套是指用来存放一个独立核算单位的相关数据的容器，在计算机中一个账套对应着一个数据库文件，早期版本为 Access 文件，现在多为 SQL Server 数据库文件。由于 DBMS 的作用，用户可以在系统中同时为多个独立核算的单位分别建立账套而不会相互影响。例如，在用友财务软件中，最多可以建立 999 个账套，账套之间用 1～999（账套号）的数字来区别。通常，建立账套的过程是系统引导下的人机交互过程，系统收集到了足够的参数以后可以自动在硬盘上把账套文件建好。执行“系统管理”模块的菜单功能项“账套”—“建立”，建账向导如下所示。

1. 选择建账方式（如图 4-6 所示）。此处有两种建账方式，一种是“新建空白账套”，如果建账套之前系统中无任何账套，则只能选择这种方式建立新账套。也可以系统中已有账套为模板，选择“参照已有账套”的方式，建立一个与已有账套参数相似的账套，并结转档案或者期初数据，从而加快账套建立的速度。

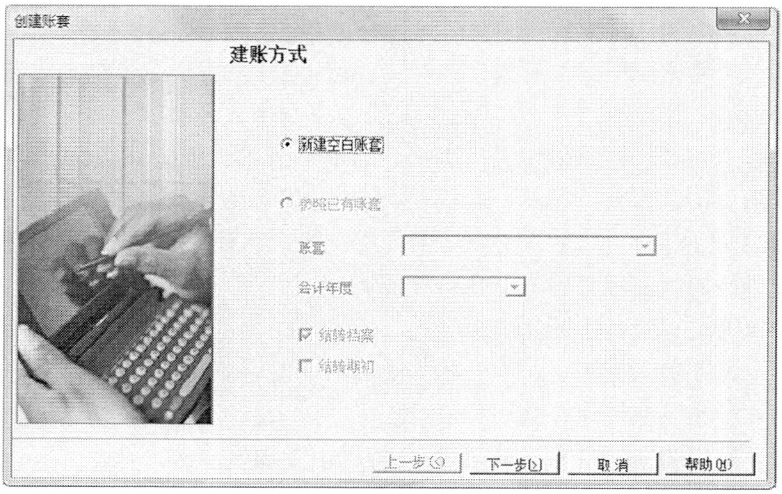

图 4-6　建账方式选择

2. 输入账套信息（如图 4-7 所示）。“已存账套”下拉列表框中会显示已经在系统中建立的账套占用的账套号，供参照，不能进行输入。这个信息的主要作用是告诉建账者哪些账套号不能使用。“账套号”文本框输入 1 至 999 之间未被占用的数字；“账套名称”文本框中输入不超过 40 个字符的账套名称；“账套路径”应选择本地磁盘，不能是网络路径。若非集团公司的账套，请不要选择“是否集团账套”。根据需要可以选择“建立专家财务评估数据库”用于财务分析和评估，本例建立名为 pinggu 的财务评估数据库。

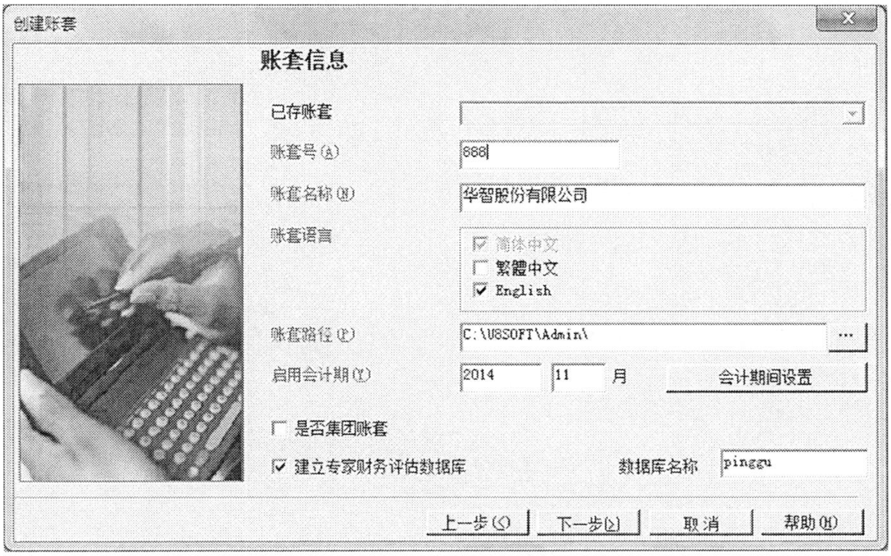

图 4-7　输入账套信息

3. 输入单位信息（如图 4-8 所示）。“单位名称”应该输入单位全称，打印发票时将使用该信息。其他内容根据实际情况录入。

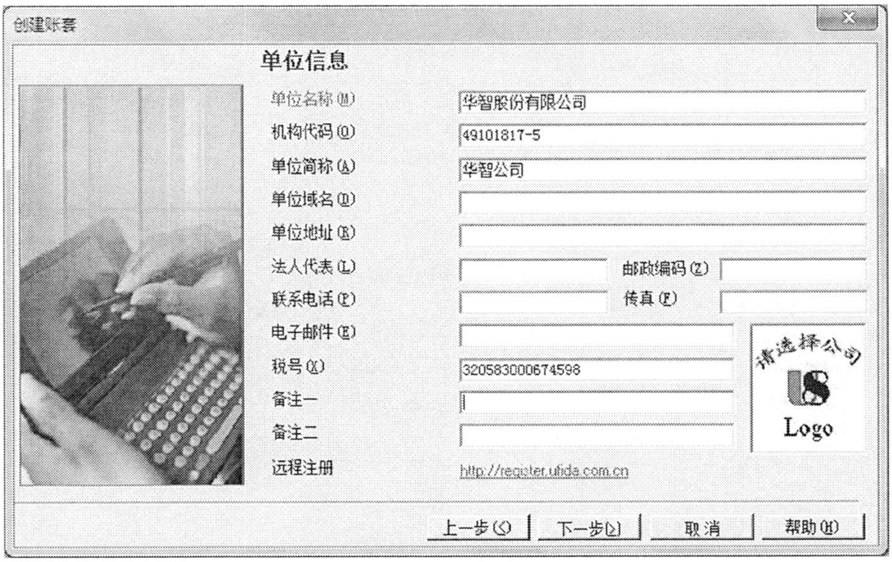

图 4-8　输入单位信息

4. 输入核算类型基本信息（如图 4-9 所示）。该账套“本币名称”选择“人民币”，“企业类型”分为工业、商业、医药流通三种，根据需要进行选择，本例选择“商业”，

"行业性质"根据实际情况进行选择。如果选中"按行业性质预置科目"，则可以将系统预置的行业会计科目自动导入系统会计科目表，减少会计科目维护的工作量，本例为了完整体验会计科目的设置过程，不选择该项目。

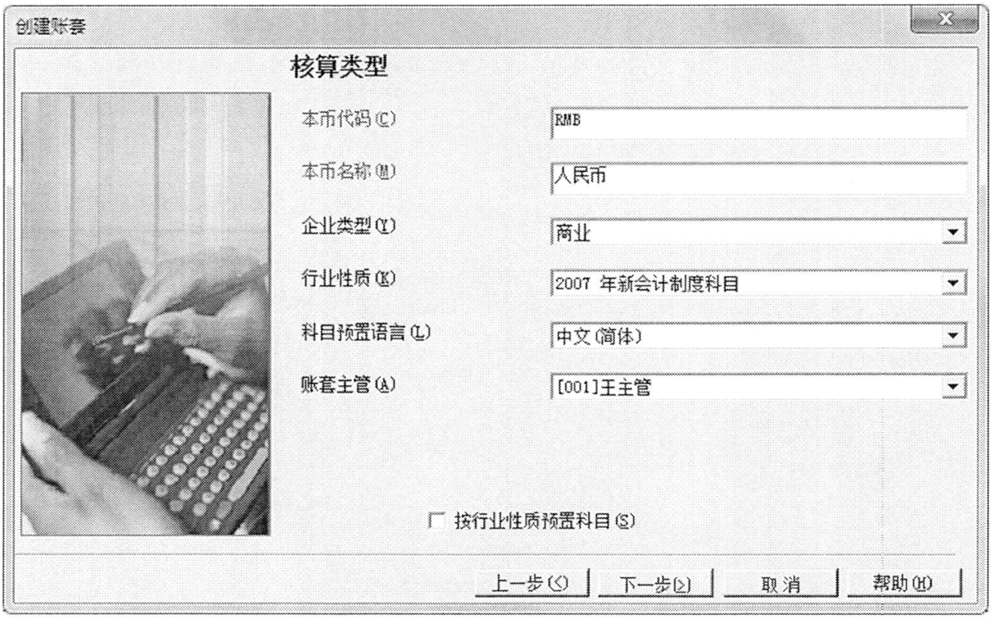

图 4-9　输入核算类型

5. 设置基础信息（如图 4-10 所示）。该部分可以根据企业核算的具体要求进行选择，若要进行精细化的管理，则选择存货、客户、供应商需要分类，有无外币核算根据企业实际情况决定。

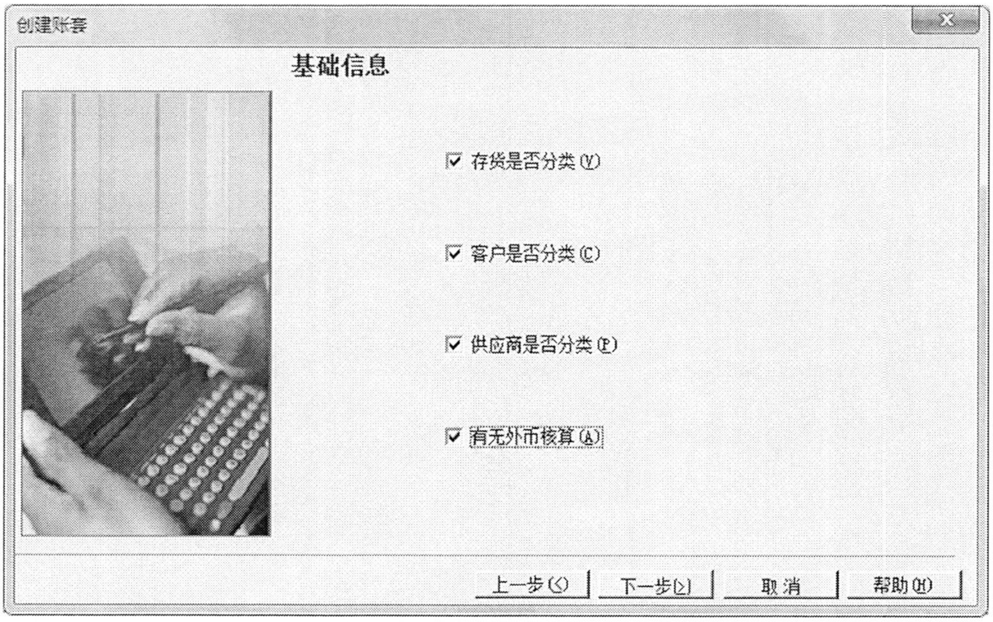

图 4-10　设置基础信息

6. 信息收集完成，准备建立账套，由于需要建立的文件较大，所以需要花费一些时间（如图 4–11 所示）。

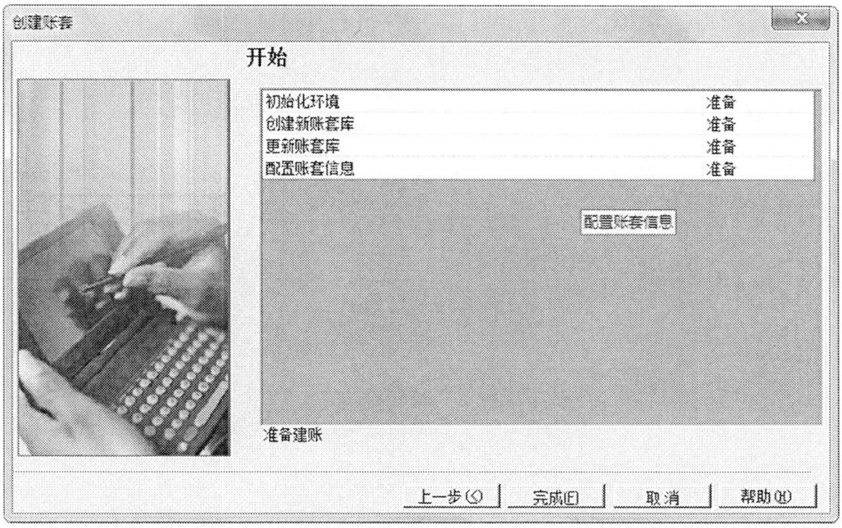

图 4–11　**准备建账**

7. 确定账套的编码方案（如图 4–12 所示）。账套建立完成以后，可以进一步设置账套中涉及的相关项目的编码方案，这是一项非常基础也是非常重要的工作，若设置不合适，将对后续操作产生重大影响，甚至有可能导致账套报废而需要重建。

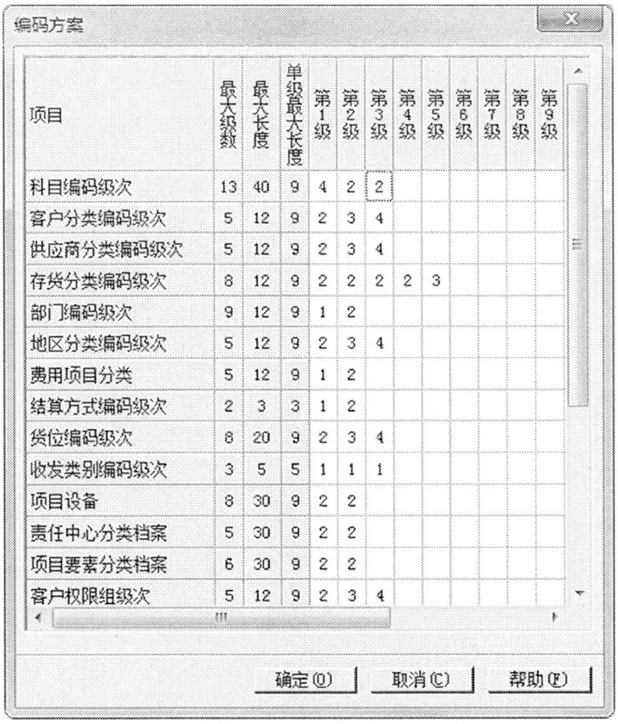

编码方案

项目	最大级数	最大长度	单级最大长度	第1级	第2级	第3级	第4级	第5级	第6级	第7级	第8级	第9级
科目编码级次	13	40	9	4	2	2						
客户分类编码级次	5	12	9	2	3	4						
供应商分类编码级次	5	12	9	2	3	4						
存货分类编码级次	8	12	9	2	2	2	2	3				
部门编码级次	9	12	9	1	2							
地区分类编码级次	5	12	9	2	3	4						
费用项目分类	5	12	9	1	2							
结算方式编码级次	2	3	3	1	2							
货位编码级次	8	20	9	2	3	4						
收发类别编码级次	3	5	5	1	1	1						
项目设备	8	30	9	2	2							
责任中心分类档案	5	30	9	2	2							
项目要素分类档案	6	30	9	2	2							
客户权限组级次	5	12	9	2	3	4						

确定(O)　取消(C)　帮助(F)

图 4–12　**编码方案**

8. 确定账套的数据精度（如图 4–13 所示）。由于各用户企业对数量、单价的核算精度要求不一致，为了适应各用户企业的不同需求，系统提供了自定义数据精度的功能。需要设置的数据精度主要有：存货数量小数位、存货体积小数位、存货重量小数位、存货单价小数位、开票单价小数位、件数小数位、换算率小数位和税率小数位。用户可根据企业的实际情况来进行设置。应收、应付、销售、采购、库存、存货、采购计划系统均需使用数据精度。具体设置要求如下：

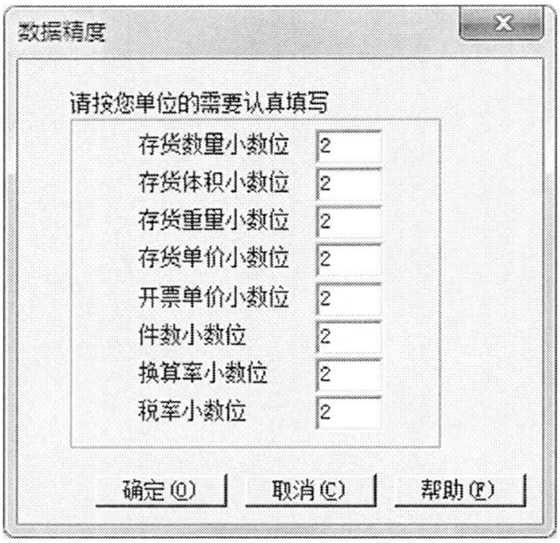

图 4–13　设置数据精度

存货数量小数位：输入在进行存货数量核算时所要求的小数位数。只能输入 0 ~ 6 之间的整数，系统默认值为 2 。

存货体积小数位：输入存货体积时所要求的小数位数。只能输入 0 ~ 6 之间的整数，系统默认值为 2 。

存货重量小数位：输入存货重量时所要求的小数位数。只能输入 0 ~ 6 之间的整数，系统默认值为 2 。

存货单价小数位：输入在进行存货单价核算时所要求的小数位数。只能输入 0 ~ 8 之间的整数，系统默认值为 4 。

开票单价小数位：输入在开票时所要求的单价的小数位数。只能输入 0 ~ 8 之间的整数，系统默认值为 4 。

件数小数位：输入在进行开票时所要求的件数小数位数。只能输入 0 ~ 6 之间的整数，系统默认值为 2。

换算率小数位：输入在进行单位换算时所要求的换算率的小数位数。只能输入 0 ~ 6 之间的整数，系统默认值为 2。

税率小数位：只能输入 0 ~ 6 之间的整数，系统默认值为 2。

9. 系统启用选择（如图 4–14 所示）。在建账完成后系统会提示是否启用相关的子系统，如果选择“是”，则可以立即以系统管理员的身份进入系统启用的界面进行设置；如果选择“否”，则只能在以后由账套主管通过企业应用平台进行启用。为了了解系统启用的完整流程，本例选择“否”，在后续操作中由账套主管从企业应用平台来设置。

10. 账套建立完成（如图 4–15 所示）。

11. 系统管理中显示已经建立好的账套信息（如图 4–16 所示）。

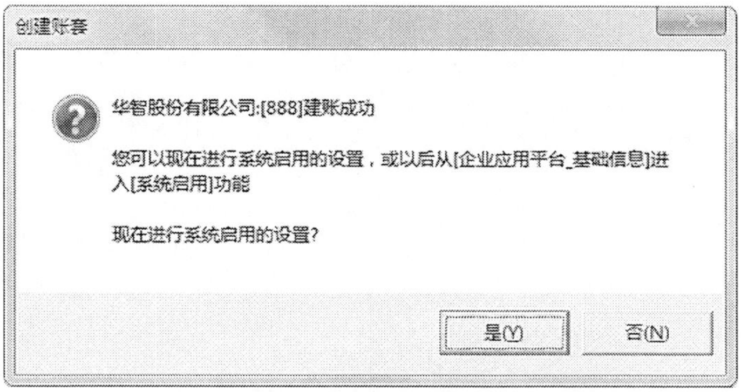

图 4-14 系统启用选择

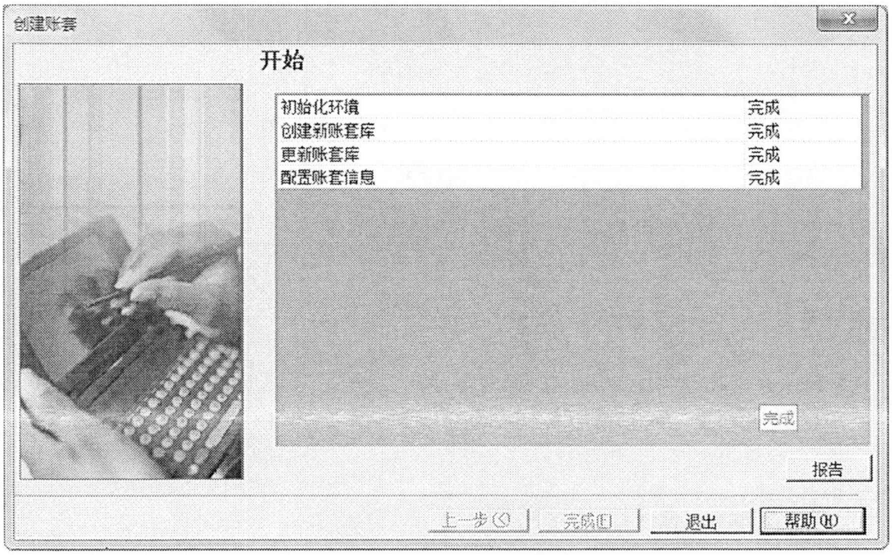

图 4-15 账套创建完成

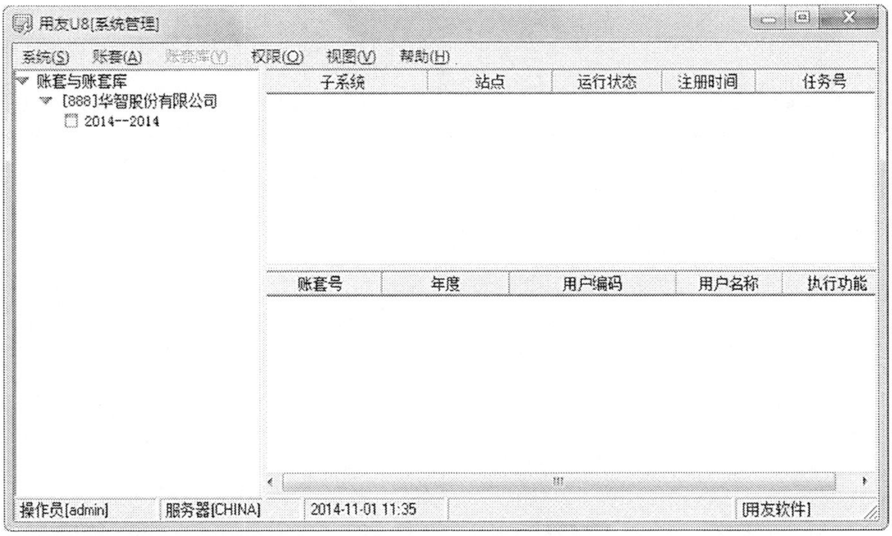

图 4-16 账套信息

四、分配操作权限

建立完账套后，就可以给用户分配事先划分好的账套操作权限了，也就是建立用户和账套之间的联系。分配时首先要依据会计核算的相关制度，严格区分不相容的会计操作业务，然后根据工作量合理分配各操作内容。该部分可以完成对所有账套和所有的操作员的授权。

1. “王主管”的权限设置（如图4-17所示）。由于王主管被授予账套主管操作权限，系统默认账套主管拥有该账套的全部权限，无需进一步明确具体权限。因此只需将账套对应的“账套主管”复选框选中即可。

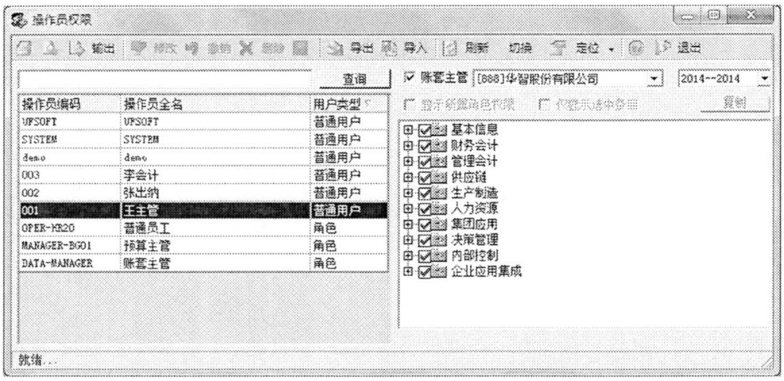

图4-17 王主管的权限设置

2. “张出纳”的权限设置（如图4-18所示）。出纳权限一般包括“出纳签字”、“出纳”、“出纳管理”，先点击菜单项中“修改”功能，然后从右边窗口中选择相关权限即可。

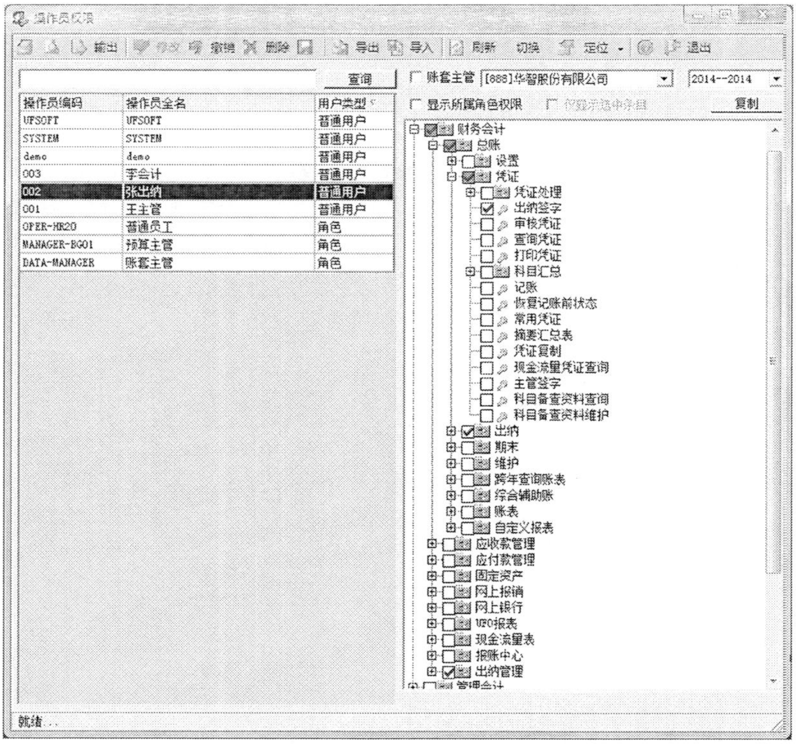

图4-18 张出纳的权限设置

3. “李会计”的权限设置（如图4-19所示）。由于会计权限较多且较为零散，因此针对会计的权限设置可以先将“总账”权限全部授予他，然后将其中不属于会计的权限“出纳签字”、“审核凭证”、“记账”、“恢复记账前状态”、“主管签字”、“出纳”、“结账”、“反结账”删除，再加上“应收款管理”、“应付款管理”、“固定资产”、“UFO报表”、“供应链”、“人力资源”等模块。

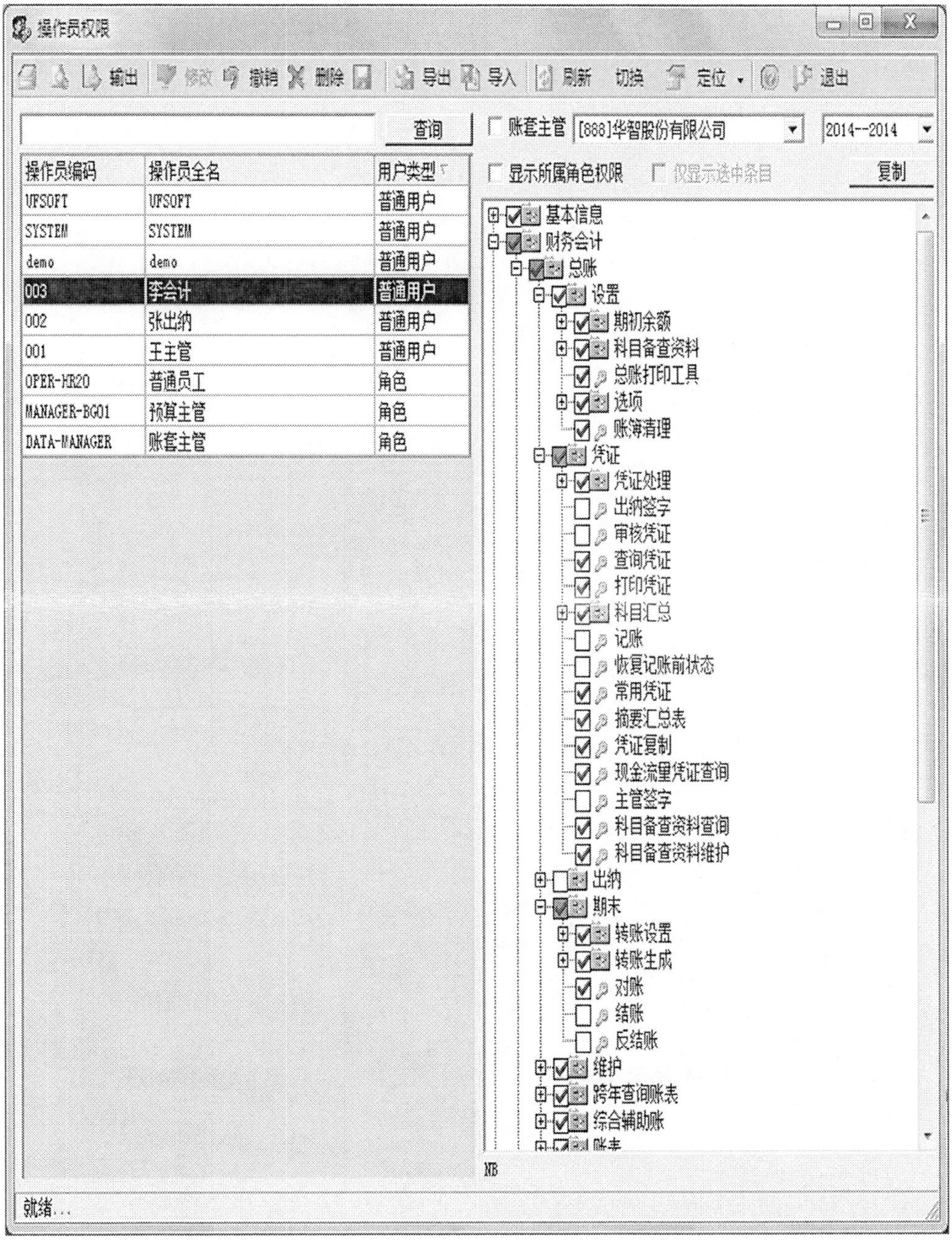

(a)

(b)

图 4-19　李会计的权限设置

五、权限转授

通过权限转授可以实现除系统管理员外，也允许其他用户进行功能权限的授权。目的是减少系统管理员的压力和责任，完善功能权限的管理，提高功能权限授权的灵活性。

1. 账套主管在“系统管理”主界面，进入“用户管理”功能界面（如图 4-20 所示）。

图 4-20　用户管理界面

2. 点击转授，设置该用户能够把权限转授给哪些人（如图 4-21 所示）。

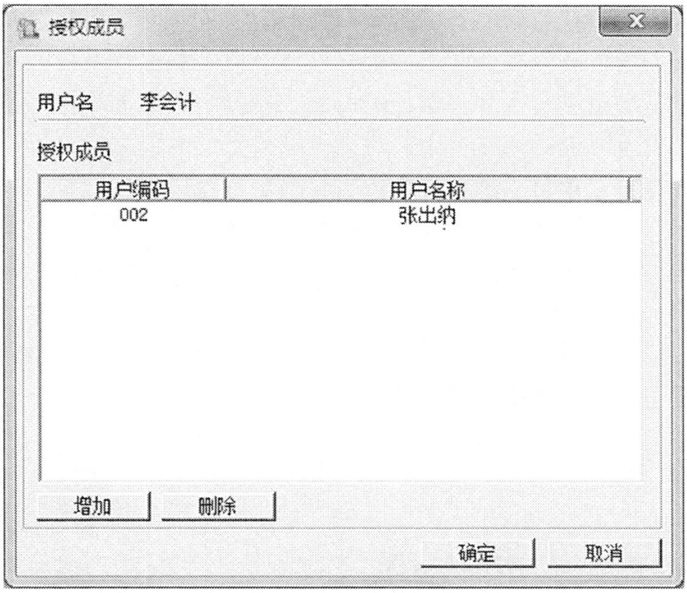

图 4-21 增加授权成员

3. 拥有转授权限的用户登录企业应用平台，在"系统服务"—"权限"—"功能权限转授"中设置权限转授，选择要转授给的用户，设置要给用户转授的权限。用户如果想收回转授的权限，则在权限分配页面把已经转授的权限取消即可，被授权的用户则只拥有它原来本身的权限（如图 4-22 所示）。

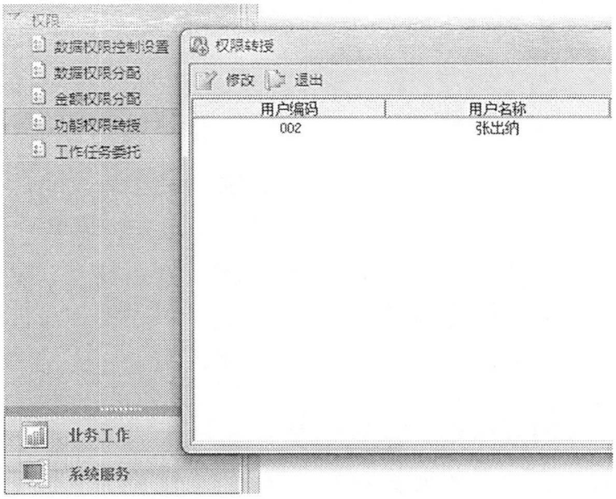

图 4-22 功能权限转授

六、角色管理

在企业经营管理活动中，如果操作员的岗位发生变动，就需要重新为其分配操作权限，或者多数操作员具有相同操作权限，需要为其一一指定操作权限，这样的操作都是很繁琐的。角色管理功能可以有效地解决这类问题。

角色是指在企业管理中拥有某一类职能的组织，这个角色组织可以是实际的部门，可以是由拥有同一类职能的人构成的虚拟组织。例如，实际工作中最常见的会计和出纳两个角色（他们可以是一个部门的人员，也可以不是一个部门但工作职能是一样的角色统称)。在设置角色后，可以定义角色的权限，最后将用户加入到该角色中。如果用户归属此角色则其自动继承角色的权限。此功能的好处是方便控制操作员权限，可以依据职能统一进行权限的划分。可以进行账套中角色的增加、删除、修改等维护工作。

用户和角色设置不分先后顺序，用户可以根据自己的需要先后设置。但对于自动传递权限来说，应该首先设定角色，然后分配权限，最后进行用户的设置。这样在设置用户的时候，如果选择其归属那一个角色，则其自动具有该角色的权限。一个角色可以拥有多个用户，一个用户也可以分属于多个不同的角色 。若角色已经在用户设置中被选择过，系统则会将这些用户名称自动显示在角色设置中的所属用户名称的列表中。系统管理员或有权限的管理员用户可以进行本功能的设置。如果需要对多个用户或者多个账套进行授权，例如给一个用户授予多个账套中相同的操作权限，或者多个用户在一个账套中相同的操作权限，可以使用“角色”功能来快速完成（如图 4-23 所示)。

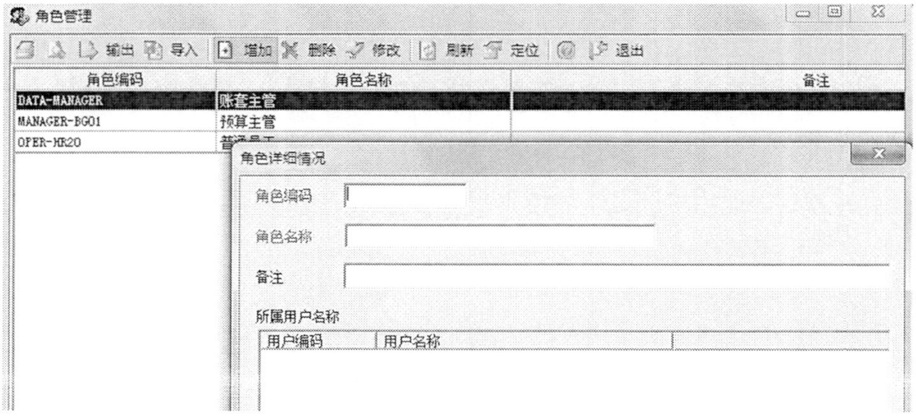

图 4-23 角色管理

七、备份和恢复账套数据

为了确保财务数据库的安全和完整，财务软件通常会设置备份和恢复功能。备份是指将数据库中的数据“输出”到用户指定的位置，可以是本地硬盘、移动硬盘或者网络上的另外一个节点等。一般的备份方法是先在计算机本地硬盘建立一个文件夹，文件夹可以用备份的日期命名，将账套文件先输出到该文件夹，然后再把该文件夹复制到优盘等存储介质。与直接将数据库文件复制相比，这种方式还能将数据库文件的路径备份出来，引入时可直接恢复到它输出之前的原始位置。

1. 系统管理员执行“系统管理”—“账套”—“输出”功能（如图 4-24 所示)。

2. 选择需要输出的账套号以及备份目标（如图 4-25 所示)。为了方便对输出账套的管理，可以事先按操作日期或者其他标识建立文件夹，将账套输出到该文件夹中。如本例事先在 C 盘建立了一个名字为 20141101 的文件夹，账套输出到该文件夹中。输出的账套文件有两个，名字分别为 UfErpAct. Lst 和 UFDATA. BAK。

如果需要将系统中的账套数据删除，可以在账套输出时选择“删除当前输出账套”复选框，系统将会对选定账套强制备份以后再从系统中将数据库删除（如图 4-26 所示)。

3. 引入账套。若需要将事先备份好的账套恢复到系统中，可以执行“系统管理”—“账套”—“引入”功能。引入前需要准备好 UfErpAct. Lst 和 UFDATA. BAK 两个文件，缺少一个都无法引入。引入时打开两个备份文件存盘的位置，选择 UfErpAct. Lst 文件即可

图 4–24　执行账套输出功能

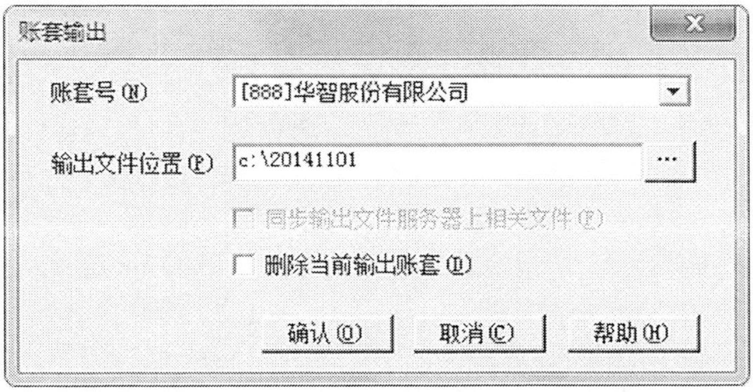

图 4–25　账套输出

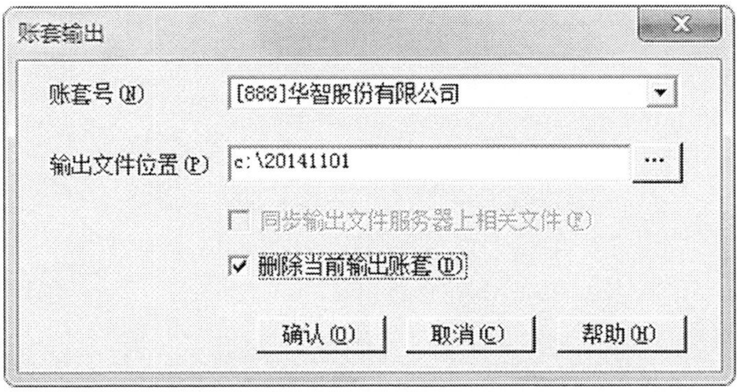

图 4–26　删除账套数据

完成引入过程（如图 4–27 所示）。

八、修改账套参数

根据分工，修改账套参数的操作属于“账套主管”的权限范围，系统管理员以及一般会计人员都不具备该操作权限。在未使用相关信息的基础上，如果需要对账套的某些信

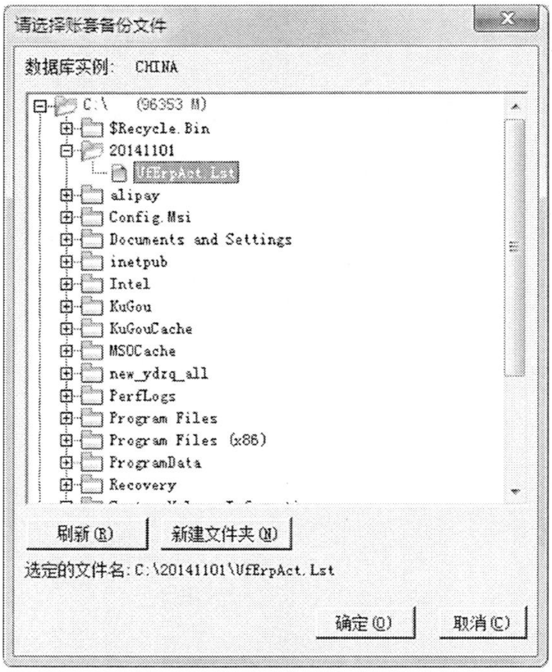

图 4–27　引入账套

息进行调整，以便使信息更真实准确地反映企业的相关内容时，可以进行账套参数的修改。以账套主管的身份进行登录，在登录时应注意选择正确的账套号和年度，通过“修改”功能可以实现对账套名称、单位信息、基础信息等内容的修改。

1. 以账套主管身份登录“系统管理”模块（如图 4–28 所示）。

图 4–28　账套主管登录系统

2. 账套主管登录以后，系统将开放账套修改的操作权限。可以完成部分账套信息的修改，包括账套名称、启用会计期月份、单位信息、行业性质、基础信息、编码方案、数据精度等内容（如图 4–29 所示）。

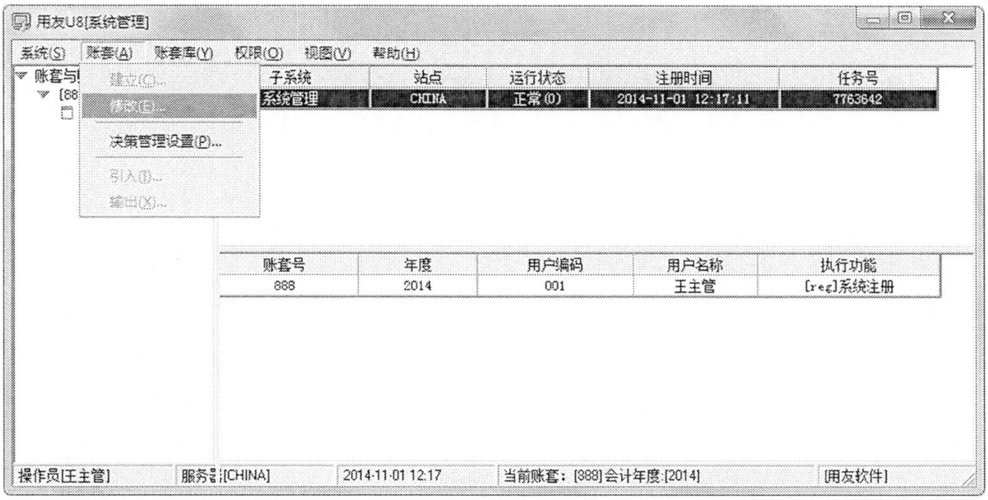

图 4-29 修改账套

九、系统管理模块的管理功能

1. 系统管理界面信息。

以系统管理员或者账套主管登录系统管理模块后将会显示“系统管理”界面，界面分为左、右上、右下三部分（如图 4-30 所示）。左侧显示账套与账套库列表；右上部分显示各操作员正登录使用的各子系统名称、运行状态和注册时间、登录客户端等信息；右下部分显示在这些子系统中正在执行的功能以及账套、操作员信息。查看时，用户可在左侧选择账套或账套库，右上部分将相应显示该账套或该库中正在使用的产品情况，用鼠标选中一个子系统，右下部分将自动列示出该子系统中正在执行的功能。这两部分的内容都是动态的，它们将根据系统的执行情况而自动更新变化。运行状态栏如果显示正常（0），表示系统运行正常；如果显示正常（1）至正常（5），表示客户端与数据库服务失去连接的时间。

图 4-30 系统管理界面

2. 解除单据锁定。

单据在使用过程中由于不可预见的原因可能会造成单据锁定，此时单据的正常操作将不能使用，此时使用“清除单据锁定”功能，将恢复正常功能的使用（如图 4-31 所示）。

3. 清除异常任务。

U8 可以手工进行异常任务的清除，还可以自动进行异常任务的清除。用户在使用过

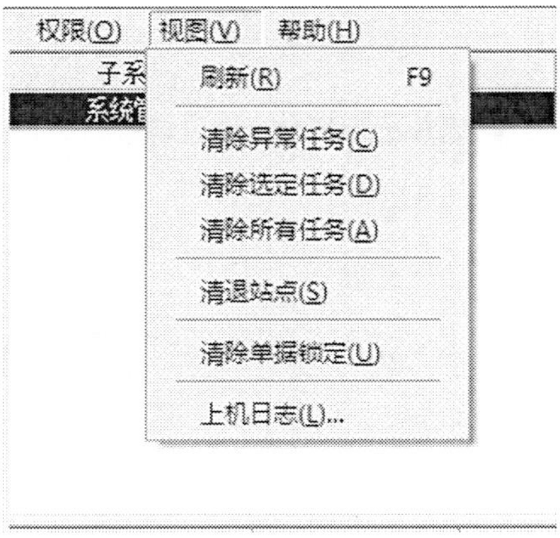

图 4-31　视图菜单

程中，可在 U8 服务管理器中设置服务端异常和服务端失效的时间，提高使用中的安全性和高效性。如果用户服务端超过异常限制时间未工作或由于不可预见的原因非法退出某系统，则视此为异常任务，在系统管理主界面显示“运行状态异常”，系统会在到达服务端失效时间时，自动清除异常任务。在等待时间内，用户也可选择“清除异常任务”菜单，自行删除异常任务。

4. 维护上机日志。

为了保证系统的安全运行，系统随时对各个产品或模块的每个操作员的上下机时间、操作的具体功能等情况都进行登记，形成上机日志，以便使所有的操作都有所记录、有迹可寻。

该功能中可以查看所有上机日志，如果需要管理日志，执行备份删除、恢复日志的操作，应以安全管理员 SAdmin 的身份登录后在“系统”功能菜单中的“数据清除”、“数据还原”中处理（如图 4-32 所示）。

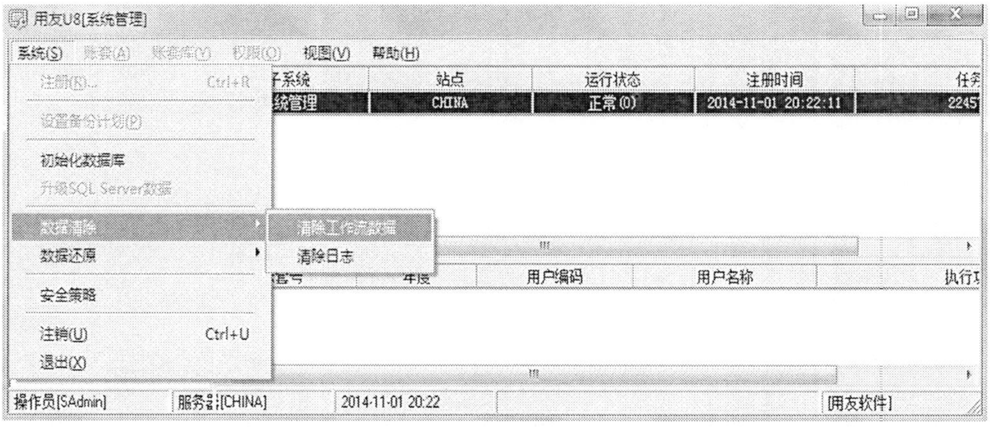

图 4-32　数据清除功能

除此之外，安全管理员 SAdmin 还能进行安全策略的管理，如图 4-33 所示。

附录：各操作员的权限明细表

对于系统管理员（admin）、安全管理员（SAdmin）、管理员用户和账套主管，其可操作的权限明细表见表 4-1。

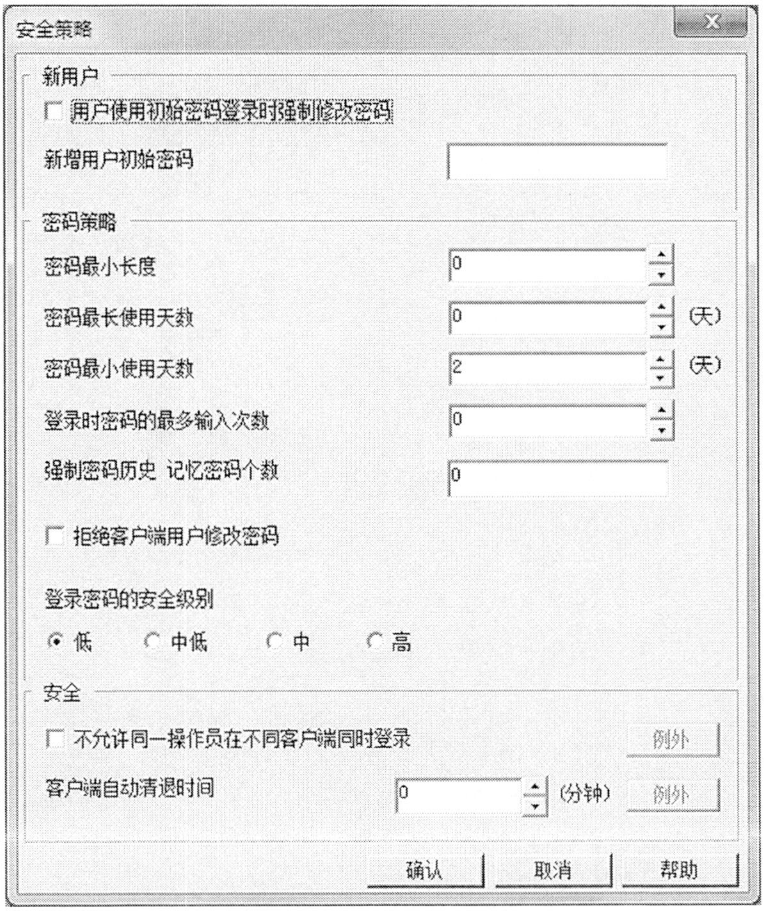

图 4–33　安全策略管理

表 4–1　　**系统管理员、安全管理员、管理员用户和账套主管的权限明细**

主要功能	详细功能 1	详细功能 2	系统管理员（admin）	安全管理员（SAdmin）	管理员用户	账套主管
账套操作	账套建立	建立新账套	Y	N	N	N
		建立账套库	N	N	N	Y
	账套修改		N	N	N	Y
	数据删除	账套数据删除	Y	N	N	N
		账套库数据删除	N	N	N	Y
	账套备份	账套数据输出	Y	N	N	N
		账套库数据输出	N	N	N	Y
	设置备份计划	设置账套数据备份计划	Y	N	N	N
		设置账套库数据备份计划	Y	N	Y	Y
		设置账套库增量备份计划	Y	N	Y	Y

续表

主要功能	详细功能 1	详细功能 2	系统管理员（admin）	安全管理员（SAdmin）	管理员用户	账套主管
账套操作	账套数据引入	账套数据引入	Y	N	N	N
		账套库数据引入	N	N	N	Y
	升级 SQL Server 数据		Y	N	Y	Y
	语言扩展		N	N	N	Y
	清空账套库数据		N	N	N	Y
	账套库初始化		N	N	N	Y
操作员、权限	角色	角色操作	Y	N	Y	N
	用户	用户操作	Y	N	Y	N
	权限	设置普通用户、角色权限	Y	N	Y	Y
		设置管理员用户权限	Y	N	N	N
其他操作	安全策略		N	Y	N	N
	数据清除及还原	日志数据清除及还原	N	Y	N	N
		工作流数据清除及还原	Y	N	N	N
	清除异常任务		Y	N	Y	N
	清除所有任务		Y	N	Y	N
	清除选定任务		Y	N	Y	N
	清退站点		Y	N	Y	N
	清除单据锁定		Y	N	Y	N
	上机日志		Y	Y	Y	N
	视图	刷新	Y	Y	Y	Y

注：Y 表示具有权限，N 表示不具有权限；管理员用户可操作的功能，以其实际拥有的权限为准，本表中以最大权限为例。

第二节 基本信息及基础档案设置

建账完成以后就可以开始基本信息设置以及基础档案设置，这部分操作内容工作量比较大，主要任务是把事先整理好的基础数据输入到数据库中，完成手工会计处理与计算机会计处理的交接，为后续会计核算做好准备。该部分操作可以由账套主管完成，也可以由具备“基本信息”权限的其他操作人员完成，本例由账套主管完成。

一、基本信息设置

具备账套主管权限的用户登录企业应用平台，打开基本信息设置界面，在这里可以进行“系统启用”操作，也可以根据需要对建账时设置好的项目“编码方案”和“数据精度”进行修改。

1. 以账套主管身份登录企业应用平台（如图 4–34 所示）。

图 4–34 登录企业应用平台

2. 展开“基础设置”中“基本信息”操作菜单，可以进行会计期间、系统启用、编码方案、数据精度等内容的调整操作（如图 4–35 所示）。

图 4–35 基本信息菜单

3. 会计期间调整。实际业务中，企业选择的核算期间可能和正常的自然日期不一致，为支持不同年度定义各自的会计月历，系统提供了设置会计期间的功能，企业可以根据实际情况，调整尚未发生业务的会计期间的起止日期。同时，为满足企业在一个账套库中存放连续多年数据，便于查询利用的要求，可以通过该功能手工新增整年会计月历或删除整年尚未发生业务的会计月历。需要注意的是：账套启用月份以前的日期是不可以修改的；每月的结账日期可以不同，但其开始日期为上一个截止日期的下一天；末月的截止日期随整个会计年的起始日期而定，不可修改。会计期间调整如图 4–36 所示。

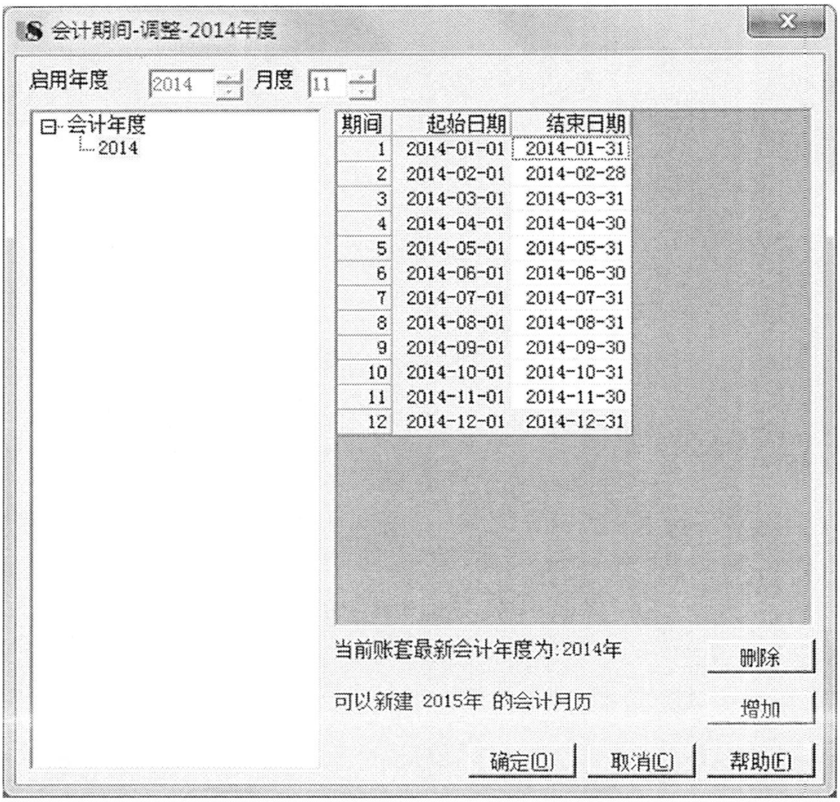

图 4–36　会计期间调整

4. 启用子系统（如图 4–37 所示）。在账套建好后，其中的各子系统并不能立即使用，还需要通过“启用”这个控制环节授予使用许可。该功能用于已安装系统（或模块）的启用，并记录启用日期和启用人。在多模块启用时，由于模块之间可能存在一些勾稽关系，所以需注意系统启用的约束条件。

（1）供应链系统产品的启用。

采购、销售、存货、库存四个模块，如果其中有一个模块后启用，其启用期间必须大于等于其他模块最大结账月。

应付先启，后启采购——采购的启用月必须大于等于应付的未结账月。

应收先启，后启销售——销售的启用月必须大于等于应收的未结账月，并且，必须应收款管理系统未录入当月（销售启用月）发票，或者将录入的发票删除。

销售先启，应收后启——如果销售已有结账月，应收的启用月应大于等于销售未结账月；如果销售无结账月，应收的启用月应大于等于销售启用月。

销售先启，应收后启——应将销售当月已审核的代垫费用单生成应收单（单据日期为当月）。

在启用库存前，用户必须先审核库存启用日期之前的未审发货单。

系统启用

全启　刷新　退出

[888]华智股份有限公司账套启用会计期间2014年11月

系统编码	系统名称	启用会计期间	启用自然日期	启用人
☑WH	报账中心	2014-11	2014-11-01	王主管
☑SC	出纳管理	2014-11	2014-11-01	王主管
☑CA	成本管理	2014-11	2014-11-01	王主管
☑PM	项目成本	2014-11	2014-11-01	王主管
☑FM	资金管理	2014-11	2014-11-01	王主管
☑BM	预算管理	2014-11	2014-11-01	王主管
☑CM	合同管理	2014-11	2014-11-01	王主管
☑PA	售前分析	2014-11	2014-11-01	王主管
☑SA	销售管理	2014-11	2014-11-01	王主管
☑PU	采购管理	2014-11	2014-11-01	王主管
☑ST	库存管理	2014-11	2014-11-01	王主管
☑IA	存货核算	2014-11	2014-11-01	王主管
☑QM	质量管理	2014-11	2014-11-01	王主管
☑EX	出口管理	2014-11	2014-11-01	王主管
☑IM	进口管理	2014-11	2014-11-01	王主管
☑SR	售后服务	2014-11	2014-11-01	王主管
☑EQ	设备管理	2014-11	2014-11-01	王主管
☑HR	HR基础设置	2014-11	2014-11-01	王主管

图 4-37　启用子系统

库存启用时，库存启用日期之前的发货单有对应的库存启用日期之后的出库单，必须将此类出库单删除，并在库存启用日期之前生成这些出库单，然后再启用库存系统。

库存启用时，用户必须先审核库存启用日期之前的先开票、未审发票，否则，库存系统不能启用。

采购先启用，库存后启用时，如果库存启用月份已有根据采购订单生成的采购入库单，则库存不能启用。

委外管理只有在库存管理和存货核算两个模块都启用之后，才能启用。

“GSP 质量管理系统”必须在“库存系统”启用之后再启用。而且“GSP 质量管理系统”和“质量管理”系统不能同时启用。

质量管理系统必须与库存系统一起使用，只有在库存系统启用后，质量管理系统才可启用，与其他系统无先后启用顺序控制。质量管理系统的启用月必须大于等于库存管理的未结账月。

(2) 生产制造系统的启用。

生产订单、主生产计划、需求规划、工程变更系统应在物料清单系统启用后，才能启用；反启用时，应进行反向检查，即生产订单、主生产计划、需求规划、工程变更系统没有反启用，则物料清单系统不允许反启用。

车间管理、产能管理系统应在生产订单系统启用后，才能启用；车间管理、产能管理系统没有反启用，则生产订单系统不允许反启用。

(3) 总账与其他系统的启用。

各系统的启用日期必须晚于或等于账套的启用日期。要启用网上银行必须先启用总账。

(4) 集团账套提示。

只有“集团账套”，才允许启用“集团财务”系统；

“集团财务”的启用月份为会计月对应的自然月的第一天；

先建立关联的数据库，才能启用专家财务评估、管理驾驶舱和数据分析产品，如何设置关联数据库参见相关产品使用手册；

启用时判断是否是“集团账套”，如果是“集团账套”，不允许启用“总账”产品。

(5) 专家财务评估的启用。

对于集团版产品应用，无论是企业版账套还是集团版账套都可以启用；而它的企业版只能在企业版账套启用。

(6) 合并报表的启用。

只有集团版，只能在集团版账套中启用。

(7) 人力资源的启用。

人事管理启用之前必须先启用 HR 基础设置，其他产品（薪资管理、考勤管理、招聘管理、经理自助、员工自助）启用之前必须先启用人事管理。人事管理反启用之前，其他产品（薪资管理、考勤管理、招聘管理、经理自助、员工自助）必须全部反启用；HR 基础设置反启用之前，人事管理必须先反启用。计件工资启用前必须先启用薪资管理；薪资管理反启用前，必须反启用计件工资。

由于各子系统之间存在很多联系，为了降低学习的难度，本例采用分批启用子系统的方式。启用顺序为：先启用总账；总账业务完成以后再启用应收、应付系统；应收应付业务完成以后再启用薪资管理、固定资产；薪资管理和固定资产业务完成以后再启用采购管理、库存管理、存货核算、销售管理模块；最后启用出纳管理模块。各子系统启用日期均为 2014-11-01。如果需要启用全部功能，执行“全启”功能即可（如图 4-37 所示）。

二、基础档案设置

基础档案设置就是把事先分类整理好的基础数据输入到数据库中，为后续的业务处理做好准备。在计算机中，对实体对象的标示通常是用编码，这样可以使对实体的描述不产生二义性，也可以提高处理速度。基础档案设置中有很多内容是建立起实体对象名称和编码之间的对应关系，包括机构人员、客商信息、存货、财务、收付结算、业务等。

展开“基础设置”—“基础档案”菜单，如图 4-38 所示。

图 4-38 基础档案菜单

1. 本单位基本信息设置。可以对单位信息进行完善（如图 4-39 所示）。

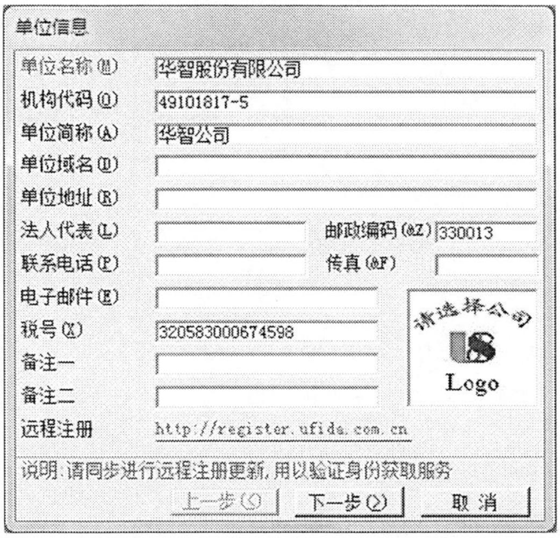

图 4-39 单位信息设置

2. 部门档案设置。将部门名称和对应的编码输入数据库中（如图 4-40 所示）。

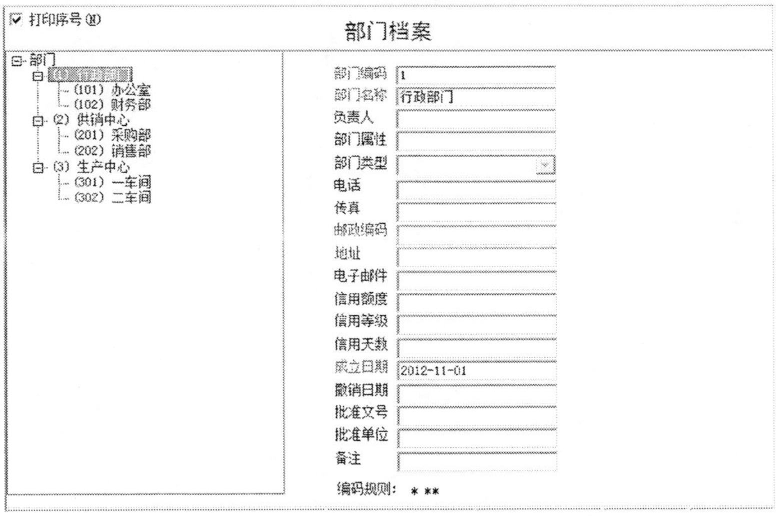

图 4-40 部门档案设置

3. 人员类别设置（如图 4-41 所示）。

图 4-41 人员类别设置

4. 职员档案设置（如图 4-42 所示）。需要注意的是，在职员档案设置之前应该先把部门档案设置完整。

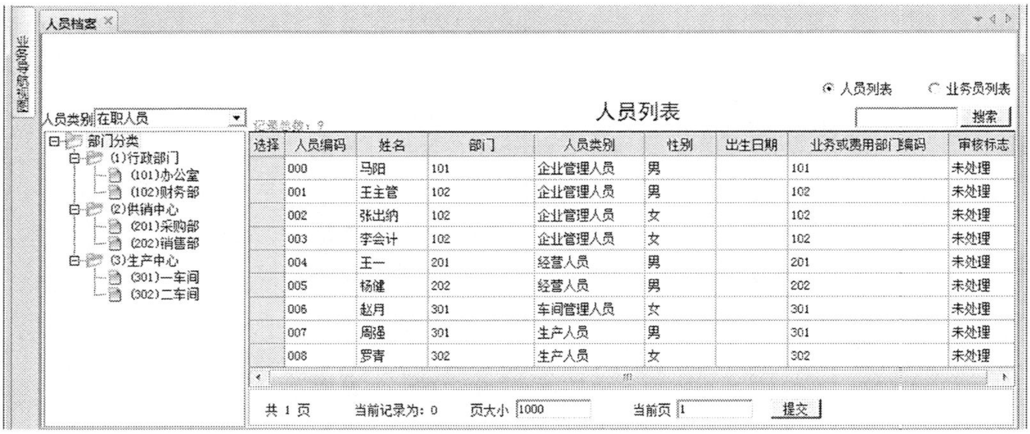

图 4-42　职员档案设置

5. 供应商分类档案（如图 4-43 所示）。

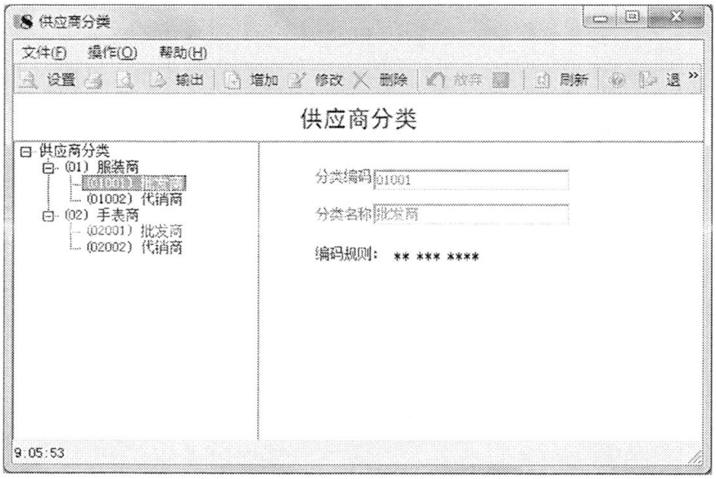

图 4-43　供应商分类档案

6. 供应商档案（如图 4-44 所示）。

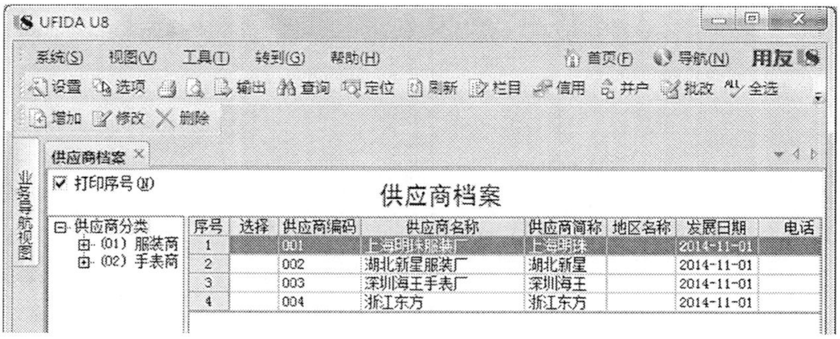

图 4-44　供应商档案

7. 客户分类档案（如图 4-45 所示）。

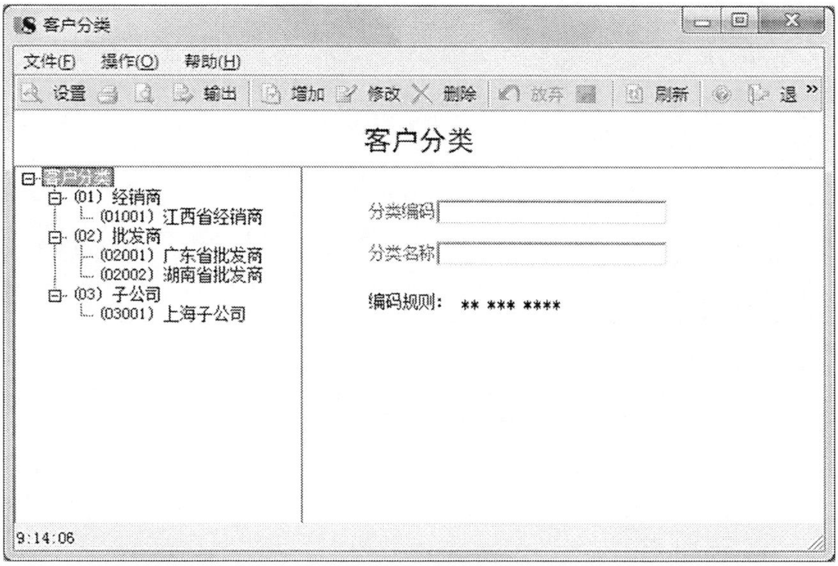

图 4-45 客户分类档案

8. 客户档案。

(1) 输入客户常规信息（如图 4-46 所示）。

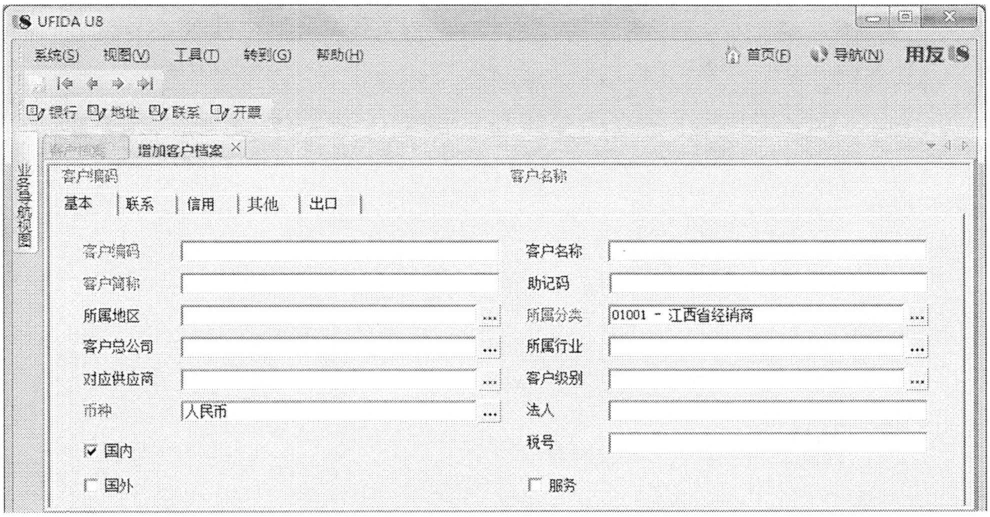

图 4-46 客户档案设置

(2) 选择菜单栏的“银行”功能输入客户的开户银行信息（如图 4-47 所示）。

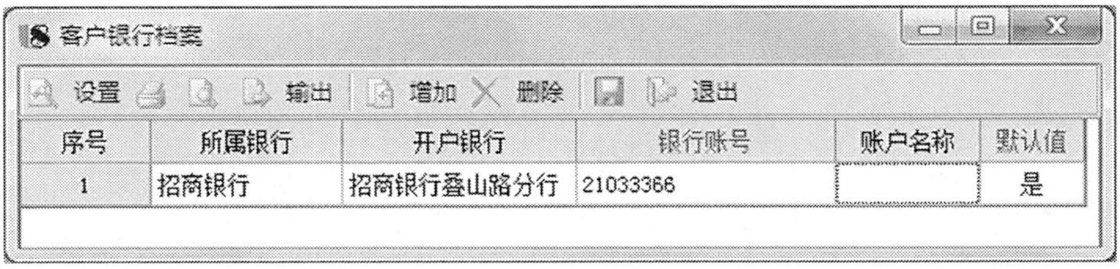

图 4-47 客户银行档案设置

(3) 所有客户档案如图 4-48 所示。

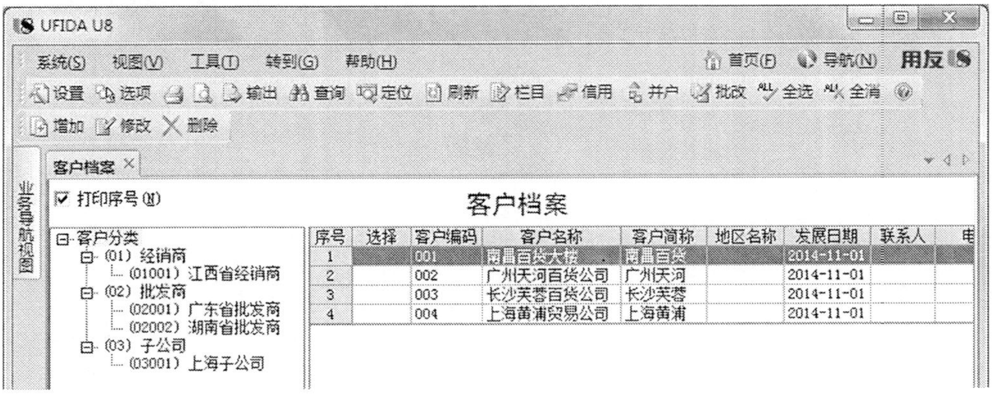

图 4-48　客户档案

9. 存货分类档案（如图 4-49 所示）。存货是供应链管理系统处理的主要对象，其种类和数量较多，流转程序涉及供应链的各个方面。存货管理是供应链管理的重要内容，科学分类是管理好存货的前提。

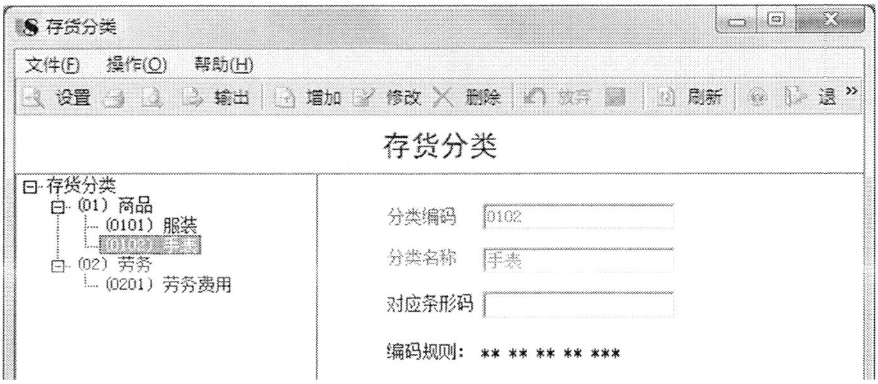

图 4-49　存货分类档案

由于不同的存货具有不同的计量单位，而同一种存货在不同环节其计量单位也可以不同，因此在对存货分类的基础上还必须定义好存货的计量单位。根据存货计量单位之间的关系，可以把计量单位分为“无换算”、“固定换算”、“浮动换算”三类。“无换算”是指各计量单位是独立的，相互之间没有任何关系；“固定换算”是指各计量单位之间存在着不变的换算比率；“浮动换算”是指各计量单位之间存在浮动换算关系。这些关系都需要在计量单位定义时设定好，以便后续存货核算时使用。

计量单位的设置分两步完成，首先定义计量单位组，其次在每组中设置具体的计量单位以及它们之间的换算或无换算关系。

10. 计量单位档案。

（1）选择计量单位页面菜单项“分组”功能，完成计量单位分组设置（如图 4-50 所示）。

（2）选择计量单位页面菜单项“单位”功能，选择“自然单位”组，完成组内无换算计量单位设置（如图 4-51 所示）。

（3）选择计量单位页面菜单项“单位”功能，选择“手表计量”组，完成该组组内主计量单位设置（如图 4-52 所示）。

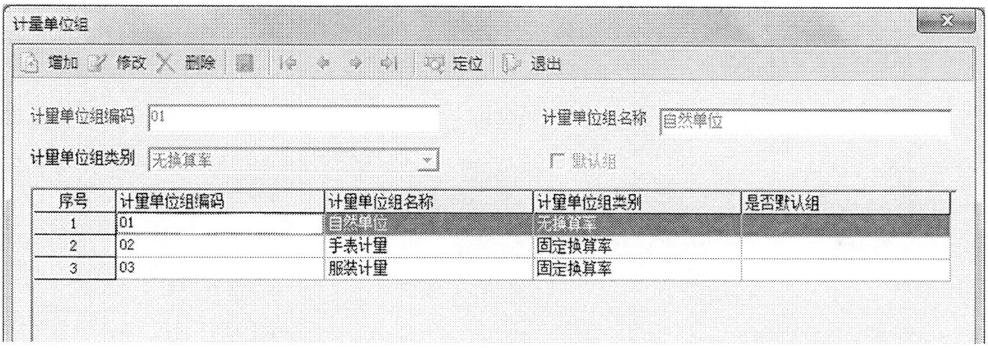

图 4-50 计量单位分组设置

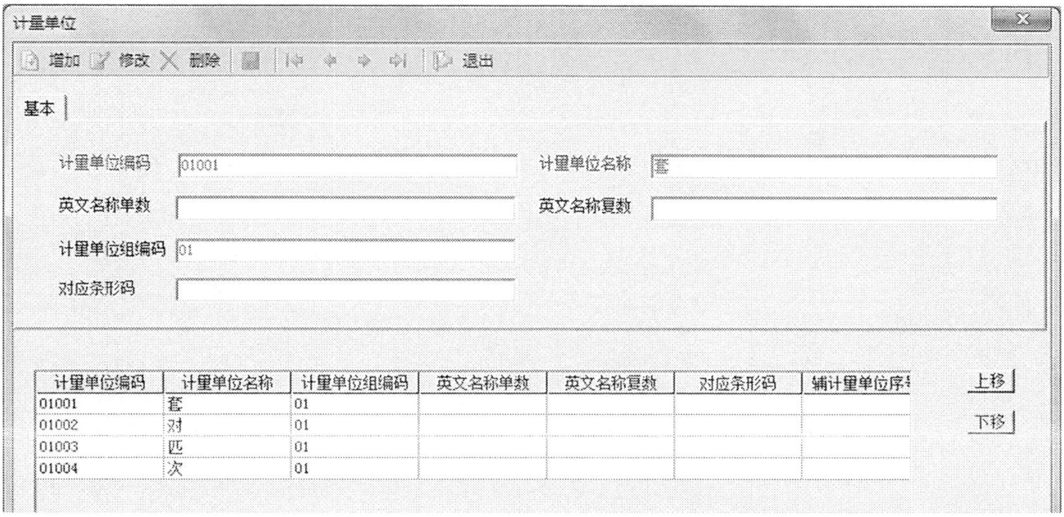

图 4-51 组内无换算计量单位设置

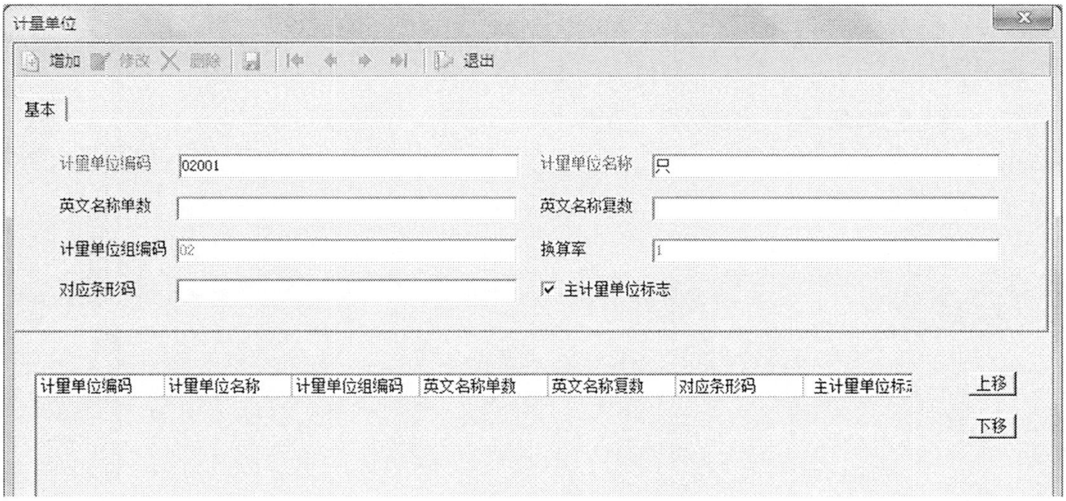

图 4-52 组内主计量单位设置

（4）选择计量单位页面菜单项“单位”功能，选择“手表计量”组，完成该组组内其他计量单位设置（如图 4-53、图 4-54 所示）。

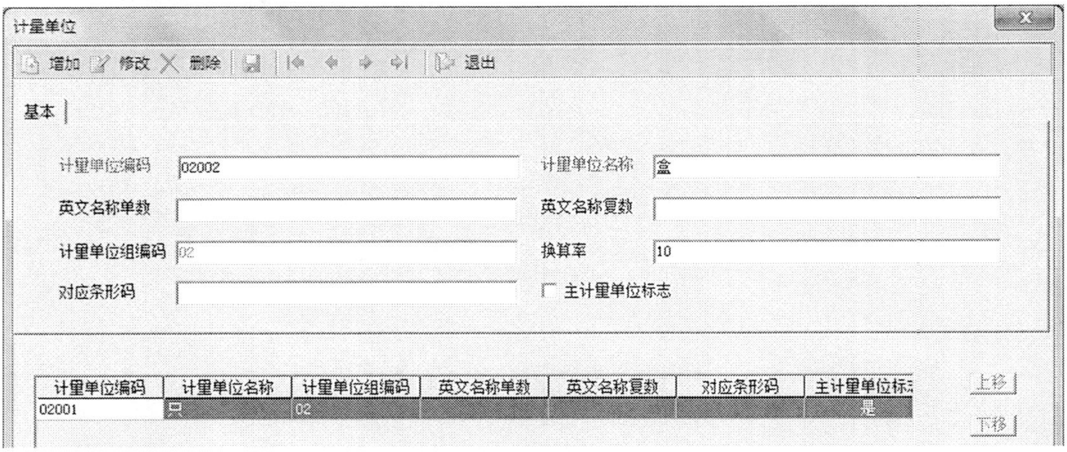

图 4-53 组内其他计量单位设置（盒）

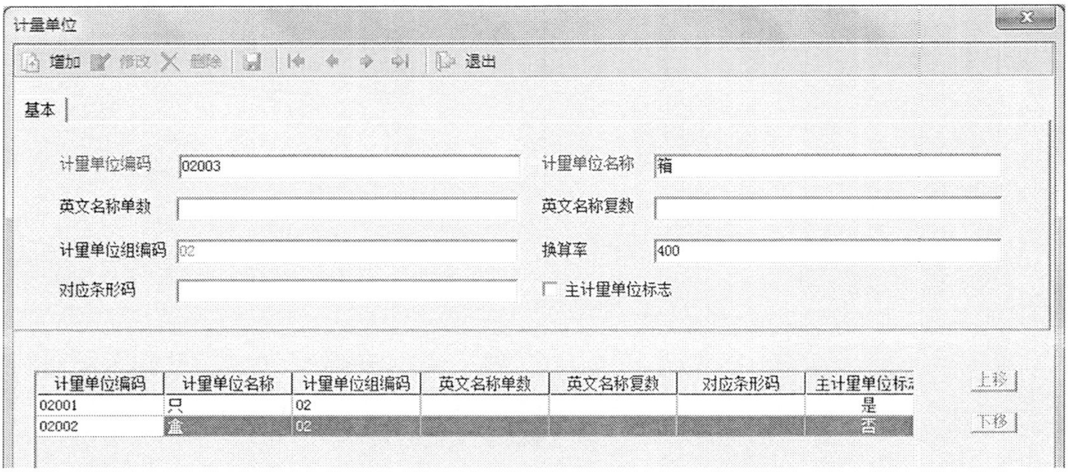

图 4-54 组内其他计量单位设置（箱）

按照同样的方法完成服装计量组的计量单位设置。

（5）设置完成的计量单位列表（如图 4-55 所示）。

图 4-55 计量单位档案

11. 存货档案。

（1）输入存货档案基本信息（如图 4-56 所示）。

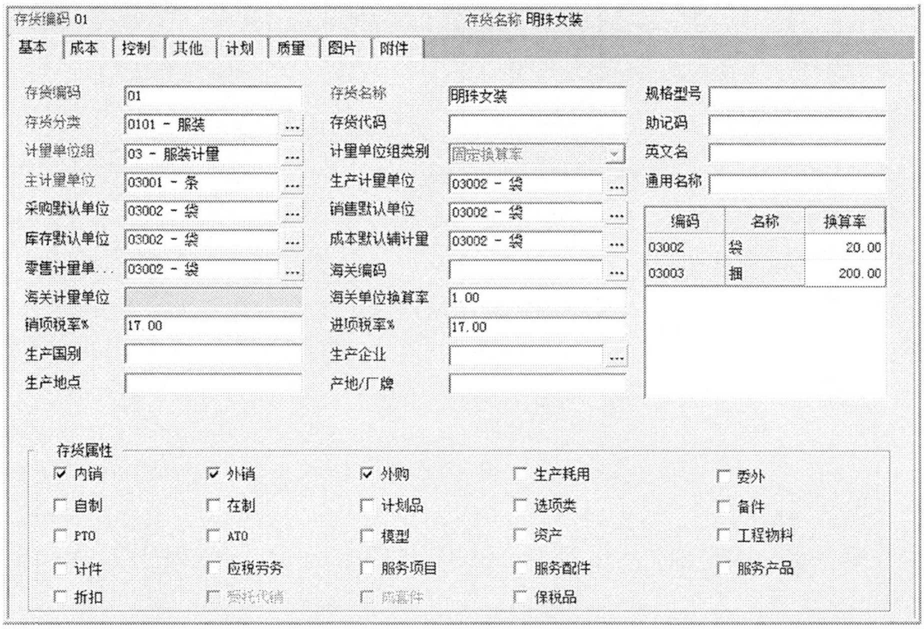

图 4-56　存货档案基本信息

存货基本属性中有部分内容比如是否“受托代销”、是否“成套件”等现在还无法进行选择，需等供应链系统初始设置完成以后才能对这些属性进行修改。

（2）输入存货档案成本信息（如图 4-57 所示）。

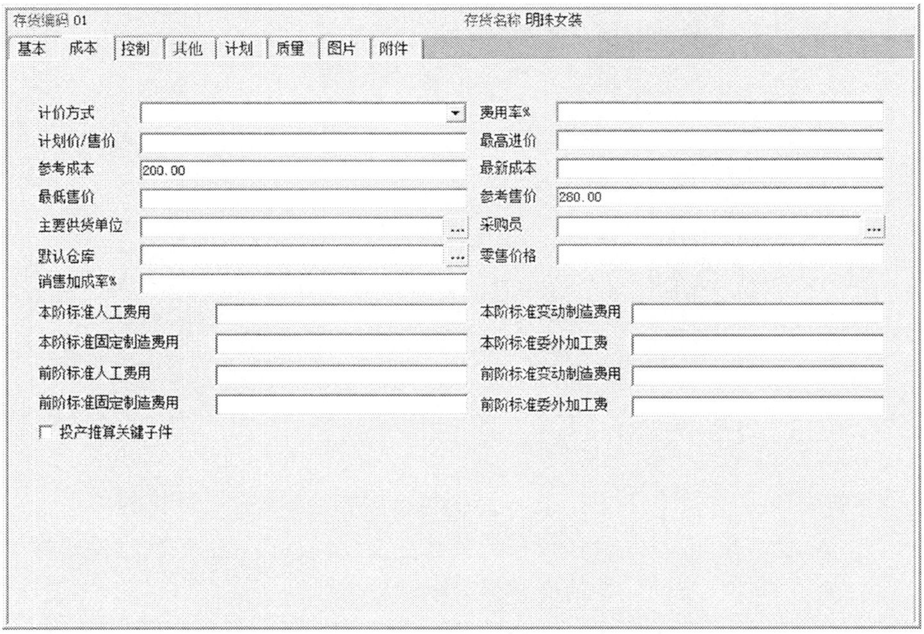

图 4-57　存货档案成本信息

（3）完成的存货档案列表（如图 4-58 所示）。

图 4–58　存货档案

12. 外币及汇率设置（如图 4–59 所示）。外币及汇率设置是为外币核算服务的，可以对账套所使用的外币进行定义。在填制凭证中所用的汇率应先在此进行定义，以便制单时调用，减少录入汇率的次数和可能出现的差错。当汇率变化时，也应预先在此进行定义，否则，制单时不能正确录入汇率。对于使用固定汇率（即使用月初或年初汇率）作为记账汇率的用户，在填制每月的凭证前，应预先在此录入该月的记账汇率，否则在填制该月外币凭证时，将会出现汇率为零的错误。对于使用变动汇率（即使用当日汇率）作为记账汇率的用户，在填制该天的凭证前，应预先在此录入该天的记账汇率。此处仅供用户录入固定汇率与浮动汇率，并不决定在制单时使用固定汇率还是浮动汇率，在总账模块的“选项”中的“汇率方式”的设置决定制单使用固定汇率还是浮动汇率。

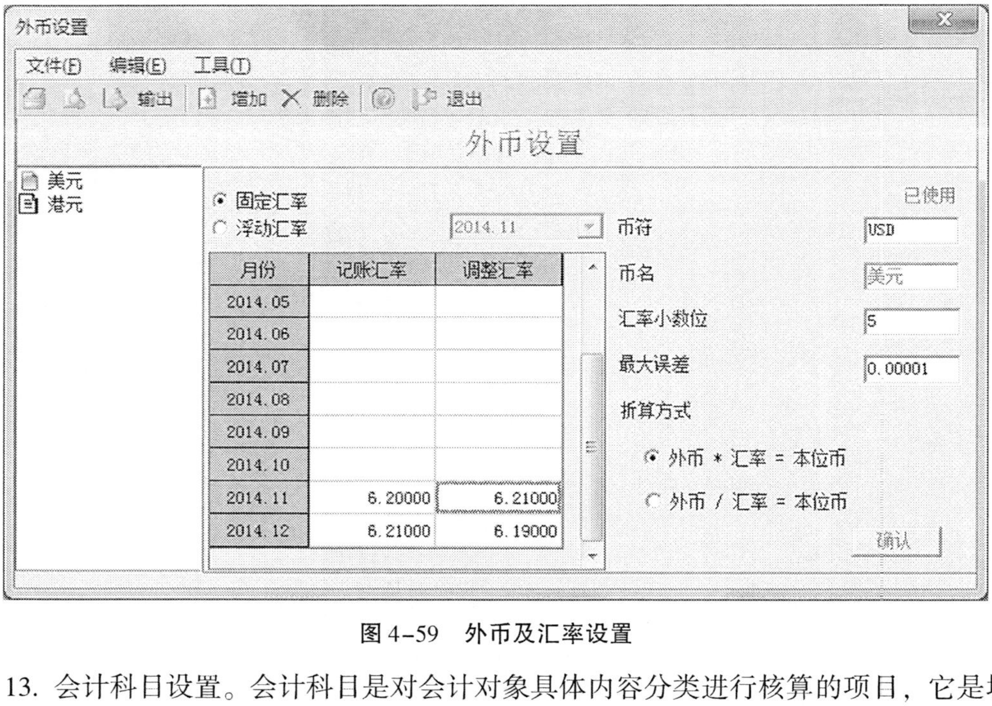

图 4–59　外币及汇率设置

13. 会计科目设置。会计科目是对会计对象具体内容分类进行核算的项目，它是填制会计凭证、登记会计账簿、编制会计报表的基础。会计科目设置的层次直接影响会计核算的深度，会计科目属性设置的完整情况直接影响核算的广度。会计科目的设置是一项细致的工作，除了要把会计科目的编码设置好以外，更重要的是要把会计科目的属性设置正确、完整，才能在后续的核算中得到应用。

本功能完成对会计科目的设立和管理，用户可以根据业务的需要方便地进行增加、修改、查找、打印等操作。在设置会计科目的过程中，如果要改变科目编码级次，必须在基础设置中进行修改；如果会计科目已经输入了期初余额或者已经填制了凭证，则该科目就不能进行删除或修改操作。

（1）“库存现金”科目需要登记日记账，因此选中“日记账”属性（如图4-60所示）。

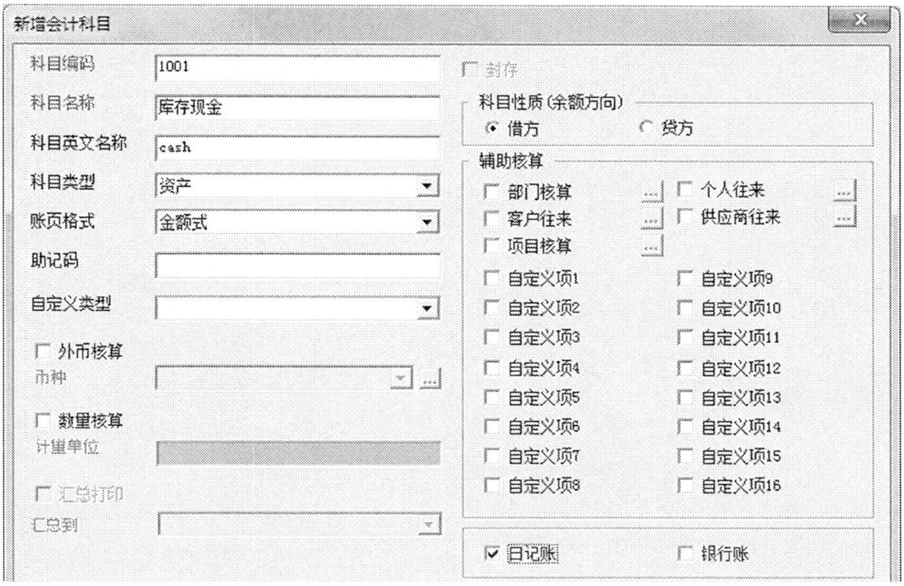

图4-60 **“库存现金”科目属性设置**

（2）“银行存款”一级科目以及下属的“工行”二级科目需要登记日记账，也需要进行银行对账，选择“日记账”和“银行账”属性（如图4-61、图4-62所示）。

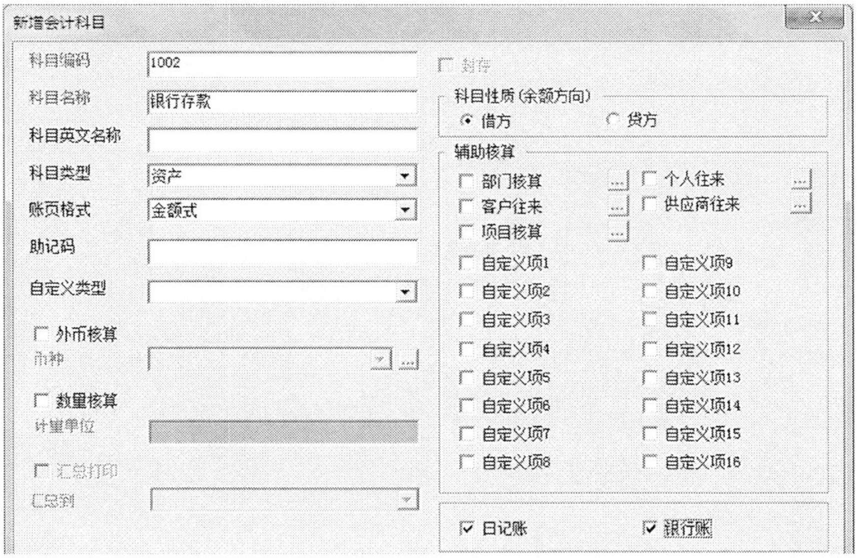

图4-61 **“银行存款”科目属性设置**

（3）“银行存款——中行”科目需要登记日记账，也需要进行银行对账，选择“日记账”、“银行账”属性。该科目还需要核算外币，因此选中“外币核算”（美元），如图4-63所示。

图 4-62　“银行存款——工行”科目属性设置

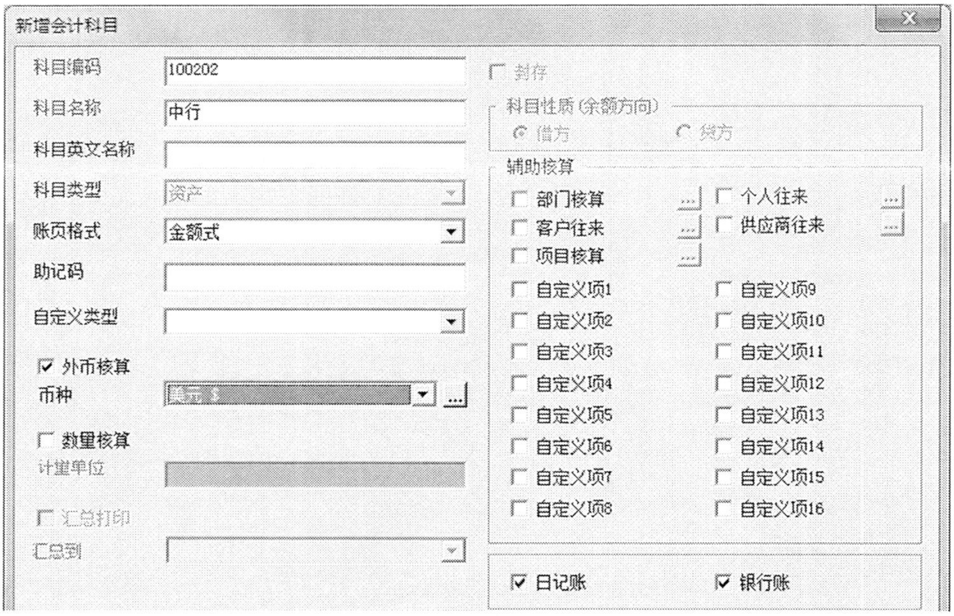

图 4-63　“银行存款——中行”科目属性设置

（4）“应收票据”科目选择辅助核算“客户往来”属性，受控系统选择默认的“应收系统”（如图 4-64 所示）。

（5）“应收账款”科目选择辅助核算“客户往来”属性，受控系统选择默认的“应收系统”（如图 4-65 所示）。

（6）“预付账款”科目选择辅助核算“供应商往来”属性，受控系统选择默认的“应付系统”（如图 4-66 所示）。

（7）“其他应收款”科目选择辅助核算的“个人往来”（如图 4-67 所示）。

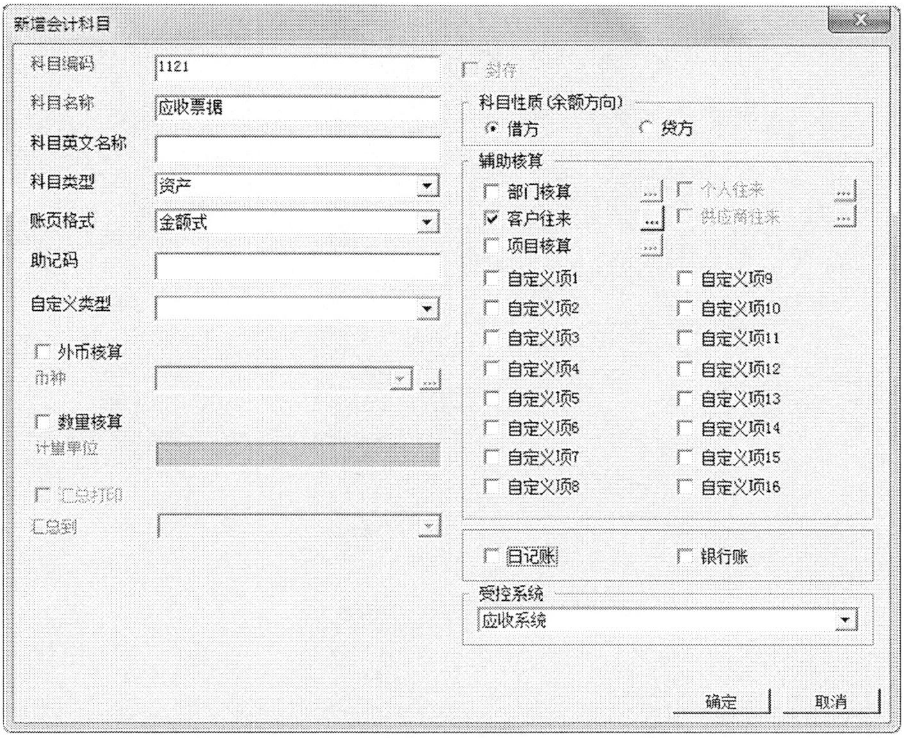

图 4-64 “应收票据”科目属性设置

图 4-65 “应收账款”科目属性设置

（8）“库存商品”科目需要进行数量核算，选择“数量核算”，计量单位栏输入计量

图 4-66 “预付账款”科目属性设置

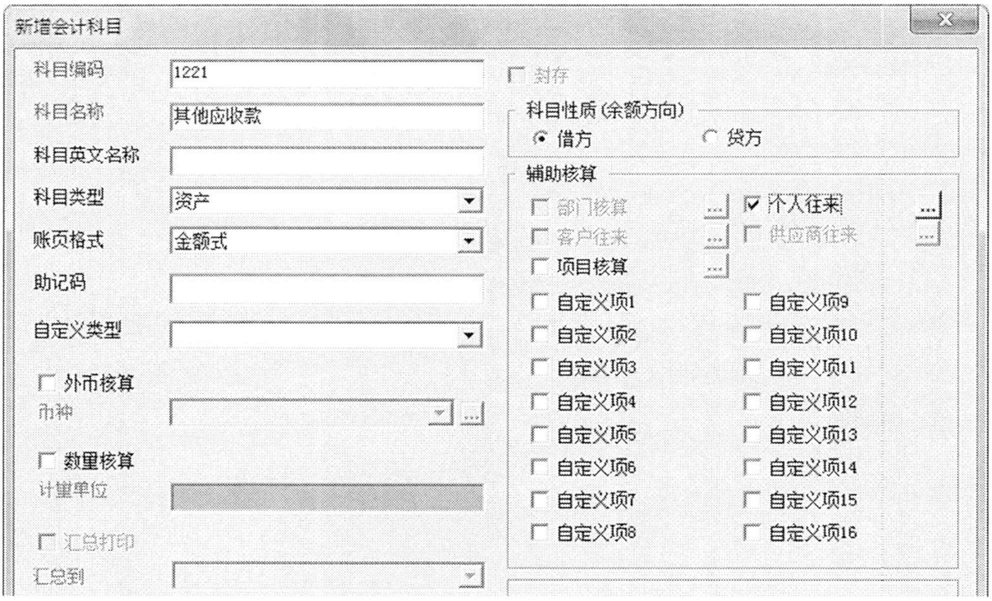

图 4-67 “其他应收款”科目属性设置

单位“件”，该科目还有自定义项设置“保管人”、“出厂日期”，见后面的专门说明（如图 4-68 所示）。

（9）“应付票据”科目选择辅助核算“供应商往来”属性，受控系统选择默认的

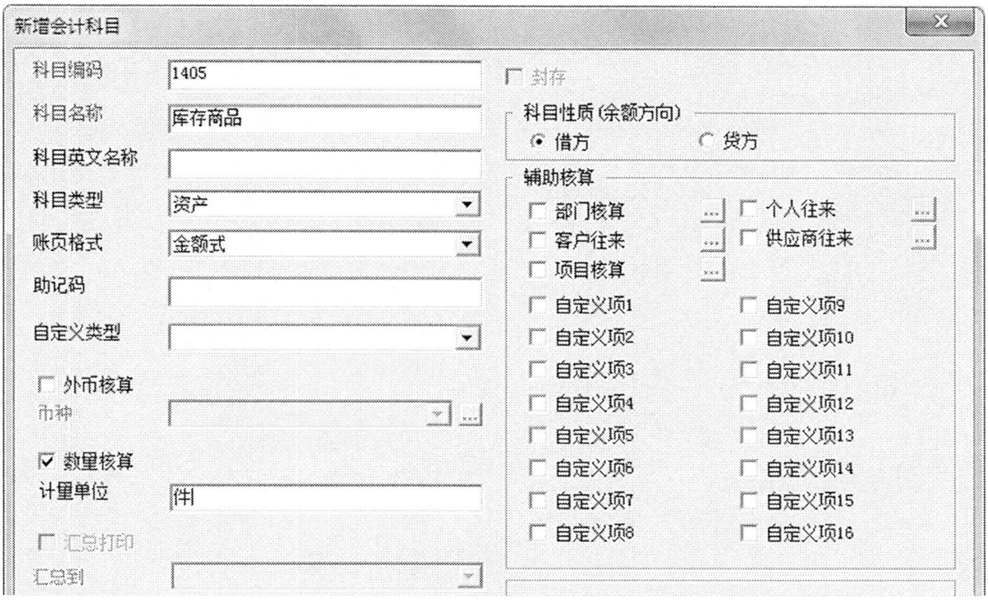

图 4-68 **“库存商品”科目属性设置**

“应付系统”（如图 4-69 所示）。

图 4-69 **“应付票据”科目属性设置**

（10）“应付账款”科目选择辅助核算“供应商往来”属性，受控系统选择默认的“应付系统”（如图 4-70 所示）。

图 4-70 “应付账款”科目属性设置

（11）“预收账款”科目选择辅助核算“客户往来”属性，受控系统选择默认的“应收系统”（如图 4-71 所示）。

图 4-71 “预收账款”科目属性设置

（12）“主营业务收入”科目需要进行数量核算，选中“数量核算”，计量单位

“件”，科目性质（余额方向）选择“收入”（如图 4–72 所示）。

图 4–72 **“主营业务收入”科目属性设置**

（13）“主营业务成本”科目需要进行数量核算，选中“数量核算”，计量单位“件”（如图 4–73 所示）。需要注意，该科目性质（余额方向）要选择“支出”。

图 4–73 **“主营业务成本”科目属性设置**

（14）“管理费用——差旅费”科目需要进行部门核算，在辅助核算选项中选中“部门核算”，该科目性质（余额方向）要选择“支出”（如图 4–74 所示）。

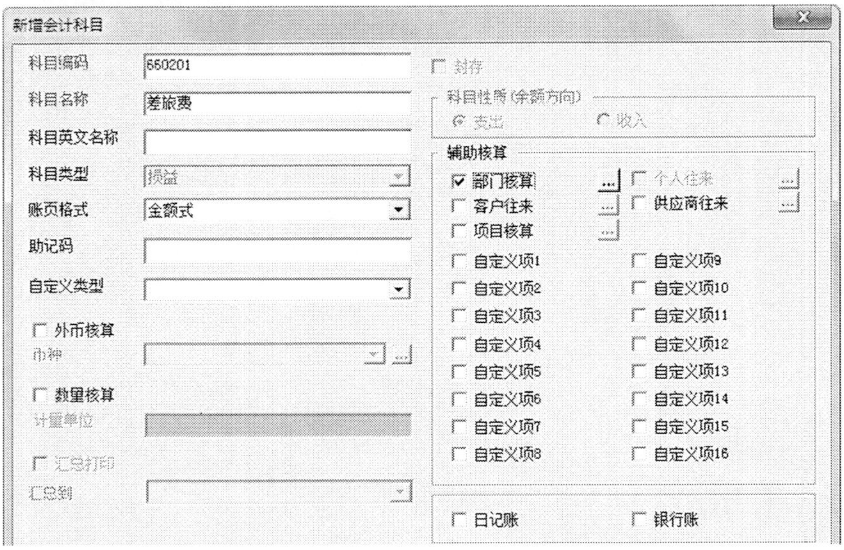

图 4-74 “管理费用——差旅费”科目属性设置

设置完成的会计科目表如图 4-75 所示。

级次	科目编码	科目名称	外币币种	辅助核算	银行科目	现金科目	计量单位	余额方向	受控系统	是否封存	银行账	日记账	自定义类型
1	1001	库存现金				Y		借				Y	
1	1002	银行存款			Y			借			Y	Y	
2	100201	工行			Y			借			Y	Y	
2	100202	中行	美元		Y			借			Y	Y	
1	1012	其他货币资金						借					
1	1121	应收票据		客户往来				借	应收系统				
1	1122	应收账款		客户往来				借	应收系统				
1	1123	预付账款		供应商往来				借	应付系统				
1	1221	其他应收款		个人往来				借					
1	1231	坏账准备						贷					
1	1321	代理业务资产						借					
1	1401	材料采购						借					
1	1403	原材料						借					
1	1405	库存商品		自定义项1,4			件	借					
1	1406	发出商品						借					
1	1407	商品进销差价						借					
1	1601	固定资产						借					
1	1602	累计折旧						贷					
1	1603	固定资产减值准备						贷					
1	1606	固定资产清理						借					
1	1701	无形资产						借					
1	1702	累计摊销						贷					
1	2201	应付票据		供应商往来				贷	应付系统				
1	2202	应付账款		供应商往来				贷	应付系统				
1	2203	预收账款		客户往来				贷	应收系统				
1	2211	应付职工薪酬						贷					
1	2221	应交税费						贷					
2	222101	应交增值税						贷					

图 4-75 设置完成的会计科目

14. 自定义项设置（以“库存商品”科目为例）。会计科目除了上述常规的属性设置以外，若有特殊的属性设置要求，可以进行自定义设置。基本操作步骤为：首先通过“基础档案”—“其他”—“自定义分类”功能进行定义；然后在会计科目属性中进行选择。

（1）执行“基础档案”—“其他”—“自定义分类”—“单据头”功能（如图4-76所示）。

图 4-76 自定义项设置界面

（2）选择一个文本类型项目，输入项目名称“保管人”，长度 8，其余按默认值（如图 4-77 所示）。

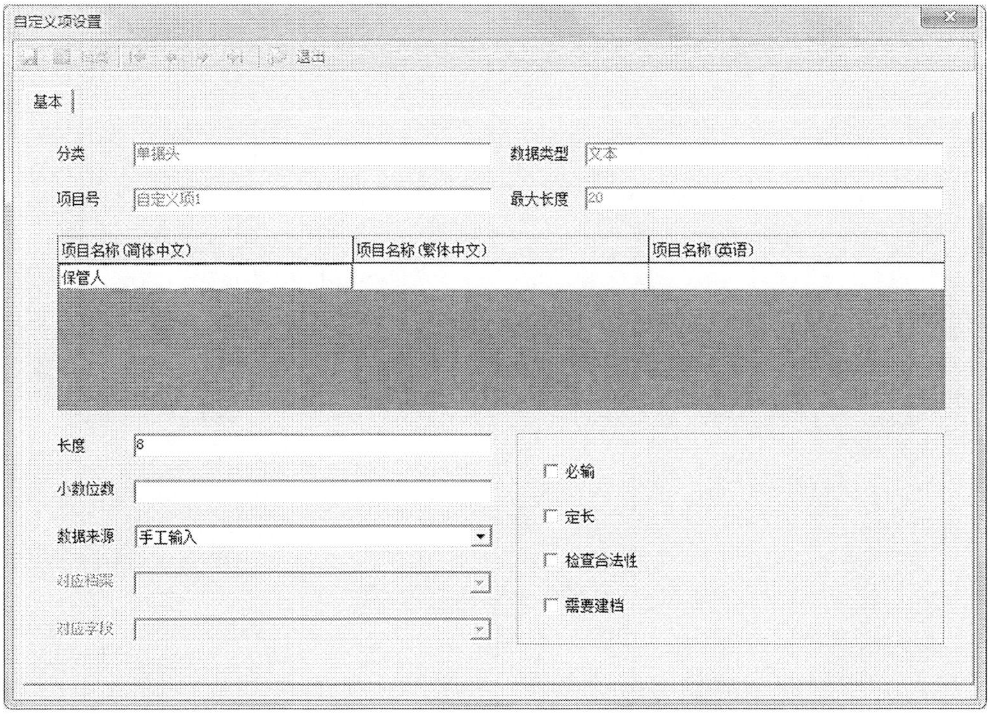

图 4-77 库存商品“保管人”自定义项设置

（3）选择一个日期类型项目，输入项目名称“出厂日期”（如图 4-78 所示）。

（4）在“库存商品”会计科目的修改窗口，选择需要的自定义项即可（如图 4-79 所示）。

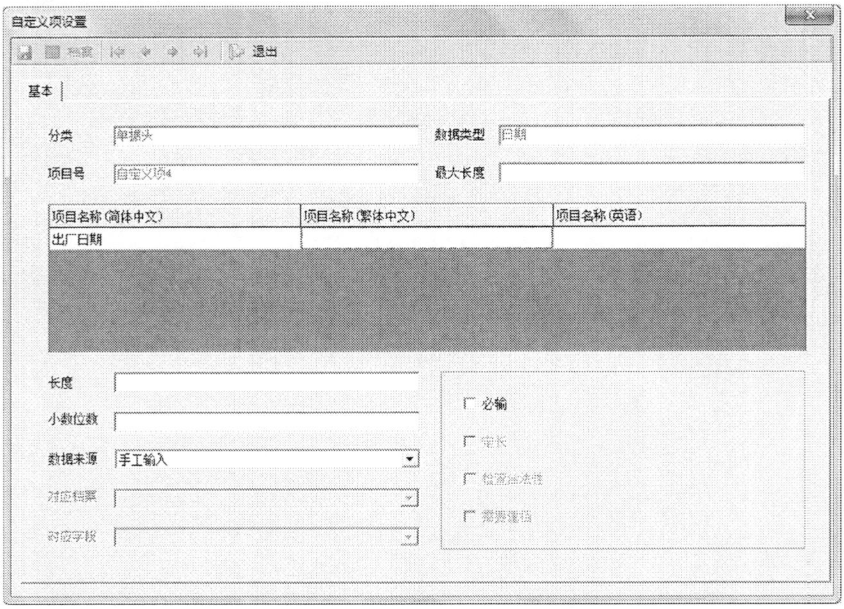

图 4-78　库存商品“出厂日期”自定义项设置

图 4-79　选择会计科目的自定义项

15. 指定出纳科目。为了进行后续的出纳签字、库存现金日记账、银行存款日记账的查询工作，在会计科目基本的维护完成以后必须进行指定科目操作，也就是指定出纳科目。由于系统不会默认指定出纳科目，并且该部分未做系统也不会提示或强制要求完成，因此很容易遗漏，需要特别注意。在“会计科目”中的“编辑”菜单中执行“指定科目”完成该项工作（如图 4-80、图 4-81 所示）。

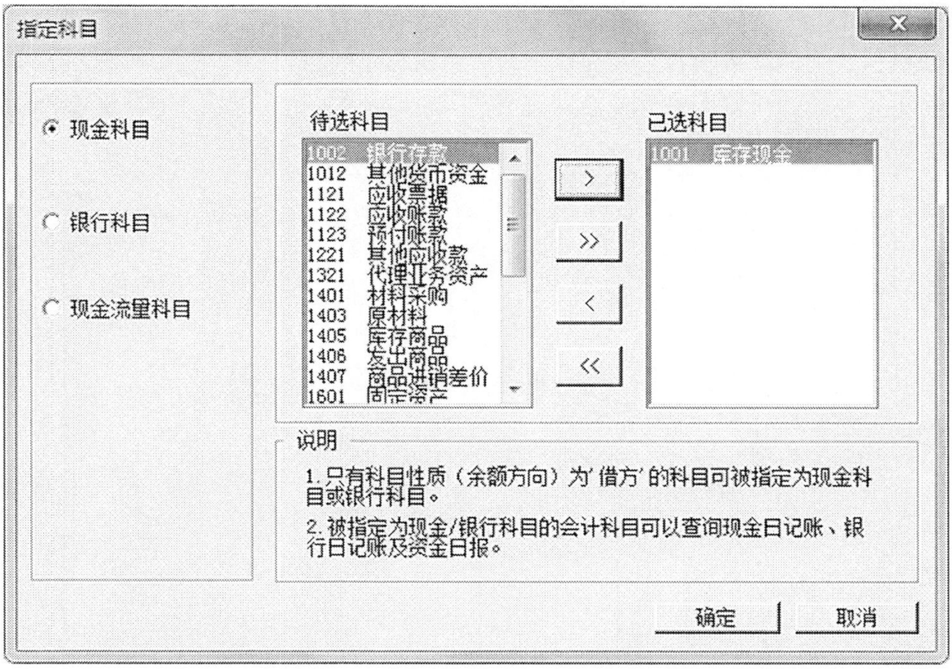

图 4-80　**指定现金总账科目**

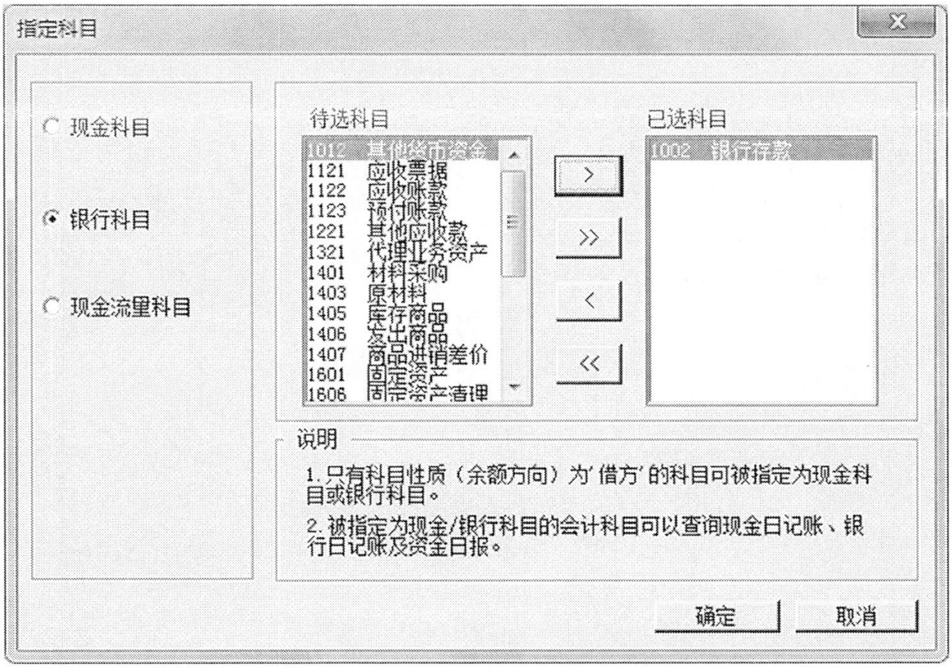

图 4-81　**指定银行存款总账科目**

16. 凭证类别设置。会计核算时，为了明确经济业务的类别，通常对记账凭证进行分类编制。为了满足单位不同的应用要求，系统提供了多种凭证的分类方式。在选好凭证分类方式的基础上，通过进一步设置凭证类别和相应的限制条件，凭证类别和凭证内容之间建立起一种对应关系，可更好地保证输入凭证内容的正确性。如果凭证类别已经在后续操作中使用，则不能删除，也不能修改类别字。若选有科目限制，则至少要输入一个限制科目。若限制科目为非末级科目，则在制单时，其所有下级科目都将受到同样的限制。表格右侧的上下箭头按钮可以调整凭证类别的前后顺序，它将决定明细账中凭证的排列顺序。“凭证类别”界面如图 4-82 所示。

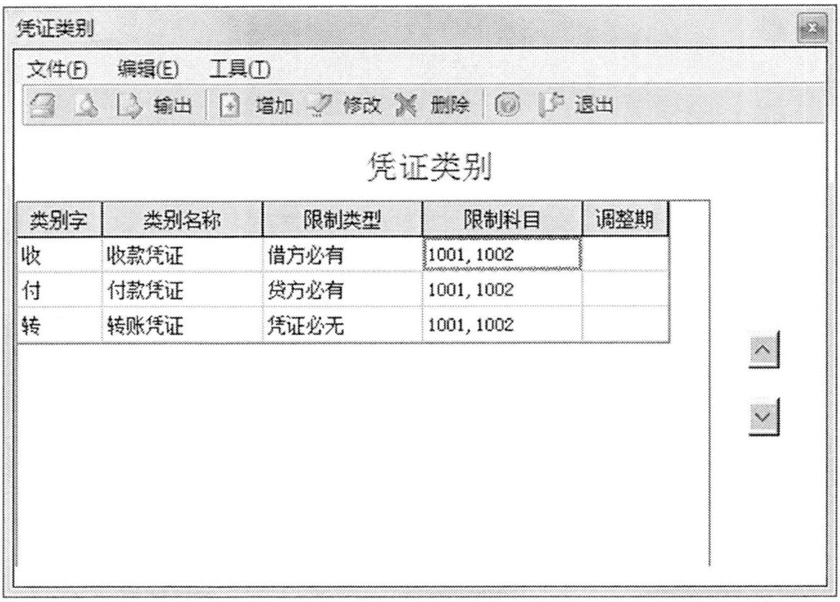

图 4-82 凭证类别设置

17. 结算方式设置。建立和管理企业在经营活动中所涉及的结算方式，与手工结算方式一致，主要用于银行对账。“结算方式”设置界面如图 4-83 所示。

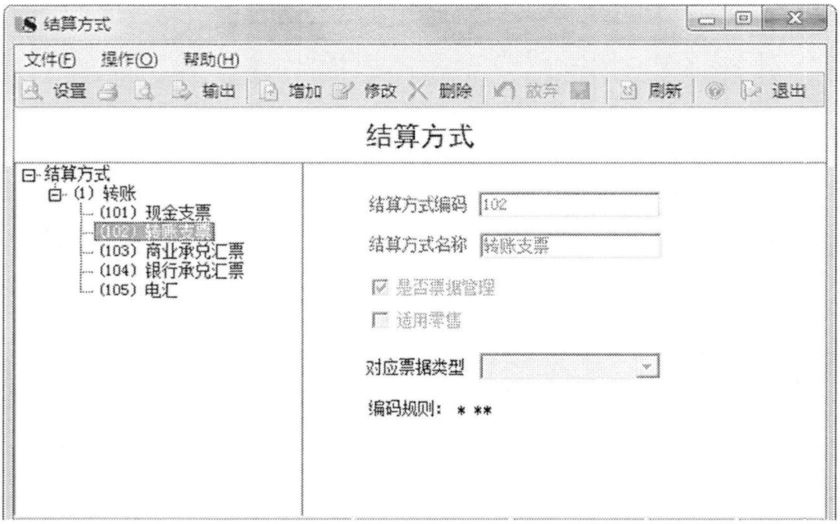

图 4-83 结算方式设置

18. 付款条件设置（如图 4-84 所示）。

19. 本单位开户银行设置（如图 4-85 所示）。

20. 仓库档案（如图 4-86 所示）。

付款条件

序号	付款条件编码	付款条件名称	信用天数	优惠天数1	优惠率1	优惠天数2	优惠率2	优惠天数3	优惠率3	优惠天数4	优惠率4
1	01	4/10,2/20,n/30	30	10	4.000000	20	2.000000	30	0.000000	0	0.000000
2	02	2/20,1/40,n/60	60	20	2.000000	40	1.000000	60	0.000000	0	0.000000
3	03	1.5/30,0.5/60,n/90	90	30	1.500000	60	0.500000	90	0.000000	0	0.000000

图 4-84　**付款条件设置**

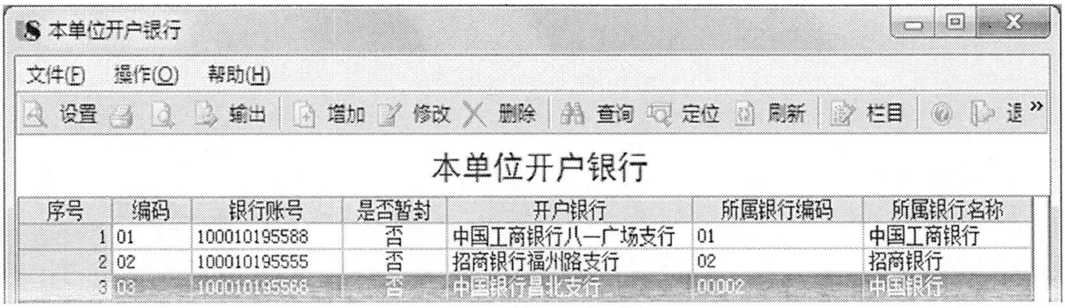

本单位开户银行

序号	编码	银行账号	是否暂封	开户银行	所属银行编码	所属银行名称
1	01	100010195588	否	中国工商银行八一广场支行	01	中国工商银行
2	02	100010195555	否	招商银行福州路支行	02	招商银行
3	03	100010195568	否	中国银行昌北支行	00002	中国银行

图 4-85　**本单位开户银行设置**

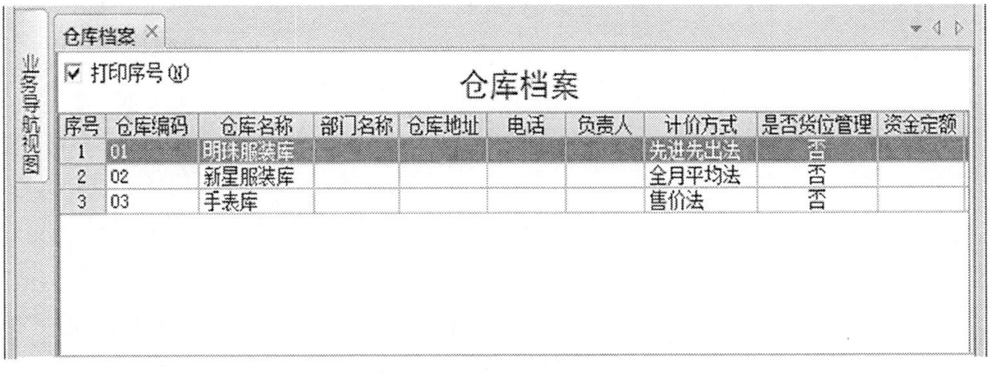

仓库档案

序号	仓库编码	仓库名称	部门名称	仓库地址	电话	负责人	计价方式	是否货位管理	资金定额
1	01	明珠服装库					先进先出法	否	
2	02	新星服装库					全月平均法	否	
3	03	手表库					售价法	否	

图 4-86　**仓库档案**

21. 收发类别档案。是为了用户对材料的出入库情况进行分类汇总统计而设置的，表示出入库类型（如图 4-87 所示）。

22. 采购类型档案（如图 4-88 所示）。

23. 销售类型档案。用户在处理销售业务时，可以根据自身的实际情况自定义销售类型，以便于按销售类型对销售业务数据进行统计和分析（如图 4-89 所示）。

24. 费用项目分类。是对同一类属性的费用，归集成一类，以便于对它们进行统计和分析。根据出口和销售等系统要求，增加费用项目分类档案，在业务数据中进行分析汇

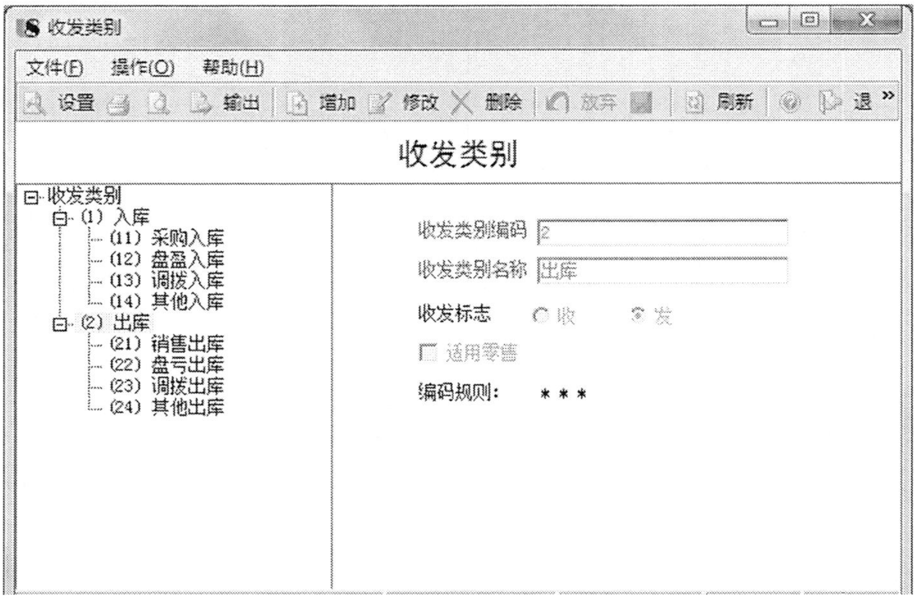

图 4-87　收发类别档案

图 4-88　采购类型档案

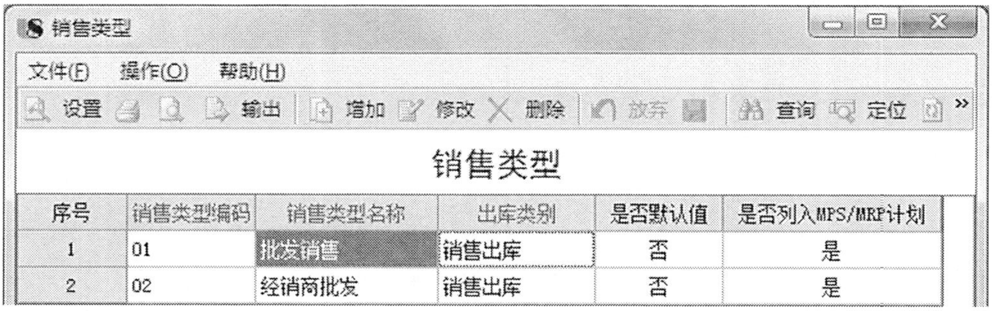

图 4-89　销售类型档案

总。用户先将本公司所用到的费用进行划分，在编码方案中设置费用项目分类的编码方案，然后设置相应的费用项目分类，设置好后，选择费用项目分类录入其所包含的费用档案。费用项目用户在处理销售业务中的代垫费用、销售支出费用时，应先行在本功能中设定这些费用项目（如图 4-90 所示）。

25. 费用项目。用户在处理销售业务中的代垫费用、销售支出费用时，应先行在本功能中设定这些费用项目（如图 4-91 所示）。

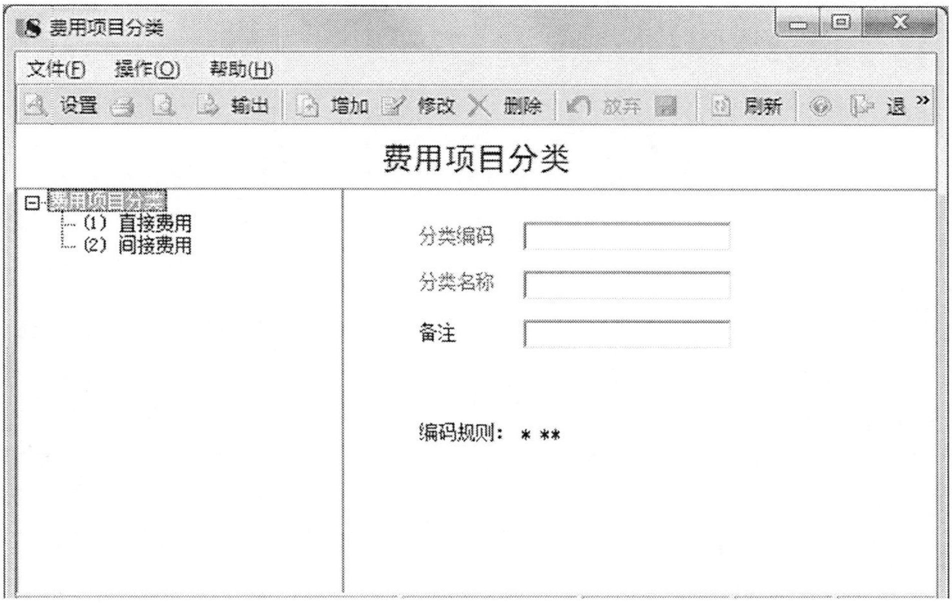

图 4-90　费用项目分类

图 4-91　费用项目

思考题及实践题

1. 安全管理员 SAdmin 的主要职责有哪些？
2. 凭证类别设置中的限制类型有什么作用？
3. 权限转授功能有什么作用？应如何操作？
4. 会计科目的自定义属性应如何设置？
5. 用户和角色有什么不同？
6. 账套主管可以修改账套的哪些参数？
7. 完成 888 号账套建账、基础档案设置工作，将账套输出保存。

第五章

账套的其他操作

在系统中，用户不仅可以建立多至999个独立的账套，在此基础上，每个账套中又可以建立不同的账套库，每个账套库中可以包含一个或者多个连续会计年度的数据。这样数据的结构清晰、含义明确，便于管理和使用。从两者的关系来看，账套是账套库的上一级，账套是由一个或多个账套库组成，一个账套库含有一年或多年使用数据。一个账套对应一个经营实体或核算单位，账套中的某个账套库对应这个经营实体的某年度区间内的业务数据。例如，华智公司建立账套“888 账套”后在 2014 年使用，然后在 2015 年的期初建 2015 账套库后使用，则“888 账套”具有两个账套库，即“888 账套 2014 年”和“888 账套 2015 年”；如果希望连续使用，也可以不建新账套库，直接录入 2015 年数据，则“888 账套”具有一个账套库即“888 账套 2014—2015 年”。账套和账套库的关系见表5-1。

表 5-1　　账套和账套库的关系

类别	账套	目录结构	账套库	目录结构	文件
操作系统	888	C：\ U8SOFT\ Admin\ ZT888	2014	\ 2014	Ufdata. ldf Ufdata. mdf
			2015	\ 2015	Ufdata. ldf Ufdata. mdf
SQL 数据库	888	控制台根目录\ 数据库	2014	\ Ufdata_ 888_ 2014	Ufdata. mdf
			2015	\ Ufdata_ 888_ 2015	Ufdata. mdf
用户输出	888	用户指定目录\ Uferpact. Lst 用户指定目录\ Ufdata. BAK	2014	用户指定目录\ UferpYer. Lst 用户指定目录\ Ufdata. BAK	
			2015	用户指定目录\ UferpYer. Lst 用户指定目录\ Ufdata. BAK	

第一节　年度数据的结转

在进行会计核算时，出于结算账目的需要，要进行会计分期，但是企业的经营是持续的，所以必须进行年度数据的结转。

一、不建新账套库的年度数据结转

在建立账套时，系统会自动建立一个以该账套启用年份为起始年份的账套库，如果希望启用当年及以后所有年度的数据都放在这个账套库中，则不需要新建其他的账套库。在该账套库中，可以手工建立新的会计年度，如果上年度总账 12 月份结账，系统将自动建立新的会计年度。数据结构为：整个账套只有一个账套库，账套库中有多个会计年度账。这种结转方式很方便，可以联查以前年度数据，但是不能更改上年度已用的基础档案及期初余额和结转单据。可用数据卸出的方式实现数据库的分离。

1. 建立会计年度（如图 5–1 所示）。

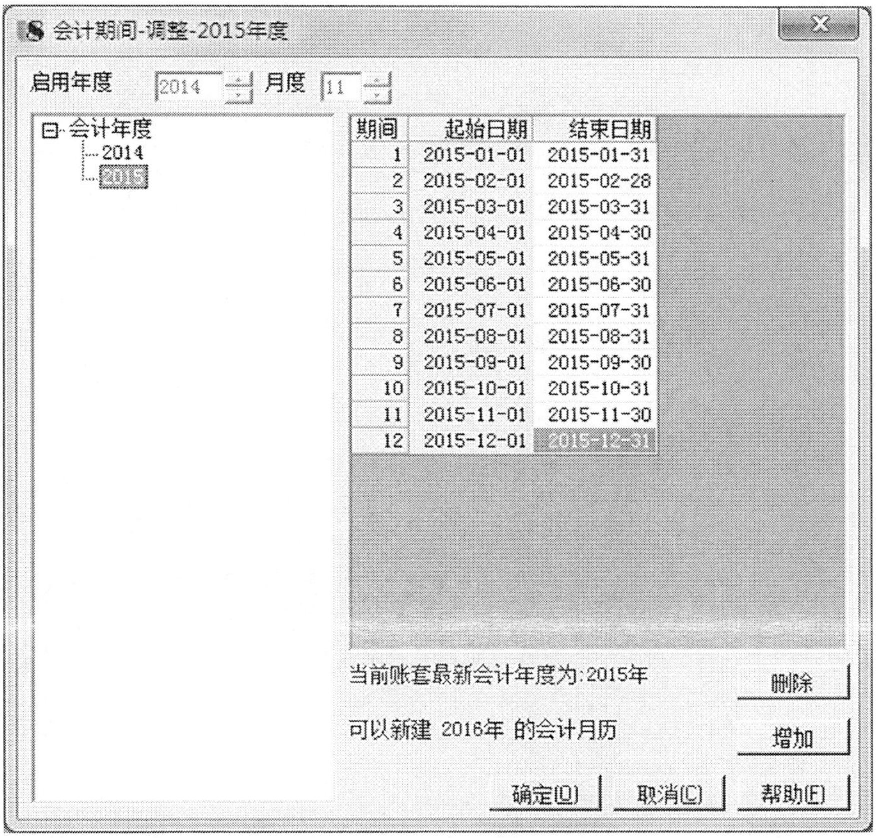

图 5–1 建立会计年度

当然，采用这种方式建好的年度账还无法进行业务处理，因为还需要在总账期初余额中进行开账处理。

2. 未开账将无法使用总账（如图 5–2 所示）。

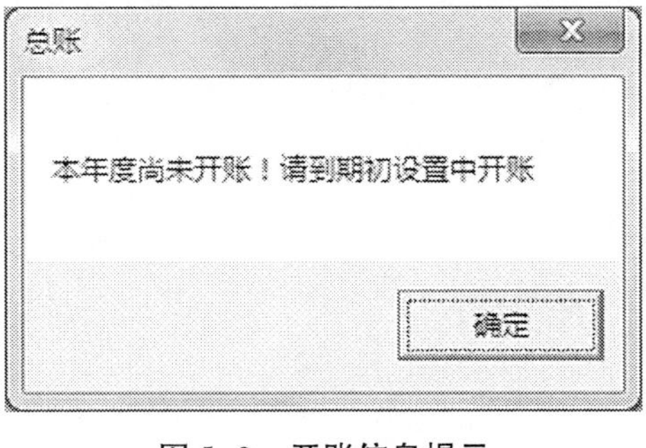

图 5–2 开账信息提示

3. 在总账的期初余额中执行“开账”功能，系统将上一年基础档案、基础设置结转到本年。其中，基础档案包括会计科目、备查科目设置、外币设置；基础设置包括选项—自定义项作为辅助核算设置、选项—行业性质显示（如图 5–3 所示）。

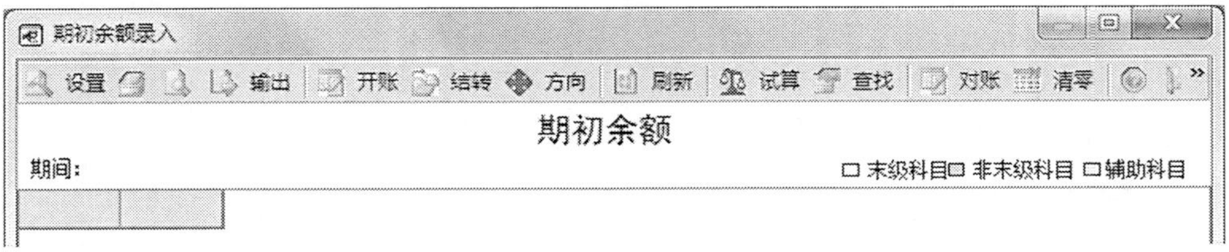

图 5–3　期初余额开账功能

4. 开账成功以后系统给出提示信息（如图 5–4 所示）。

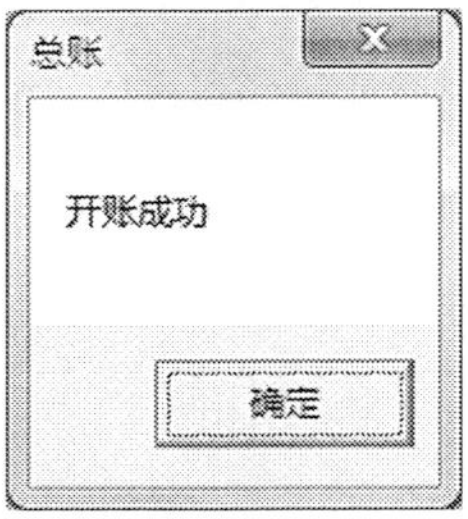

图 5–4　开账成功信息

5. 执行总账期初余额中的“结转”功能，系统将以前年度的数据结转到本年年初。这样所有的数据就保持了延续性（如图 5–5 所示）。

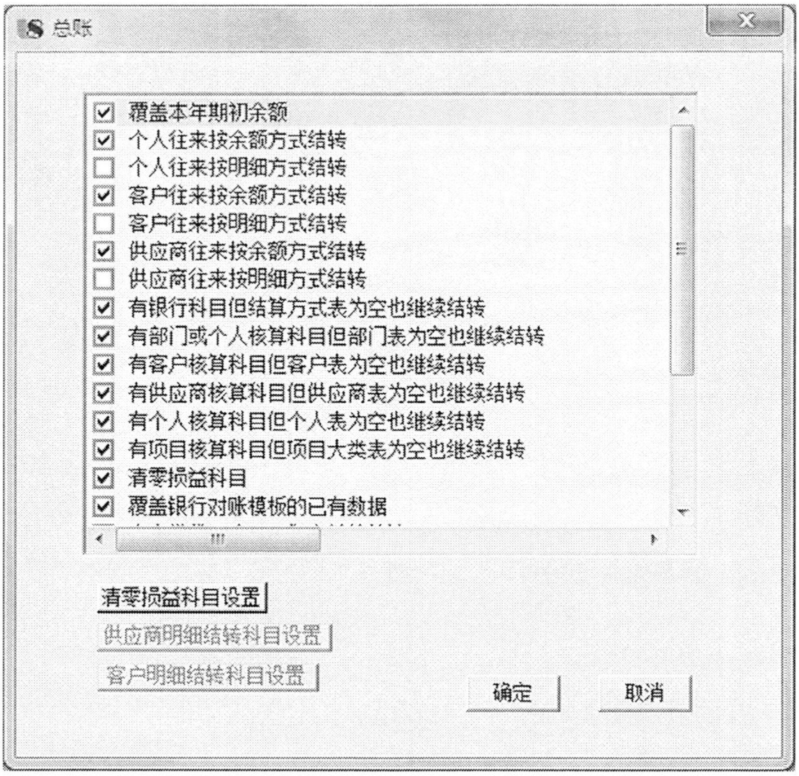

图 5–5　数据结转

6. 系统自动生成结转报告（如图 5-6 所示）。

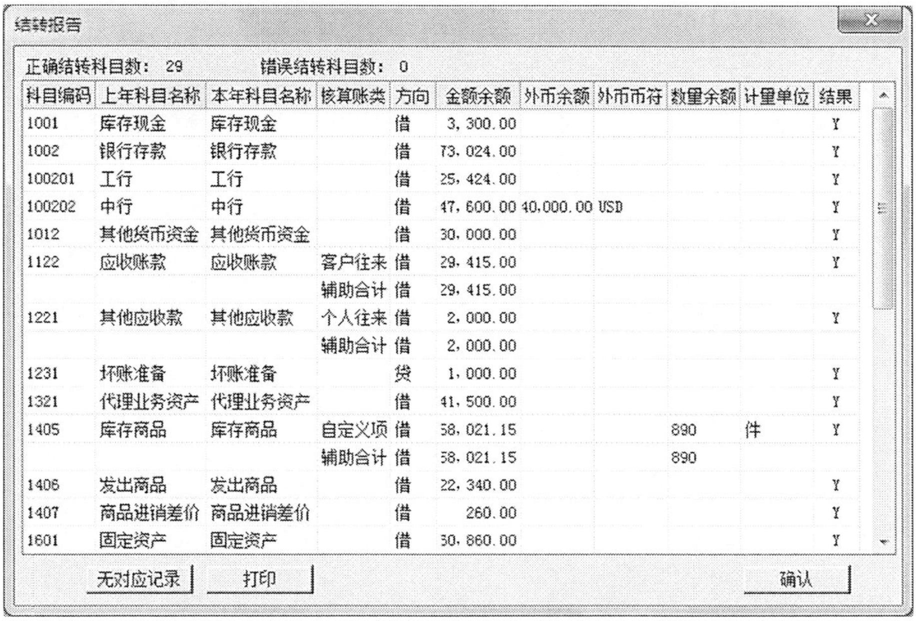

结转报告

正确结转科目数：29　　错误结转科目数：0

科目编码	上年科目名称	本年科目名称	核算账类	方向	金额余额	外币余额	外币币符	数量余额	计量单位	结果
1001	库存现金	库存现金		借	3,300.00					Y
1002	银行存款	银行存款		借	73,024.00					Y
100201	工行	工行		借	25,424.00					Y
100202	中行	中行		借	47,600.00	40,000.00	USD			Y
1012	其他货币资金	其他货币资金		借	30,000.00					Y
1122	应收账款	应收账款	客户往来	借	29,415.00					Y
			辅助合计	借	29,415.00					
1221	其他应收款	其他应收款	个人往来	借	2,000.00					Y
			辅助合计	借	2,000.00					
1231	坏账准备	坏账准备		贷	1,000.00					Y
1321	代理业务资产	代理业务资产		借	41,500.00					Y
1405	库存商品	库存商品	自定义项	借	58,021.15			890	件	Y
			辅助合计	借	58,021.15			890		
1406	发出商品	发出商品		借	22,340.00					Y
1407	商品进销差价	商品进销差价		借	260.00					Y
1601	固定资产	固定资产		借	50,860.00					Y

无对应记录　打印　确认

图 5-6　结转报告

二、建新账套库的年度数据结转

如果不希望将所有的数据放在一个账套库中，则需要进行涉及账套库的操作，包括账套库的建立、账套库初始化等。这种结转方式较为复杂，不能联查以前年度数据，但是能够更改上年度已使用的基础档案及期初余额和结转单据。

1. 以账套主管的身份登录系统管理，执行建立账套库功能。账套库的建立是在已有上年度账套库的基础上，自动将上个年度账的基本档案信息结转到新的年度账中（如图 5-7所示）。

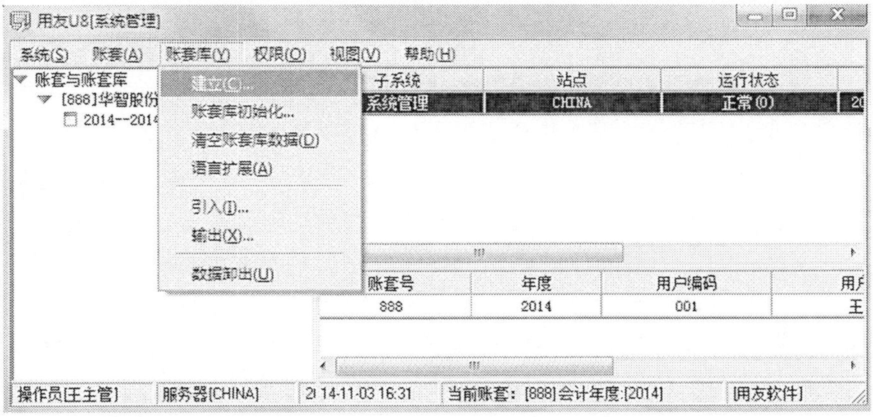

图 5-7　账套主管登录系统管理

2. 系统会自动提供新建账套库的相关信息，点击“确认”可自动建立账套库（如图 5-8 所示）。

3. 创建完成后会有提示信息（如图 5-9 所示）。

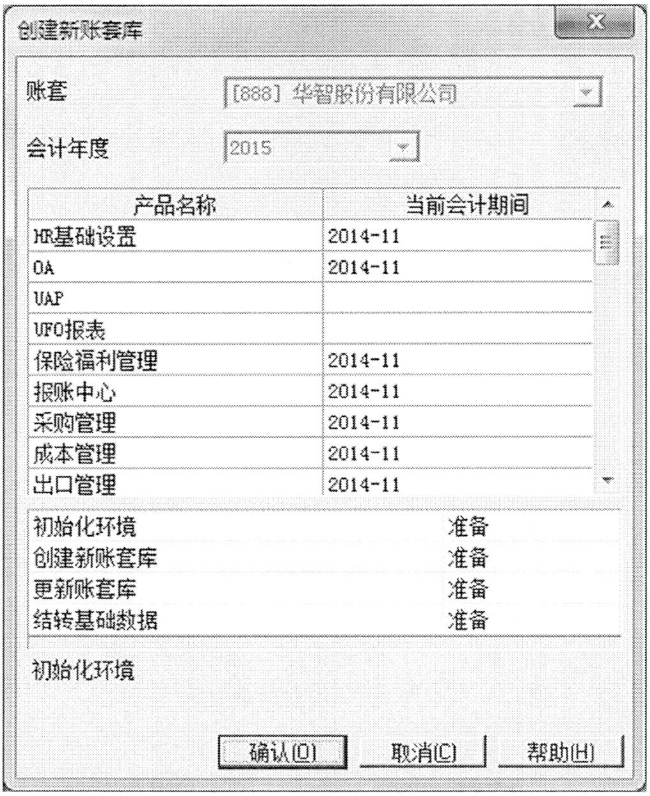

图 5-8　创建新账套库的信息

图 5-9　提示信息

4. 会计年度归属账套库的基本原则。

由于新账套库的建立，会把某两个相邻的会计年度分别存放到两个不同的账套库中，会计年度归属账套库的基本原则是：第一个账套库是建账时自动建立的，起始会计年度就是账套启用的年度；第二个账套库的起始会计年度是第一个账套库中总账未结过账的会计年度。例如，第一个账套库起始年度是 2014—2015 年度，此时建立一个新账套库，若 2015 年度总账结过账，则第二个账套库起始年度是 2016 年度；若 2015 年度总账未结过账，则第二个账套库起始年度是 2015 年度（如图 5-10 所示）。

5. 年度数据结转。

新建账套库后，为了支持新旧账套库之间业务衔接，账套主管可以通过账套库初始化功能将上一个账套库中相关模块的余额及其他信息结转到新账套库中。为了统计分析的规整性，每个账套库包含的数据都以年为单位，上一账套库的结束年+1 就是新账套库的开始年（如图 5-11 所示）。

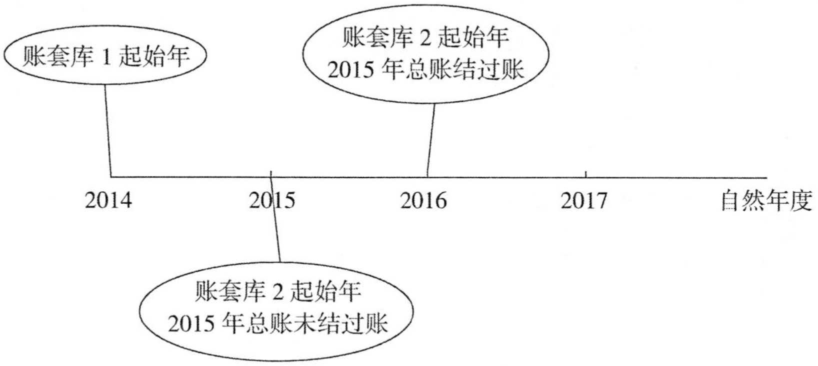

图 5-10 账套库起始年度示意图

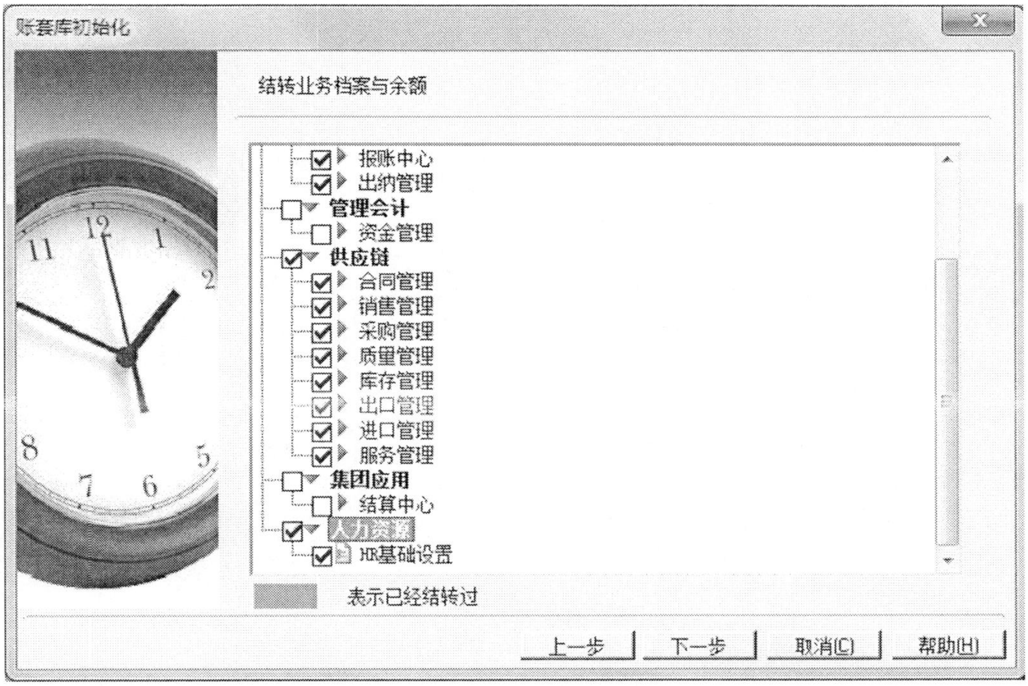

图 5-11 账套库初始化

三、数据卸出

一个账套库中包含过多年份数据，体积过于庞大而影响业务处理性能时，账套主管可以通过数据卸出功能把一些历史年度的历史数据卸出，减小本账套库的体积，提高运行效率。数据卸出时，只能以会计年为单位进行处理，从本账套库的最小年度开始，到指定年度结束，卸出这个年度区间中所有业务产品的不常用数据。数据卸出后，系统将自动生成一个账套库保留这些卸出的数据，相对当前使用的账套库来说，这个包含卸出数据的账套库可以称为“历史账套库”（如图 5-12 所示）。

系统列示出本账套库中启用产品的使用情况，包括启用会计期间和该产品当前所处的会计期间（这些都是用于确认，不可修改的），在此基础上可以选择需要卸出的年度。同时，卸出前最好做好备份，选择输出路径（如图 5-13 所示）。

根据启用产品的情况进行数据检查，系统将分别检查本账套库的数据是否满足各项卸

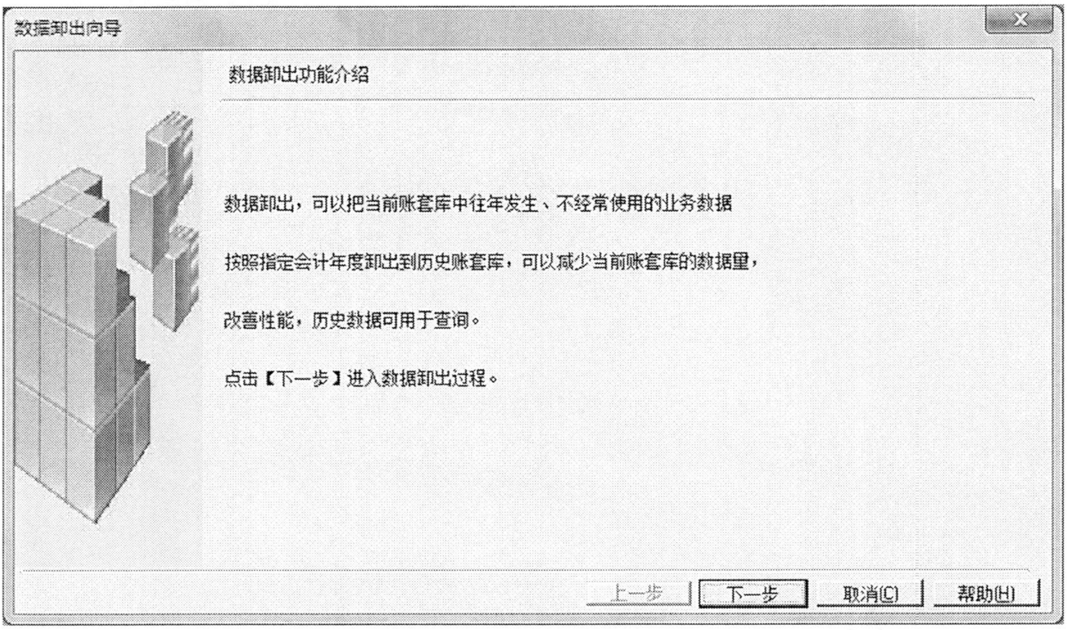

图 5-12　数据卸出功能介绍

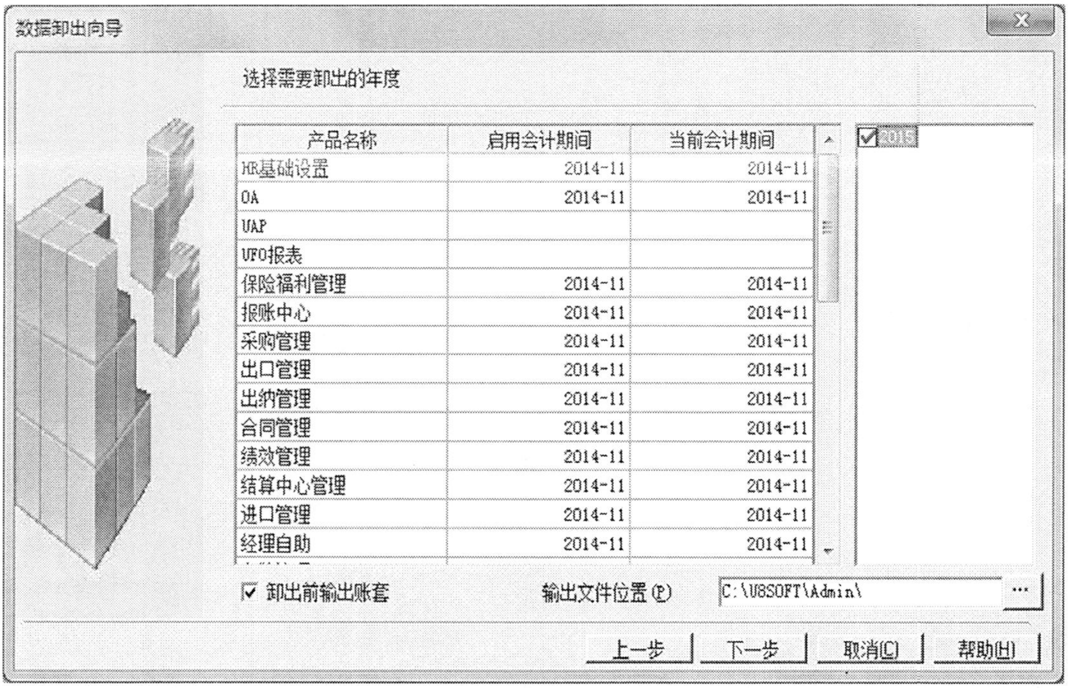

图 5-13　选择需要卸出的年度

出要求，并列出详细检查结果。如果有产品不满足卸出要求，则不允许继续卸出（如图 5-14所示）。

如果检查全部通过，系统显示卸出的主要步骤的列表，如创建新账套库、各业务产品卸出准备、各业务产品清除数据前准备等。点击“卸出”按钮开始逐项执行，并有进度条显示各项执行进度（如图 5-15 所示）。

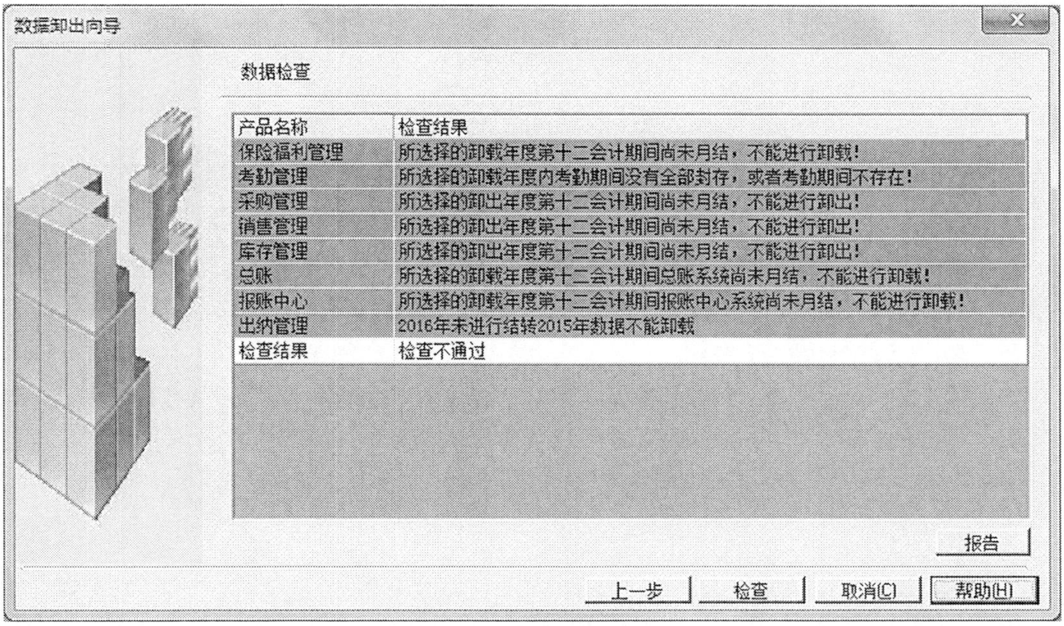

图 5-14　数据检查结果

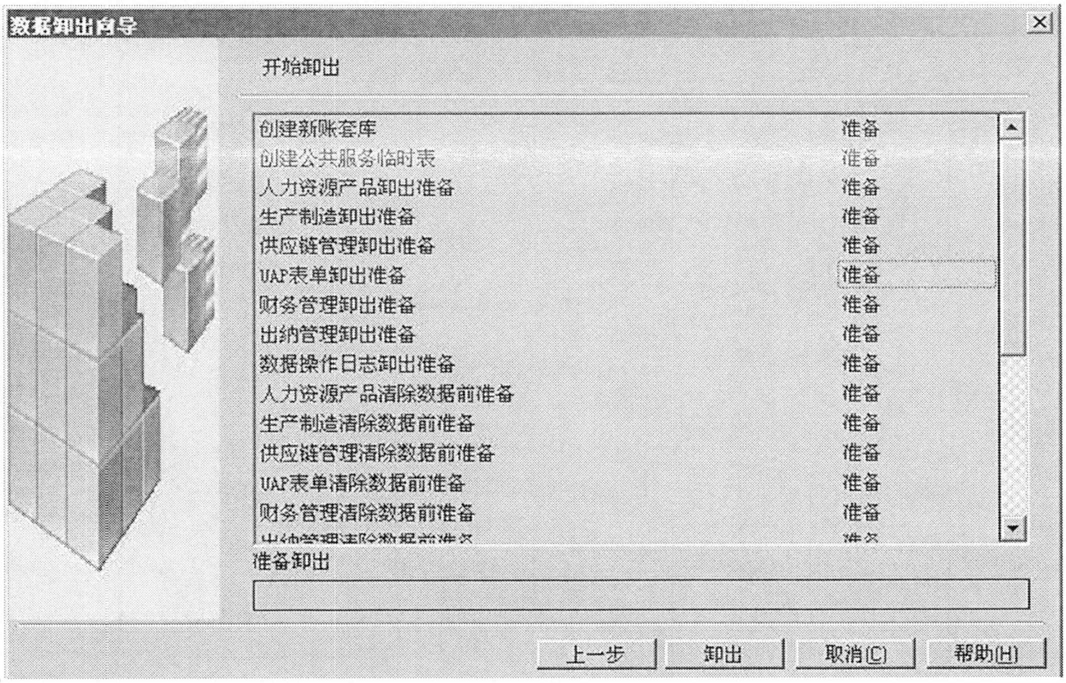

图 5-15　数据卸出准备

数据卸出需要注意的事项：

1. 只有账套中的最新账套库（所含年度最大）才能进行数据卸出。

2. 所有需要月结的产品都 12 月结账，才能进行数据卸出。

3. 可以卸出的年度，最小是本账套库的最小年度，最大是本账套库已启产品中所处会计期间最小值所在年份-1，即当前期间不可卸出。

4. 在一次卸出操作中，必须同时卸出指定年度范围内所有已启用产品的数据，不可分次卸出。

5. 卸载前请一定做好数据备份，以免数据卸出后无法恢复。

第二节 基础档案设置的其他方法

在建账过程中，基础档案的建立是一项繁杂的工作，工作量很大。系统提供了多种方法快速设置基础档案。

一、参照已有账套建账

如果需要建立一个与已有账套相似的账套，包含相同的基础档案和某些期初数据，可以采用这种方式，建好的账套将拥有参照账套的全部档案（如图 5-16 所示）。

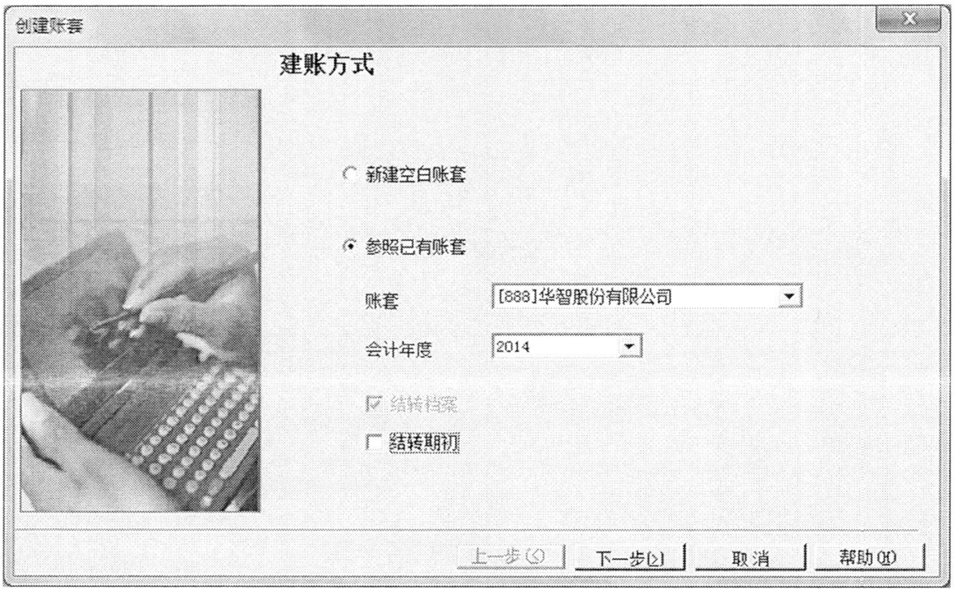

图 5-16 参照建账

二、使用总账工具

利用总账工具，可以实现两个账套之间基础档案的快速复制，如果两个账套的会计年度一致，还可以实现账套中记账凭证的复制。下面介绍基本操作方法。

1. 首先要准备好一个提供基础档案数据的账套，称为数据源，还要新建一个账套，称为目的数据，以接收数据源提供的基础档案或者期初数据，要求新建账套的相关档案编码方案与提供数据的账套档案编码方案一致，并且新建的账套中准备接受的档案内容是空的。例如，已经建立好一个账套号为 001 的目的账套，准备接收基础档案，需要先登录该账套（如图 5-17 所示）。

2. 启动系统服务中的总账工具（如图 5-18 所示）。

3. 在数据源选项中登录提供数据的账套。可以有两种数据源供选择：一种是文本文件或者 Access 文件；另外一种是 SQL Server 数据库文件。具体要看提供数据的账套是用哪一种数据文件，一般是选择 SQL Server 数据库文件。登录数据源时需要输入 SQL Server

图 5-17　**登录目的账套**

图 5-18　**启动总账工具**

服务器名称（默认为本地计算机名），SQL Server 服务器超级用户名称（默认为 sa），SQL Server 服务器超级用户密码，提供数据的账套号及会计年度（如图 5-19 所示）。若以上信息输入准确将会在数据源中显示。

4. 数据源以及目的数据登录完成以后就可以开始基础档案的复制，在需要复制的基础档案图标上双击即可完成（如图 5-20、图 5-21、图 5-22 所示）。值得注意的是，基础档案的复制是有一定顺序的，应先从最基本的信息开始，否则将无法正确完成。比如职员目录复制应在部门目录复制完成以后才能开始。

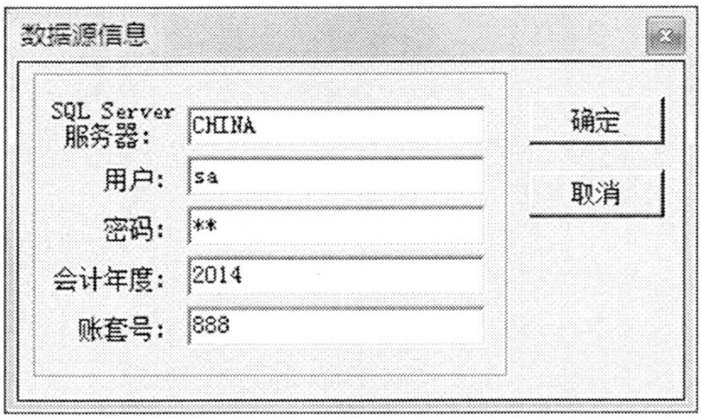

图 5-19　数据源信息

图 5-20　会计科目复制完成提示信息

图 5-21　外币币种复制完成提示信息

图 5-22　客户分类档案复制完成提示信息

三、账套预置会计科目的操作

会计科目是财务软件中最重要的基础档案之一，通常，会计科目的分类是相对稳定的，但随着经济业务的发展，会计科目的分类也可能会发生变化，例如 2007 年 1 月 1 日开始使用的会计科目就由原来的五类变成了六类。若有这种变化，软件公司一般会推出一些补丁来适应。当然，也可以自行来进行设定，那就是直接打开 SQL Server 数据库相关表来进行设置。由于 U8 后台数据库也可以是 MSDE，但 MSDE 没有企业管理器工具，无法打开数据库表，所以，如果系统安装的是 MSDE，则无法进行修改。具体步骤如下：

1. 打开 SQL Server 数据库的企业管理器工具（如图 5-23 所示）。

图 5-23 打开企业管理器工具

2. 找到“控制台根目录—数据库”结构中的“UFSystem”数据库，这个数据库是 U8 安装完成以后系统自动建立的财务系统数据库，用来存放系统公用的一些信息（如图 5-24所示）。

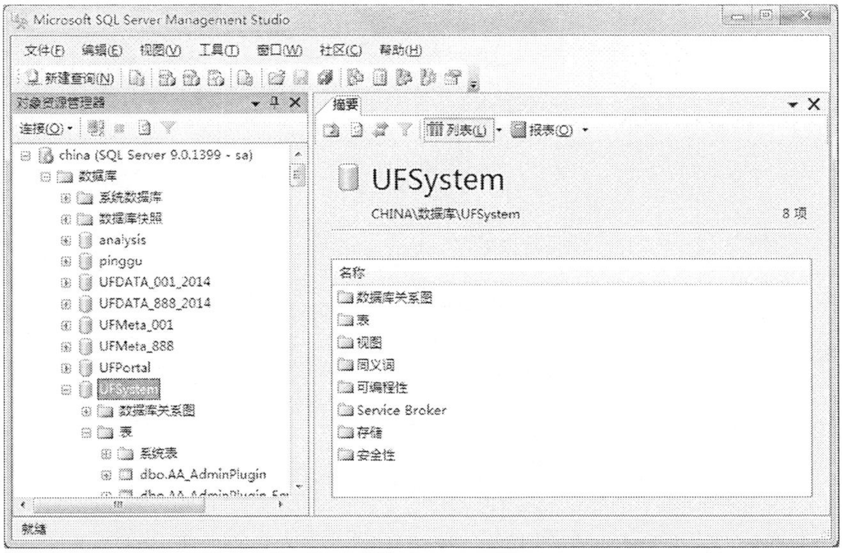

图 5-24 UFSystem 数据库

该数据库中有 3 个表是用来存放会计科目相关信息的：GL_BTrade 存放行业类型信息；GL_CodeClass 存放会计科目类别信息；GL_DPrecode 存放具体的会计科目及其属性（如图 5-25 所示）。

3. 在相应的表中输入会计科目相关信息即可。需要注意的是，该项工作需要在建账

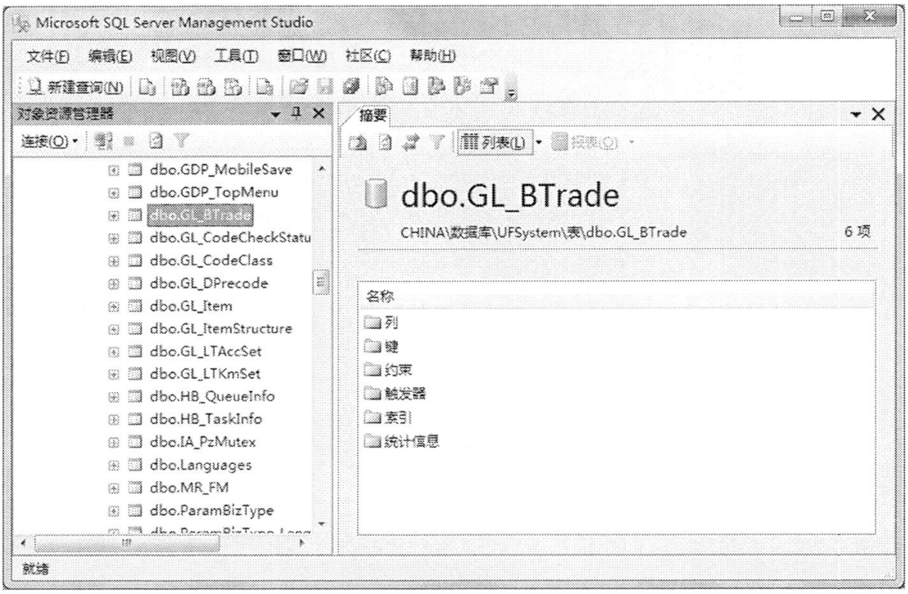

图 5-25 GL_BTrade 数据库表

完成之前完成，否则就不能反映到新建立的账套中。

（1）在 GL_BTrade 表中输入行业类型信息（如图 5-26 所示）。

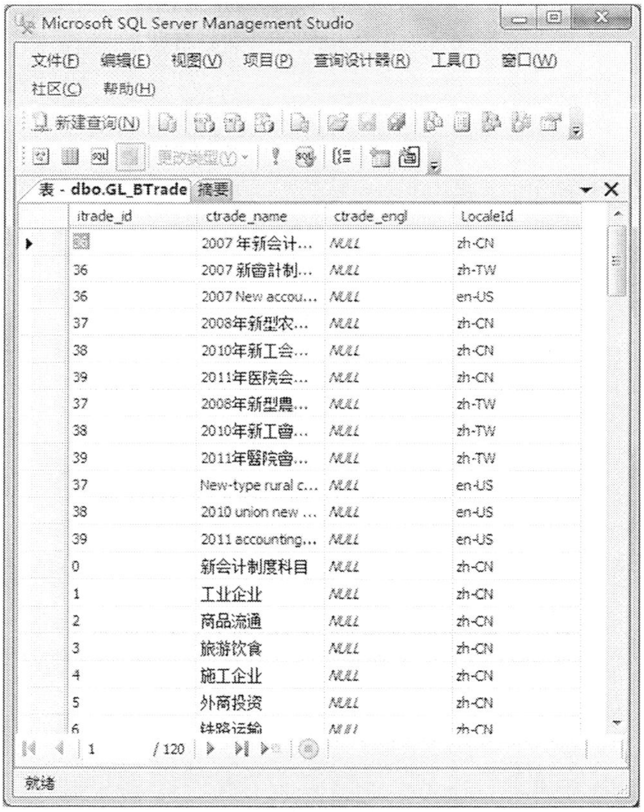

图 5-26 输入行业类型信息

（2）在 GL_CodeClass 表中输入会计科目类别信息（如图 5-27 所示）。

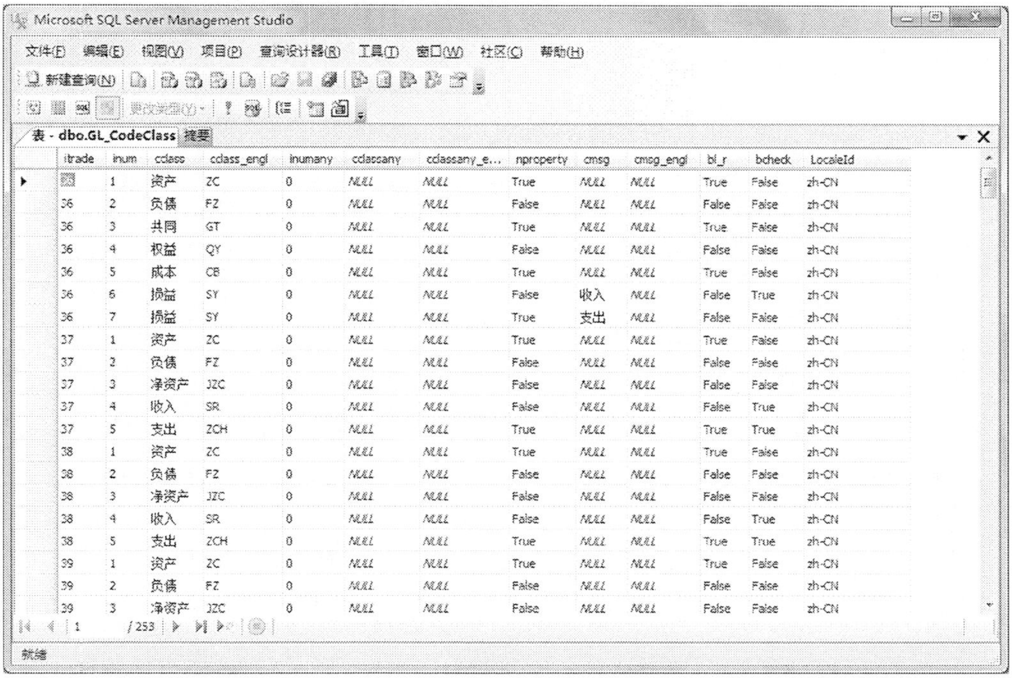

itrade	inum	cclass	cclass_engl	inumany	cclassany	cclassany_e...	nproperty	cmsg	cmsg_engl	bi_r	bcheck	LocaleId
	1	资产	ZC	0	NULL	NULL	True	NULL	NULL	True	False	zh-CN
36	2	负债	FZ	0	NULL	NULL	False	NULL	NULL	False	False	zh-CN
36	3	共同	GT	0	NULL	NULL	True	NULL	NULL	True	False	zh-CN
36	4	权益	QY	0	NULL	NULL	False	NULL	NULL	False	False	zh-CN
36	5	成本	CB	0	NULL	NULL	True	NULL	NULL	True	False	zh-CN
36	6	损益	SY	0	NULL	NULL	False	收入	NULL	False	True	zh-CN
36	7	损益	SY	0	NULL	NULL	True	支出	NULL	False	False	zh-CN
37	1	资产	ZC	0	NULL	NULL	True	NULL	NULL	True	False	zh-CN
37	2	负债	FZ	0	NULL	NULL	False	NULL	NULL	False	False	zh-CN
37	3	净资产	JZC	0	NULL	NULL	False	NULL	NULL	False	False	zh-CN
37	4	收入	SR	0	NULL	NULL	False	NULL	NULL	False	True	zh-CN
37	5	支出	ZCH	0	NULL	NULL	True	NULL	NULL	True	True	zh-CN
38	1	资产	ZC	0	NULL	NULL	True	NULL	NULL	True	False	zh-CN
38	2	负债	FZ	0	NULL	NULL	False	NULL	NULL	False	False	zh-CN
38	3	净资产	JZC	0	NULL	NULL	False	NULL	NULL	False	False	zh-CN
38	4	收入	SR	0	NULL	NULL	False	NULL	NULL	False	True	zh-CN
38	5	支出	ZCH	0	NULL	NULL	True	NULL	NULL	True	True	zh-CN
39	1	资产	ZC	0	NULL	NULL	True	NULL	NULL	True	False	zh-CN
39	2	负债	FZ	0	NULL	NULL	False	NULL	NULL	False	False	zh-CN
39	3	净资产	JZC	0	NULL	NULL	False	NULL	NULL	False	False	zh-CN

图 5-27　输入会计科目类别信息

（3）在 GL_DPrecode 表中输入具体的会计科目及其属性（如图 5-28 所示）。

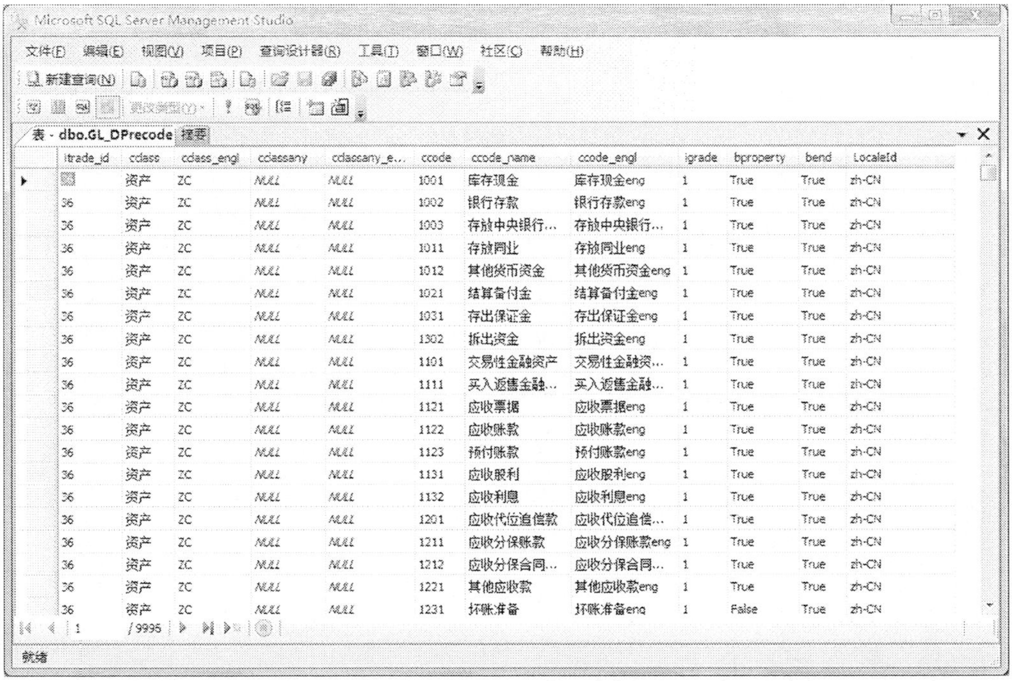

itrade_id	cclass	cclass_engl	cclassany	cclassany_e...	ccode	ccode_name	ccode_engl	igrade	bproperty	bend	LocaleId
	资产	ZC	NULL	NULL	1001	库存现金	库存现金eng	1	True	True	zh-CN
36	资产	ZC	NULL	NULL	1002	银行存款	银行存款eng	1	True	True	zh-CN
36	资产	ZC	NULL	NULL	1003	存放中央银行…	存放中央银行…	1	True	True	zh-CN
36	资产	ZC	NULL	NULL	1011	存放同业	存放同业eng	1	True	True	zh-CN
36	资产	ZC	NULL	NULL	1012	其他货币资金	其他货币资金eng	1	True	True	zh-CN
36	资产	ZC	NULL	NULL	1021	结算备付金	结算备付金eng	1	True	True	zh-CN
36	资产	ZC	NULL	NULL	1031	存出保证金	存出保证金eng	1	True	True	zh-CN
36	资产	ZC	NULL	NULL	1302	拆出资金	拆出资金eng	1	True	True	zh-CN
36	资产	ZC	NULL	NULL	1101	交易性金融资产	交易性金融资…	1	True	True	zh-CN
36	资产	ZC	NULL	NULL	1111	买入返售金融…	买入返售金融…	1	True	True	zh-CN
36	资产	ZC	NULL	NULL	1121	应收票据	应收票据eng	1	True	True	zh-CN
36	资产	ZC	NULL	NULL	1122	应收账款	应收账款eng	1	True	True	zh-CN
36	资产	ZC	NULL	NULL	1123	预付账款	预付账款eng	1	True	True	zh-CN
36	资产	ZC	NULL	NULL	1131	应收股利	应收股利eng	1	True	True	zh-CN
36	资产	ZC	NULL	NULL	1132	应收利息	应收利息eng	1	True	True	zh-CN
36	资产	ZC	NULL	NULL	1201	应收代位追偿款	应收代位追偿…	1	True	True	zh-CN
36	资产	ZC	NULL	NULL	1211	应收分保账款	应收分保账款eng	1	True	True	zh-CN
36	资产	ZC	NULL	NULL	1212	应收分保合同…	应收分保合同…	1	True	True	zh-CN
36	资产	ZC	NULL	NULL	1221	其他应收款	其他应收款eng	1	True	True	zh-CN
36	资产	ZC	NULL	NULL	1231	坏账准备	坏账准备eng	1	False	True	zh-CN

图 5-28　输入会计科目及其属性

（4）利用 SQL Server 提供的针对数据库的操作工具，可以实现将一台计算机中设置好的数据库快速复制到其他计算机中，从而加快会计科目表在其他计算机的部署。具体做法是首先将 UFSystem 数据库利用“分离数据库”功能分离出来（如图 5-29 所示），然后将 UFSystem. ldf 和 UFSystem. mdf 两个文件复制到目标计算机 U8 的安装路径，最后再利用“附加数据库”功能将 UFSystem 数据库加入即可使用（如图 5-30 所示）。

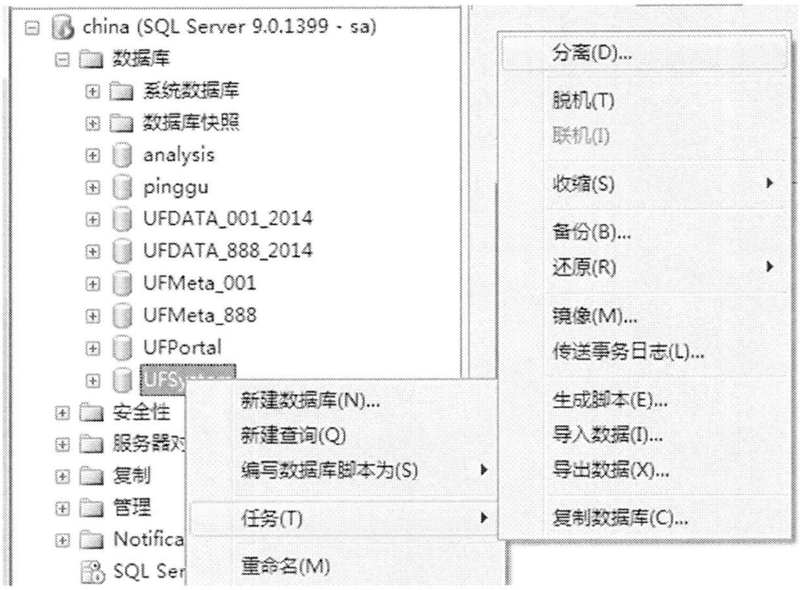

图 5-29 分离数据库

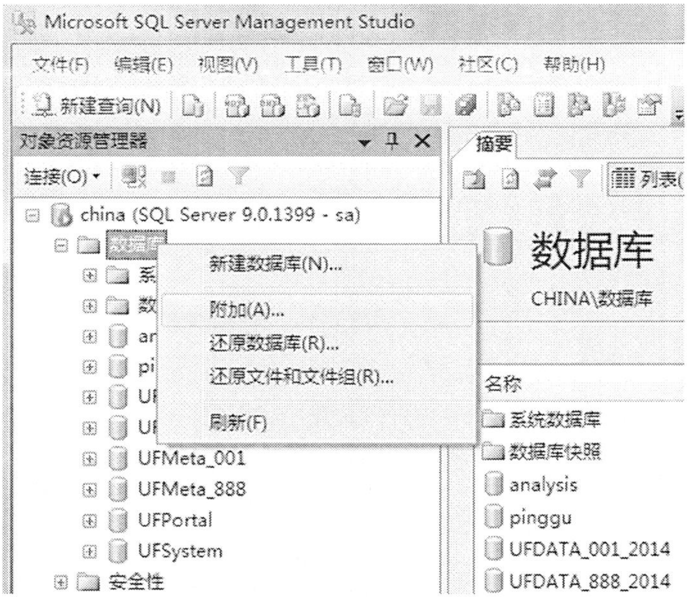

图 5-30 附加数据库

第三节 总账系统中日期的使用

在用友 U8 财务系统的使用过程中，涉及较多日期，并且日期是一个重要的因素。但在实际使用时，它们往往被人们忽视。若日期的应用没有事先规划好，将给后续的操作带来许多问题，严重的甚至要重新建立账套。U8 财务系统中的日期主要包括：启用会计期、总账启用日期、企业应用平台操作日期、制单日期、系统日期等，下面分别对它们进行说明。

一、启用会计期

这是在财务系统中出现的第一个日期，它是指账套的启用日期，通常是手工会计与计算机会计交接的日期，在建账时确认，可根据单位的实际情况进行设置。通过“会计期间设置”功能，可以调整财务区间起始日期（系统默认为 1 月 1 日至 12 月 31 日）和每个会计期间的长度（系统默认按公历长度）。例如，A 企业 2014 年度财务区间为 2014 年 11 月 5 日至 2015 年 11 月 4 日，2014 年度 03 会计期间为 2015 年 1 月 5 日至 2015 年 2 月 9 日，2014 年度 06 会计期间为 2015 年 4 月 10 日至 2015 年 4 月 30 日（会计期间长度必须在 20 到 40 天之间）。若要设置的会计年度是跨自然年的，启用年度必须从该年度的 1 月度起进行设置。以上日期设置好以后，账套启用年度的财务区间将不允许修改，但账套主管可以利用账套修改功能修改会计期间的长度，如图 5-31 和图 5-32 所示。

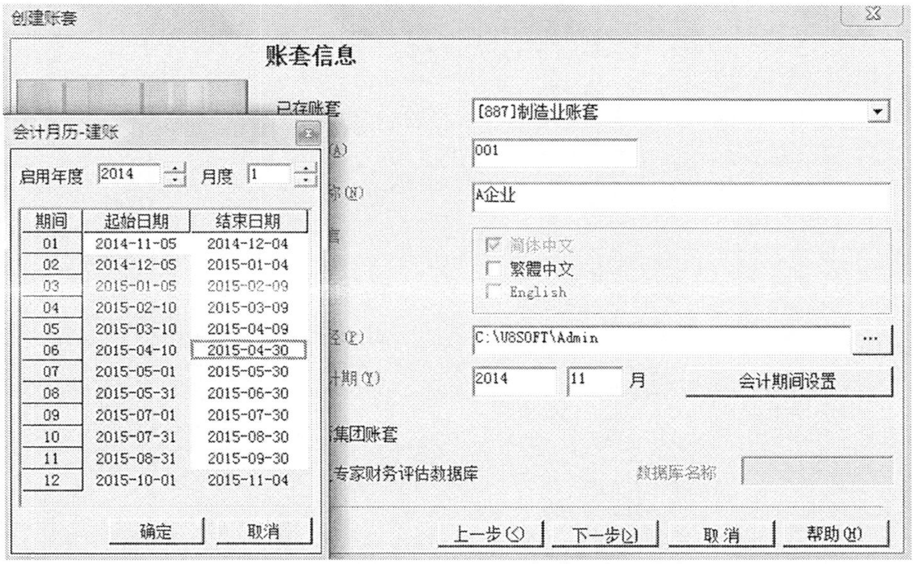

图 5-31 启用会计期的设定

二、总账启用日期

在账套建好以后，需要进行子系统的启用，否则将无法登录子系统，设置好了各子系统的启用日期以后，将来还可以通过企业应用平台—基础设置—基本信息—系统启用功能进行调整。值得注意的是，在下列情况下总账启用日期将不允许调整：

1. 已录入汇率后不能修改总账启用日期。

2. 总账中已录入期初余额（包括辅助期初）后不能修改总账启用日期。

3. 总账中已制单的月份不能修改总账的启用日期，其他系统中已制单的月份不能修改总账的启用日期。

4. 第二年进入系统，不能修改总账的启用日期。

例如，将总账启用日期设置为 2014 年度 11 会计期间（2015 年 8 月 31 日起）的操作如图 5-33 所示。

图 5-32　会计期间的长度设定

图 5-33　总账启用日期设置

三、企业应用平台操作日期

该日期是指登录企业应用平台时的操作日期。操作日期必须位于会计年度指定的财务区间，否则系统将报错。错误提示信息有两种情况：一是“不存在的年度”（如图 5-34、图 5-35 所示）；二是“登录日期不在有效的会计期间”（如图 5-36、图 5-37 所示）。

四、制单日期

该日期是指凭证的填制日期，与业务的实际发生日期可以一致也可以不一致。该日期的应用有许多限制：制单日期不能早于财务区间上限（如图 5-38 所示）；制单日期不能晚于财务区间下限（如图 5-39 所示）；制单日期不能早于总账启用日期（如图 5-40 所示）。

图 5-34　登录企业应用平台的操作日期错误（1）

图 5-35　错误提示信息（1）

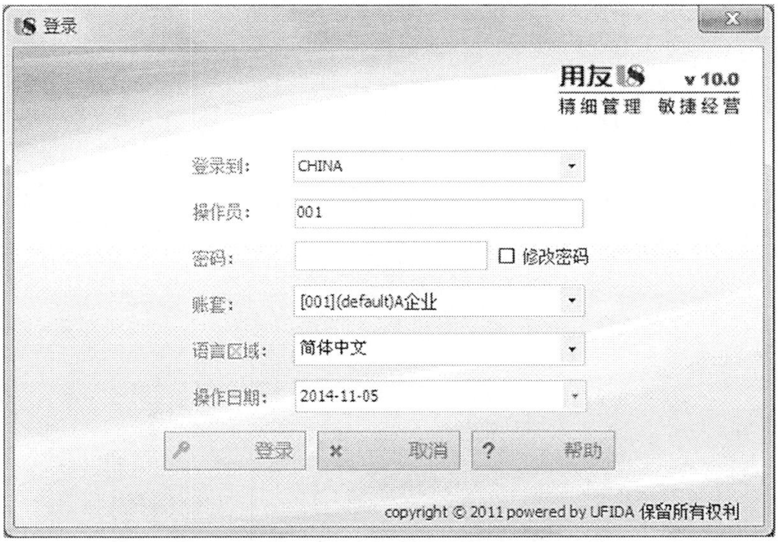

图 5-36　登录企业应用平台的操作日期错误（2）

五、系统日期

系统日期就是操作系统当前日期，这个日期可以由用户任意调整，如图 5-41 所示。

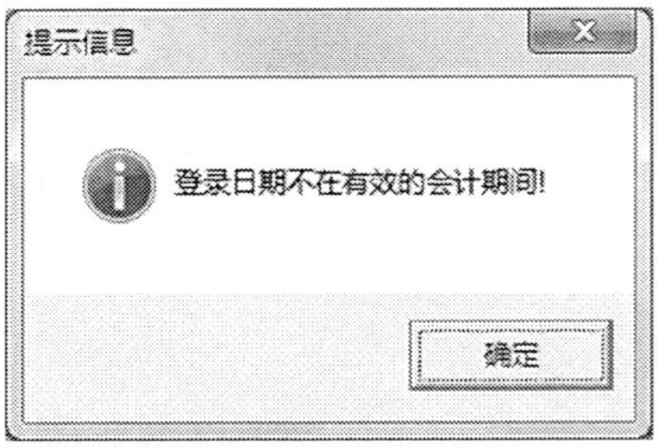

图 5-37　错误提示信息（2）

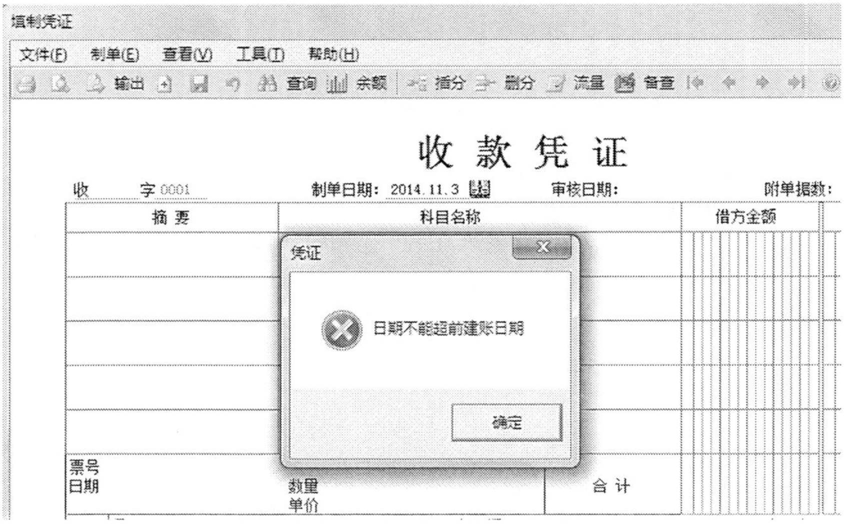

图 5-38　制单日期不能早于财务区间上限

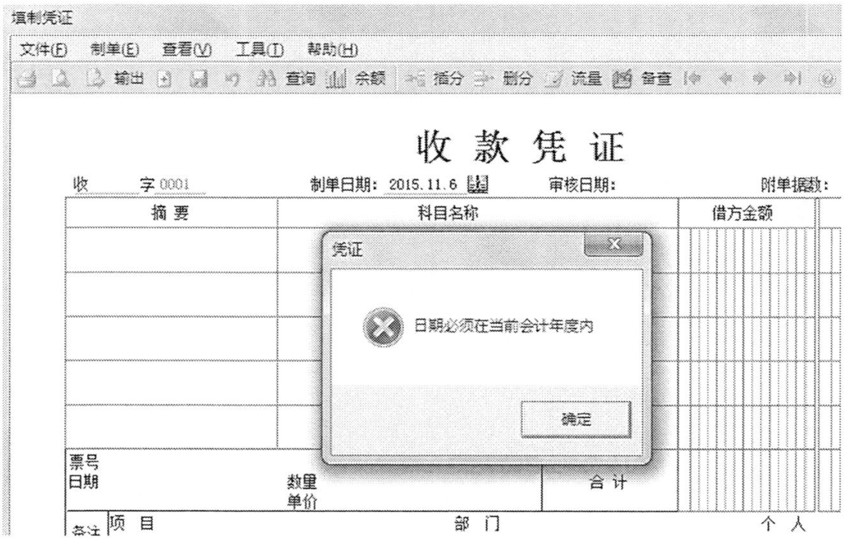

图 5-39　制单日期不能晚于财务区间下限

但必须注意，填制凭证时该日期调整不当也会对操作产生影响。在填制凭证时，要求制单日期不能晚于系统日期，如图 5-42 所示。

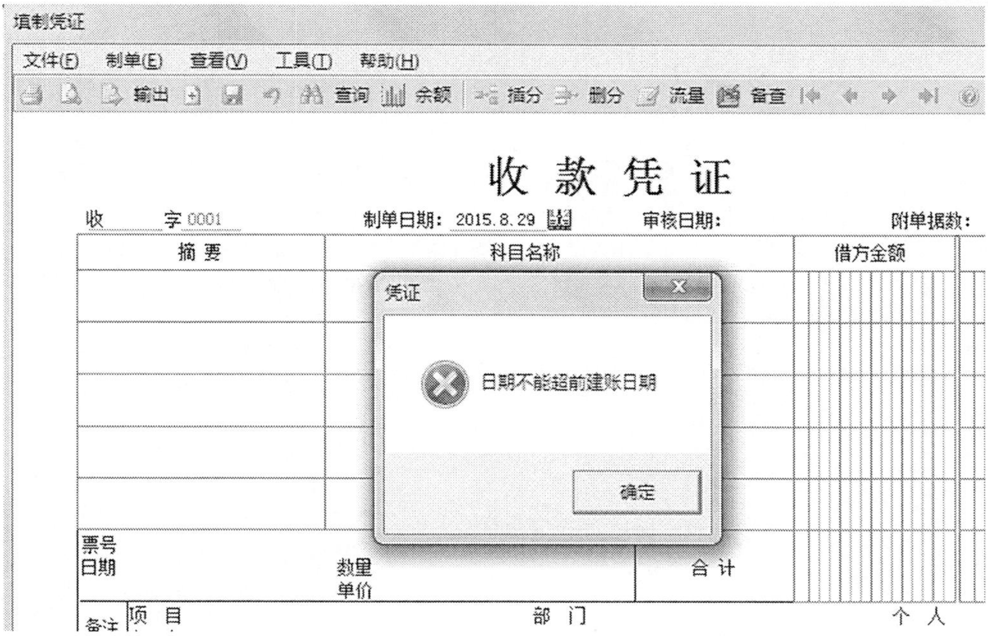

图 5-40　制单日期不能早于总账启用日期

图 5-41　调整系统日期

六、总结

在建账和总账模块操作过程中，主要涉及启用会计期（包括会计年度起点和会计年度终点）、总账启用日期、制单日期、系统日期。根据上例，几个日期之间的关系如图5-43所示。填制凭证时，制单日期应满足的条件是：位于财务区间，比总账启用日期晚，

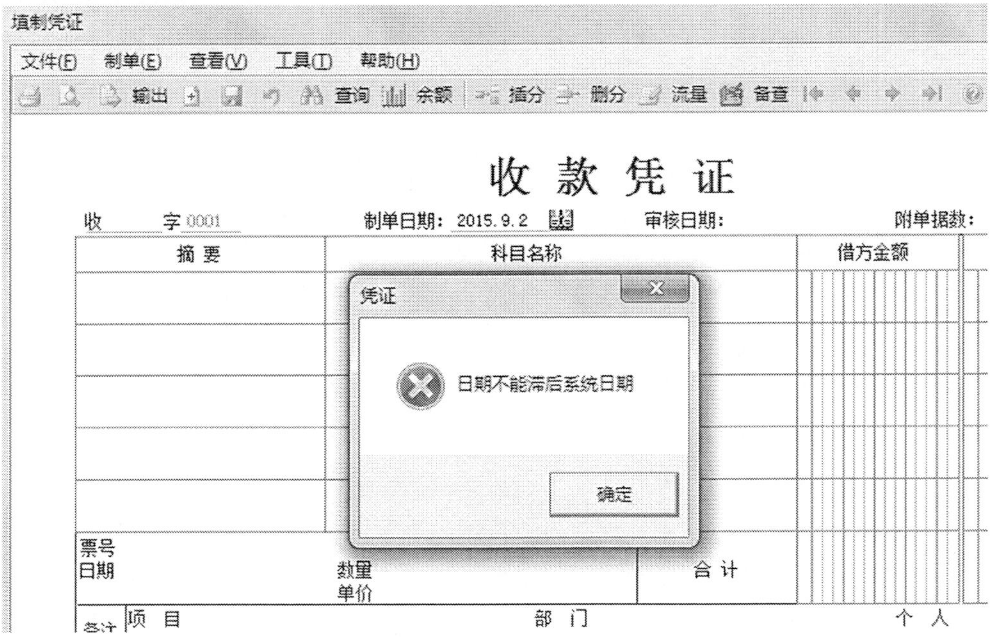

图 5-42 制单日期不能晚于系统日期

比系统日期早。

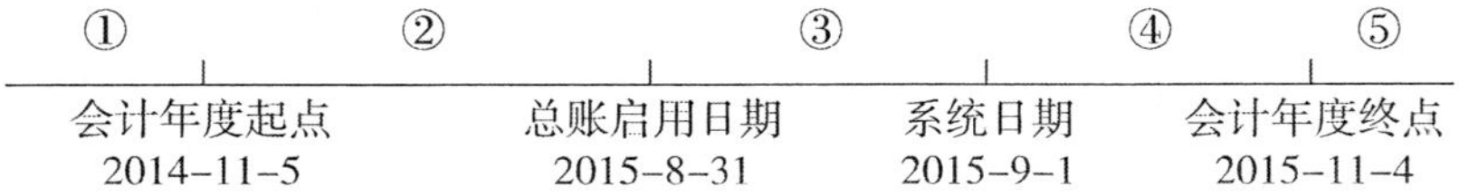

图 5-43 各日期关系

因此在以上时间段中，位于①②④⑤区段的制单日期将出错，只有位于③区段的制单日期是正确的。

附录：目前世界各国会计年度的划分形式

1. 三月制。即以公历每年 3 月 1 日起，到次年 2 月的最后一天为一个会计年度，如土耳其、阿富汗、以色列、约旦、叙利亚、伊拉克、卡塔尔等国。

2. 四月制。即以公历每年 4 月 1 日起，到次年 3 月 31 日为一个会计年度，如英国、加拿大、日本、印度、缅甸、新加坡、印度尼西亚、博茨瓦纳等国。

3. 七月制。即以公历每年 7 月 1 日起，到次年 6 月 30 日为一个会计年度，如瑞典、瑞士、澳大利亚、孟加拉国、巴基斯坦、苏丹、科威特、埃及、喀麦隆、冈比亚、加纳、肯尼亚、毛里求斯、坦桑尼亚、赞比亚、利比亚、突尼斯、马里等国。

4. 十月制。即以公历每年 10 月 1 日起，到次年 9 月 30 日为一个会计年度，如美国、墨西哥、危地马拉、巴拿马、古巴、洪都拉斯、多米尼加、海地、泰国、尼泊尔等国。

5. 公历制。即以公历每年 1 月 1 日起，至当年 12 月 31 日为一个会计年度，如朝鲜、韩国、马来西亚、斯里兰卡、俄罗斯、亚美尼亚、格鲁吉亚、捷克、波兰、德国、法国、丹麦、挪威、意大利、西班牙、罗马尼亚等。因为日历年度为会计年度，适应人们的历史习惯，所以用公历制为会计年度的国家或地区最多。

6. 特殊制。有些国家或地区不以公历制的月份或年度为会计年度，而是确定一个特殊的时间区间为“会计年度”，如伊朗以公历每年 3 月 21 日起，至次年 3 月 20 日止为一个会计年度；埃塞俄比亚以公历每年 7 月 8 日起，到次年 7 月 7 日止为一个会计年度。

我国的会计年度采用公历制。《会计法》第 8 条规定，“会计年度自 1 月 1 日起至 12 月 31 日止”。香港特区政府机构原来执行英国财政制度，其会计年度沿用英国的“四月制”，即以公历每年 4 月 1 日起，到次年 3 月 31 日为一个会计年度。不过香港工商界的会计年度，有执行政府机构会计年度的，也有采用“三月制”、“七月制”、“十月制”的。香港特区政府对工商企业的会计制度未做统一规定，因为工商企业的会计制度并不影响香港特区政府的财政预算。香港特区政府向工商企业计征税款时，均以公历每年 4 月 1 日起，至次年 3 月 31 日止为一个结算年度。北洋政府于 1914 年春颁布了我国历史上第一部《会计法》，以法律形式规定了会计年度。这部《会计法》中规定，“从每年 7 月 1 日起，至次年 6 月 30 日止为一个会计年度”。国民党政府于 1935 年 8 月 14 日颁布的《会计法》仍规定，“从每年 7 月 1 日起，至次年 6 月 30 日为止为一个会计年度”，现在我国台湾地区仍沿用这一规定。

第四节　账套引入问题的解决

U8 软件是一种典型的应用软件，从开发公司的角度来看，为了提高应用软件的性能和消除软件中的错误，适应不同的应用平台，主观上会不断对软件进行升级；从用户的角度来看，对应用软件提出的越来越高的要求也在客观上形成了应用软件升级的动力。截至 2014 年，用友 U8 系列软件已经更新到了 V12. 0 的版本。伴随着应用软件的升级，对用户原有数据的应用会带来一些问题，主要包括两方面：一是在高版本软件中生成的数据在低版本软件中的打开应用问题；二是在低版本软件中生成的数据在高版本软件中的打开应用问题。这些问题的解决与否，直接关系到用户的数据安全和操作的持续性，具有重要的现实意义。下面以用友 U8. 51 和用友 U8. 50 为例来说明这些问题的解决。

一、U8. 51 中输出的账套在 U8. 50 中的引入和使用

高版本应用程序生成的数据（U8. 51 的账套）在低版本应用程序（U8. 50）中引入时，将会出现如图 5-44 所示的错误提示。

U8管理软件【系统管理】
备份信息文件无效，引入失败！
关键字：VersionEx
说明：
1、可能与杀毒软件等冲突，建议先关闭其他软件。
2、lst文件损坏，请参阅该账套的其他备份调整或替换(内容须一致)。
3、可能为access版数据，sql版因数据库格式问题不支持access版数据的直接引入。必须在access版引入后，将相关的ufsystem.mdb和年度库.mdb复制到本机，使用access升级方式处理。
确定

图 5-44　账套引入错误提示信息

分析这个错误提示可以从账套输出文件中的 UfErpAct. Lst 文件着手。UfErpAct. Lst 文件是一个文本文件，里面存放着有关账套的基本信息，可以使用常用的一些文字编辑软件打开它，查看里面的内容。在 UfErpAct. Lst 文件上点击鼠标右键，执行“打开”功能（如图 5-45 所示）。

图 5-45　打开账套文件 UfErpAct. Lst

在 Windows 对话框中选择“从列表中选择程序（S）”单选按钮（如图 5-46 所示）。

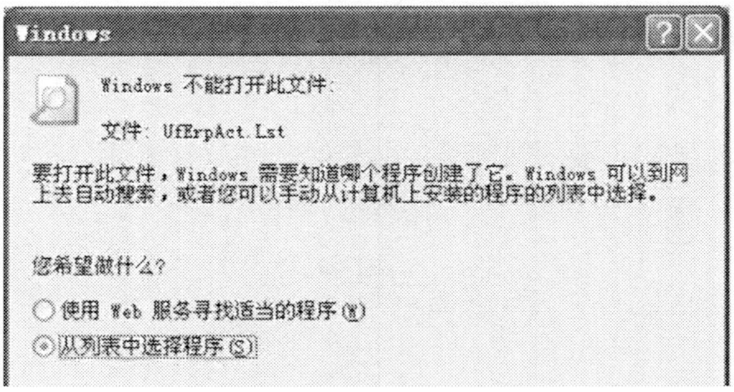

图 5-46　文件关联提示信息

在打开方式对话框中选择“记事本”应用程序（如图 5-47 所示）。

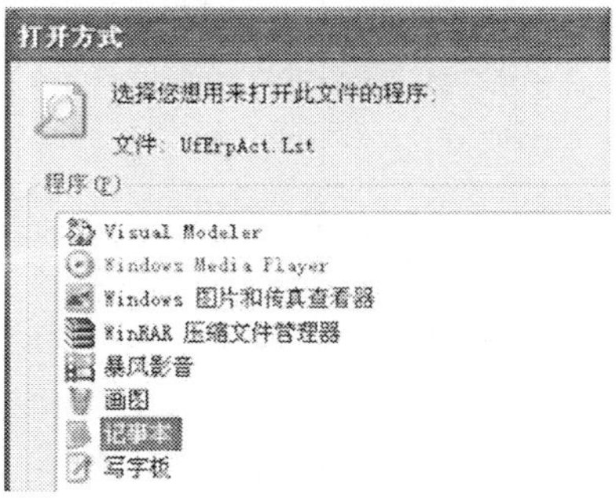

图 5-47　选择“记事本”程序

可以打开 UfErpAct. Lst 文件，查看其中内容（如图 5-48 所示）。

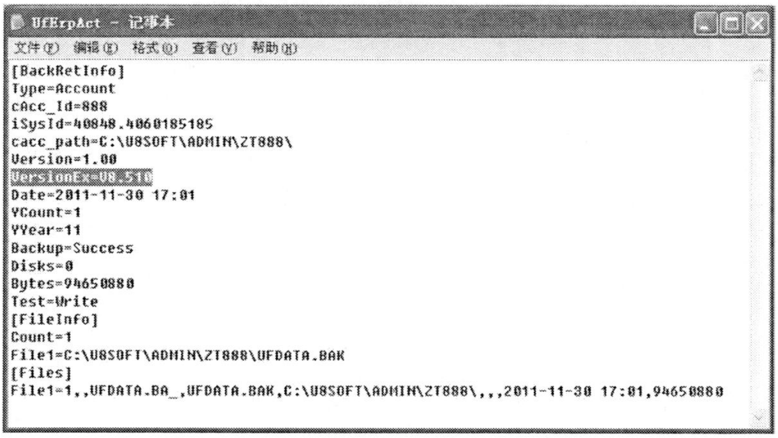

图 5-48　文件 UfErpAct. Lst 内容

在 UfErpAct. Lst 文件中的“VersionEx = V8. 510”语句反映出来的信息是该数据文件是

由 U8. 51 版本应用程序生成的。将该语句中的 V8. 510 改为 V8. 50 就可以使数据文件与应用程序版本进行匹配（如图 5–49 所示）。

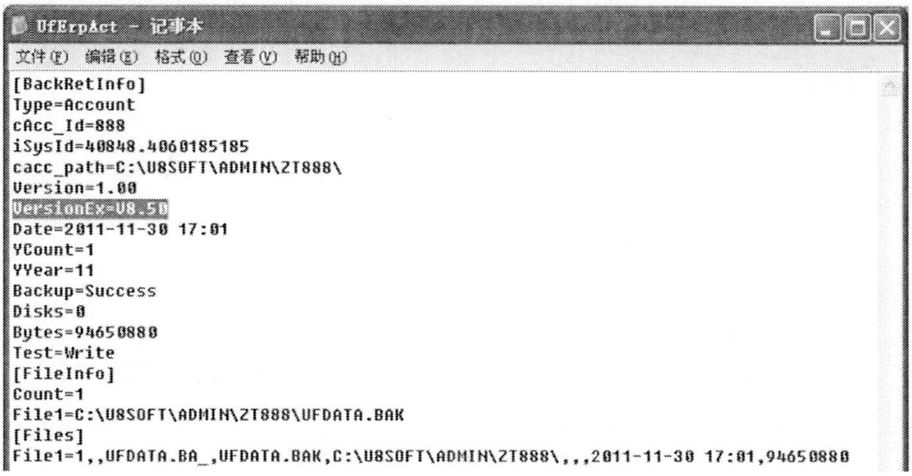

图 5–49　**修改文件版本信息**

修改完成以后，账套就可以正常引入了（如图 5–50 所示）。

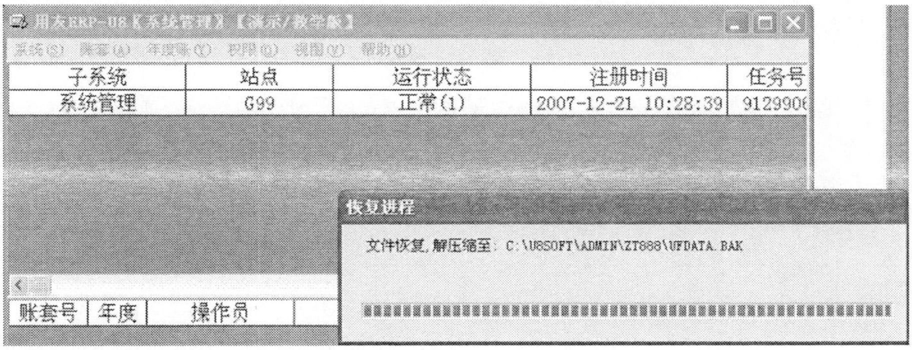

图 5–50　**引入账套**

账套引入以后只是把账套数据恢复到了 SQL Server 数据库文件中，还无法通过“企业门户”等进入账套中进行操作。在此基础上进一步把该账套信息加入到数据库中的账套信息表（数据库 UFSystem 的 UA_Account 表）和账套期间表（数据库 UFSystem 的 UA_Period 表）中就可以正常访问该账套了。

打开数据库 UFSystem 的 UA_Account 表（如图 5–51 所示）。

在表中输入该账套的基本信息（如图 5–52、图 5–53 所示）。

打开数据库 UFSystem 的 UA_Period 表，把该账套的会计期间信息输入表中保存（如图 5–54 所示）。

二、U8. 50 中输出的账套在 U8. 51 中的引入和使用

如果是低版本输出的账套数据需要在高版本应用程序中操作，使用系统管理的引入功能可以正常将账套引入到数据库中，但是无法通过企业门户等进行登录，此时不需要打开后台数据库，只需要使用系统管理中的“升级 SQL Server 数据库”功能将数据库升级即可使用（如图 5–55、图 5–56 所示）。

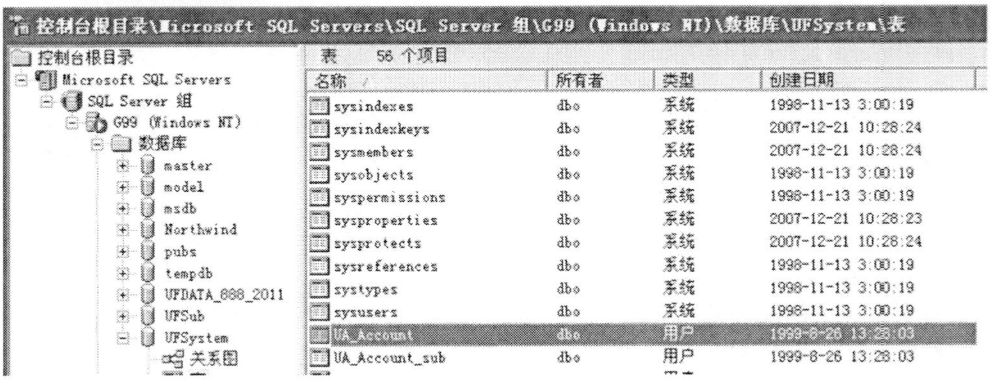

图 5-51　数据库 UFSystem 的 UA_Account 表

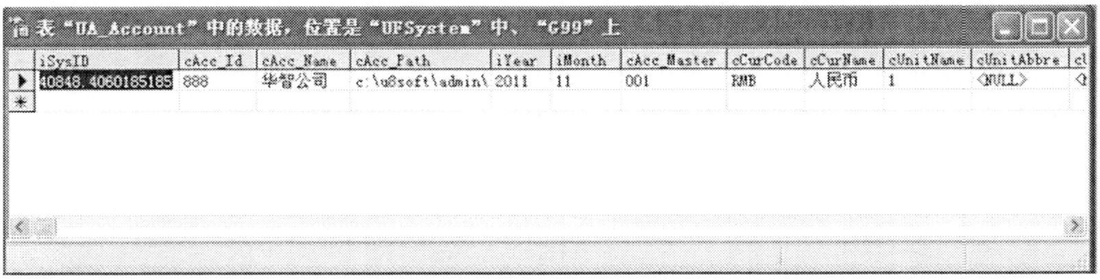

图 5-52　输入账套基本信息

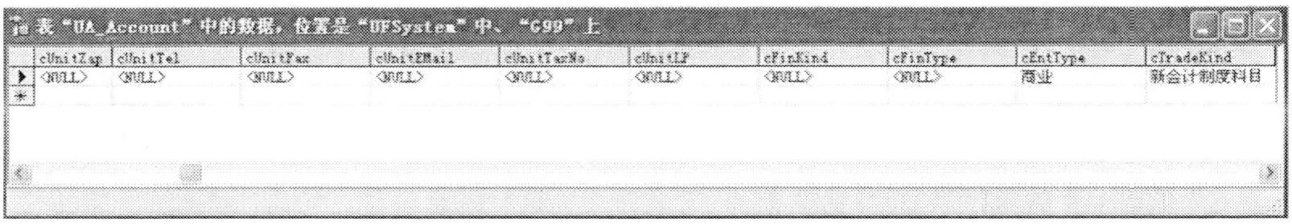

图 5-53　输入账套企业类型信息

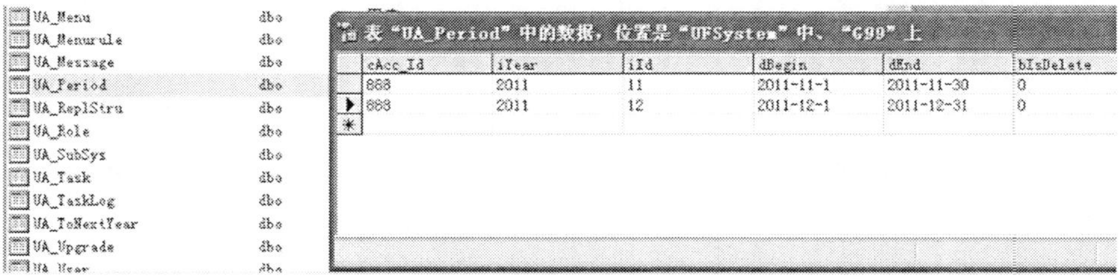

图 5-54　输入账套会计期间信息

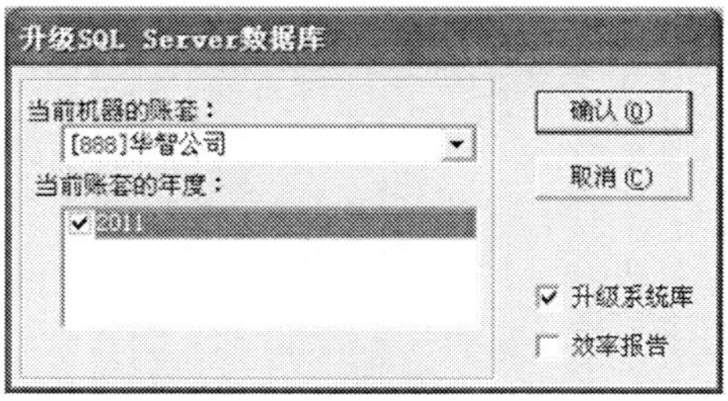

图 5-55　升级数据库

若使用企业门户等登录已升级数据库的账套时出现“账套［xxx］年度［xxxx］是以

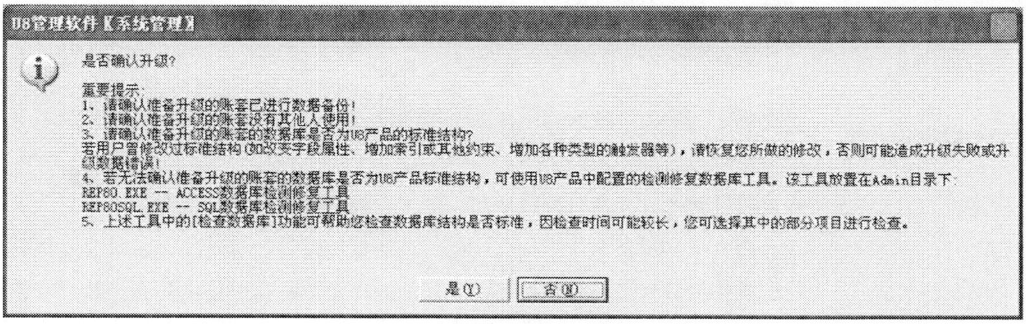

图 5-56 确认数据库升级

前版本数据，请在［xxx］机器上用系统管理升级”的提示，反映出数据库中版本的记录值与实际的版本不匹配。需要打开后台数据库（例如 UFDATA_888_2011）中的 AccInformation 表，找到其中的 cID 值为 100 的记录，将其 cCaption 值由“A”改为“Main”即可匹配，实现正常访问（如图 5-57 所示）。

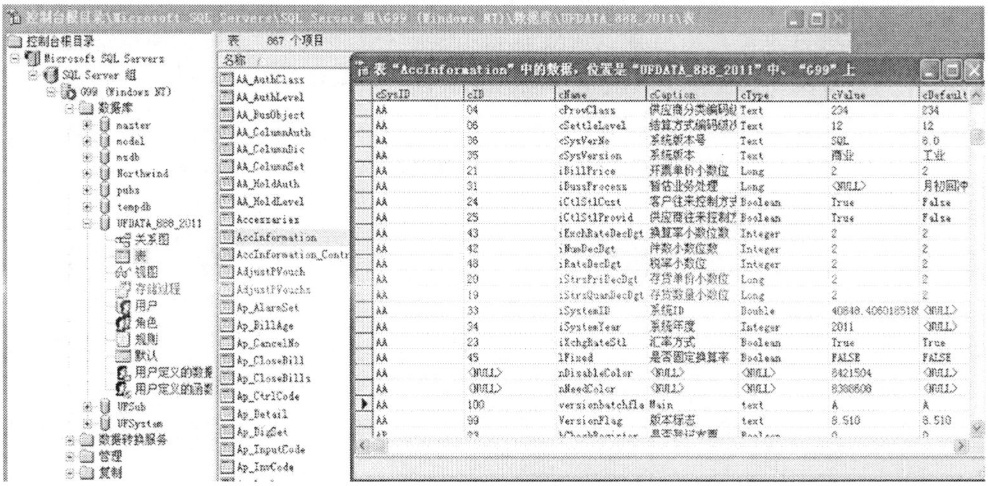

图 5-57 修改参数

第五节 功能权限细分的设置

用友 U8 软件可以满足各级管理者对信息化的不同要求。对于高层管理者而言，可以提供大量收益与风险决策信息，辅助制定长远发展战略；对于中层管理者而言，可以提供企业运作层面的信息，帮助其进行监控、分析、解决和反馈；对于基层管理者而言，可以提供便利的作业环境和简单的操作方式。

在业务操作层次上，用友软件为了突出精细管理的特征（如财务管理中资金的精确管理、整个供应链的执行过程控制等），可以通过设置操作员权限来进行。

一、用友 U8 软件操作员权限分类

在用友 U8 系统中，操作员权限设置分为三个层次：功能权限、数据权限和金额权限（见表 5-2）。

表 5-2 用友 U8 权限划分

权限分类	作用
功能权限管理	将提供划分更为细致的功能权限管理功能，包括各功能模块相关业务的查看和分配权限
数据权限管理	可以通过两个方面进行权限控制，即字段级权限控制和记录级权限控制
金额权限管理	主要用于完善内部金额控制，实现对具体金额数量划分级别、对不同岗位和职位的操作员进行金额级别控制，限制他们在制单时可以使用的金额数量，不涉及内部系统控制的不在管理范围内

二、用友 U8 操作员权限设置

根据企业内部控制的要求，系统用户要有严格的岗位分工，即明确哪些人有权登录系统并对系统进行操作，不能越权操作。权限设置的作用就是对允许登录系统的用户规定操作权限，严禁越权操作的行为发生。

1. 功能权限的设置。

所谓功能权限设置，是指对某操作员是否具备某功能模块相关业务处理的权限进行设置。功能权限设置的作用主要是明确用户对系统中的哪些功能有操作权限，由此把手工管理环节中的不相容职责的划分由制度规定转化为由系统自动进行控制。进行功能权限授权时，注意应先选择授权对象，即对哪个账套进行授权，对哪个用户或角色进行授权，然后再明确所授权的内容。

总体来说，系统管理员是负责整个电算化系统的维护工作，而账套主管是负责本账套的维护工作。

功能权限的授权对象是角色或用户。角色是指在用友 U8 中拥有某一类职能的组织。该角色可以是实际的部门，也可以是某些拥有同一类职能的人构成的虚拟组织。完成角色设置后，就应该定义角色的权限。这样在建立用户时，就可以将用户归属于某个角色，一个用户可以分属于不同角色，一个角色也可以拥有多个用户。

功能权限的内容是系统所包括的功能，其本质是赋予不同岗位所对应的权限。需要注意的是，每个操作员至少应该有公共目录管理的所有权限，然后根据不同操作员所属岗位的职责分别选择权限。例如，会计可以拥有公共目录设置、除出纳和账套主管的权限外其他总账的权限等，具体权限根据不同企业赋予会计的职责而定；出纳拥有总账下所有查账的权限、出纳签字的权限、有关银行和现金的所有权限，其他权限视出纳做的事情而定，比如有的单位工资表由出纳负责，这样就应该给予出纳工资权限，但不管怎样，不能给出纳过多的权限，以防万一。此外，用友 ERP-U8 操作员权限中的供应链、生产制造、人力资源等不同权限也应该根据企业具体情况进行分配。

功能权限管理设置完成后，对于那些操作人员较多且分工很细的企业，可以继续对数据权限和金额权限进行设置。

2. 数据权限的设置。

功能权限的设置在“系统管理”中通过“权限分配”设置。数据权限的设置是在“企业门户”中通过“系统服务”—“权限”设置，且必须是在系统管理的功能权限分配完成后才能进行。数据权限设置是功能权限设置的细化，是对某操作员的具体业务处理对象或具体处理内容进行的控制。如果在功能权限设置中赋予某一操作员填制凭证的权力，但不做进一步限制，则该操作员具有使用所有科目、填制所有类型凭证的权力。那么如何做进一步限制，使操作员只能使用部分科目、填制部分类型的凭证？这就需要对数据权限进行设置，实现对业务的精细管理（如图 5-58 所示）。

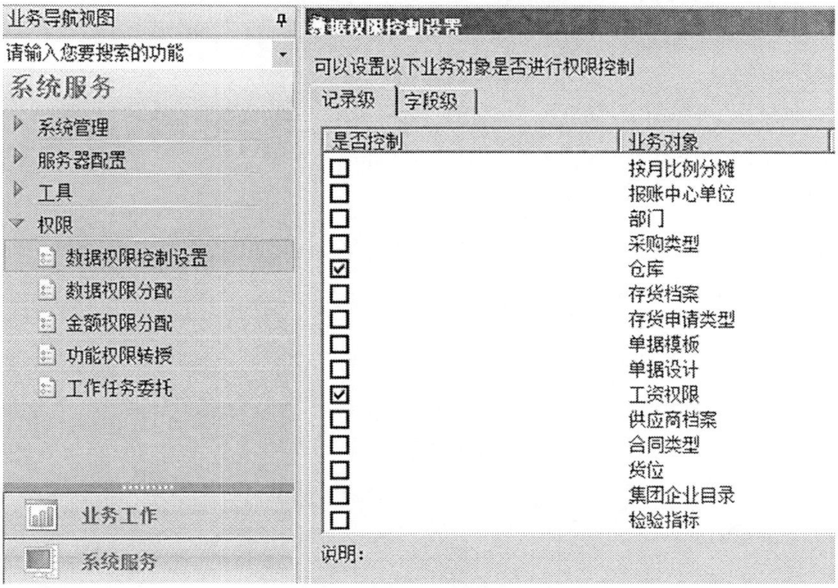

图 5-58　数据权限控制设置

数据权限设置分为记录级权限设置和字段级权限设置。用户可以针对记录级业务对象和字段级业务对象进行有选择的控制。所谓记录级权限设置，是指对具体业务对象进行的权限设置，例如对凭证类别、项目、客户、供应商、存货、部门、业务员、仓库、货位、资金单位等档案设置权限时分查询和录入权限。其中，录入权限自动包含查询权限，即当一个用户对某一记录只具有查询权限时，表示该用户不能录入当前记录发生的业务数据，只能查看当前记录所对应的业务数据；当一个用户对某一记录同时拥有查询/录入权限时，表示该用户既可以录入当前记录的业务数据又能查看其对应的所有业务数据。所谓字段级权限设置，是指对某具体业务对象的某些字段进行的控制，例如对某一档案需要进行字段级权限控制（可设置查询权限、录入权限、无权限），则进入基础档案卡片、基础档案列表时只显示有查询或录入权限的栏目，同时在参照时也只显示有查询或录入权限的栏目。

需要注意的是，只有账套主管才有权对其他操作员进行数据权限控制设置，其他操作员是无权进行数据权限控制设置的。

（1）进行记录级数据权限控制设置（如图 5-59 所示）。

①设置操作员可以访问的部门（如图 5-60 所示）。

②设置操作员可以使用的会计科目（如图 5-61 所示）。

③设置操作员可以使用的凭证类别（如图 5-62 所示）。

④设置操作员可以访问的用户（如图 5-63 所示）。

对记录级权限设置时需要注意以下四个方面：

①对角色进行权限分配时，相当于将这些权限同时分配给该角色包含的所有用户，即

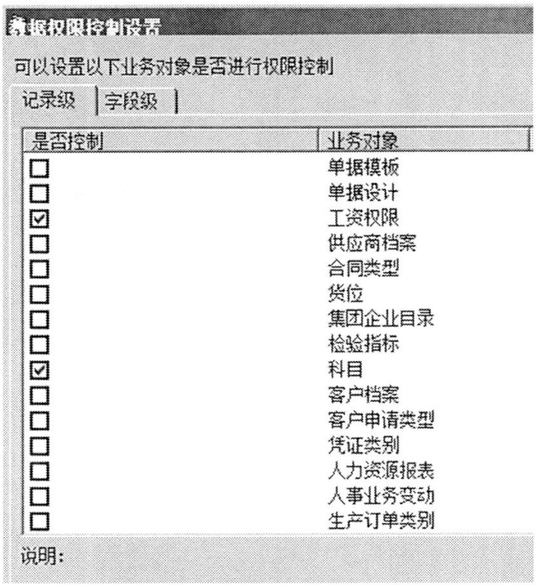

图 5-59　记录级数据权限控制设置

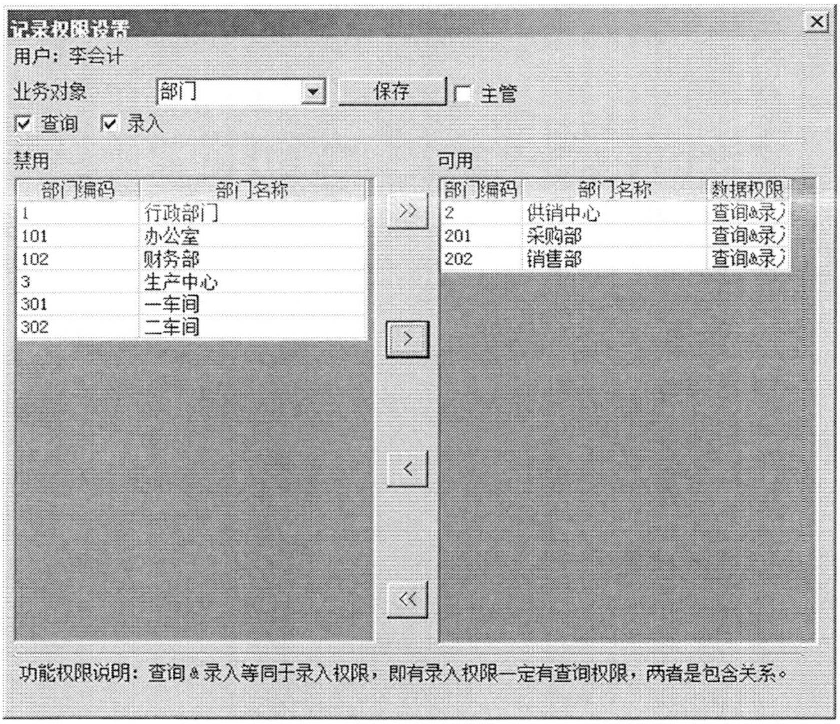

图 5-60　部门访问权限设置

实现对多个用户批量分配权限。若对其中的个别用户还要进行权限的添加、删除，则可通过对该用户的权限分配达到最终目的。

②如果是集团账套，则增加业务分配对象“集团企业目录”的设置。

③在记录级权限设置时，如果选中主管，该用户对此业务对象拥有所有记录级权限，并不允许对该用户分配此业务对象的记录级权限。

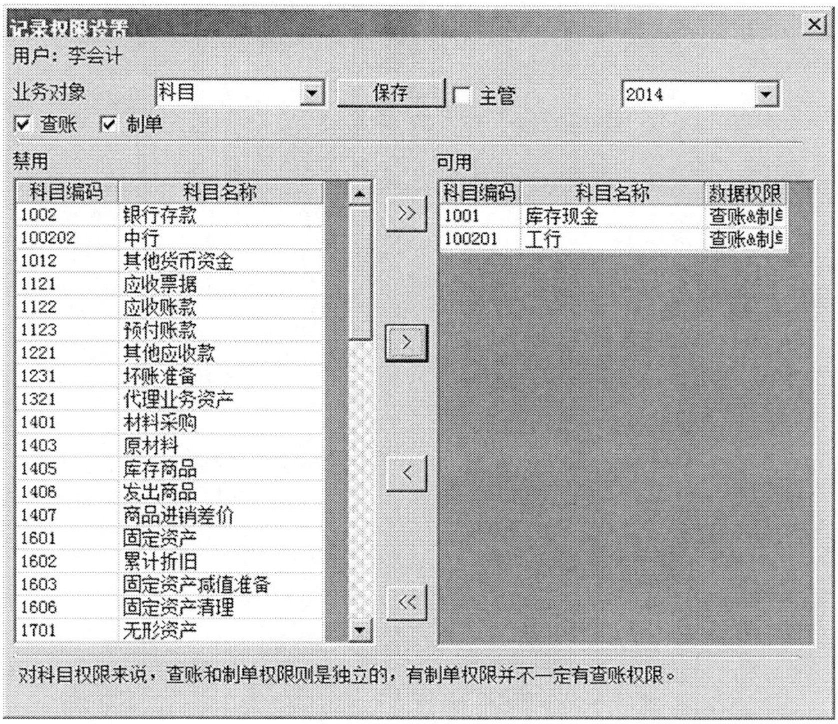

图 5-61 科目使用权限设置

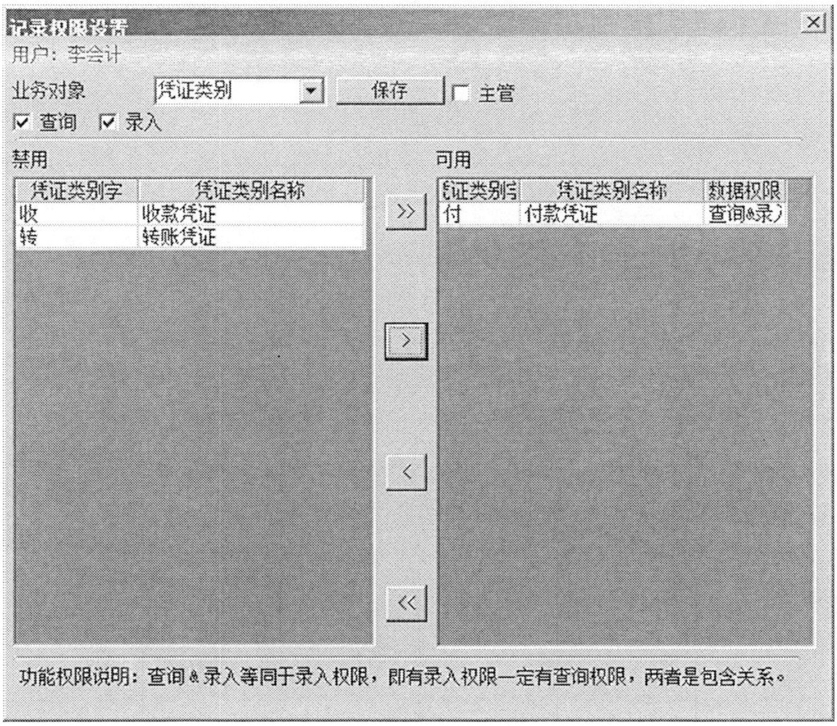

图 5-62 凭证类别权限设置

④记录级权限设置必须与总账选项中的“制单权限控制到科目”、“制单权限控制到凭证类别”、“凭证审核控制到操作员”配合起来才能生效（如图 5-64 所示）。

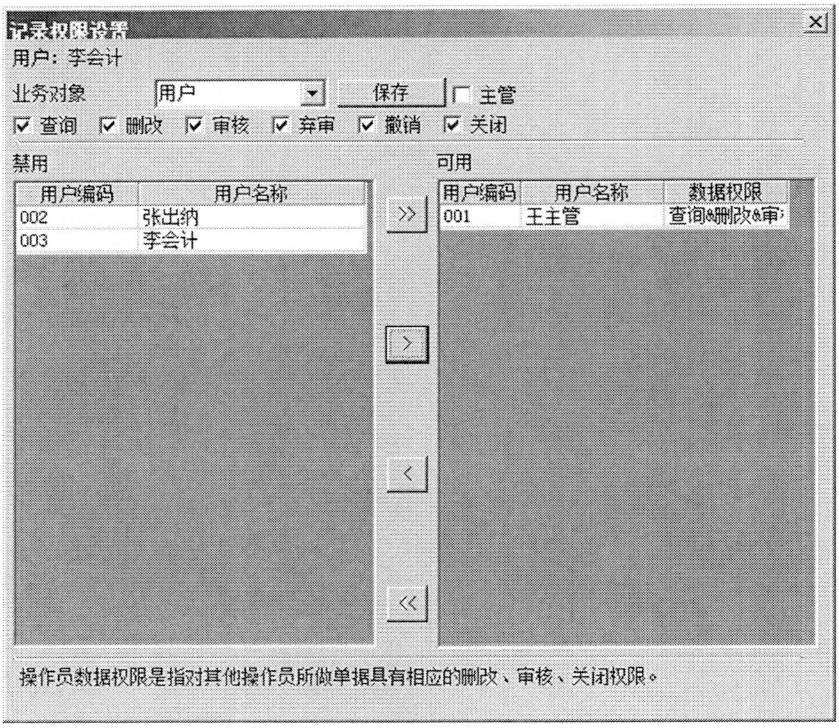

图 5-63　访问用户权限设置

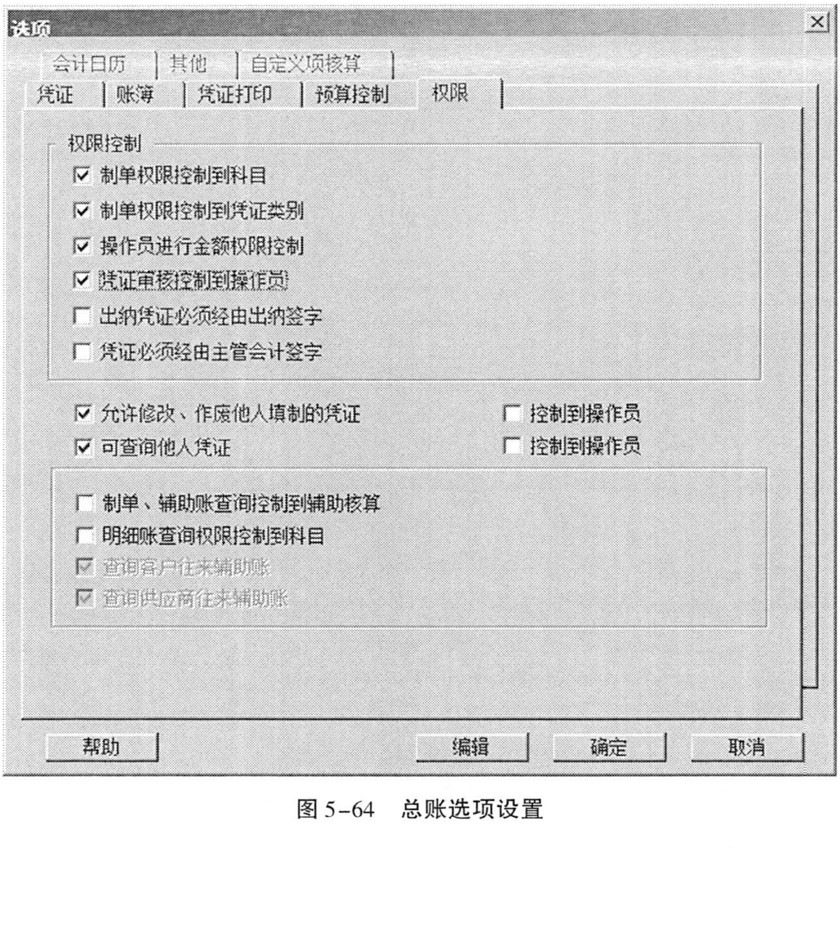

图 5-64　总账选项设置

记录级权限设置的效果见表 5-3。

表 5-3 记录级权限设置的效果

数据权限	业务对象	效果	业务对象	效果
记录级权限	科目	限制用户能够对哪些科目数据进行查询、录入，用于总账系统科目权限控制	货位	限制用户能够对哪些货位的业务数据进行查询和录入，货位权限控制适用于库存管理系统
	客户	限制用户能够对哪些客户的业务数据进行查询或录入，用于总账、应收、销售系统提供客户权限控制	资金单位	限制用户能够对哪些资金单位进行查询和录入，适用于 WEB 资金系统
	部门	限制用户能够对哪些部门的业务数据进行查询或录入，部门权限控制适用于所有系统	用户	限制用户能够对哪些用户所制的单据或凭证进行查询、删除、审核、弃审、关闭（定单），是用户对用户的权限控制模式，适用于总账、库存管理、存货核算、销售管理、采购管理、WEB 系统
	单据模板	增加单据模板时，对于已经存在的单据模板，限制用户可以使用哪些模板进行实际业务数据的录入和打印	供应商	限制用户能够对哪些供应商的业务数据进行查询或录入，适用于总账、应付、采购管理系统
	单据设计	允许用户可以对哪些单据类型进行单据模板设计	仓库	限制用户能够对哪些仓库的业务数据进行查询或录入，适用于库存管理、存货核算系统
	凭证类别	限制用户能够录入和查询哪些凭证类别的凭证，适用于总账系统和向总账系统传输凭证的外部系统	报账中心	限制用户能够对哪些报账中心单位有操作权限，适用于报账中心系统
	项目	限制用户能够对各项目大类中的哪些项目有查询和录入数据的权限，项目权限控制适用于总账系统	网上报销	限制用户能够对网上报销中的单据有查询和录入的权限，可以按部门或者业务员来控制
	工资权限	限制用户能够对各工资类别中的哪些部门或者工资项目有查询和录入工资数据的权限，适用于工资管理系统	指标	按照指标权限控制可进行修改的检验指标项目
	存货	限制用户能够对哪些存货的业务数据进行查询和录入，适用于库存管理、存货核算、销售管理、采购管理系统	销售类型	对于已存在的销售类型档案，可以给操作员分配“查询”、“录入”两种权限
	业务员	限制用户能够对哪些业务员的业务数据进行查询或录入，业务员权限适用于总账、销售管理、采购管理系统	采购类型	对于已存在的采购类型档案，可以给操作员分配“查询”、“录入”两种权限

具体来看，如果使用了未被授权的会计科目，将出现如图 5-65 所示的提示。

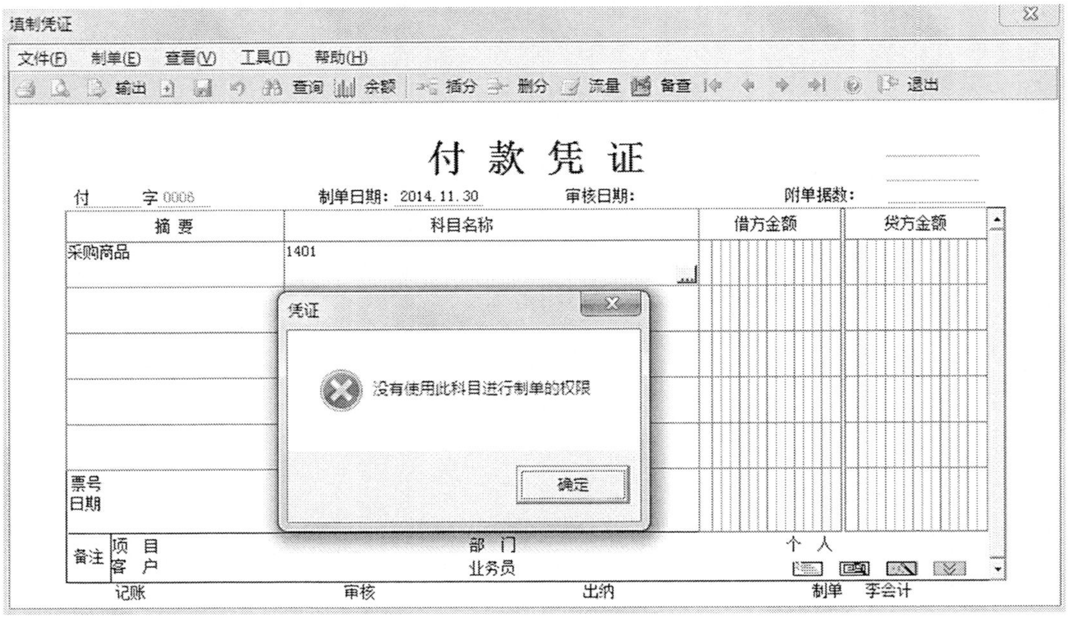

图 5-65 未获授权使用会计科目的错误提示信息

在填制凭证时，只能看到和选择被授权填制的凭证类别（如图 5-66 所示）。

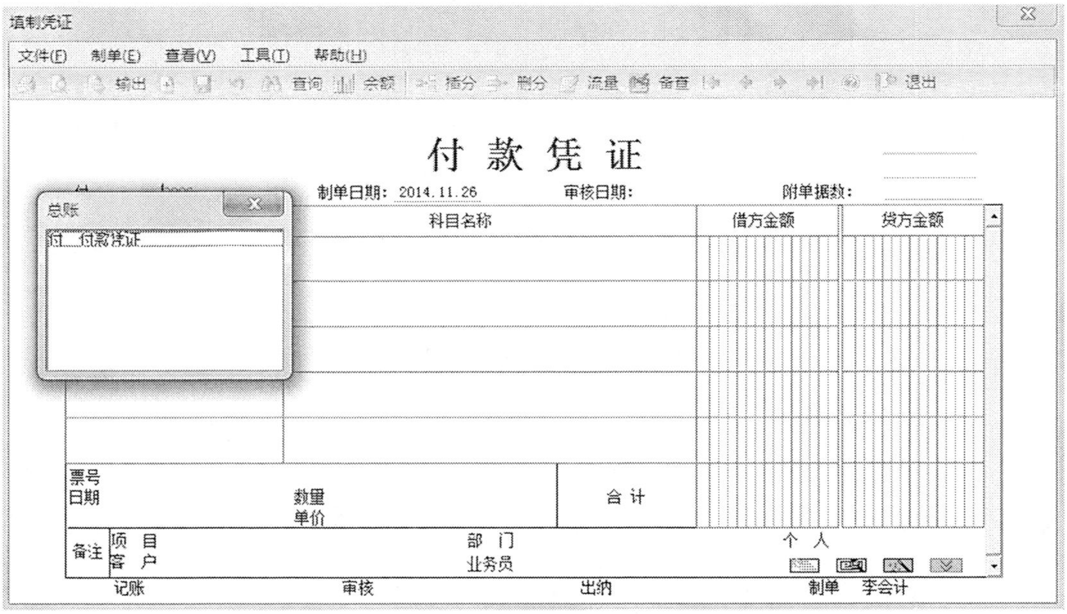

图 5-66 获取授权填制的凭证类别

（2）进行字段级数据权限控制设置（如图 5-67 所示）。

字段级权限设置的效果见表 5-4。

图 5-67　字段级数据权限控制设置

表 5-4　　字段级权限设置的效果

数据权限	业务对象	效　果
字段级权限	基础档案	进入基础档案卡片、基础档案列表时只显示有查询或录入权限的栏目，同时在参照时也只显示有查询或录入权限的栏目
	单　据	在单据卡片上，系统只显示有权限的且已经设置在模板上的栏目内容；在单据列表中，系统只显示有权限的且已经在栏目设置中选择显示的栏目

对于记录级对象，只有“直接授权”、“继承角色”两种；对于字段级对象，有四种来源，即又增加了“继承敏感资源”、“默认权限”两种。所谓直接授权，是数据权限管理员直接分配给该操作员权限；所谓继承角色，是由于该操作员所属的角色具有该权限，操作员继承角色权限从而获得此权限；所谓继承敏感资源，是由于该操作员对这个敏感资源有权限，继承敏感资源权限从而获得此权限；所谓默认权限，是由于此对象的默认权限(数据权限控制设置中)，所有操作员不进行授权就有此权限，该操作员继承对象默认权限从而获得此权限。

字段级权限设置中的敏感资源权限的设置，其子产品应选择基础档案。敏感资源是为了方便使用字段级数据权限而定义的一些抽象业务对象，方便对多个实际的业务对象进行统一控制，以避免用户对每个业务对象都要进行权限设置及分配，可以配合字段级权限设置一起使用。将敏感对象的末级属性和具体业务对象的字段建立映射关系后，通过添加对这些敏感对象的权限控制能完成对其所映射的业务对象的字段级权限控制。例如，在敏感资源对象设计器中设置敏感对象“客户”的末级属性“收款金额”，把“收款金额”与业务对象“发货单列表”的字段“累计收款金额”、“委托代销发货单列表”的字段“未回款金额”建立映射关系，如果在分配字段级权限时，可以给某用户授予“客户”这个敏感对象的“收款金额”属性为“录入”权限，则不必再为该用户单独设置“发货单列表”上的“累计收款金额”和“委托代销发货单列表”上的“未回款金额”两个字段的权限，该用户对这两个字段的权限自动为“录入”权限。

敏感资源对象被授权后，还可对其关联的某个实际业务对象进行单独的字段级权限调整，如果两者的权限不一致，则按照单独设置的实际业务对象的权限处理。比如上面的例子中，给某用户授予“客户”这个敏感对象的“收款金额”属性为“录入”权限后，设置“发货单列表”上“累计收款金额”的字段级权限为“查询”权限，那么该用户对“累计收款金额”字段还是只有“查询”权限，对“委托代销发货单列表”上的“未回款金额”有“录入”权限。

对字段级权限进行设置时需要注意以下两方面：

①对角色进行权限分配时，相当于将这些权限同时分配给该角色包含的所有用户，即实现对多个用户批量分配权限。若对其中的个别用户还要进行权限的添加、删除，则可通过对该用户的权限分配达到最终目的。

②当用户与所隶属角色的字段级权限互斥时，执行用户权限。如用户是“无权限”，而隶属角色是“读权限”，按“无权限”处理。

3. 金额权限设置。

金额权限设置是指对某操作员可以使用的金额级别进行的设置。

对某操作员进行金额权限设置时，可以从科目金额级别和采购订单级别两方面进行金额控制。科目金额级别控制是对某操作员填制会计凭证时涉及的会计科目从金额上进行的控制；采购订单级别控制是对某操作员填制采购订单时涉及的金额进行的控制。

对某操作员进行金额权限设置时，首先应进行金额权限级别的设置，然后再根据该操作员的具体职权情况，选择相应的金额级别。设置方法为：以账套主管身份登录企业门户，运行“基础信息”—“数据权限”—“金额权限设置”命令，打开“金额权限设置”窗口，单击“级别”按钮，打开“金额级别设置”窗口，根据需要选择“科目级别”或“采购订单级别”，单击“增加”按钮，即可进行会计科目或采购订单的金额级别设置。金额级别共六级，可以根据需要对每一级别设置不同的金额额度，但金额必须是逐级递增的，不允许中间级别金额为空的情况出现，但允许最后有不设置的级别存在。金额级别设置完毕后，单击“退出”按钮，退出“金额级别设置”窗口，回到“金额权限设置”窗口。在金额权限设置窗口，针对不同的操作员，选择不同的金额级别（如图5-68、图5-69、图5-70所示）。

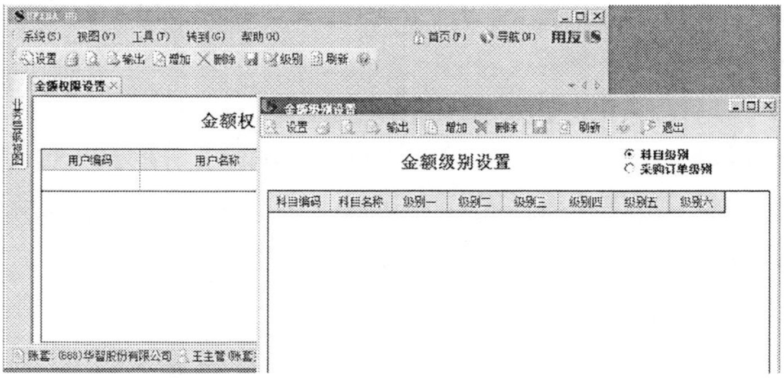

图5-68　执行级别功能

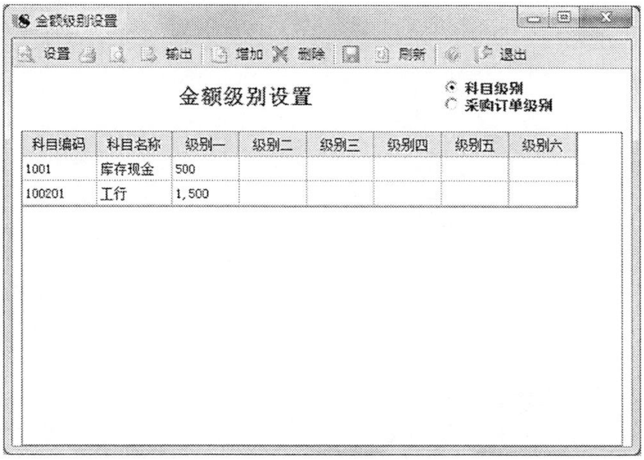

图 5-69　金额级别设置

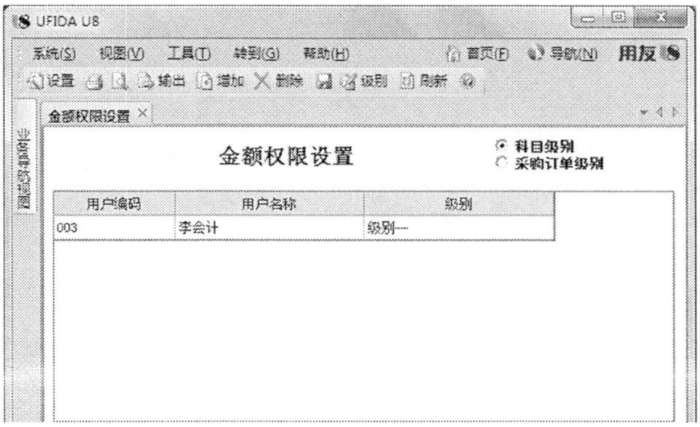

图 5-70　金额权限设置

值得注意的是，金额权限的设置必须与总账选项中的“操作员进行金额权限控制”配合起来才能生效，金额权限设置成功以后，如果用户超过了授权金额，将出现如图5-71所示的提示信息。

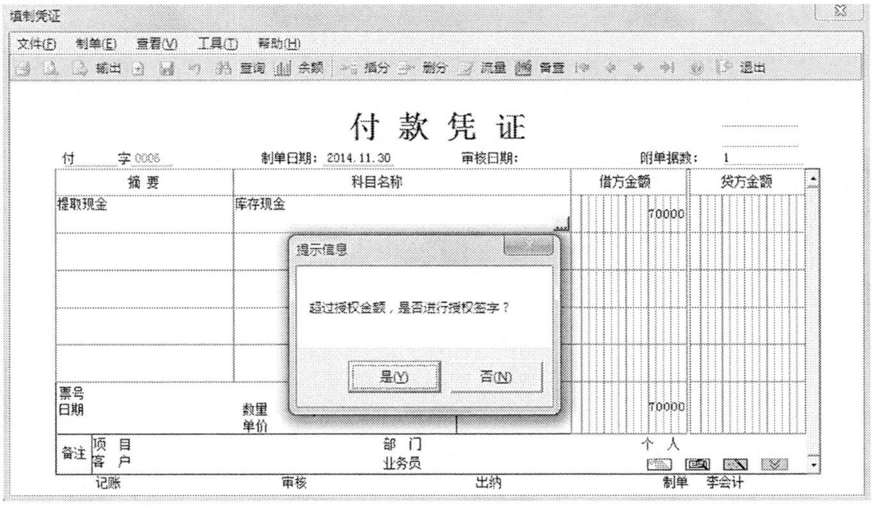

图 5-71　超过授权金额的提示信息

附录：账套库数据库的相关表

AccInformation	账套参数
Bank	开户银行
Code	会计科目
Customer	客户档案
Department	部门档案
Exch	汇率
Fa_cards	固定资产卡片
Inventory	存货档案
Period	会计期间
Person	职员档案
Vendor	供应商
Wa_account	工资类别
Wa_formula	工资项目计算公式

思考题及实践题

1. 账套、账套库、年度账是什么关系？
2. 如何修改一个已建立账套的账套号？
3. 什么是开账操作？什么时候会用到这个功能？
4. 美国的会计年度起止日期是怎样规定的？
5. 数据卸出有什么作用？应该如何操作？
6. 请到 SQL Server 数据库中找到存放账套参数的数据库表。
7. 完成如下操作：

(1) 建立新用户 004（丁会计）；

(2) 给予 004 总账中填制凭证权限，公用目录设置权限（AS）；

(3) 给予 004 只能访问供销中心相关部门的权限；

(4) 给予 004 只能使用 1001，100201 科目制单权限；

(5) 给予 004 只能填制付款凭证的制单权限；

(6) 给予 004 审核凭证的权限，且只能审核李会计（003）填制的凭证；

(7) 给予 004 只能使用 1001 科目不超过 500 元的金额权限，100201 科目不超过1 500 元的金额权限。

第六章

总 账

总账模块是财务软件最核心的部分，是财务数据的集散地，任何一个财务数据都需要经过该模块的处理，因此熟练掌握总账流程操作是非常重要的。总账操作的基本流程如图 6-1 所示。

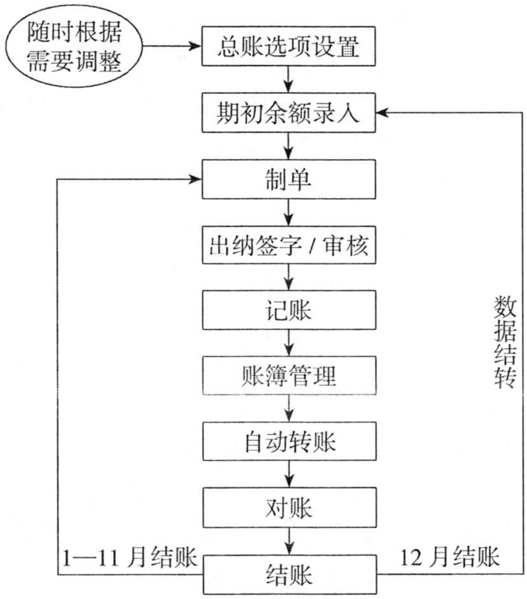

图 6-1 总账操作的基本流程

第一节 总账业务参数及凭证处理

一、总账业务参数设置

通常来看，每个企业具体核算的要求是不一样的，这是企业个性的反映，为了在系统中反映出个性，需要对首次启用一个新建账套的总账系统控制功能做进一步的设置，这部分工作也称为“总账”模块的初始化。通过初始化，建立适合用户自身特点的应用环境，使通用的总账系统成为一个专用系统。总账业务参数的设置是通过“基础设置”—“业务参数”—“财务会计”—“总账”—“选项”功能来完成的（如图 6-2、图 6-3 所示）。

1. 制单控制可以确定在填制凭证时，系统应对哪些操作进行控制。

（1）制单序时控制：此项和“系统编号”选项联用，如果选择的话，制单时凭证编号必须按日期顺序排列，即制单序时，如果有特殊需要可以将其改为不序时制单。

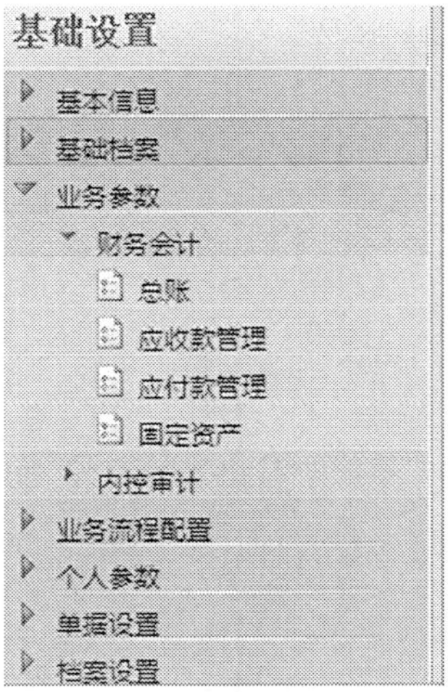

图 6-2　业务参数界面

(2) 支票控制：若选择此项，在制单时使用银行科目编制凭证时，系统针对票据管理的结算方式进行登记，如果录入支票号在支票登记簿中已存，系统提供登记支票报销的功能；否则，系统提供登记支票登记簿的功能。

(3) 赤字控制：若选择了此项，在制单时，当“资金及往来科目”或“全部科目”的最新余额出现负数时，系统将予以提示。提供了提示、严格两种方式，可根据需要进行选择。

(4) 可以使用应收受控科目：若科目为应收款管理系统的受控科目，为了防止重复制单，只允许应收系统使用此科目进行制单，总账系统是不能使用此科目制单的。所以如果希望在总账系统中也能使用这些科目填制凭证，则应选择此项。注意：总账和其他业务系统使用了受控科目可能会引起应收系统与总账对账不平。

(5) 可以使用应付受控科目：若科目为应付款管理系统的受控科目，为了防止重复制单，只允许应付系统使用此科目进行制单，总账系统不能使用此科目制单。

(6) 可以使用存货受控科目：若科目为存货核算系统的受控科目，为了防止重复制单，只允许存货核算系统使用此科目进行制单，总账系统是不能使用此科目制单的。所以如果希望在总账系统中也能使用这些科目填制凭证，则应选择此项。注意：总账和其他业务系统使用了受控科目会引起存货系统与总账对账不平。

2. 凭证控制。

(1) 管理流程设置：若要求现金、银行科目凭证必须由出纳人员核对签字后才能记账，则选择“出纳凭证必须经由出纳签字”；如要求所有凭证必须由主管签字后才能记账，则选择“凭证必须经由主管会计签字”。如要求出纳签字、审核后才可对凭证执行领导签字，则选择“主管签字以后不可以取消审核和出纳签字”。

(2) 现金流量科目必录现金流量项目：选择此项后，在录入凭证时如果使用现金流量科目则必须输入现金流量项目及金额。

(3) 自动填补凭证断号：如果选择凭证编号方式为“系统编号”，则在新增凭证时，系统按凭证类别自动查询本月的第一个断号默认为本次新增凭证的凭证号。如无断号则为新号，与原编号规则一致。

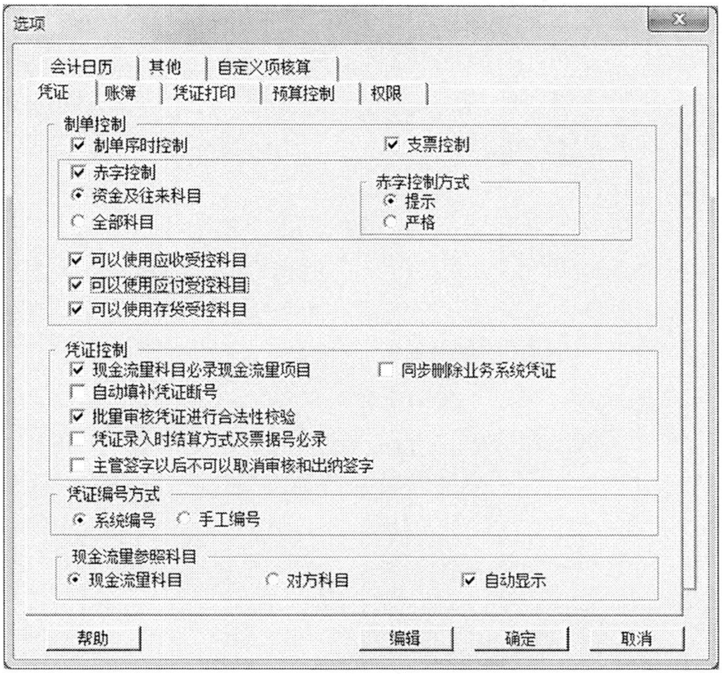

（a）

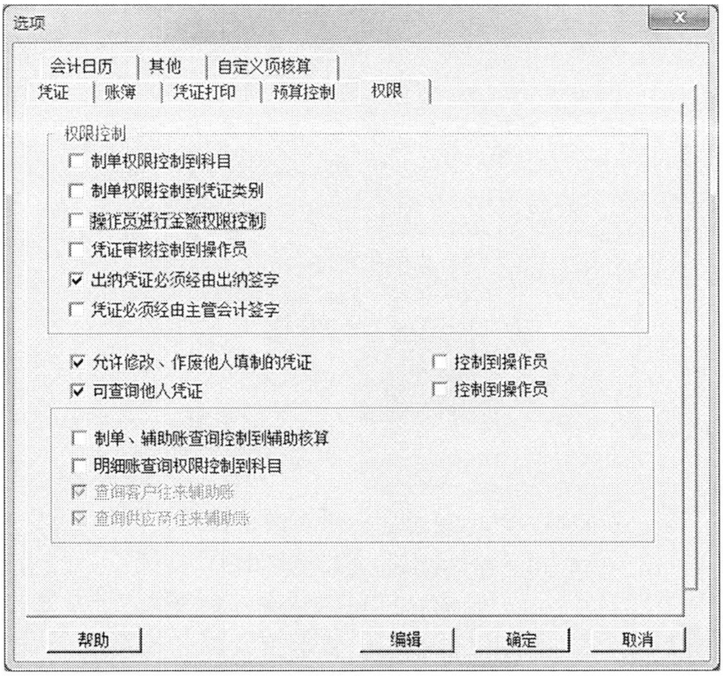

（b）

图 6-3　总账选项设置

（4）批量审核凭证进行合法性校验：批量审核凭证时针对凭证进行二次审核，提高凭证输入的正确率，合法性校验与保存凭证时的合法性校验相同。

（5）凭证录入时结算方式及票据号是否必录。

（6）同步删除业务系统凭证：选中此项后，业务系统删除凭证时相应地将总账的凭证同步删除。否则，将总账凭证作废，不予删除。

3. 凭证编号方式。

系统在“填制凭证”功能中一般按照凭证类别按月自动编制凭证编号，即“系统编号”；但有的企业需要系统允许在制单时手工录入凭证编号，即“手工编号”。

4. 现金流量参照科目。

用来设置现金流量录入界面的参照内容和方式。“现金流量科目”选项选中时，系统只参照凭证中的现金流量科目；“对方科目”选项选中时，系统只显示凭证中的非现金流量科目。“自动显示”选项选中时，系统依据前两个选项将现金流量科目或对方科目自动显示在指定现金流量项目界面中，否则需要手工参照选择。

二、总账期初余额录入

在开始使用总账系统时，应将整理好的手工账目的期初余额录入计算机，该步骤也是手工会计与计算机会计的一个交接点。通常只需要使用一次，以后每月以及每年的余额都可以由计算机自动结转。进入“业务工作”—“财务会计”—“总账”—“设置”—“期初余额”界面（如图 6–4 所示）。

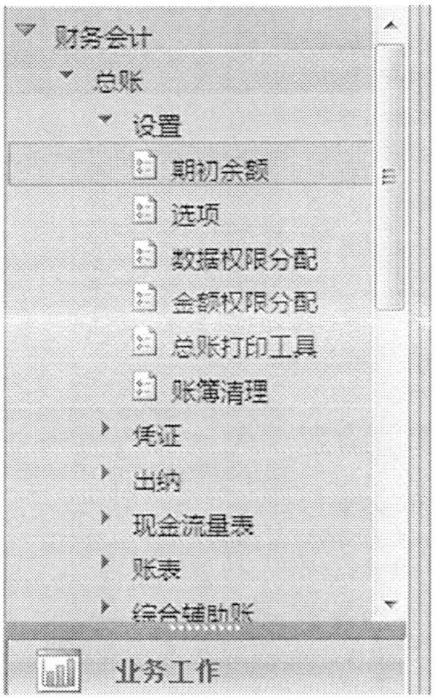

图 6–4　期初余额界面

在期初余额表中，需要输入的内容包括：累计借方、累计贷方、期初余额。假如企业是在年初建账，则期初余额就是年初余额；假如是年中启用总账，则应先将各账户此时的余额和年初到此时的借贷方累计发生额计算清楚并填入余额表。如果某科目为外币核算，应注意先录入本币余额，再录入外币余额。科目如果有数量核算要求，则应先录入金额，再录入数量（如图 6–5 所示）。

如果某科目的属性涉及辅助核算，比如客户往来、供应商往来、个人往来、项目核算、部门核算，则不能直接输入总账期初数，必须双击该栏，调出辅助核算账，输入辅助账的期初明细。

1. 输入应收账款科目的期初余额时，需要先输入该科目的期初往来明细，然后输入辅助期初余额（如图 6–6、图 6–7 所示）。

期初余额录入

期初余额

期初：2014年11月 □末级科目□非末级科目□辅助科目

科目名称	方向	币别/计量	年初余额	累计借方	累计贷方	期初余额
库存现金	借		3,000.00			3,000.00
银行存款	借		311,700.00			311,700.00
工行	借		63,700.00			63,700.00
中行	借		248,000.00			248,000.00
	借	美元	40,000.00			40,000.00
其他货币资金	借					
应收票据	借					
应收账款	借		106,600.00			106,600.00
预付账款	借					
其他应收款	借		2,000.00			2,000.00
坏账准备	贷		1,000.00			1,000.00
代理业务资产	借		41,500.00			41,500.00
材料采购	借					
原材料	借					
库存商品	借		65,000.00			65,000.00
	借	件	1,000.00			1,000.00
发出商品	借		22,340.00			22,340.00
商品经销差价	借		260.00			260.00
固定资产	借		260,860.00			260,860.00
累计折旧	贷		48,490.88			48,490.88
固定资产减值准备	贷					
固定资产清理	借					
无形资产	借					
累计摊销	贷					
应付票据	贷					
应付账款	贷		10,000.00			10,000.00

图 6-5 期初余额录入

期初往来明细

科目名称 1122 应收账款

日期	凭证号	客户	业务员	摘要	方向	金额	票号	票据日期	年度
2014-10-08		南昌百货	-	销售货款	借	56,000.00			2014
2014-10-15		广州天河	-	销售货款	借	50,000.00			2014
2014-10-15		广州天河	-	代垫运费	借	600.00			2014

合计： 借 金额 106,600.0 外币 数量

图 6-6 录入应收账款期初往来明细

2. 输入其他应收款期初余额时，先输入该科目的期初往来明细，然后输入辅助期初余额（如图 6-8、图 6-9 所示）。

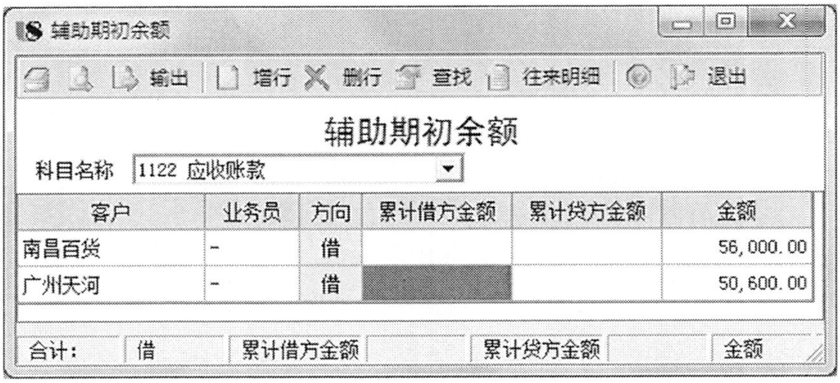

图 6-7 录入应收账款辅助期初余额

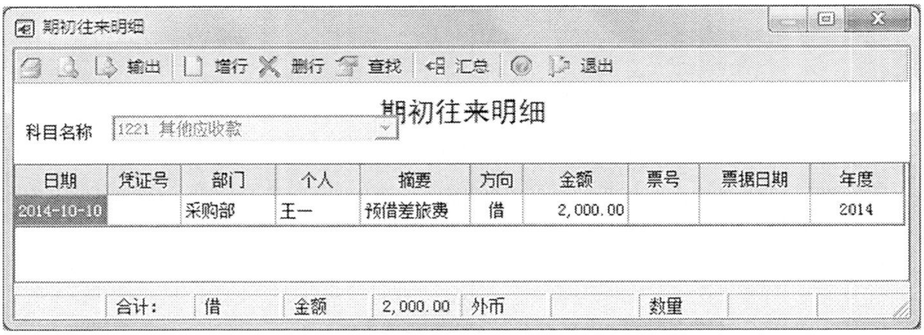

图 6-8 录入其他应收款期初往来明细

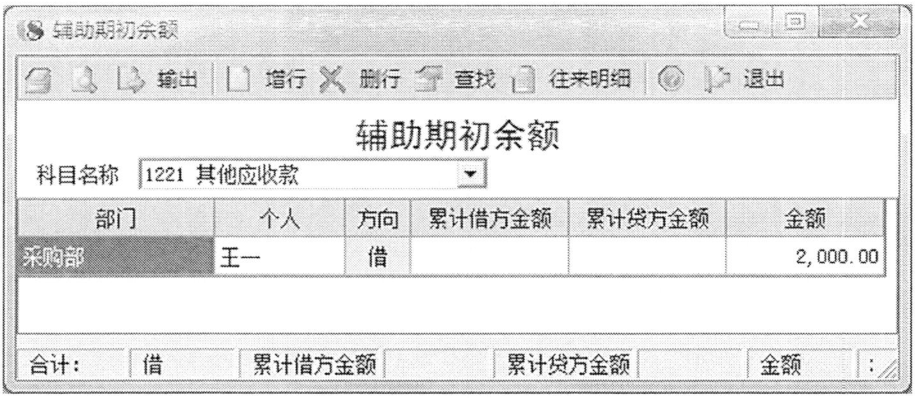

图 6-9 录入其他应收款辅助期初余额

3. 应付账款期初余额也是采用类似的方式输入（如图 6-10、图 6-11 所示）。

4. 输入库存商品科目期初余额时，由于涉及自定义属性，也需要双击打开辅助期初余额界面，输入详细信息（如图 6-12 所示）。

5. 如果会计科目余额方向与该科目默认方向不一致，在输入余额之前可以先调整该科目的一级科目余额方向，然后再输入余额（如图 6-13 所示）。

6. 如果会计科目余额方向与该科目默认方向不一致，并且该科目不是一级科目，则余额必须以负号形式输入，例如“应交税费——应交增值税（进项税额）”科目余额（如图 6-14 所示）。

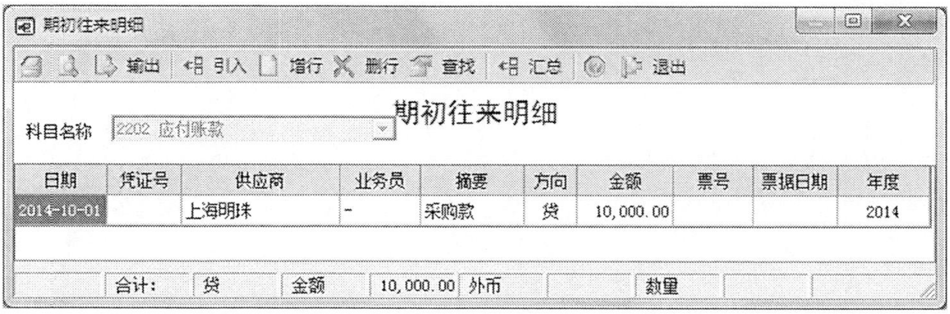

图 6-10 录入应付账款期初往来明细

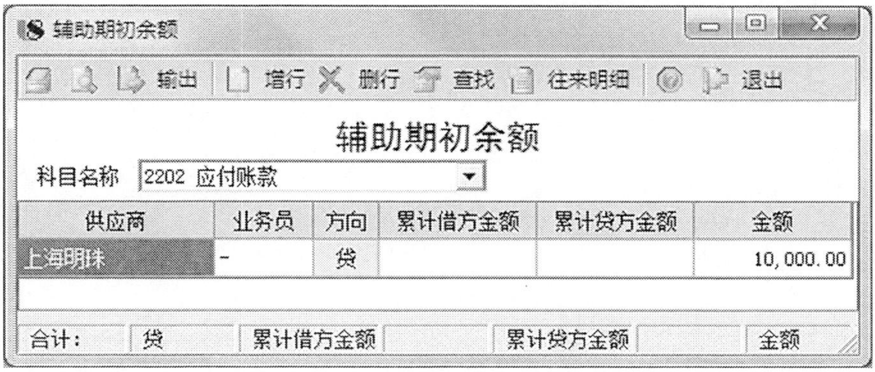

图 6-11 录入应付账款辅助期初余额

图 6-12 录入库存商品辅助期初余额

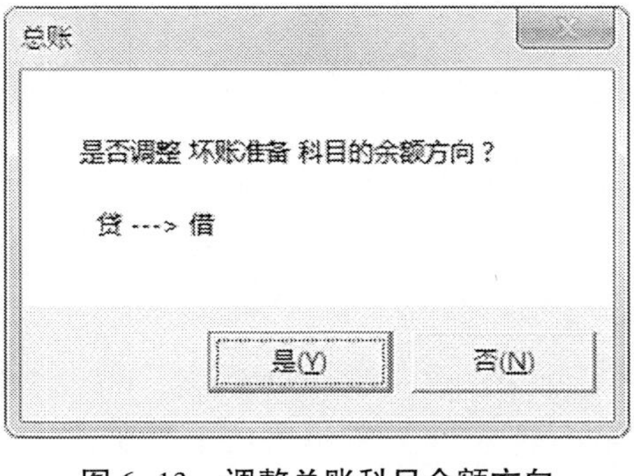

图 6-13 调整总账科目余额方向

7. 若在输入某科目余额以后，发现遗漏了该科目的辅助核算属性。若要修改这个问

科目名称	方向	币别/计量	年初余额	累计借方	累计贷方	期初余额
无形资产	借					
累计摊销	贷					
应付票据	贷					
应付账款	贷		10,000.00			10,000.00
预收账款	贷					
应付职工薪酬	贷					
应交税费	贷		61,600.00			61,600.00
应交增值税	贷		-1,000.00			-1,000.00
进项	贷		-1,000.00			-1,000.00
销项	贷					
应交营业税	贷		62,600.00			62,600.00
代理业务负债	贷		41,500.00			41,500.00
实收资本	贷		490,000.00			490,000.00
资本公积	贷		50,669.12			50,669.12
本年利润	贷					
利润分配	贷		110,000.00			110,000.00
未分配利润	贷		110,000.00			110,000.00
生产成本	借					
制造费用	借					
差旅费	借					
工资	借					
折旧费	借					

图 6–14　录入“应交税费——应交增值税（进项税额）”科目余额

题，需要先删除该科目余额，然后再去修改科目的辅助核算属性，否则会导致该科目期初余额出现异常。如果已经出现了该问题，可使用“清零”功能解决或者先在“会计科目”中将该会计科目的辅助核算属性取消，将异常消除后再将该辅助核算属性选回。

8. 期初余额录入完成以后，可以调用“试算”功能检查输入是否平衡（如图 6–15 所示），但这种检查只能查出借贷不平的错误，无法查出其他错误。如果试算不平衡，除了要检查会计科目的数字本身是否正确，还需要检查会计科目的余额方向是否正确。值得注意的是：若期初试算不平衡，将不能进行记账处理；若已经记过账，则期初数据将不允许被修改。

9. 调用“对账”功能检查总账上下级、总账与辅助账、辅助账与明细账是否平衡（如图 6–16 所示）。

三、支票登记簿的使用

为了加强对支票的管理，由出纳人员事先将各部门领用的支票在支票登记簿中进行登记，在后续过程中出纳人员可随时对支票的报销使用情况进行掌控。使用该功能时需要事先检查在“基础设置”中总账选项（支票控制）和结算方式（票据管理）相关选项是否选中。

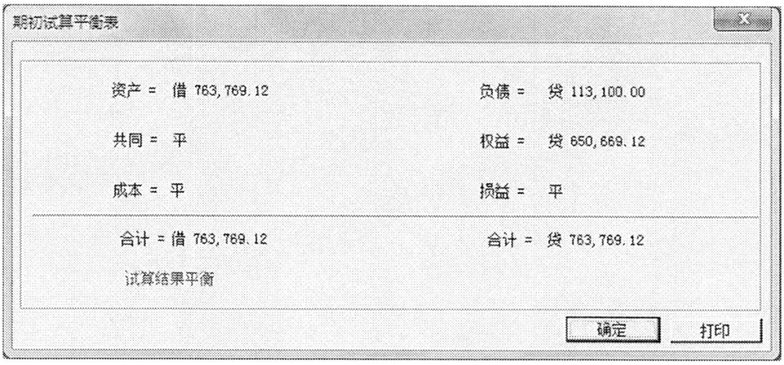

图 6-15 期初试算平衡表

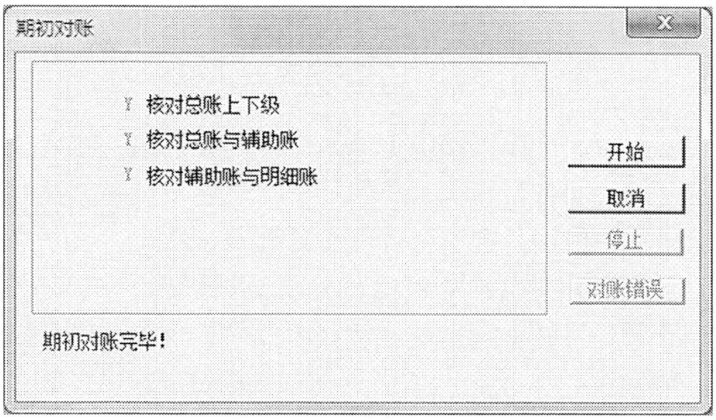

图 6-16 期初对账

1. 选择需要登记的银行科目（如图 6-17 所示）。

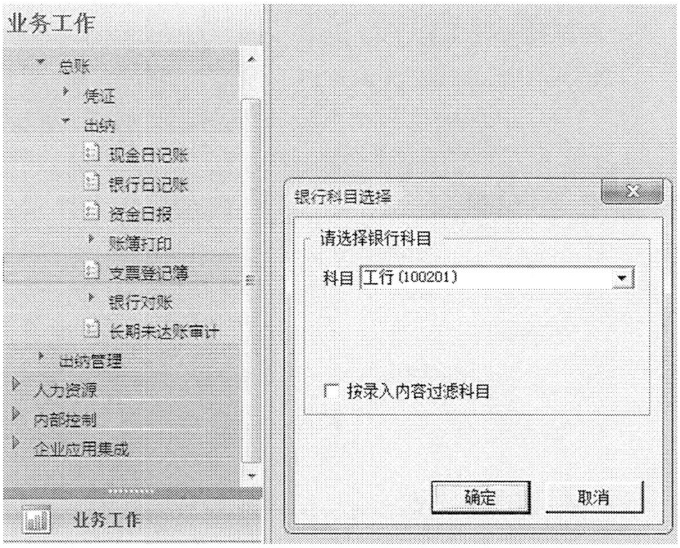

图 6-17 选择银行科目

2. 输入领用的空白支票（如图 6-18 所示）。

四、凭证项目的填制要求

初始化工作完成以后就可以在设定好的工作环境中开始凭证的输入了，这也是整个账

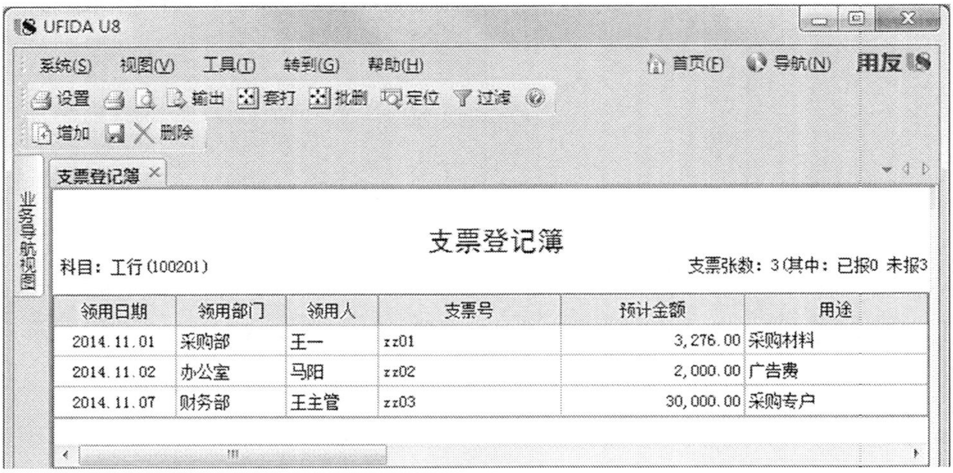

图 6-18 输入领用的空白支票

务处理的起点。实际操作时，可以直接根据原始凭证内容输入记账凭证，也可以在纸质记账凭证上先做好然后再成批输入计算机。

记账凭证是登记账簿的依据，在实行计算机处理账务以后，电子账簿的准确与完整完全依赖于记账凭证的准确和完整。计算机信息处理具有“垃圾进垃圾出”的特点，因此确保记账凭证输入的准确和完整十分重要。软件中使用了较多手段，以尽可能地保证输入凭证内容的准确和完整。

记账凭证的内容一般包括两部分：一是凭证头部分；二是凭证正文部分。如果输入会计科目有辅助核算要求，则应该输入辅助核算内容；如果一个科目同时兼有多种辅助核算，则同时要求输入各种辅助核算的有关内容，以便将来使用。

填制凭证时各部分内容具体要求如下：

1. 凭证类别：可以输入凭证类别字，也可以参照输入。

2. 凭证编号：通常情况下，凭证编号由系统按照凭证类别按月自动编制，即每类凭证每月都从 1 号开始编号。对于网络用户，如果是几个人同时制单，在凭证的左上角，系统先提示一个参考凭证号，真正的凭证编号只有在凭证保存时才给出；如果只有一个人制单或使用单用户版本软件，凭证左上角凭证号就是正在填制的凭证的编号。系统同时也自动管理凭证页号，系统规定每页凭证有 5 条记录，当某号凭证内容较多，超过 1 页时，系统将自动在凭证号后面标上分单号。如果在初始设置时选择了手工编号，则用户可在凭证左上角手工录入凭证编号。在采用系统编号时，凭证一旦保存，其凭证类别、凭证编号将不能再修改。在采用手工编号时，凭证一旦保存，其凭证类别不能再修改，凭证编号可修改。

3. 制单日期：填制凭证的日期。系统自动取进入账务系统前输入的业务日期为记账凭证的日期，也可修改。若系统初始化时选择了“序时控制”，那么凭证号越大，则日期越靠后。

4. 附单据数：输入原始单据张数。

5. 凭证自定义项：凭证自定义项是由用户自行定义的凭证补充信息，由用户根据需要自行定义和输入，系统对这些信息不进行校验，只进行保存。

6. 摘要：输入业务的简要说明，必须输入，不能为空。为了提高输入效率，可将常用的摘要事先建立摘要库，输入时只需输入该摘要编码即可。

7. 科目名称：只能输入事先在会计科目库中建立好的会计科目，并且必须是末级科目（或称记账科目），即该科目没有下级科目。科目可以用编码、中文名称、英文名称或助记码表示。

8. 辅助信息：对于具有辅助核算要求的会计科目，例如银行科目、数量核算、外币核算、客户往来、供应商往来等核算内容，系统会自动弹出辅助核算信息输入窗口。

9. 金额：分录的借方或贷方发生额，金额不能为零，但可以用红字，红字金额以负数形式输入。如果金额方向输反了，可以在金额处按空格键进行方向调整。

五、凭证处理（2014 年 11 月份业务）

了解了凭证各项目的填制要求以后，填制凭证的具体操作步骤如下：

1. 具有凭证输入权限的会计人员登录“企业应用平台”，由于系统强制要求制单日期不能晚于（滞后于）操作系统日期，所以为了方便处理，可将操作系统日期选择为“2014-11-30”，这样可连续进行业务处理，而不必总是切换操作日期（如图 6-19 所示）。

图 6-19 登录系统

2. 选择业务工作菜单中的“财务会计”—“总账”—“凭证”—“填制凭证”功能（如图 6-20 所示）。

业务 1：1 日开出现金支票，从工行提取 3 000 元备用，票据号 xj01。填制凭证如图 6-21所示。

业务 2：2 日采购员王一预借差旅费 1 000 元，以现金付讫，借据号 hz01。填制凭证如图 6-22 所示。

业务 3：5 日向上海明珠服装厂购入商品 40 件，单位成本 70 元，价税共计 3 276 元。

①产品价税已用工行转账支票支付，票据号 zz01。

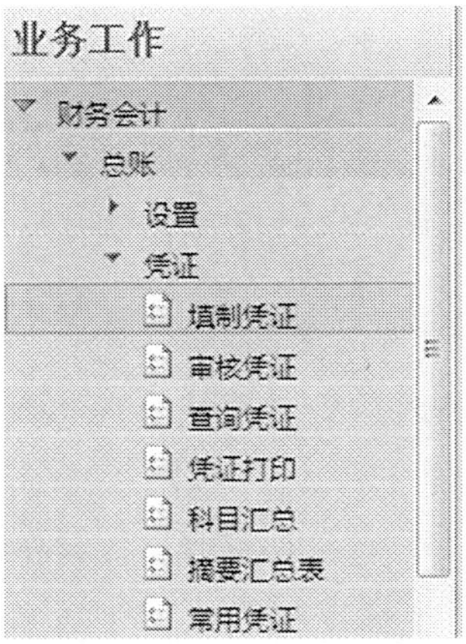

图 6-20　业务工作菜单上的填制凭证

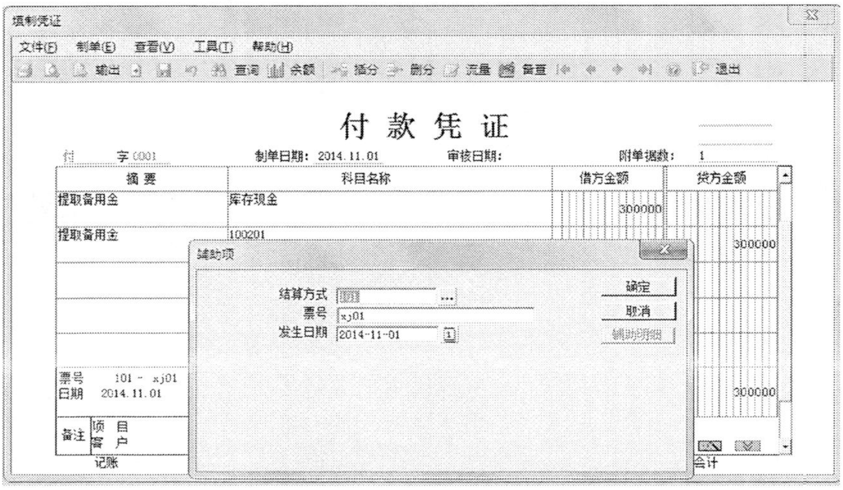

图 6-21　业务 1

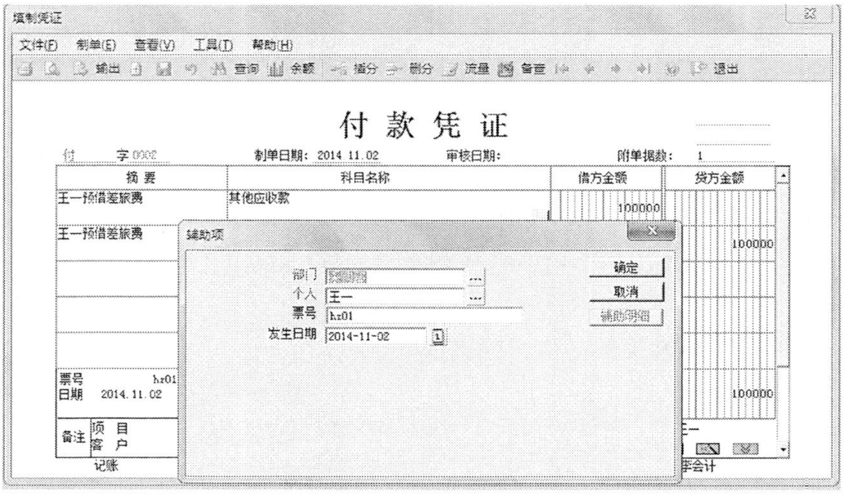

图 6-22　业务 2

②产品已经入库（保管人：董亮，出厂日期：2014. 9. 5）。填制凭证如图 6-23、图

6-24所示。

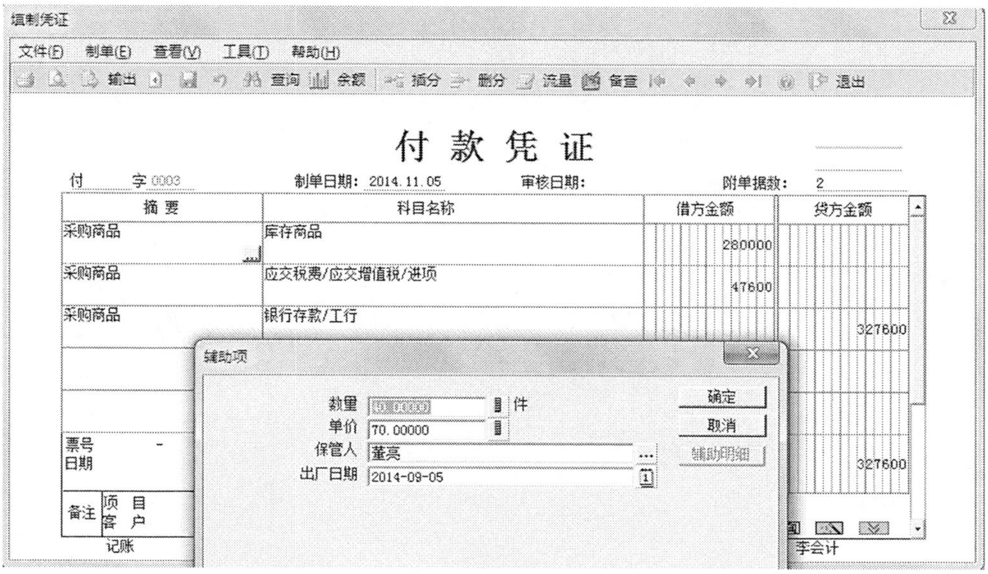

图6-23 业务3（1）

图6-24 业务3（2）

业务4：7日销售给长沙芙蓉百货公司商品100件，每件售价120元，价税共计14 040元尚未收到。填制凭证如图6-25、图6-26所示。

业务5：10日，采购员王一出差回来报销差旅费1 200元，以现金支付差额，填制凭证如图6-27、图6-28、图6-29所示。

业务6：13日用工行转账支票支付广告费2 000元，票据号zz02，填制凭证如图6-30、图6-31所示。

3. 已经填制完成存盘的凭证可以选择菜单项中“查询凭证”功能来查询（如图6-32所示）。

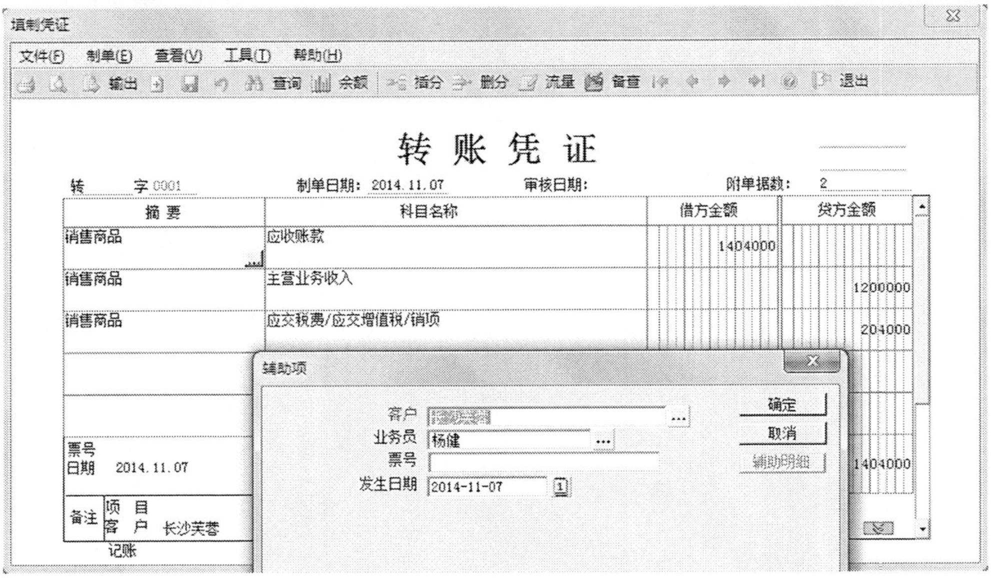

图 6-25 业务 4（1）

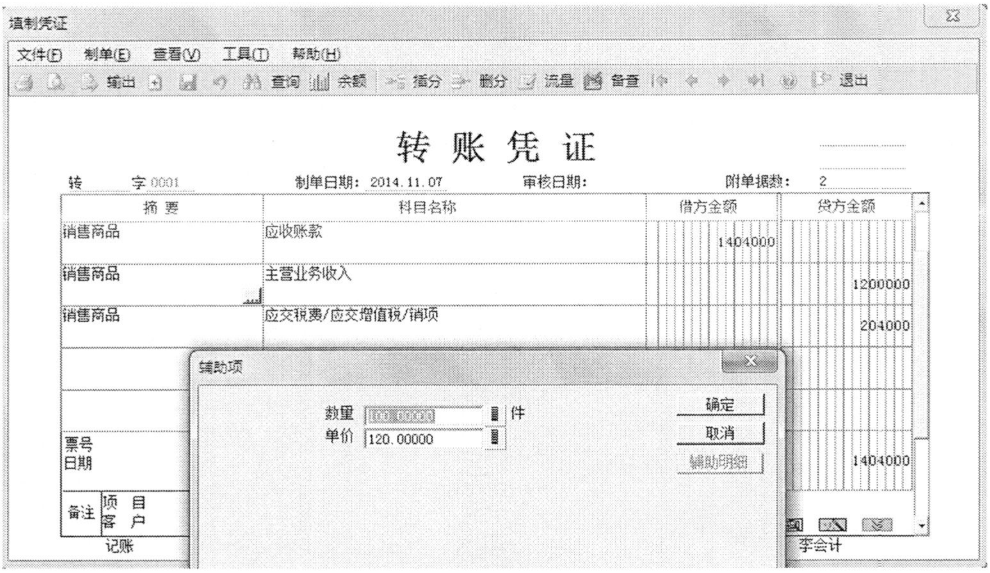

图 6-26 业务 4（2）

4. 凭证审核。

为了确保凭证形式和凭证内容的准确可靠，财务制度规定制单人员填制的每一张凭证（作废凭证除外）都必须经过审核，才可以进行后续处理。从广义上看，凭证审核包括出纳签字、审核凭证、主管签字三个方面。其中，审核凭证是必须执行的，出纳签字和主管签字可根据需要选择执行或者不执行，若要强制执行可在总账选项中进行设置。根据规定，出纳签字、主管签字与制单可以为同一人，审核与制单不能为同一人。

（1）出纳签字。

出纳签字功能只需要针对出纳凭证来进行，非出纳凭证不需要进行出纳签字。这里提到的出纳凭证是指包含出纳科目的凭证，包括收款凭证和付款凭证，也就是涉及现金或银

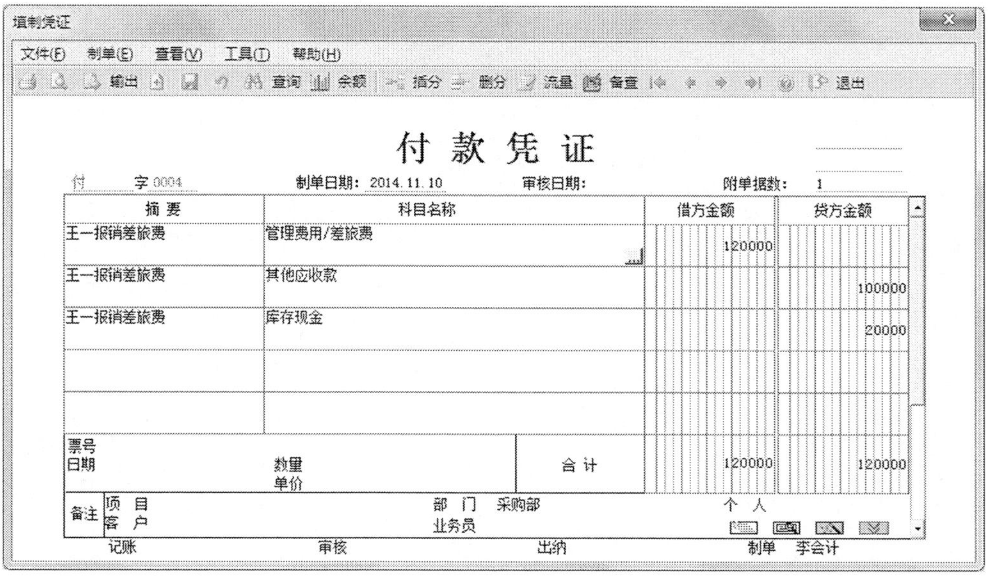

图 6-27 业务 5

图 6-28 管理费用科目辅助项

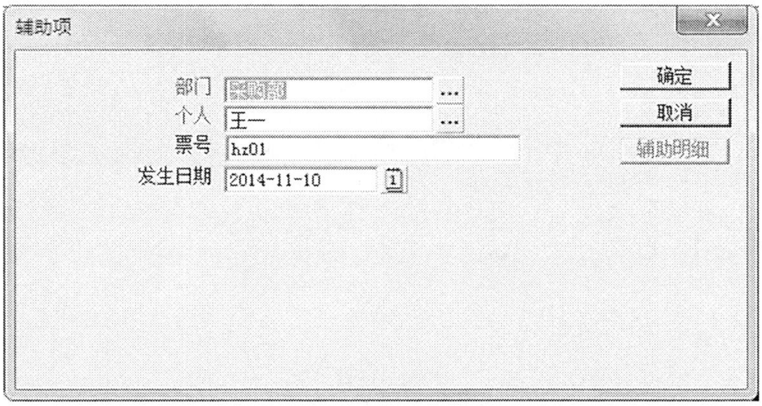

图 6-29 其他应收款科目辅助项

行存款的收入或支出的凭证。因此，转账凭证是不需要进行出纳签字的。由于出纳凭证的重要性，应对其加强管理，主要检查出纳科目的金额是否正确，对于审查认为有错误或有异议的凭证，应交与填制人员修改后再审核。

在系统中，出纳签字功能可以在“出纳管理”模块中执行，也可以在“总账”模块

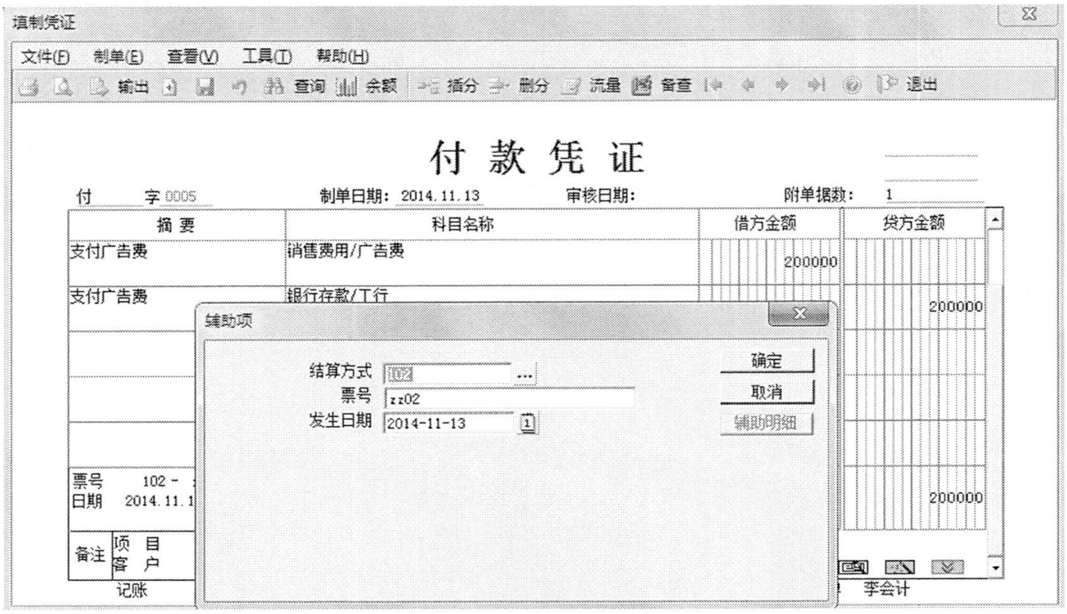

图 6-30 业务 6

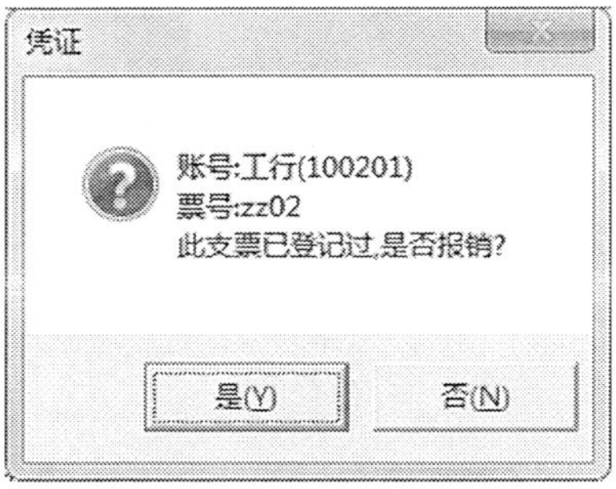

图 6-31 支票报销提示信息

制单日期	凭证编号	摘要	借方金额合计	贷方金额合计	制单人	审核人	系统名	备注	审核日期	年度
2014-11-01	付 - 0001	提取备用金	3,000.00	3,000.00	李会计					2014
2014-11-02	付 - 0002	王一预借差旅费	1,000.00	1,000.00	李会计					2014
2014-11-05	付 - 0003	采购商品	3,276.00	3,276.00	李会计					2014
2014-11-10	付 - 0004	王一报销差旅费	1,200.00	1,200.00	李会计					2014
2014-11-13	付 - 0005	支付广告费	2,000.00	2,000.00	李会计					2014
2014-11-07	转 - 0001	销售商品	14,040.00	14,040.00	李会计					2014
		合计	24,516.00	24,516.00						

图 6-32 查询凭证

中执行，系统默认在“出纳管理”模块中执行。所以，如果需要在总账模块中执行出纳签字功能，则需要登录“出纳管理”模块进行设置。

① 具备相应权限的出纳人员登录企业应用平台（如图 6-33 所示）。

② 选择“业务工作”—“财务会计”—“出纳管理”—“设置”—“系统设置”功能（如图 6-34 所示）。

③ 在账套参数中选择出纳签字功能在“GL-总账”（如图 6-35 所示）。

图 6-33　出纳人员登录系统

图 6-34　出纳管理系统设置

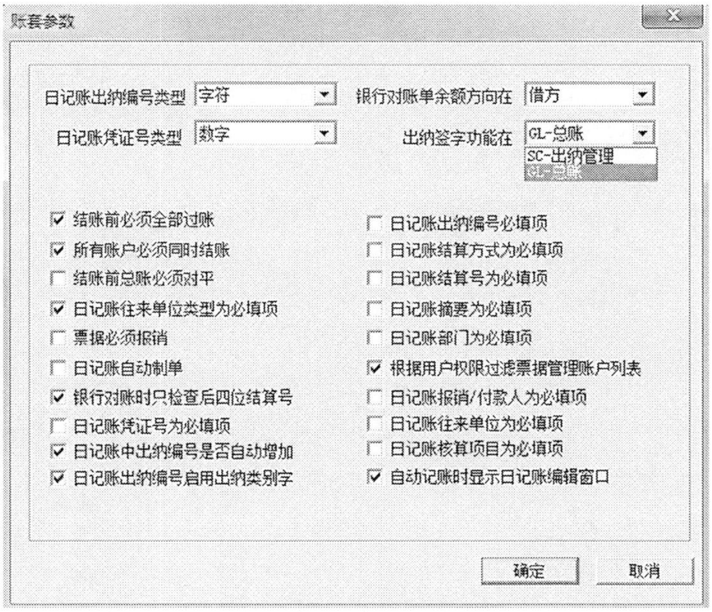

图 6-35　出纳签字功能设置

④ 选择系统菜单中的“凭证”—“出纳签字”功能（如图 6-36 所示）。

图 6-36　执行出纳签字功能

筛选出待签字的出纳凭证（如图 6-37 所示）。

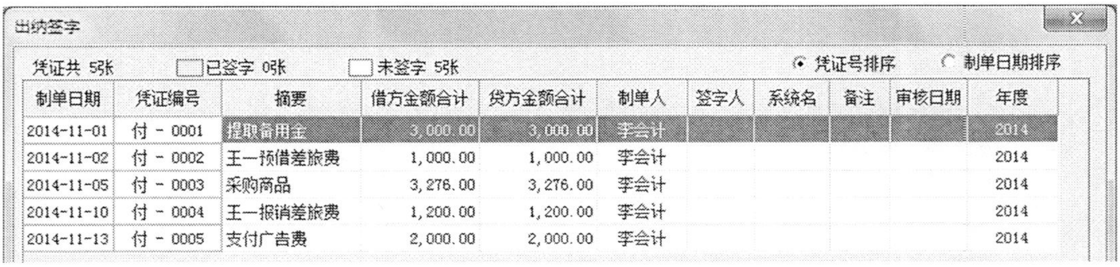
出纳签字

凭证共 5张　已签字 0张　未签字 5张　凭证号排序　制单日期排序

制单日期	凭证编号	摘要	借方金额合计	贷方金额合计	制单人	签字人	系统名	备注	审核日期	年度
2014-11-01	付 - 0001	提取备用金	3,000.00	3,000.00	李会计					2014
2014-11-02	付 - 0002	王一预借差旅费	1,000.00	1,000.00	李会计					2014
2014-11-05	付 - 0003	采购商品	3,276.00	3,276.00	李会计					2014
2014-11-10	付 - 0004	王一报销差旅费	1,200.00	1,200.00	李会计					2014
2014-11-13	付 - 0005	支付广告费	2,000.00	2,000.00	李会计					2014

图 6-37　筛选出待签字的出纳凭证

⑤ 选择“出纳签字”或者“成批出纳签字”，完成签字操作（如图 6-38 所示）。

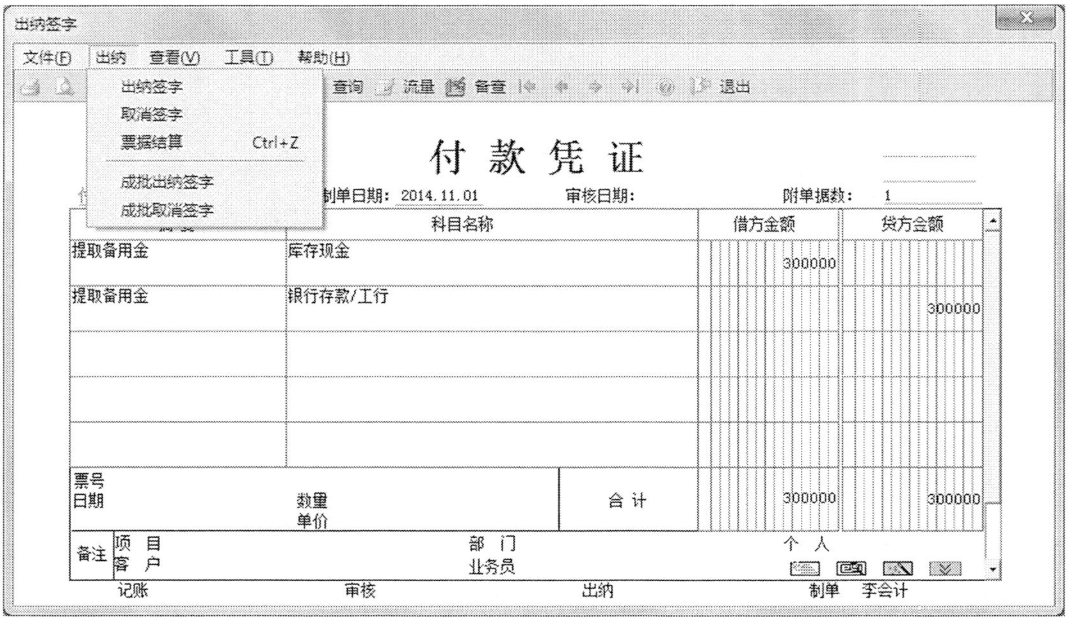

图 6-38　出纳签字

（2）审核凭证。

与手工会计流程中的凭证审核一样，该功能主要审核记账凭证形式上是否合规，以及内容上是否与原始凭证相符，包括会计分录是否正确，相关项目是否完整等。由于本例中审核凭证是由账套主管来负责的，所以审核凭证之前需要改变操作员的身份。

以账套主管的身份登录“企业门户”，执行“凭证”—“凭证审核”。“凭证审核”界面如图 6–39 所示。

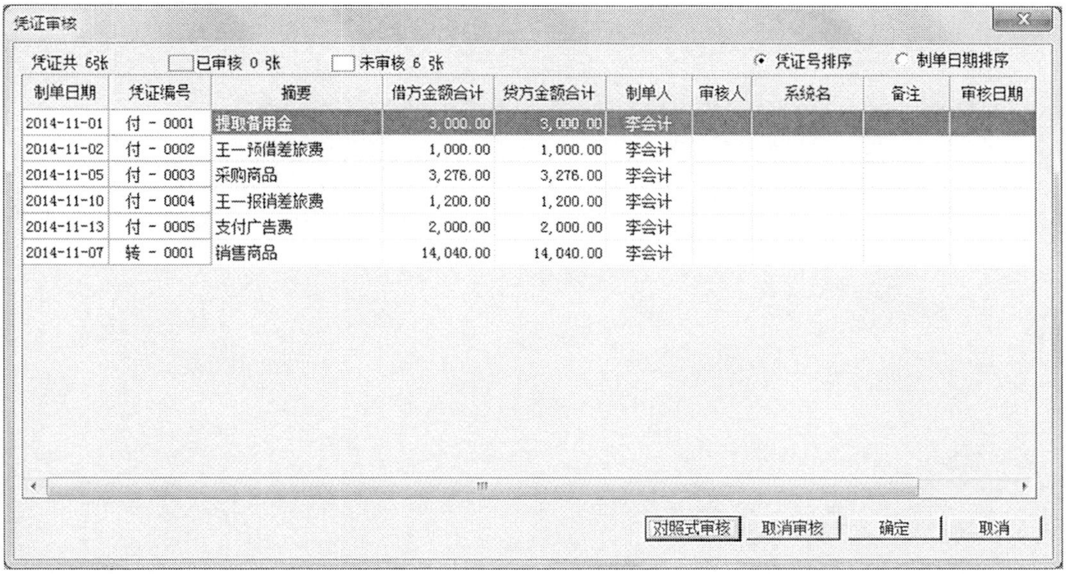

图 6–39　审核凭证

系统提供的审核方法有两种：对照式审核、静态审核，可根据实际情况进行选用。

①如果点击“对照式审核”按钮，则采用对照式审核方法，这种方法需要由审核员将凭证主要内容再重新输入一次，并与制单人员填制的凭证进行对照，确认凭证是否正确。审核人员输入凭证如图 6–40 所示。

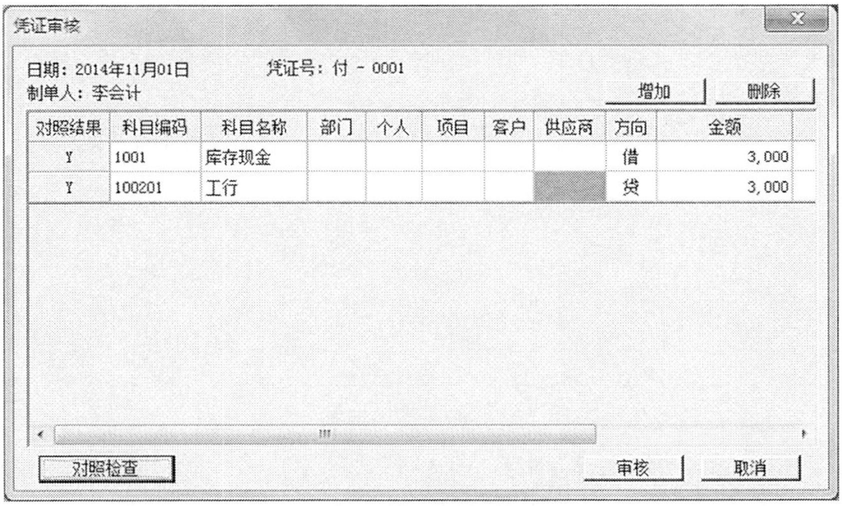

图 6–40　对照式审核输入凭证

可以点击“对照检查”调出对照表查看审核的详细内容。“已审核”可以显示匹配的会计科目，“审核错误”可以显示不匹配的会计科目（如图 6-41 所示）。

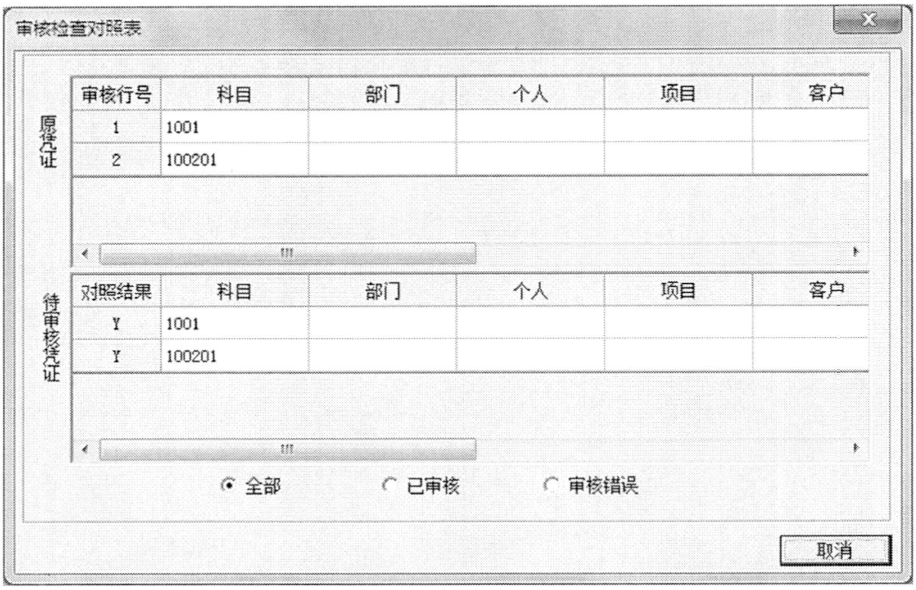

图 6-41 审核检查对照表

②如果在“凭证审核”界面直接点击“确定”按钮，则采取静态审核的方法，由审核人员将需要审核的凭证逐张调出查看，如果确认无误，点击审核进行确认，或者成批审核凭证（如图 6-42 所示）。

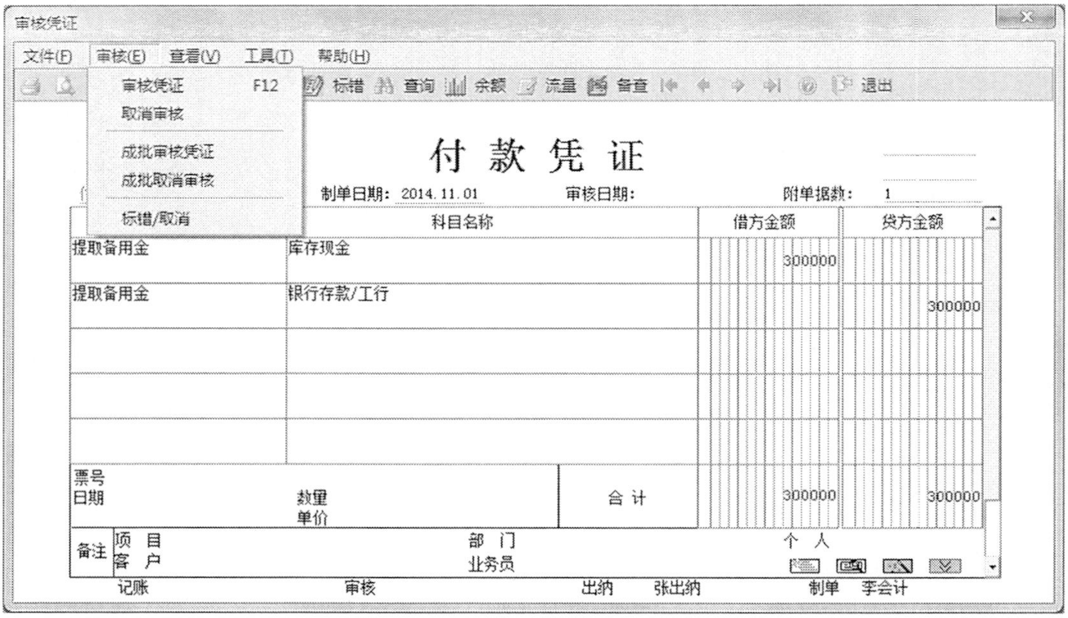

图 6-42 静态审核

（3）取消凭证的出纳签字或者审核。

如果凭证已经完成了出纳签字或者审核，则该凭证内容将不能被修改；如果需要对它进行修改，必须由签字人或者审核人本人将签名取消才能进行。取消出纳签字或者取消审核的操作与签字或者审核类似，以相应操作员的身份登录，在出纳签字或者审核凭证操作界面点击“取消”功能即可（如图6-43、图6-44所示）。

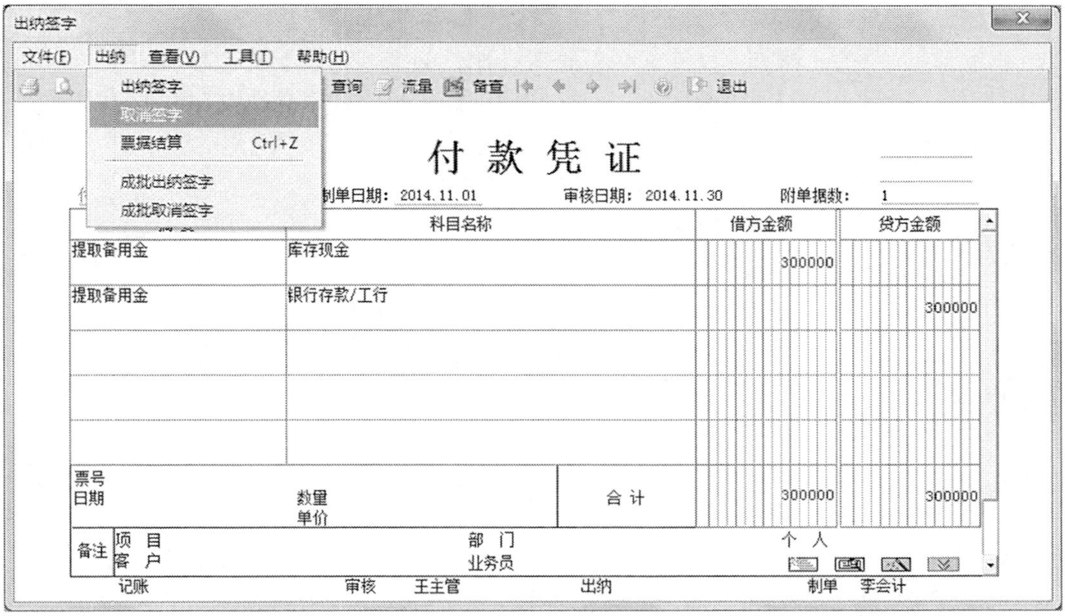

图6-43 取消出纳签字

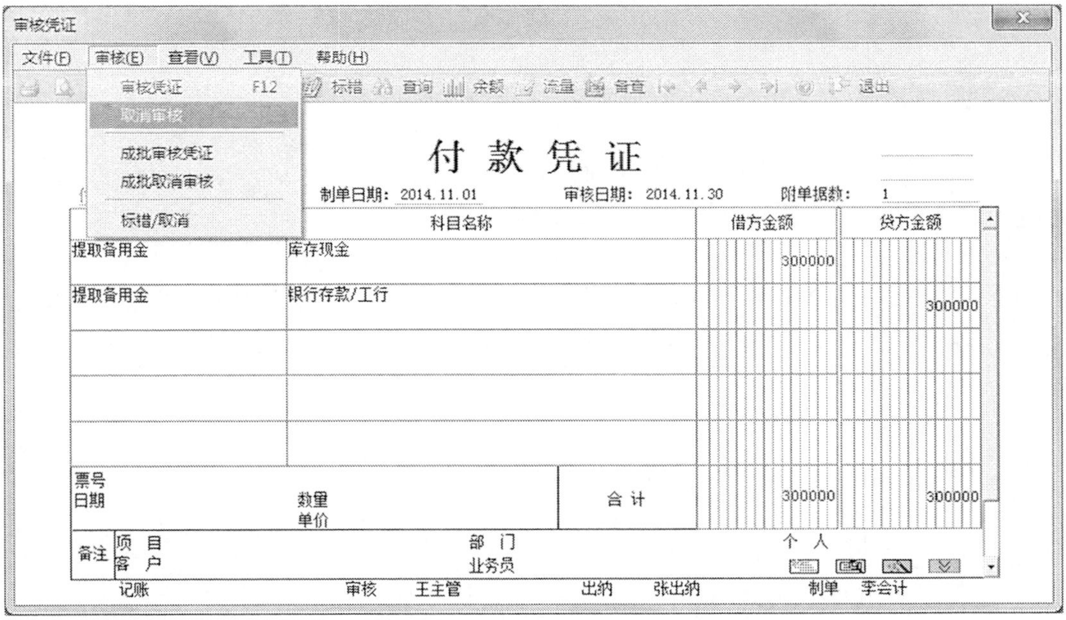

图6-44 取消审核

5. 记账。

凭证在通过了审核以后，就可以登记相关账簿了，包括总账、明细账、日记账、部门账、辅助账等。在手工会计中，这项工作非常繁琐，但在计算机里，这项工作则很简单，系统通常会提供一种向导方式来引导用户完成该项工作。如果在记账过程中出现断电或其他原因造成记账中断，系统将自动调用“恢复记账前状态”恢复数据，然后可以重新记账。记账工作分三步进行：第一步，列示未记账凭证清单以及已审核凭证编号，从中选择记账范围，可输入连续编号范围，也可输入不连续编号。第二步，显示记账报告，这是经过合法性检验后的提示信息。第三步，当以上工作都确认无误后，单击“记账”按钮，系统开始登录有关的总账和明细账，包括正式总账、明细账，数量总账与明细账，外币总账与明细账，项目总账与明细账，部门总账与明细账，个人往来总账与明细账，银行往来账等有关账簿。记账只能按月进行，不允许跨月记账，即每次只能记一个月的账。记账选择如图 6-45 所示。

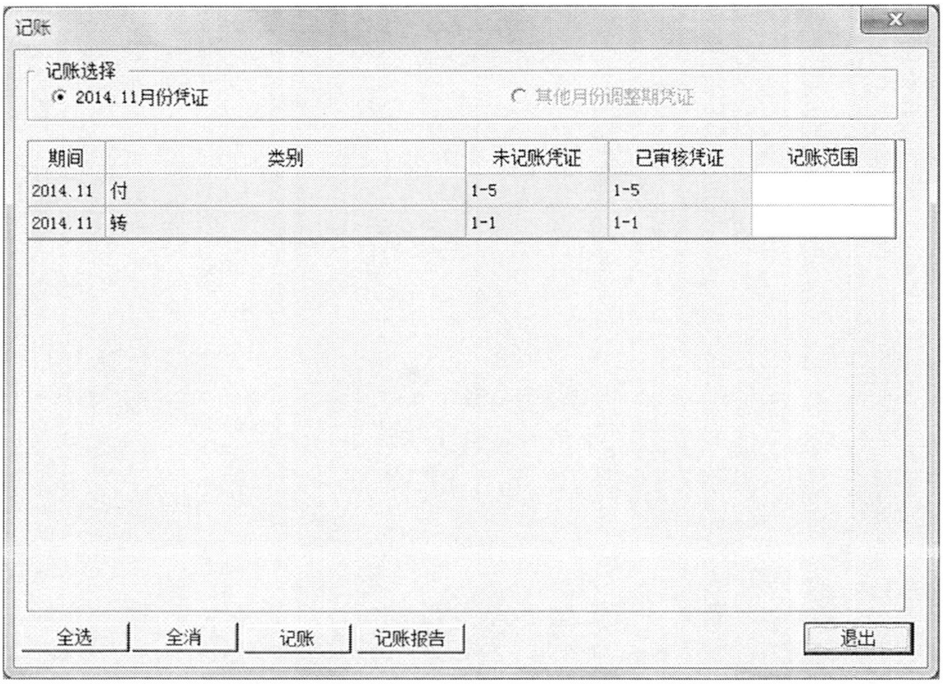

图 6-45 记账选择

系统自动进行期初试算平衡检查（如图 6-46 所示），若检查不平衡则不允许记账。

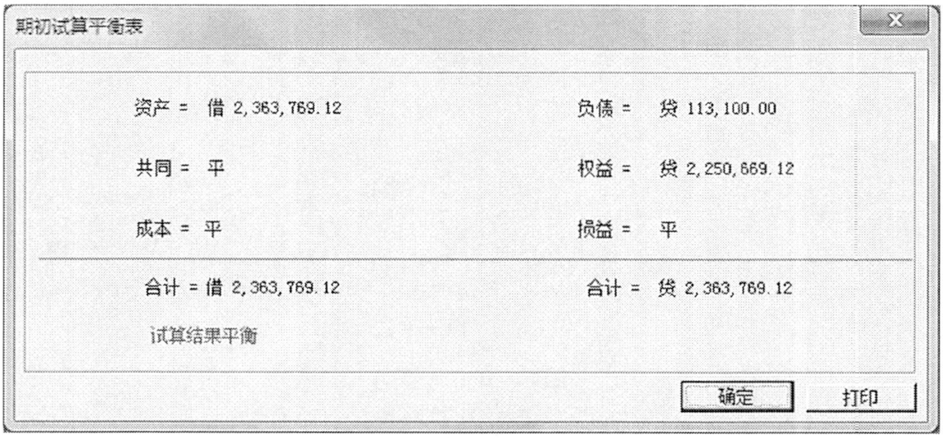

图 6-46 期初试算平衡表

记账完毕显示记账报告（如图 6-47 所示）。

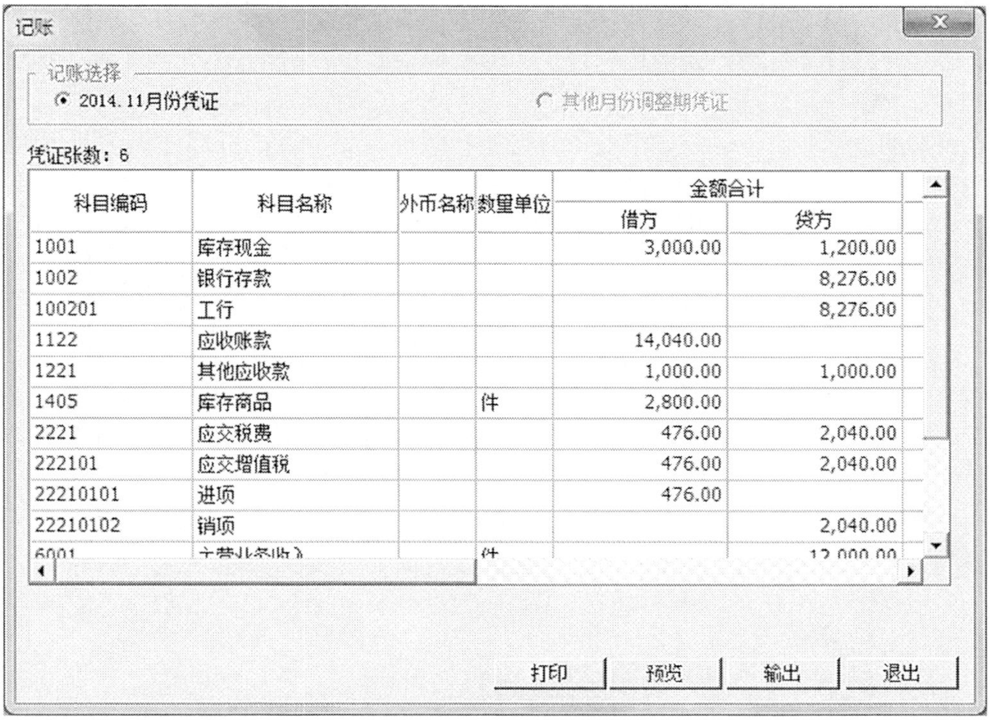

科目编码	科目名称	外币名称	数量单位	金额合计 借方	金额合计 贷方
1001	库存现金			3,000.00	1,200.00
1002	银行存款				8,276.00
100201	工行				8,276.00
1122	应收账款			14,040.00	
1221	其他应收款			1,000.00	1,000.00
1405	库存商品		件	2,800.00	
2221	应交税费			476.00	2,040.00
222101	应交增值税			476.00	2,040.00
22210101	进项			476.00	
22210102	销项				2,040.00

图 6–47 记账报告

第二节 总账期末处理

一、自动转账操作

在手工会计核算方式下，由于处理手段落后，可以说会计循环的每一个环节都是会计信息系统的瓶颈。随着越来越多的组织实现会计核算的信息化，相比以前的手工会计核算方式，很多环节都可以交给计算机来完成，如记账、编制会计报表等，从而大大提高了会计核算的工作效率。这时，从会计循环的全过程来看，记账凭证的输入环节很明显成为整个系统的瓶颈。因为在这个环节，我们一方面要保证输入会计数据的正确性；另一方面，凭证的输入速度由手工输入速度来决定。实际上，在设计软件时，开发人员已经在一些方面考虑到了这些需要解决的问题。例如，在保证凭证内容正确性方面，系统采取凭证存盘之前强制验证借贷方余额合计数平衡、凭证类别与凭证内容设定限制类型等措施；在提高输入速度方面，有凭证摘要库的建立、凭证号的自动填写、凭证日期的自动填写、事先设置凭证模板等措施。如果能够熟练使用财务软件中的自动转账功能，那将使凭证输入的正确性和输入速度有更好的保障。

会计信息化中凭证输入的形式一般有两种：一是通过键盘以前台（直接根据原始凭证填制）或后台（先填好纸质凭证，然后将凭证内容输入计算机）方式进行，这是最常见的形式，大部分凭证是通过这种方式输入数据库的；二是由用户事先进行凭证定义，然后由计算机自动填制（这类凭证称为机制凭证）。实际操作中，我们不能将所有的凭证填制工作都交由计算机完成，因为交给计算机自动生成的凭证必须符合一些条件：一是该类凭证每个会计期间都要做；二是科目的对应关系可以事先确定，金额的计算是有规律可遵循的。否则交给计算机做要么意义不大，要么做不出来。如果能够尽可能多地将满足上述条件的凭证交给计算机自动来完成，凭证输入内容的正确性和输入速度将提高很多。

在所有的会计业务中，有如下业务具备上述条件：固定资产折旧计提、无形资产摊销、销售成本结转、汇兑损益结转、期间损益结转等。特别是后面三种，在手工会计中编制费时费力，且容易出错，在电算化会计中从键盘输入也要先通过手工方式计算出金额，不比手工方式效率高。如果能够将这三种凭证交给计算机自动填制，将节时省力，不易出错。很多财务软件具备这项功能。

1. 销售成本结转定义和生成（2014 年 11 月份第 7 笔业务）。

在实现产品销售收入以后，通常要做两笔分录：一是收入的确认；二是销售成本的结转。因为销售数量事先是未知的，所以收入的确认必须通过键盘方式输入或者通过销售管理模块转入，而销售成本的结转是可以由计算机自动填制的，因为结转的数量在收入确认凭证中已经输入，单位成本在期初余额输入和产品入库凭证中可以找到并计算出来，凭证中科目的对应关系又是固定的，借记“主营业务成本”，贷记“库存商品”。

选择“业务工作”—“财务会计”—“总账”—“期末”—“转账定义”—“销售成本结转”（如图 6-48 所示）。

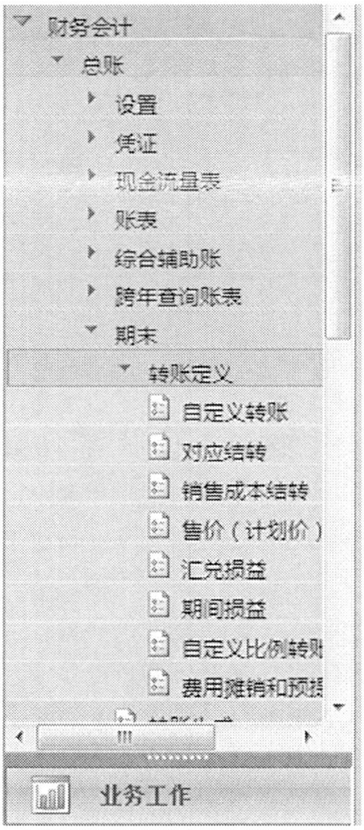

图 6-48　转账定义

（1）转账定义时选择凭证类别为“转账凭证”，输入“库存商品”、“主营业务收入”、“主营业务成本”三个科目的编码（如图 6-49 所示）。

（2）选择结转月份，可以是 1 个月，也可以是多个月合并结转（如图 6-50 所示）。

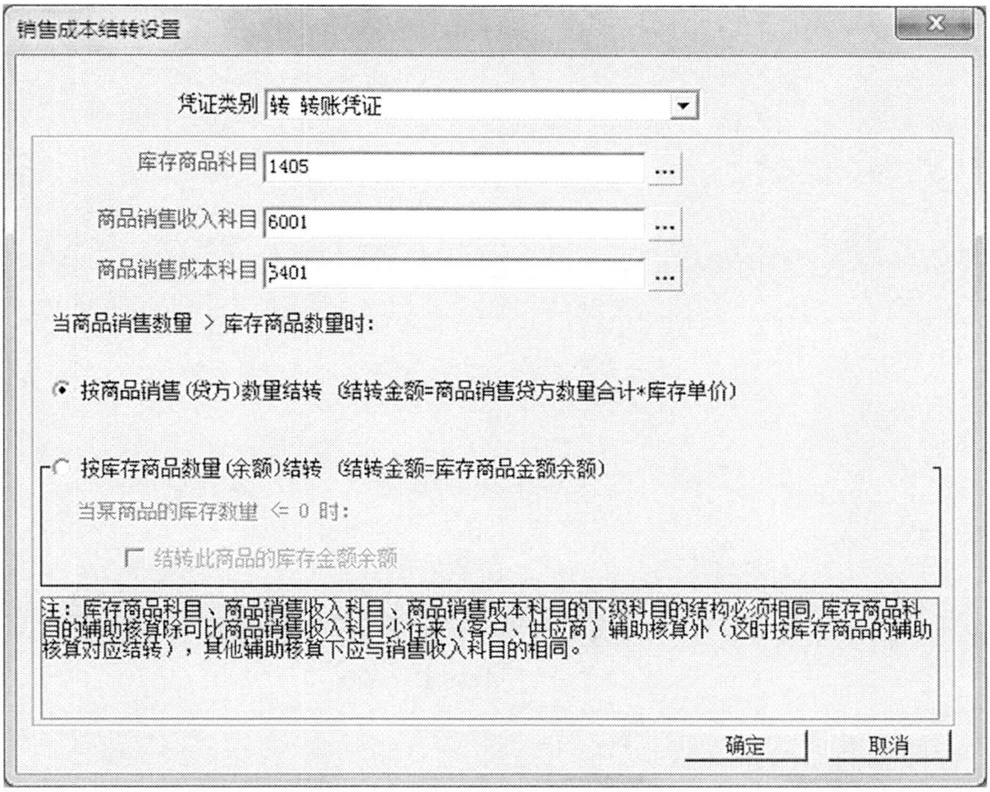

图 6-49 进行销售成本结转设置

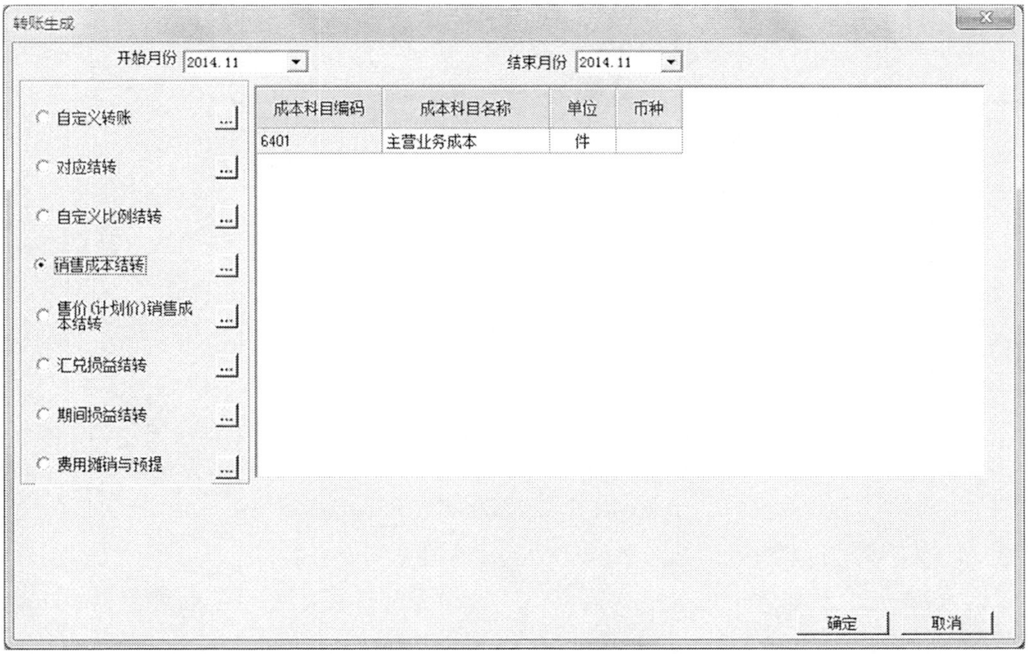

图 6-50 选择结转月份

（3）系统自动生成销售成本结转一览表（如图 6-51 所示）。

（4）系统自动生成销售成本结转凭证（如图 6-52 所示）。

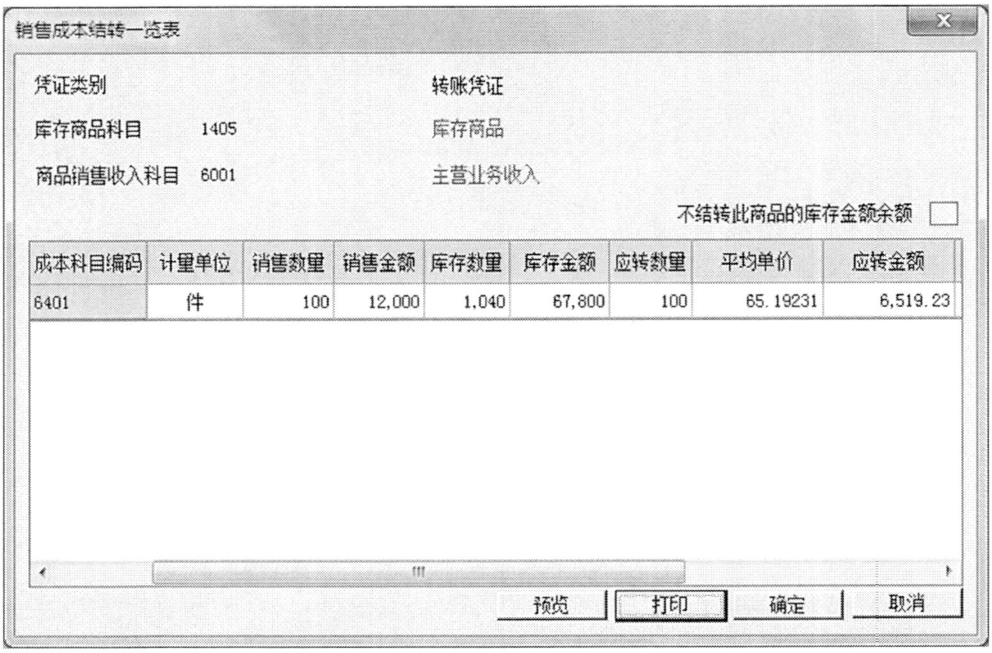

图 6–51 销售成本结转一览表

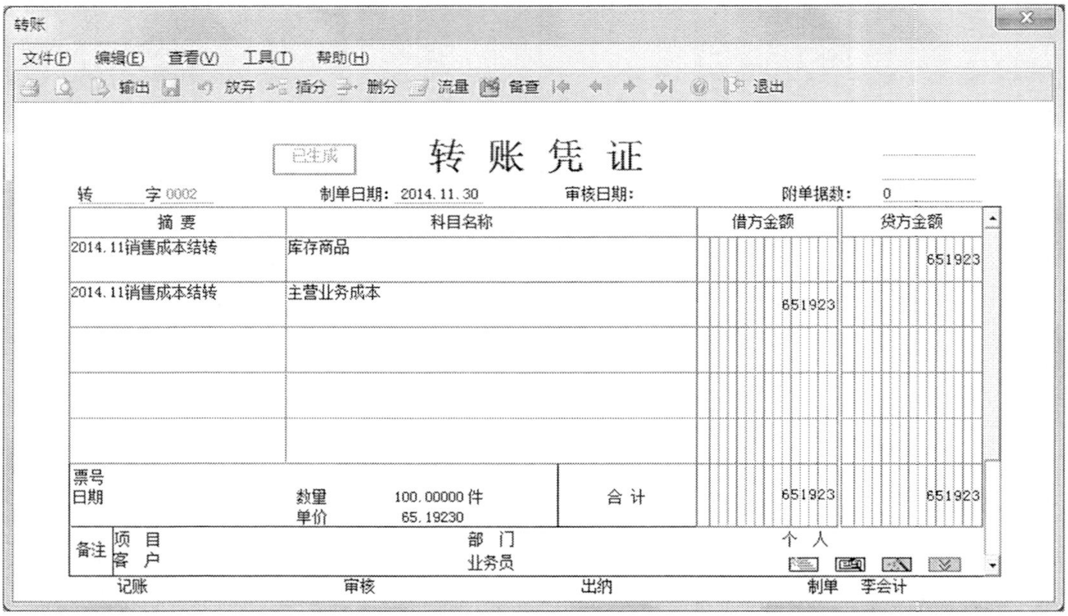

图 6–52 生成销售成本结转凭证

2. 汇兑损益结转定义和生成（2014 年 11 月份第 8 笔业务）。

（1）转账定义时输入汇兑损益入账科目，选中需要计算汇兑损益的外币科目（如图 6–53所示）。

（2）选择结转月份与外币币种（如图 6–54 所示）。

由于自动转账凭证的生成与其他凭证有密切联系，所以在自动生成转账凭证之前，系统都会自动检查是否还有未记账凭证，如果存在，则给出提示信息。如果确认未记账的凭

图 6-53 汇兑损益结转设置

图 6-54 结转月份和币种选择

证对即将转账生成的凭证没有影响，可以选择继续结转，否则需要检查是什么凭证未记账，对自动转账凭证是否有影响，再进行后续处理。提示信息如图 6-55 所示。

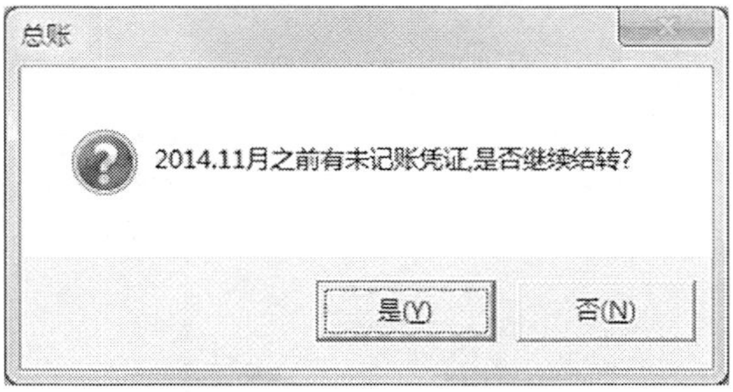

图 6-55 提示信息

（3）系统自动生成汇兑损益试算表（如图 6-56 所示）。

图 6-56 汇兑损益试算表

（4）系统自动生成汇兑损益结转凭证（如图 6-57 所示）。

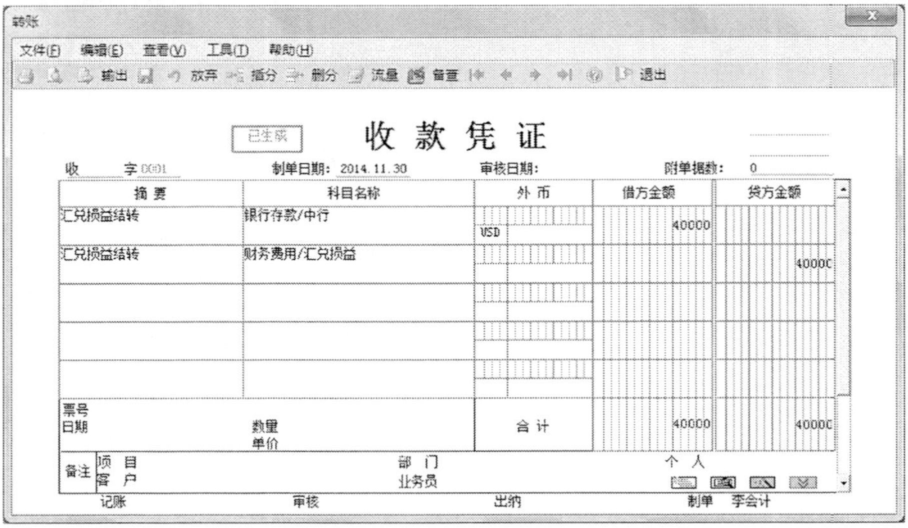

图 6-57 生成汇兑损益结转凭证

3. 期间损益结转定义和生成（2014 年 11 月份第 9 笔业务）

每个会计期间都需要计算损益，实务上是期末时将损益类账户的余额结转到本年利润账户，一般要做两张凭证：一张是收入类科目结转至本年利润贷方，另外一张是支出类科目结转至本年利润借方。基本操作步骤是：首先检查涉及损益类的凭证是否已经全部记账，若没有全部记账则需要对它们进行记账。接下来对需要填制的期间损益凭证进行定义，然后由计算机自动生成凭证。凭证生成以后与通过“填制凭证”功能做好的凭证一样，必须进行审核、记账等后续工作才能处理完成。

（1）在转账设置中输入本年利润对应的科目编码（如图 6-58 所示）。

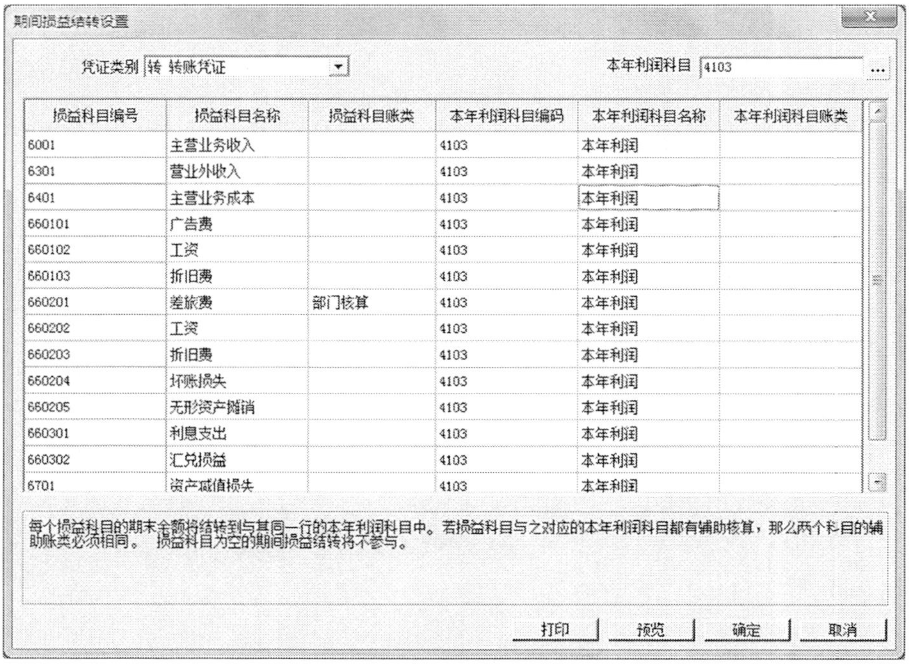

图 6-58 期间损益结转设置

（2）选择结转月份以及收入类型（如图 6–59 所示）。

图 6–59　选择结转月份和收入类型

（3）选择结转月份以及支出类型（如图 6–60 所示）。

图 6–60　选择结转月份和支出类型

（4）系统自动生成收入结转凭证（如图 6–61 所示）。

（5）系统自动生成成本费用结转凭证（如图 6–62 所示）。

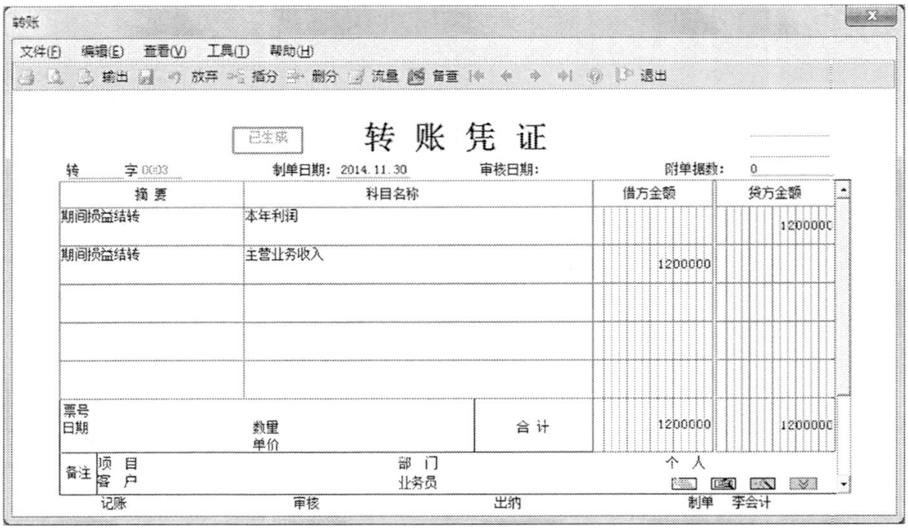

图 6–61 生成收入结转凭证

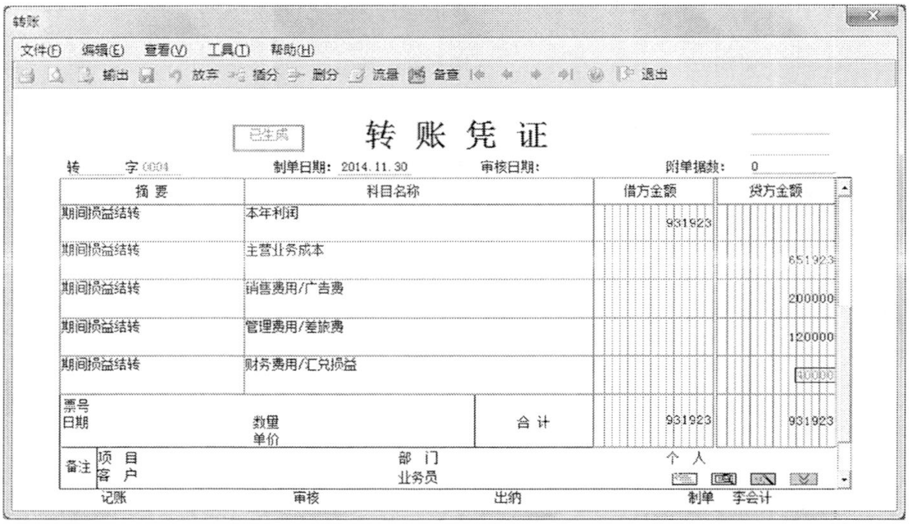

图 6–62 生成成本费用结转凭证

二、对账和结账

对账是对账簿数据进行核对，以检查记账是否正确、账簿是否平衡。主要核对总账与明细账、总账与辅助账数据来完成账账核对。

实行计算机记账后，只要记账凭证输入正确，记账以后各账簿都应该是正确和平衡的，但由于非法操作、计算机病毒或其他原因，有时可能会造成数据库中某些数据被破坏，因而引起账账不符。为确保相关数据相符，可使用对账功能进行检查，并且计算机对账速度很快，对一次账不会对系统效率造成很大影响，因此在大部分软件中还保留了这项功能。

1. 对账之前选择核对内容，选择需要核对的会计月份，执行对账操作，系统显示对账结果（如图 6–63 所示）。

2. 采用结账向导完成结账各步骤工作。

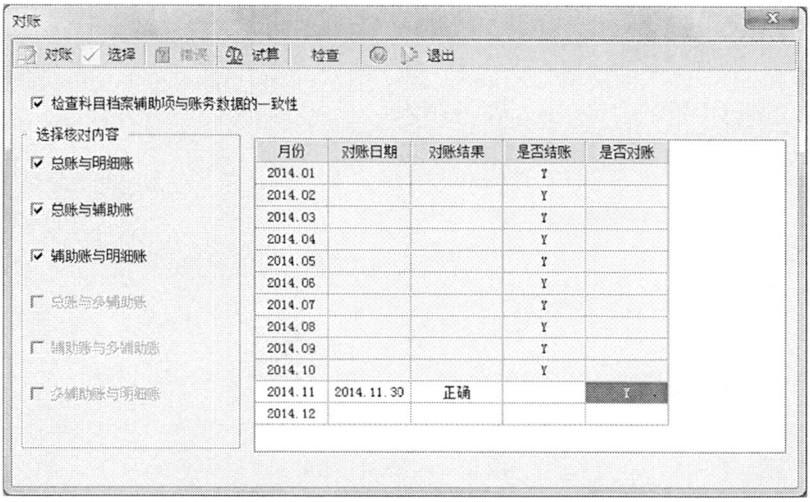

图 6-63　**选择核对内容及会计月份**

结账是总账处理的最后一步，这步工作的开始也就意味着一个会计期间即将结束。由于结账只是在核算期间上的一个人为划分，并没有其他很强的技术要求，因此，这步工作通常都是采用向导方式进行的。必须注意的是，如果上月未结账，那本月不能记账，也不能结账，但可以填写、审核新的凭证；本月还有未记账凭证时，不能进行结账；已经结账的月份不能再填制记账凭证。

由于很多业务系统需要向总账系统传递数据（主要以记账凭证形式），所以为了防止数据传递错误，在总账结账之前，系统会检查相关子系统是否结账，具体包括：应付、应收、成本管理、固定资产、项目成本、存货核算、薪资管理。如果这些子系统已经在总账结账的当月启用但是未结账，则总账不能结账，需要将这些子系统结账或者取消启用才可以进行总账结账。

（1）启动结账向导（如图 6-64 所示）。

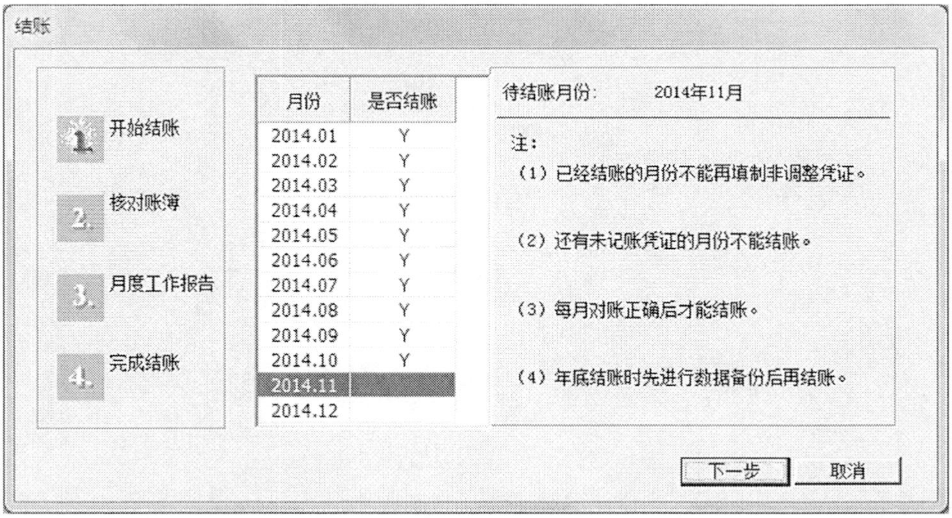

图 6-64　**结账向导**

（2）核对账簿（如图 6-65 所示）。

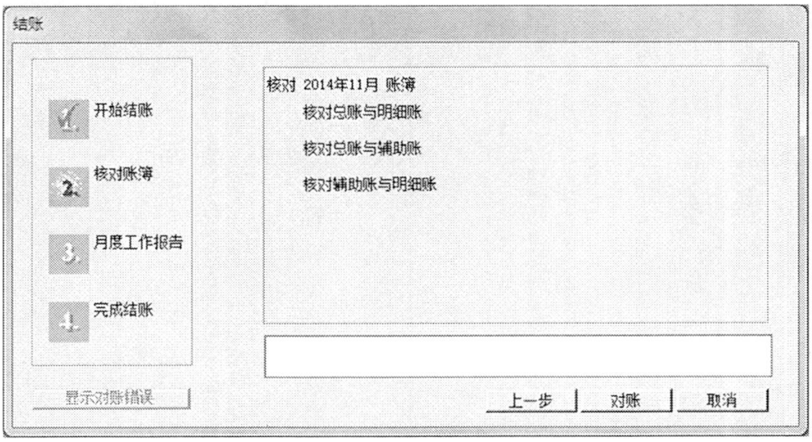

图 6-65　核对账簿

（3）系统生成月度工作报告（如图 6-66、图 6-67 所示）。

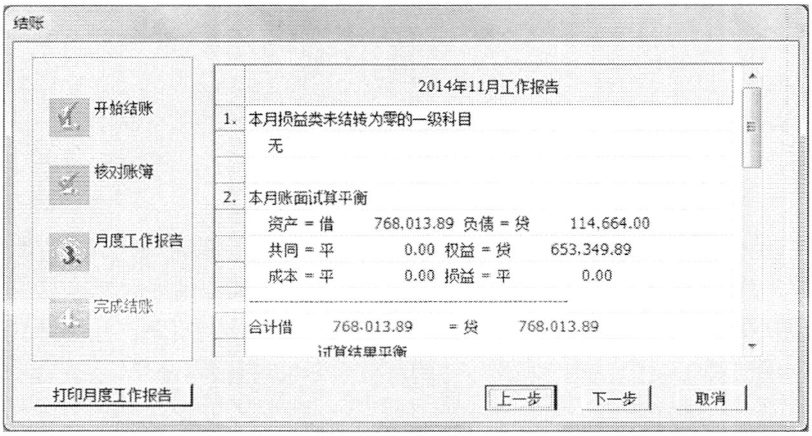

图 6-66　月度工作报告（1）

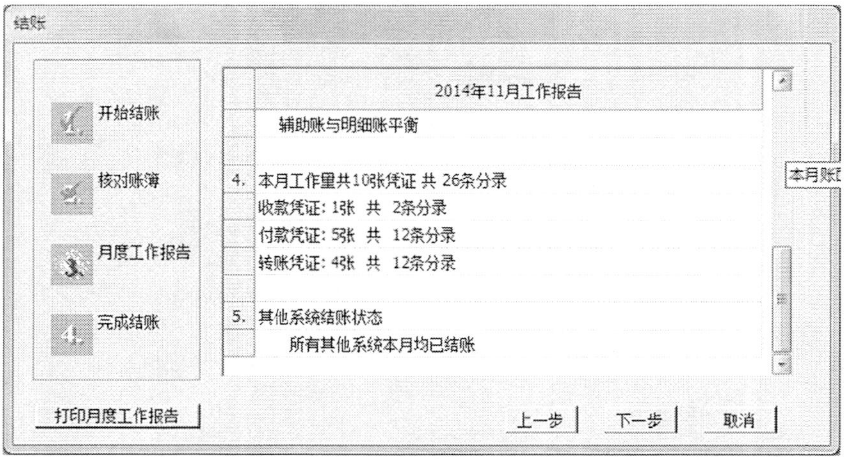

图 6-67　月度工作报告（2）

（4）完成结账。如果各项条件满足，系统可以正常结账，如果不能结账，需要仔细查看月度工作报告，特别是第一部分和最后一部分的提示信息，解决存在的问题以后再次启动结账。

第三节 12 月份总账业务处理

上月总账结账以后就可以开始下月的总账处理了，通常是从填制凭证开始，经过审核、记账、自动转账、对账、结账等环节以后完成总账循环。

业务 1：3 日销售给南昌百货商品 50 件，每件售价 150 元，价款 7 500 元及增值税 1 275元共计 8 775 元尚未收到。填制的记账凭证如图 6-68 所示。

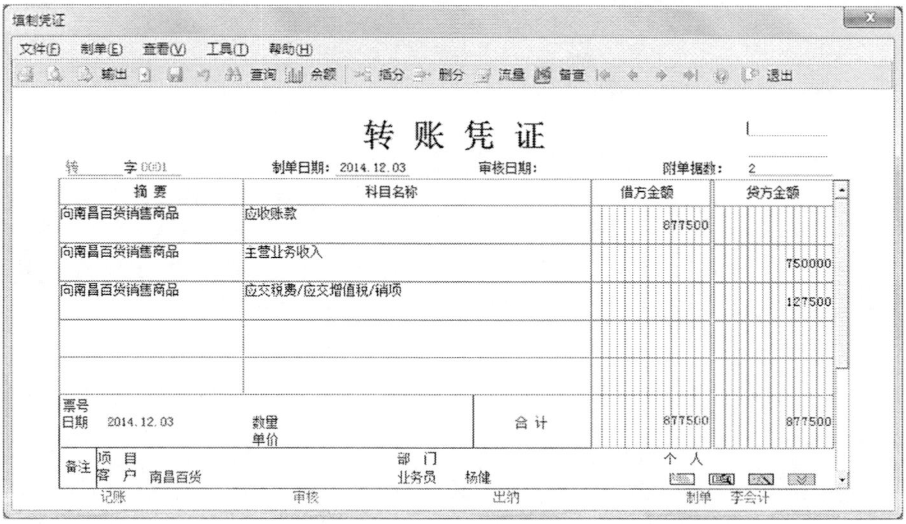

图 6-68 业务 1

业务 2：5 日接受华人公司以商标权向公司投资，评估价 100 000 元，其中 80 000 元作为注册资本。填制的记账凭证如图 6-69 所示。

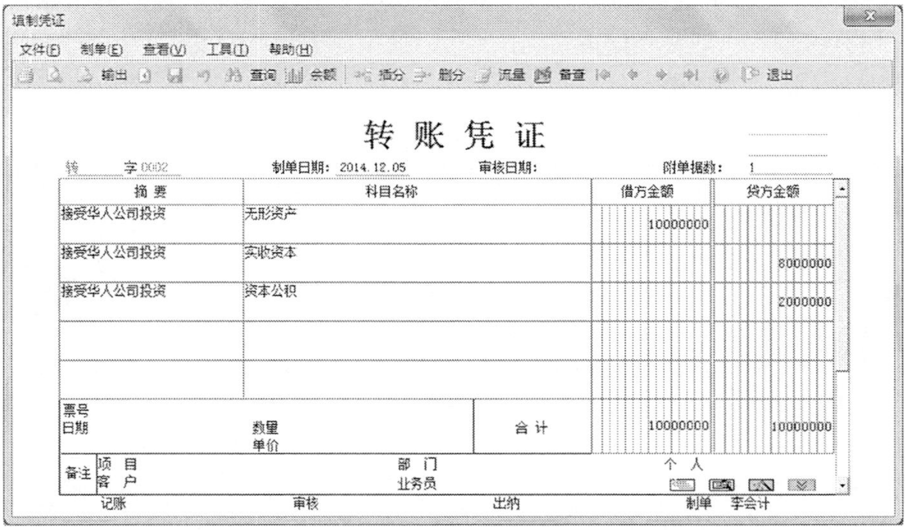

图 6-69 业务 2

业务 3：6 日委托工行汇款 30 000 元给外地银行开立采购专户，票据号 zz03。填制的记账凭证如图 6-70 所示。

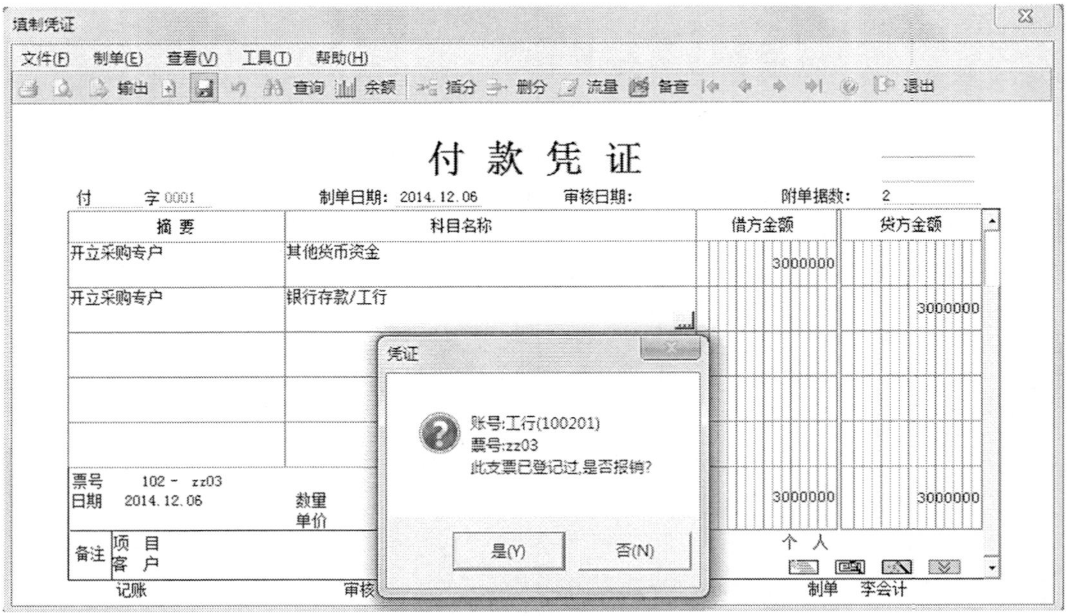

图 6-70 业务 3

业务 4：9 日现金支付车间管理人员差旅费 1 500 元。填制的记账凭证如图 6-71 所示。

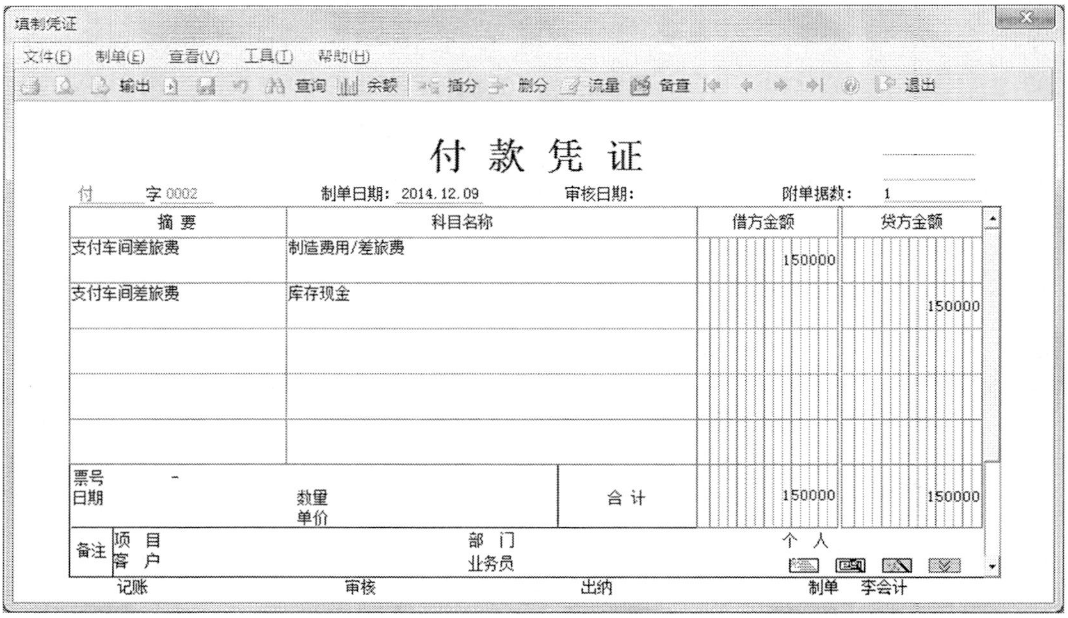

图 6-71 业务 4

然后将这 4 张凭证进行出纳签字、审核、记账等环节处理，接下来就可以进行月末的自动转账操作。12 月份的自动转账具体如下：

1. 自定义转账和生成。

对于一些每个会计期间都会发生的业务，如果这些业务的科目对应关系明确，业务发生金额有规律，可以使用自定义转账功能来完成这些凭证，提高这些凭证输入的效率。

（1）自定义无形资产摊销凭证，输入转账序号 1，转账说明“无形资产摊销”，凭证类别“转账凭证”（如图 6-72 所示）。

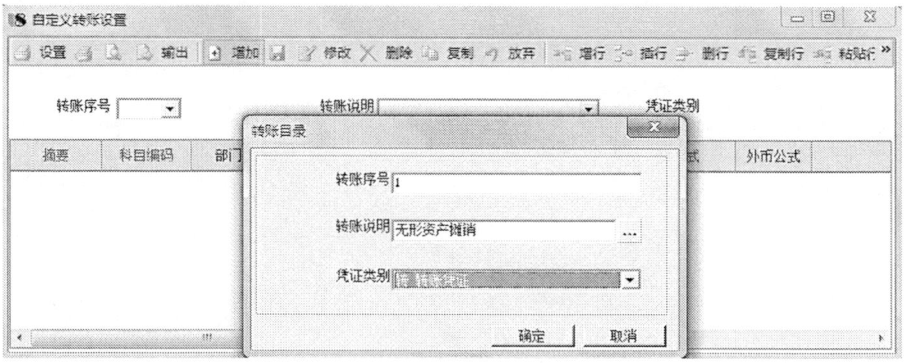

图 6-72　自定义无形资产摊销凭证

（2）定义凭证摘要、科目编码、金额公式（如图 6-73 所示）。

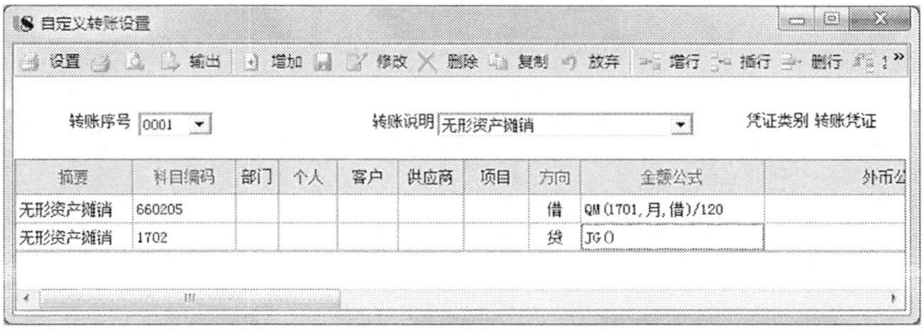

图 6-73　定义无形资产摊销凭证相关信息

（3）选择结转月份（如图 6-74 所示）。

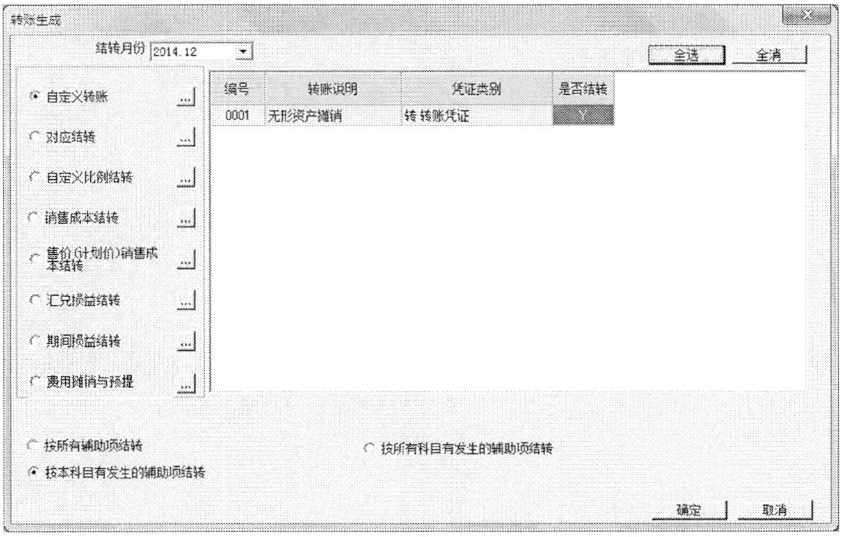

图 6-74　选择结转月份

（4）系统自动生成无形资产摊销凭证（如图 6-75 所示）。

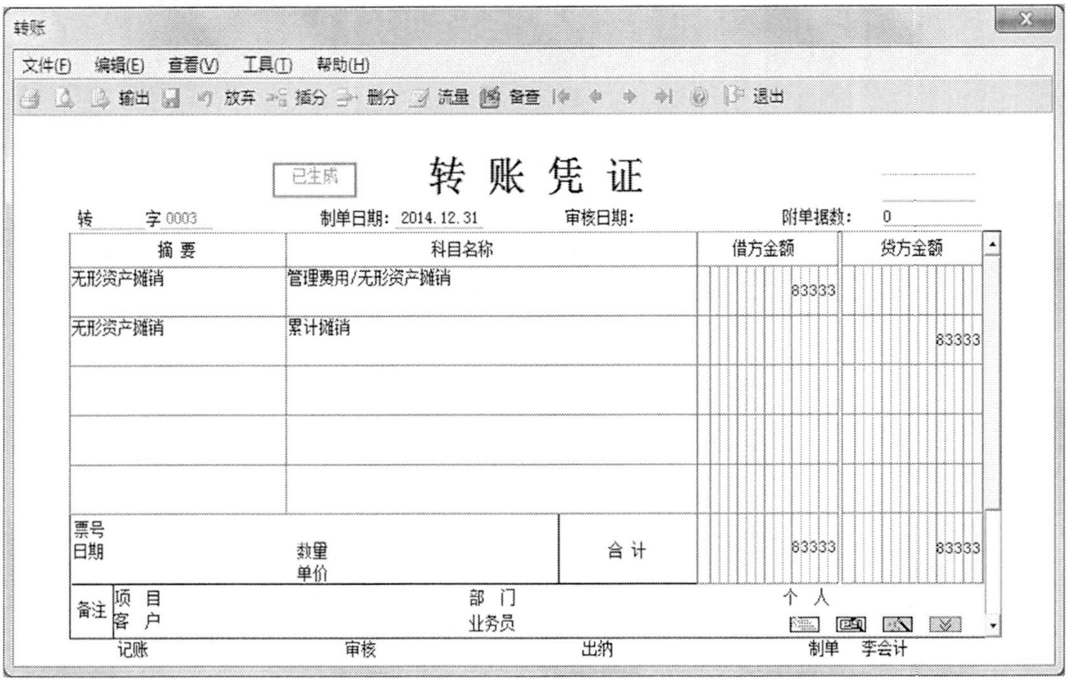

图 6-75　生成无形资产摊销凭证

2. 对应结转和生成。

如果经常要将某些会计科目的期末余额全部结转到另外一些科目，可以使用对应结转功能，提高处理效率。

（1）定义制造费用结转业务编号、凭证类别、摘要、转出科目、转入科目以及结转系数（如图 6-76 所示）。

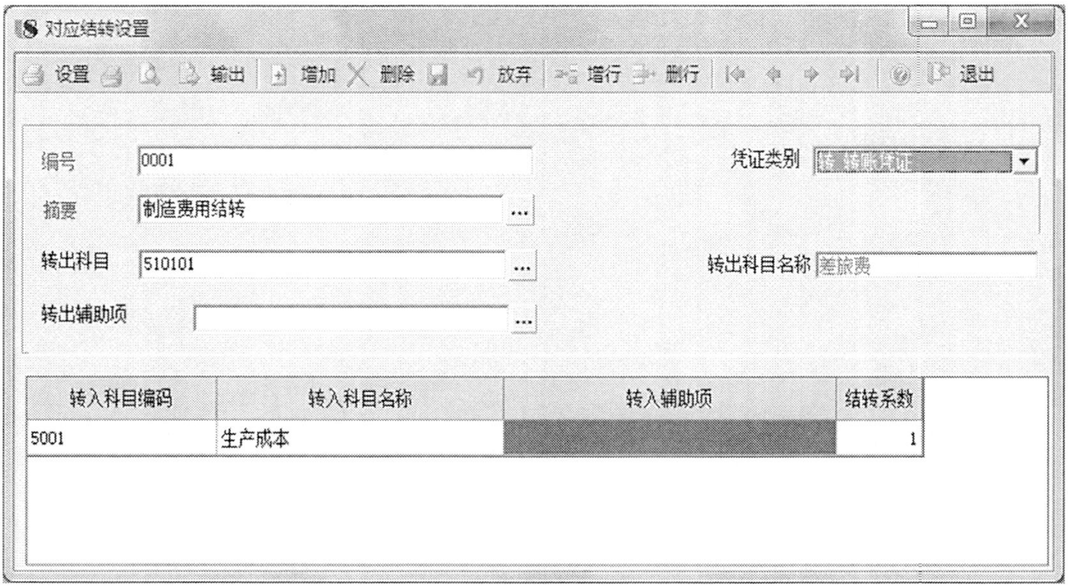

图 6-76　定义制造费用结转

（2）选择结转月份，结转分配制造费用（如图 6-77 所示）。

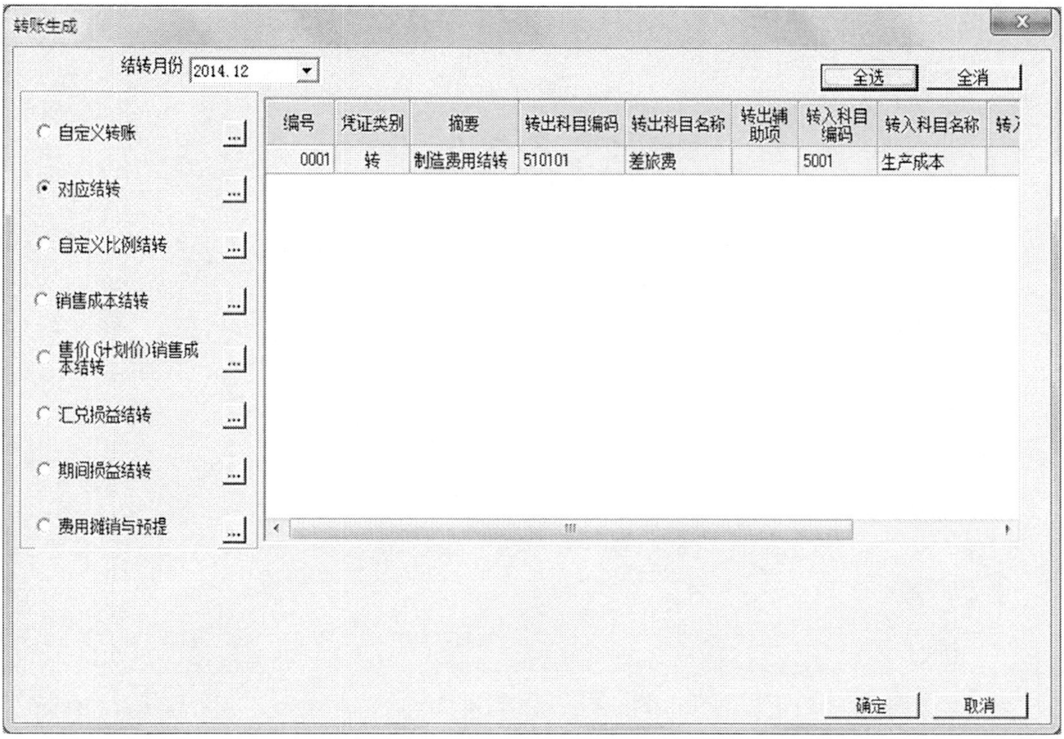

图 6-77 选择结转月份

（3）生成制造费用结转凭证（如图 6-78 所示）。

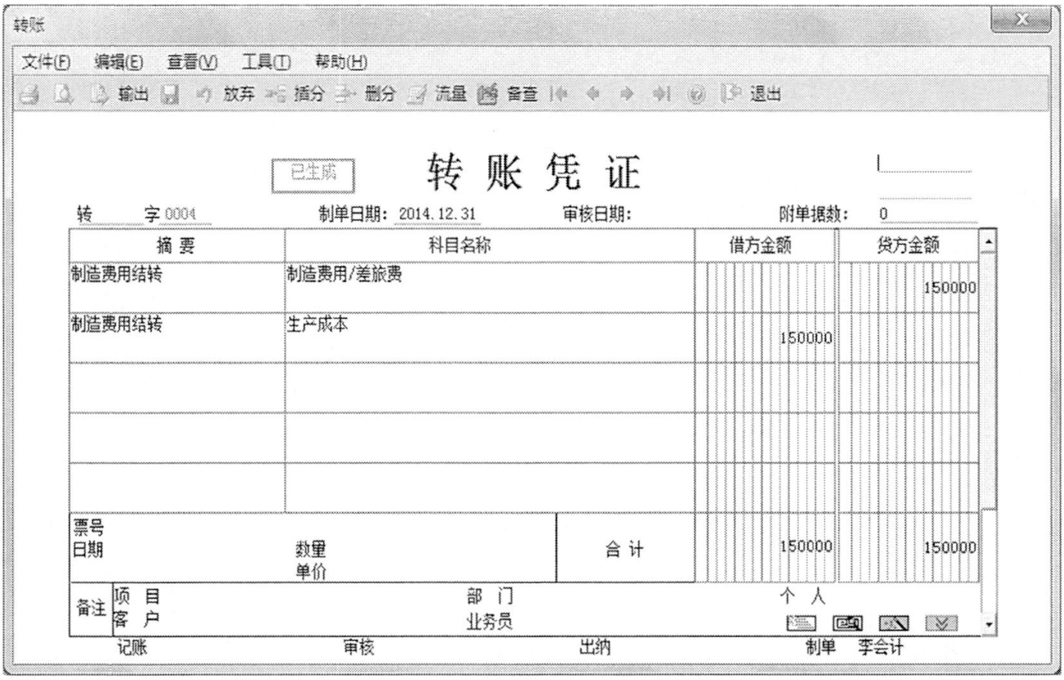

图 6-78 生成制造费用结转凭证

3. 销售成本结转（如图 6-79 所示）。

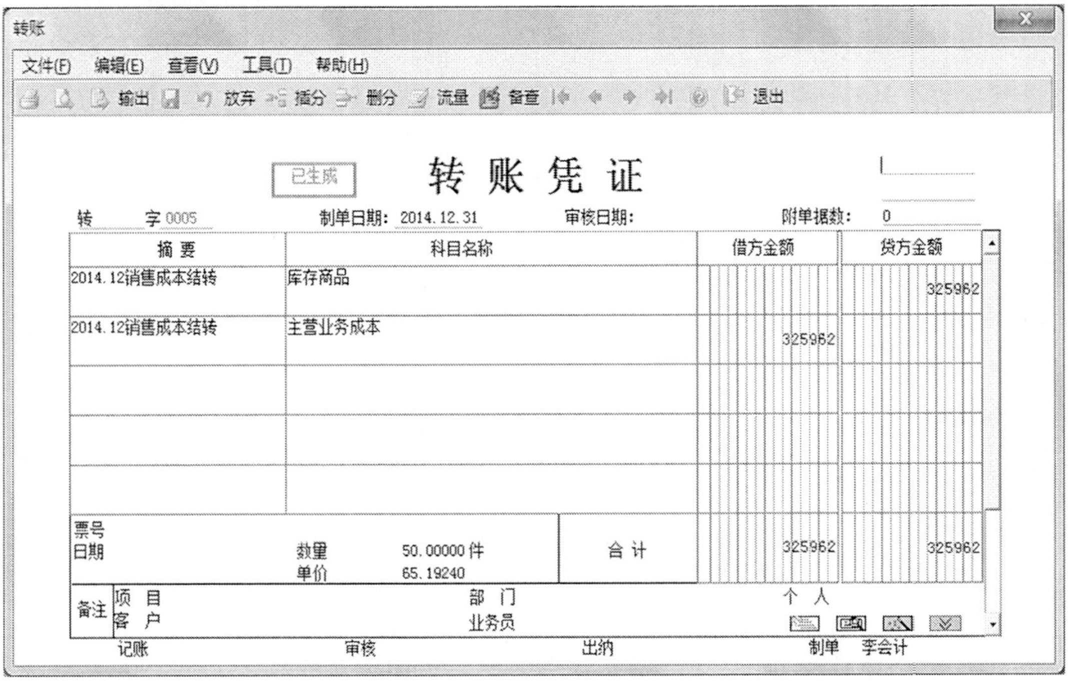

图 6-79 销售成本结转

4. 汇兑损益结转（如图 6-80 所示）。

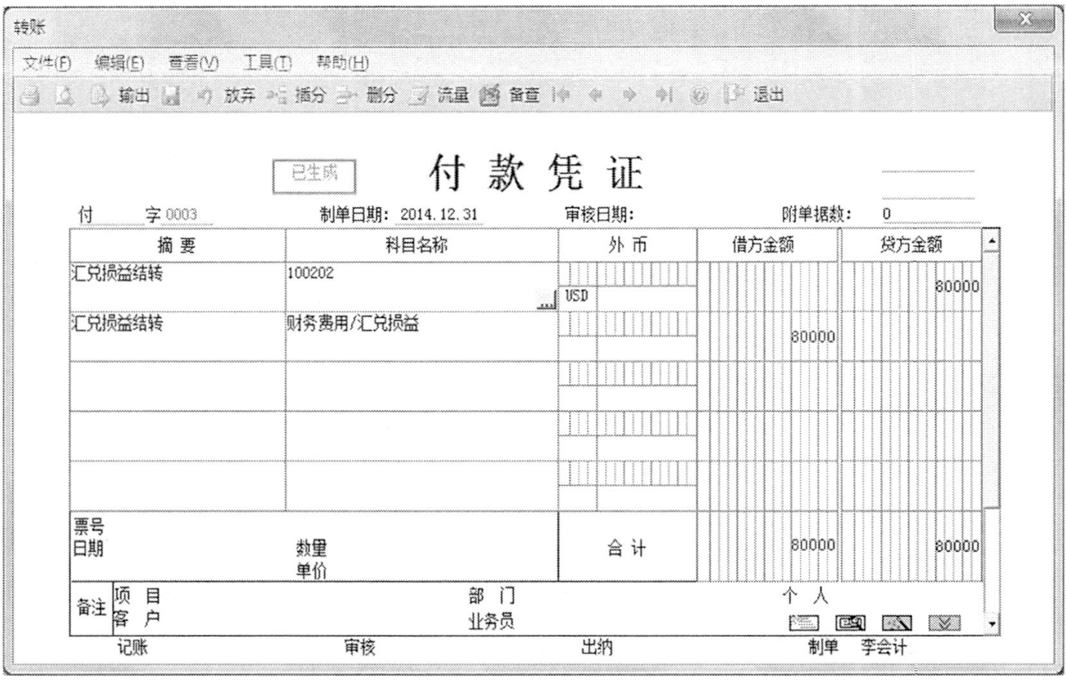

图 6-80 汇兑损益结转

5. 期间损益结转（如图 6-81、图 6-82 所示）。

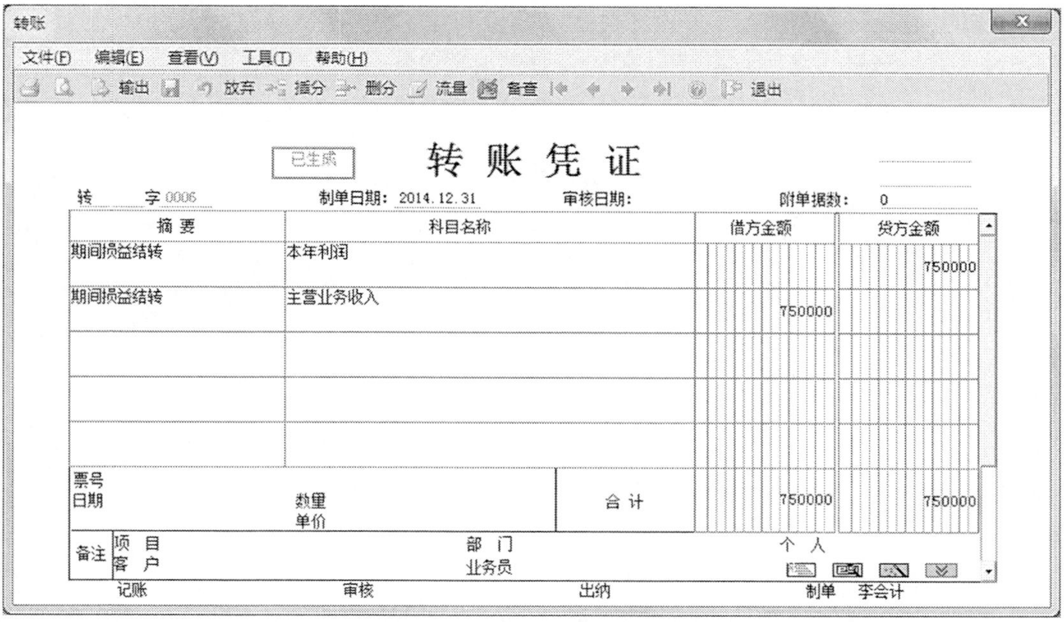

图 6-81 收入期间损益结转

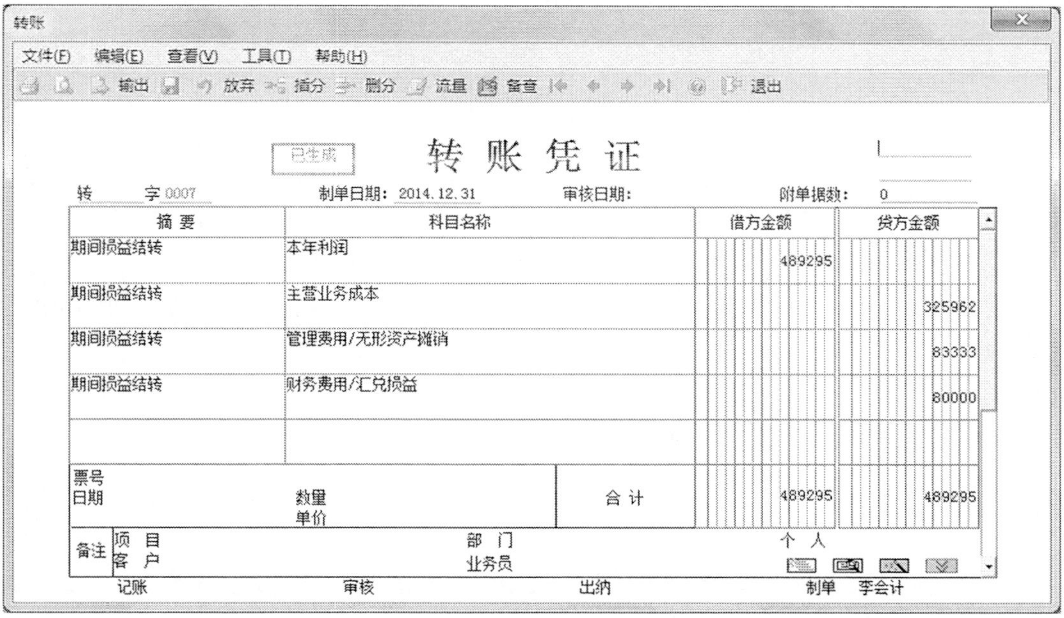

图 6-82 费用期间损益结转

第四节 账簿查询

凭证处理工作完成以后，就可以对账簿进行查询利用，总账系统提供了丰富的账簿查询功能，可以满足各类账簿的查询输出。

一、总账查询

可以查询各总账科目的期初余额、各月发生额合计和月末余额，而且还可以查询所有二至六级明细科目的期初余额、各月发生额合计和月末余额。查询总账时，标题显示为“所查科目的一级科目名称+总账”。例如，库存现金总账如图6-83所示。

总账 ×

金额式

库存现金总账

科目 1001 库存现金

2014年		凭证号数	摘要	借方	贷方	方向	余额
月	日						
			期初余额			借	3,000.00
11			本月合计	3,000.00	1,200.00	借	4,800.00
11			累　计	3,000.00	1,200.00		
12			当前合计		1,500.00	借	3,300.00
12			当前累计	3,000.00	2,700.00		
			结转下年			借	3,300.00

图6-83　库存现金总账

二、余额表查询

余额表用于查询统计各级科目的本期发生额、累计发生额和余额等。传统的总账是以总账科目分页设账，而余额表则可输出某月或某几个月的所有总账科目或明细科目的期初余额、本期发生额、累计发生额、期末余额（如图6-84所示）。

金额式

发生额及余额表

月份：2014.11-2014.12

科目编码	科目名称	期初余额		本期发生		期末余额	
		借方	贷方	借方	贷方	借方	贷方
1001	库存现金	3,000.00		3,000.00	2,700.00	3,300.00	
1002	银行存款	311,700.00		400.00	39,076.00	273,024.00	
1012	其他货币资金			30,000.00		30,000.00	
1122	应收账款	106,600.00		22,815.00		129,415.00	
1221	其他应收款	2,000.00		1,000.00	1,000.00	2,000.00	
1231	坏账准备		1,000.00				1,000.00
1321	代理业务资产	41,500.00				41,500.00	
1405	库存商品	65,000.00		2,800.00	9,776.85	58,021.15	
1406	发出商品	22,340.00				22,340.00	
1407	商品经销差价	260.00				260.00	
1601	固定资产	260,860.00				260,860.00	
1602	累计折旧		48,490.88				48,490.88
1701	无形资产			100,000.00		100,000.00	
1702	累计摊销				833.33		833.33
资产小计		813,260.00	49,490.88	160,015.00	53,388.18	920,720.15	50,324.21
2202	应付账款		10,000.00				10,000.00
2221	应交税费		61,600.00	476.00	3,315.00		64,439.00
2314	代理业务负债		41,500.00				41,500.00
负债小计			113,100.00	476.00	3,315.00		115,939.00
4001	实收资本		490,000.00		80,000.00		570,000.00
4002	资本公积		50,669.12		20,000.00		70,669.12
4103	本年利润			14,212.18	19,500.00		5,287.82
4104	利润分配		110,000.00				110,000.00

图6-84　发生额及余额表

三、明细账查询

明细账用于平时查询各账户的明细发生情况，及按任意条件组合查询明细账。在查询过程中可以包含未记账凭证。本功能提供了三种明细账的查询格式：普通明细账、按科目排序明细账、月份综合明细账。普通明细账是按科目查询，按发生日期排序的明细账；按科目排序明细账是按非末级科目查询、按其发生的末级科目排序的明细账；月份综合明细账是按非末级科目查询，包含非末级科目总账数据及末级科目明细数据的综合明细账，对各级科目的数据关系一目了然。例如，库存商品明细账如图 6-85 所示。

明细账 ×

数量金额式

库存商品明细账

数量单位：件

科目 1405 库存商品

月份：2014.11-2014.12

2014年		凭证号数	摘要	单价	借方		贷方		方向	余额		
月	日				数量	金额	数量	金额		数量	单价	金额
			期初余额						借	1000.00000	65.00000	65,000.00
11	05	付-0003	采购商品_董亮_2014.09.05	70.00000	40.00000	2,800.00			借	1040.00000		67,800.00
11	30	转-0002	2014.11销售成本结转_..	65.19230			100.00000	6,519.23	借	940.00000		61,280.77
11			本月合计		40.00000	2,800.00	100.00000	6,519.23	借	940.00000	65.19231	61,280.77
11			累 计		40.00000	2,800.00	100.00000	6,519.23	借	940.00000	65.19231	61,280.77
12	31	转-0005	2014.12销售成本结转_..	65.19240			50.00000	3,259.62	借	890.00000		58,021.15
12			当前合计				50.00000	3,259.62	借	890.00000	65.19230	58,021.15
12			当前累计		40.00000	2,800.00	150.00000	9,778.85	借	890.00000	65.19230	58,021.15
			结转下年		40.00000		150.00000		借	890.00000	65.19230	58,021.15

图 6-85 库存商品明细账

四、序时账查询

序时账用于按时间顺序排列每笔业务的明细数据（如图 6-86 所示）。

序时账 ×

序 时 账

日期：2014.11.01-2014.12.31

日期	凭证号数	科目编码	科目名称	摘要	方向	数量	外币	金额
2014.11.10	付-0004	1001	库存现金	王一报销差旅费	贷			200.00
2014.11.13	付-0005	660101	广告费	支付广告费	借			2,000.00
2014.11.13	付-0005	100201	工行	支付广告费_102_zz02_2014.11.13	贷			2,000.00
2014.11.30	收-0001	100202	中行	汇兑损益结转	借			400.00
2014.11.30	收-0001	660302	汇兑损益	汇兑损益结转	贷			400.00
2014.11.30	转-0002	1405	库存商品	2014.11销售成本结转_-	贷	100.00000		6,519.23
2014.11.30	转-0002	6401	主营业务成本	2014.11销售成本结转	借	100.00000		6,519.23
2014.11.30	转-0003	4103	本年利润	期间损益结转	贷			12,000.00
2014.11.30	转-0003	6001	主营业务收入	期间损益结转	借	100.00000		12,000.00
2014.11.30	转-0004	4103	本年利润	期间损益结转	借			9,319.23
2014.11.30	转-0004	6401	主营业务成本	期间损益结转	贷	100.00000		6,519.23
2014.11.30	转-0004	660101	广告费	期间损益结转	贷			2,000.00
2014.11.30	转-0004	660201	差旅费	期间损益结转_采购部	贷			1,200.00
2014.11.30	转-0004	660302	汇兑损益	期间损益结转	贷			-400.00
2014.12.03	转-0001	1122	应收账款	向南昌百货销售商品_南昌百货_2014.12.03_	借			8,775.00
2014.12.03	转-0001	6001	主营业务收入	向南昌百货销售商品	贷	50.00000		7,500.00
2014.12.03	转-0001	22210102	销项	向南昌百货销售商品	贷			1,275.00
2014.12.05	转-0002	1701	无形资产	接受华人公司投资	借			100,000.00

图 6-86 序时账

五、多栏账查询

可以使用本功能设计企业需要的多栏明细账，按明细科目保存为不同的多栏账名称，在以后的查询中只需要选择多栏明细账直接查询即可。可按明细科目自由设置不同样式的多栏账（如图 6-87、图 6-88 所示）。

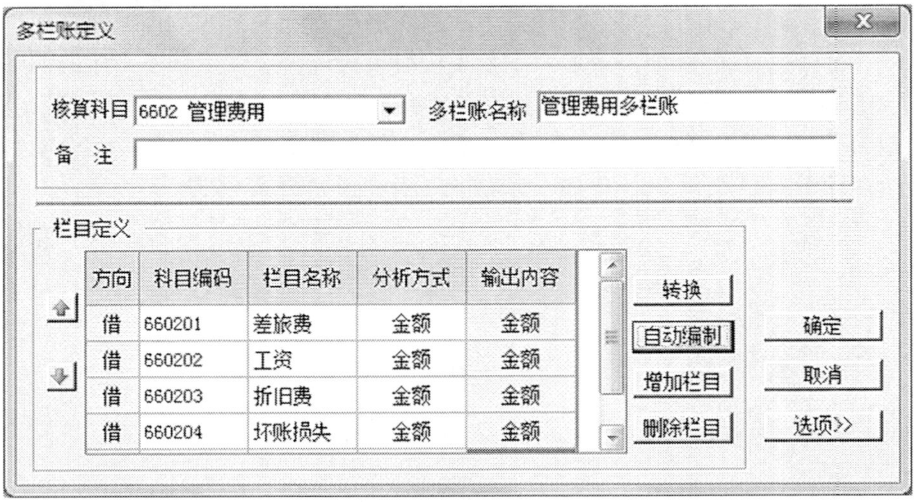

图 6-87　定义多栏账

多栏账查询

多栏账

多栏 管理费用多栏账　　月份：2014.11-2014.12

2014年		凭证号数	摘要	借方	贷方	方向	余额	借方				
月	日							差旅费	工资	折旧费	坏账损失	无形资产摊销
11	10	付-0004	王一报销差旅费	1,200.00		借	1,200.00	1,200.00				
11	30	转-0004	期间损益结转		1,200.00	平						
11			本月合计	1,200.00	1,200.00	平		1,200.00				
11			累　计	1,200.00	1,200.00	平		1,200.00				
12	31	转-0003	无形资产摊销	833.33		借	833.33					833.33
12	31	转-0007	期间损益结转		833.33	平						
12			当前合计	833.33	833.33	平						833.33
12			当前累计	2,033.33	2,033.33	平		1,200.00				833.33

图 6-88　查询多栏账

六、综合多栏账查询

综合多栏账是在多栏账的基础上新增的一个账簿查询方式，它既可以以科目为分析栏目查询明细账，也可以以辅助项及自定义项为分析栏目查询明细账，还可以完成多组借贷栏目在同一账表中的查询。其目的主要是为了完成商品销售、库存、成本明细账的横向联合查询，并提供简单的计算功能，以方便用户对商品进销存状况的即时了解。

七、日报表查询

日报表用于查询输出某日所有科目（不包括库存现金、银行存款科目）的发生额及余额情况，如图 6-89 所示。

八、日记账查询

日记账主要用于查询除库存现金日记账、银行存款日记账以外的其他日记账（如图 6-90所示）。先要在会计科目中将要查询日记账的科目设置为“日记账”。库存现金日记账、银行存款日记账在出纳管理中查询。如果某日的凭证已填制完毕但未登记入账，可以通过选择“包含未记账凭证”进行查询。

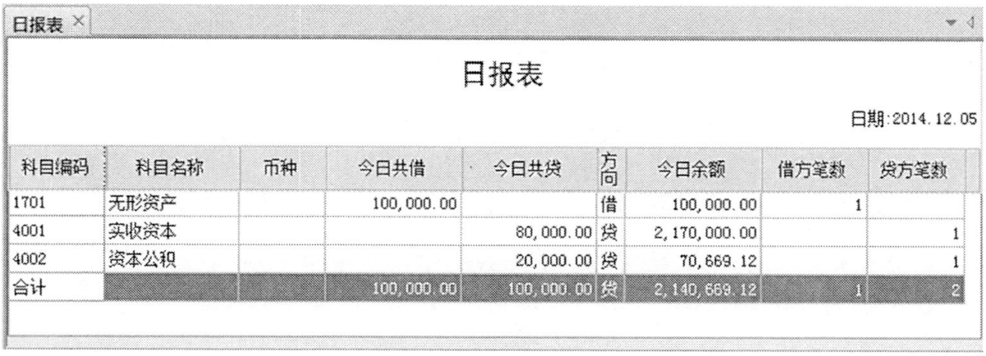

科目编码	科目名称	币种	今日共借	今日共贷	方向	今日余额	借方笔数	贷方笔数
1701	无形资产		100,000.00		借	100,000.00	1	
4001	实收资本			80,000.00	贷	2,170,000.00		1
4002	资本公积			20,000.00	贷	70,669.12		1
合计			100,000.00	100,000.00	贷	2,140,669.12	1	2

图 6–89　日报表

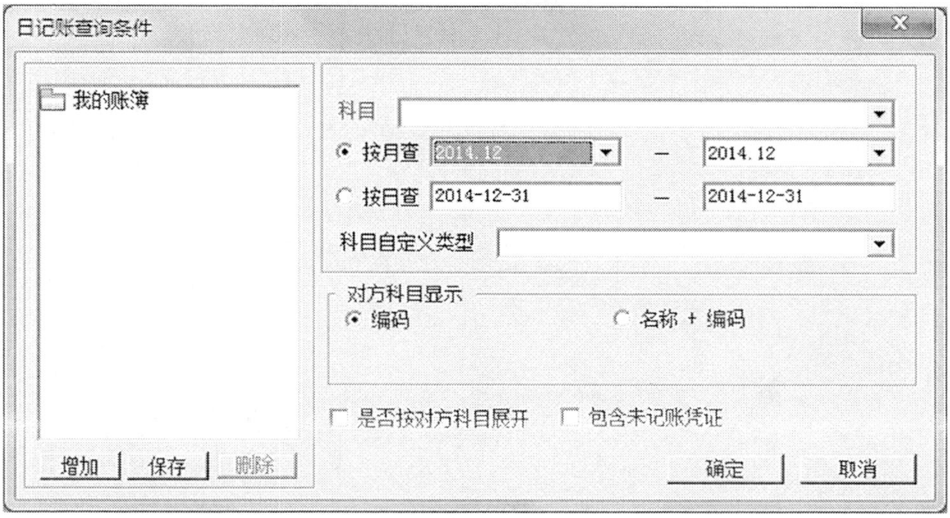

图 6–90　日记账查询

九、辅助账查询

对于一些设置了辅助核算的科目，可以进一步输出辅助核算的详细内容。

1. 客户往来辅助账科目余额表（如图 6–91 所示）。

科目		客户		方向	期初余额	借方	贷方	方向	期末余额
编码	名称	编号	名称		本币	本币	本币		本币
1122	应收账款	001	南昌百货	借	56,000.00	8,775.00		借	64,775.00
1122	应收账款	002	广州天河	借	50,600.00			借	50,600.00
1122	应收账款	003	长沙芙蓉	平		14,040.00		借	14,040.00
合计：				借	106,600.00	22,815.00		借	129,415.00

图 6–91　客户往来辅助账科目余额表

2. 供应商往来辅助账科目余额表（如图 6–92 所示）。

3. 个人往来明细账查询（如图 6–93 所示）。

4. 部门辅助总账查询（如图 6–94 所示）。

供应商科目余额表

科目余额表

金额式

科目 全部　　月份：2014. 11-2014. 12

科目		供应商		方向	期初余额	借方	贷方	方向	期末余额
编码	名称	编号	名称		本币	本币	本币		本币
2202	应付账款	001	上海明珠	贷	10,000.00			贷	10,000.00
合计:				贷	10,000.00			贷	10,000.00

图 6–92　供应商往来辅助账科目余额表

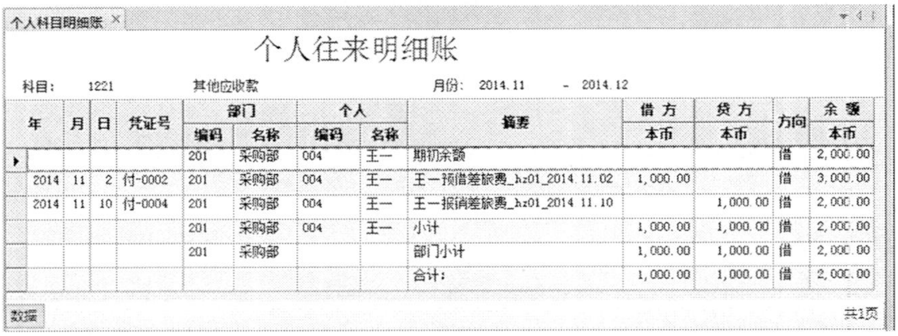

个人科目明细账

个人往来明细账

科目：　1221　　其他应收款　　月份：2014. 11　-　2014. 12

年	月	日	凭证号	部门		个人		摘要	借 方	贷 方	方向	余 额
				编码	名称	编码	名称		本币	本币		本币
				201	采购部	004	王一	期初余额			借	2,000.00
2014	11	2	付-0002	201	采购部	004	王一	王一预借差旅费_hz01_2014.11.02	1,000.00		借	3,000.00
2014	11	10	付-0004	201	采购部	004	王一	王一报销差旅费_hz01_2014.11.10		1,000.00	借	2,000.00
				201	采购部	004	王一	小计	1,000.00	1,000.00	借	2,000.00
				201	采购部			部门小计	1,000.00	1,000.00	借	2,000.00
								合计:	1,000.00	1,000.00	借	2,000.00

数据　　共1页

图 6–93　个人往来明细账

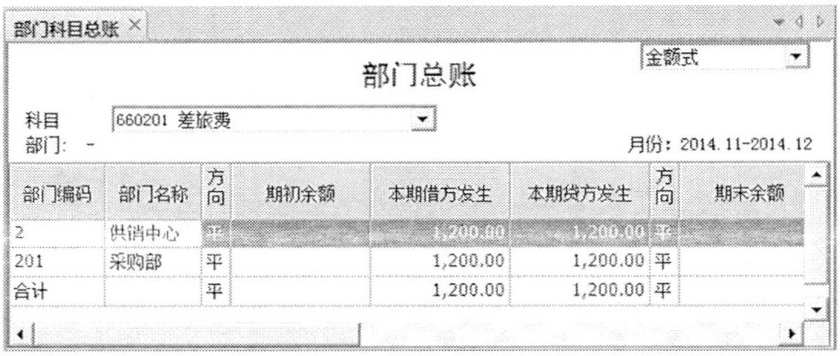

部门科目总账

部门总账

金额式

科目　660201 差旅费

部门：-　　月份：2014. 11-2014. 12

部门编码	部门名称	方向	期初余额	本期借方发生	本期贷方发生	方向	期末余额
2	供销中心	平		1,200.00	1,200.00	平	
201	采购部	平		1,200.00	1,200.00	平	
合计		平		1,200.00	1,200.00	平	

图 6–94　部门总账

十、跨年查询账表

该功能可以实现跨不同的会计年度查询相关的数据（如图 6–95 所示）。

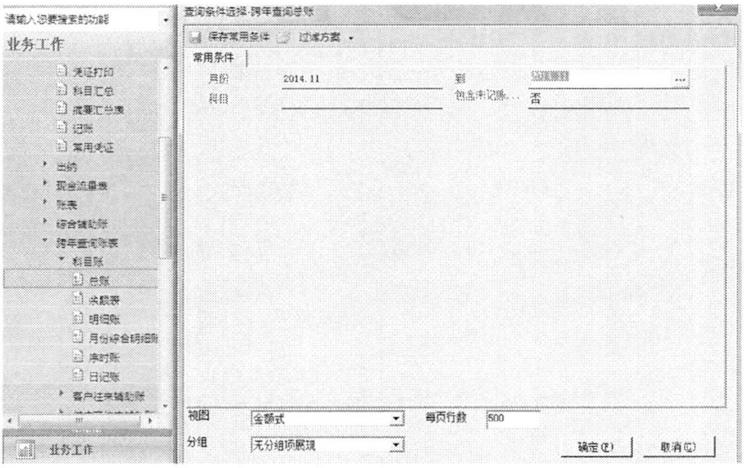

图 6–95　跨年查询总账

第五节　凭证及账簿修改

在凭证及账簿处理过程中，如果出现错误，可以根据错误出现的不同阶段，采用不同的方式进行修改。

一、直接修改凭证

记账凭证存盘后发现凭证内容错误，且发生错误的项目不是凭证类别或编号，如果凭证尚未进行审核等后续处理时，可以直接对错误的项目进行修改，然后再次存盘即可改正错误。如果此时凭证已经审核或者出纳签字，则需要取消审核或者出纳签字，然后直接修改再次存盘。

二、作废/恢复凭证

如果一张凭证填制完成存盘后发现错误，且错误是凭证类别、编号或者填制日期（跨月），则需要调用作废、整理凭证的功能来处理这张凭证。

1. 在“填制凭证”功能的“制单”菜单中选择“作废/恢复”功能，系统将会在凭证上盖“作废”戳记，但这张凭证还保留在数据库中，还占用了一个凭证号（如图6-96所示）。

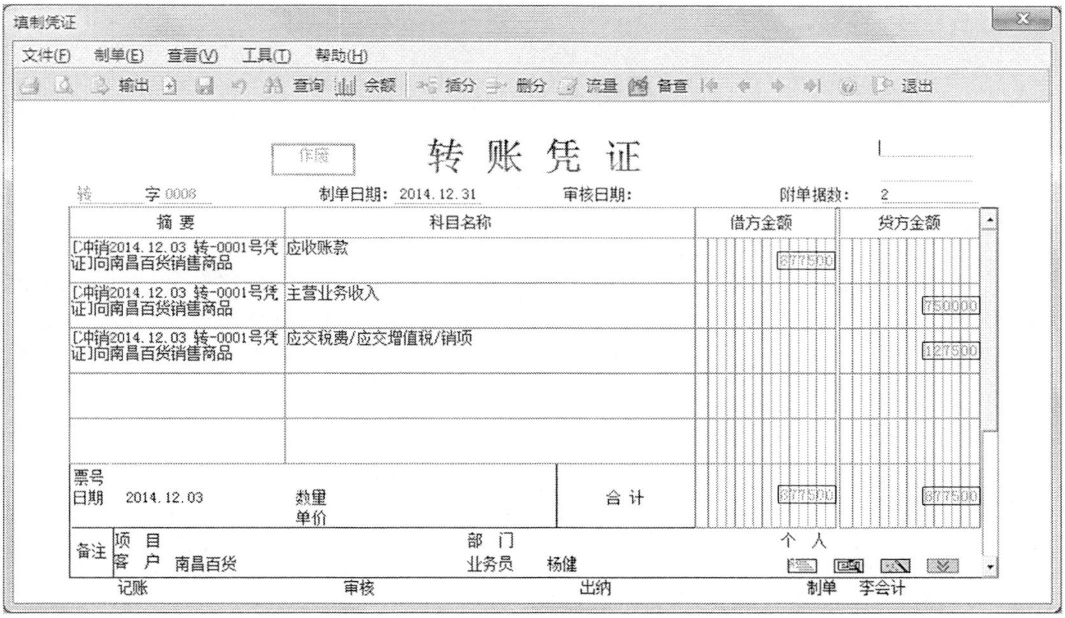

图6-96　执行凭证作废功能

2. 如果需要把作废的凭证从数据库中清除，可以执行“整理凭证”功能，准备将它永久删除（如图6-97所示）。

3. 选择凭证期间（如图6-98所示）。

4. 选择需要永久删除的凭证（如图6-99所示）。

5. 确认是否需要整理凭证断号（如图6-100所示）。

三、冲销凭证

如果凭证记账以后发现了错误，可以调用“冲销凭证”功能来将这类错误进行修改

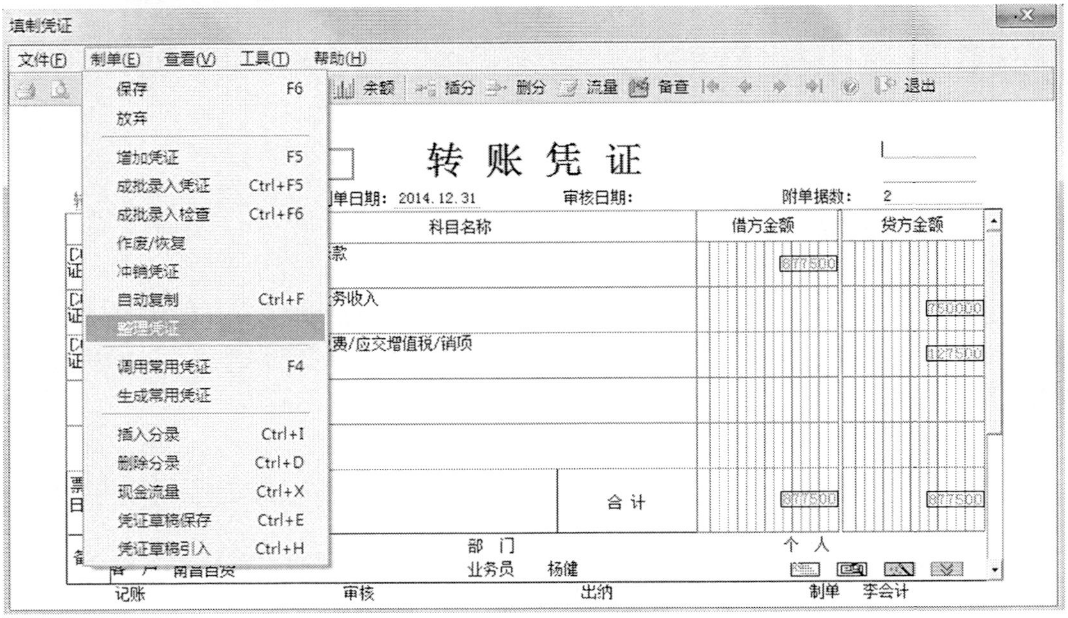

图 6-97　执行整理凭证功能

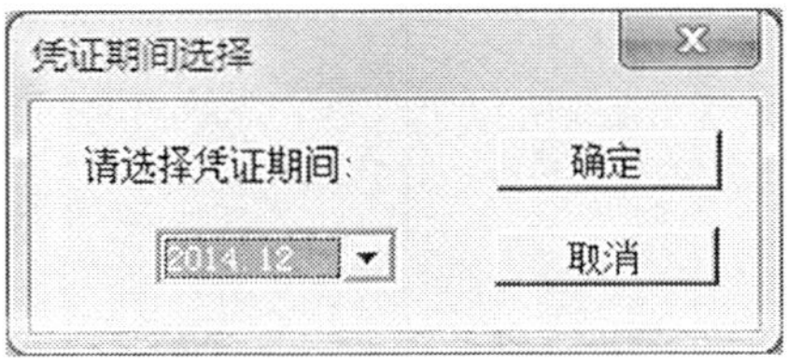

图 6-98　选择凭证期间

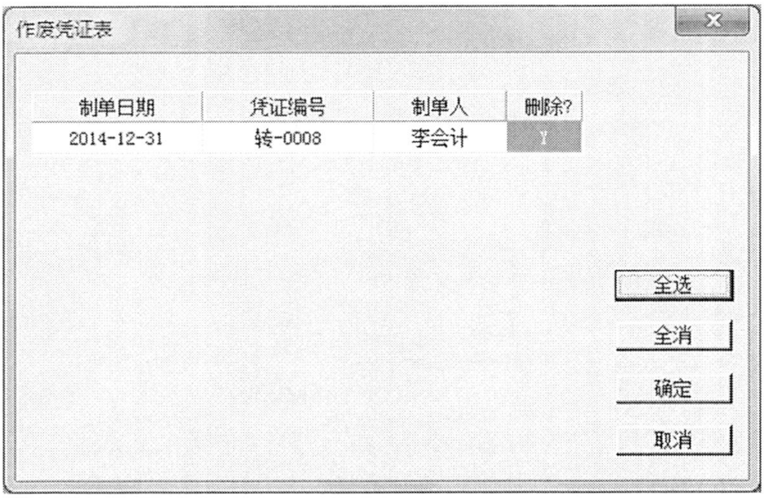

图 6-99　选择作废凭证

并保留修改的痕迹。

1. 执行“制单”菜单项中的“冲销凭证”功能（如图 6-101 所示）。
2. 选择需要冲销的凭证月份、凭证类别及凭证号（如图 6-102 所示）。
3. 系统将会自动生成一张红字的冲销凭证（如图 6-103 所示）。

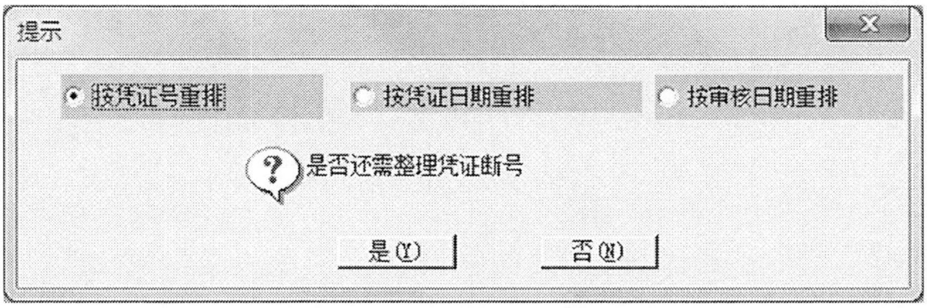

图 6-100 确认是否需要整理凭证断号

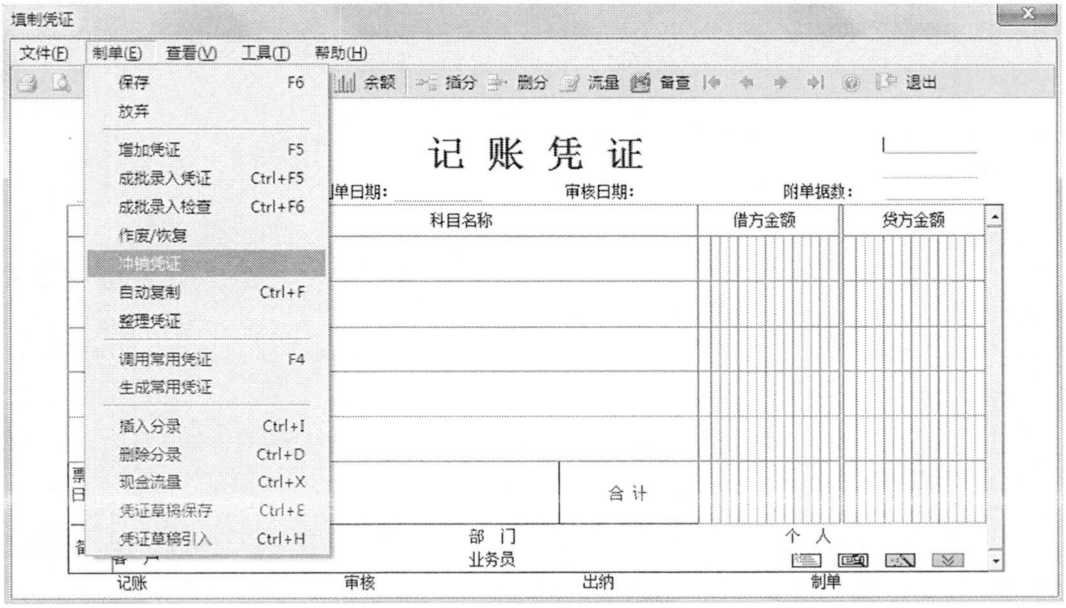

图 6-101 执行“冲销凭证”功能

图 6-102 选择需要冲销凭证的相关信息

四、反记账

如果凭证记账以后发现了错误，通常的做法是通过填制冲销凭证将错误修改过来，必要时也可以调用系统提供的反记账功能来修改这些错误。另外，如果记账以后发现总账期初余额有错误，需要修改期初余额也需要调用反记账功能。由于该功能是正常操作流程的逆向操作，会影响记账工作的严肃性，为了避免记账工作的随意性，《企业会计信息化工作规范》（2014）第十条规定：会计软件应当提供不可逆的记账功能，确保对同类已记账

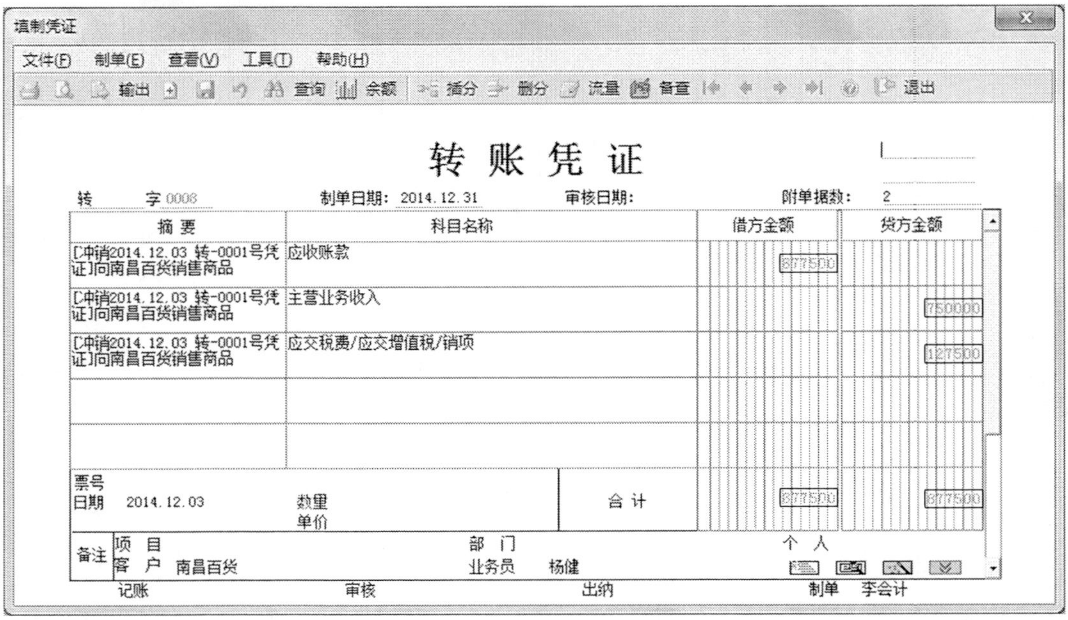

图 6–103 生成红字的冲销凭证

凭证的连续编号，不得提供对已记账凭证的删除和插入功能，不得提供对已记账凭证日期、金额和操作人的修改功能。

1. 以账套主管身份登录总账，打开对账界面，按组合键“Ctrl+H”，输入验证口令以后激活反记账功能（如图 6–104 所示）。

图 6–104 激活反记账功能

2. 选择一种恢复方式即可完成反记账工作（如图 6–105 所示）。

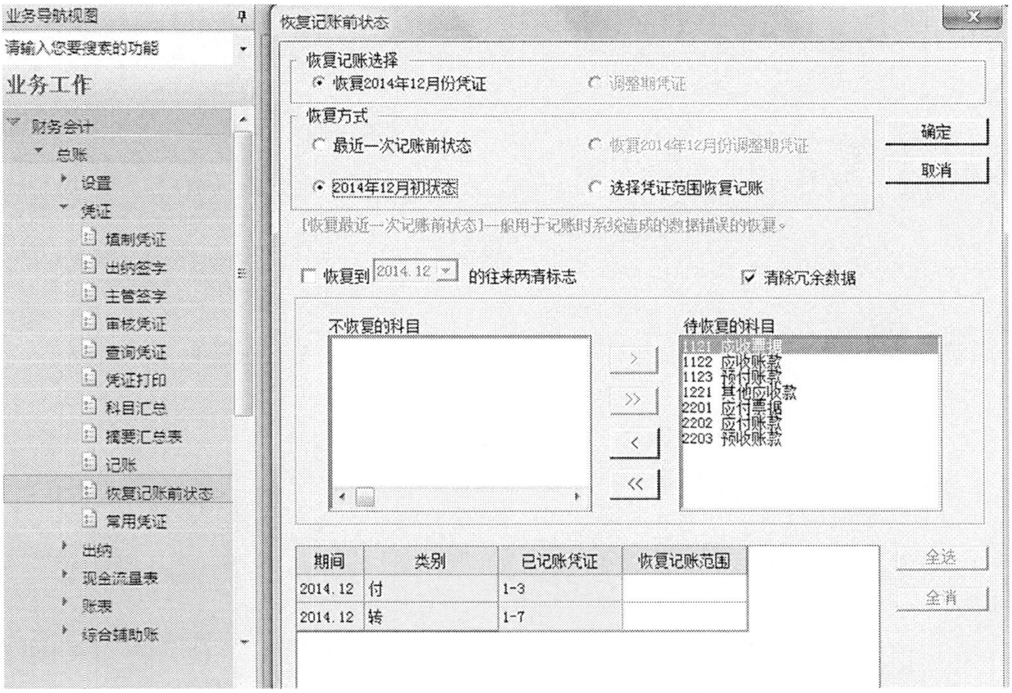

图 6-105　选择恢复方式

五、反结账

如果结账以后发现前面的处理存在问题，也可以调用系统提供的反结账功能将结账标记去除，从而为修改错误提供可能。具体操作如下：以账套主管的身份登录总账，在已经结账的最后一个月份按组合键“Ctrl+Shift+F6”，然后输入主管口令，即可完成该月份的反结账工作（如图 6-106 所示）。依此也可将其他月份反结账。需要注意的是，使用该功能可能会破坏总账的记账、结账规则。原有规则是：总账上月未结账，则下月不能记账，但是如果我们使用反结账功能将连续多个月实现反结账操作以后，就会发现该规则被破坏了，所以该功能必须慎用。

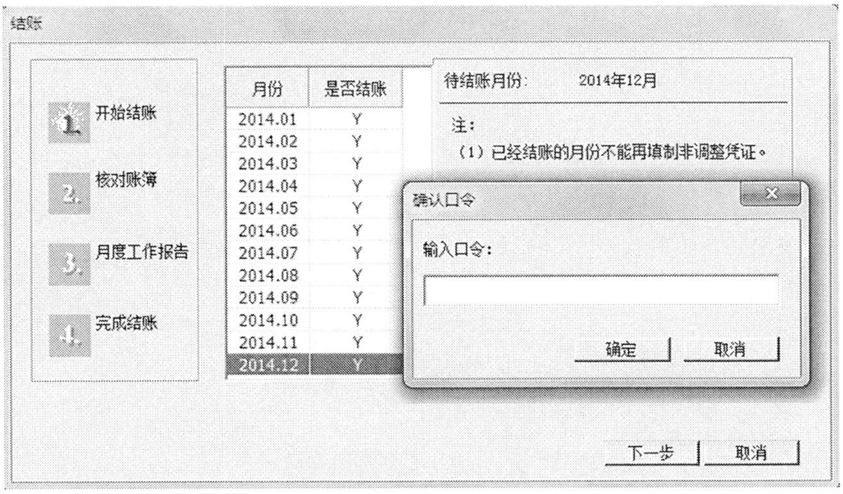

图 6-106　输入口令完成反结账工作

思考题及实践题

1. 为什么启用了应收模块后通常需要将总账选项中的“可以使用应收受控科目”设置为不可用？

2. 反结账的操作可能会对记账、结账规则带来什么影响？

3. 会计科目的期初余额方向与该科目默认余额方向不一致应该怎样处理？

4. 期末使用自动转账方式进行期间损益结转的操作需要注意什么问题？

5. 如何设置出纳签字功能在总账中完成而不是在出纳管理中完成？

6. 引入基础档案完成账套，完成总账业务。

7. 完成如下操作（以下部分操作有破坏性，请先备份账套数据，以便恢复）：

（1）查询库存现金11—12月累计借方发生额；

（2）查询应交税费11月末余额；

（3）取消12月份结账；

（4）冲销12月份的1号转账凭证；

（5）永久删除11月份的2号转账凭证；

（6）作废11月份的1号付款凭证；

（7）修改11月初的库存现金余额（加上1 000）以及应付职工薪酬余额（加上1 000）。

第七章

应收款管理

在企业日常业务活动中，经常会发生与客户之间的的业务往来，应收款管理系统就是一个通过发票、其他应收单、收款单等单据的录入和审核等处理，对企业的应收往来账款进行综合管理，及时、准确地提供客户的往来账款余额资料，提供各种分析报表，如账龄分析表、周转分析表、欠款分析表、坏账分析表、回款情况分析表等。通过各种分析报表，帮助企业合理地进行资金的调配，提高资金的利用效率。根据对客户往来款项核算和管理的详细程度不同，系统提供了“详细核算”和“简单核算”两种应收款核算应用方案，企业可根据管理要求进行选择。

如果企业的销售业务以及应收款核算与管理业务比较复杂，或者需要追踪每一笔业务的应收款情况、收款情况等，或者需要将应收款核算到产品一级，可以选择“详细核算”方案。该方案能够帮助企业了解每一客户每笔业务详细的应收款情况、收款情况及余额情况，并进行账龄分析，加强客户及往来款项的管理。使企业管理人员能够依据每一客户的具体情况，实施不同的收款策略。

如果企业的销售业务以及应收账款业务比较简单，或者现销业务很多，则可以选择“简单核算”方案。该方案着重于对客户的往来款项进行查询和分析。

方案的选择可以在应收款管理系统中的选项“应收账款核算模型”进行设置。“详细核算”基本操作流程如图 7-1 所示。

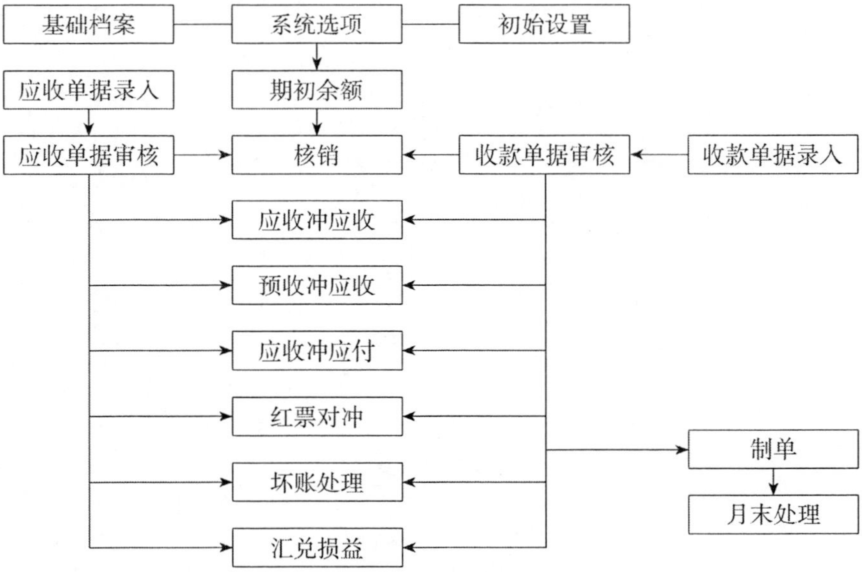

图 7-1　应收款管理流程图

由于该系统存在与其他系统的关系，因此要求引入“总账期初余额完成账套”开始下面的实验。应收款系统启用后，将总账选项中的“可以使用应收受控科目”项目设置为不可用。不启用销售系统。若以一般用户身份处理制单需要由账套主管在数据权限设置中授予访问相关用户的权限。

第一节 应收款系统初始设置

一、系统选项设置

在运行本系统前，设置运行所需要的账套参数。以便系统根据所设定的选项进行相应的处理。

1. 设置账套常规参数（如图 7–2 所示）。

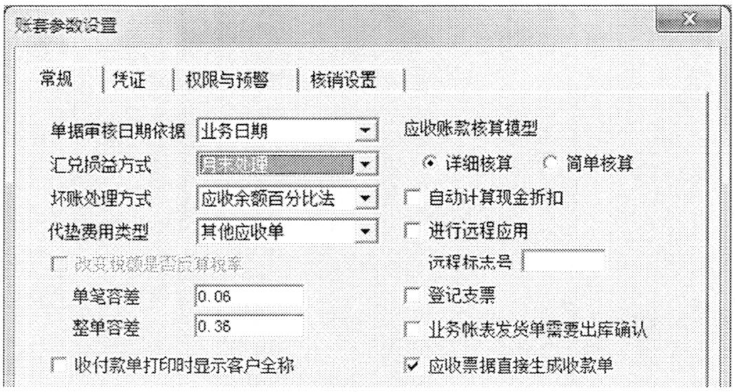

图 7–2 常规参数设置

2. 设置账套凭证参数（如图 7–3 所示）。

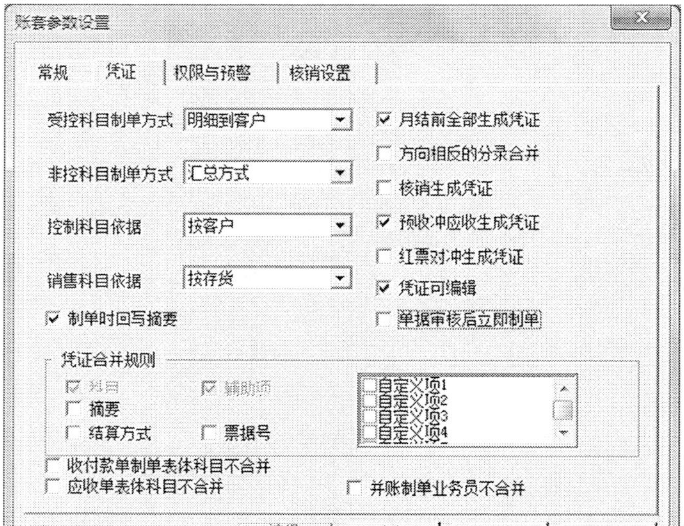

图 7–3 凭证参数设置

二、初始设置

初始设置的作用是建立应收款管理的基础数据，确定使用哪些单据处理应收业务，确定需要进行账龄管理的账龄区间，确定各个业务类型的凭证科目。有了这些功能，用户可以选择使用自己定义的单据类型，进行单据的录入、处理、统计分析并制单，使应收业务管理更符合用户的需要。具体功能如下：

设置科目：依据用户定义的科目，以及不同的业务类型，生成凭证自动带出科目。

单据类型的设置：用户可将自己的往来业务与单据类型建立对应关系，达到快速处理业务以及进行分类汇总、查询、分析的效果。

账期内账龄区间设置：解决用户定义查询或分析应收款账龄的区间，可随时掌握应收款的动态变化。

逾期账龄区间设置：解决用户定义查询或分析应收款账龄的区间，可随时掌握应收款的动态变化。

坏账准备设置：解决用户定义计提坏账比率和设置坏账准备的期初余额。

报警级别的设置：提供用户进行报警级别的设置。

1. 基本科目设置（如图 7–4 所示）。

图 7–4　基本科目设置

2. 控制科目设置（如图 7–5 所示）。

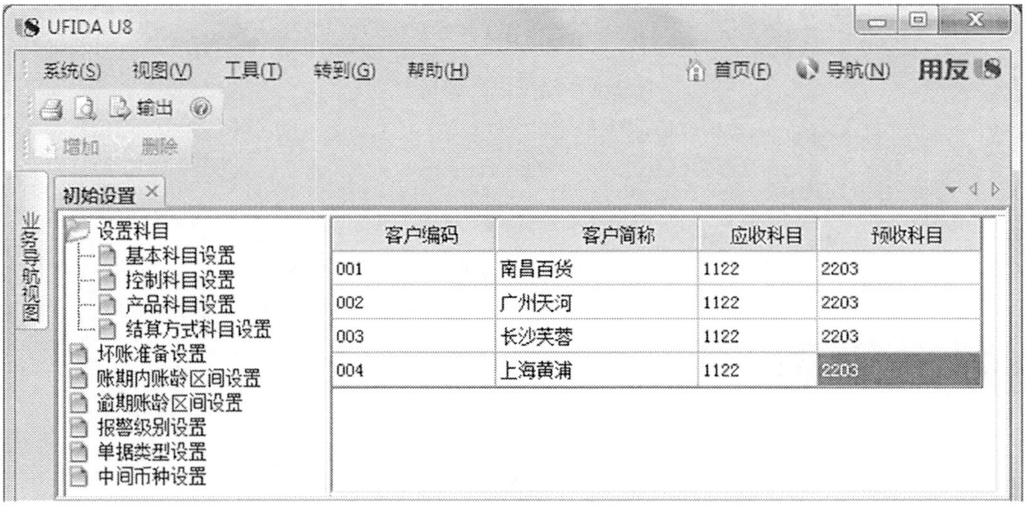

图 7–5　控制科目设置

3. 产品科目设置（如图 7–6 所示）。

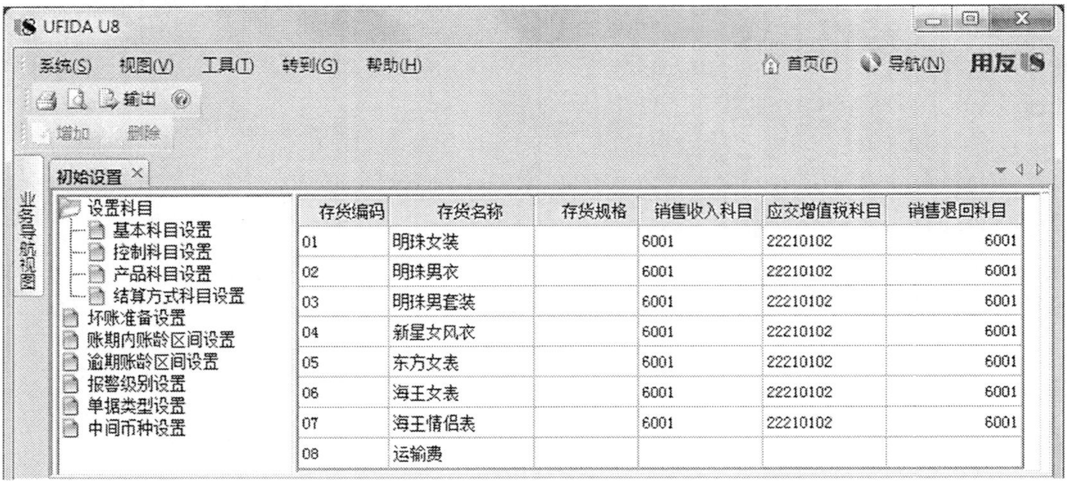

图 7-6 产品科目设置

4. 结算方式科目设置（如图 7-7 所示）。

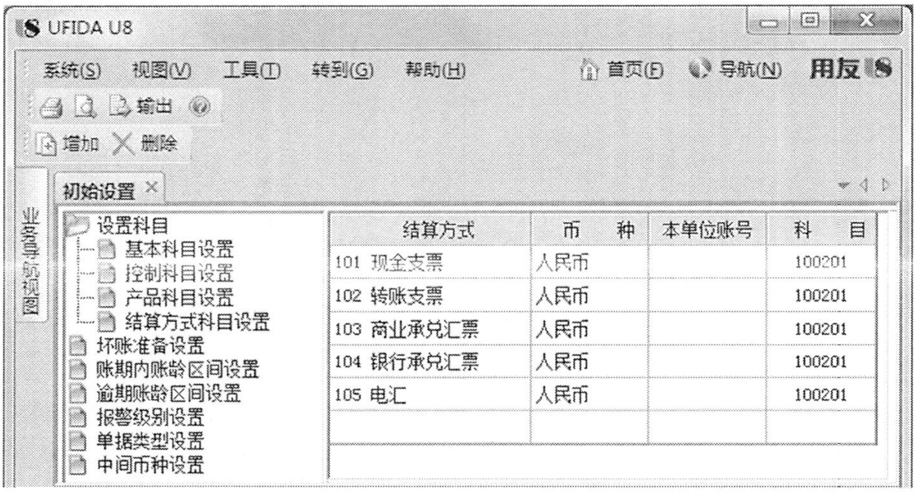

图 7-7 结算方式科目设置

5. 坏账准备设置（如图 7-8 所示）。

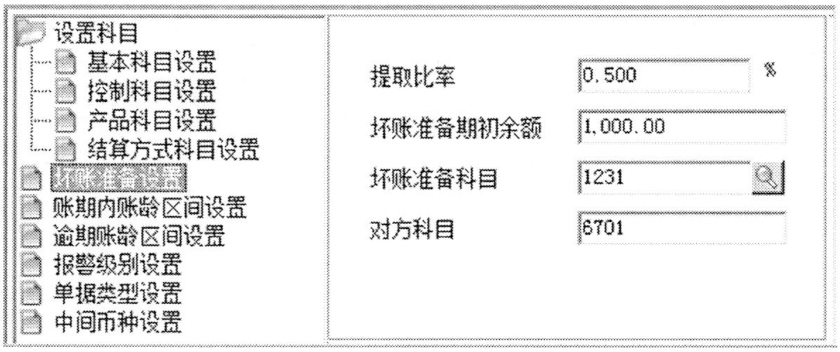

图 7-8 坏账准备设置

三、期初余额录入

通过期初余额功能，用户可将正式启用账套前的所有应收业务数据录入系统，作为期初建账的数据，系统即可对其进行管理，这样既保证了数据的连续性，又保证了数据的完整性。初次使用本系统时，要将上期未处理完全的单据都录入到本系统，以便于以后的处理。进入第二年度处理时，系统自动将上年度未处理完全的单据转为下一年度的期初余额。在下一年度的第一个会计期间里，可以进行期初余额的调整。

1. 期初余额查询。在期初余额主界面，列出的是所有客户、所有科目、所有合同结算单的期初余额，可以通过过滤功能，查看某个客户、某份合同或者某个科目的期初余额（如图 7–9 所示）。

图 7–9　**期初余额查询**

2. 增加期初单据，选择单据类别（如图 7–10 所示）。

图 7–10　**选择单据类别**

3. 输入期初南昌百货销售发票详细内容（如图 7–11 所示）。
4. 输入期初广州天河销售发票详细内容（如图 7–12 所示）。
5. 输入期初广州天河应收单详细内容（如图 7–13 所示）。
6. 显示期初余额明细表（如图 7–14 所示）。
7. 应收系统受控科目期初与总账余额对账（如图 7–15 所示）。

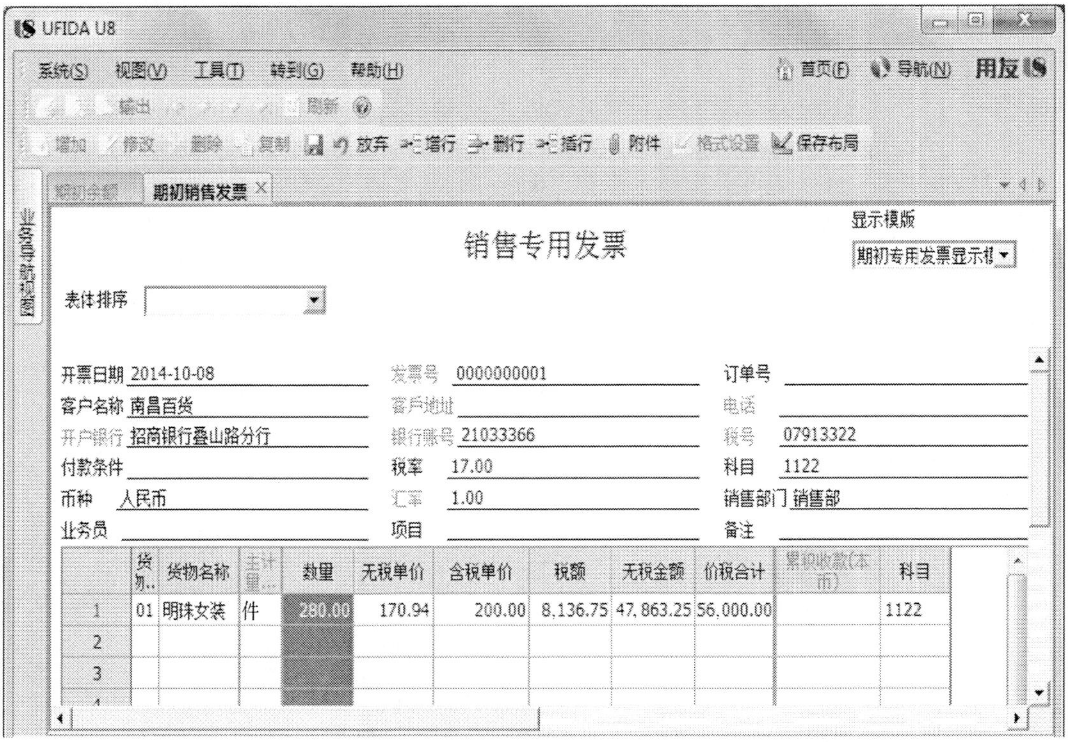

图 7–11 期初南昌百货销售发票

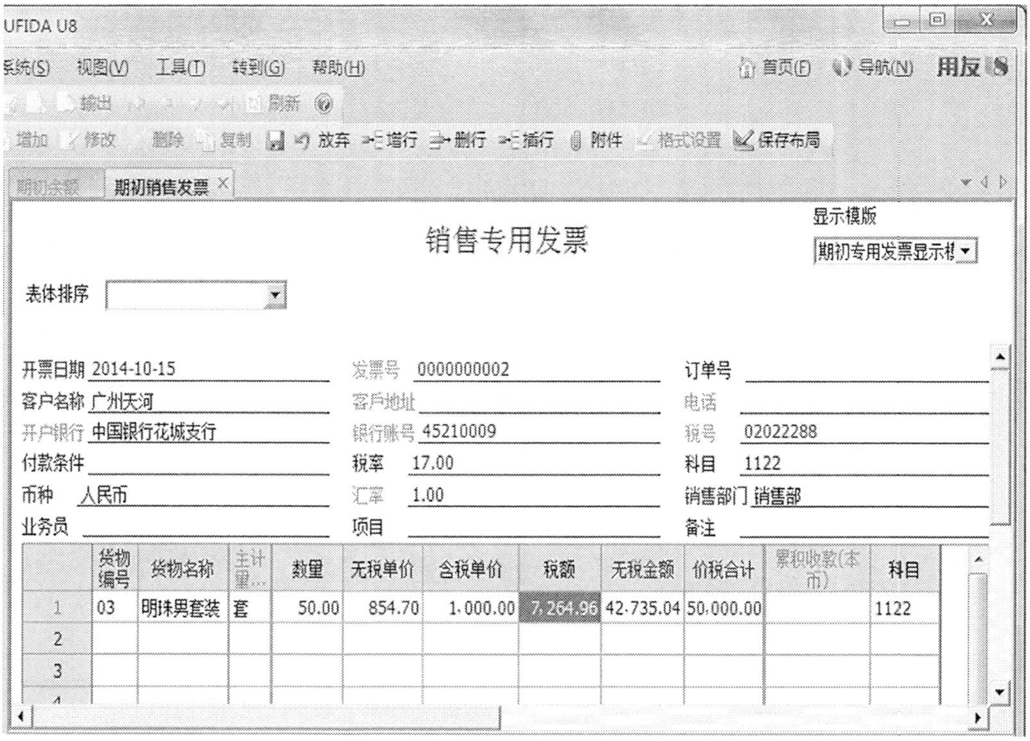

图 7–12 期初广州天河销售发票

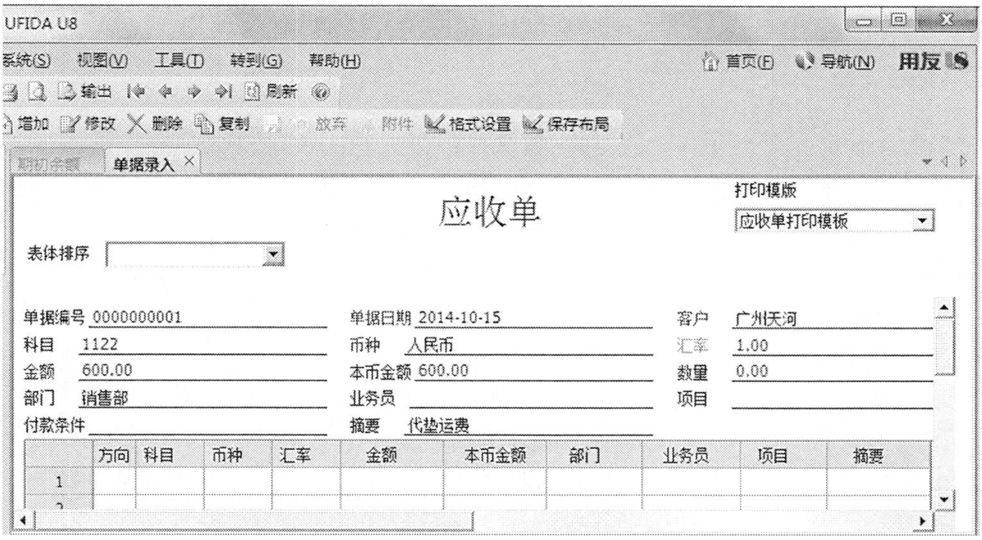

图 7-13 广州天河应收单

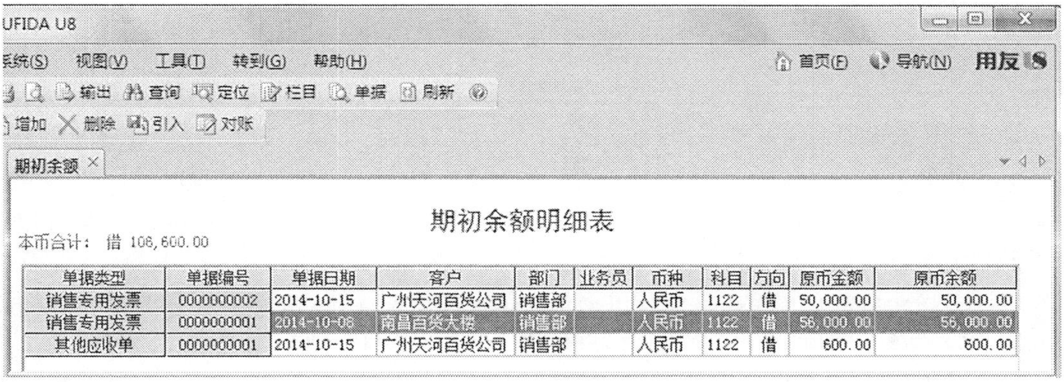

图 7-14 期初余额明细表

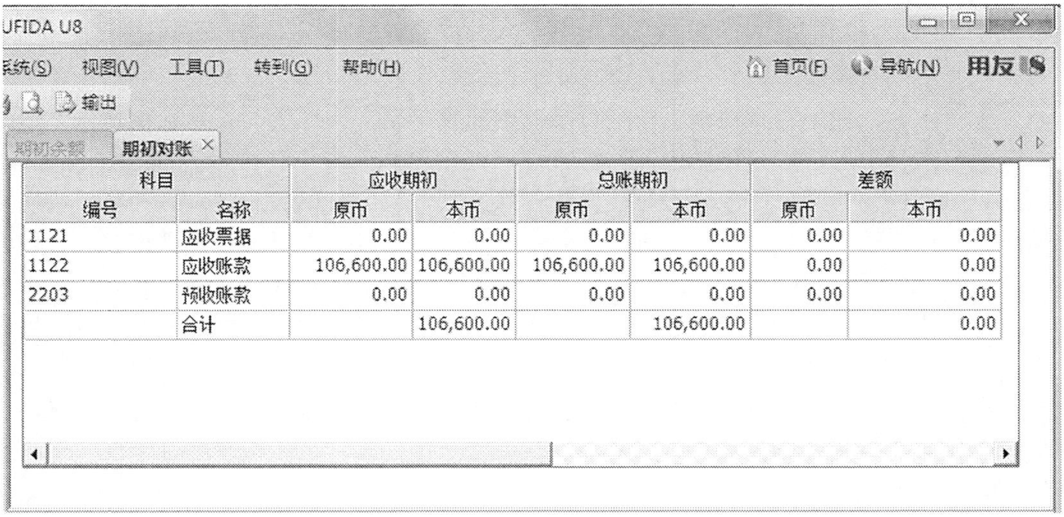

图 7-15 期初对账

第二节 日常业务处理

日常业务主要完成企业日常的应收/收款业务录入、应收/收款业务核销、应收并账、汇兑损益以及坏账的处理，及时记录应收、收款业务的发生，为查询和分析往来业务提供完整、正确的资料，加强对往来款项的监督管理，提高工作效率。具体包括：

1. 单据处理功能：单据录入、单据管理，包括解决增删改单据和查询、审核单据的工作。

2. 单据核销工作：手工核销、自动核销。

3. 应收转账功能：进行应收冲应付、预收冲应收、红票对冲等操作。

4. 汇兑损益功能：解决有外币业务核算时的汇兑损益处理工作。

5. 坏账处理功能：解决坏账计提、坏账发生、坏账收回以及坏账查询的处理。

6. 制单处理功能：对各个业务处理提供制单的功能，并传递给总账。

7. 票据管理功能：对银行承兑汇票和商业承兑汇票进行管理。

8. 付款单导出：完成付款单与网上银行的相互导入导出处理。

9. 选择收款：进行一次对多个客户多笔款项进行收款的业务处理，简化日常收款操作。

10. 结汇单管理：主要进行出口商在发出信用证后的押汇结汇及其后续核销处理。

一、业务1

11 月 5 日，批发销售给上海黄浦贸易公司海王女表 5 只，单价 200 元/只，开出销售普通发票，货已发出。

该业务属于应收单据录入。应收单据录入是应收款系统处理的起点。单据通常包括销售发票和应收单。销售发票是企业给客户开具的增值税专用发票、普通发票及所附清单等原始销售票据。应收单的实质是一张凭证，用于记录销售业务之外所发生的各种其他应收业务。

根据子系统启用情况的不同，应收单据录入可以处理的单据类型也不同：如果使用应收款系统时也同时启用了销售管理系统，则销售发票及代垫费用产生的应收单据在销售管理系统中录入，并在销售管理系统中进行复核，该类单据无法在应收款系统中录入，但是可以在应收系统中进行审核记账，在销售管理系统中录入的发票在应收系统中不能修改、删除，只能到销售管理系统中进行修改操作，除此之外的应收单在此录入；如果使用应收款系统时未启用销售管理系统，则可以录入销售业务中的各类发票，以及销售业务之外的应收单。“应收单据录入”中上下翻页查找的单据为本系统录入的应收单、发票，包括已审核、未审核单据。已做过后续处理（如核销、转账、汇兑损益、坏账处理）的单据则需要到“单据查询”中进行查询。

本账套中要求所有应收单据在应收款系统中录入，所以此时不能启用销售管理系统。

①选择业务工作—财务会计—应收款管理—应收单据处理—应收单据录入，系统弹出“单据类别”对话框。根据业务内容选择“销售发票”、“普通销售发票”、“正向”（如图 7-16 所示）。

②输入销售普通发票的详细内容（如图 7-17 所示）。

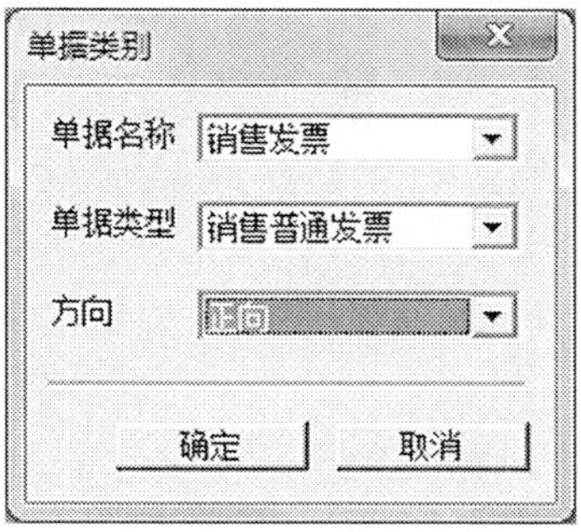

图 7-16 确定单据类别

图 7-17 录入销售普通发票

③单据录入完成以后需要进行应收单据审核，选择业务工作—财务会计—应收款管理—应收单据处理—应收单据审核（如图 7-18 所示）。在“应收单据审核”界面中显示的单据可容纳所有已审核、未审核的应收单据，包括从销售管理系统传入的单据。做过后续处理（如核销、制单、转账等处理）的单据在“应收单据审核”中不能显示。对这些单据的查询，可以在“单据查询”中进行。在应收单据审核列表界面，可以进行应收单的增加、修改、删除等操作。

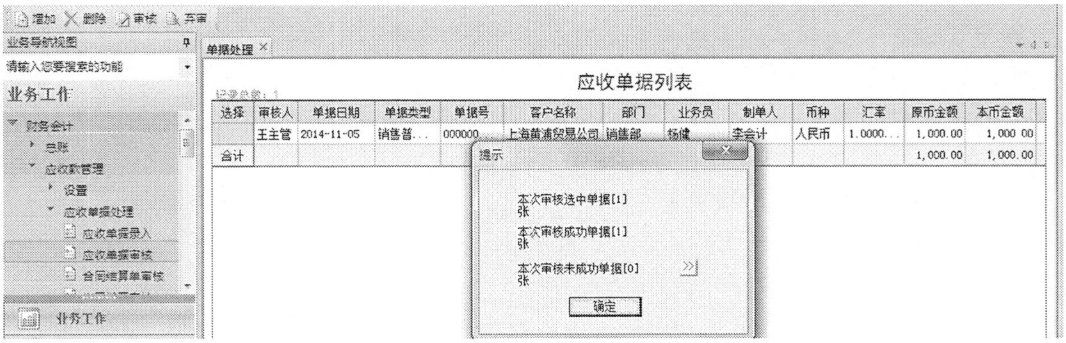

图 7-18 应收单据审核

如果审核的发票已经做过现结处理，则系统在审核记账的同时，后台还将自动进行相应的核销处理。对于发票有剩余的部分，作应收账款处理。

当选项中设置单据审核日期的依据为单据日期时，该单据的入账日期选用自己的单据日期。审核时若发现该单据日期所在会计月已经结账，则系统将提示您不能审核该单据，除非修改审核方式为业务日期。系统为您提供两种确认单据审核日期的依据，即单据日期和业务日期。

● 如果选择单据日期，则在单据处理功能中进行单据审核时，自动将单据的审核日期（即入账日期）记为该单据的单据日期。

● 如果您选择业务日期，则在单据处理功能中进行单据审核时，自动将单据的审核日期（即入账日期）记为当前业务日期（即登录日期）。

提醒：

● 因为单据审核后记账，故单据审核日期依据单据日期还是业务日期，决定业务总账、业务明细账、余额表等的查询期间取值。

● 如果您使用单据日期为审核日期，则月末结账时单据必须全部审核，因为下月无法以单据日期为审核日期。业务日期无此要求。

● 在账套使用过程中，可以随时将选项从按单据日期改成按业务日期。

● 在账套使用过程中，若需要将选项从按业务日期改成按单据日期，则需要判断当前未审核单据中有无单据日期在已结账月份的单据。若有，则不允许修改；否则才允许修改。

当选项中设置单据审核日期的依据为业务日期时，该单据的入账日期选用当前的登录日期。

在销售系统中增加的发票也在应收款管理系统中审核入账。在销售系统中录入的发票若未经其复核，则不能在应收系统中审核；不能在已结账月份中进行审核处理；不能在已结账月份中进行弃审处理。在这里，可以显示所有已审核、未审核的单据。已经审核过的单据不能进行重复审核；未经审核的单据不能进行弃审处理。已经做过后续处理（如核销、转账、坏账处理、汇兑损益等）的单据不能进行弃审处理。

二、业务 2

11 月 7 日，批发销售给长沙芙蓉百货公司海王情侣表 10 对，单价 360 元/对，开出增值税专用发票，货已发出。

1. 选择业务工作—财务会计—应收款管理—应收单据处理—应收单据录入，系统弹出“单据类别”对话框。根据业务内容选择“销售发票”、“销售专用发票”、“正向”（如图 7–19 所示）。

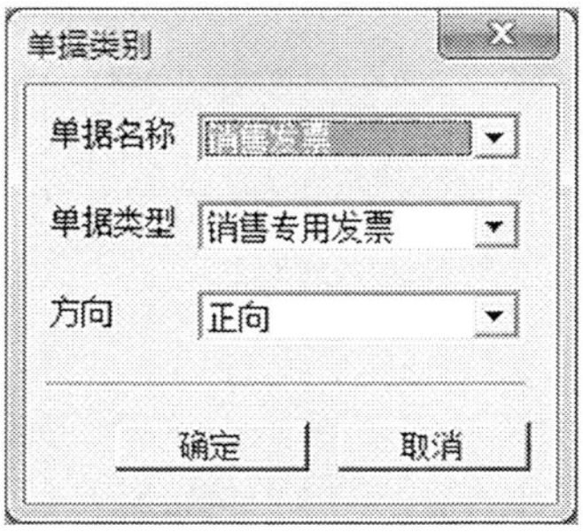

图 7–19 选择单据类别

2. 输入发票内容（如图 7–20 所示）。

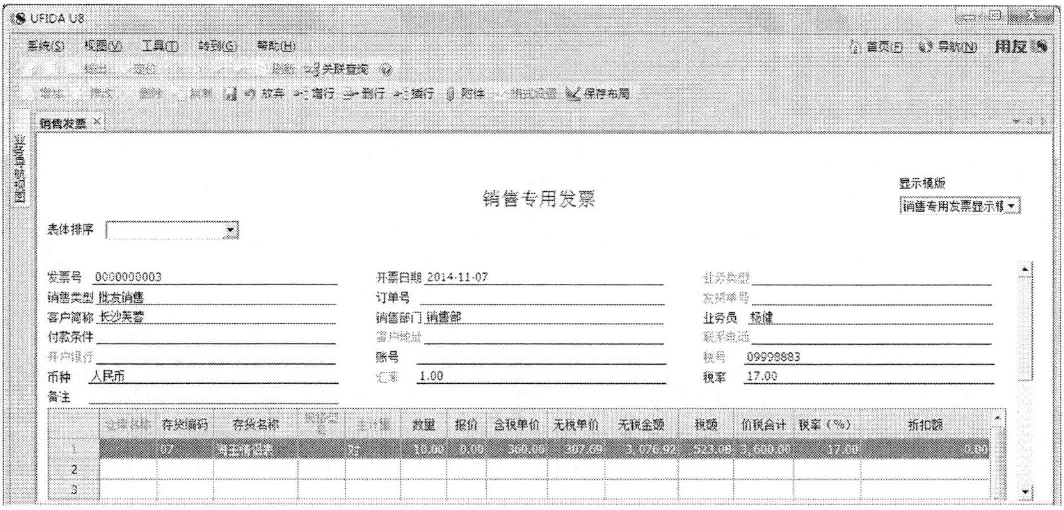

图 7–20 输入发票内容

3. 应收单据审核（如图 7–21 所示）。

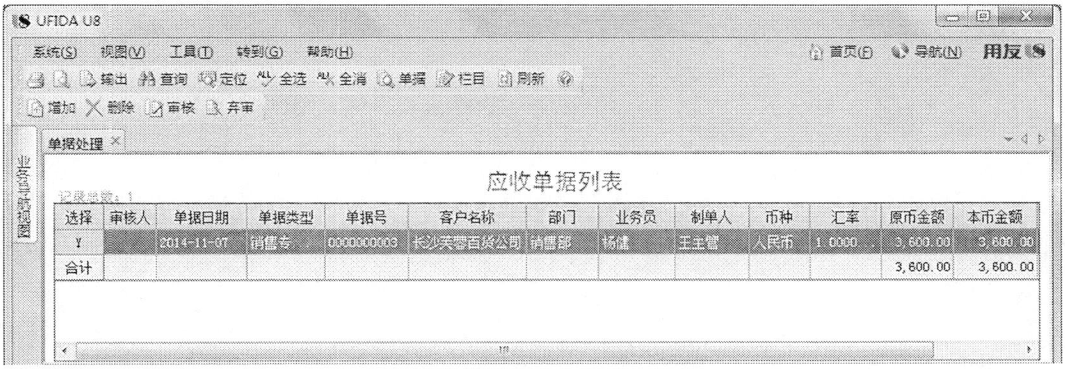

图 7–21 应收单据审核

三、业务 3

11 月 7 日，批发销售给长沙芙蓉百货公司海王情侣表，用现金代垫运费 210 元。

由于代垫运费单据属于应收单，所以需要选择业务工作—财务会计—应收款管理—应收单据处理—应收单据录入，系统弹出“单据类别”对话框。

1. 根据业务内容选择“应收单”、“其他应收单”、“正向”（如图 7–22 所示）。

2. 输入应收单详细内容。应收单表头中的信息相当于凭证中的一条分录的信息，表头科目为核算该客户所欠款项的一个科目。应收单表头科目必须是应收系统的受控科目。表头科目的方向即为您所选择的单据的方向。应收单表体信息可以不输入，不输入的情况下点击“保存”按钮，系统会自动形成一条方向相反、金额相等的记录，用户可修改。表体中的一条记录也相当于凭证中的一条分录。当输入了表体内容后，表头、表体中的金额合计应借、贷方相等。如果在系统选项中选择了进行信用控制，应收单录入时系统会根据对应的客户档案中设定的信用条件进行控制（如图 7–23 所示）。

3. 应收单据审核（如图 7–24 所示）。

图 7-22 选择单据类别

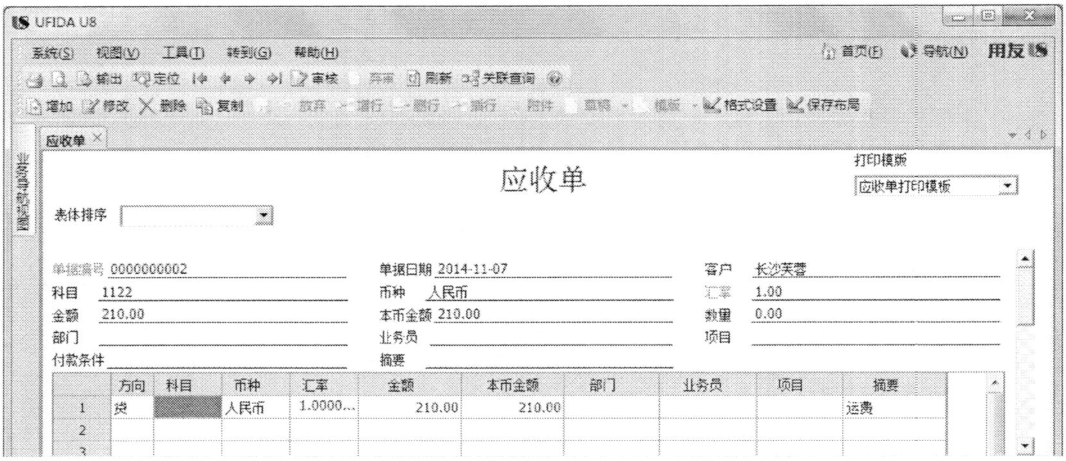

图 7-23 应收单录入

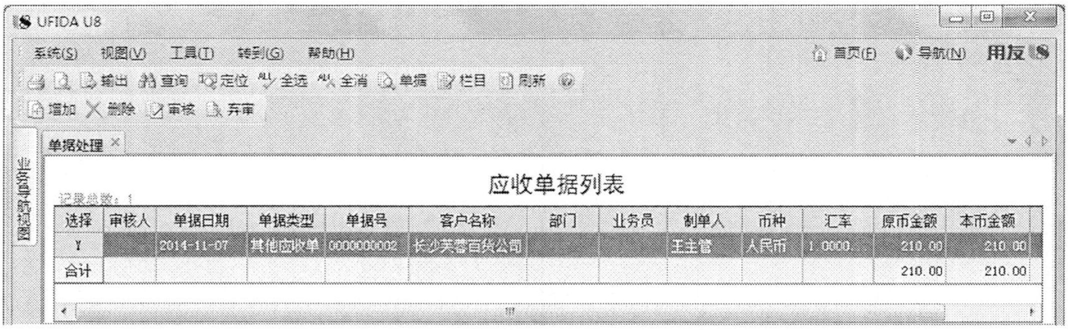

图 7-24 应收单据审核

四、业务 4

11 月 8 日，收到南昌百货大楼交来转账支票 1 张，金额 56 000 元，支票号 CCB05，用于偿还前欠货款。

该业务属于收款单据处理。收款单据处理主要是对结算单据（收款单、付款单即红字收款单）进行管理，包括收款单、付款单的录入、审核。应收系统的收款单用来记录企业所收到的客户款项，款项性质包括应收款、预收款、销售定金、现款结算、其他费用等。其中，应收款、预收款性质的收款单将与发票、应收单、付款单进行核销勾对。应收系统的付款单用来记录发生销售退货时，企业开具的退付给客户的款项，该付款单可与应收、预收性质的收款单、红字应收单、红字发票进行核销。

1. 选择业务工作—财务会计—应收款管理—收款单据处理—收款单据录入，输入收款单内容（如图 7–25 所示）。

图 7–25 收款单录入

2. 收款单据审核（如图 7–26 所示）。

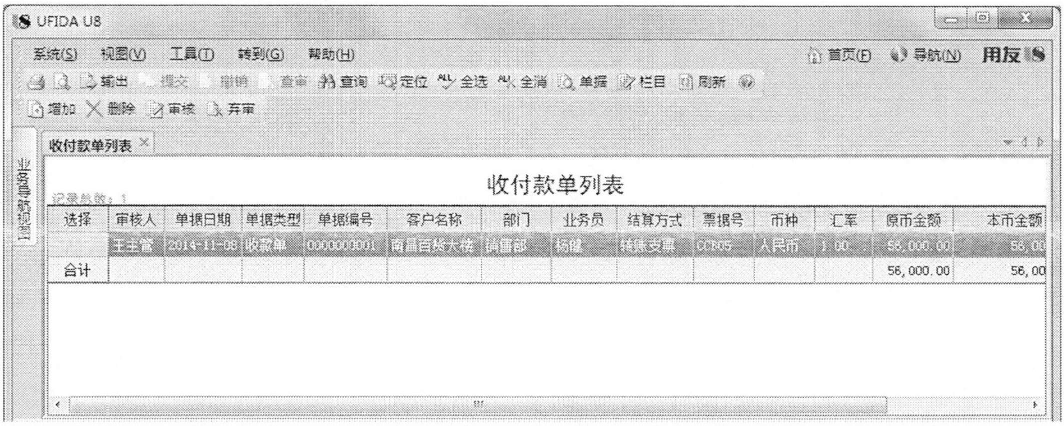

图 7–26 收款单据审核

五、业务 5

11 月 9 日，收到广州天河百货公司交来转账支票一张，金额 51 000 元，支票号 CMB01，用于归还前欠货款以及代垫运费，剩余款项转为预收账款。

该业务属于收款单据处理业务，在款项类型中需要选择应收款和预收款，输入收款单内容（如图 7–27 所示）。

六、业务 6

11 月 12 日，南昌百货大楼交来转账支票 1 张，金额 5 000 元，支票号 CCB06，作为预收账款。

该业务属于收款单据处理业务，在款项类型中选择预收款，输入收款单内容（如图 7–28所示）。

七、业务 7

11 月 30 日，将长沙芙蓉百货公司购买海王情侣表的货款 3 810 元转给广州天河百货公司。

图 7-27 收款单录入

图 7-28 预收款录入

该业务属于转账功能中的“应收冲应收”业务（如图 7-29 所示）。

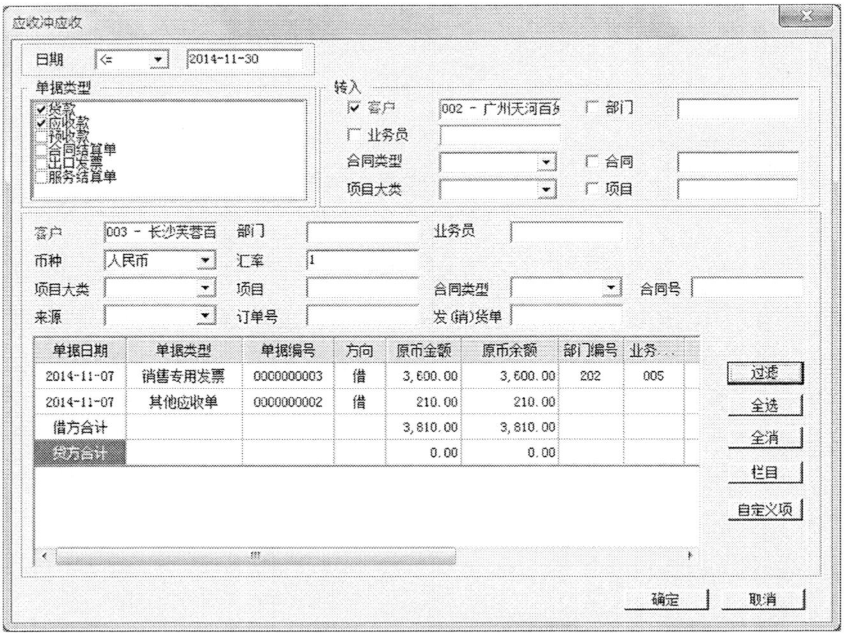

图 7-29 应收冲应收

八、业务 8

11 月 30 日，确认本月广州天河百货公司应收货款 500 元作为坏账处理。

本业务属于坏账处理业务中的坏账发生（如图 7–30、图 7–31 所示）。

图 7–30　坏账基本信息

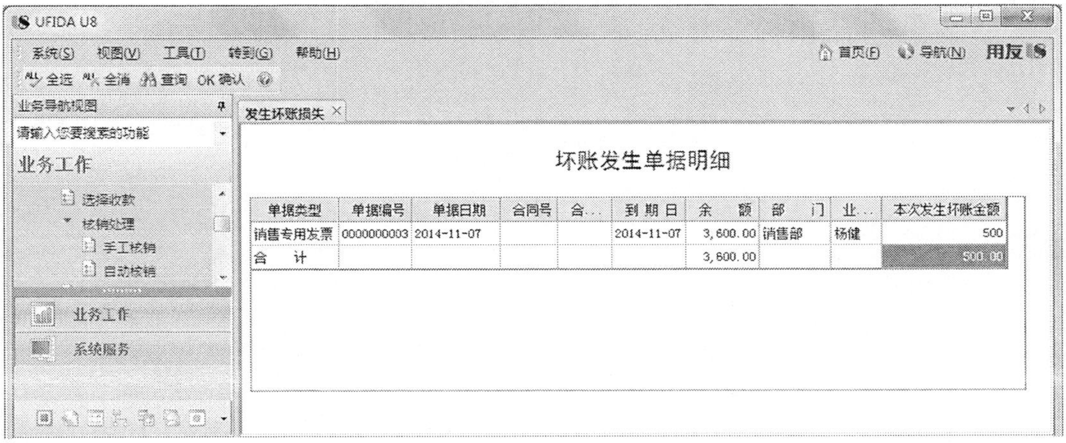

图 7–31　坏账发生单据明细

九、业务 9

11 月 30 日，核销南昌百货大楼已结应收货款 56 000 元。

核销就是指确定收付款单与原始的发票、应收单之间的对应关系的操作。如果希望立即指明这一次收款是收的哪几笔销售业务的款项，可以对该收付款单进行核销处理。若在点击“核销”按钮之前尚未对收付款单进行审核，可直接点击“核销”按钮，则系统在后台直接审核该收付款单，进入核销界面，进行核销处理。若希望批量处理核销业务，则可以不在此进行核销处理，到“核销处理”节点进行统一处理。但“核销处理”节点进行的核销处理，不可以处理异币种间的核销。对于单据核销情况，可到“单据查询”中进行明细查询。

在收付款单及原始的发票、应收单都已制单后，且核销双方的控制科目不同时，在选项中选择核销制单的前提下，可以在“制单处理”节点对核销处理进行制单。

1. 选择手工核销功能（如图 7–32 所示）。

2. 选择核销条件（如图 7–33 所示）。

3. 输入核销金额（如图 7–34 所示）。

4. 若要取消核销等一些操作，可以选择“其他处理”菜单中的“取消操作”功能来完成（如图 7–35 所示）。

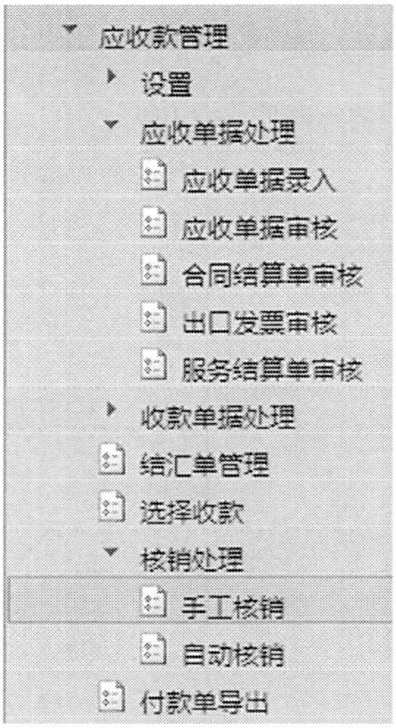

图 7-32　选择手工核销功能

图 7-33　选择核销条件

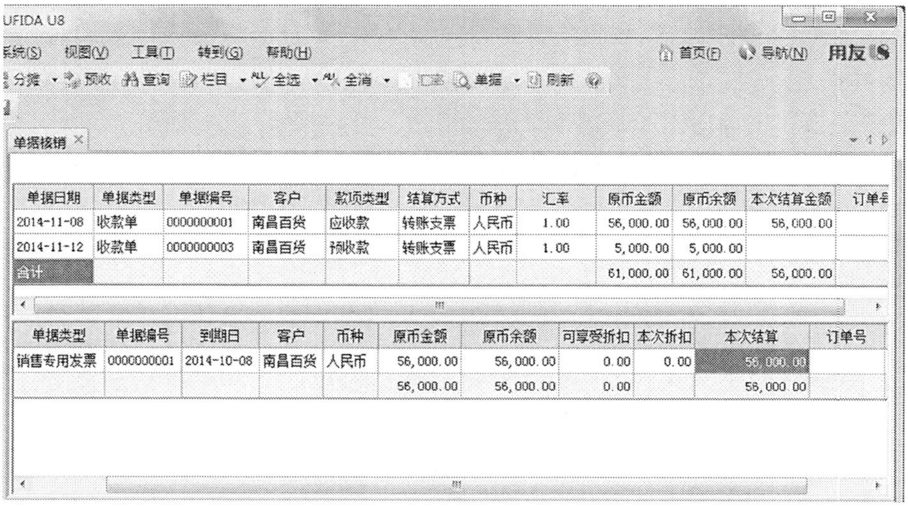

图 7-34　输入核销金额

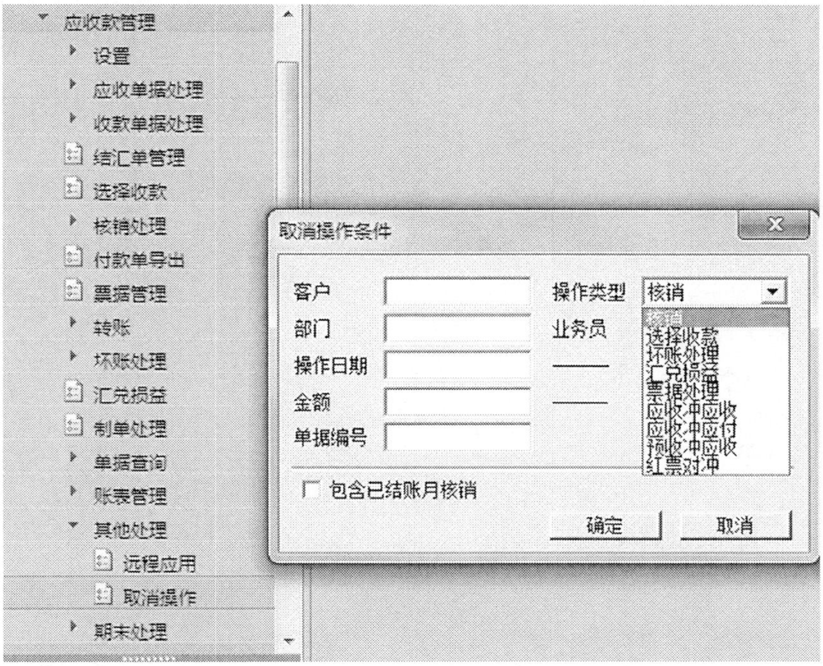

图 7-35 取消操作

十、制单处理

1. 制单查询（如图 7-36 所示）。

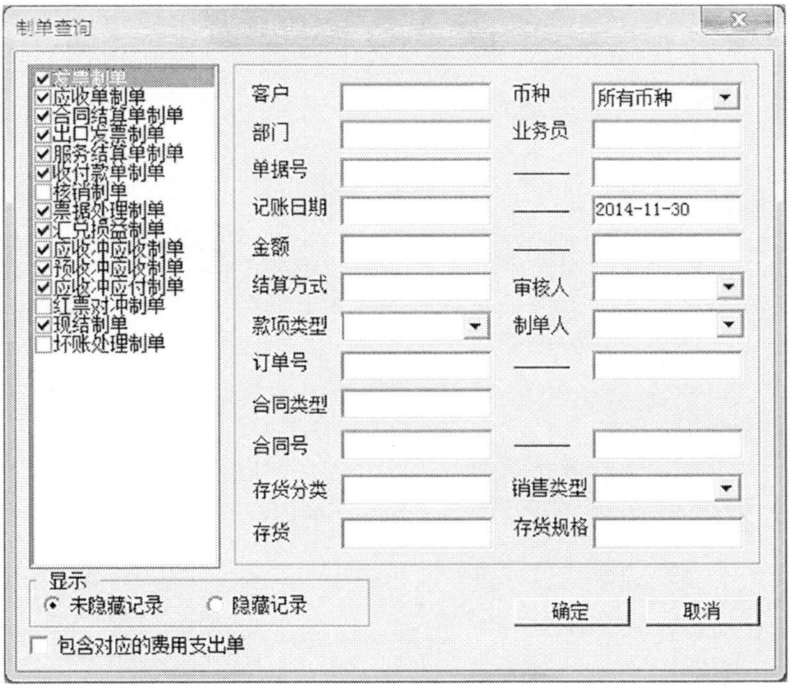

图 7-36 制单查询

2. 应收制单列表（如图 7-37 所示）。
3. 业务 1 凭证（如图 7-38 所示）。

选择标志	凭证类别	单据类型	单据号	日期	客户编码	客户名称	部门	业务员	金额
1	收款凭证	销售普通发票	0000000001	2014-11-30	004	上海黄浦贸易公司	销售部	杨健	1,000.00
2	收款凭证	销售专用发票	0000000003	2014-11-30	003	长沙芙蓉百货公司	销售部	杨健	3,600.00
3	收款凭证	其他应收单	0000000002	2014-11-30	003	长沙芙蓉百货公司			210.00
4	收款凭证	收款单	0000000001	2014-11-08	001	南昌百货大楼	销售部	杨健	56,000.00
5	收款凭证	收款单	0000000002	2014-11-09	002	广州天河百货公司	销售部	杨健	51,000.00
6	收款凭证	收款单	0000000003	2014-11-12	001	南昌百货大楼	销售部	杨健	5,000.00
7	收款凭证	应收冲应收	0000000003	2014-11-30	003	广州天河百货公司	销售部	杨健	3,810.00

图 7-37 应收制单列表

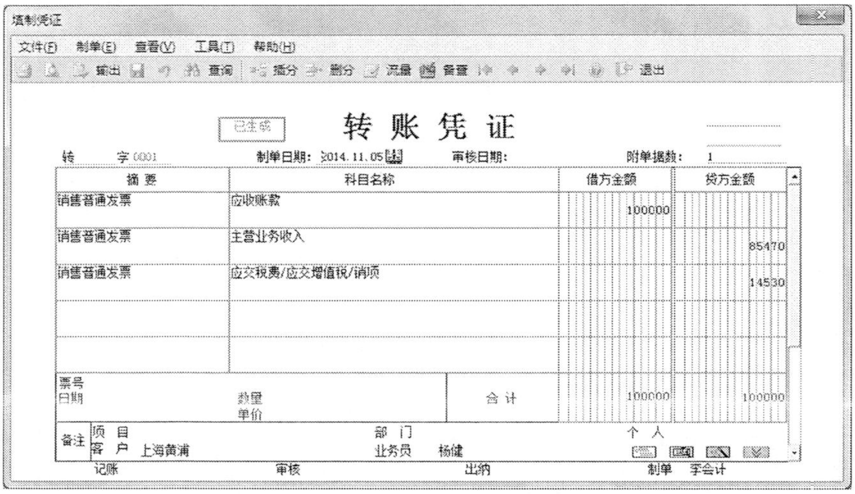

图 7-38 业务 1 凭证

4. 业务 2 凭证（如图 7-39 所示）。

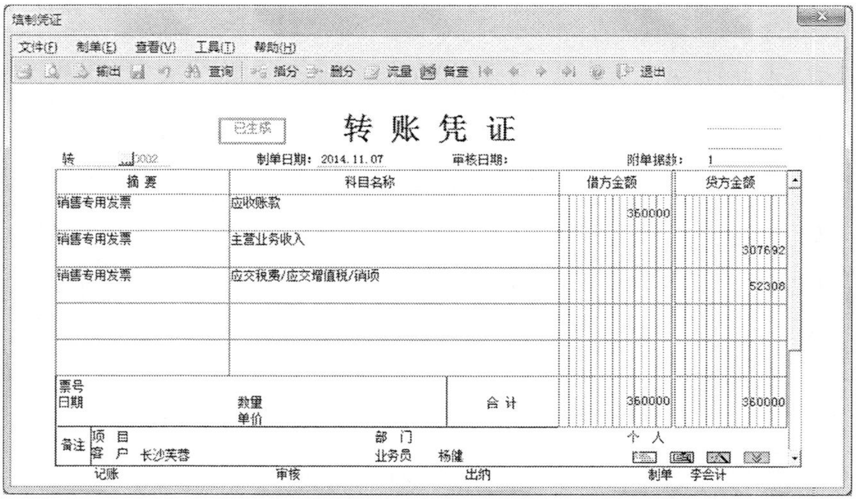

图 7-39 业务 2 凭证

5. 业务 3 凭证（如图 7-40 所示）。

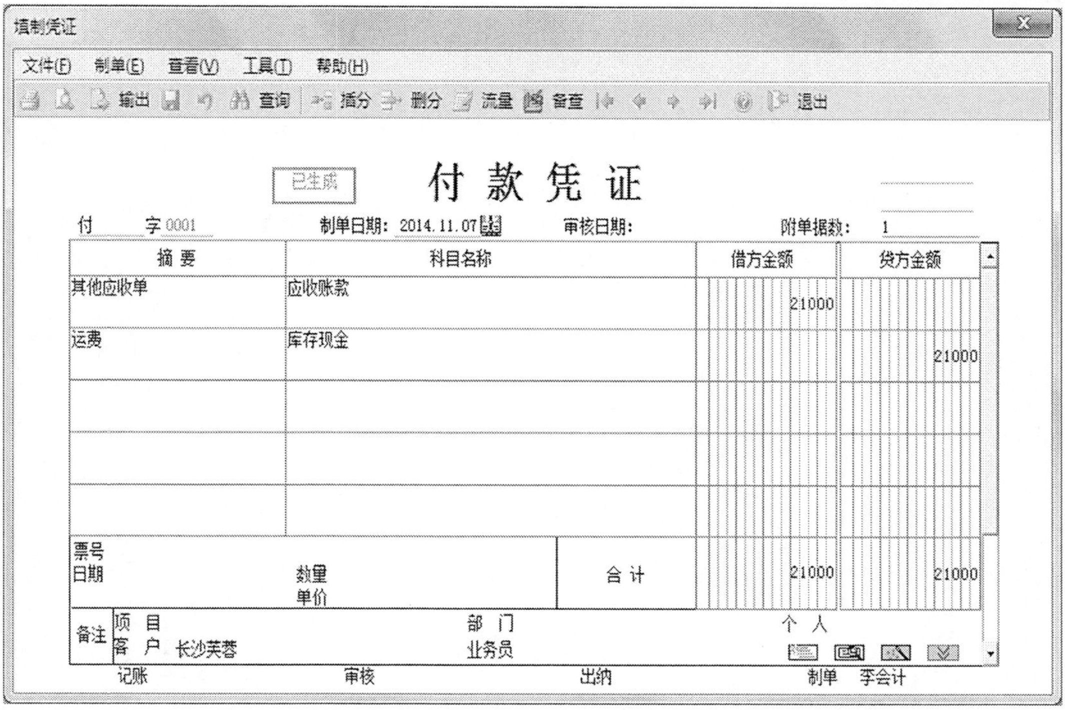

图 7–40　业务 3 凭证

6. 业务 4 凭证（如图 7–41 所示）。

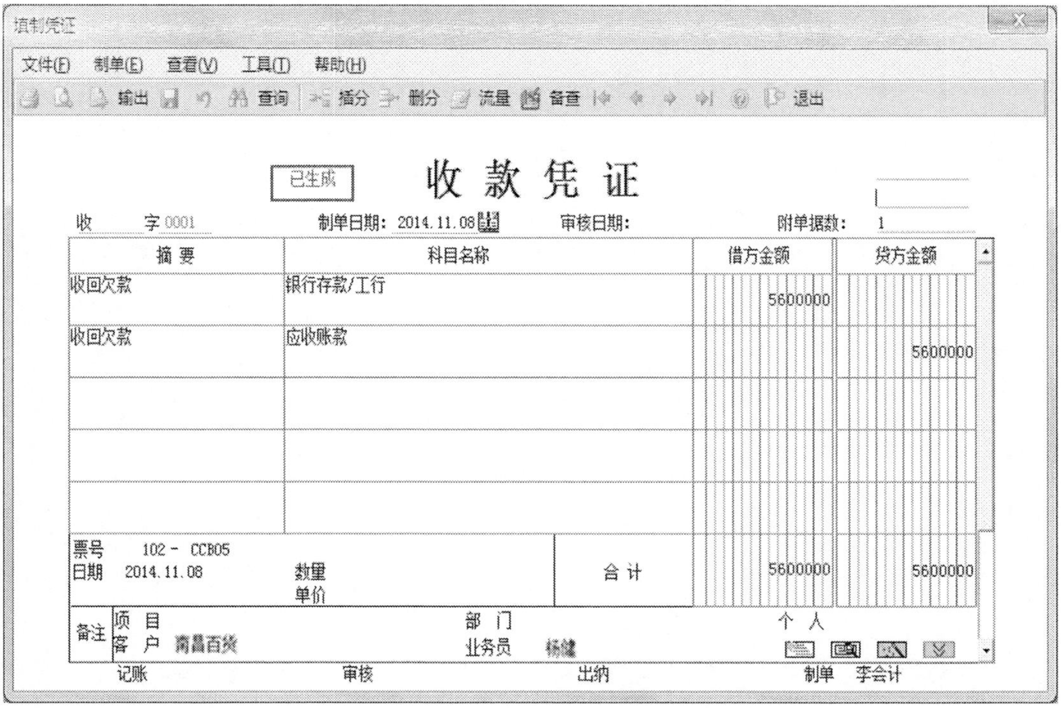

图 7–41　业务 4 凭证

7. 业务 5 凭证（如图 7–42 所示）。

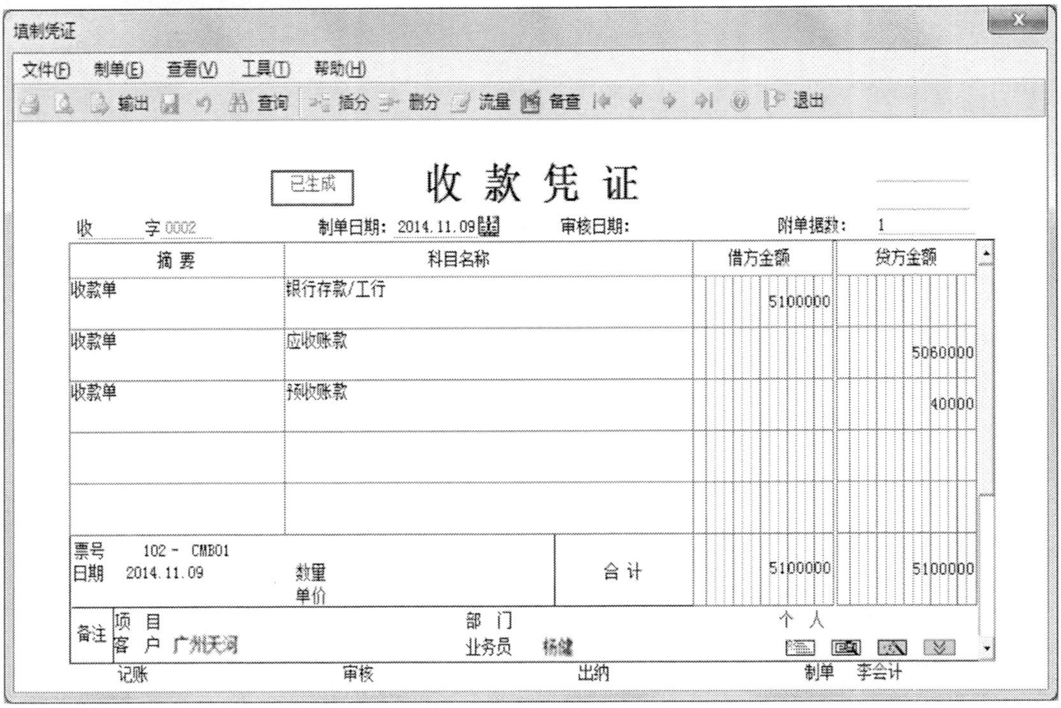

填制凭证

文件(F) 制单(E) 查看(V) 工具(T) 帮助(H)

输出 查询 插分 删分 流量 备查 退出

已生成 **收款凭证**

收 字 0002 制单日期：2014.11.09 审核日期： 附单据数：1

摘要	科目名称	借方金额	贷方金额
收款单	银行存款/工行	5100000	
收款单	应收账款		5060000
收款单	预收账款		40000
票号 102 - CMB01 日期 2014.11.09 数量 单价	合计	5100000	5100000

备注 项目 部门 个人
客户 广州天河 业务员 杨健

记账 审核 出纳 制单 李会计

图 7-42 业务 5 凭证

8. 业务 6 凭证（如图 7-43 所示）。

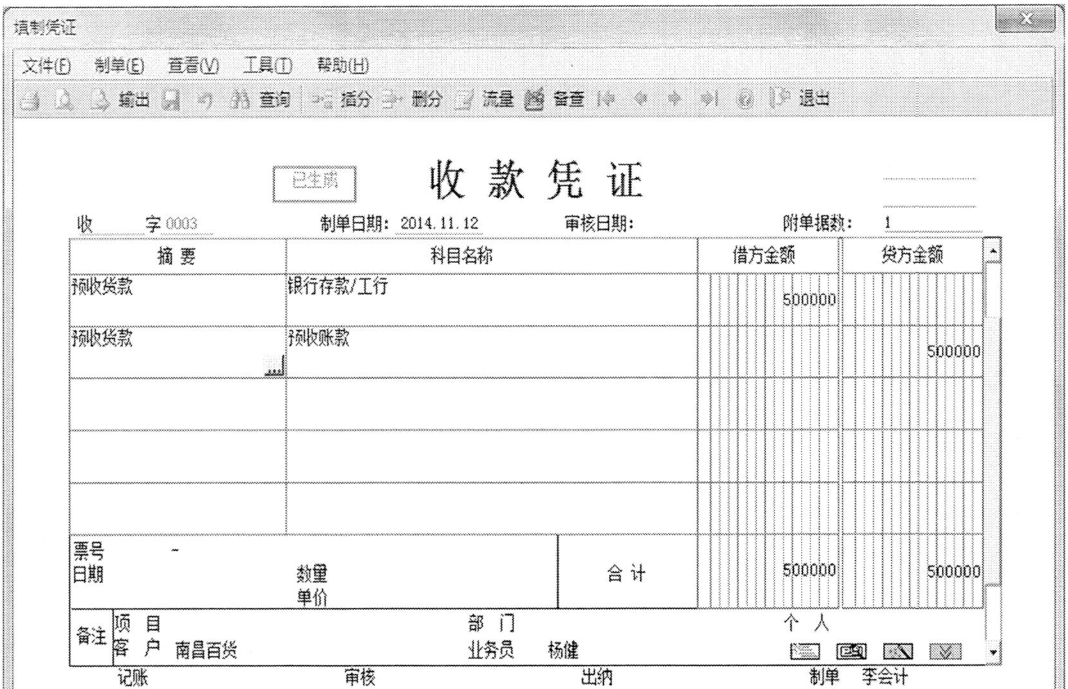

填制凭证

文件(F) 制单(E) 查看(V) 工具(T) 帮助(H)

输出 查询 插分 删分 流量 备查 退出

已生成 **收款凭证**

收 字 0003 制单日期：2014.11.12 审核日期： 附单据数：1

摘要	科目名称	借方金额	贷方金额
预收货款	银行存款/工行	500000	
预收货款	预收账款		500000
票号 - 日期 数量 单价	合计	500000	500000

备注 项目 部门 个人
客户 南昌百货 业务员 杨健

记账 审核 出纳 制单 李会计

图 7-43 业务 6 凭证

9. 业务 7 凭证（如图 7-44 所示）。

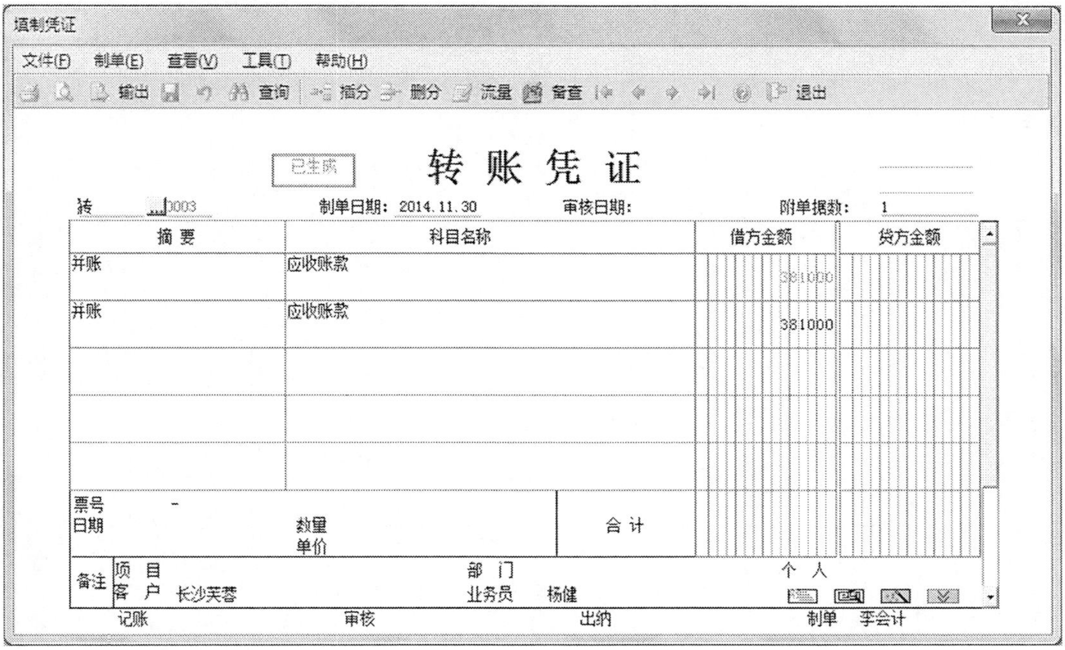

图 7-44 业务 7 凭证

10. 坏账处理制单（如图 7-45、图 7-46 所示）。

图 7-45 制单查询

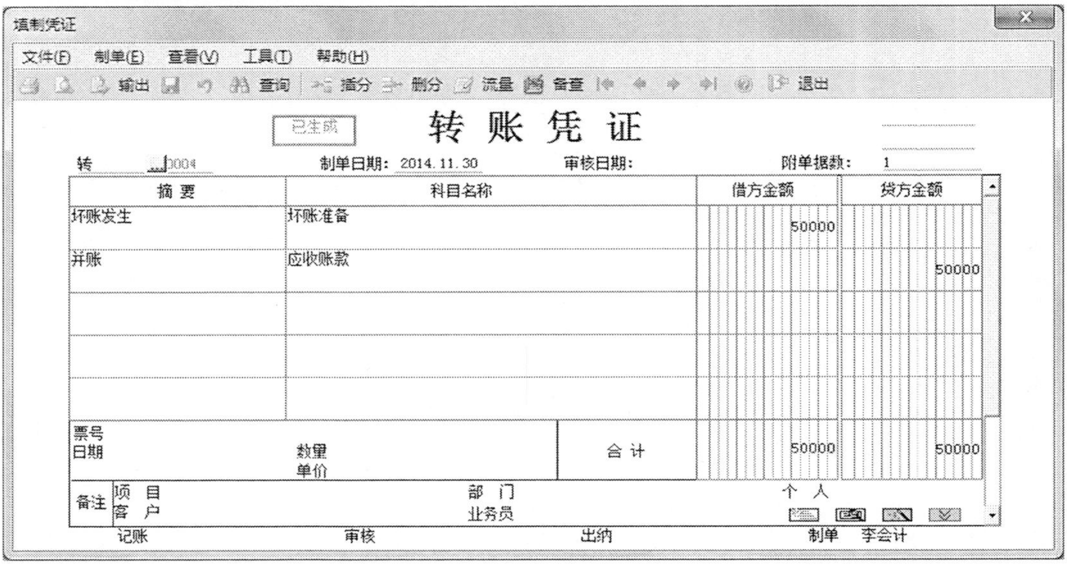

图 7-46　坏账发生凭证

第三节　月末处理

如果本月的各项处理已经结束，就可以选择执行月末结账功能。执行了月末结账功能后，该月将不能再进行任何处理。

应收款系统结账的基本业务规则如下：

1. 应收款管理系统与销售管理系统集成使用，应在销售管理系统结账后，才能对应收系统进行结账处理。

2. 当选项中设置审核日期为单据日期时，本月的单据（发票和应收单）在结账前应该全部审核。

3. 当选项中设置审核日期为业务日期时，截止到本月末还有未审核单据（发票和应收单），仍然可以进行月结处理。

4. 如果还有合同结算单未审核，仍然可以进行月结处理。

5. 如果本月的收款单还有未审核的，不能结账。

6. 当选项中设置月结时必须将当月单据以及处理业务全部制单，月结时若检查到当月有未制单的记录，则不能进行月结处理。

7. 当选项中设置月结时不用检查是否全部制单，无论当月有无未制单的记录，均可以进行月结处理。

8. 如果是最后一个期间结账，应将本年度进行的所有核销、坏账、转账等处理全部制单。

9. 如果是最后一个期间结账，应将本年度外币余额为 0 的单据的本币余额结转为 0。

思考题及实践题

1. 在使用应收款系统时，如果启用销售管理系统会怎样？

2. 引入总账期初余额已完成账套，完成应收款管理各项业务。

第八章

应付款管理

应付款管理系统，通过发票、其他应付单、付款单等单据的录入，对企业的往来账款进行综合管理，及时、准确地提供供应商的往来账款余额资料，提供各种分析报表，帮助合理地进行资金的调配，提高资金的利用效率。根据对供应商往来款项核算和管理的程度不同，系统提供了“详细核算”和“简单核算”两种应付款应用方案。

若采购业务及应付账款业务繁多，或者需要追踪每一笔业务的应付款情况、付款情况等，甚至需要将应付款核算到产品一级，则通常选择详细核算方案。该方案能够帮助了解每笔业务详细的应付款情况、付款情况及余额情况，并进行账龄分析。

如果使用单位采购业务及应付款核算业务并不十分复杂，或者现结业务较多，则可选择简单核算方案。

具体选择哪一种方案，可以在应付款管理系统中通过设置“应付账款核算模型”来实现。本书选择详细核算操作流程进行介绍，具体流程如图 8-1 所示。

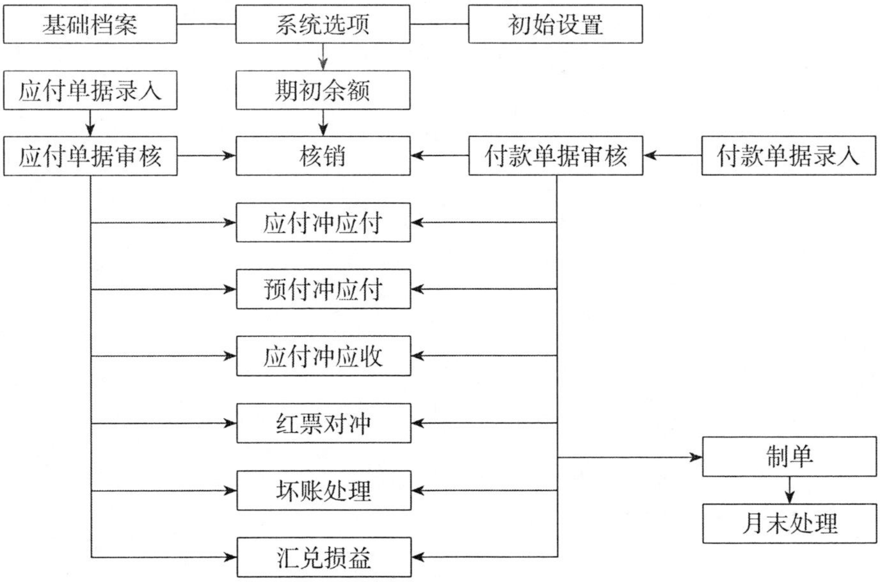

图 8-1　应付款管理流程图

由于应付款管理与其他系统存在数据的对应关系，所以要求引入总账余额输入完成的账套，使用该系统前需要取消采购管理系统的启用，在数据权限控制设置中取消对记录级业务对象用户的默认控制。

第一节 应付款管理设置

一、选项设置

选项设置确定应付款系统运行所需要的账套参数，以便系统根据这些参数进行相应的处理。

1. 常规设置（如图 8-2 所示）。

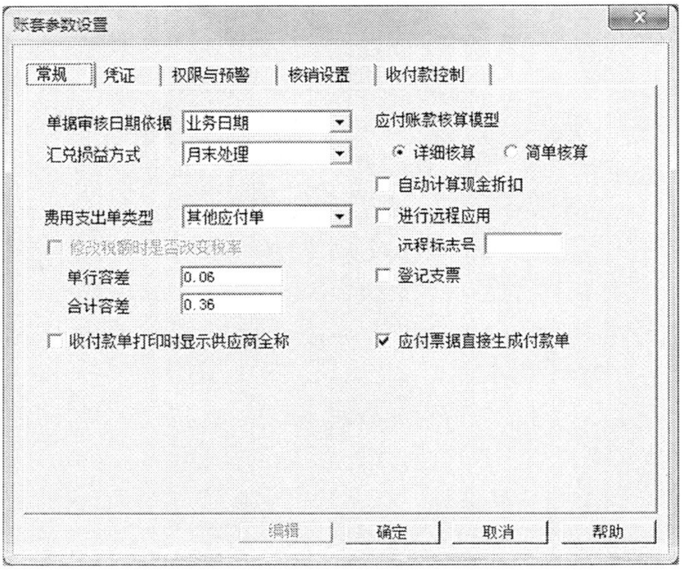

图 8-2 常规设置

2. 凭证设置（如图 8-3 所示）。

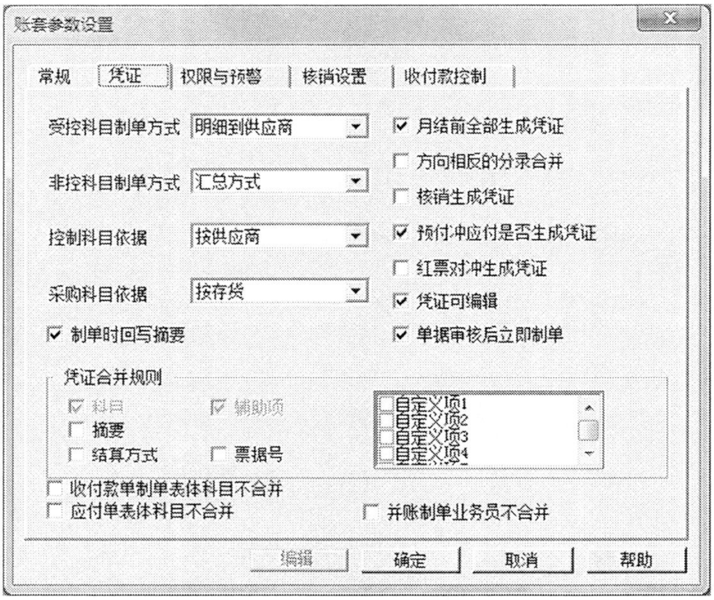

图 8-3 凭证设置

二、初始设置

初始设置是建立应付管理的基础数据，确定使用哪些单据（单据模板）处理应付业务，确定需要进行账龄管理的账龄区间，确定凭证科目。有了这些功能，用户可以选择使用自己定义的单据类型，进行业务的处理、统计、分析、制单，使应付业务管理更符合用户的需要。

1. 基本科目设置（如图 8-4 所示）。

基础科目种类	科目	币种
应付科目	2202	人民币
预付科目	1123	人民币
采购科目	1401	人民币
税金科目	22210101	人民币
汇兑损益科目	660302	人民币
商业承兑科目	2201	人民币
银行承兑科目	2201	人民币
票据利息科目	660301	人民币

图 8-4 基本科目设置

2. 控制科目设置（如图 8-5 所示）。

供应商编码	供应商简称	应付科目	预付科目
001	上海明珠	2202	1123
002	湖北新星	2202	1123
003	深圳海王	2202	1123
004	浙江东方	2202	1123

图 8-5 控制科目设置

3. 产品科目设置（如图 8-6 所示）。

存货编码	存货名称	存货规格	采购科目	产品采购税金科目
01	明珠女装		1401	22210101
02	明珠男衣		1401	22210101
03	明珠男套装		1401	22210101
04	新星女风衣		1401	22210101
05	东方女表		1401	22210101
06	海王女表		1401	22210101
07	海王情侣表		1401	22210101
08	运输费			

图 8-6 产品科目设置

4. 结算方式科目设置（如图 8-7 所示）。

三、输入期初余额

通过期初余额功能，将正式启用账套前的所有应付业务数据录入系统，作为期初建账

图 8-7 结算方式科目设置

的数据，系统即可对其进行管理，这样既保证了数据的连续性，又保证了数据的完整性。初次使用本系统时，要将上期未处理完全的单据都录入到本系统，以便于以后的处理。进入第二年度处理时，系统自动将上年度未处理完全的单据转为下一年度的期初余额。在下一年度的第一个会计期间里，根据需要可以进行期初余额的调整。

1. 期初余额查询（如图 8-8 所示）。

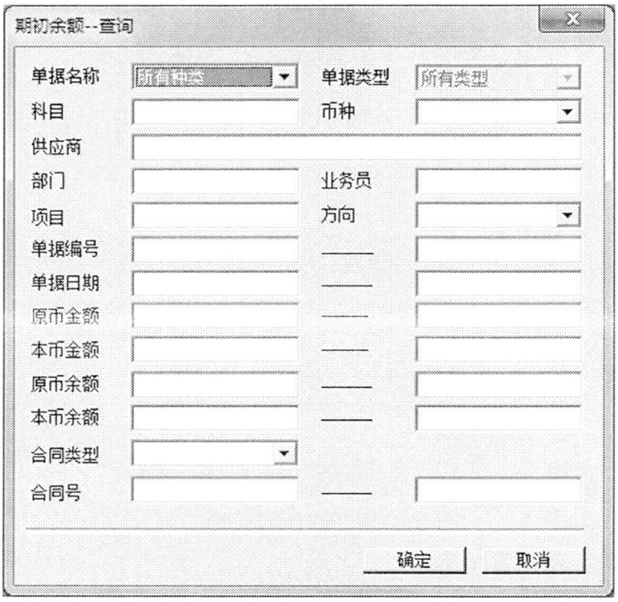

图 8-8 期初余额查询

2. 选择单据类别（如图 8-9 所示）。

图 8-9 单据类别选择

3. 输入采购专用发票具体内容（如图 8-10 所示）。
4. 应付款系统与总账期初对账（如图 8-11 所示）。

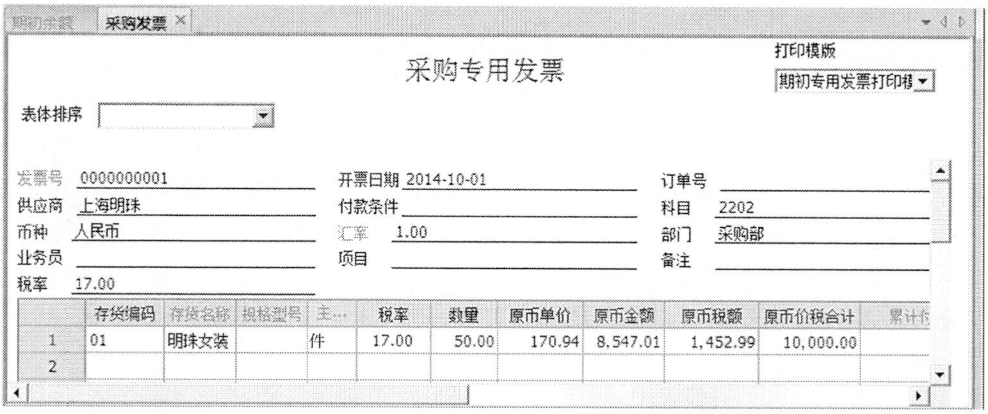

图 8-10 采购专用发票

科目		应付期初		总账期初		差额	
编号	名称	原币	本币	原币	本币	原币	本币
1123	预付账款	0.00	0.00	0.00	0.00	0.00	0.00
2201	应付票据	0.00	0.00	0.00	0.00	0.00	0.00
2202	应付账款	10,000.00	10,000.00	10,000.00	10,000.00	0.00	0.00
	合计		10,000.00		10,000.00		0.00

图 8-11 期初对账

第二节 日常业务处理

日常处理是应付款管理系统的重要组成部分，是经常性的应付业务处理工作。日常业务主要完成企业日常的应付/付款业务录入、应付/付款业务核销、应付并账、汇兑损益等的处理，及时记录应付款、付款业务的发生，为查询和分析往来业务提供完整、正确的资料，加强对往来款项的监督管理，提高工作效率。

一、具体功能

1. 单据处理功能，即单据录入、单据管理，解决增删改单据和查询、审核单据工作。应付单据处理主要是对应付单据（采购发票、应付单）进行管理，包括应付单据的录入、审核。根据业务模型的不同，可以处理的单据类型也不同：如果同时使用应付款管理系统和采购系统，则发票由采购系统录入，在本系统可以对这些单据进行审核、弃审、查询、核销、制单等，此时在本系统需要录入的单据仅限于应付单；如果没有使用采购系统，则各类发票和应付单均应在本系统录入。付款单据的处理与应付单据的处理类似。

付款申请单据处理主要是对付款申请业务进行管理，包括付款申请单据录入及审核。付款申请单据可来源于采购订单、采购发票，进口订单、进口发票，委外发票，工序委外的加工费发票，合同、合同结算单，其他应付单及无来源的付款申请。采购和进口管理可依据发票直接生成付款申请单，其他系统的付款申请可在付款申请单录入界面完成。当选项中启用付款申请业务为否，则付款申请单录入及审核菜单不可见。

2. 单据核销工作。核销是指用户进行的付款核销应付款的工作。单据核销的作用是处理付款核销应付款，建立付款与应付款的核销记录，监督应付款及时核销，加强往来款项的管理。手工核销即用户手工确定系统内付款与应付款的对应关系，有选择地进行核销，通过本功能可以根据查询条件选择需要核销的单据，然后手工核销，增强了往来款项核销的灵活性；自动核销即系统自动确定系统内付款与应付款的对应关系，有选择地进行核销，通过本功能可以根据查询条件选择需要核销的单据，然后系统自动核销，增强了往来款项核销的效率性。

3. 应付转账功能，进行应付冲应付、预付冲应付、应付冲应收、红票对冲等操作。应付冲应付是指将供应商、部门、业务员、项目和合同的应付款转到另一个中去，通过本功能将应付款业务在供应商、部门、业务员、项目和合同之间转入、转出，实现应付业务的调整，解决应付款业务在不同供应商、部门、业务员、项目和合同之间入错户或合并户问题；预付冲应付可将预付供应商款项和所欠供应商的货款进行转账核销处理；应付冲应收是用对某供应商的应付账款，冲抵对某客户的应收账款；红票对冲是指将同一供应商的红票和其蓝字发票进行冲销。

4. 汇兑损益功能，解决有外币业务核算时的汇兑损益处理工作。

5. 制单处理功能。制单即生成凭证，并将凭证传递至总账。系统对不同的单据类型或不同的业务处理提供实时制单的功能，除此之外，系统提供了一个统一制单的平台，可以在此快速、成批地生成凭证，并可依据规则进行合并制单等处理。

6. 票据管理功能，即对银行承兑汇票和商业承兑汇票进行管理，包括记录票据详细信息和记录票据处理情况。当支付给供应商承兑汇票时，将该汇票录入应付系统的票据管理。如果系统选项中启用了付款申请业务，则点击“生单”按钮，选择已审核且结算方式为空或结算方式中对应票据类型为“商业汇票”的付款申请单生成票据。如果系统选项“应付票据直接生成付款单”选中，则点击“确认”按钮，系统保存当前票据，同时生成一张付款单；如果该选项未选中，则需要点“付款”按钮才生成付款单。可以在“付款单据录入”中进行查询，并可以与应付单据进行核销勾对。在票据管理中，可以对该票据进行计息、结算、转出等处理。如果要进行票据科目的管理，必须将应付票据科目设置为应付受控科目。如果启用付款申请业务，票据管理中不可直接录入票据，要依据付款申请单生成票据。参照付款申请单生成票据时，只有付款申请单上的结算方式为空或结算方式中其对应票据类型为“商业汇票”的单据，允许被参照生成付款单。

7. 付款单导出，即付款单与网上银行的相互导入导出处理。

8. 选择付款，即一次支付多个供应商、多笔款项的业务处理，简化日常付款操作，同时便于掌握和控制资金的流出。具体操作如下：首先，点击“日常处理”菜单下的“选择付款”，出现“选择付款——条件”对话框，输入选择条件来缩小单据的范围。其次，选择供应商，选择“通用”页签点击供应商的参照框，或输入供应商编码点击“增加”按钮，即可将参照的供应商选中在下方的空白区域内。可以同时选择多个供应商，也可一个供应商一个供应商地增加。如果要删除某个供应商，将光标放到该供应商所在行，点“删除”按钮即可，或者直接将该供应商前方小框里的“√”去掉即可。再次，选择时间。在“通用”页签中的“收款日期”中参照或输入收款的时间，默认为系统登录日期。最后，选择其他条件，单击“单据条件”页签，可以选择“选择付款”的其他条件。选择完所有的条件后，点击“确认”按钮，这时界面中所列出的全部是满足条件的单据，可以在“付款金额”一栏里输入本次支付的金额。

9. 信用证管理，即进口商在发出信用证后的付汇及其后续核销处理。

二、业务 1

11 月 10 日，采购部王一从湖北新星服装厂购入新星女风衣 30 件，含税单价 120 元/件，收到增值税专用发票，服装已经入库。相关款项未付。

1. 执行应付单据录入的操作，选择单据类别（如图 8–12 所示）。

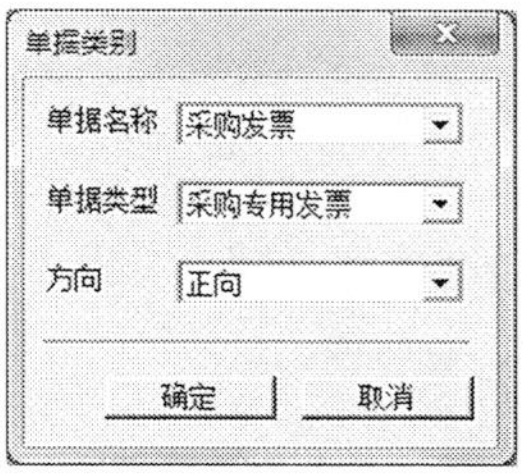

图 8–12 选择单据类别

2. 输入专用发票详细内容（如图 8–13 所示）。

图 8–13 输入专用发票详细内容

3. 应付单据审核（如图 8–14 所示）。

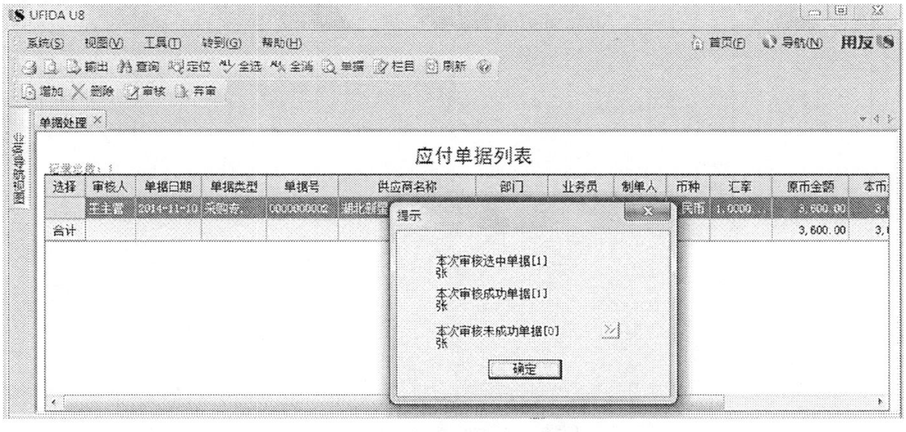

图 8–14 应付单据审核

三、业务 2

11 月 13 日，开出转账支票 zz05 支付前欠上海明珠服装厂货款 10 000 元。

1. 付款单据录入（如图 8–15 所示）。

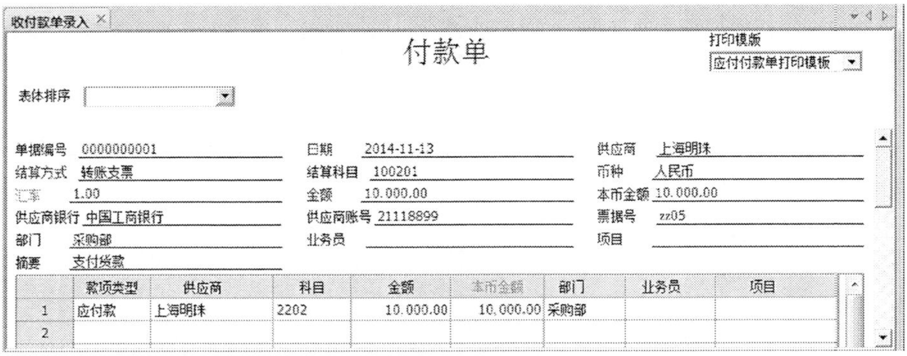

图 8–15 付款单据录入

2. 进行付款单据审核（如图 8–16 所示）。

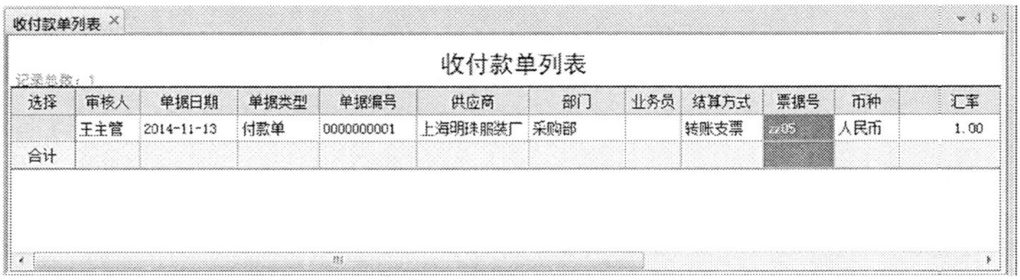

图 8–16 付款单据审核

四、业务 3

11 月 30 日，进行本月发票查询。

选择单据查询—发票查询，发票查询条件和结果分别如图 8–17、图 8–18 所示。

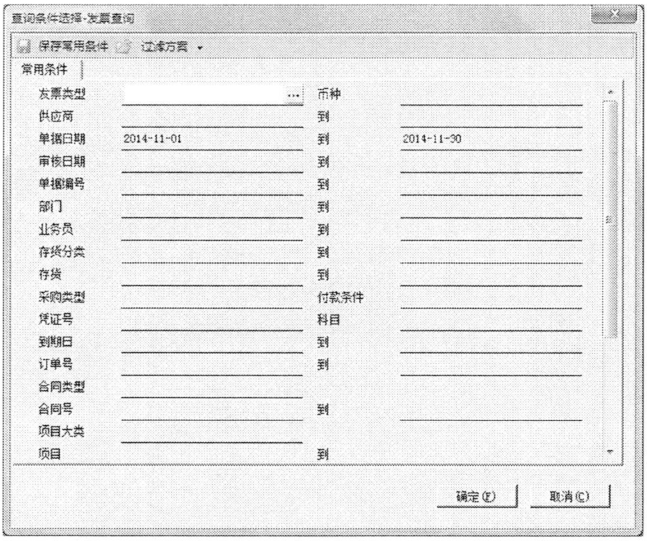

图 8–17 发票查询条件

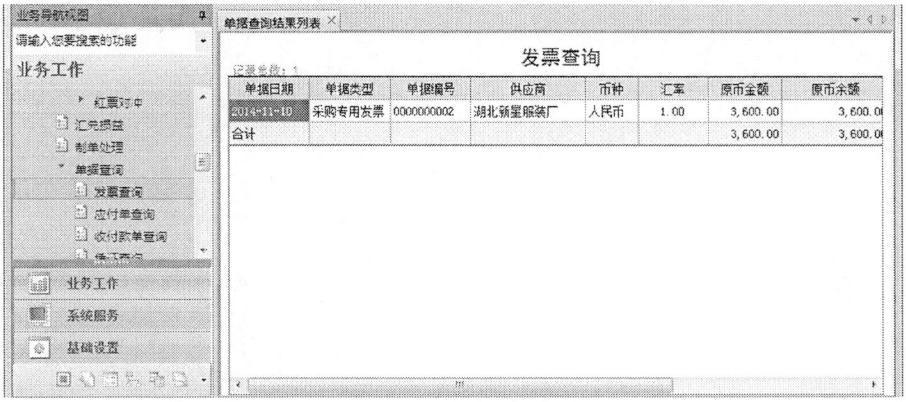

图 8-18 发票查询结果

五、业务 4

11 月 30 日，进行制单处理。

1. 选择制单业务类型（如图 8-19 所示）。

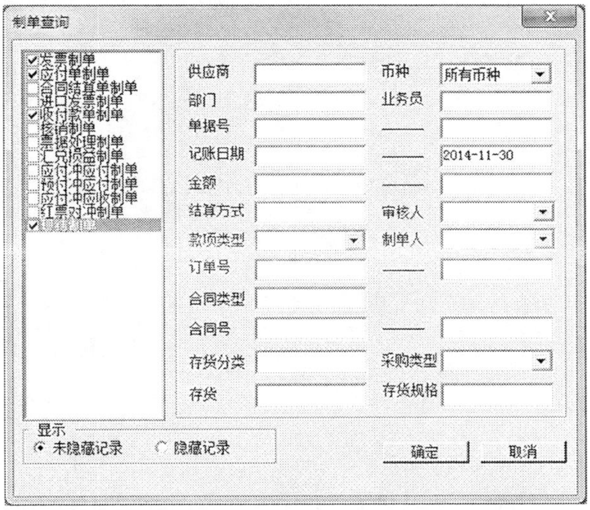

图 8-19 制单业务类型

2. 选择应付制单（如图 8-20 所示）。

图 8-20 选择应付制单

3. 生成凭证（如图 8-21、图 8-22 所示）。

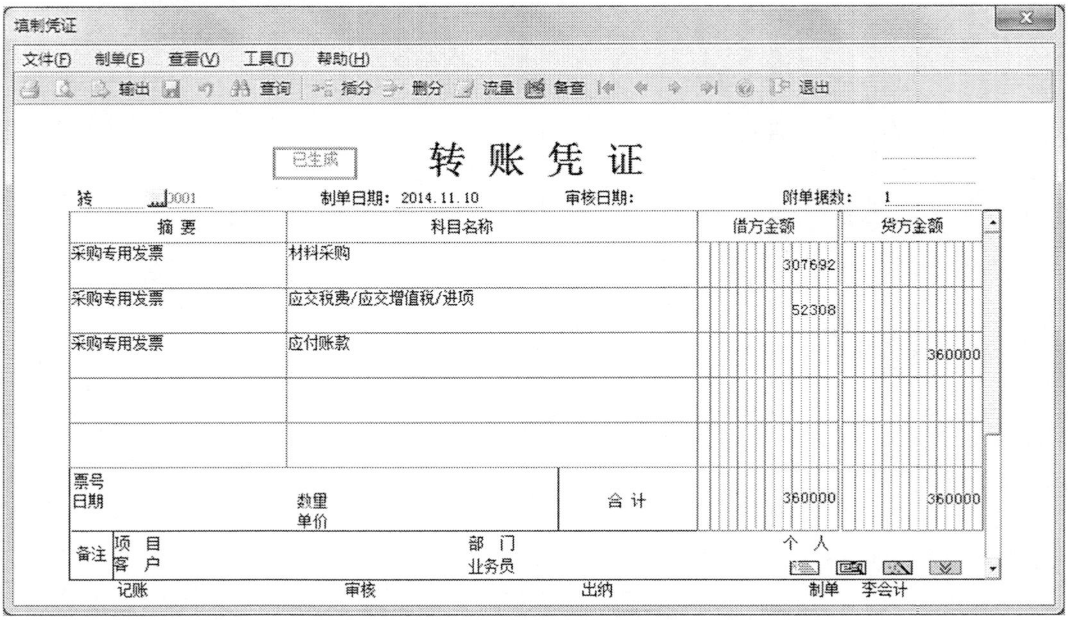

图 8-21 业务 1 凭证

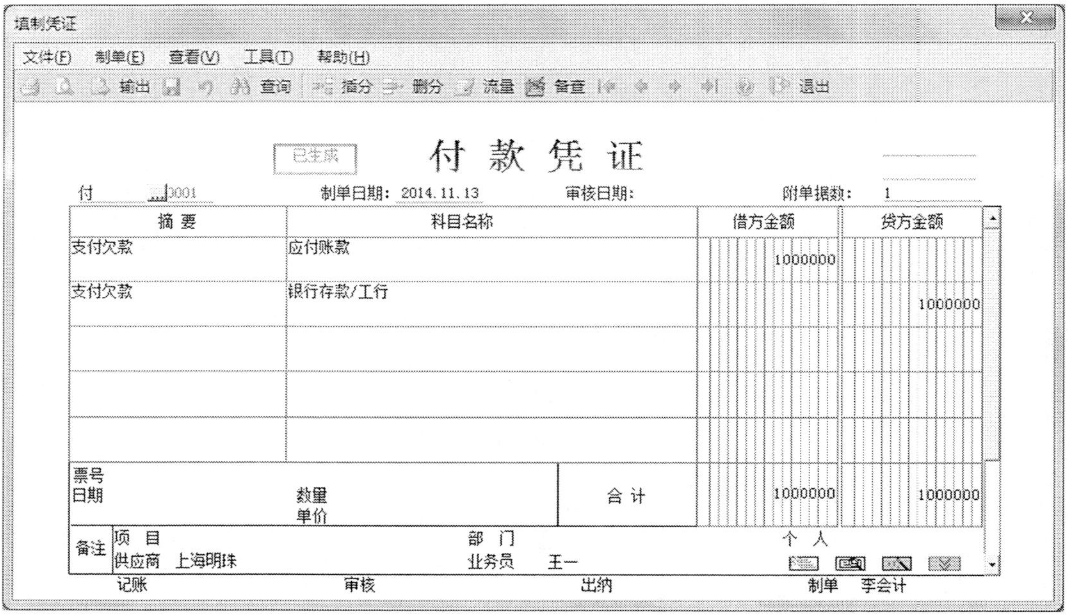

图 8-22 业务 2 凭证

第三节 月末处理

应付款日常业务完成以后，在月末需要进行月末处理，以便结束本月业务，为下个月的业务处理做好准备。详细操作如下：

1. 进行月末结账，执行月末处理功能，选择结账月份（如图 8-23 所示）。
2. 系统自动检查各种处理类型完成情况（如图 8-24 所示）。

图 8-23 选择结账月份

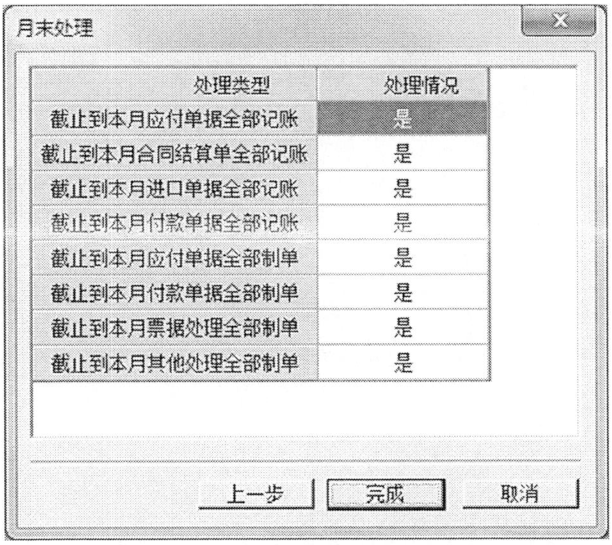

图 8-24 检查处理类型

3. 顺利完成月末处理，出现提示信息（如图 8-25 所示）。

图 8-25 结账提示信息

4. 如果结账以后发现问题，可以执行反结账功能，取消结账标志（如图 8-26 所示）。

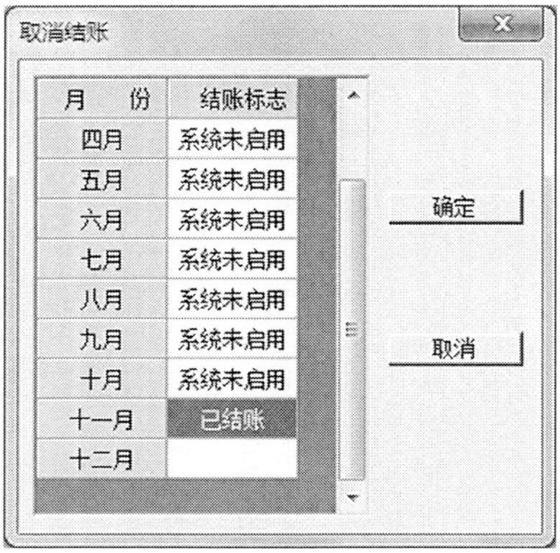

图 8-26　选择反结账月份

5. 取消结账提示信息（如图 8-27 所示）。

图 8-27　取消结账提示信息

思考题及实践题

1. 应付款管理的详细核算与简单核算有什么不同？
2. 引入总账期初余额已完成账套，完成应付款管理各项业务。

第九章

薪资管理

薪资管理是指企业根据国家劳动法规和政策，对职工工资的发放实行计划、组织、协调、指导和监督。其范围包括发给职工个人的劳动报酬和按国家规定发放的津贴、补贴等。薪资管理是企业管理的重要组成部分，它影响到企业的发展，涉及每一位员工的切身利益，不同的工资决策会给企业带来不同的结果。符合市场规律，符合企业实际，具有激励机制的工资方案，可以极大地调动广大管理人员和普通员工的工作积极性，有效地降低工资成本，更好地提高生产效率。这些都要建立在工资日常核算的基础之上。薪资管理操作流程如图 9-1 所示。

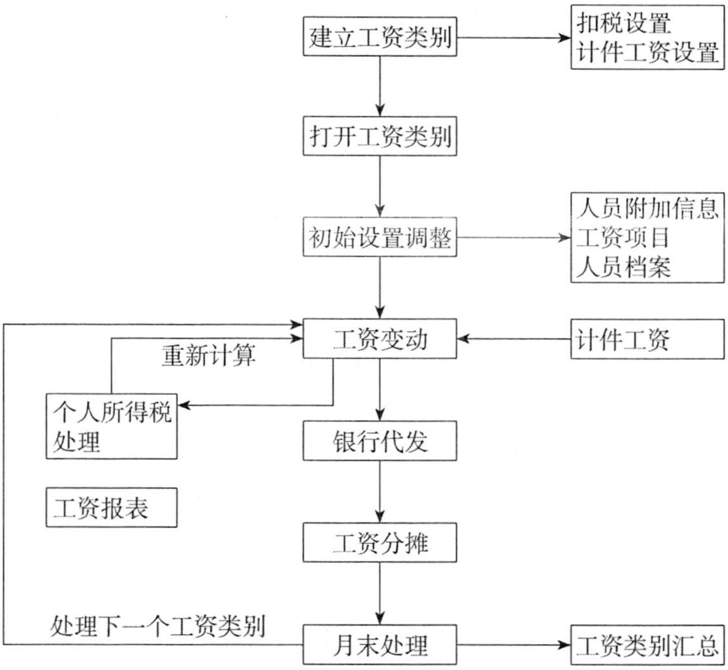

图 9-1　薪资管理流程图

第一节　薪资管理基础设置

一、权限设置

1. 以账套主管的身份登录企业应用平台，选择基础信息—权限，执行“数据权限控制设置”（如图 9-2 所示）。

2. 在记录级页框中将“部门”、“工资权限”业务对象选项前默认的“√”去除，这

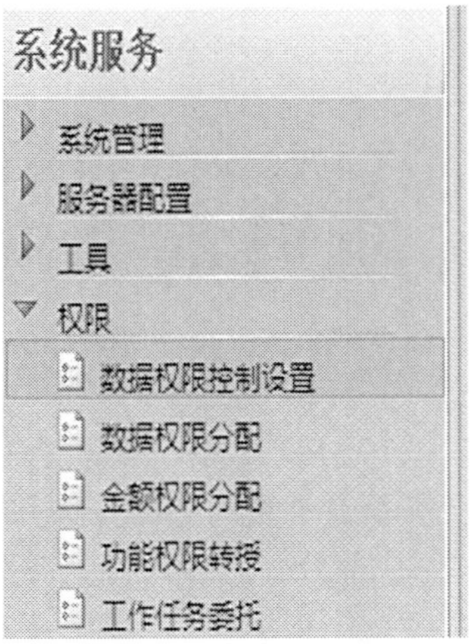

图 9-2 数据权限

样不具备账套主管权限的会计人员才能完整地进行工资业务操作，否则需要进入“数据权限分配”给操作员授予相应部门和工资权限才能进行薪资业务操作（如图 9-3 所示）。

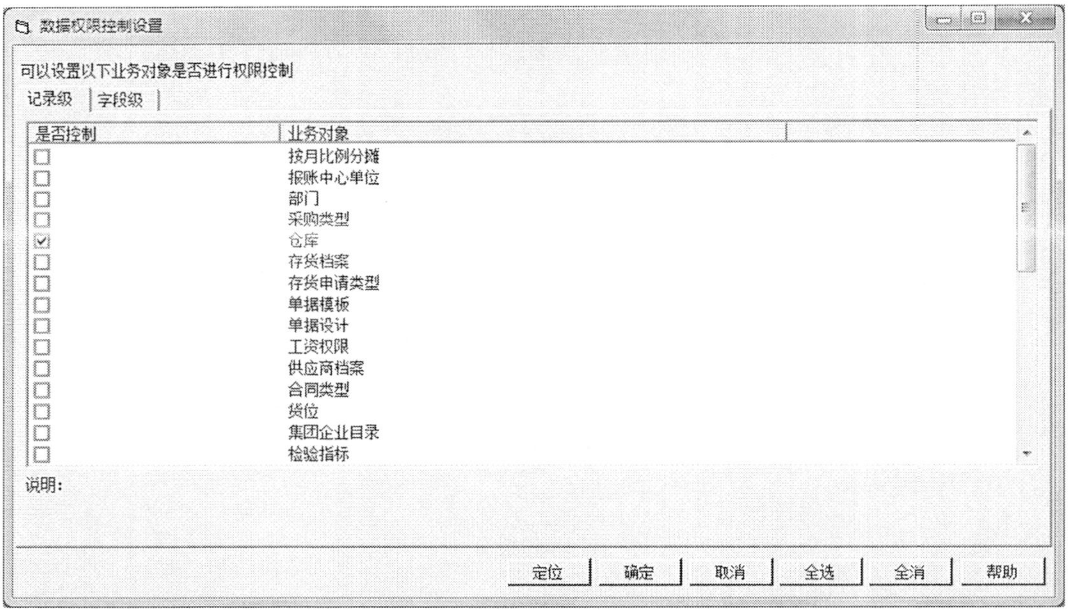

图 9-3 数据权限控制设置

二、建立工资账套

1. 登录“薪资管理”模块，选择业务工作—人力资源—薪资管理（如图 9-4 所示）。

2. 参数设置。在第一次使用时，必须建立工资账套，也就是对薪资管理系统进行初始化，使它能够满足核算单位的特殊核算要求，这些操作是在系统引导下的人机对话过程。在“参数设置”中选择工资类别个数（也称工资核算方案），通常选择“多个”（即使目前企业只有一种工资核算方案，也建议选择“多个”而不是“单个”），这样便于将来进行扩展。由于本账套中有计件工资核算内容，因此“是否核算计件工资”选项也勾选（如图 9-5 所示）。

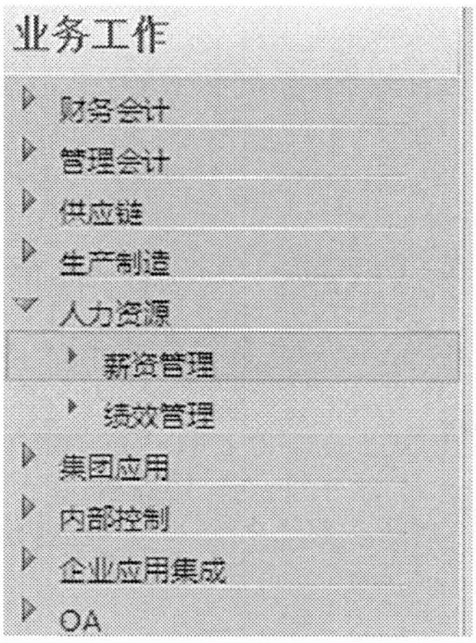

图 9-4　登录薪资管理模块

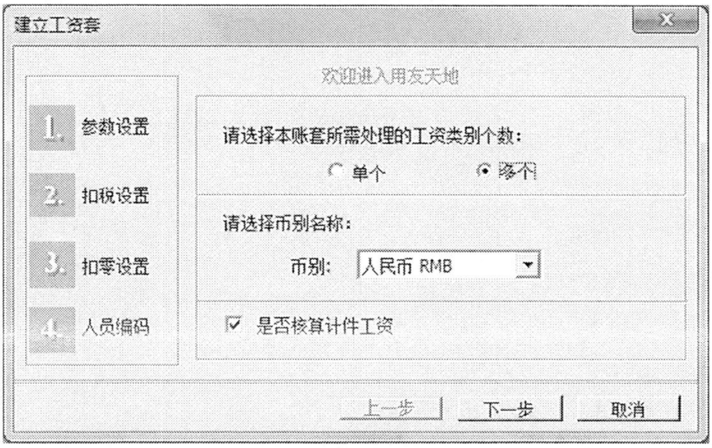

图 9-5　参数设置

3. 在“扣税设置”中，根据单位实际情况，决定是否勾选“是否从工资中代扣个人所得税”选项。本账套核算要求勾选该选项（如图 9-6 所示）。

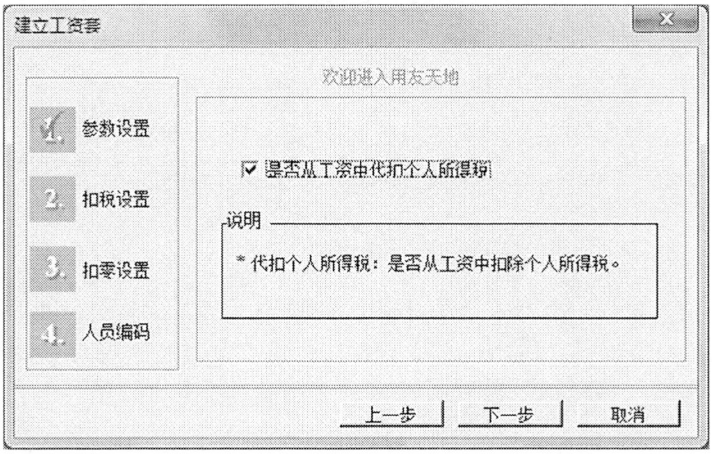

图 9-6　扣税设置

4. 在“扣零设置”中，如果采取银行代发工资形式通常不做选择，如果采取现金发放工资形式需要选择扣零设置，这样便于工资的发放，本账套核算要求不选择该选项（如图 9-7 所示）。

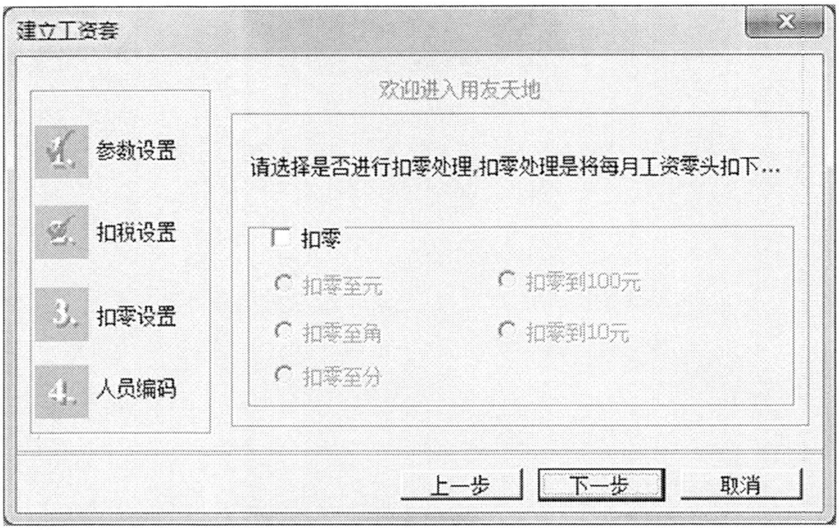

图 9-7　扣零设置

5. 在“人员编码”中，要求编码与公共平台的人员编码保持一致（如图 9-8 所示）。

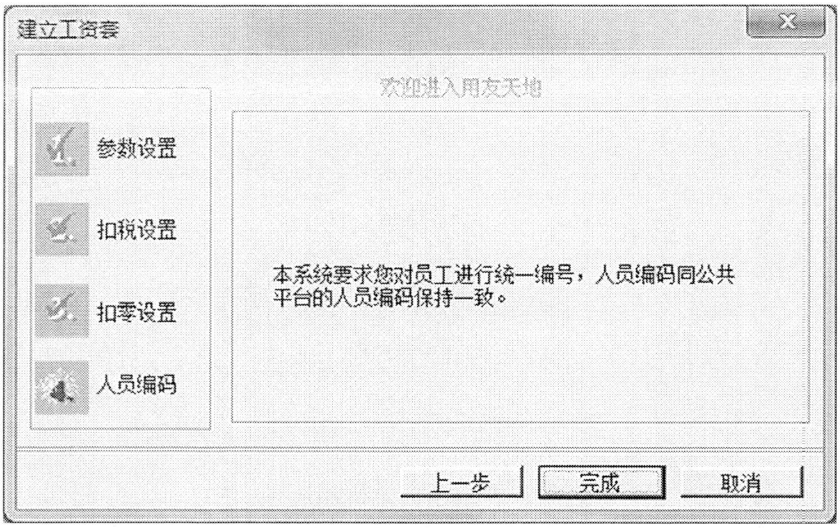

图 9-8　人员编码

三、基础信息设置

1. 人员附加信息设置。如果在工资核算时同时想了解其他信息，可以选择附加信息。例如想了解人员的身份证号、民族、技术职称等，可在此进行选择（如图 9-9 所示）。

2. 工资项目设置。在这里，设置账套各种工资类别下所有可能用到的工资项目（如图 9-10 所示）。

图 9-9 人员附加信息设置

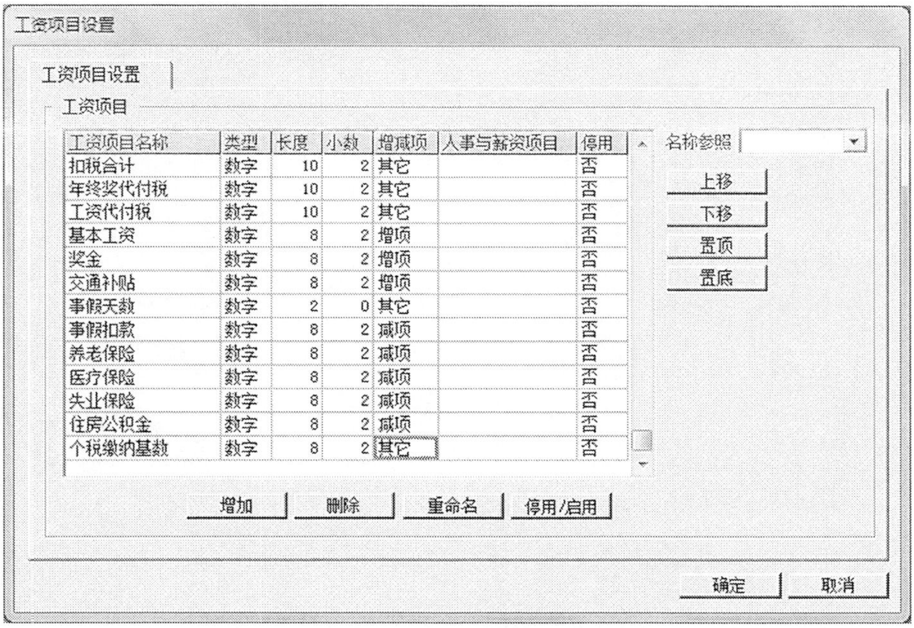

图 9-10 工资项目设置

第二节 薪资管理日常业务

一、正式员工工资类别操作

(一) 建立工资类别

1. 输入工资类别名称“正式员工”(如图 9-11 所示)。

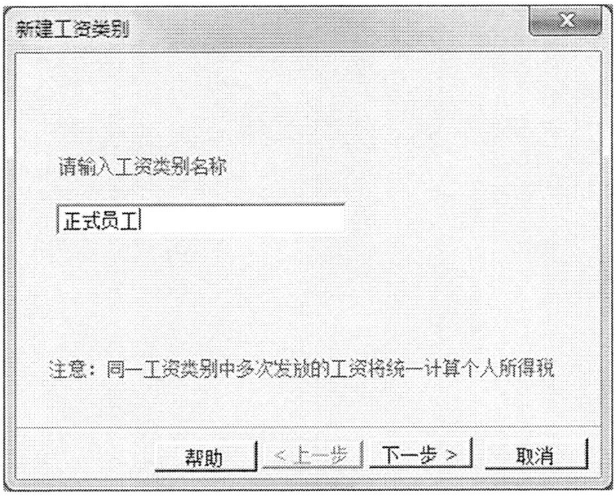

图 9-11　输入工资类别名称

2. 选择纳入“正式员工”工资类别核算的人员分布的部门（如图 9-12 所示）。注意除了“选定全部部门”操作以外，在执行其他操作时选择了上级部门，系统并不会自动选择该部门的下级单位，该部门的下级单位还得再次选择。

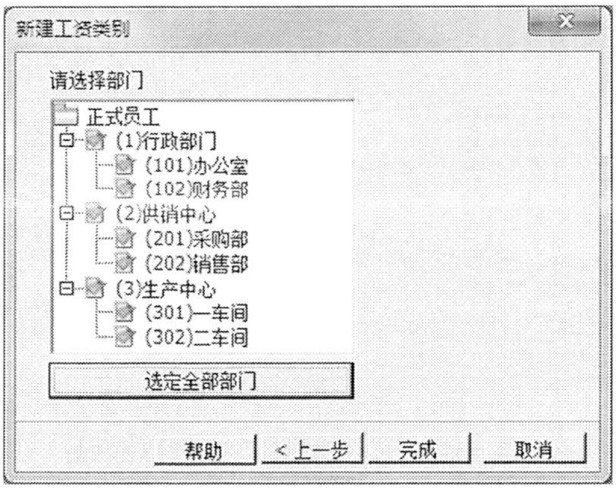

图 9-12　选择部门

3. 确定该工资类别的启用日期（如图 9-13 所示）。该日期与系统登录日期一致。若要修改工资类别的启用日期，必须以需要的启用日期重新登录系统。

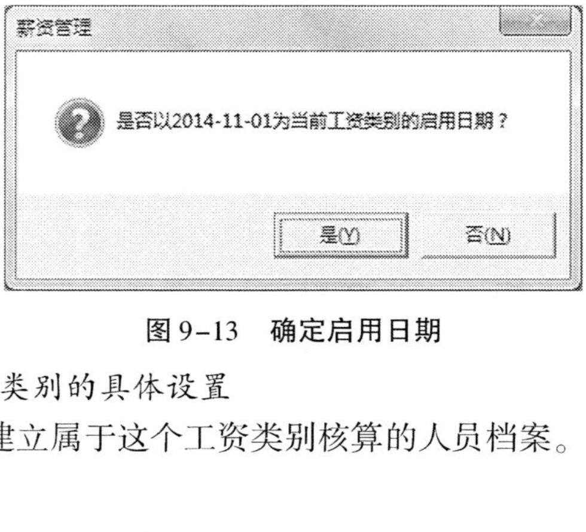

图 9-13　确定启用日期

（二）正式员工工资类别的具体设置

1. 人员档案建立。建立属于这个工资类别核算的人员档案。

①进入人员档案设置界面，执行“批增”功能（如图 9-14 所示）。

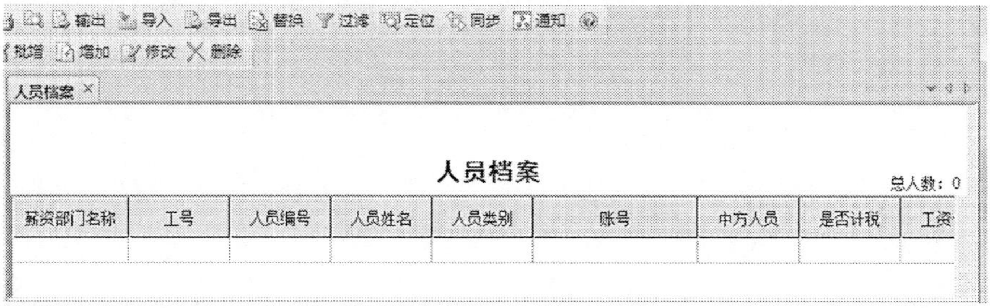

图 9-14　**输入人员档案基本信息**

②人员批量增加可以从基础档案中批量增加人员信息（如图 9-15 所示）。

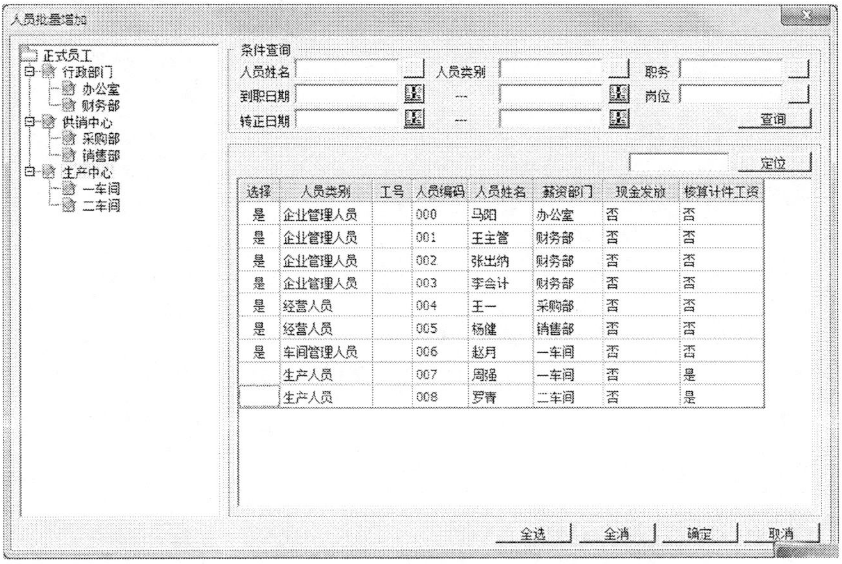

选择	人员类别	工号	人员编码	人员姓名	薪资部门	现金发放	核算计件工资
是	企业管理人员		000	马阳	办公室	否	否
是	企业管理人员		001	王主管	财务部	否	否
是	企业管理人员		002	张出纳	财务部	否	否
是	企业管理人员		003	李会计	财务部	否	否
是	经营人员		004	王一	采购部	否	否
是	经营人员		005	杨健	销售部	否	否
是	车间管理人员		006	赵月	一车间	否	否
	生产人员		007	周强	一车间	否	是
	生产人员		008	罗青	二车间	否	是

图 9-15　**人员批量增加**

③查看属于该工资类别的全部人员档案信息（如图 9-16 所示）。

薪资部门名称	工号	人员编号	人员姓名	人员类别	账号	中方人员	是否计税	工资停发	核算计件工资	现金发
办公室		000	马阳	企业管理人员	20060080001	是	是	否	否	否
财务部		001	王主管	企业管理人员	20060080002	是	是	否	否	否
财务部		002	张出纳	企业管理人员	20060080003	是	是	否	否	否
财务部		003	李会计	企业管理人员	20060080004	是	是	否	否	否
采购部		004	王一	经营人员	20060080005	是	是	否	否	否
销售部		005	杨健	经营人员	20060080006	是	是	否	否	否
一车间		006	赵月	车间管理人员	20060080007	是	是	否	否	否

图 9-16　**人员档案信息**

2. 选择工资项目和设置计算公式。

①选择该工资类别需要使用的工资项目。工资类别中需要的工资项目只能从“名称

参照”下拉列表框中选择在建立工资类别之前设置好的工资项目，并根据要求调整好工资项目的上下顺序，它将影响工资计算表中出现的顺序（如图 9-17 所示）。

图 9-17　正式员工工资项目设置

②在“公式设置”中设置“事假扣款”项目计算公式（如图 9-18 所示）。

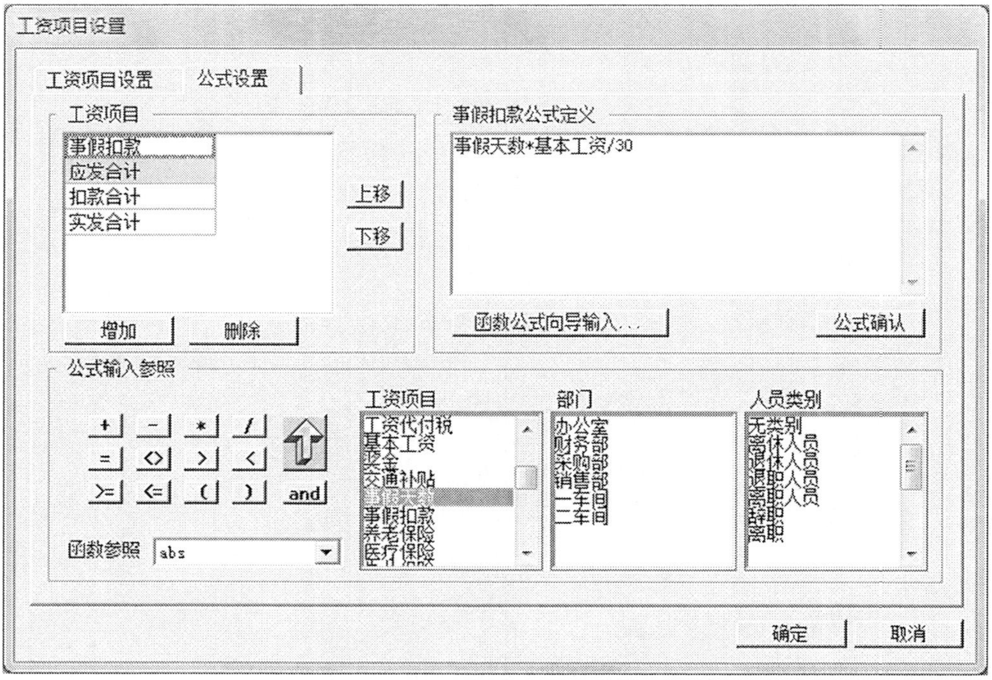

图 9-18　事假扣款项目公式设置

③设置“交通补贴”项目计算公式（如图 9-19 所示）。

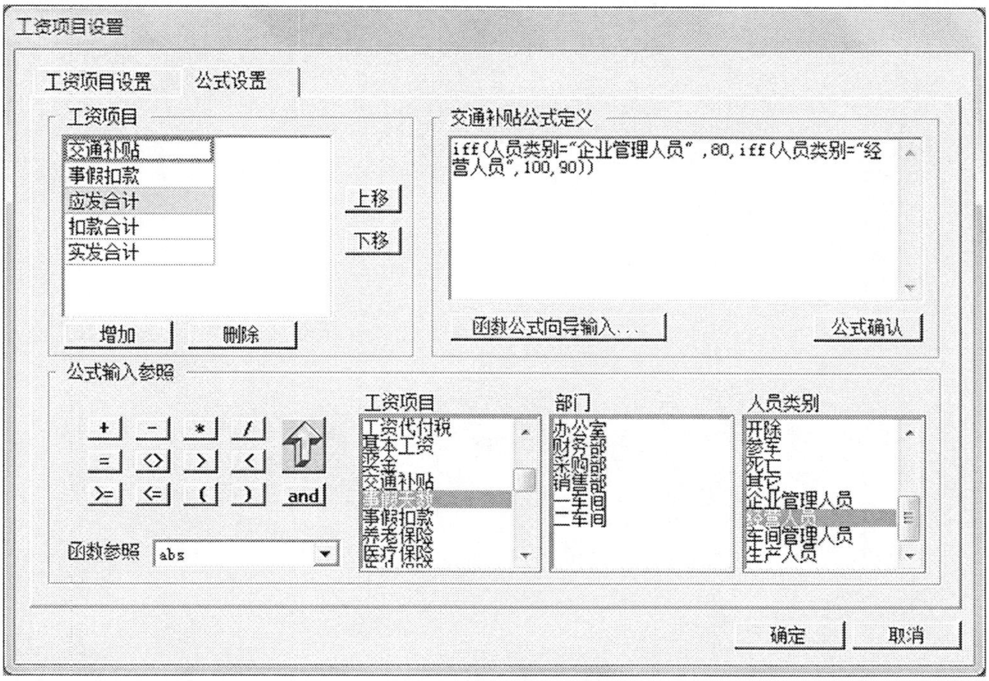

图 9-19 交通补贴项目公式设置

④设置“养老保险”项目计算公式（如图 9-20 所示）。

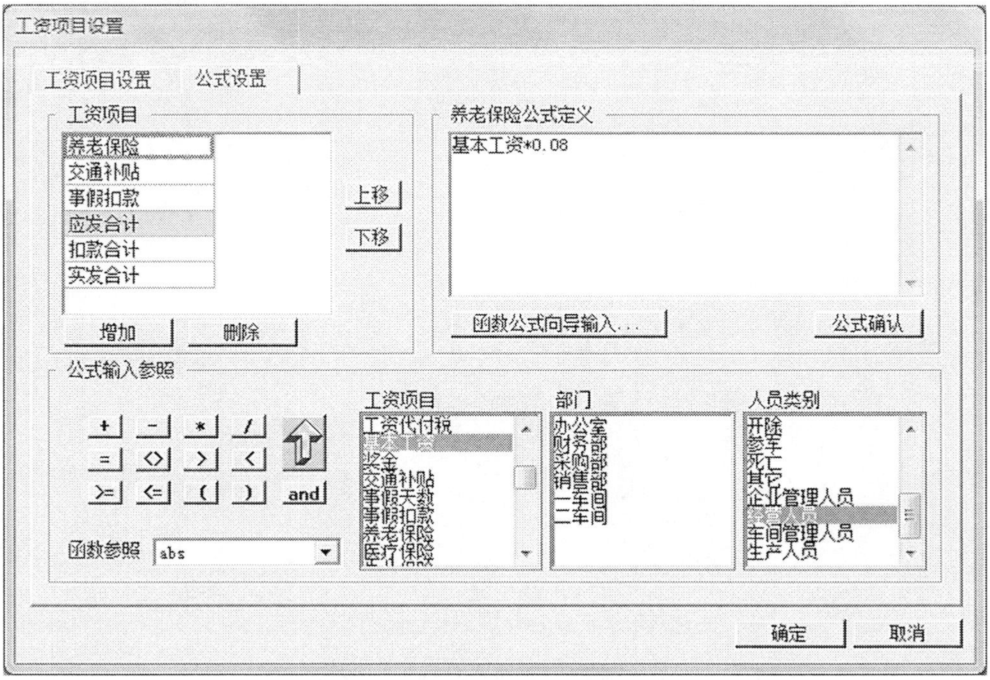

图 9-20 养老保险项目公式设置

⑤设置“医疗保险”项目计算公式（如图 9-21 所示）。

⑥设置“失业保险”项目计算公式（如图 9-22 所示）。

⑦设置“住房公积金”项目计算公式（如图 9-23 所示）。

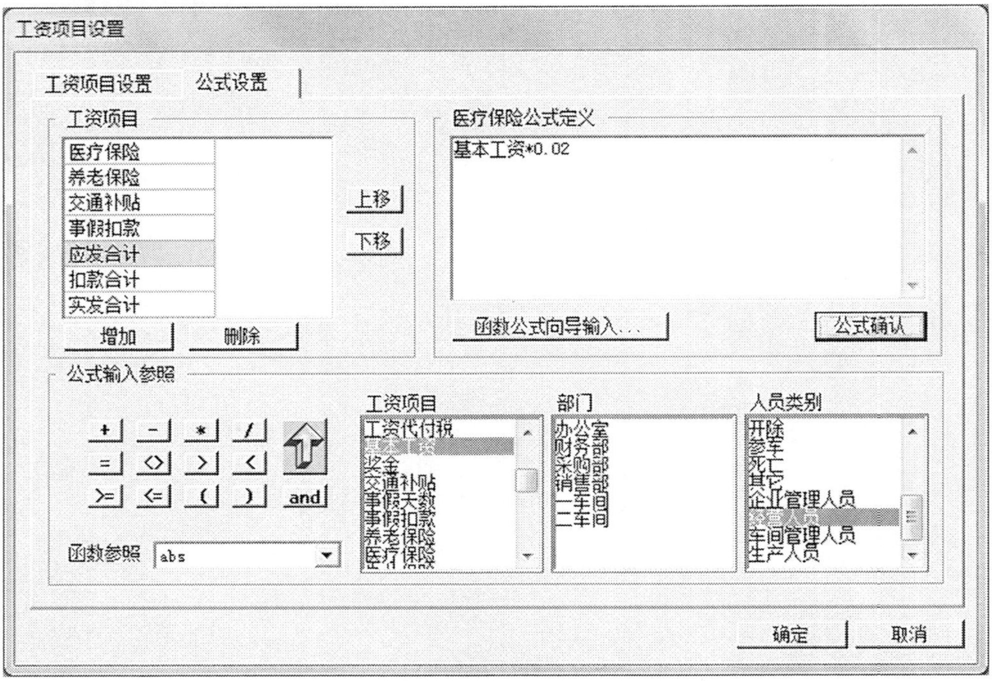

图 9-21　医疗保险项目公式设置

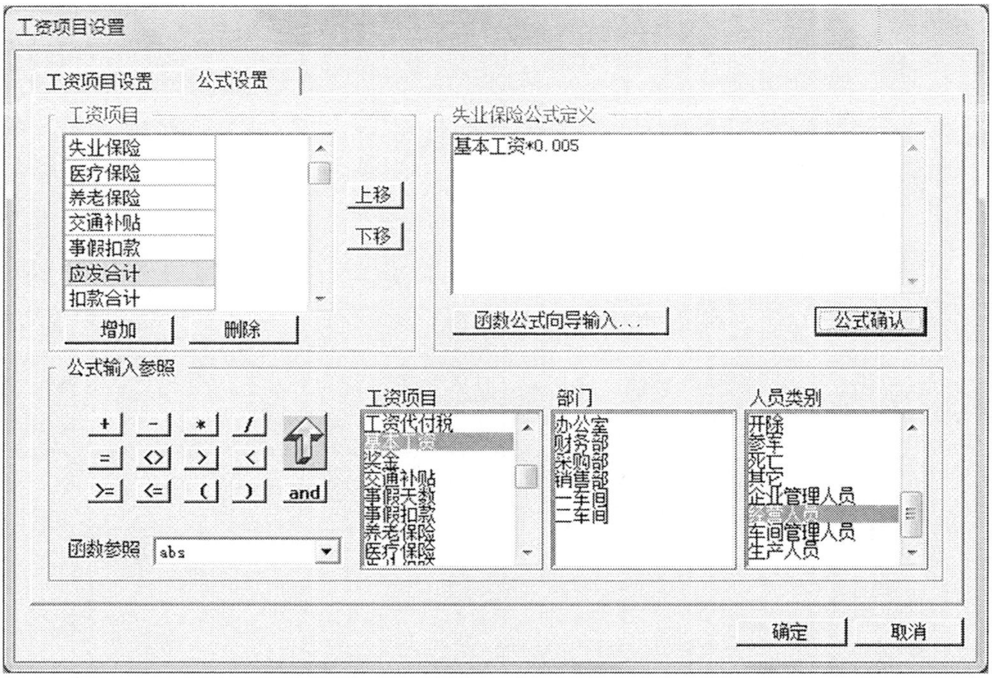

图 9-22　失业保险项目公式设置

⑧设置“个税缴纳基数”项目计算公式（如图 9-24 所示）。

在定义完所有需要定义的工资项目计算公式以后，还需要注意调整定义的工资项目顺序，系统会按照定义的先后顺序进行计算，所以要求“先得数据的项目放到上面，后得数据的项目放到下面”，例如“个税缴纳基数”应该放到“应发合计”项目的下面才能得

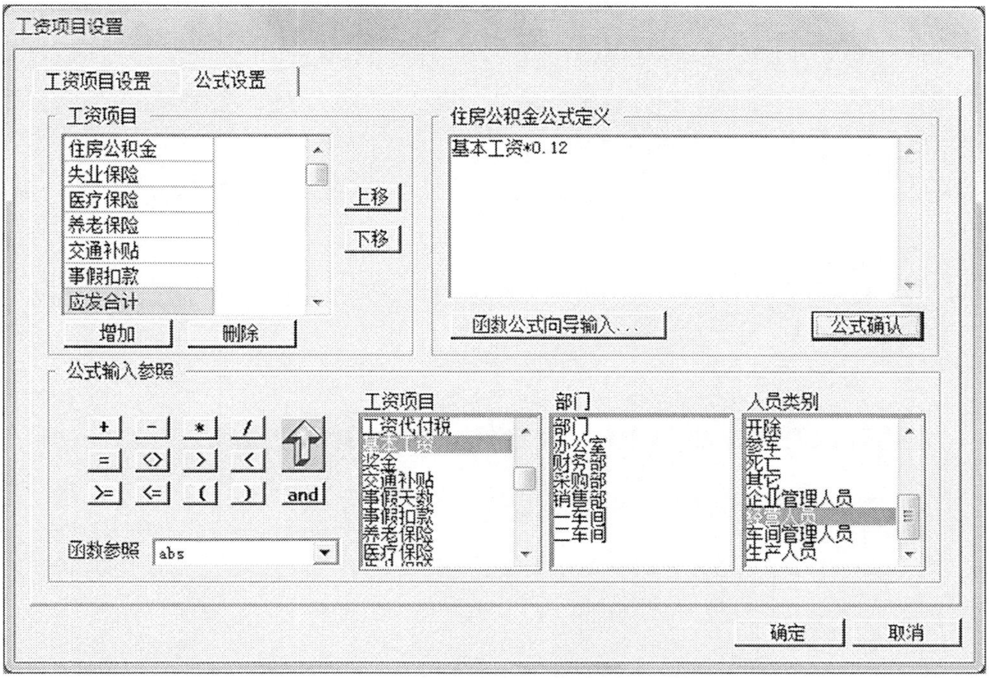

图 9-23 住房公积金项目公式设置

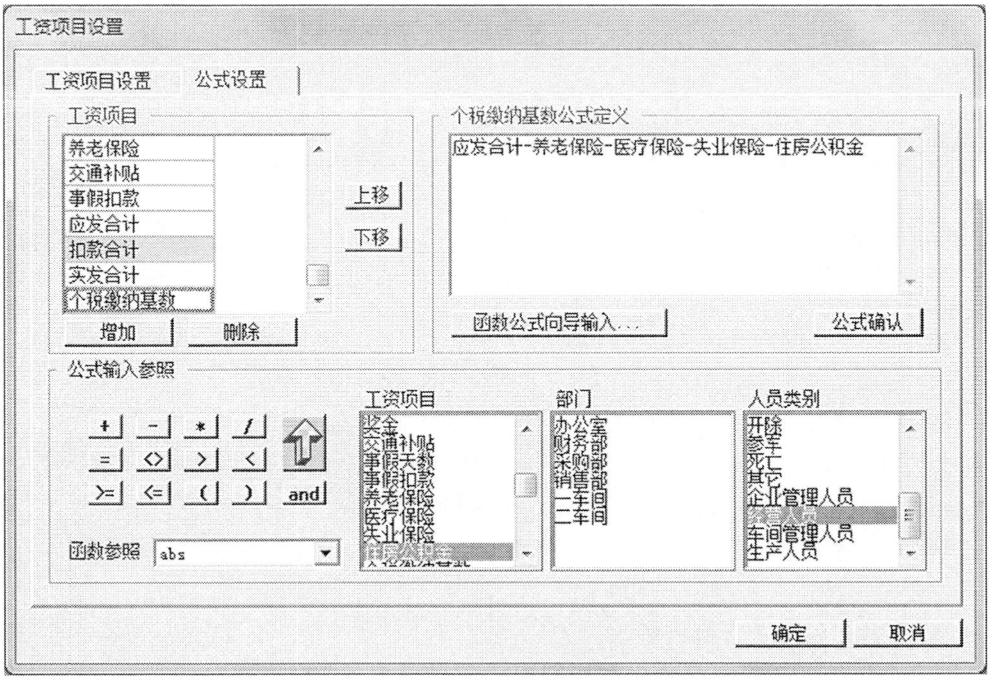

图 9-24 个税缴纳基数项目公式设置

到正确的计算结果。

（三）工资变动

进行本月工资数据的计算，未定义计算公式的工资项目数据需要手工填入，例如基本工资、奖金、事假天数。定义了公式的项目由系统自动计算，例如事假扣款、交通补贴等。

1. 输入未定义计算公式的工资项目数据（如图 9-25 所示）。

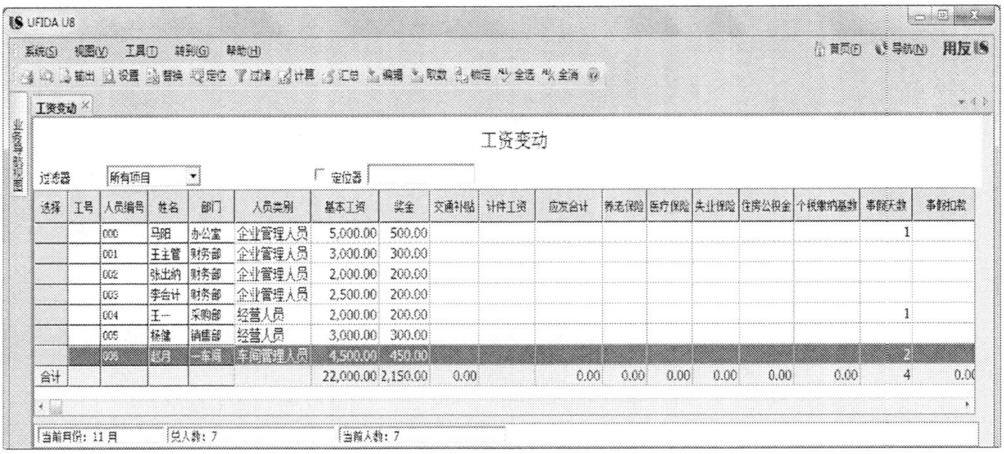

选择	工号	人员编号	姓名	部门	人员类别	基本工资	奖金	交通补贴	计件工资	应发合计	养老保险	医疗保险	失业保险	住房公积金	个税缴纳基数	事假天数	事假扣款
		000	马阳	办公室	企业管理人员	5,000.00	500.00									1	
		001	王主管	财务部	企业管理人员	3,000.00	300.00										
		002	张出纳	财务部	企业管理人员	2,000.00	200.00										
		003	李会计	财务部	企业管理人员	2,500.00	200.00										
		004	王一	采购部	经营人员	2,000.00	200.00									1	
		005	杨健	销售部	经营人员	3,000.00	300.00										
		006	赵月	一车间	车间管理人员	4,500.00	450.00									2	
合计						22,000.00	2,150.00	0.00		0.00	0.00	0.00	0.00	0.00	0.00	4	0.0(

图 9-25　输入未定义项目数据

2. 定义了公式的工资项目数据由系统自动计算（如图 9-26 所示）。

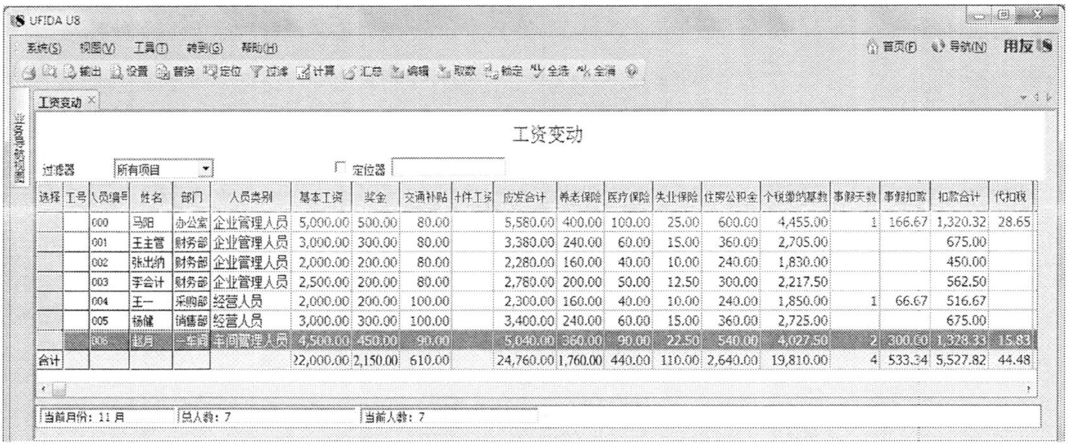

选择	工号	人员编号	姓名	部门	人员类别	基本工资	奖金	交通补贴	计件工资	应发合计	养老保险	医疗保险	失业保险	住房公积金	个税缴纳基数	事假天数	事假扣款	扣款合计	代扣税
		000	马阳	办公室	企业管理人员	5,000.00	500.00	80.00		5,580.00	400.00	100.00	25.00	600.00	4,455.00	1	166.67	1,320.32	28.65
		001	王主管	财务部	企业管理人员	3,000.00	300.00	80.00		3,380.00	240.00	60.00	15.00	360.00	2,705.00			675.00	
		002	张出纳	财务部	企业管理人员	2,000.00	200.00	80.00		2,280.00	160.00	40.00	10.00	240.00	1,830.00			450.00	
		003	李会计	财务部	企业管理人员	2,500.00	200.00	80.00		2,780.00	200.00	50.00	12.50	300.00	2,217.50			562.50	
		004	王一	采购部	经营人员	2,000.00	200.00	100.00		2,300.00	160.00	40.00	10.00	240.00	1,850.00	1	66.67	516.67	
		005	杨健	销售部	经营人员	3,000.00	300.00	100.00		3,400.00	240.00	60.00	15.00	360.00	2,725.00			675.00	
		006	赵月	一车间	车间管理人员	4,500.00	450.00	90.00		5,040.00	360.00	90.00	22.50	540.00	4,027.50	2	300.00	1,328.33	15.83
合计						22,000.00	2,150.00	610.00		24,760.00	1,760.00	440.00	110.00	2,640.00	19,810.00	4	533.34	5,527.82	44.48

图 9-26　计算定义了公式的工资项目数据

（四）扣缴所得税

自 2011 年 9 月 1 日起开始实施的《中华人民共和国个人所得税法实施条例》规定，《中华人民共和国个人所得税法》第六条中所说的每一纳税年度的收入总额，是指纳税义务人按照承包经营、承租经营合同规定分得的经营利润和工资、薪金性质的所得；所说的减除必要费用，是指按月减除 3 500 元。

《中华人民共和国个人所得税法》第六条规定，对在中国境内无住所而在中国境内取得工资、薪金所得的纳税义务人和在中国境内有住所而在中国境外取得工资、薪金所得的纳税义务人，可以根据其平均收入水平、生活水平以及汇率变化情况确定附加减除费用。《中华人民共和国个人所得税法》第六条中所说的附加减除费用，是指每月在减除 3 500 元费用的基础上，再减除 1 300 元的标准。

根据该条例的规定，附加减除费用适用的范围是指：①在中国境内的外商投资企业和外国企业中工作的外籍人员；②应聘在中国境内的企业、事业单位、社会团体、国家机关中工作的外籍专家；③在中国境内有住所而在中国境外任职或者受雇取得工资、薪金所得的个人；④国务院财政、税务主管部门确定的其他人员。

1. 进入选项，检查收入额合计、个人所得税税率设置等信息（如图 9–27 所示）。

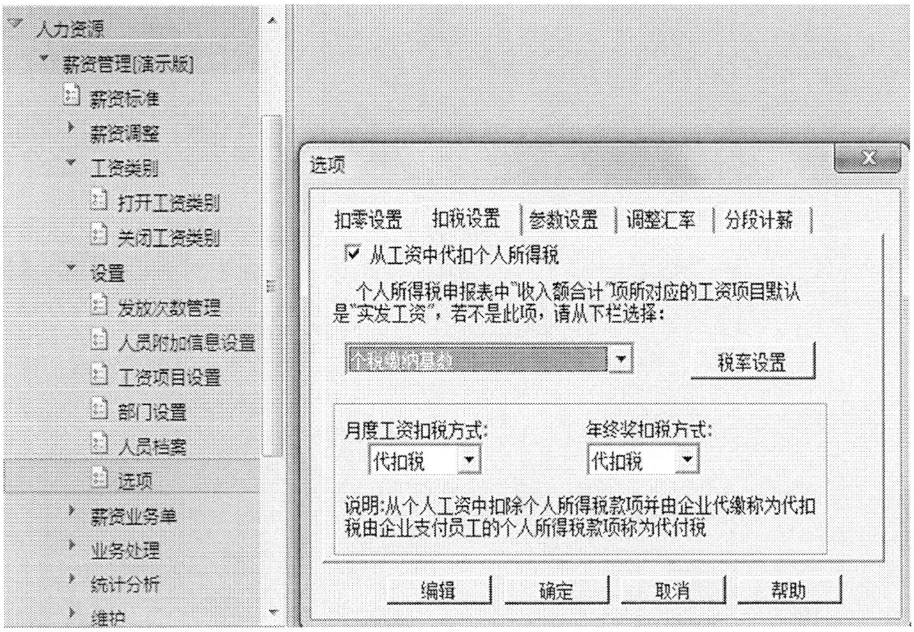

图 9–27　所得税计算选项设置

2. 设置所得税税率表（如图 9–28 所示）。

级次	应纳税所得额下限	应纳税所得额上限	税率(%)	速算扣除数
1	0.00	1,500.00	3.00	0.00
2	1,500.00	4,500.00	10.00	105.00
3	4,500.00	9,000.00	20.00	555.00
4	9,000.00	35,000.00	25.00	1,055.00
5	35,000.00	55,000.00	30.00	2,755.00
6	55,000.00	80,000.00	35.00	5,505.00
7	80,000.00		45.00	10,505.00

图 9–28　所得税税率表

3. 选择个人所得税申报模板（如图 9–29 所示）。
4. 设置查询范围（如图 9–30 所示）。
5. 生成系统扣缴个人所得税年度申报表（如图 9–31 所示）。

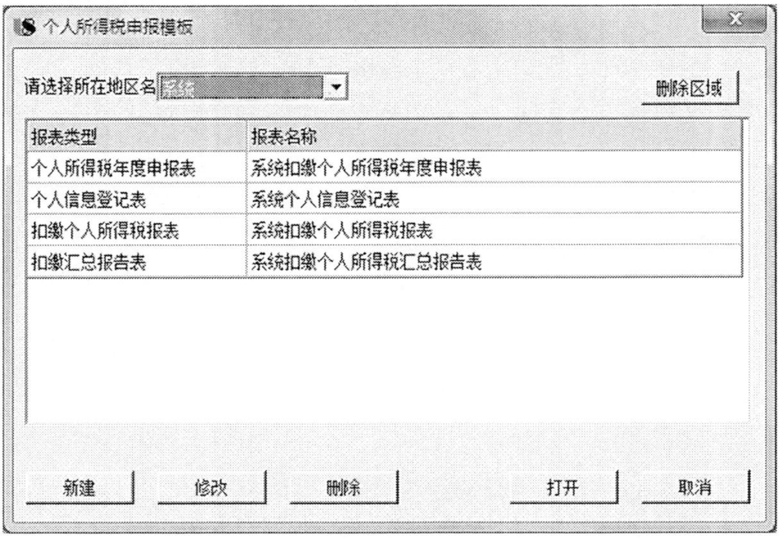

图 9-29　选择个人所得税申报模板

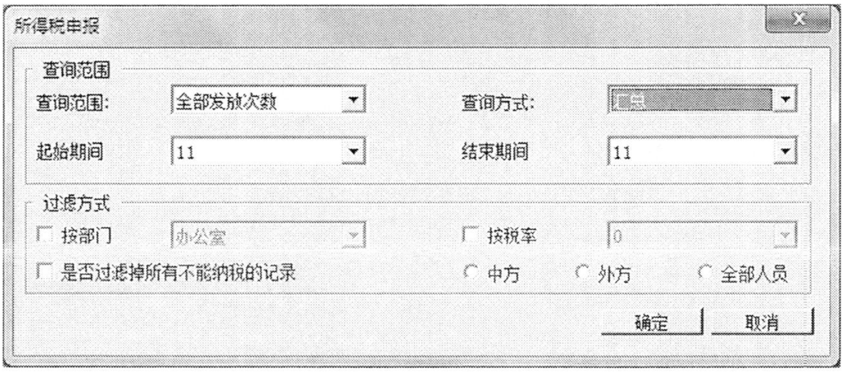

图 9-30　设置查询范围

姓名	证件号码	所得项目	所属期间…	所属期间…	收入额	减费用额	应纳税所…	税率	速算扣除数	应纳税额	已扣缴税款
马阳		工资	20140101	20141231			955.00	3	0.00	28.65	28.65
王主管		工资	20140101	20141231			0.00	0	0.00	0.00	0.00
张出纳		工资	20140101	20141231			0.00	0	0.00	0.00	0.00
李会计		工资	20140101	20141231			0.00	0	0.00	0.00	0.00
王一		工资	20140101	20141231			0.00	0	0.00	0.00	0.00
杨健		工资	20140101	20141231			0.00	0	0.00	0.00	0.00
赵月		工资	20140101	20141231			527.50	3	0.00	15.83	15.83
合计							1,482.50		0.00	44.48	44.48

图 9-31　生成系统扣缴个人所得税年度申报表

6. 生成系统扣缴个人所得税报表（如图 9-32 所示）。
7. 生成系统扣缴个人所得税汇总报告表（如图 9-33 所示）。

系统扣缴个人所得税报表

2014年11月 -- 2014年11月

总人数：7

序号	纳税义务…	身份证照…	身份证号码	国家与地区	职业…	所得…	所得期间	收入额	免税收入额	允许扣除…	费用扣除…	准予扣除…	应纳税所…	税率	应扣税额	已扣税额
1	马阳	身份证					11	5, 580.00			3, 500.00		955.00	3	26.65	26.65
2	王主管	身份证					11	3, 380.00			3, 500.00		0.00	0	0.00	0.00
3	张出纳	身份证					11	2, 280.00			3, 500.00		0.00	0	0.00	0.00
4	李会计	身份证					11	2, 780.00			3, 500.00		0.00	0	0.00	0.00
5	王一	身份证					11	2, 300.00			3, 500.00		0.00	0	0.00	0.00
6	杨健	身份证					11	3, 400.00			3, 500.00		0.00	0	0.00	0.00
7	赵月	身份证					11	5, 040.00			3, 500.00		5, 27.50	3	15.83	15.83
合计								24, 760.00			24, 500.00		14, 82.50		44.48	44.48

图 9-32 生成系统扣缴个人所得税报表

系统扣缴个人所得税汇总报告表

2014年11月 -- 2014年11月

总人数：7

所得项目	所得子项目	所属期间…	所属期间…	国籍/地区	汇总人数	应纳税所…	税率	速算扣除…	应纳税额	扣缴所得…
工资		20141101	20141130		5	0.00	0	0.00	0.00	0.00
工资		20141101	20141130		2	1,482.50	3	0.00	44.48	44.48
合计					7.00	1,482.50		0.00	44.48	44.48

图 9-33 生成系统扣缴个人所得税汇总报告表

(五) 生成银行代发一览表（如图 9-34 所示）

银行代发一览表

名称：中国工商银行　　人数：7

单位编号	人员编号	账号	金额	录入日期
1234934325	000	20060080001	4,259.68	20141101
1234934325	001	20060080002	2,705.00	20141101
1234934325	002	20060080003	1,830.00	20141101
1234934325	003	20060080004	2,217.50	20141101
1234934325	004	20060080005	1,783.33	20141101
1234934325	005	20060080006	2,725.00	20141101
1234934325	006	20060080007	3,711.67	20141101
合计			19,232.18	

图 9-34 生成银行代发一览表

（六）工资分摊

在定义好相关参数的基础上由系统自动生成工资业务相关凭证。

1. 选择工资分摊功能（如图 9-35 所示）。

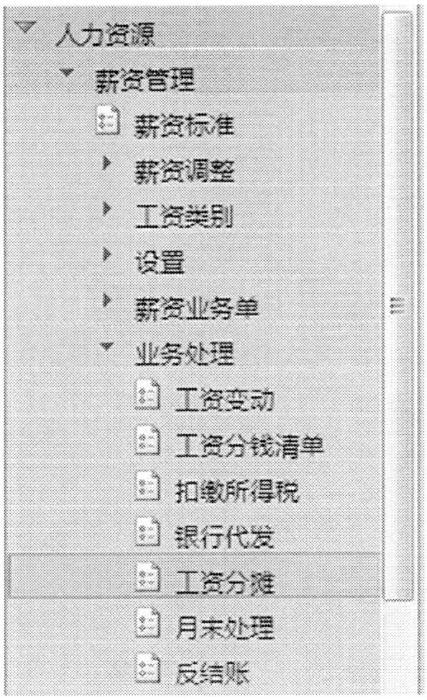

图 9-35　工资分摊

2. 进入工资分摊界面（如图 9-36 所示）。

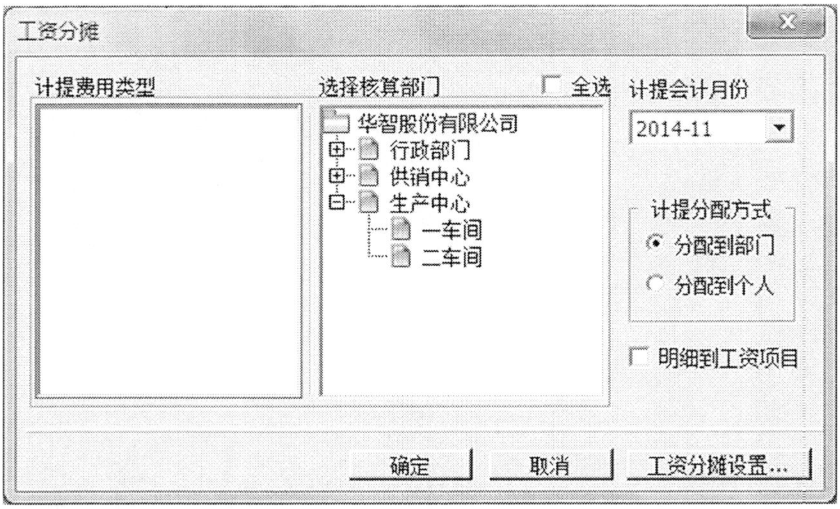

图 9-36　工资分摊界面

3. 点击“工资分摊设置”，进行分摊计提比例设置（如图 9-37 所示）。

4. 定义分摊构成设置（如图 9-38 所示）。

5. 选择“计提费用类型”、“选择核算部门”，确定“计提会计月份”，“计提分配方式”选择“分配到部门”，选中“明细到工资项目”（如图 9-39 所示）。

6. 生成工资费用分配一览表（如图 9-40 所示）。

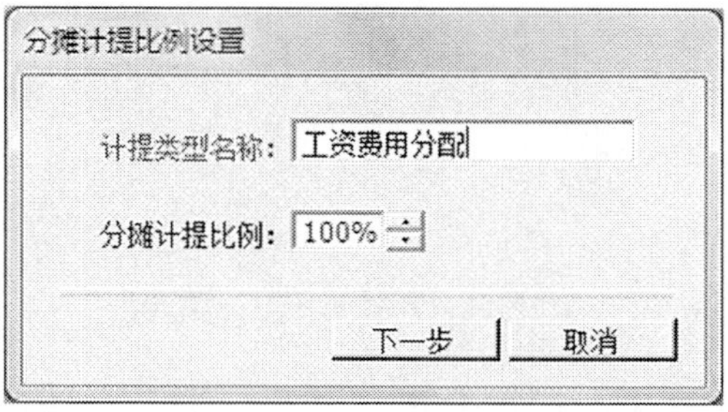

图 9-37 分摊计提比例设置

图 9-38 分摊构成设置

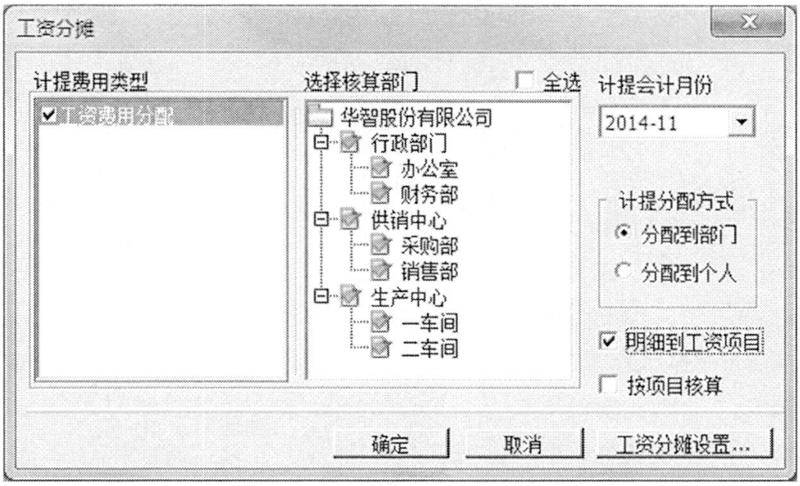

图 9-39 工资分摊

7. 系统自动生成工资分摊凭证（如图 9-41 所示）。

（七）月末处理

期末应进行工资管理系统的结账，将本期工作结束，为下期工作准备数据。

1. 执行月末处理功能（如图 9-42 所示）。

2. 出现提示信息（如图 9-43 所示）。

3. 询问是否选择清零项（如图 9-44 所示）。

图 9-40 工资费用分配一览表

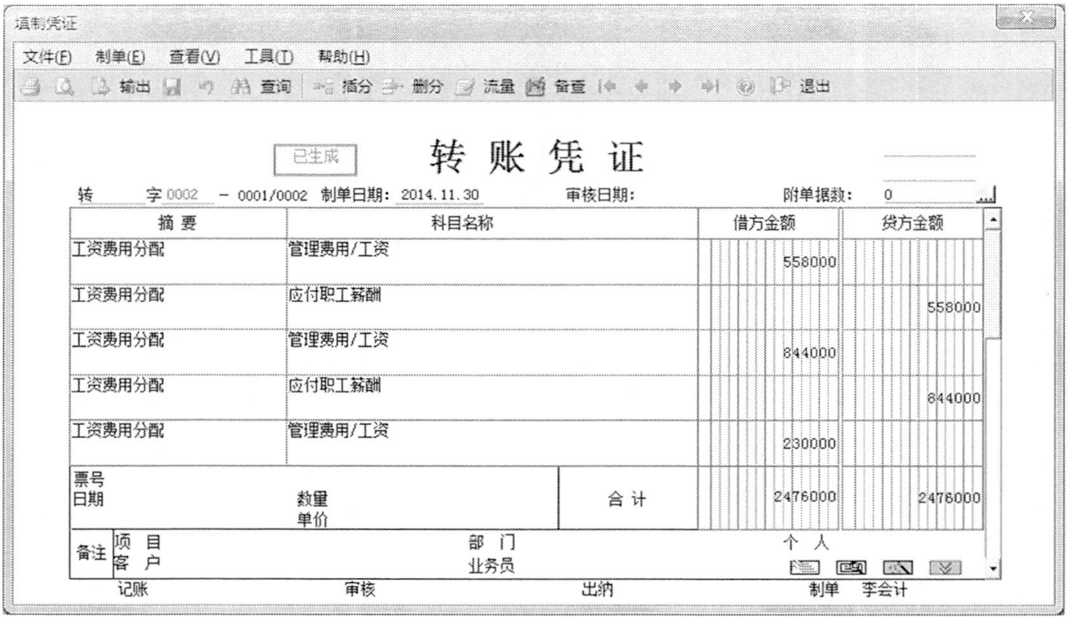

图 9-41 生成凭证

4. 选择清零项目（如图 9-45 所示）。

若结账以后发现存在问题，在进行年度数据结转之前可以进行反结账。

1. 选择反结账期间（如图 9-46 所示）。

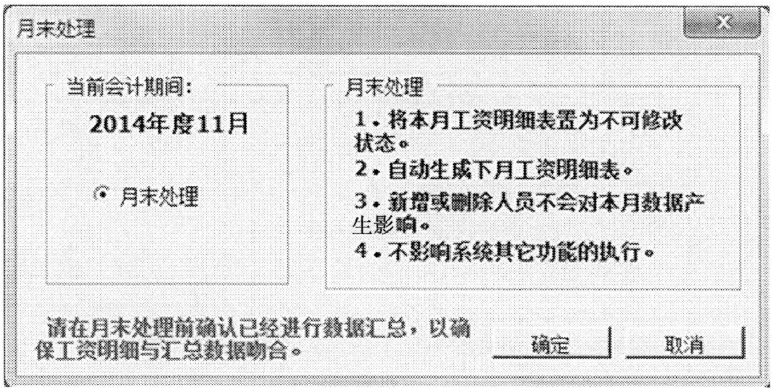
月末处理
当前会计期间：
2014年度11月
月末处理
月末处理
1．将本月工资明细表置为不可修改状态。
2．自动生成下月工资明细表。
3．新增或删除人员不会对本月数据产生影响。
4．不影响系统其它功能的执行。
请在月末处理前确认已经进行数据汇总，以确保工资明细与汇总数据吻合。
确定
取消

图 9-42　月末处理

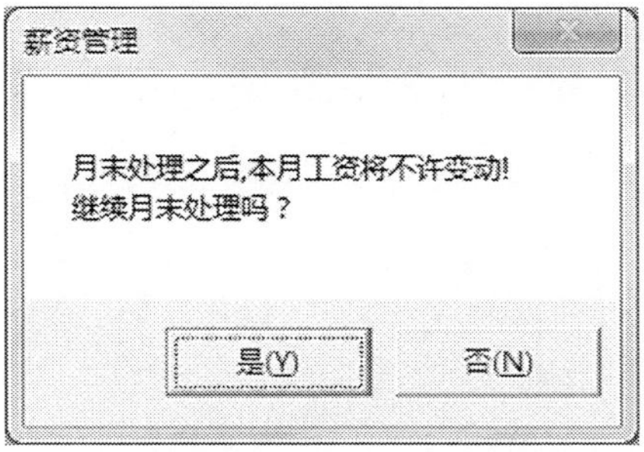
薪资管理
月末处理之后,本月工资将不许变动!
继续月末处理吗？
是(Y)
否(N)

图 9-43　提示信息

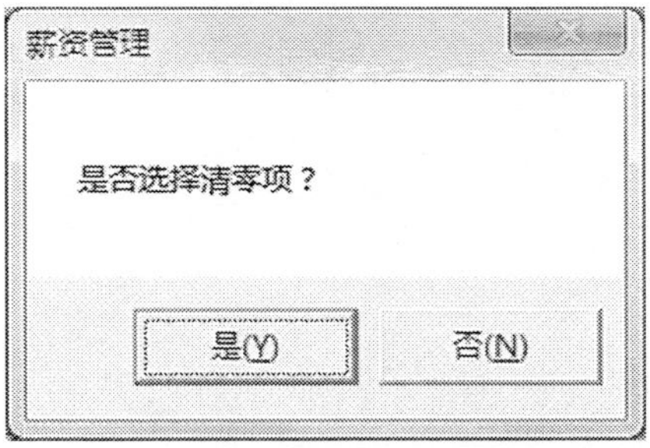
薪资管理
是否选择清零项？
是(Y)
否(N)

图 9-44　确定是否选择清零项

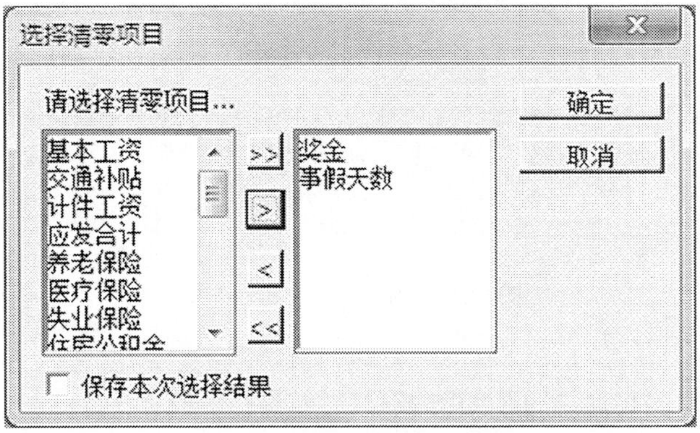
选择清零项目
请选择清零项目...
确定
取消
基本工资
交通补贴
计件工资
应发合计
养老保险
医疗保险
失业保险
奖金
事假天数
保存本次选择结果

图 9-45　选择清零项目

2. 出现提示信息（如图 9-47 所示）。

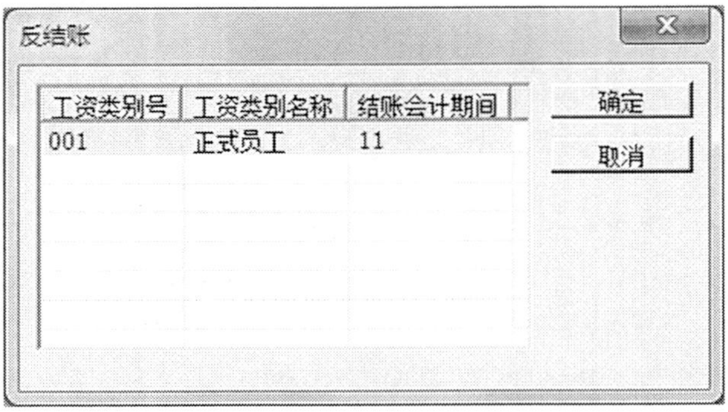

图 9-46　选择反结账期间

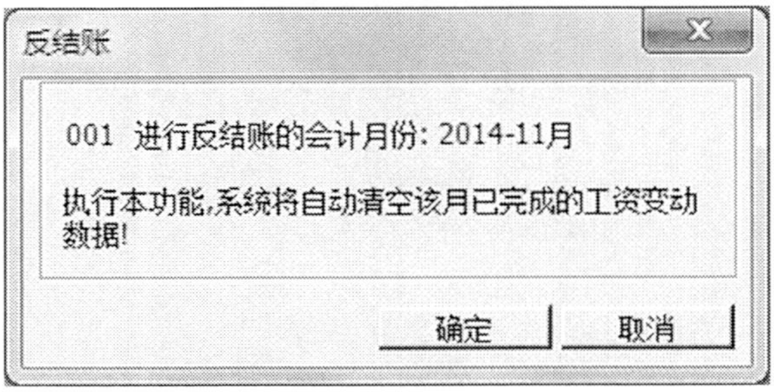

图 9-47　提示信息

二、临时员工工资类别操作

(一) 建立工资类别

1. 输入工资类别名称“临时员工”(如图 9-48 所示)。

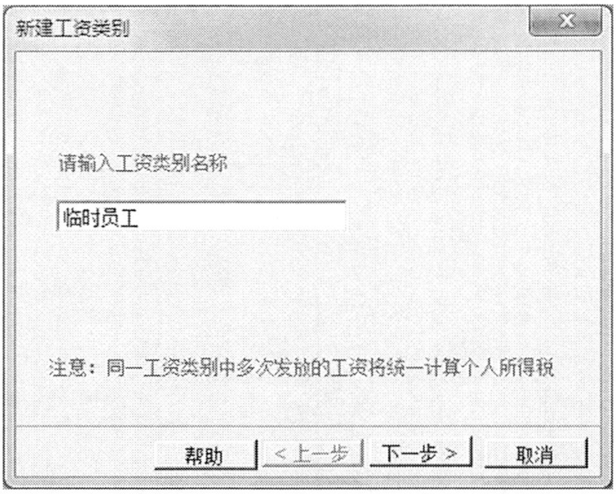

图 9-48　输入工资类别名称

2. 选择临时员工所在部门，假设只有生产中心聘请了临时员工，这时只需要选择“生产中心”，并选择下属的“一车间”和“二车间”(如图 9-49 所示)。

(二) 临时员工工资类别的具体设置

1. 建立临时员工档案 (如图 9-50 所示)。

2. 选择临时员工工资类别需要的工资项目 (如图 9-51 所示)。

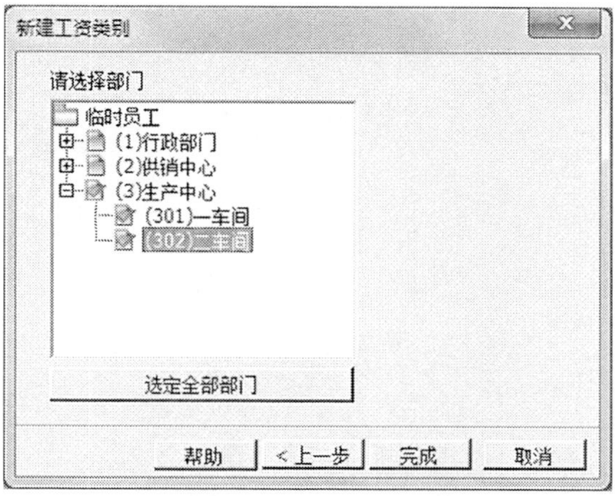

图 9–49 选择部门

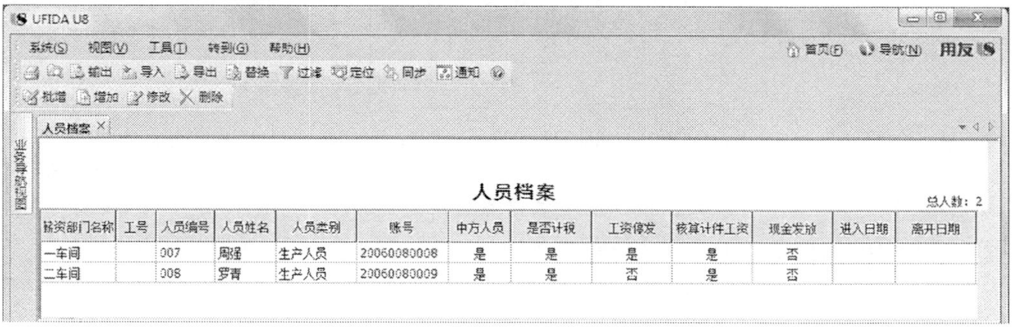

图 9–50 建立临时员工人员档案

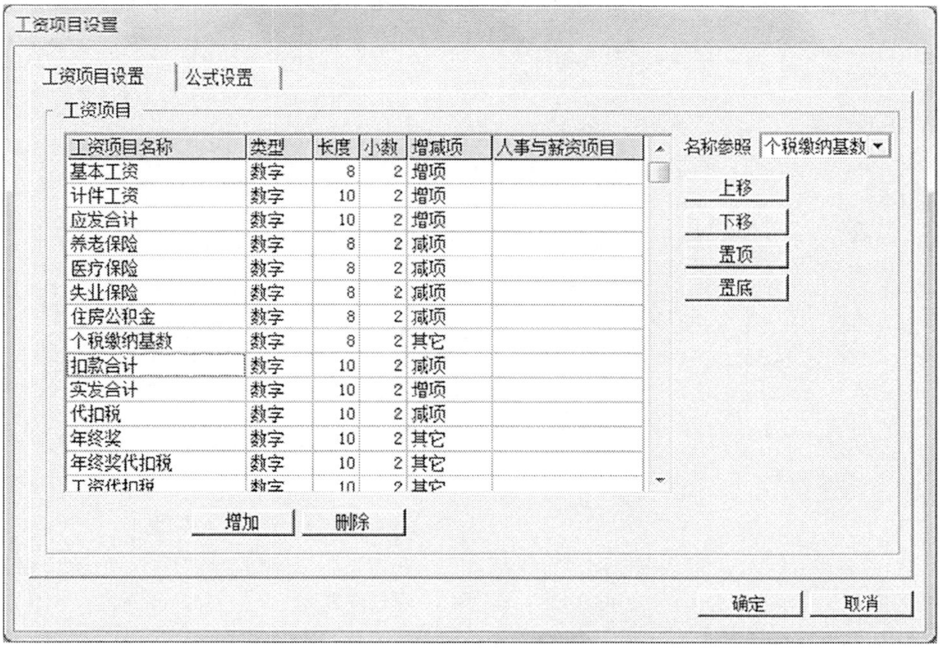

图 9–51 临时员工工资项目设置

3. 设置“养老保险”项目计算公式（如图 9–52 所示）。

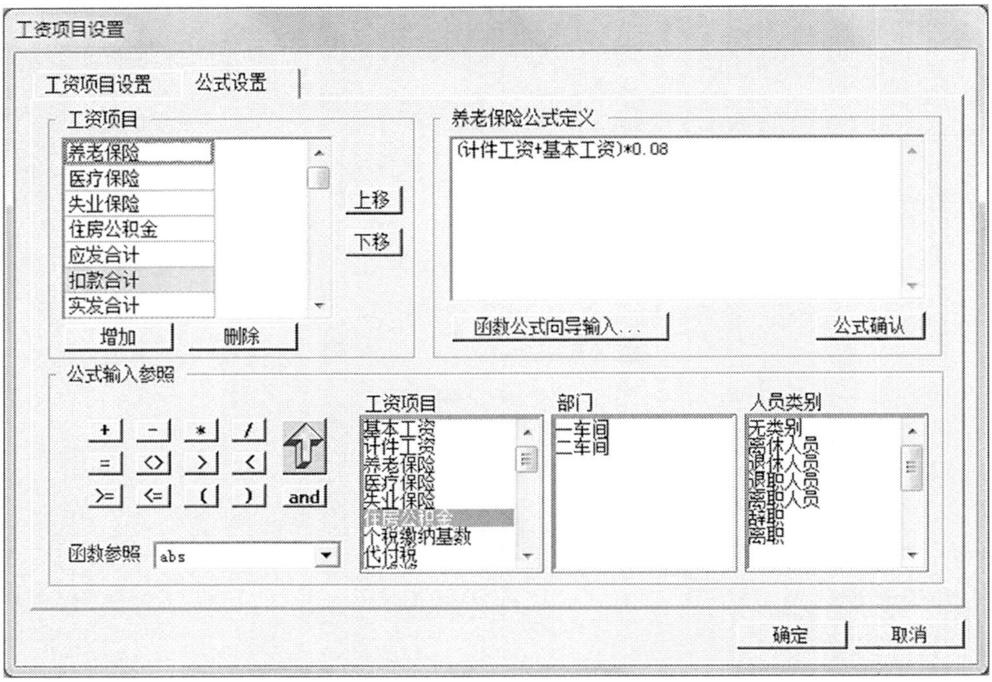

图 9-52 养老保险公式设置

4. 设置“医疗保险”项目计算公式（如图 9-53 所示）。

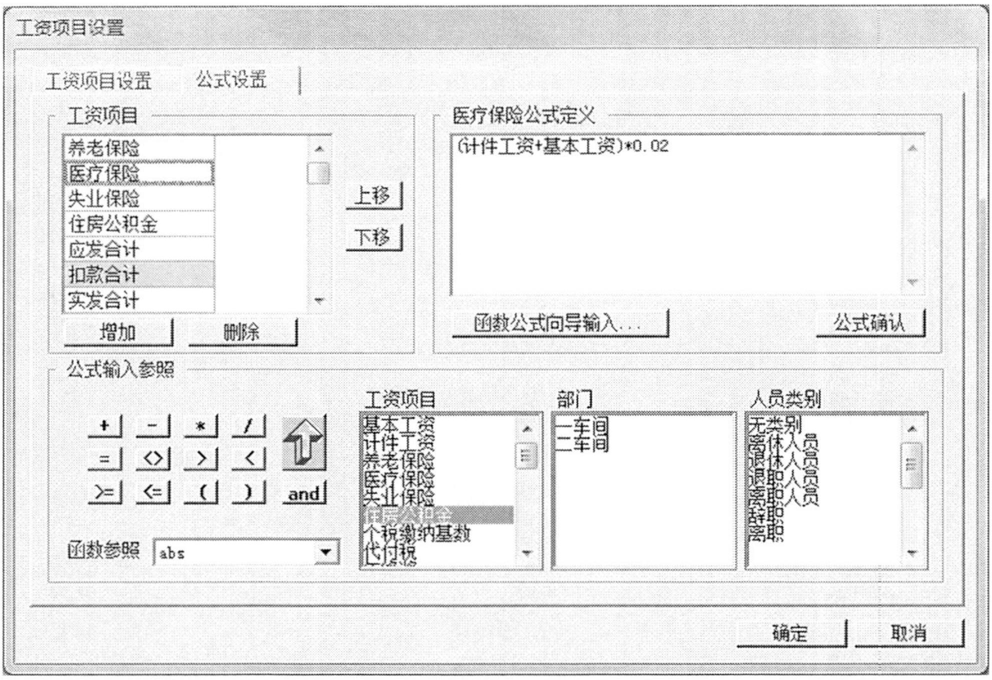

图 9-53 医疗保险公式设置

5. 设置“失业保险”项目计算公式（如图 9-54 所示）。

6. 设置“住房公积金”项目计算公式（如图 9-55 所示）。

7. 设置“个税缴纳基数”项目计算公式（如图 9-56 所示）。

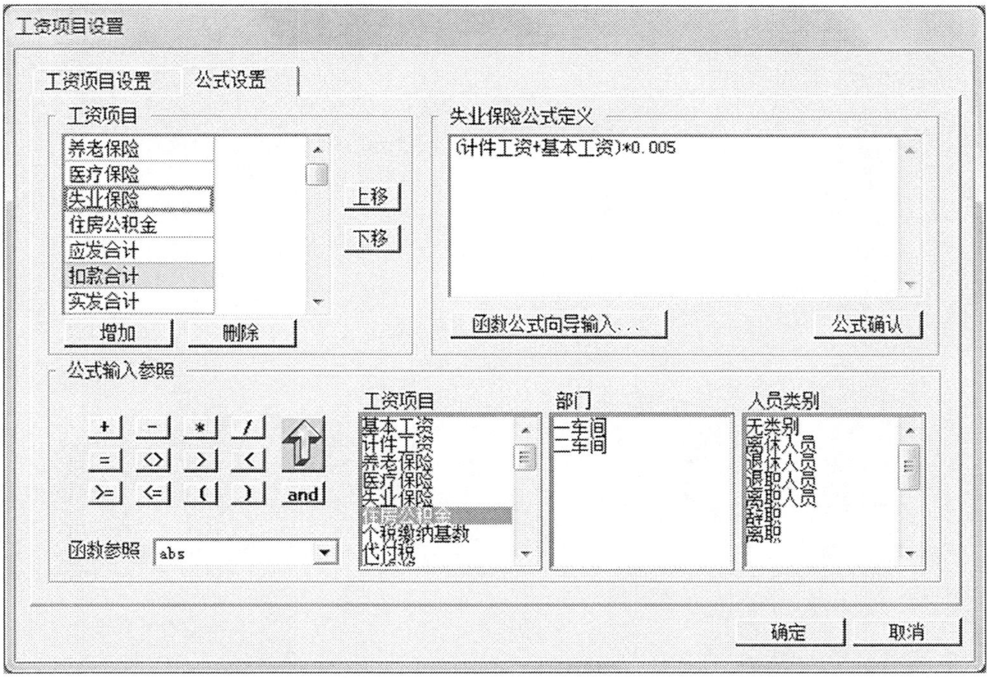

图 9-54 失业保险公式设置

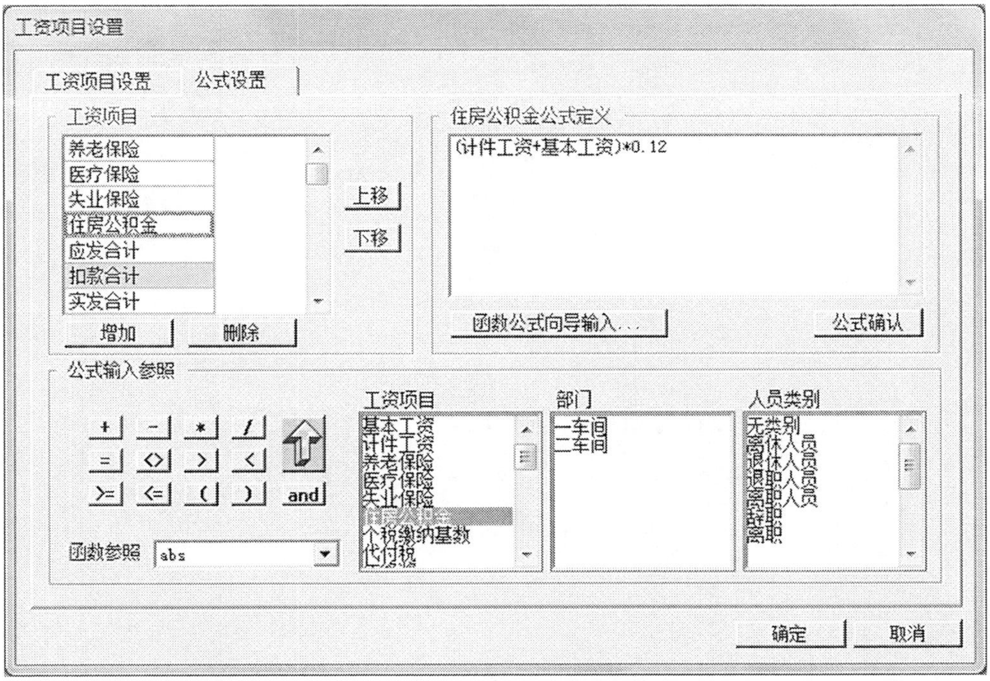

图 9-55 住房公积金公式设置

8. 计件工资选项。计件工资是薪资核算系统的组成部分，主要用于核算制造业企业员工的计件工资，并将计件工资数据传递到薪资系统。计件工资划分为个人计件和班组计件两类。

①选择计件工资选项（如图 9-57 所示）。

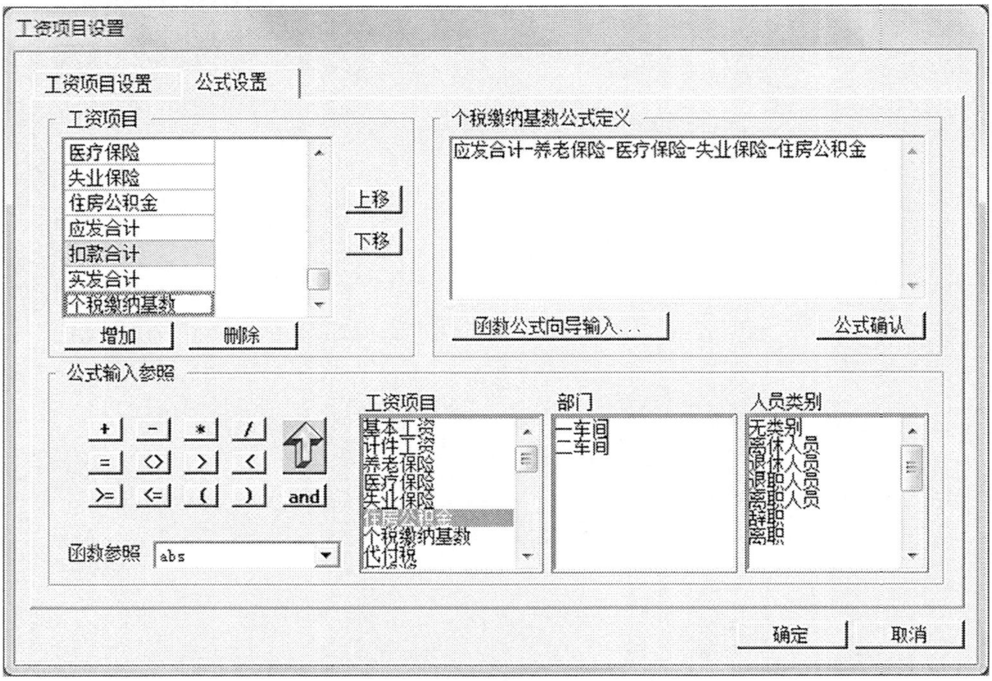

图 9-56　个税缴纳基数公式设置

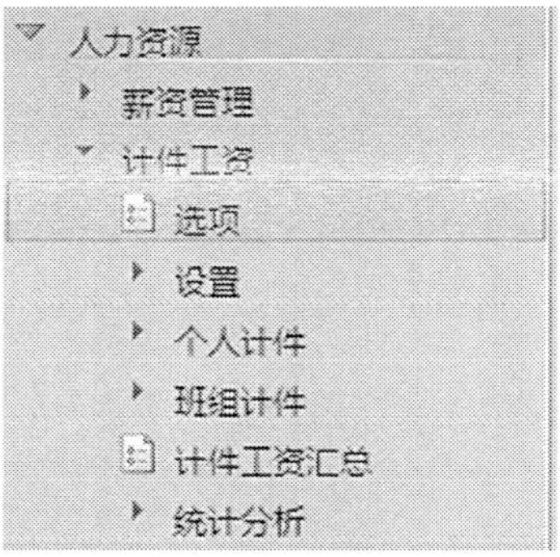

图 9-57　计件工资选项

②进行计件工资选项设置（如图 9-58 所示）。

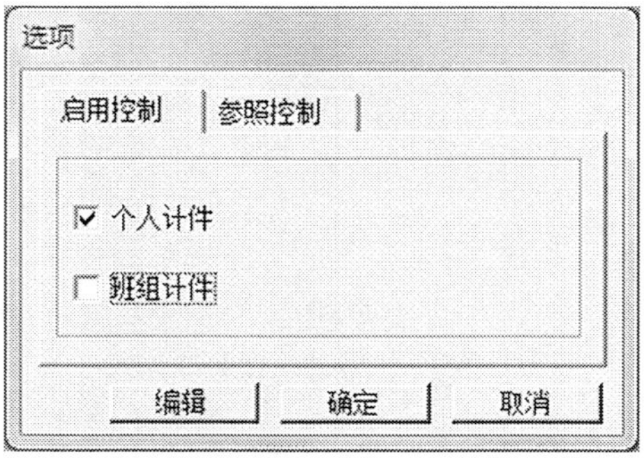

图 9-58　启用控制

③进行计件工资设置（如图 9-59 所示）。

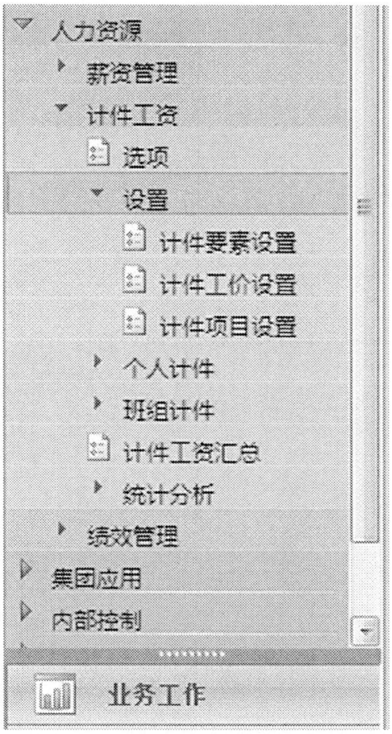

图 9-59 计件工资设置

④进行计件工资计件要素设置（如图 5-60 所示）。

名称	类型	数据类型	长度	小数位数	参照对象	启用	关联项目
生产订单号	标准	字符型	30	0		否	
生产订单行号	标准	整型	9	0		否	
工序行号	标准	整型	9	0		否	
工价	单价	数值型	12	4		否	
废扣工价	单价	数值型	12	4		是	
合格数量	数量	数值型	12	2		否	
废品数	数量	数值型	12	2		否	
工时	标准	字符型	10	0		是	
装配工时	数量	数值型	12	2		是	
检验工时	数量	数值型	12	2		是	
装配工价	单价	数值型	12	4		是	
检验工价	单价	数值型	12	4		是	

图 9-60 计件工资计件要素设置

⑤进行计件工资计件工价设置（如图 9-61 所示）。

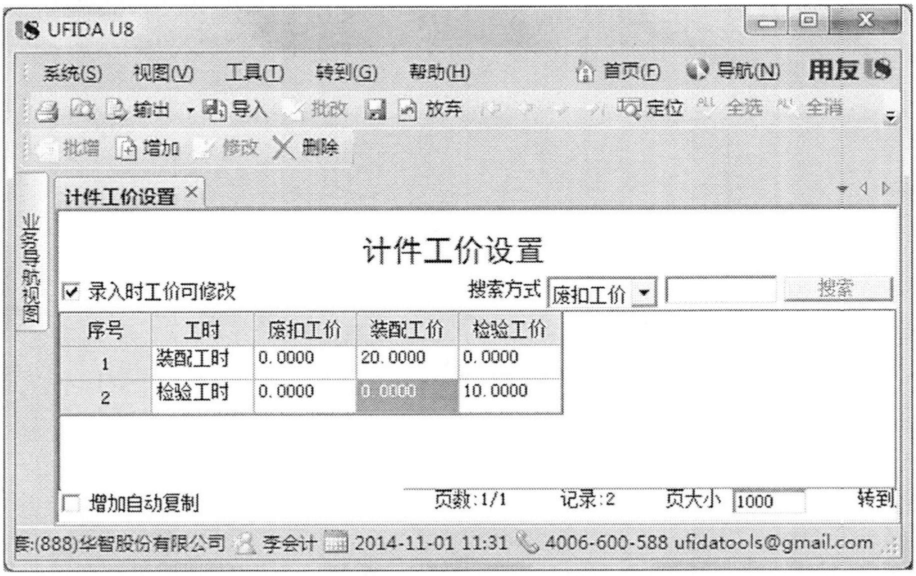

图 9-61　计件工资计件工价设置

⑥进入个人计件公式设置界面（如图 9-62 所示）。

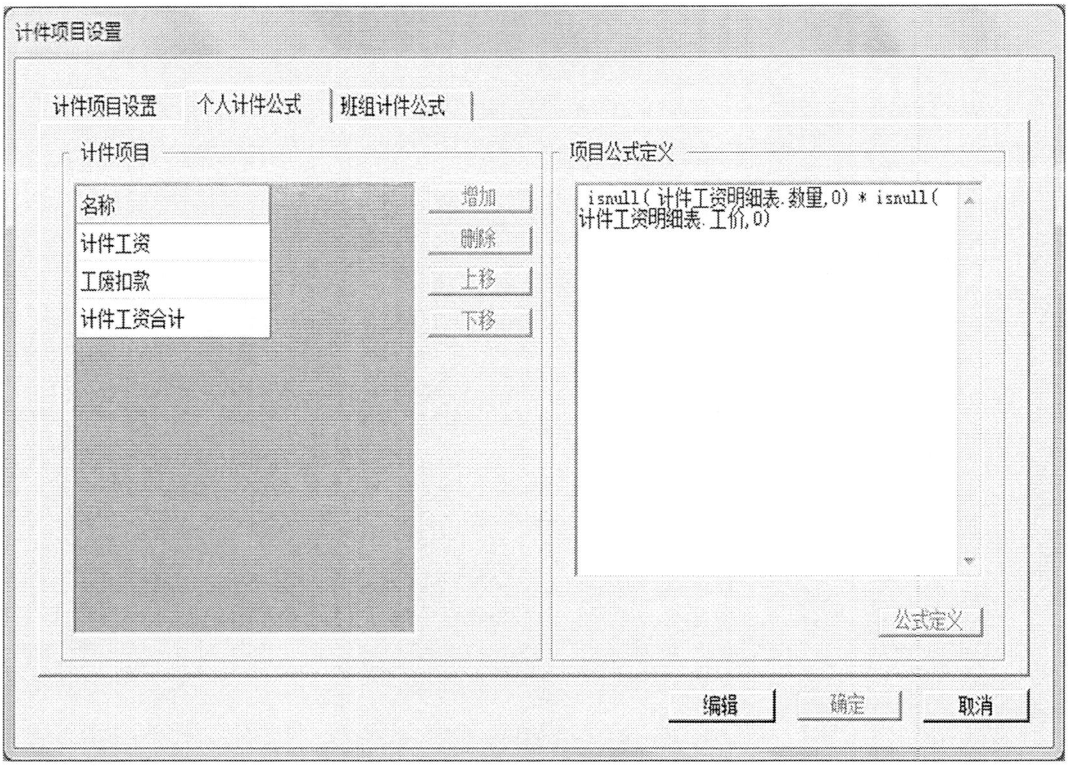

图 9-62　个人计件公式设置

⑦选择计件工资计算项目（如图 9-63 所示）。

⑧输入计件工资公式具体内容（如图 9-64 所示）。

图 9-63 选择计件工资计算项目

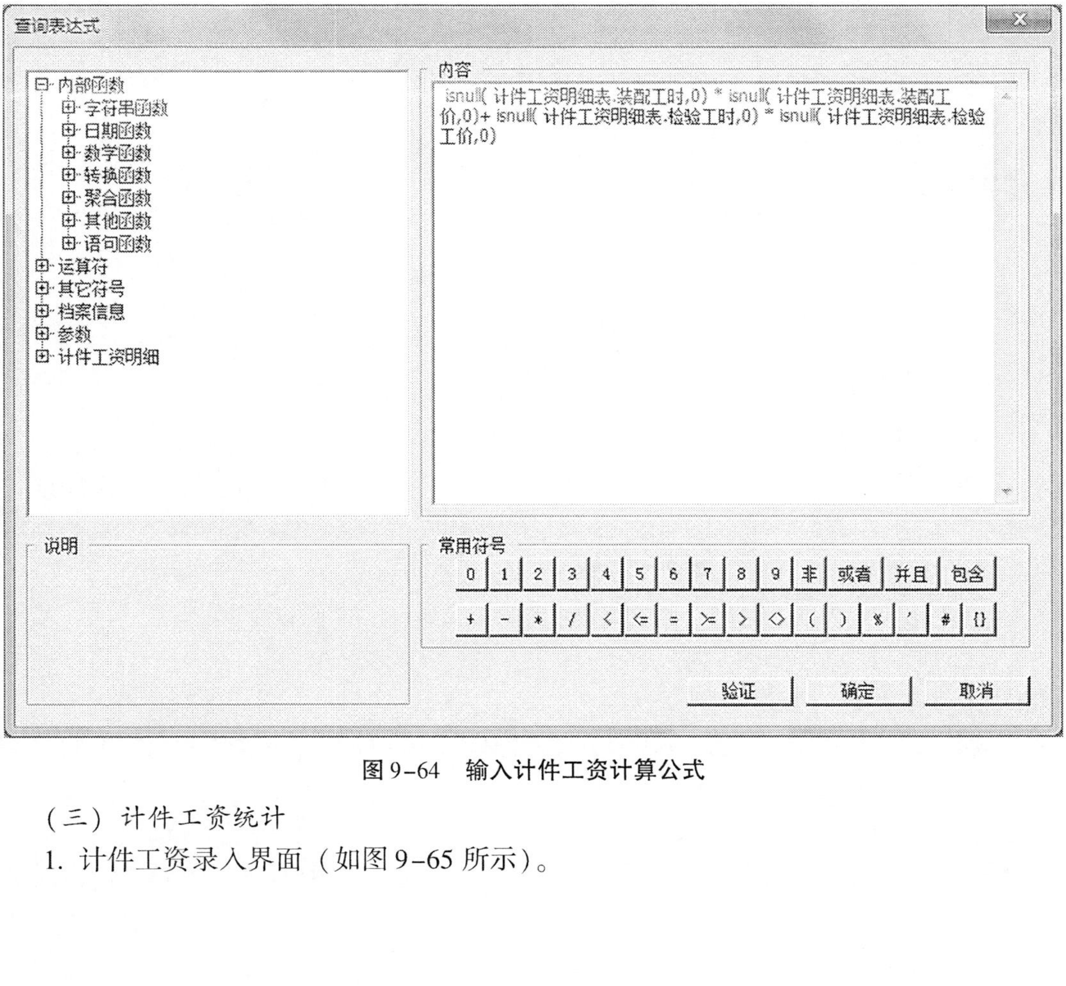

图 9-64 输入计件工资计算公式

（三）计件工资统计

1. 计件工资录入界面（如图 9-65 所示）。

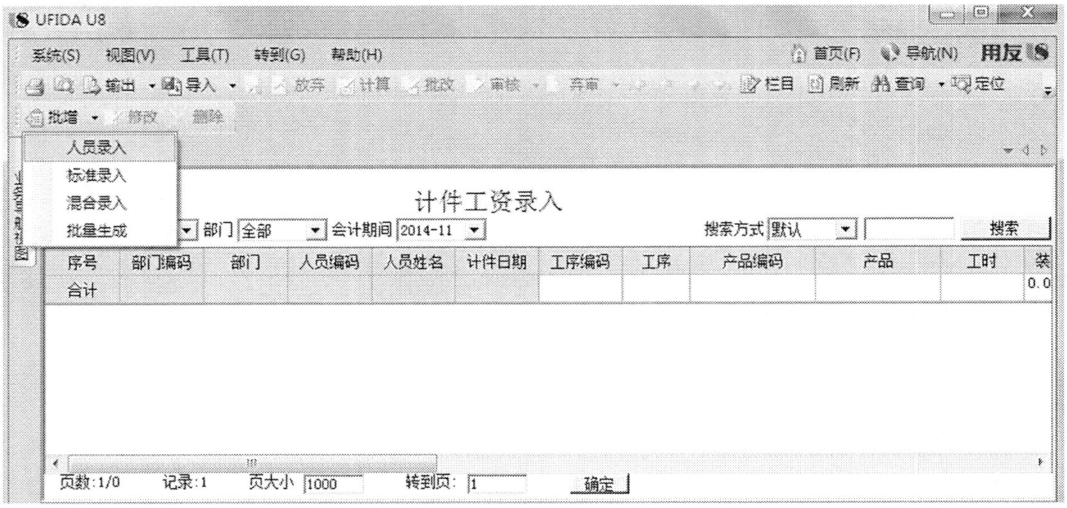

图 9-65 计件工资录入

2. 输入计件工资统计工时（如图 9-66、图 9-67 所示）。

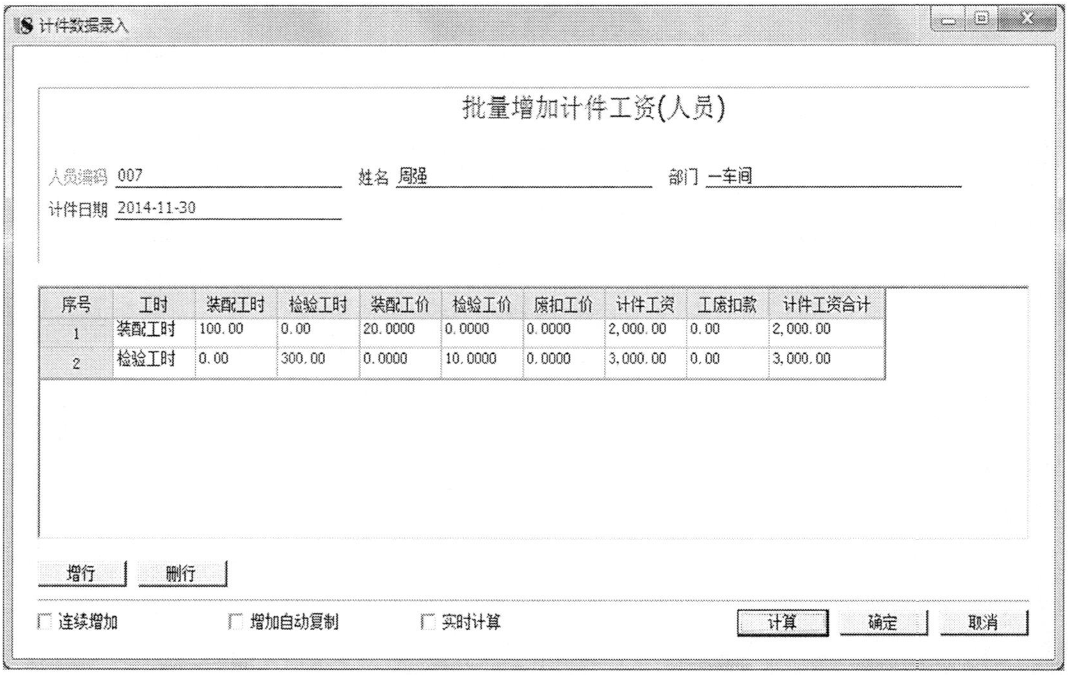

图 9-66 输入周强计件工资工时

3. 审核计件工资录入内容（如图 9-68 所示）。

4. 计件工资汇总（如图 9-69 所示）。

（四）工资变动（如图 9-70 所示）

后续扣缴所得税、银行代发、工资分摊等操作与正式员工工资类别的操作相似，可参照进行。

三、工资类别汇总

如果需要，可以将不同工资类别中的数据进行汇总，在关闭所有工资类别的情况下，

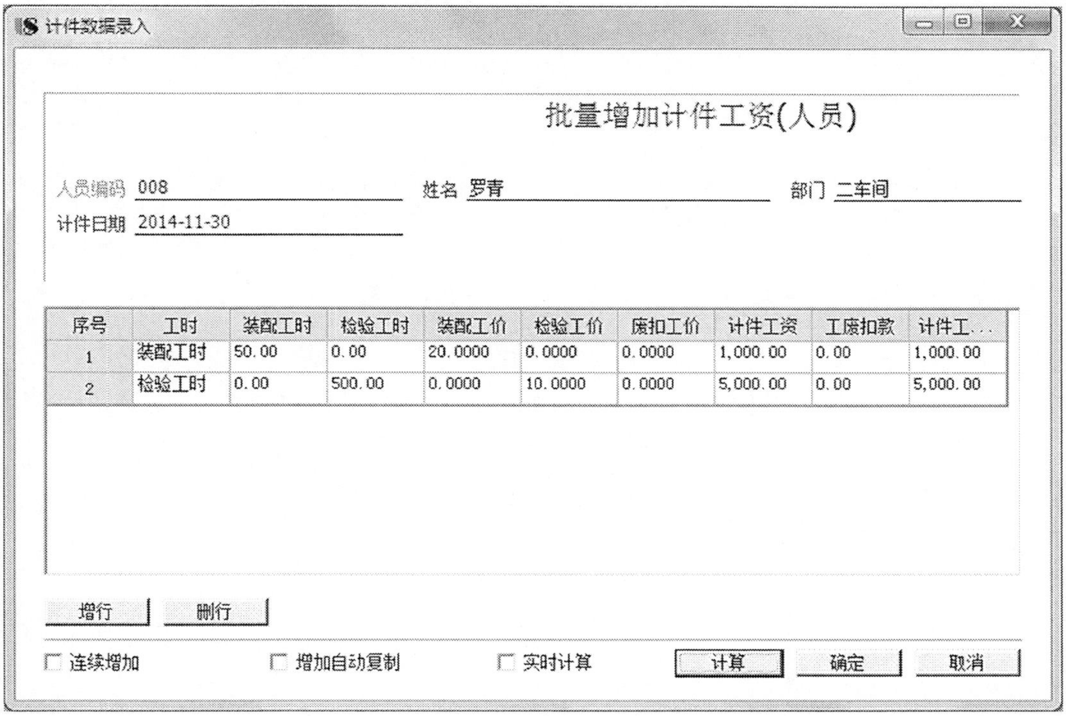

图 9-67　输入罗青计件工资工时

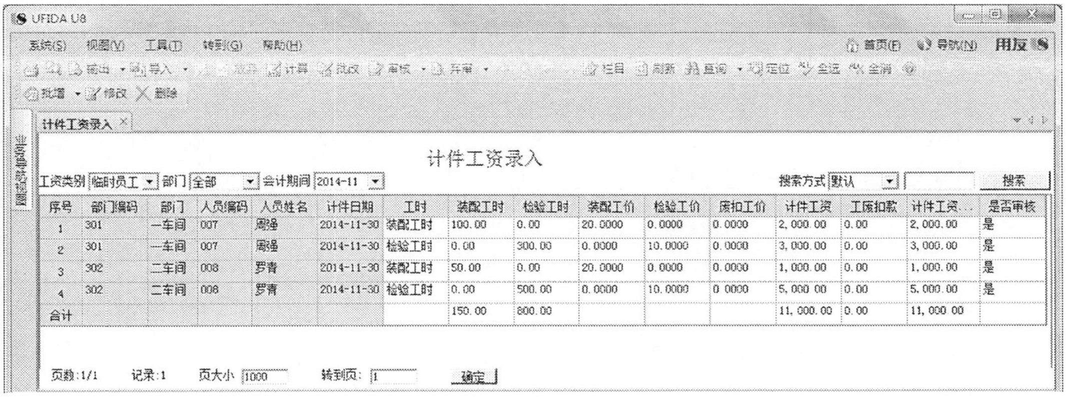

图 9-68　审核计件工资录入内容

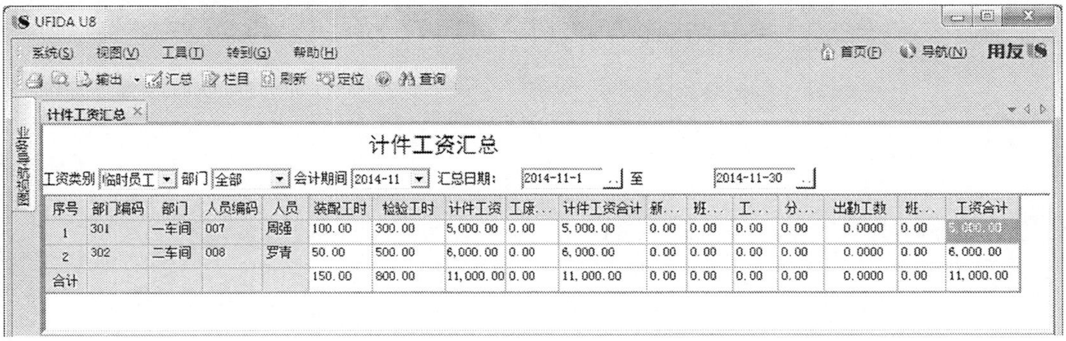

图 9-69　计件工资汇总

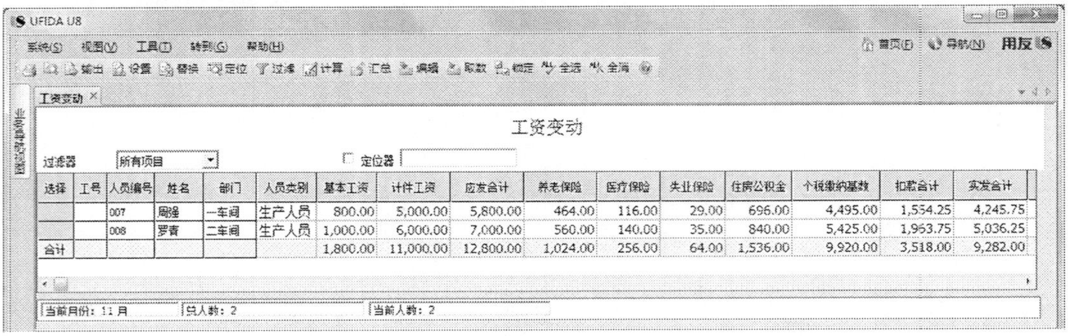

图 9-70　工资变动

通过“维护”中的“工资类别汇总“功能可以完成（如图 9-71、图 9-72 所示）。

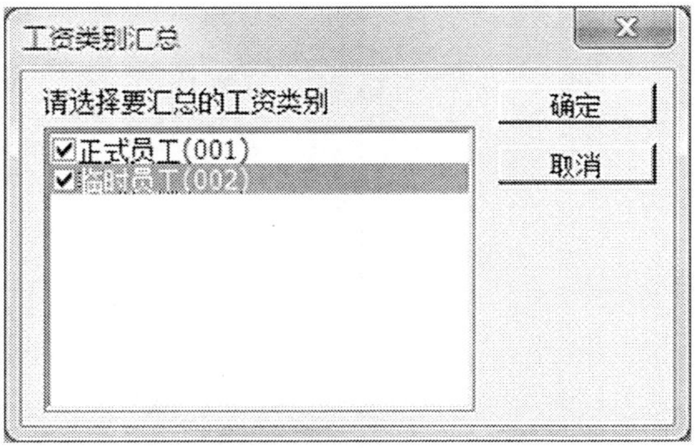

图 9-71　工资类别汇总

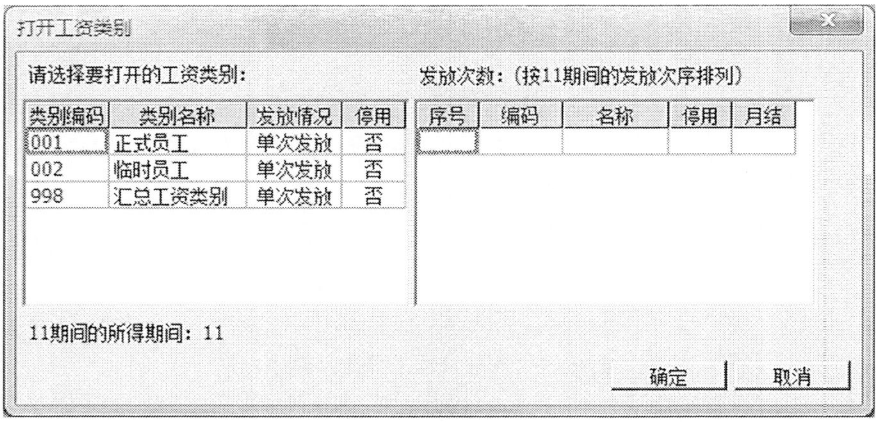

图 9-72　汇总工资类别列表

思考题及实践题

1. 如果有新员工加入企业，应该如何进行操作？
2. 如果 11 月需要给所有人增加 100 元奖金，应该如何操作？
3. 引入总账期初余额已经完成账套，完成薪资管理各项业务内容。

第十章

固定资产管理

固定资产管理主要完成企业固定资产日常业务的核算和管理，按月反映固定资产的增加、减少、原值变化及其他变化，并输出相应的增减变动明细账，按月自动计提折旧，生成折旧分配凭证，同时输出一些与固定资产管理相关的报表和账簿。固定资产管理操作流程如图 10-1 所示。

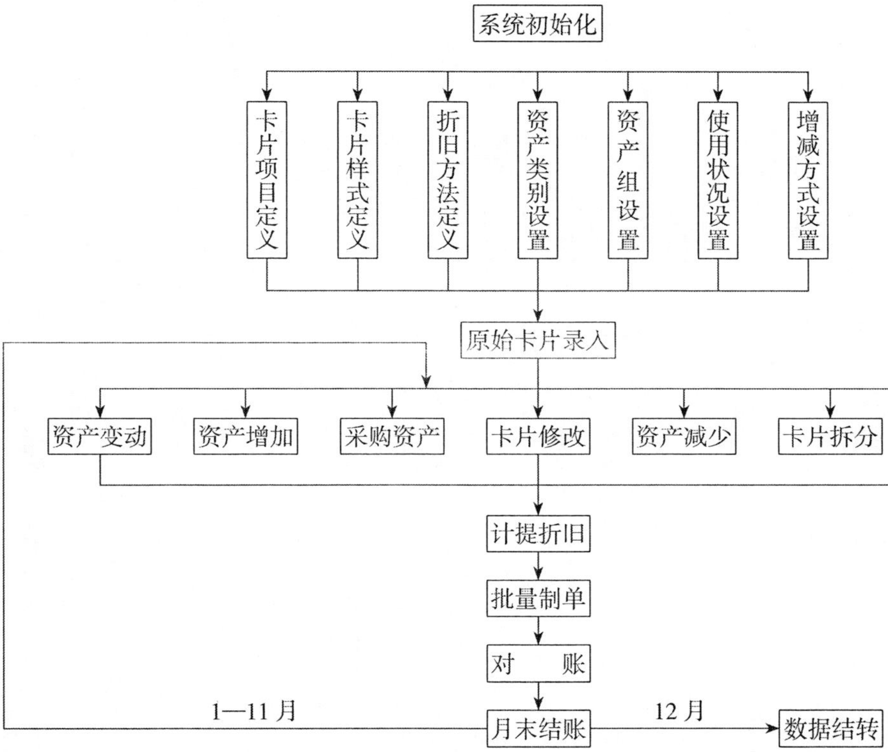

图 10-1　固定资产管理流程图

第一节　固定资产管理基础设置

一、固定资产管理初始化

第一次进入固定资产系统时，需要进行固定资产初始化账套操作，在系统的向导下完成相关参数设置。

1. 约定及说明。了解固定资产核算的基本规则和要求，只需浏览即可（如图 10-2 所示）。

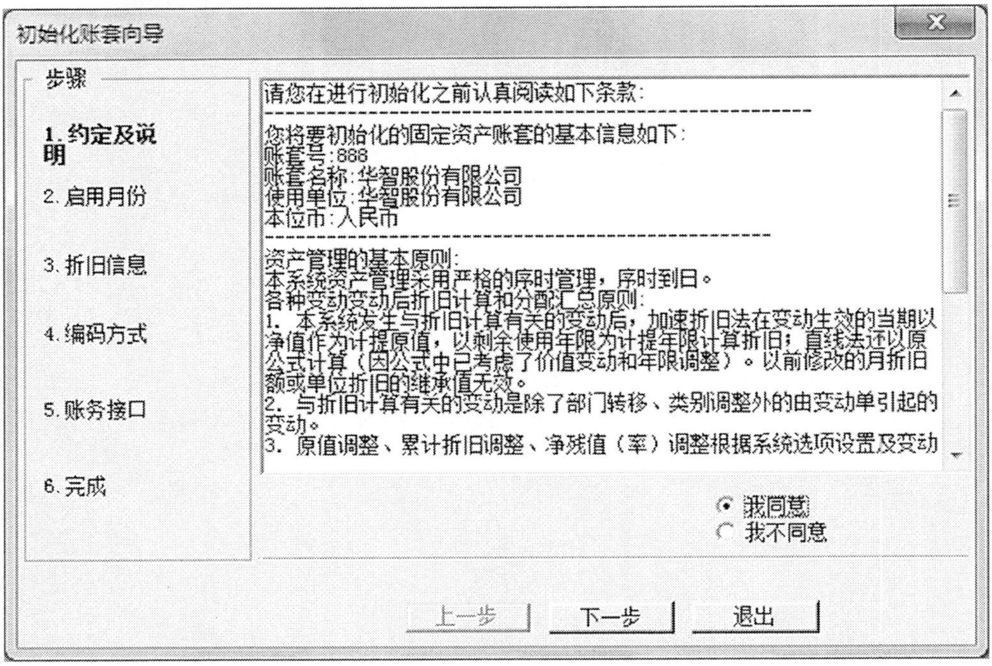
初始化账套向导
步骤
1. 约定及说明
2. 启用月份
3. 折旧信息
4. 编码方式
5. 账务接口
6. 完成
请您在进行初始化之前认真阅读如下条款:
您将要初始化的固定资产账套的基本信息如下:
账套号:888
账套名称:华智股份有限公司
使用单位:华智股份有限公司
本位币:人民币
资产管理的基本原则:
本系统资产管理采用严格的序时管理，序时到日。
各种变动变动后折旧计算和分配汇总原则:
1. 本系统发生与折旧计算有关的变动后，加速折旧法在变动生效的当期以净值作为计提原值，以剩余使用年限为计提年限计算折旧；直线法还以原公式计算（因公式中已考虑了价值变动和年限调整）。以前修改的月折旧额或单位折旧的继承值无效。
2. 与折旧计算有关的变动是除了部门转移、类别调整外的由变动单引起的变动。
3. 原值调整、累计折旧调整、净残值（率）调整根据系统选项设置及变动
我同意
我不同意
上一步
下一步
退出

图 10-2　约定及说明

2. 账套启用月份。该界面显示固定资产模块的启用日期，不能修改（如图 10-3 所示）。

初始化账套向导
步骤
1. 约定及说明
2. 启用月份
3. 折旧信息
4. 编码方式
5. 账务接口
6. 完成
账套启用月份
2014.11
说明
在正式使用本系统前，必须将截止到该日期前的所有固定资产资料录入本系统，否则系统将不能正确进行固定资产的各项管理及核算工作。
上一步
下一步
退出

图 10-3　启用月份

3. 折旧信息选择。设置账套是否需要计提折旧、主要折旧方法及折旧汇总分配周期等参数（如图 10-4 所示）。

4. 编码方式选择。设置资产类别编码方式及固定资产编码方式（如图 10-5 所示）。

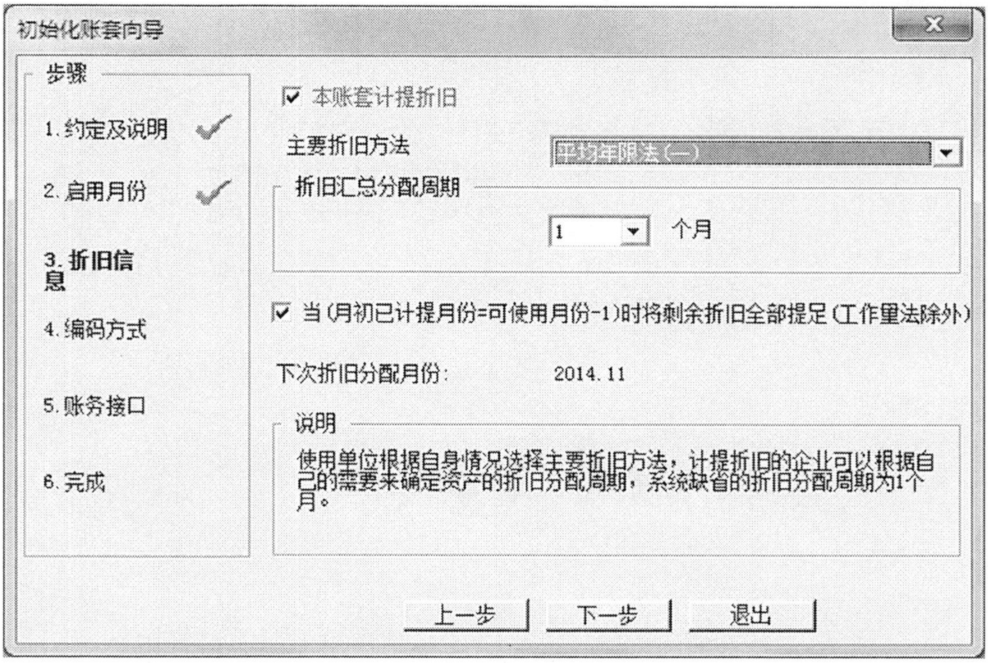

图 10-4　折旧信息

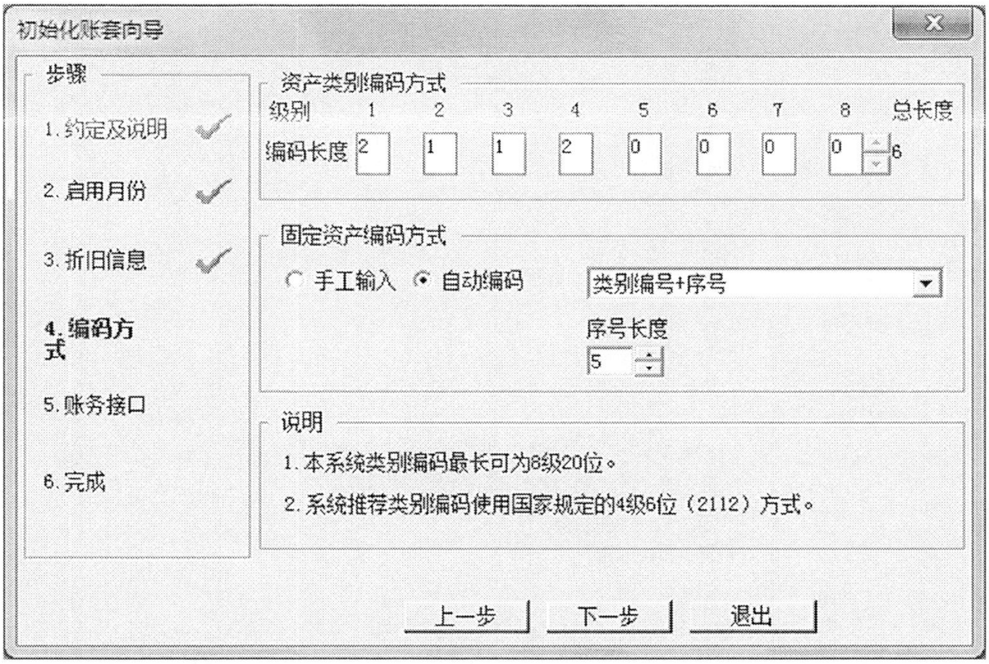

图 10-5　编码方式

5. 账务接口设置。设置与账务系统进行对账时需要的对账科目（如图 10-6 所示）。

6. 账套参数汇总（如图 10-7 所示）。

二、固定资产选项设置

在选项对话框中进行补充参数设置（如图 10-8 所示）。

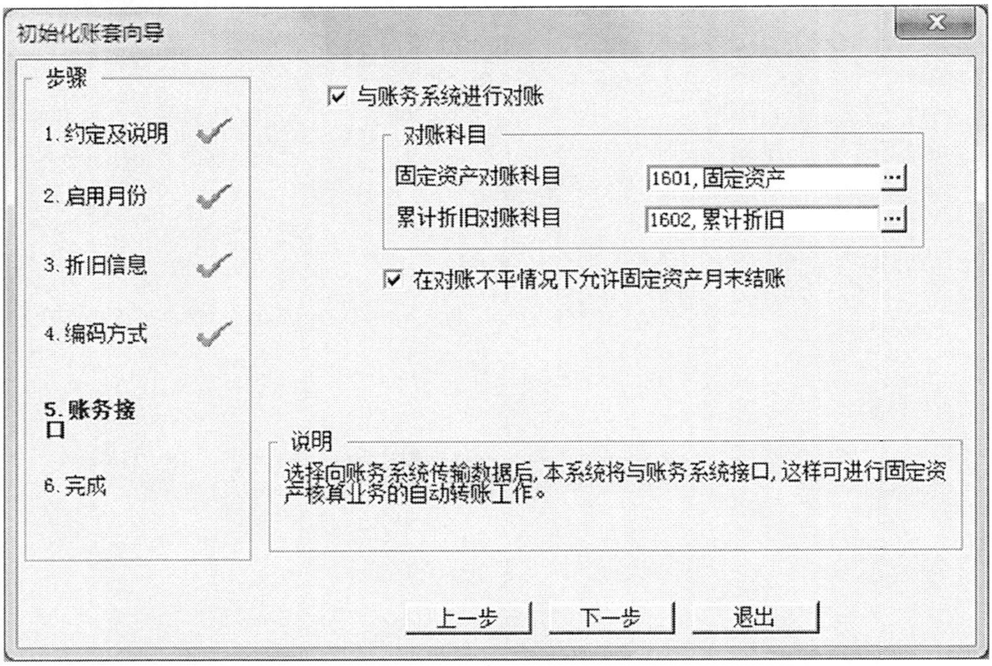

图 10-6 账务接口

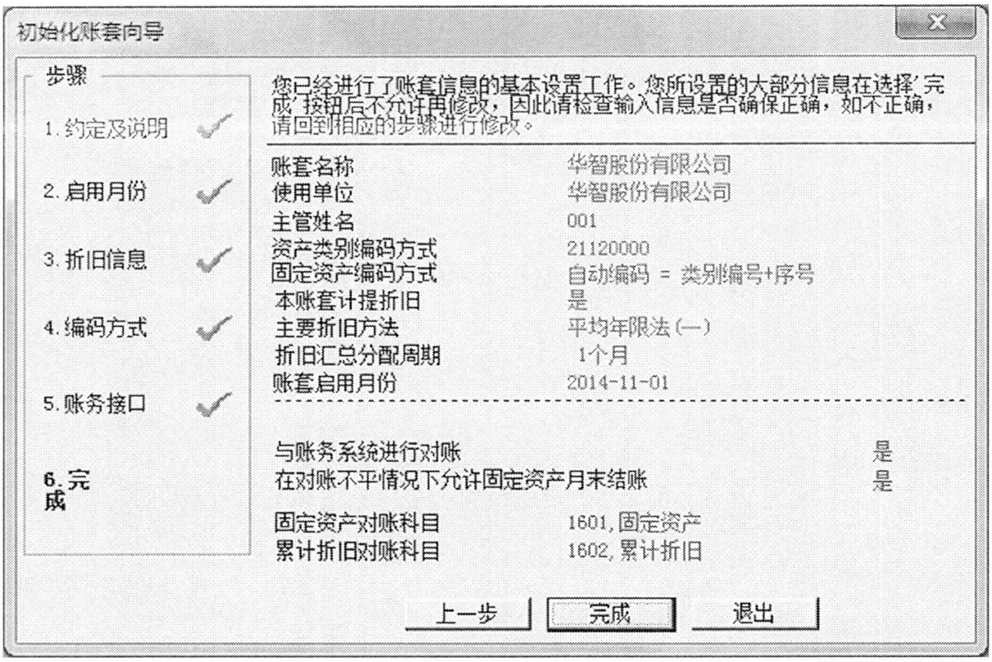

图 10-7 账套参数

三、基础设置

通过以下操作完成固定资产的基础设置。

1. 设置部门对应折旧科目（如图 10-9 所示）。在设置部门对应折旧科目后，当计提固定资产折旧时，系统将自动提取对应科目到凭证中，减少输入工作量。

2. 设置资产类别（如图 10-10 所示）。固定资产的种类繁多，为了便于管理，必须对

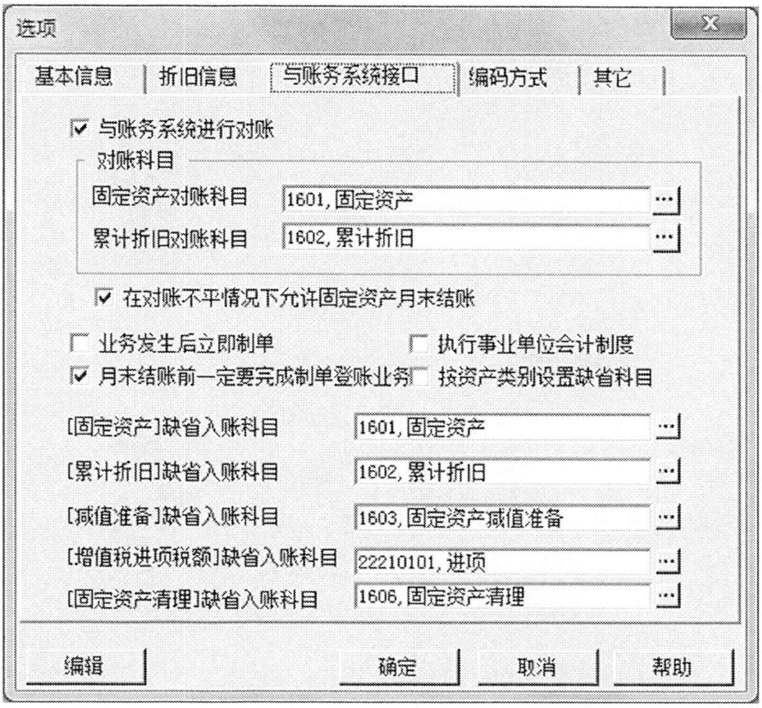

图 10-8　补充参数设置

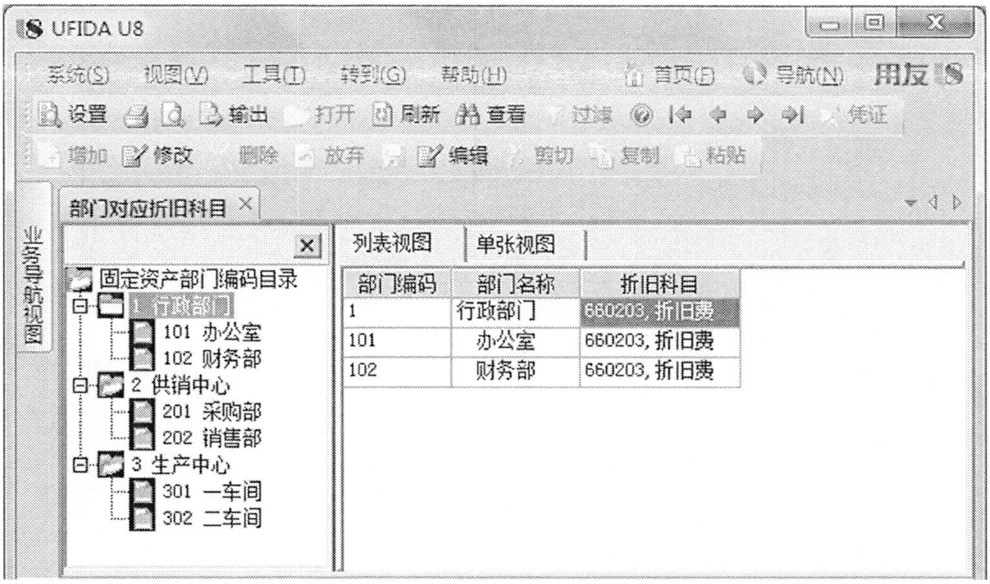

图 10-9　设置部门对应折旧科目

它们进行科学的分类。

3. 设置增减方式对应科目（如图 10-11 所示）。在设置增减方式对应科目后，当固定资产发生增加或减少时，系统将自动提取对应科目填制记账凭证。

4. 固定资产卡片项目定义和卡片样式定义。系统中提供了一些常用卡片必需的系统项目。如果有特殊核算要求，可以先通过卡片项目定义来加入所需项目，然后在下一步进

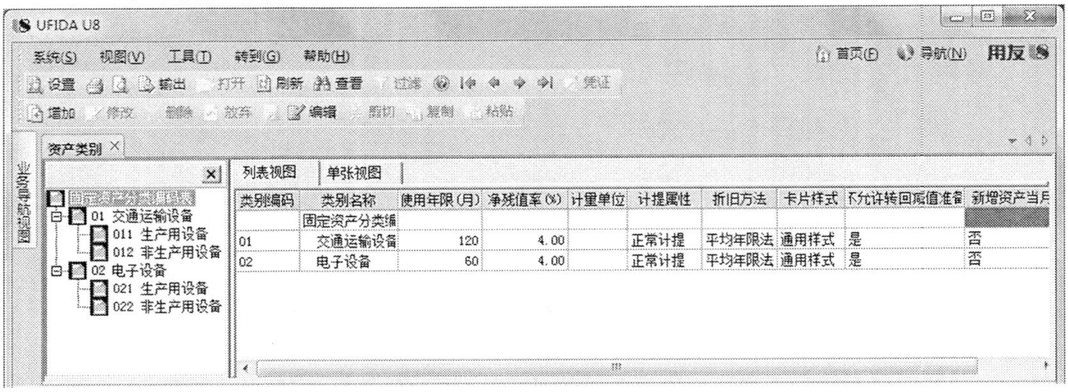

图 10-10 设置资产类别

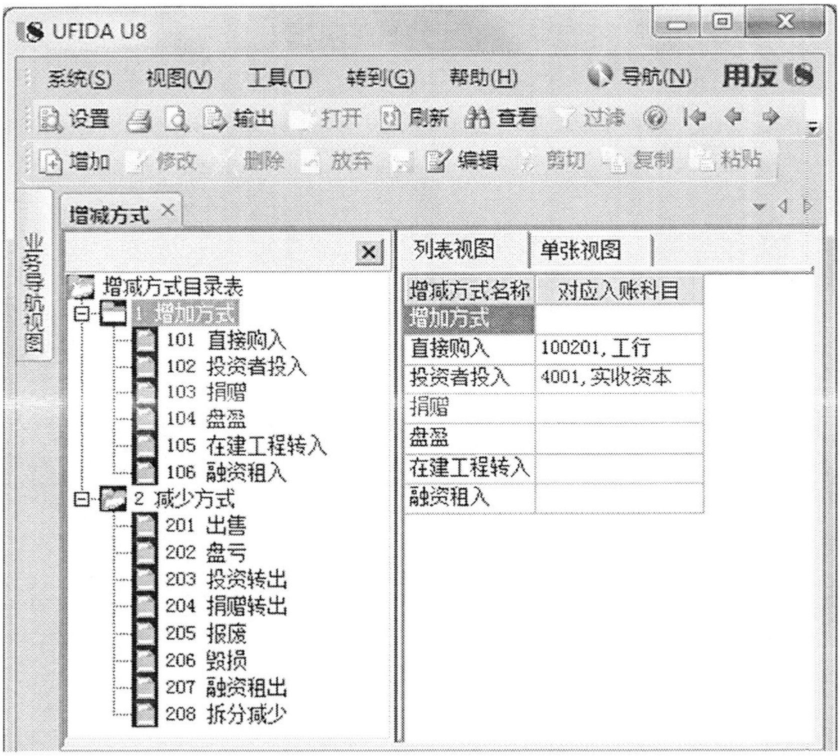

图 10-11 设置增减方式对应科目

行卡片样式定义时加入通用样式，得到自己定制的卡片样式，满足核算要求。

①卡片项目定义（如图 10-12 所示）。

②卡片样式定义时选择以通用样式为基础建立新样式（如图 10-13 所示）。

③将需要的项目加入卡片样式中，完成卡片样式定义（如图 10-14 所示）。

四、原始卡片录入

固定资产卡片是固定资产核算和管理的基础，为了保持历史资料的连续性，必须将建账日期以前的数据录入系统中。原始卡片的录入时间不限制必须在第一个期间结账前完成，任何时候都可以录入原始卡片。录入固定资产卡片时默认的卡片样式是系统自带的通用样式。如果固定资产卡片需要用到自定义的卡片样式，则需要在资产类别设置中更改资

图 10-12 卡片项目定义

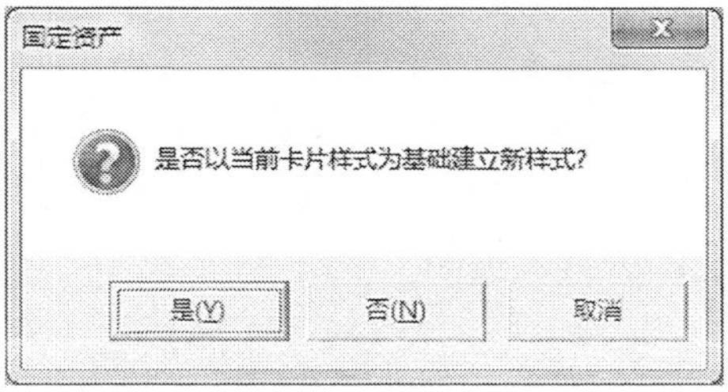

图 10-13 选择以通用样式为基础建立新样式

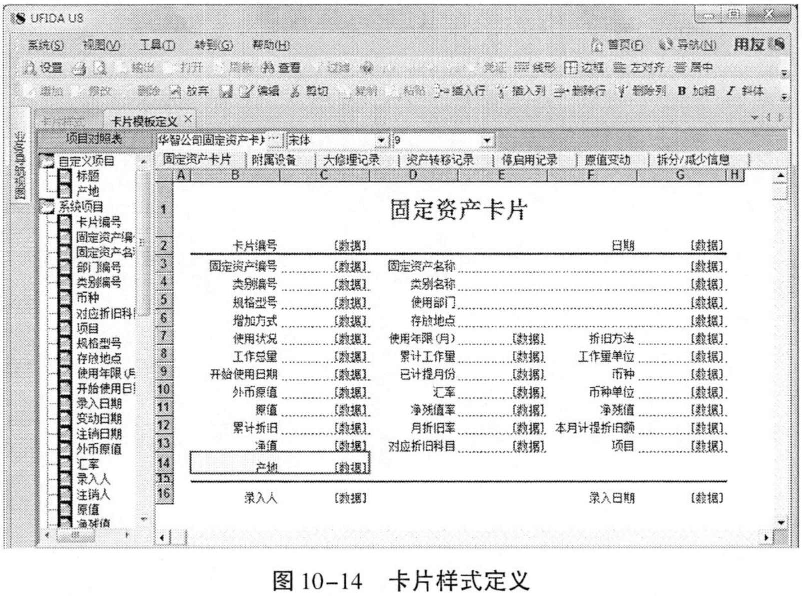

图 10-14 卡片样式定义

产类别默认的卡片样式。

1. 修改资产类别默认的卡片样式（如图 10-15 所示）。

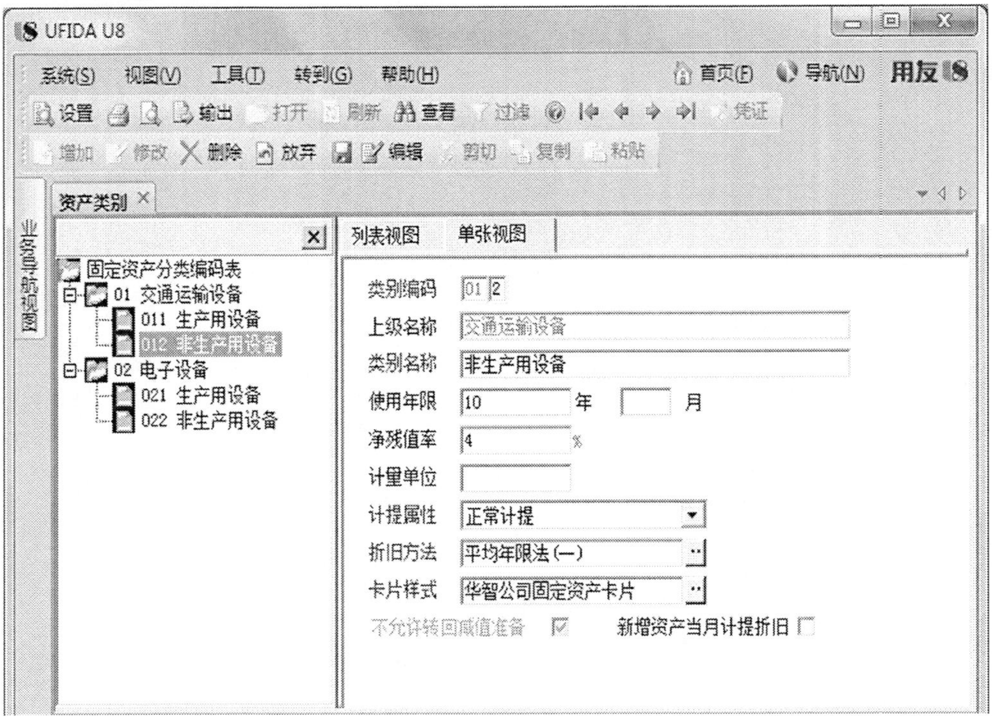

图 10-15　修改卡片样式

2. 输入固定资产卡片具体内容（如图 10-16、图 10-17 所示）。

图 10-16　输入固定资产卡片具体内容

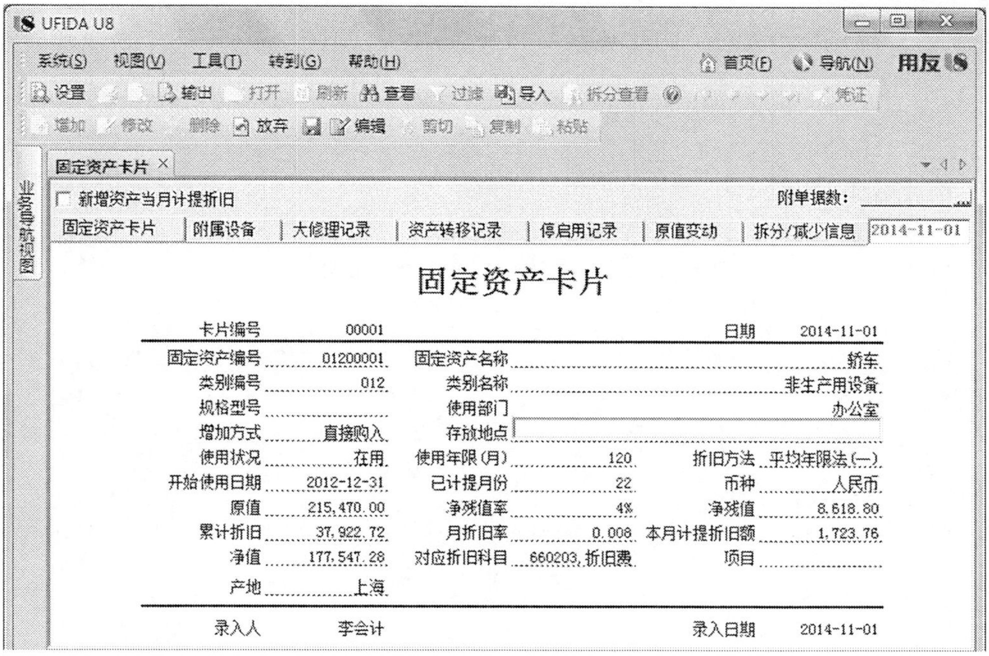

图 10-17 原始卡片录入

3. 通过“卡片管理”功能对已经输入的固定资产卡片进行维护（如图 10-18 所示）。

图 10-18 卡片管理

第二节 固定资产管理日常业务

一、11 月份业务

1. 资产增加

资产增加是指购进或通过其他方式增加企业资产。该业务需要输入一张新的固定资产卡片，与固定资产原始卡片录入的处理相似（如图 10-19 所示）。

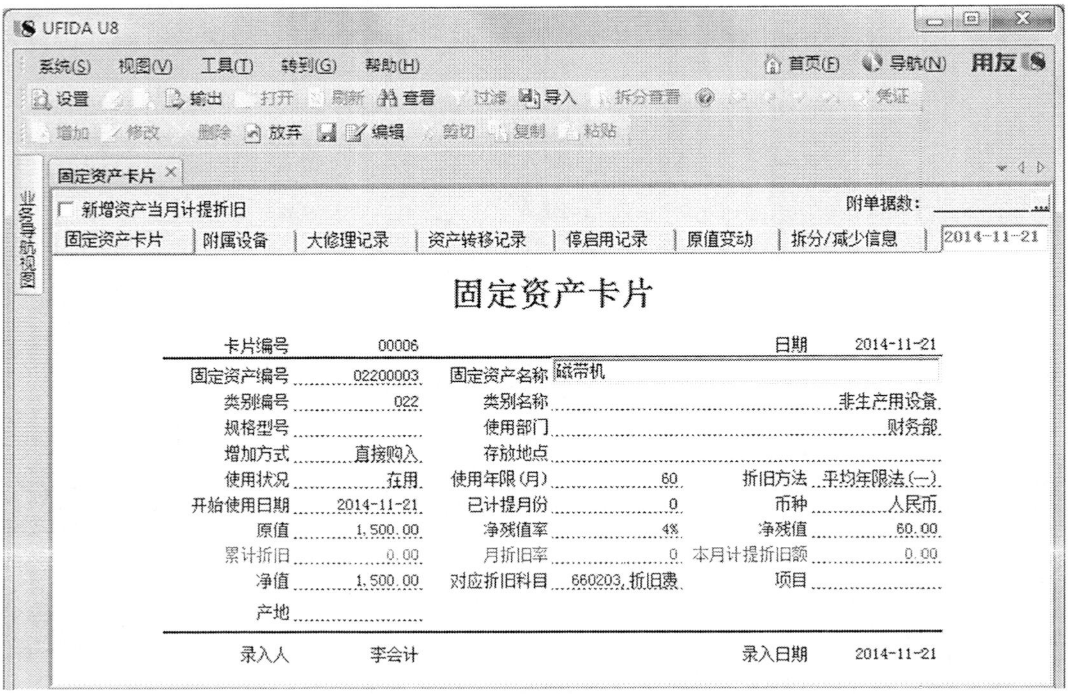

图 10-19 新增资产

2. 资产评估

资产评估，即资产价值形态的评估，是指专门的机构或专门的评估人员遵循法定或公允的标准和程序，运用科学的方法，以货币作为计算权益的统一尺度，对在一定时点上的资产进行评定估算的行为。资产评估就是对资产重新估价的过程，是一种动态性、市场化活动，具有不确定性的特点，其评定价格也是一种模拟价格。固定资产评估增值部分通常计入资本公积。

①选择评估的项目（如图 10-20 所示）。

②输入评估的项目值，在“评估后原值”和“评估后累计折旧”部分输入（如图 10-21所示）。

③完成资产评估业务（如图 10-22 所示）。

3. 计提折旧

自动计提折旧是固定资产系统的主要功能之一。可以根据录入系统的资料，利用系统提供的“折旧计提”功能，对各项资产每期计提一次折旧，并自动生成折旧分配表，然后制作记账凭证，将本期的折旧费用自动登账。

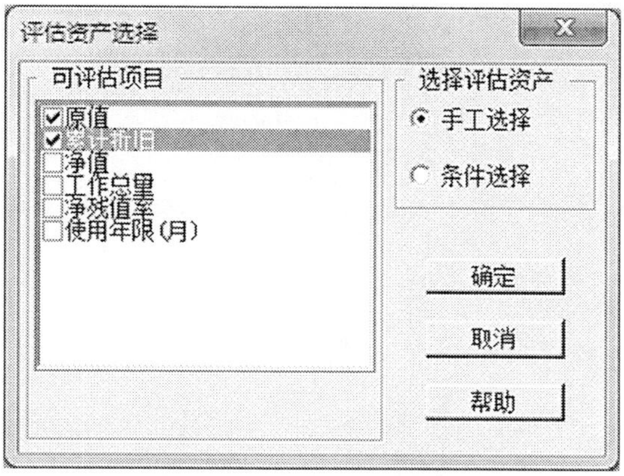

图 10-20 选择评估项目

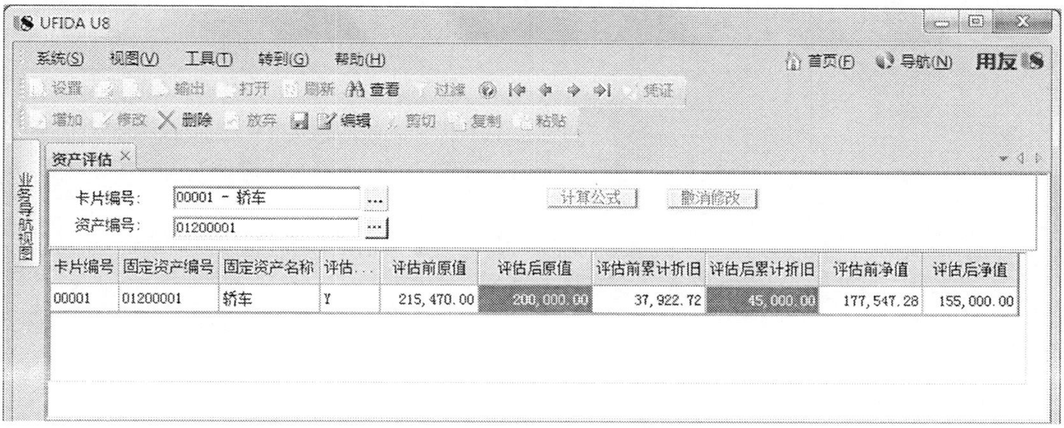

图 10-21 输入评估后项目值

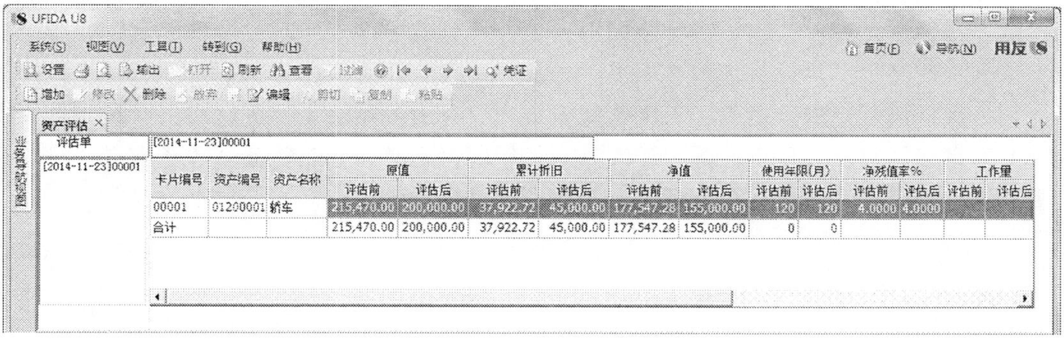

图 10-22 完成评估业务

当开始计提折旧时，系统将自动计提所有资产当期折旧额，并将当期折旧额自动累加到累计折旧项目中。计提工作完成后，要进行折旧分配，形成折旧费用，系统除了自动生成折旧清单外，同时还生成折旧分配表。系统提供的折旧清单（如图 10–23 所示）将显示所有应计提折旧资产所计提的折旧数据额。折旧分配表（如图 10–24 所示）是制作记账凭证、把计提折旧额分配到有关成本和费用的依据，折旧分配表有类别折旧分配表和部门折旧分配表两种类型。生成折旧分配表由“折旧汇总分配周期”决定，因此制作记账凭证要在生成折旧分配表后进行。

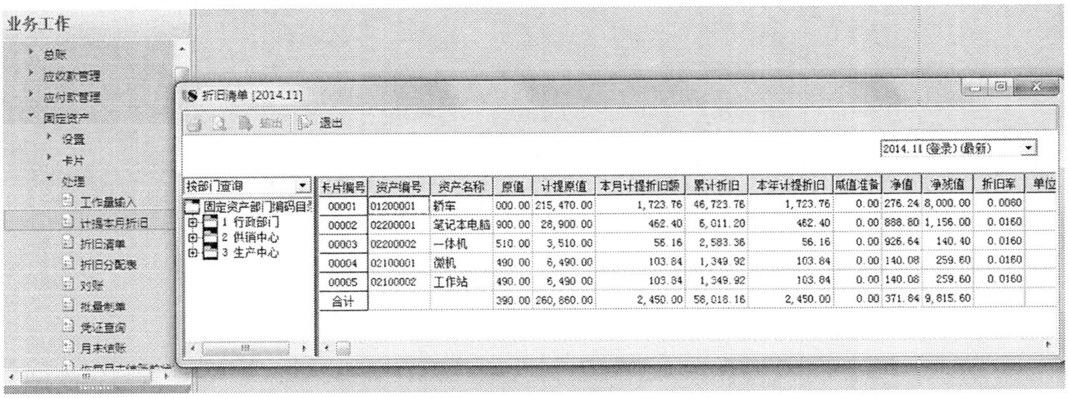

卡片编号	资产编号	资产名称	原值	计提原值	本月计提折旧额	累计折旧	本年计提折旧	减值准备	净值	净残值	折旧率	单位
00001	01200001	轿车	000.00	215,470.00	1,723.76	46,723.76	1,723.76	0.00	276.24	8,000.00	0.0060	
00002	02200001	笔记本电脑	900.00	28,900.00	462.40	6,011.20	462.40	0.00	888.80	1,156.00	0.0160	
00003	02200002	一体机	510.00	3,510.00	56.16	2,583.36	56.16	0.00	926.64	140.40	0.0160	
00004	02100001	微机	490.00	6,490.00	103.84	1,349.92	103.84	0.00	140.08	259.60	0.0160	
00005	02100002	工作站	490.00	6,490.00	103.84	1,349.92	103.84	0.00	140.08	259.60	0.0160	
合计			390.00	260,860.00	2,450.00	58,018.16	2,450.00	0.00	371.84	9,815.60		

图 10-23　折旧清单

部门编号	部门名称	项目编号	项目名称	科目编号	科目名称	折　旧　额
101	办公室			660203	折旧费	2,242.32
301	一车间			510103	折旧费	103.84
302	二车间			510103	折旧费	103.84
合计						2,450.00

图 10-24　折旧分配表

4. 资产减少

资产在使用过程中，由于各种原因退出企业，此时要做资产减少处理。发生资产减少时需输入资产减少卡片并说明减少原因（如图 10-25 所示）。只有当账套开始计提折旧后，才可以使用资产减少功能，否则，减少资产只有通过删除卡片页完成。只有当月减少的资产才可以恢复，如果资产减少操作已制作凭证，则必须删除凭证后才能恢复。只要卡片未被删除，就可以通过卡片管理中“已减少资产”来查看减少的资产。

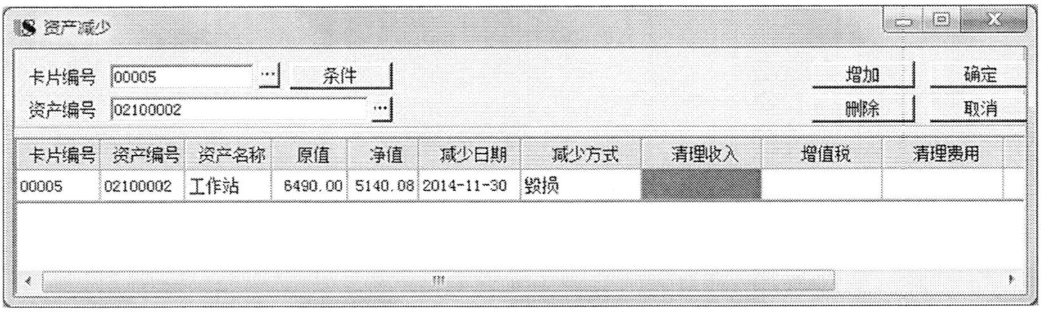

卡片编号	资产编号	资产名称	原值	净值	减少日期	减少方式	清理收入	增值税	清理费用
00005	02100002	工作站	6490.00	5140.08	2014-11-30	毁损			

图 10-25　资产减少

对于误减少的资产，可以通过卡片管理中的针对已减少资产的撤销减少功能来恢复（如图 10-26 所示）。

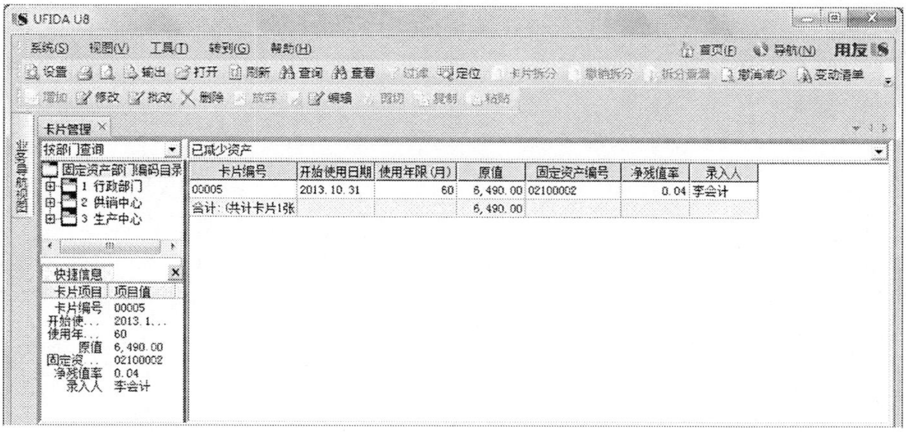

图 10-26 撤销资产减少

5. 生成凭证

固定资产系统和总账系统之间存在着数据的自动传输。这种传输是固定资产系统通过记账凭证向总账系统传递有关数据，如资产增加、减少、累计折旧调整以及折旧分配等记账凭证。制作记账凭证可以采取“立即制单”或“批量制单”的方法实现。

①选择需要制单的业务（如图 10-27 所示）。

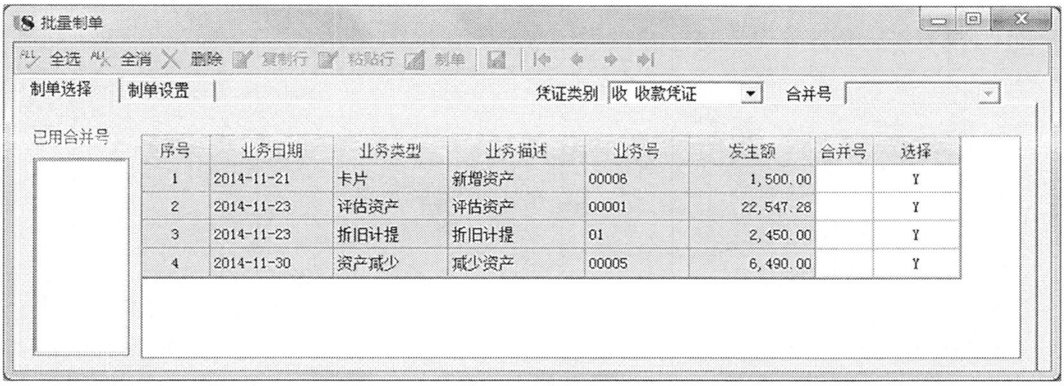

图 10-27 制单选择

②分别对需要制单的业务进行制单设置（如图 10-28 所示）。

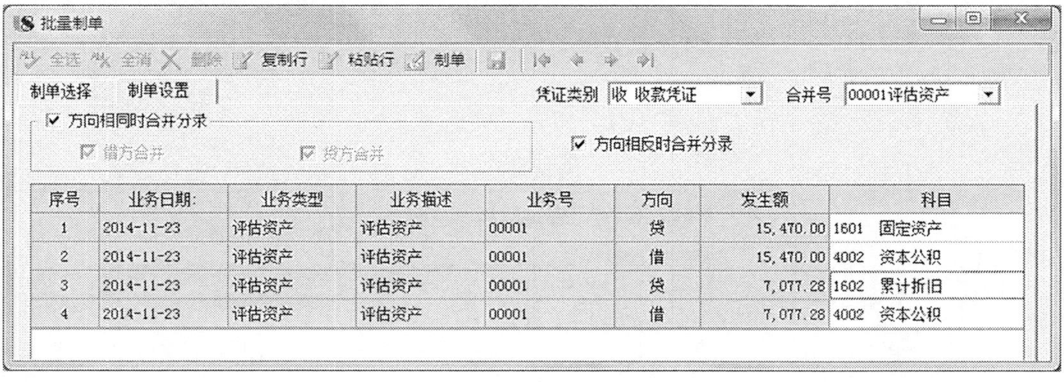

图 10-28 制单设置

③财务部购买磁带机业务生成的凭证（如图 10-29 所示）。

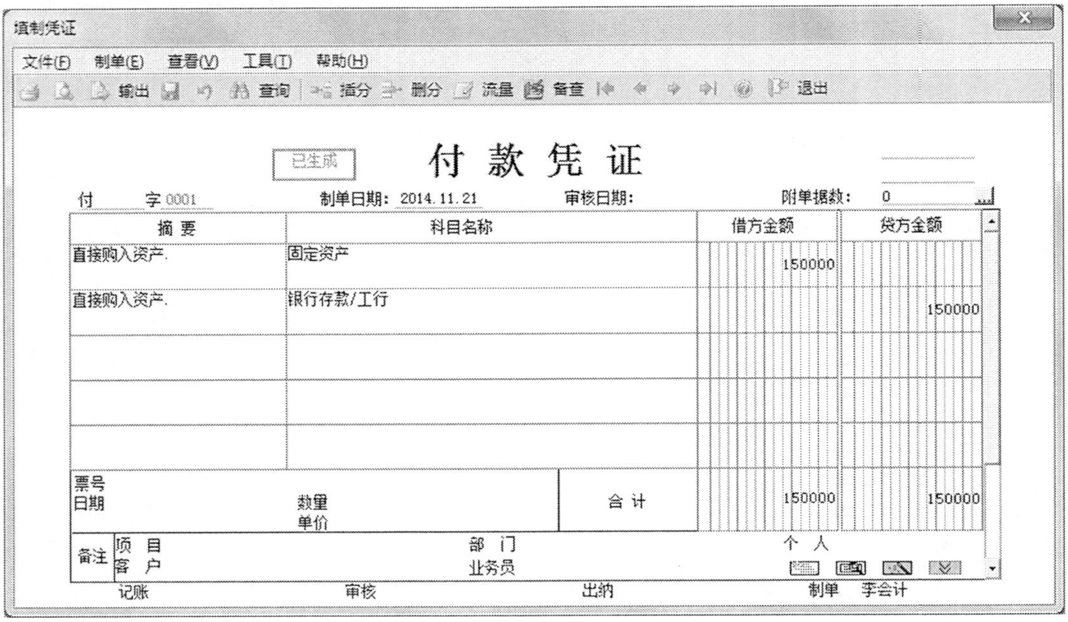

图 10-29　购买磁带机业务凭证

④对轿车进行资产评估业务生成的凭证（如图 10-30 所示）。

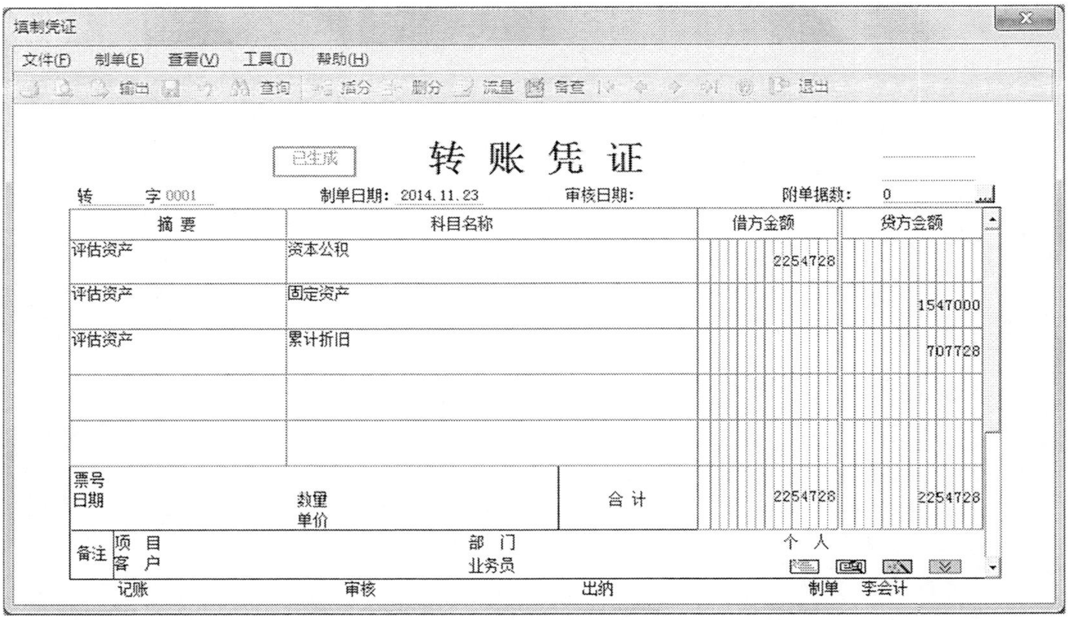

图 10-30　资产评估业务凭证

⑤计提本月折旧费用业务生成的凭证（如图 10-31 所示）。

⑥二车间毁损工作站业务生成的凭证（如图 10-32 所示）。

以上由系统自动生成的业务记账凭证被自动传递到总账系统，在总账系统中可以进行出纳签字、审核、记账等后续操作，但是在总账系统中不能进行修改、作废、冲销等操作。如果发现凭证有误，需要进行修改、作废、冲销等操作，可以通过固定资产系统中的

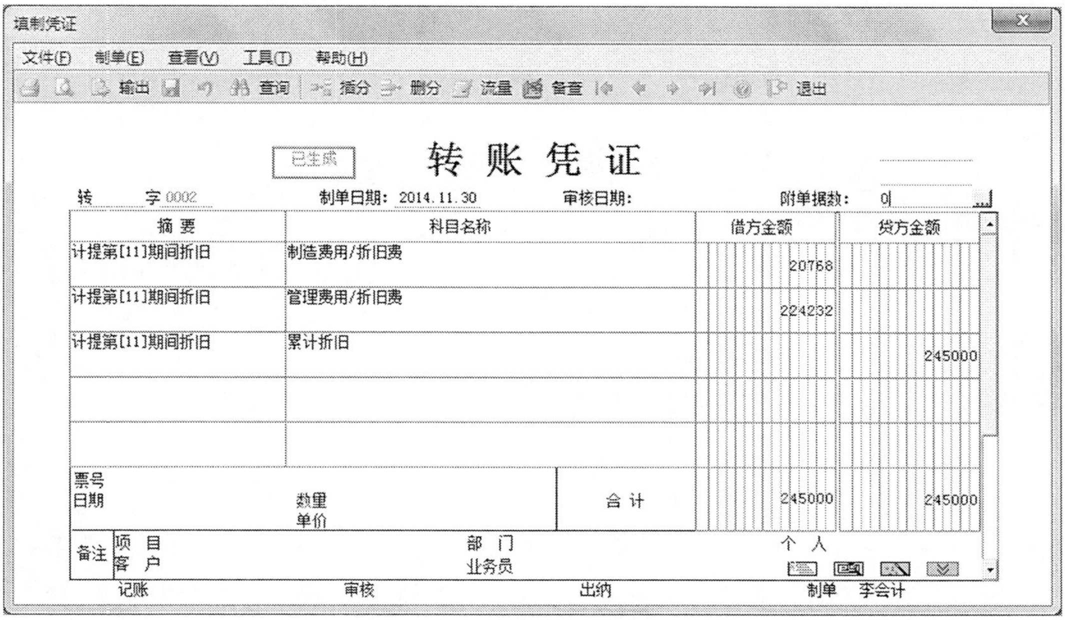

图 10-31 计提折旧业务凭证

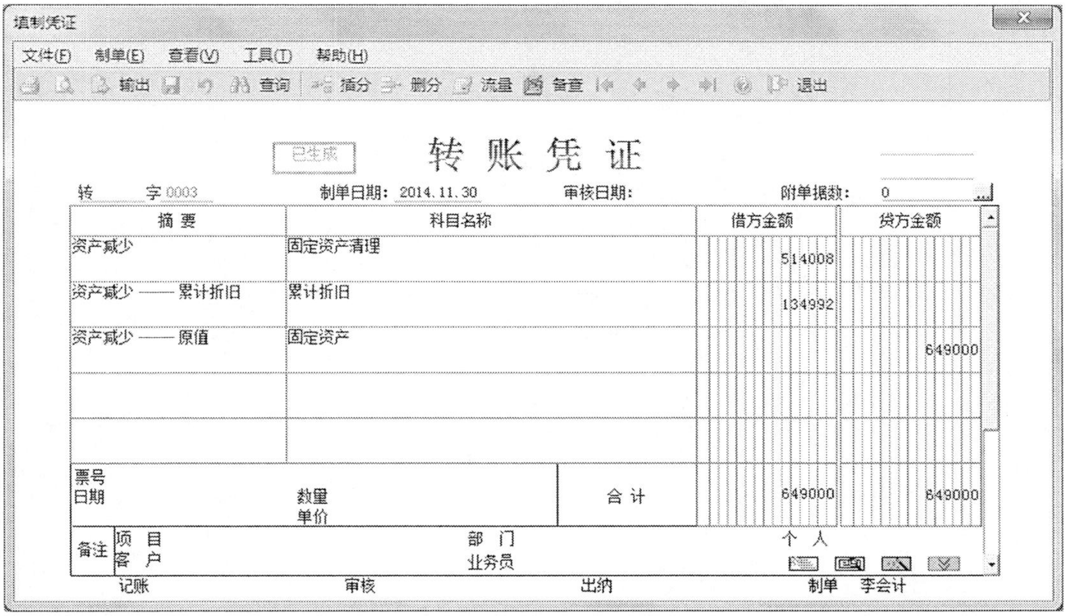

图 10-32 资产毁损业务凭证

凭证查询功能来完成。

6. 凭证查询

各固定资产业务生成的凭证可以通过“凭证查询”功能进行统一管理，完成编辑、删除、冲销等操作（如图 10-33 所示）。

7. 期末处理

固定资产管理系统的期末处理工作主要包括对账和结账。当初次启动固定资产的参数设置或选项中的参数设置选择了“与财务系统对账”参数后，才可使用本系统的对账功

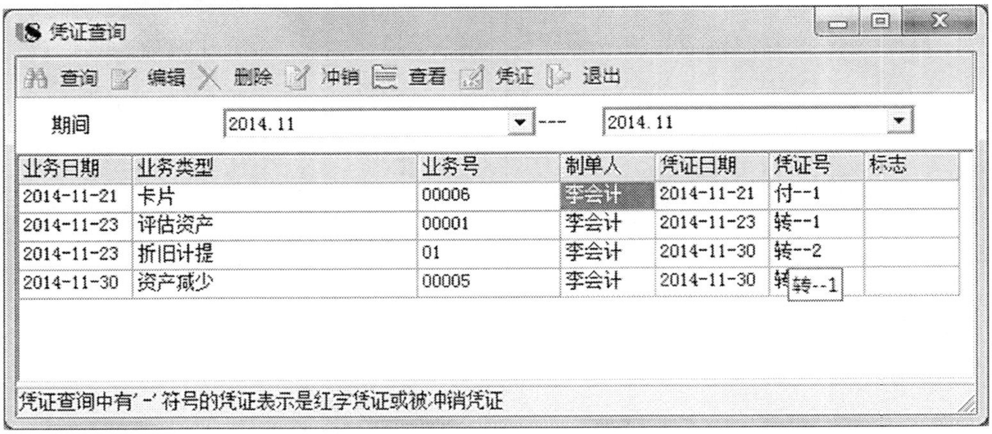
凭证查询
查询 编辑 删除 冲销 查看 凭证 退出
期间
2014.11
2014.11
业务日期 业务类型 业务号 制单人 凭证日期 凭证号 标志
2014-11-21 卡片 00006 李会计 2014-11-21 付--1
2014-11-23 评估资产 00001 李会计 2014-11-23 转--1
2014-11-23 折旧计提 01 李会计 2014-11-30 转--2
2014-11-30 资产减少 00005 李会计 2014-11-30 转--1
凭证查询中有'-'符号的凭证表示是红字凭证或被冲销凭证

图 10-33 **凭证查询**

能。为保证固定资产系统的资产价值与总账系统中固定资产科目的数值相等，可随时使用对账功能对两个系统进行审查。系统在执行月末结账时自动对账一次，并给出对账结果。

当固定资产系统完成了本月全部制单业务后，可以进行月末结账（如图 10-34、图 10-35 所示）。月末结账每月进行一次，本期不结账，将不能处理下期的数据。结账前一定要进行数据备份，否则数据一旦丢失，将造成无法挽回的后果。

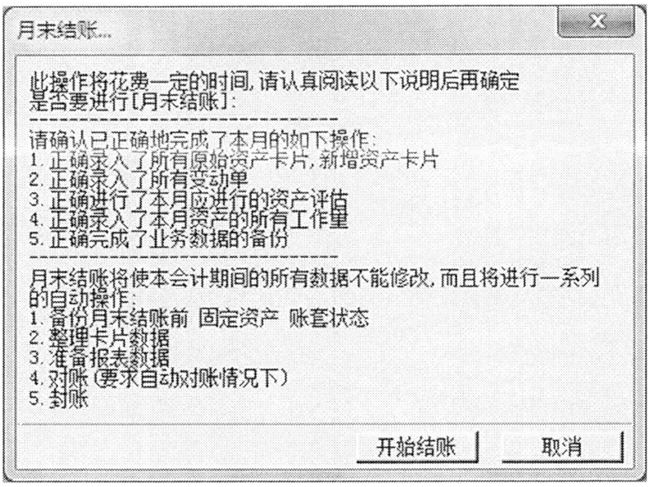
月末结账...
此操作将花费一定的时间，请认真阅读以下说明后再确定
是否要进行[月末结账]:
请确认已正确地完成了本月的如下操作:
1. 正确录入了所有原始资产卡片，新增资产卡片
2. 正确录入了所有变动单
3. 正确进行了本月应进行的资产评估
4. 正确录入了本月资产的所有工作量
5. 正确完成了业务数据的备份
月末结账将使本会计期间的所有数据不能修改，而且将进行一系列
的自动操作:
1. 备份月末结账前 固定资产 账套状态
2. 整理卡片数据
3. 准备报表数据
4. 对账(要求自动对账情况下)
5. 封账
开始结账
取消

图 10-34 **月末结账**

二、12 月份业务

1. 添置配件

添置配件是在原固定资产基础上为了增强固定资产功能，增加一些配件的业务。这类业务不属于增加一个新固定资产业务，因此在固定资产变动单中反映（如图 10-36 所示）。

2. 固定资产转移

固定资产转移是将固定资产在企业各部门之间转移的业务。由于该业务发生以后会导致被转移的固定资产计提折旧情况发生变化，因此也需要在资产变动单中反映（如图 10-37所示）。

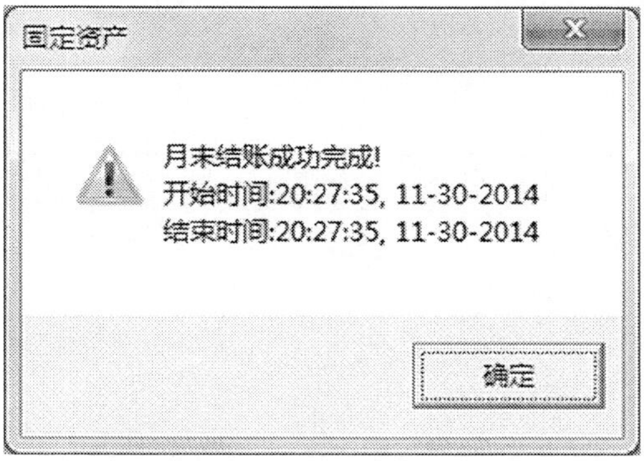

图 10-35 月末结账信息提示

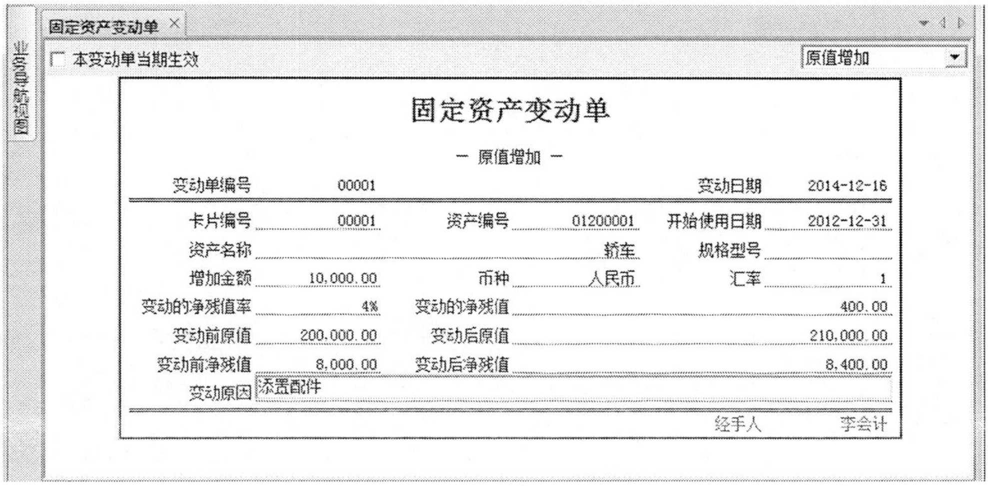

图 10-36 添置配件业务

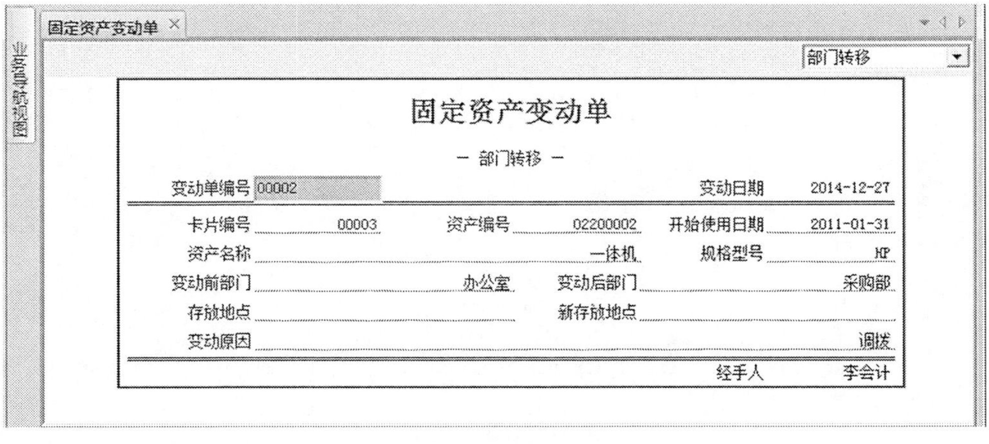

图 10-37 固定资产转移业务

3. 计提减值准备

固定资产发生损坏、技术陈旧或者其他经济原因，导致其可收回金额低于其账面价值，这种情况称为固定资产减值。如果固定资产的可收回金额低于其账面价值，应当按可收回金额低于账面价值的差额计提减值准备，并计入当期损益。计提减值准备同样在固定资产变动单中反映（如图 10-38 所示）。

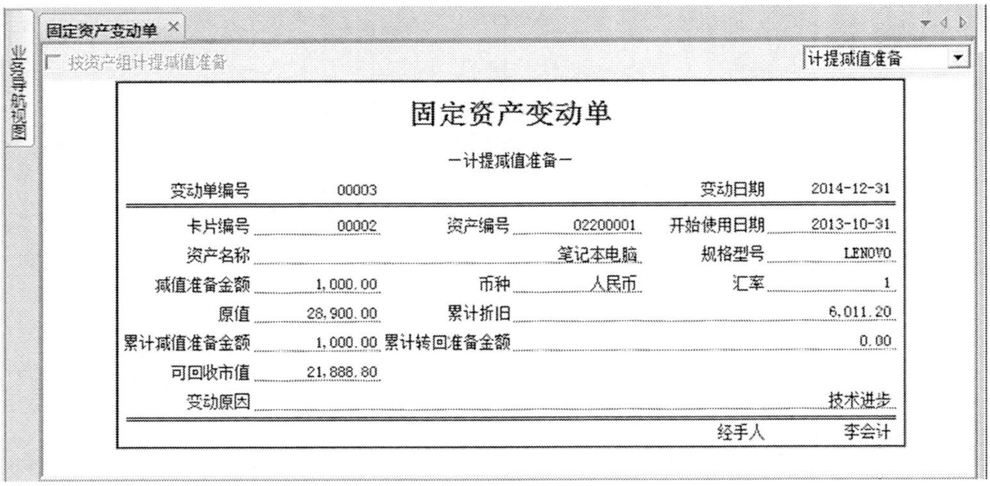

图 10-38　计提减值准备业务

4. 计提折旧（如图 10-39 所示）

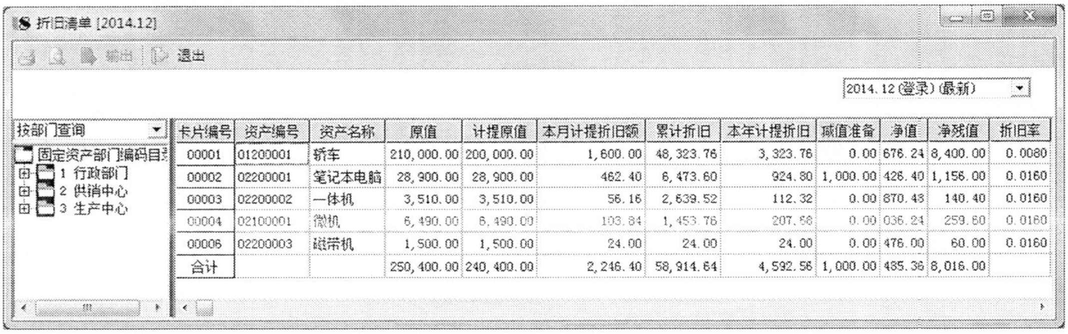

卡片编号	资产编号	资产名称	原值	计提原值	本月计提折旧额	累计折旧	本年计提折旧	减值准备	净值	净残值	折旧率
00001	01200001	轿车	210,000.00	200,000.00	1,600.00	48,323.76	3,323.76	0.00	676.24	8,400.00	0.0080
00002	02200001	笔记本电脑	28,900.00	28,900.00	462.40	6,473.60	924.80	1,000.00	426.40	1,156.00	0.0160
00003	02200002	一体机	3,510.00	3,510.00	56.16	2,639.52	112.32	0.00	870.48	140.40	0.0160
00004	02100001	微机	6,490.00	6,490.00	103.84	1,453.76	207.68	0.00	036.24	259.60	0.0160
00006	02200003	磁带机	1,500.00	1,500.00	24.00	24.00	24.00	0.00	476.00	60.00	0.0160
合计			250,400.00	240,400.00	2,246.40	58,914.64	4,592.56	1,000.00	485.36	8,016.00	

图 10-39　计提折旧业务

5. 批量制单

①制单选择（如图 10-40 所示）。

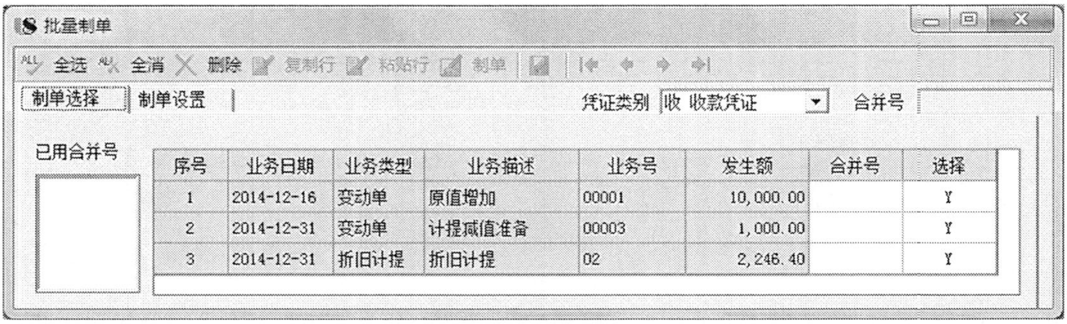

序号	业务日期	业务类型	业务描述	业务号	发生额	合并号	选择
1	2014-12-16	变动单	原值增加	00001	10,000.00		Y
2	2014-12-31	变动单	计提减值准备	00003	1,000.00		Y
3	2014-12-31	折旧计提	折旧计提	02	2,246.40		Y

图 10-40　制单选择

②制单设置——办公室的轿车添置新配件（如图 10-41 所示）。

③制单设置——笔记本电脑计提减值准备（如图 10-42 所示）。

④制单设置——计提本月折旧（如图 10-43 所示）。

⑤办公室的轿车添置新配件业务生成的凭证（如图 10-44 所示）。

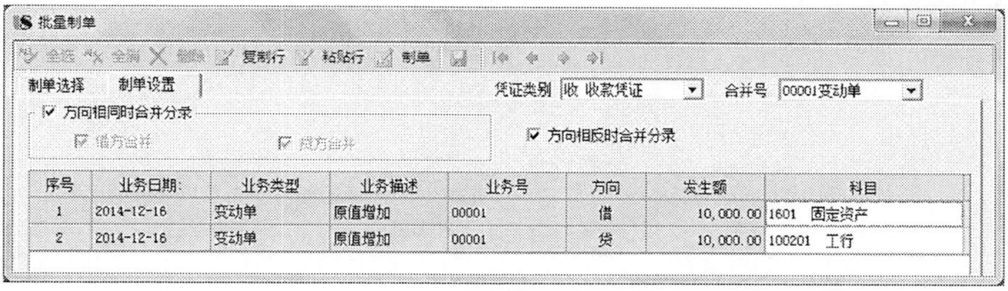

图 10-41　制单设置（添置配件）

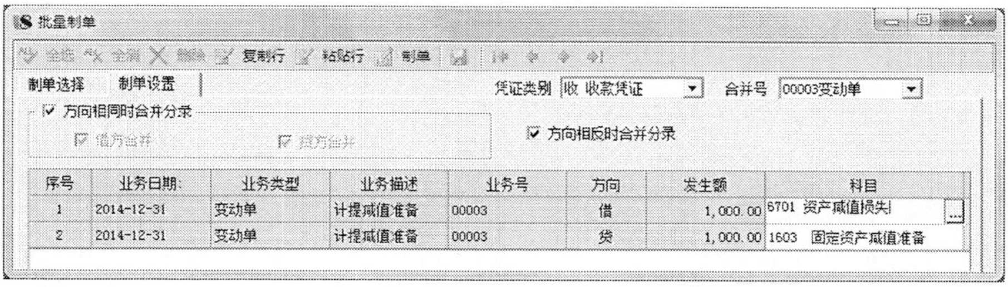

图 10-42　制单设置（计提减值准备）

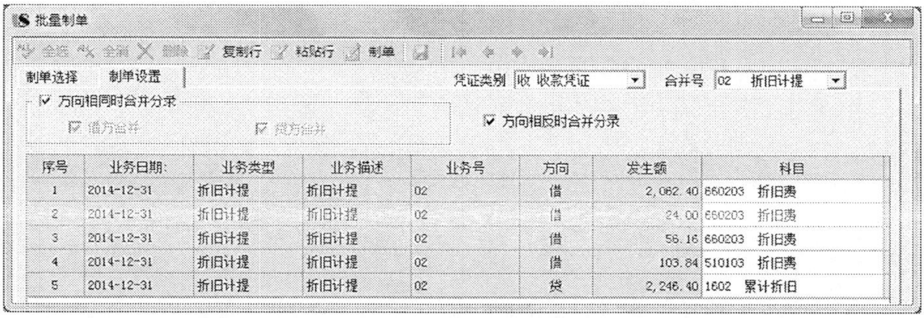

图 10-43　制单设置（计提折旧）

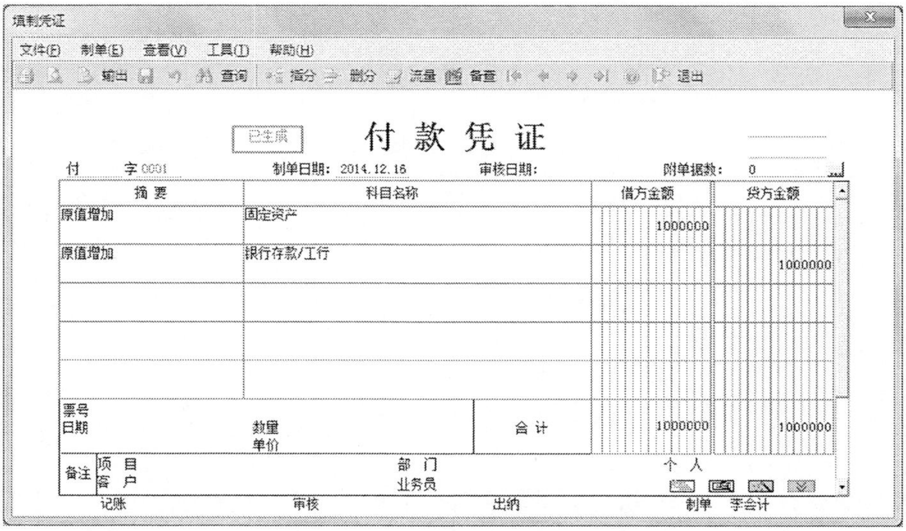

图 10-44　添置配件业务凭证

⑥笔记本电脑计提减值准备业务生成的凭证（如图 10-45 所示）。

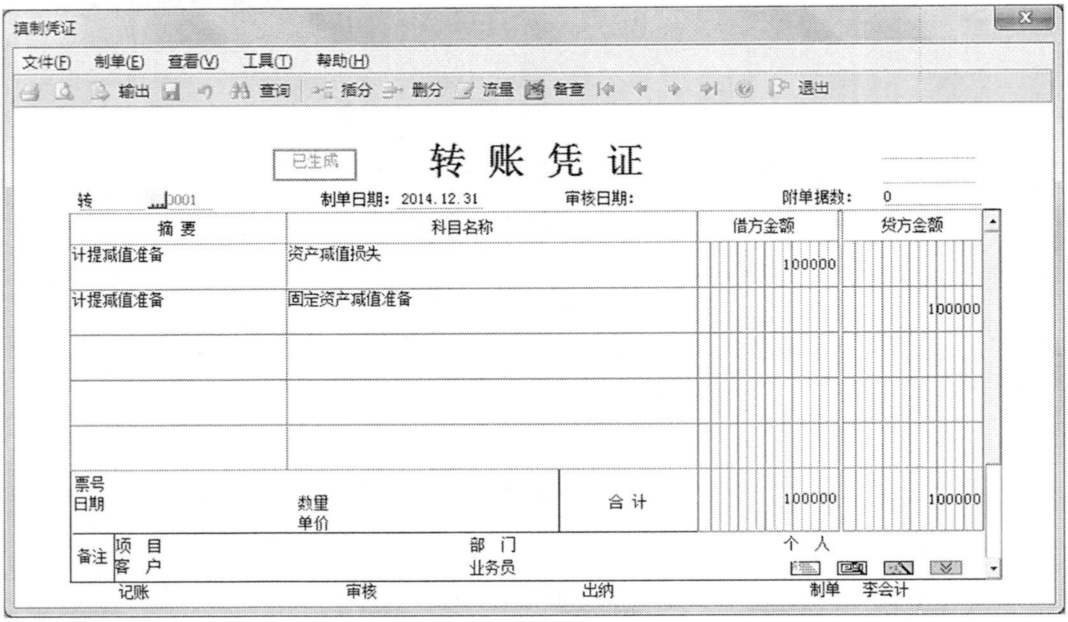

图 10-45　计提减值准备业务凭证

⑦计提本月折旧业务生成的凭证（如图 10-46 所示）。

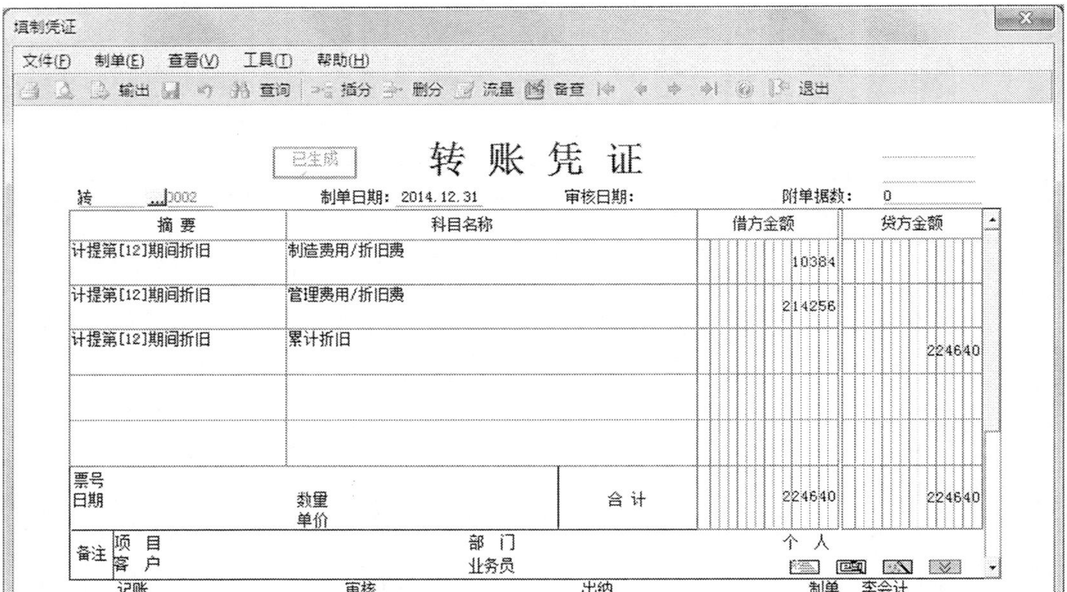

图 10-46　计提折旧业务凭证

12 月份月末对账、结账等操作同 11 月份。

三、反结账

结账后当期数据不能修改。如有错误，必须修改，可通过系统提供的“恢复月末结账前状态”功能反结账，再进行相应修改（如图 10-47、图 10-48 所示）。

如果 12 月份已经生成凭证，则 11 月份固定资产无法反结账，反结账时将出现错误提示“本账套业务已生成了账务凭证，不能进行此项操作”。若要对 11 月份反结账，必须先删除12月份已生成凭证。并且由于成本系统每月从本系统提取折旧费用数据，因此一旦成本系统提取了某期的数据，则该期也不能反结账。

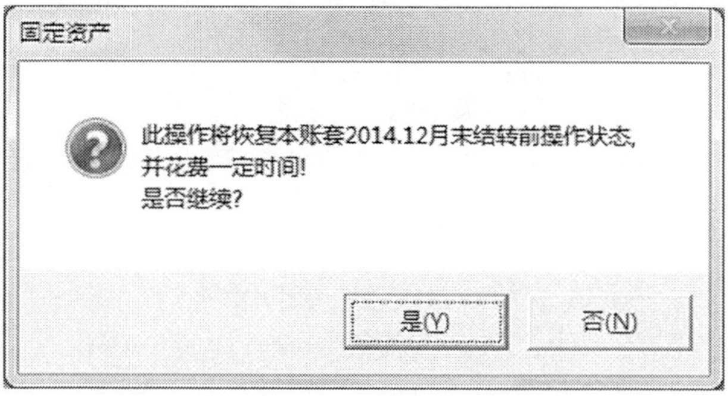
固定资产
此操作将恢复本账套2014.12月末结转前操作状态,
并花费一定时间!
是否继续?
是(Y)
否(N)

图10-47 固定资产反结账

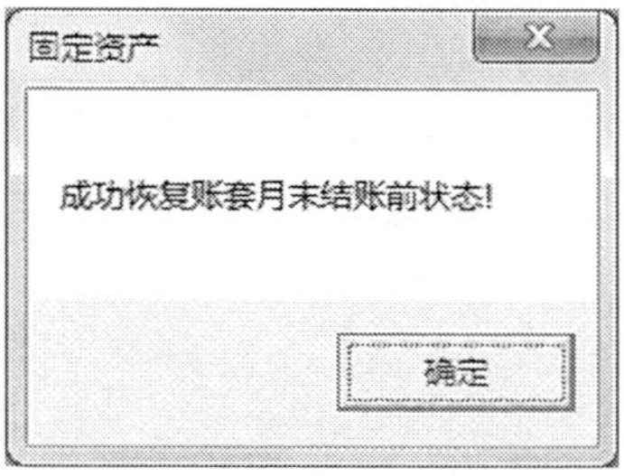
固定资产
成功恢复账套月末结账前状态!
确定

图10-48 反结账提示信息

思考题及实践题

1. 如果固定资产卡片被误减少了，应该如何恢复？
2. 引入总账期初余额已完成账套，如何完成固定资产各项业务？

第十一章

供应链管理

供应链管理是企业业务的重要组成部分，主要涉及采购、库存、销售等业务处理及相应的财务处理，是业务财务一体化的典型代表。业务财务一体化是指在包括网络、数据库、管理软件平台等要素的IT环境下，将企业经营中的三大主要流程（业务流程、财务会计流程、管理流程）有机融合，将计算机的“事件驱动”概念引入流程设计，建立基于业务事件驱动的财务一体化信息处理流程，使业务数据和财务融为一体。

在这一指导思想下，可将企业的经营信息按使用动机不同划分为若干业务事件。当业务事件发生时，利用事件驱动来记录业务。业务事件处理器按业务和信息处理规则，将企业的财务、业务和管理信息集中于一个数据库。当需要信息时，具有数据使用权的各类“授权”人员通过报告工具自动输出所需信息。这种方式能最大限度地实现数据共享，实时控制经济业务，真正将会计控制职能发挥出来。

第一节　供应链管理操作流程及业务介绍

一、供应链管理操作基本流程

采购管理操作基本流程如图11-1所示。

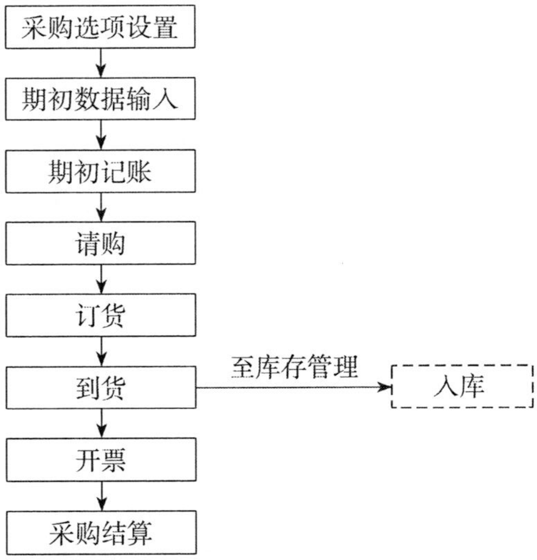

图11-1　采购管理操作基本流程图

销售管理操作基本流程如图11-2所示。

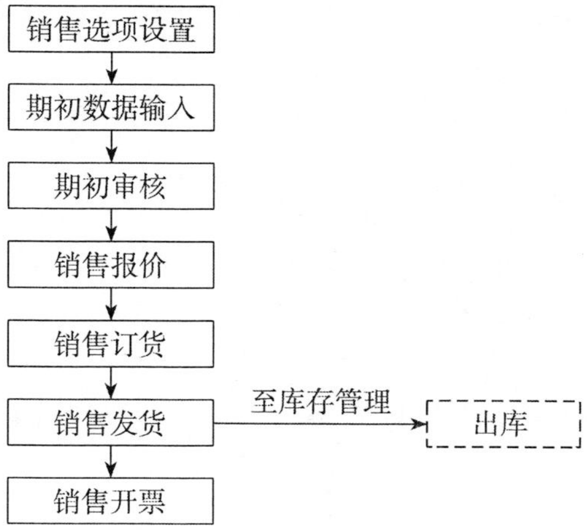

图 11-2　销售管理操作基本流程图

二、供应链管理业务介绍

供应链管理是企业较复杂的业务之一，根据企业特点可以有很多种流程。在用友软件中，企业类型可以分为工业企业和商品流通企业两种。如果是工业企业，需要建立工业版账套，账套中存货、货物指原材料、材料、包装物、低值易耗品、委外加工材料及企业自行生产的半成品、产成品等。如果是商品流通企业，则需要建立商业版账套，账套中存货指库存商品、货物指商品等。需要注意的是，只有在建立账套时"企业类型"选择为"商业"，系统才能处理受托代销业务流程。

（一）采购业务分类

采购业务根据企业应用可分为普通采购、受托代销、直运、红字单据应用。

1. 普通采购

普通采购业务模式支持正常的采购业务，适用于一般工商企业的采购业务。

（1）普通采购业务流程。

①请购部门填制采购请购单。

②采购部门根据采购请购单进行比价。

③采购部门填制采购订单。

④采购部门将采购订单发送给供应商，供应商进行送货。

⑤货物到达企业后，对收到的货物进行清点，参照采购订单填制采购到货单。

⑥经过仓库的质检和验收，参照采购订单或采购到货单填制采购入库单。

⑦取得供应商的发票后，采购部门填制采购发票。

⑧采购部门进行采购结算。

⑨将采购入库单报财务部门的成本会计进行存货核算，将采购发票等票据报应付账款会计进行应付账款核算。

（2）普通采购业务单据流程。

①采购订单：可手工新增，也可参照采购计划、采购请购单、销售订单生成。

②采购到货单：可手工新增，也可参照订单生成，但只能参照订单未被入库单参照的记录。

③采购入库单：可手工新增，也可参照订单、到货单生成，但只能参照订单未被到货

单参照的记录，即同一行采购订单记录只能要么生成到货单，要么生成入库单，不能重复参照。

④采购发票（专用、普通）：可手工新增，也可参照订单、入库单生成。同一业务建议只参照一种单据，避免重复参照。

⑤采购结算单：根据采购入库单、采购发票进行采购结算。

⑥必有订单业务模式：除请购单、采购订单外，到货单、入库单、采购发票（普通、专用）不可手工新增，只能参照来源单据生成，拷贝单据的“执行所拷贝的记录”选项选中置灰不可修改。

（3）业务应用。根据货物及其采购发票的到达先后顺序可分为单货同行、货到单未到暂估入库、单到货未到，具体应用时区别处理。

①单货同行：当货物及其采购发票同时到达企业时，首先检验发票与货物是否一致。如果单货一致，可以先填制采购发票，再填制采购入库单，及时进行采购结算；也可以先填制采购入库单，再参照入库单生成发票，用户可选择自动进行采购结算。如果单货不一致，可以暂不入库或暂不报账结算；也可以区分损耗原因，报有关领导批准后做有损耗的采购结算。

②货到单未到暂估入库：当货物先到，而采购发票未到达企业时，企业可根据实际入库数量填制采购入库单，做暂估入库；待取得发票后，再输入发票进行报账结算。

③单到货未到：当采购发票先到，而货物未到企业时，可以不输入发票做压单处理，等货到时再填制入库单、发票；也可以输入发票做在途货物处理。如果想要及时掌握在途货物情况，那么就应及时输入发票。

2. 受托代销

受托代销是一种先销售后结算的采购模式，指其他企业委托本企业代销其商品，代销商品的所有权仍归委托方；代销商品销售后，本企业与委托方进行结算，开具正式的销售发票，商品所有权转移。受托代销的业务模式是与委托代销相对应的一种业务模式，可以节省商家的库存资金，降低经营风险，适用于有受托代销业务的商品流通企业，如连锁超市、大型仓储超市等。只有在建账套时企业类型选择为“商业”，系统才能处理受托代销业务。用户可以在采购管理模块设置受托代销业务，也可以在库存管理模块设置受托代销业务，在其中一个系统的设置同时改变在另一个系统的选项。

（1）受托代销业务流程。

①双方签订供销合同，其中用户为受托方，供货商为委托方，用户录入采购订单。

②委托方发货、受托方收货，采购部门填制受托代销到货单。

③用户仓库办理入库手续，填制受托代销入库单。

④受托方售出代销商品后，手工开具代销商品清单交委托方，委托方开具手工发票。

⑤受托方通过受托代销结算，系统自动生成受托代销发票和受托代销结算单。

（2）受托代销单据流程。

①订单：可手工新增，也可参照采购计划、采购请购单、销售订单生成，只能参照受托代销存货。

②受托代销到货单：可手工新增，也可参照订单生成，但只能参照订单未被入库单参照的记录。订单没有业务类型的，只能参照受托代销存货。

③受托代销入库单：可手工新增，也可参照订单、受托代销到货单生成，但只能参照订单未被到货单参照的记录，即同一行采购订单记录只能或者生成到货单，或者生成入库单，不能重复参照入库。订单没有业务类型的，只能参照受托代销存货。

④受托代销结算：根据受托代销入库单进行受托结算，生成受托代销发票、受托代销结算单，即根据受托代销入库单生成受托代销发票，然后系统自动将入库单与发票结算，生成受托代销结算单。

⑤必有订单业务模式：除请购单、采购订单外，到货单、受托代销入库单不可手工新增，只能参照来源单据生成。拷贝单据的“执行所拷贝的记录”选项选中置灰不可修改。

3. 直运

直运是指产品无须入库即可完成购销业务，由供应商直接将商品发给企业的客户。结算时，由购销双方分别与企业结算。直运业务包括直运销售业务和直运采购业务，没有实物的出入库，货物流向是直接从供应商到客户，财务结算通过直运销售发票、直运采购发票解决。直运业务适用于大型电器、汽车、设备等产品的销售。销售管理模块的直运业务选项直接影响采购管理模块的直运业务。

（1）单据流程。

①订单为中心直运业务的单据流程。用户录入直运销售订单；直运采购订单必须参照直运销售订单生成，可以拆单，但不能拆记录，即每行销售订单记录只能被采购订单参照一次；直运采购发票参照直运采购订单生成；直运销售发票参照直运销售订单生成。

②无销售订单的直运业务流程。在订单非必有模式下，可分为两种情况：有直运销售订单，则必须按照订单为中心直运业务的单据流程进行操作；没有销售订单，直运采购发票和直运销售发票可互相参照。

（2）业务规则。

①直运采购发票和直运销售发票互相参照时，不可超量采购、超量销售，可以拆单拆记录。

②直运销售发票不可录入仓库，不可录入受托代销属性的存货、“应税劳务”的存货。

③采购、销售和存货核算集成使用。订单模式下，如果先开销售订单，随后根据销售订单生成销售发票，再根据销售订单生成采购订单，存货核算对销售发票已记账，那么由于销售发票记账时取的是采购订单的单价，销售发票记账后请不要变更采购订单的单价。

④采购未完成的直运销售发票（已采购数量<销售数量）、销售未完成的直运采购发票（已销售数量<采购数量）结转下年。

⑤未复核、未记账的直运发票结转下年。

4. 红字单据应用

采购红字单据包括采购到货退回单、红字采购入库单、红字采购发票。

（1）红字单据流程。

①采购到货退回单：可手工新增，也可参照原采购订单或原到货单生成。同一笔业务，建议只参照一种单据，避免重复参照。若参照订单生成，只能参照订单未被入库单参照的记录。

②红字采购入库单：可手工新增，也可参照采购订单、到货退回单生成。

③红字采购发票：可手工新增，也可参照订单、红字入库单生成。同一笔业务，建议只参照一种单据，避免重复参照。

④采购结算单：红字入库单、红字采购发票进行采购结算，生成采购结算单。

（2）必有订单业务模式。到货退回单、红字入库单、红字发票不可手工新增，只能参照来源单据生成。拷贝单据的“执行所拷贝的记录”置灰不可修改。

（3）业务应用。在采购活动中，如发生退货或要求供货单位销售折让，可分为以下情况进行处理：

①如果该项业务的发票没有录入系统，不论货物是否办理入库手续，即不论是否已输入了入库单，都可以不进行处理，不必要求供应商开具红字发票，只需将发票退给供货单位即可。

②如果该项业务的发票已录入系统，那么若该发票还没有进行采购结算，则可以删除该发票，不必要求供应商开具红字发票。

③如果该发票已经结算，则必须要求供应商开具红字发票，并录入系统与相应的红字入库单进行结算。

④如果原入库单有错，用户重输一张红字入库单冲错，在进行采购结算时，选择原有错的蓝字入库单和冲错的红字入库单进行结算。

（4）若用户实际业务有到货环节，则退货业务可用如下方式处理：

①入库后退货：到货环节未发生拒收，货物入库后因某种原因需要退货，则由采购业务员填退货通知单，仓库负责实物退库。此种业务的处理是：先参照原到货单或订单生成到货退回单，再根据到货退回单生成红字入库单。

②入库前退货：采购不良品处理单的退货数量回写到货单，根据到货单生成到货退回单。

（5）退货结算可以分为三种情况：

①结算前全额退货（即已录入采购入库单，但未进行采购结算，并且全额退货）。业务流程：填制一张全额数量的红字采购入库单；把这张红字采购入库单与原入库单进行结算，冲抵原入库单数据。

②结算前部分退货（即已录入采购入库单，但未进行采购结算，并且部分退货）。业务流程为，填制一张部分数量的红字采购入库单，填制一张相对应的采购发票，其中：

发票上的数量=原入库单数量-红字入库单数量

把这张红字入库单与原入库单、采购发票进行结算，冲抵原入库单数据。

③结算后退货（即已录入采购入库单、采购发票，并且已进行了采购结算）。业务流程：填制一张红字采购入库单，再填制一张红字发票；把这张退货单与红字发票进行结算，冲抵原入库单数据。

（6）当收到供货单位开具的红字（负数）发票，可分以下情况进行结算：

①货物未入库的红字发票结算：没有对应的入库单，采用手工结算，不选入库单，直接选择原蓝字发票和红字发票进行结算。

②货物已退货的红字发票结算：在取得供货单位的退货发票后进行结算。如果退货单与退货发票一致，可以自动结算，否则采用手工结算。

（二）销售业务分类一

销售业务一般分为普通销售、委托代销、直运业务、分期收款。

1. 普通销售

普通销售支持正常的销售业务，适用于大多数企业的日常销售业务。用户可以根据企业的实际业务应用，结合本系统对销售流程进行可选配置。

普通销售业务根据“发货—开票”的实际业务流程不同，可以分为两种业务模式：一是先发货后开票模式，即先录入发货单；二是开票直接发货模式，即先录入发票。系统处理两种业务模式的流程不同，但允许两种流程并存。系统判断两种流程的最本质区别是先录入发货单还是先录入发票。

在销售流程中，销售报价单、销售订单为可选单据，用户可以使用，也可以不使用。用户在实际业务中可以不使用销售发货单，即开票直接发货，系统根据销售发票直接生成销售出库单。

2. 委托代销

委托代销是指企业将商品委托他人进行销售但商品所有权仍归本企业的销售方式。委托代销商品销售后，受托方与企业进行结算，并开具正式的销售发票，形成销售收入，商品所有权转移。只有库存管理与销售管理集成使用时，才能在库存管理中应用委托代销业务。委托代销业务只能先发货后开票，不能开票直接发货。业务流程如下：

（1）销售部门制订销售计划，销售人员按照销售计划签订委托代销合同或协议。

（2）销售部门根据委托代销协议填制委托代销发货单并审核。

（3）销售部门通知仓库备货，根据生成的销售出库单出库。

（4）客户（受托方）对货物进行接收。

（5）受托方售出代销商品后，开具售出清单。

（6）销售部门根据客户的售出清单开具委托代销结算单。

（7）结算单审核后系统自动生成销售发票。

（8）销售发票传递到应收款管理系统，进行收款结算。

3. 直运业务

直运业务是指产品无须入库即可完成购销业务，由供应商直接将商品发给企业的客户，结算时由购销双方分别与企业结算。直运业务包括直运销售业务和直运采购业务，没有实物的出入库，货物流向是直接从供应商到客户，财务结算通过直运销售发票、直运采购发票解决。直运业务适用于大型电器、汽车、设备等产品的销售。

（1）必有订单直运业务的单据流程：用户录入直运销售订单；直运采购订单必须参照直运销售订单生成，可以拆单不能拆记录，即每行销售订单记录只能被采购订单参照一次；直运采购发票参照直运采购订单生成；直运销售发票参照直运销售订单生成。

（2）在订单非必有模式下，可分为两种情况：一是有直运销售订单，则必须按照必有订单直运业务的单据流程进行操作；二是没有销售订单，直运采购发票和直运销售发票可互相参照。

4. 分期收款

分期收款发出商品业务类似于委托代销业务，货物提前发给客户，分期收回货款，收入与成本按照收款情况分期确认。分期收款销售的特点是：一次发货，当时不确认收入，分次确认收入，在确认收入的同时配比性地结转成本。

（1）分期收款单据流程：

①购销双方签订分期收款销售合同。

②用户的销售部门发货，仓库部门出货。

③客户交来部分销售款，部分确认收入，按该次收入占总收入的比例转成本，部分核销应收款。

④直至全部收款，全部确认收入，全部结转成本，方可全部核销该笔分期收款销售业务。

（2）注意事项：

①分期收款业务只能先发货后开票，不能开票直接发货。

②分期发货单审核后转存货核算记账。

③审核未记账的发货单，结转下年。

（三）销售业务分类二

销售业务按发货与发票的关系可以分为先发货后开票、开票直接发货和销售退货。

1. 先发货后开票

先发货后开票是指根据销售订单或其他销售合同，向客户发出货物，发货之后根据发货单开票并结算。先发货后开票业务适用于普通销售、分期收款、委托代销业务。业务流程如下：

（1）用户填制销售订单，并进行审核。

（2）销售部门根据销售订单填制销售发货单，发货单作为仓库出货及填制销售发票的依据，可以对应企业的专用票据，如销售小票、提货单、发送单等。

（3）用户根据销售发货单生成销售出库单，客户接收货物。

（4）销售部门参照发货单生成销售发票。

（5）销售发票传递到应收款管理，进行收款结算。

2. 开票直接发货

开票直接发货是指根据销售订单或其他销售合同，向客户开具销售发票，客户根据发票到指定仓库提货。开票直接发货只适用于普通销售。业务流程如下：

（1）销售部门根据销售订单生成销售发票，客户或送货人依据销售发票中的某联到仓库提货。

（2）系统自动生成销售发货单，并根据参数设置生成销售出库单，或由库存管理系统参照已复核的销售发票生成销售出库单。在实际业务中，仓库将销售发票中的某联作为出货依据。

（3）销售发票传递到应收款管理系统，进行收款结算。

3. 销售退货

销售退货是指客户因货物质量、品种、数量等不符合要求而将已购货物退回给本单位的业务。

（1）业务规则：

①销售退货与正常销售的流程基本相同。

②参照订单生成的退货单或直接填制的退货单可以生成发票。

③参照发货单生成退货单，退货单冲减发货单的发货数量，不能参照退货单生成发票。

默认退货数量=原发货单数量–开票数量–已退货数量

默认退货数量可修改，但不可超过原发货单的数量；默认退货数量≤0时，不可参照。

④参照发货单生成红字发票。

默认红字开票数量=原发货单数量–开票数量–已退货数量

默认红字开票数量可修改，修改数量没有限制；默认红字开票数量≤0时，不可参照。

（2）业务应用：

①换货：货物发出后客户要求换货，需要先按照客户要求退货的货物开退货单，然后按照客户所换的货物开发货单。

②销售退货时未开票：直接修改或作废发货单。

③销售退货时已开票：先填写退货单，退货单生成红字销售出库单，凭此单到库房办理入库手续，根据退货单开具红字销售发票。

第二节 供应链管理系统初始化

供应链管理基础档案设置完成以后就可以进行供应链系统的初始化，包括系统选项设置和期初数据录入两部分内容。

由于供应链系统的相关模块联系非常紧密，因此在进行系统选项设置时需要统筹考虑、分别进行，包括采购管理、库存管理、存货核算、应付款管理、销售管理、应收款管理等部分的设置。

一、采购系统选项设置

采购系统选项设置是在处理日常采购业务之前，确定采购业务的范围、类型以及对各种采购业务的核算要求（如图11–3所示）。

二、修改存货受托代销属性

修改存货受托代销属性如图11–4所示。

三、库存管理选项设置

库存管理模块的选项设置是在处理日常库存业务之前，确定库存业务的范围、类型以及对各种库存业务的核算要求。

1. 库存选项通用设置

库存选项通用设置如图11–5所示。

2. 库存选项专用设置

库存选项专用设置如图11–6所示。

3. 库存选项预计可用量设置

库存选项预计可用量设置如图11–7所示。

四、存货核算选项设置

存货核算模块的选项设置是在处理日常业务之前，确定存货的核算要求和核算方式。

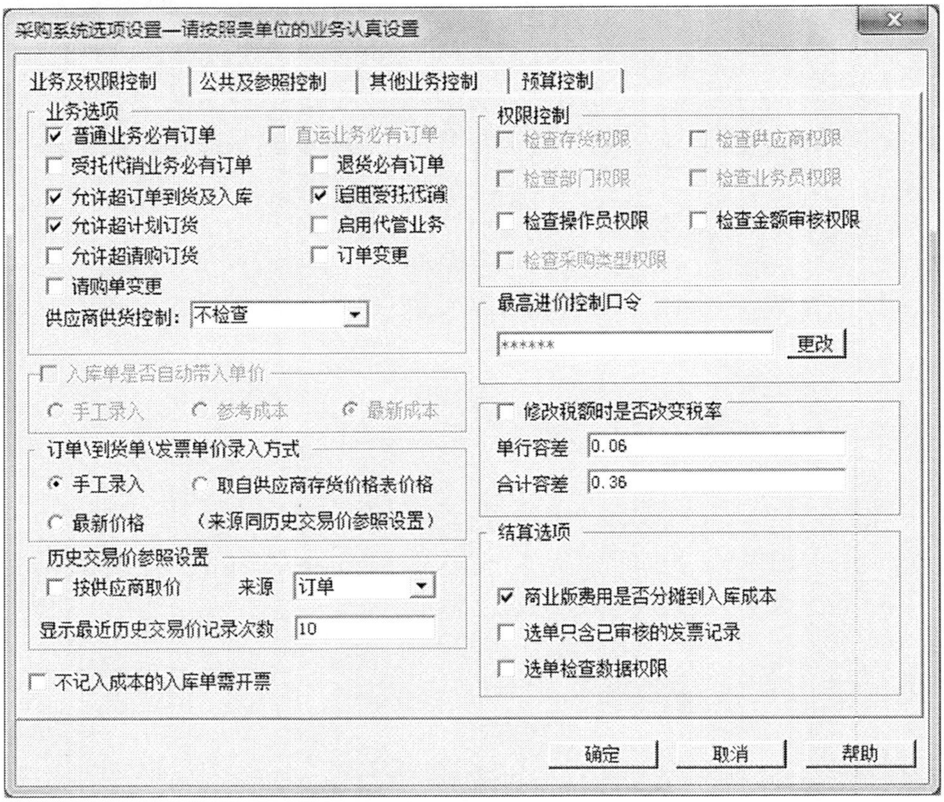

图 11-3　采购系统选项设置

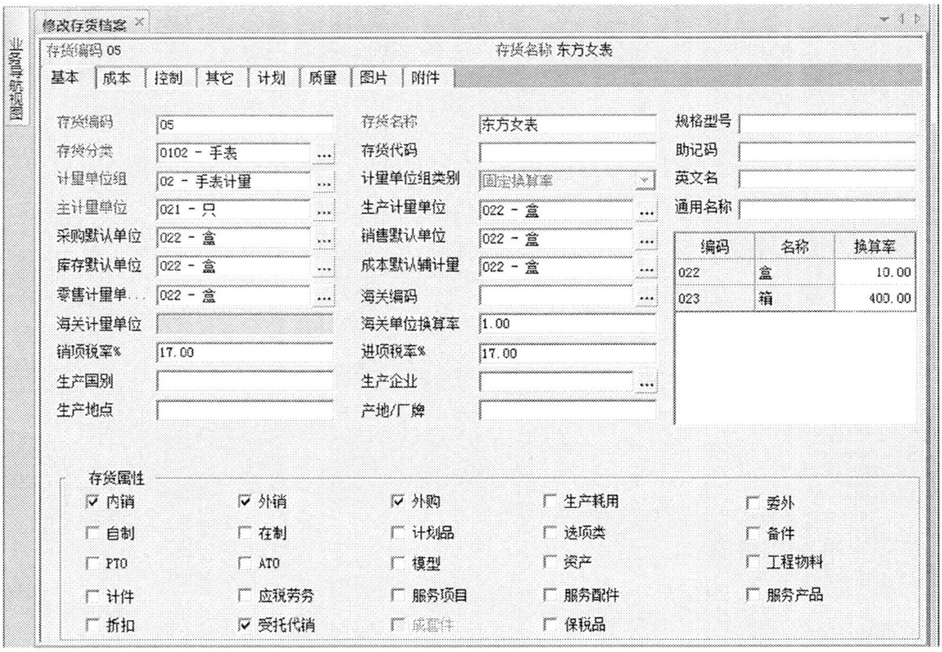

图 11-4　修改存货受托代销属性

1. 存货核算方式设置

存货核算方式设置如图 11-8 所示。

图 11-5 库存选项通用设置

图 11-6 库存选项专用设置

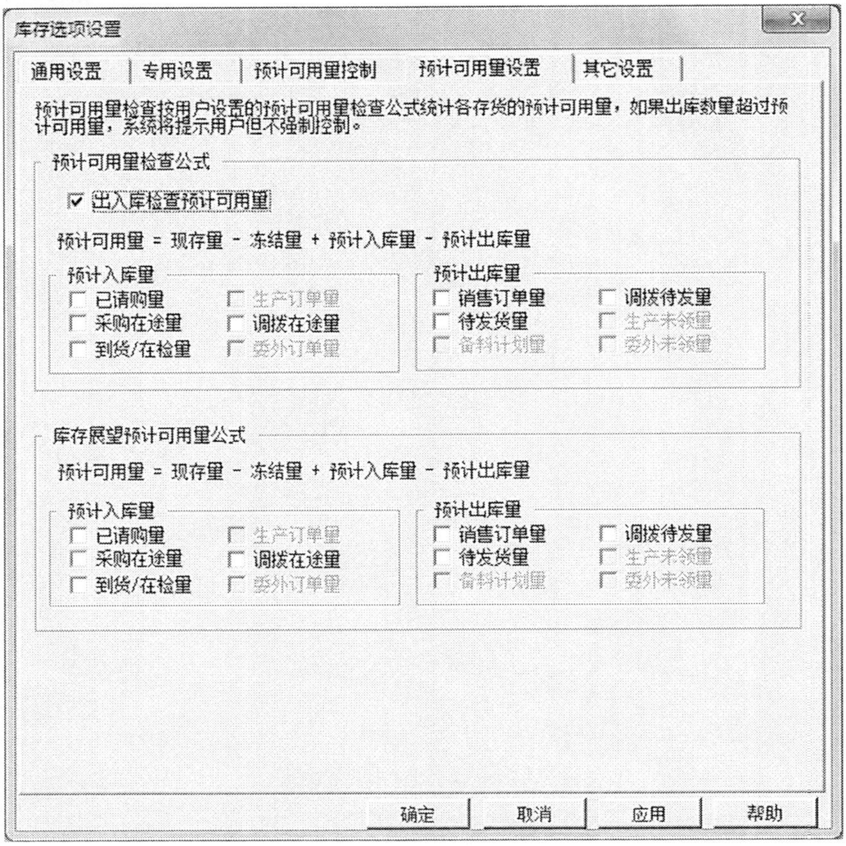

图 11-7　库存选项预计可用量设置

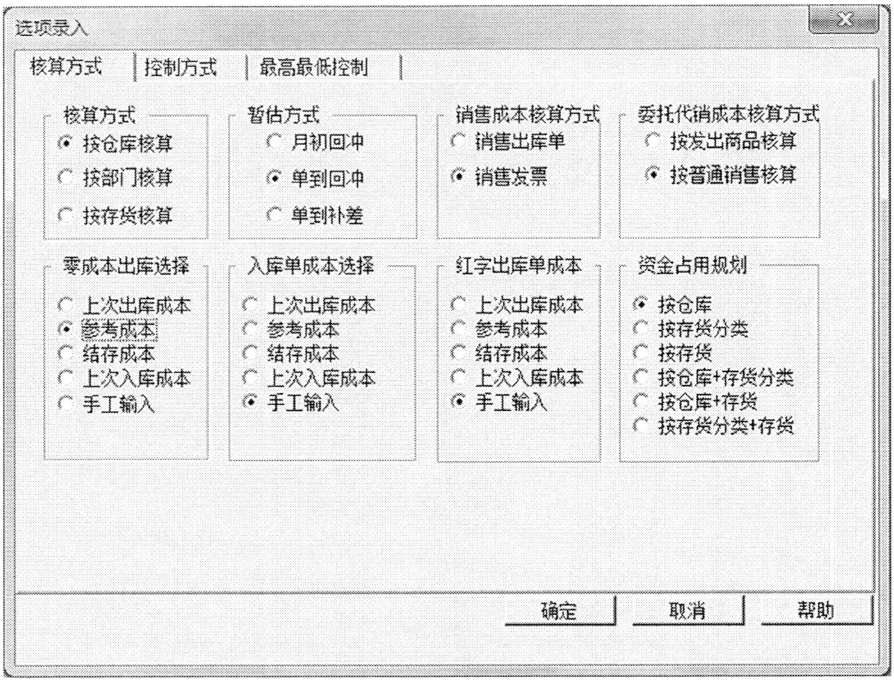

图 11-8　存货核算方式设置

2. 存货控制方式设置

存货控制方式设置如图 11–9 所示。

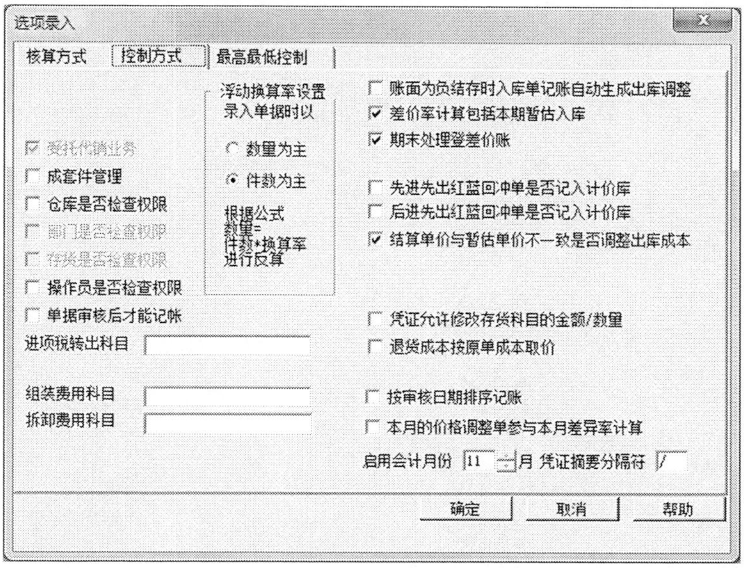

图 11–9　存货控制方式设置

五、销售管理选项设置

销售管理模块的选项设置是在处理日常销售业务之前，确定销售业务的范围、类型以及对各种销售业务的核算要求。

1. 销售管理业务控制设置

销售管理业务控制设置如图 11–10 所示。销售生成出库单这个选项不要选，否则无法从库存管理生成销售出库单。

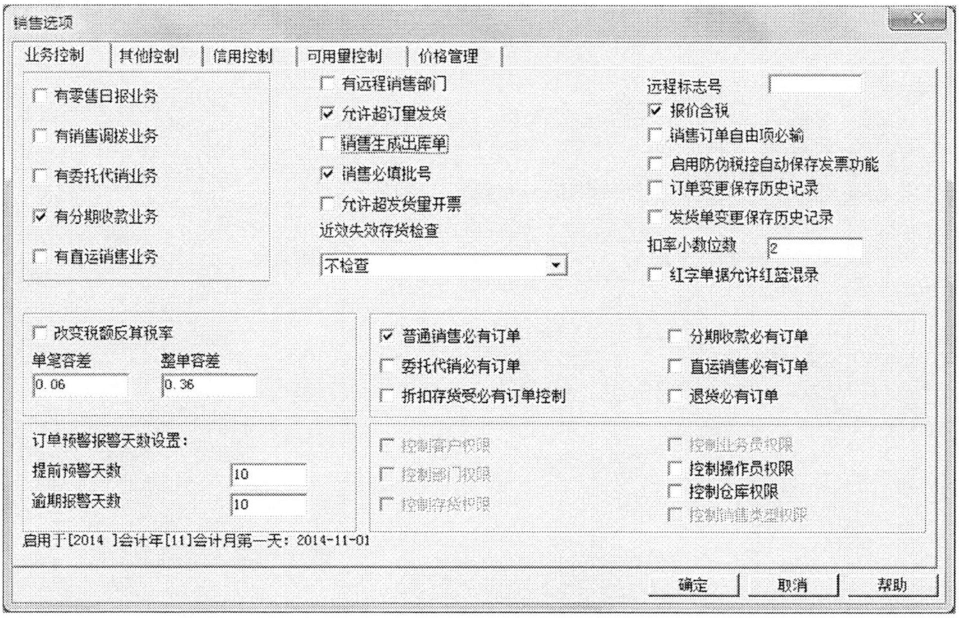

图 11–10　销售管理业务控制设置

2. 销售管理其他控制设置

销售管理其他控制设置如图 11-11 所示。

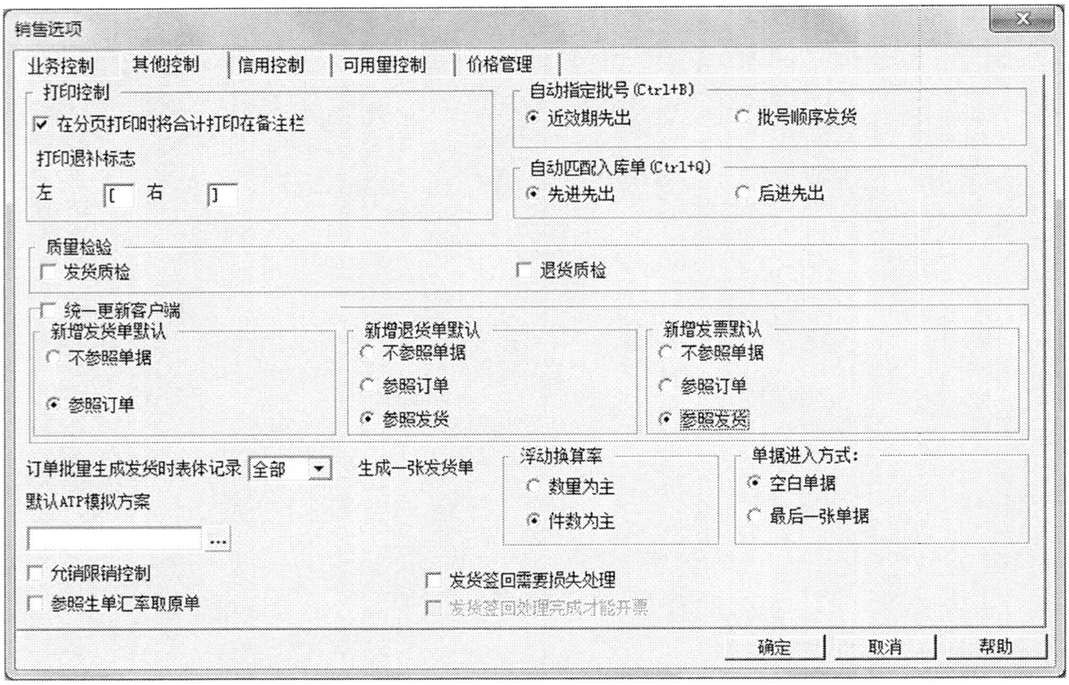

图 11-11 销售管理其他控制设置

3. 销售管理可用量控制设置

销售管理可用量控制设置如图 11-12 所示。

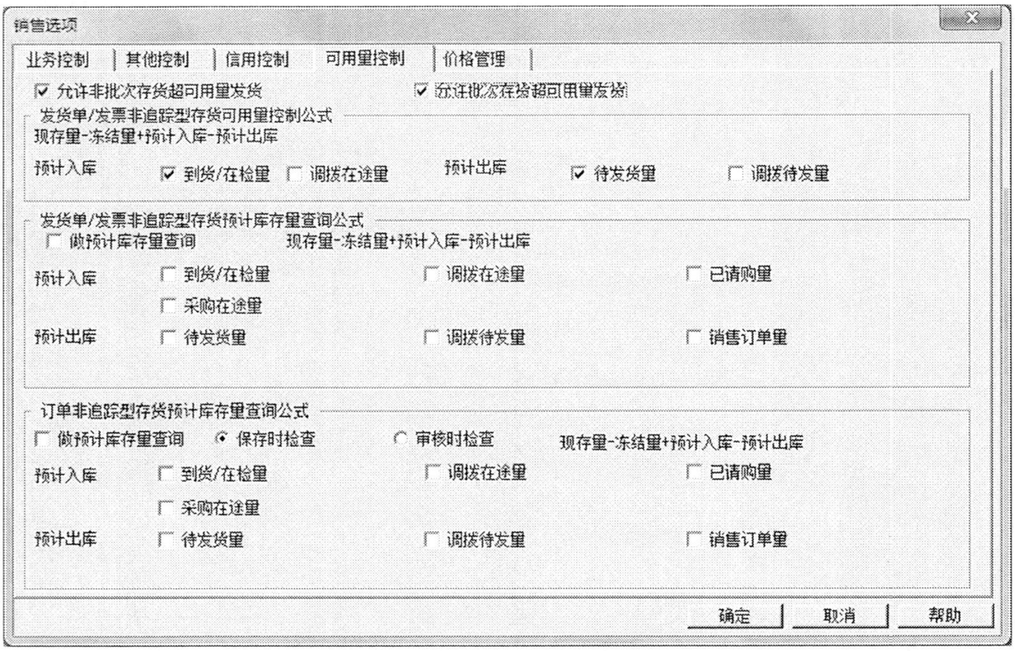

图 11-12 销售管理可用量控制设置

六、期初数据输入

（一）采购管理系统的期初数据输入

采购管理系统的期初数据主要包括如下几种：一是在启用系统之前已经收到存货，但尚未收到对方开具的发票；二是已经收到受托代销单位的代销存货，尚未销售；三是已经收到发票，但存货尚未运达企业，即在途物资。

对于这些已经办理入库手续的存货或者在途物资，必须录入期初入库信息或者期初采购发票，以便后续结算。具体操作分别为：在采购管理系统菜单下，执行“入库单”（“受托代销入库单”），输入期初数据；在采购管理系统菜单下，执行“发票”，输入期初在途物资数据。

（1）执行采购管理系统菜单“采购入库”—“采购入库单”（如图 11-13 所示）。

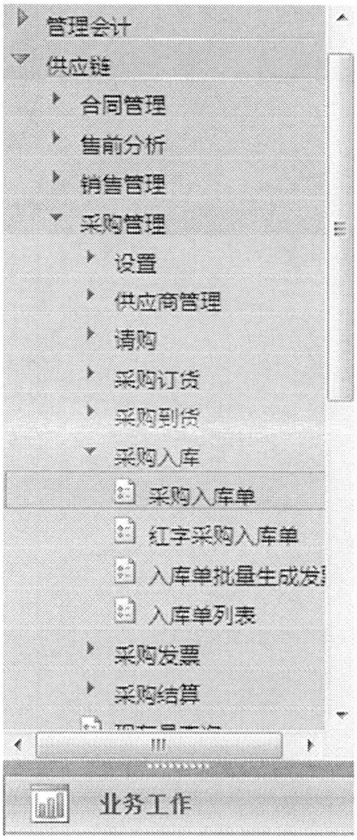

图 11-13　执行采购入库单

（2）输入 2014 年 10 月 18 日，明珠男套装 10 套，单价 800 元/套，入明珠服装库，购自上海明珠服装厂。期初普通采购入库单如图 11-14 所示。

（3）输入 2014 年 10 月 8 日，新星女风衣 20 件，单价 120 元/件，入新星服装库，购自湖北新星服装厂。期初普通采购入库单如图 11-15 所示。

（4）执行采购管理系统菜单“采购入库”—“受托代销入库单”（如图 11-16 所示）。

（5）输入 2014 年 10 月 10 日，东方女表 20 只，单价 800 元/只，入手表库，浙江东方手表厂委托代销。受托代销期初采购入库单如图 11-17 所示。

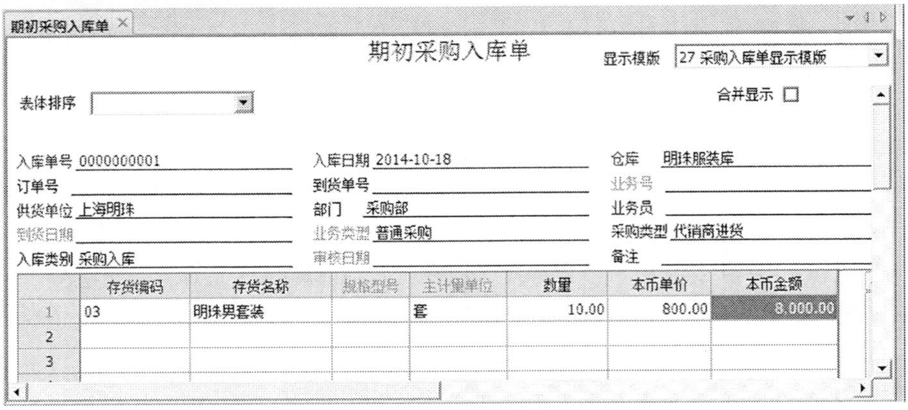

图 11-14 期初普通采购入库单（明珠男套装）

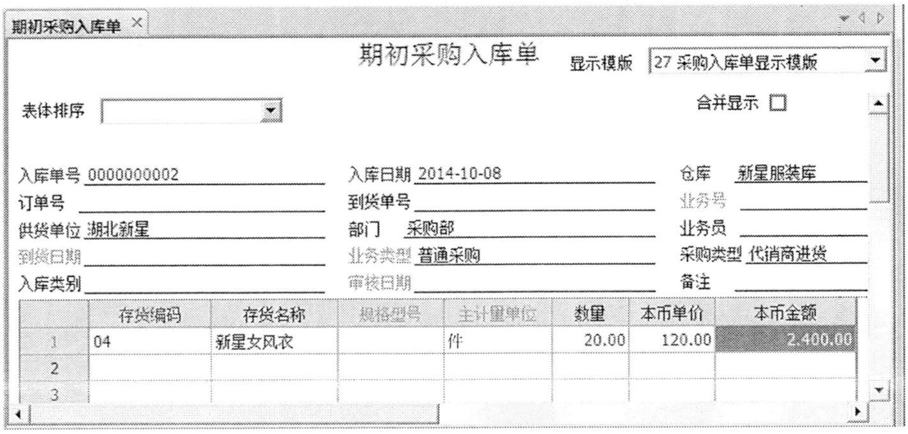

图 11-15 期初普通采购入库单（新星女风衣）

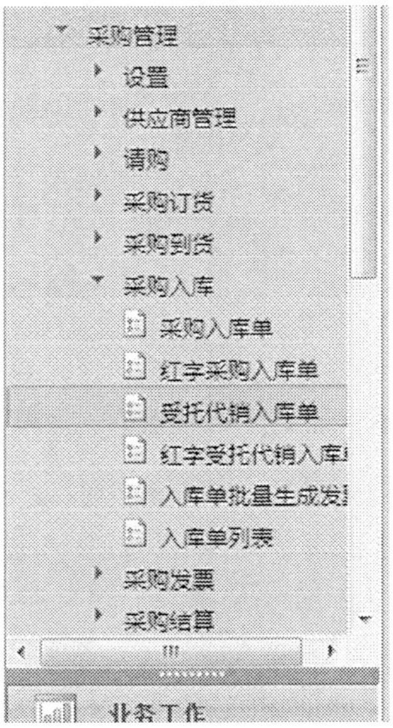

图 11-16 执行受托代销入库单

（二）库存管理期初数据录入

库存管理期初数据可以直接录入，也可以从存货核算系统取数。

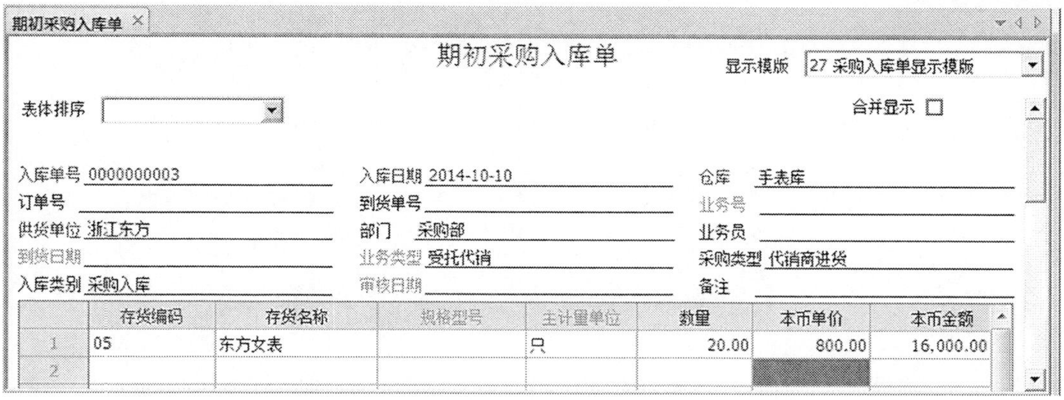

图 11-17 受托代销期初采购入库单（东方女表）

（1）执行库存管理系统菜单“初始设置”—“期初结存”（如图 11-18 所示）。

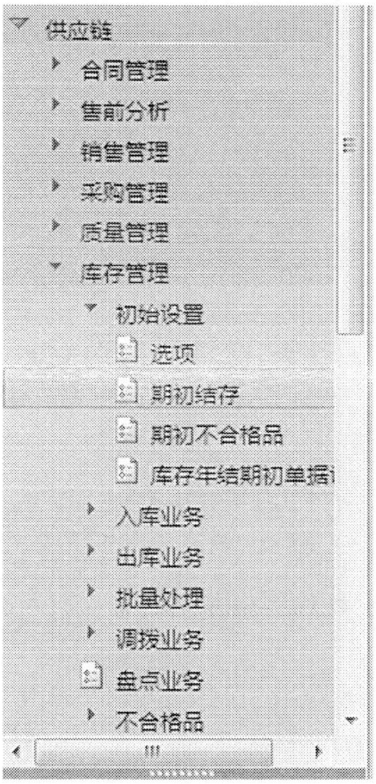

图 11-18 执行期初结存

（2）选择“明珠服装库”，执行“修改”功能输入该仓库期初结存（如图 11-19 所示）。

（3）选择“新星服装库”，执行“修改”功能输入该仓库期初结存（如图 11-20 所示）。

（4）选择“手表库”，执行“修改”功能输入该仓库期初结存（如图 11-21 所示）。

（三）存货核算期初数据输入

存货核算期初数据可以直接录入，也可以从库存管理系统取数。需要注意的是，分期收款发出商品的期初数只能从销售管理系统取数，而且必须是销售管理系统录入审核以后才能取数。按计划价或者售价核算出库成本的存货，都应有期初差异。初次使用存货核算系统时，只能录入这些存货的期初差异余额。

图 11-19　修改明珠服装库期初结存

图 11-20　修改新星服装库期初结存

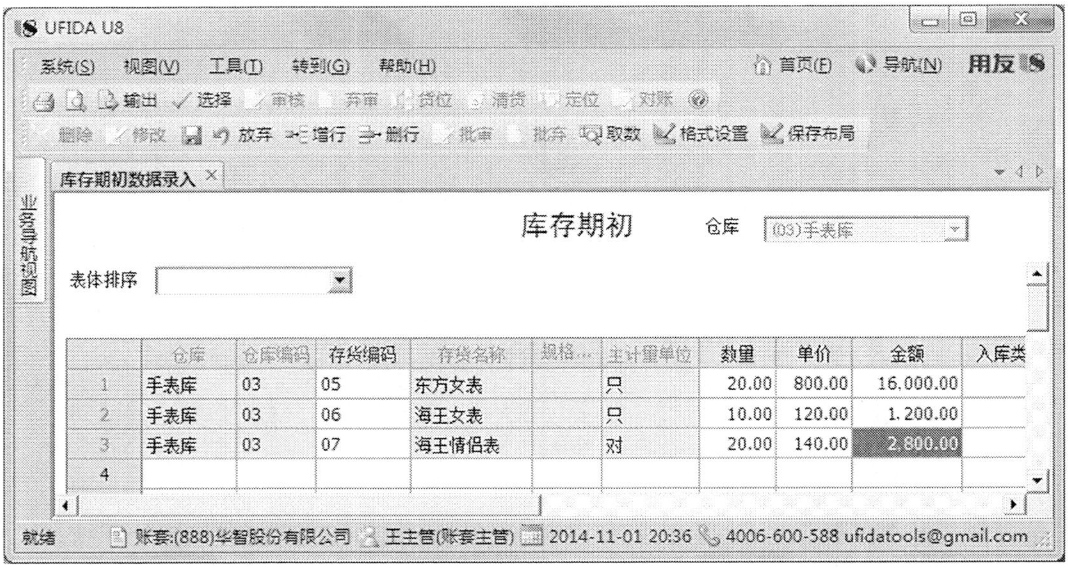

图 11-21　修改手表库期初结存

（1）执行存货核算系统菜单“初始设置”—“期初数据”—“期初余额”（如图11-22所示）。

（2）选择“明珠服装库”，执行菜单中的“取数”功能，实现从库存管理系统取出

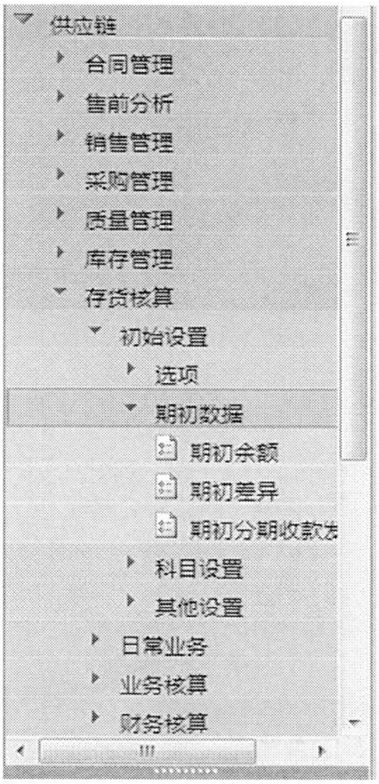

图 11-22 执行期初余额

存货核算系统的期初数。其他仓库数据按类似的方法分别处理（如图 11-23、图 11-24 和图 11-25 所示）。

存货编码	存货名称	规格型号	计量单位	数量	单价	金额	售价	售价金额	存货科目...	存货科目
01	明珠女装		件	10.00	200.00	2,000.00				
02	明珠男衣		件	20.00	300.00	6,000.00				
03	明珠男套装		套	10.00	800.00	8,000.00				
合计：				40.00		16,000.00				

图 11-23 明珠服装库取数

（3）执行存货核算系统菜单“初始设置”—“期初数据”—“期初差价”，选择“手表库”，输入期初差价以及差价科目（如图 11-26 所示）。

（四）销售管理系统期初数据录入

对于已经发货但尚未开具发票的货物，应该作为期初发货单录入，以便后续开具发票后进行销售结算，具体分为期初发货单录入和期初分期收款发货单录入。

（1）执行销售管理系统菜单“设置”—“期初录入”—“期初发货单”（如图11-27 所示）。

图 11–24　新星服装库取数

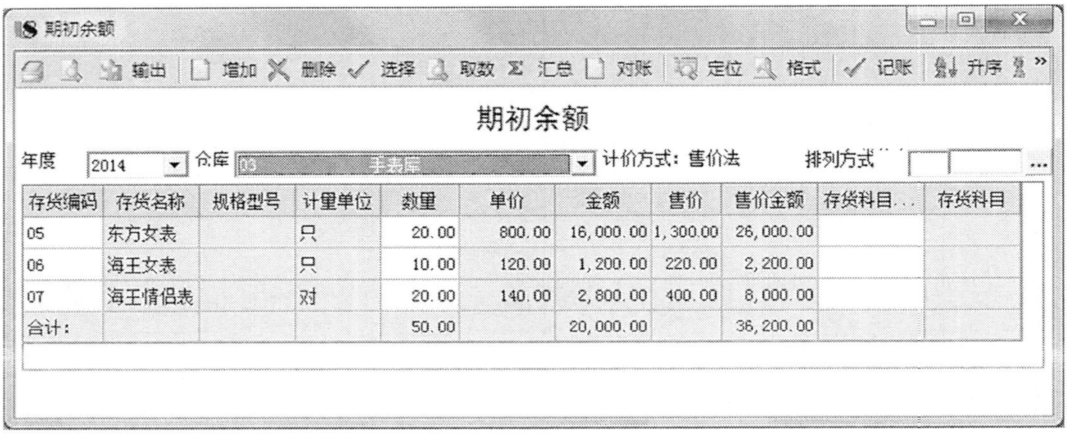

图 11–25　手表库取数

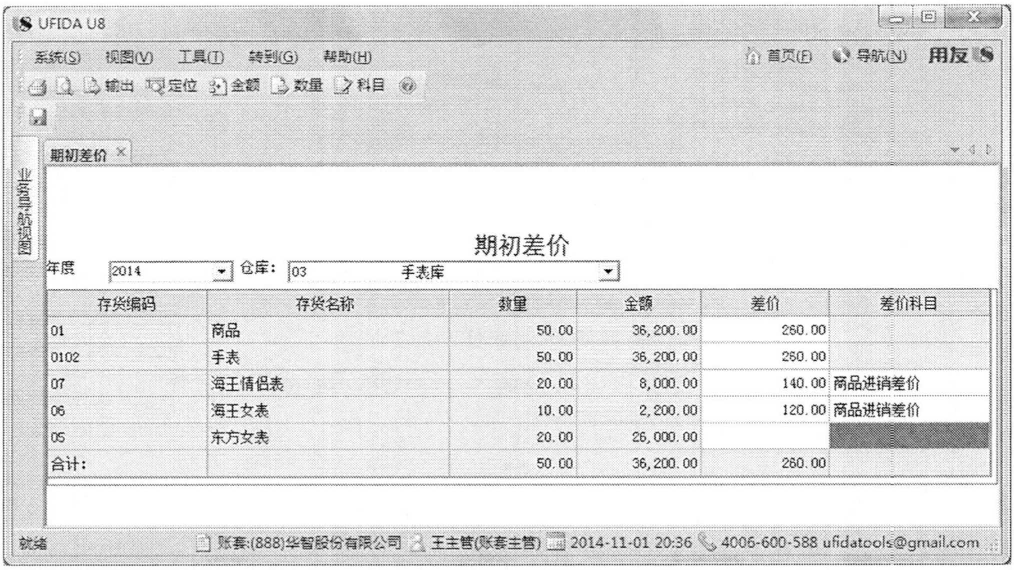

图 11–26　输入期初差价及差价科目

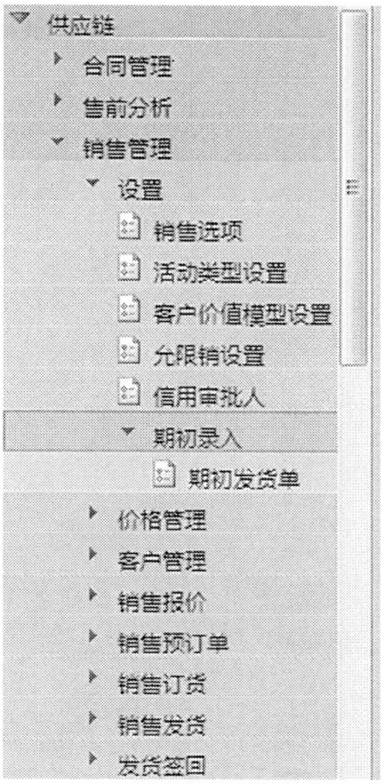

图 11-27 执行期初发货单

（2）输入期初发货单。2014 年 10 月 8 日，明珠男套装 50 套，单价 1 200 元/套，属于明珠服装库，销往广州天河百货公司，销售部门为销售部，销售类型为批发销售。期初发货单如图 11-28 所示。

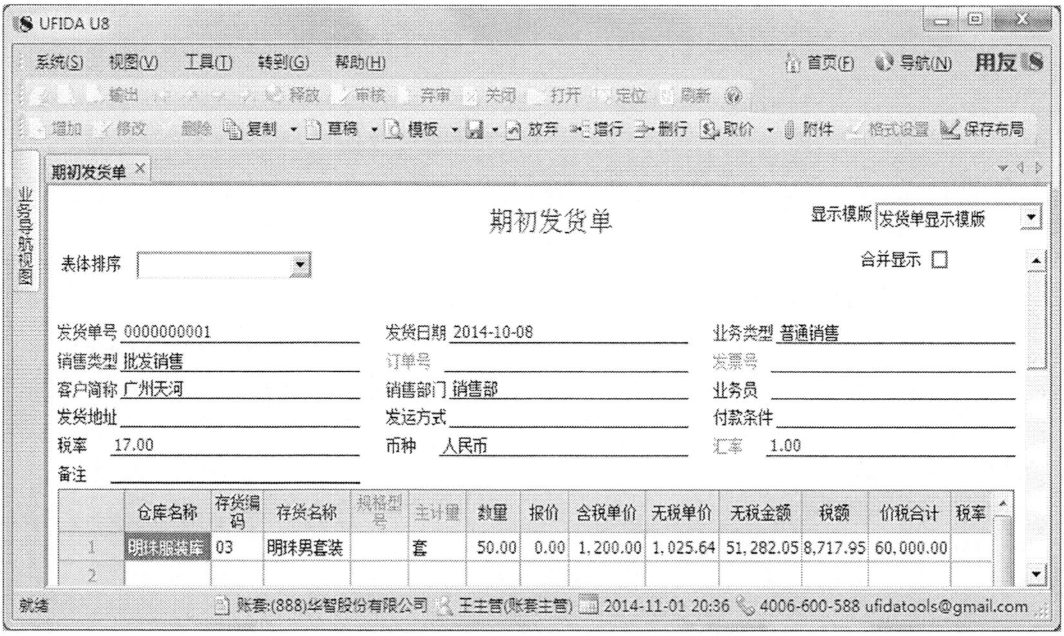

图 11-28 期初发货单（明珠男套装）

（3）输入期初发货票。2014 年 10 月 10 日，海王女表 10 只，单价 220 元/只，属于手表库，销往长沙芙蓉百货公司，销售部门为销售部，销售类型为批发销售。期初发货单如图 11–29 所示。

图 11–29　期初发货单（海王女表）

（4）输入分期收款发货单。2014 年 10 月 15 日，给上海黄浦贸易公司发出明珠男套装 40 套，单价 1 200 元/套，属于明珠服装库，销售部门为销售部。期初发货单如图 11–30 所示。

图 11–30　期初发货单（明珠男套装）

七、供应链系统期初记账

供应链系统各子系统选项设置和期初数据输入完成以后，就可以进行期初记账，标志着供应链系统初始化工作全部结束，相关的参数和期初数据不能修改或者删除。

基本操作流程是：采购管理期初记账、库存管理期初数据审核、存货核算期初记账、销售管理期初数据审核。

1. 采购管理期初记账

采购管理期初记账如图 11–31 所示。

2. 库存管理期初数据审核

库存管理期初数据审核如图 11–32 所示。注意审核需要分仓库分别来进行。

3. 存货核算期初记账

存货核算期初记账如图 11–33 所示。

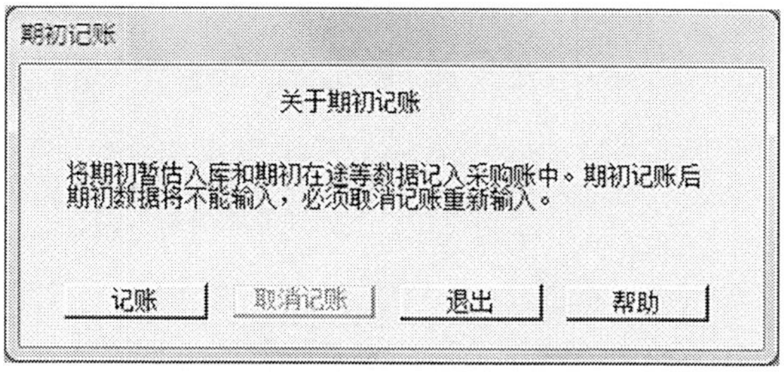

图 11-31 采购管理期初记账

图 11-32 库存管理期初数据审核

图 11-33 存货核算期初记账

4. 销售管理期初数据审核

销售管理期初数据审核如图 11-34、图 11-35、图 11-36 所示。

图 11-34 销售管理期初数据审核（明珠男套装）

图 11-35　销售管理期初数据审核（海王女表）

图 11-36　销售管理期初数据审核（明珠男套装）

第三节　采购管理日常业务

采购是企业采购部门按已确定的采购计划，通过市场采购、加工定制等各种渠道，取得企业生产经营活动所需的各种物资的经济活动。

一般的采购业务流程如下：当企业需要采购存货时，请购部门提交购买存货的请购单，送到采购部门；采购业务人员在与供货单位签订了采购合同或协议后，用计算机建立采购订单档案，向供应商发出采购订单；供应商把所订货物送达企业后，用户对收到的货物进行清点，填制采购到货单，或直接根据采购订单生成到货单；经过仓库的质检和验收，在库存管理模块填写采购入库单；将收到供应商的发票交给采购会计，由采购会计进行采购发票的输入和采购结算工作；将采购入库单报财务部门的成本会计进行存货核算，将采购发票等票据报应付账会计进行应付账款核算。

本账套采购业务操作步骤如下：

一、业务 1

2014 年 11 月 8 日，向上海明珠服装厂提出采购请求，请求采购明珠男衣 100 件，报价 280 元/件；明珠男套装 5 套，报价 760 元/套。

（1）执行采购管理系统菜单“请购”—“请购单”（如图 11-37 所示）。

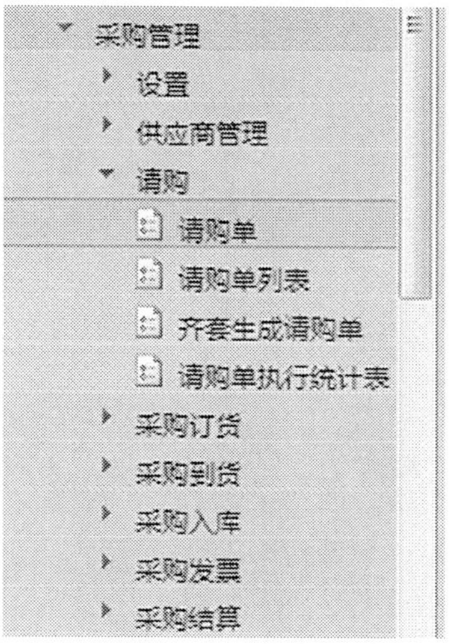

图 11-37　执行请购单

（2）录入“采购请购单”具体内容，存盘即可（如图 11-38 所示）。

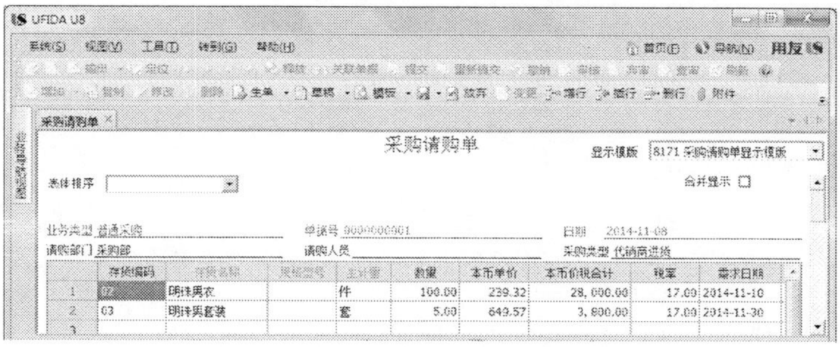

图 11-38　采购请购单录入

（3）该请购单需要进行审核才能进入下一阶段处理。

二、业务 2

2014 年 11 月 8 日，上海明珠服装厂同意采购请求，但要求修改采购价格。经协商同意对方提出的订购价格，即明珠男衣单价 300 元/件，明珠男套装单价 800 元/套，并正式签订订货合同，要求本月 10 日到货。

（1）执行采购管理系统菜单“采购订货”—“采购订单”（如图 11-39 所示）。

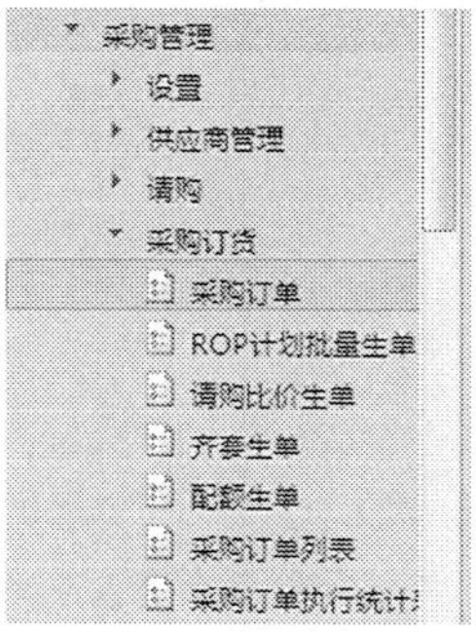

图 11-39　执行采购订单

（2）采购订单表头部分需要手工输入，表体部分可以手工输入，也可以参照生成，即利用“生单”功能拷贝已经过审核的请购单（如图 11-40 所示）。

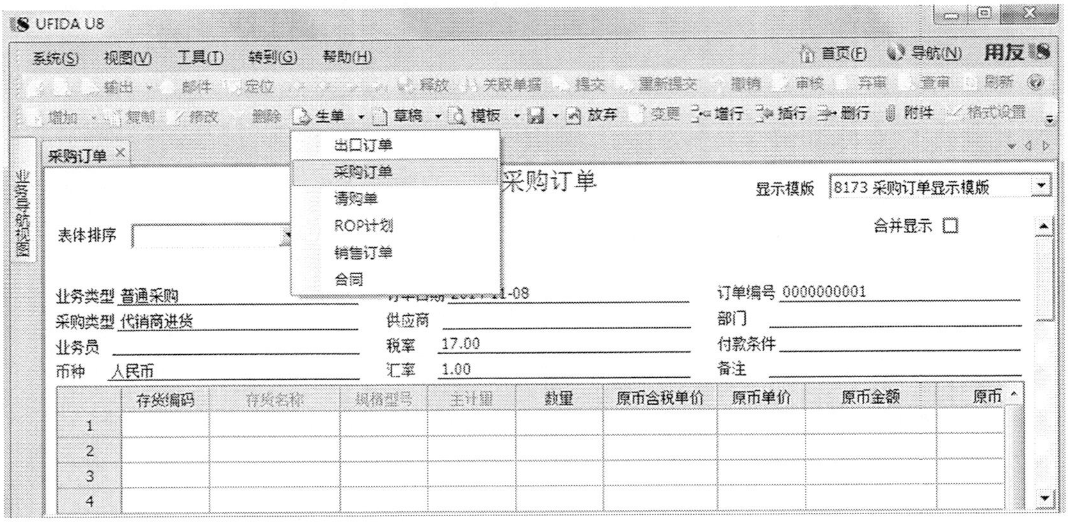

图 11-40　采购订单录入

（3）从请购单列表中选择需要生成采购订单的项目（如图 11-41、图 11-42 所示）。

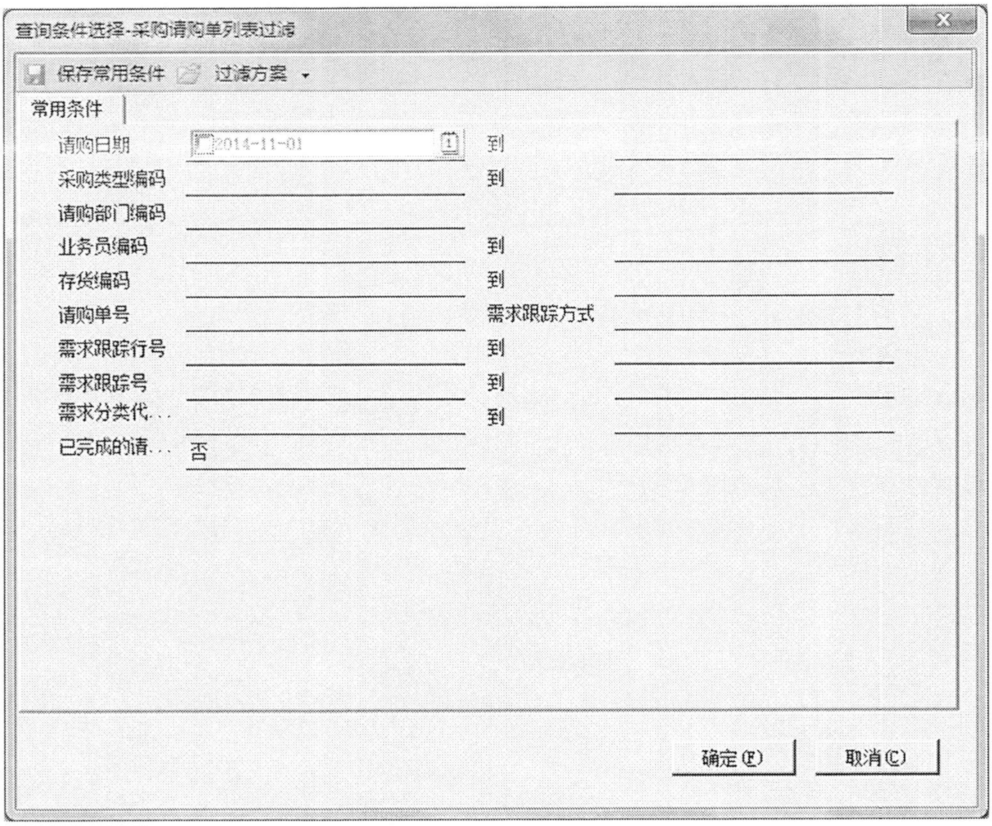

图 11-41　从请购单列表中选择需要生成采购订单的项目

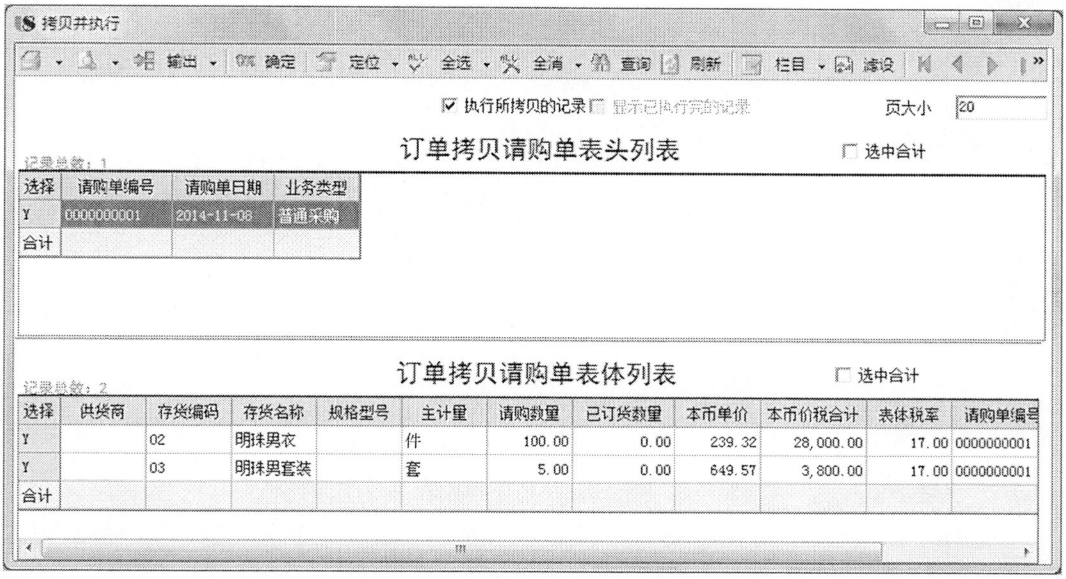

图 11-42 生单选单列表

（4）由请购单生成采购订单，注意单价需要进行修改（如图 11-43 所示）。

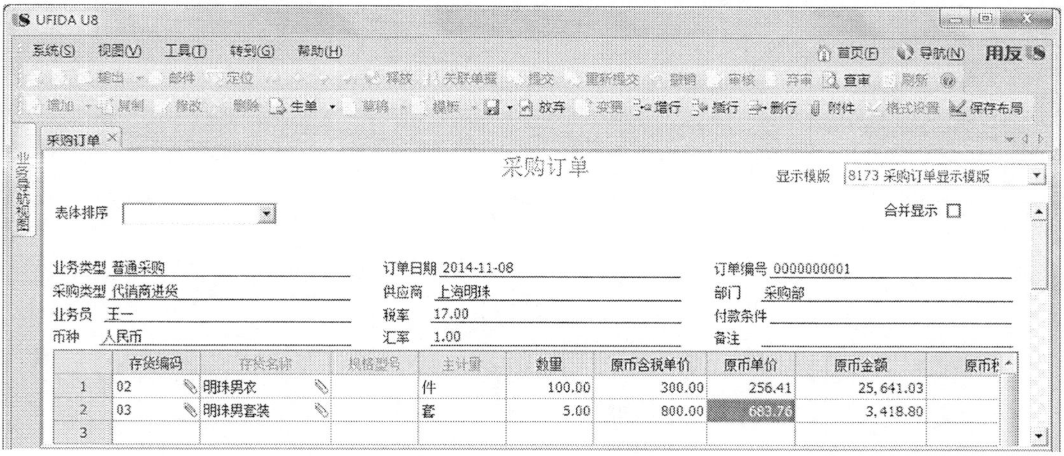

图 11-43 生成采购订单

（5）该采购订单需要审核以后才能进入下一阶段处理。

三、业务 3

2014 年 11 月 10 日，收到上海明珠服装厂发来的男士服装和专用发票，发票号码 MD10098。该批服装系本月 8 日采购。发票载明，明珠男衣 100 件，单价 300 元/件；明珠男套装 5 套，单价 800 元/套。经检验质量全部合格，办理入明珠服装库手续。财务部门确认该笔存货成本和应付款项，尚未付款。

（1）在采购管理系统中录入到货单。

①执行采购管理系统菜单“采购到货”—“到货单”（如图 11-44 所示）。

②输入采购到货单表头各项内容，其中表体部分可以通过“生单”功能取得（如图 11-45 所示）。

③该到货单需要审核以后才能进入下一阶段处理。

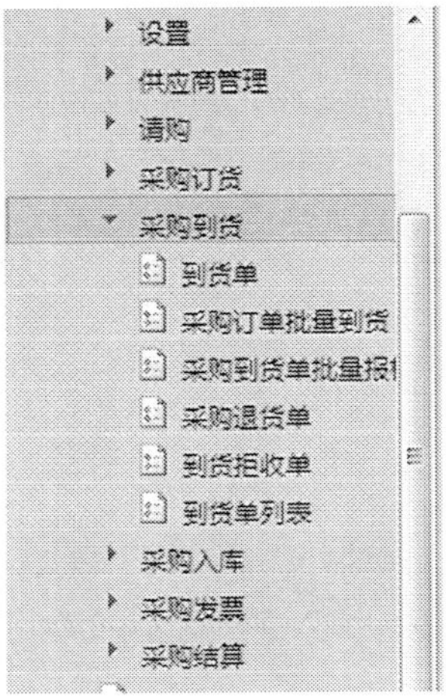

图 11-44　执行到货单

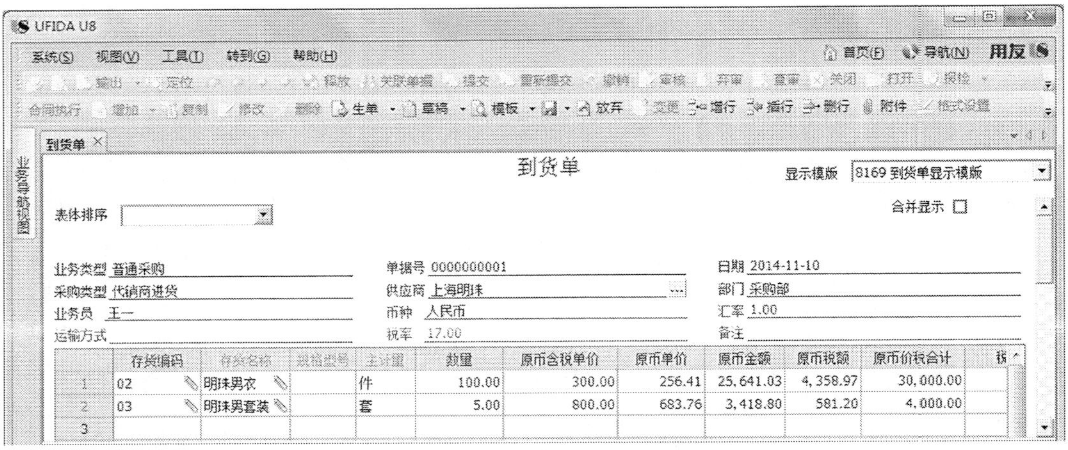

图 11-45　输入采购到货单表头各项内容

（2）在库存管理系统中录入“采购入库单”。

①执行库存管理系统菜单“入库业务”—“采购入库单”（如图 11-46 所示）。

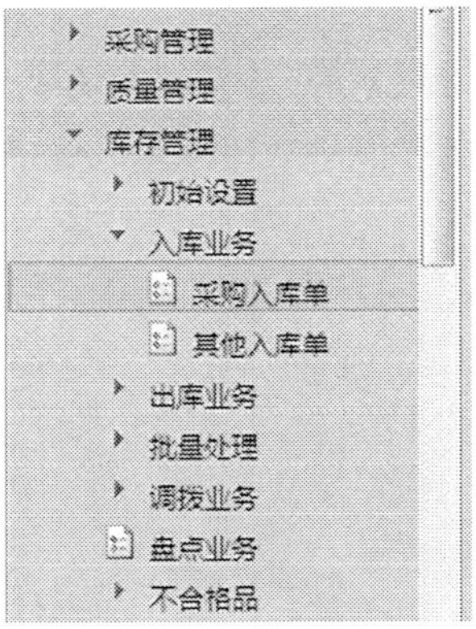

图 11-46　执行采购入库单

②由于采购入库单的数据来源于采购订单或者采购到货单，因此采购入库单可以由以上单据生成，点击采购入库单的“生单”功能，选择需要的采购订单或者采购到货单

（如图 11–47、图 11–48、图 11–49 所示）。

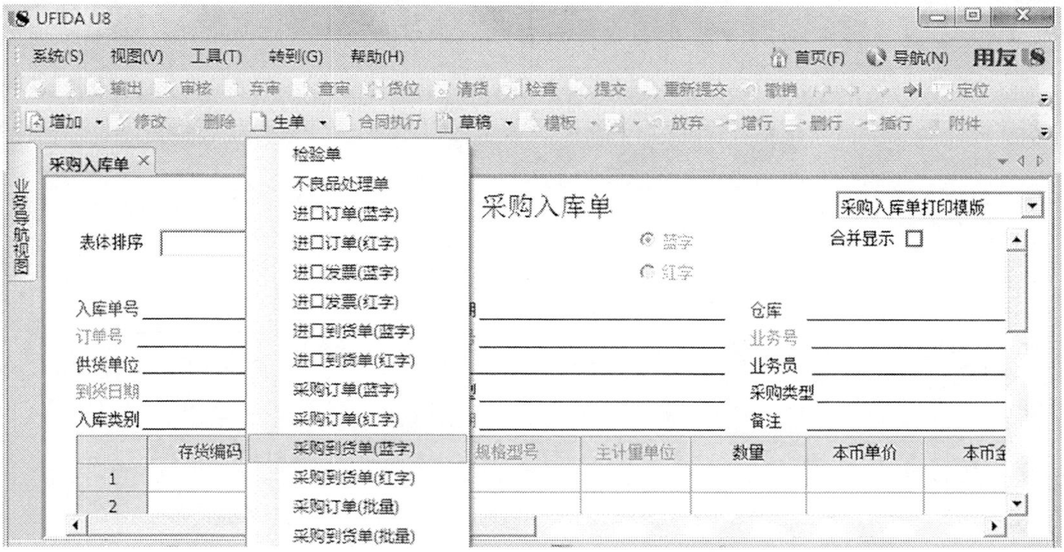

图 11–47 采购入库单的“生单”功能

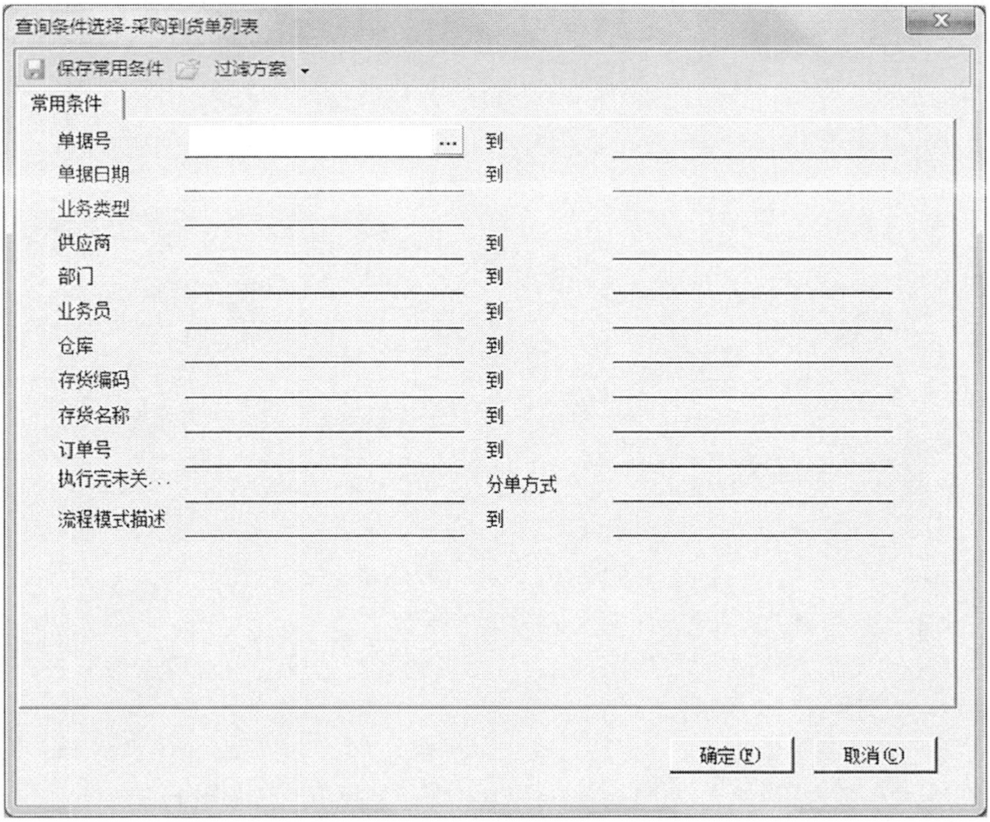

图 11–48 查询条件

③生成采购入库单（如图 11–50 所示）。

④该采购入库单需要审核以后才能进入下一阶段处理。

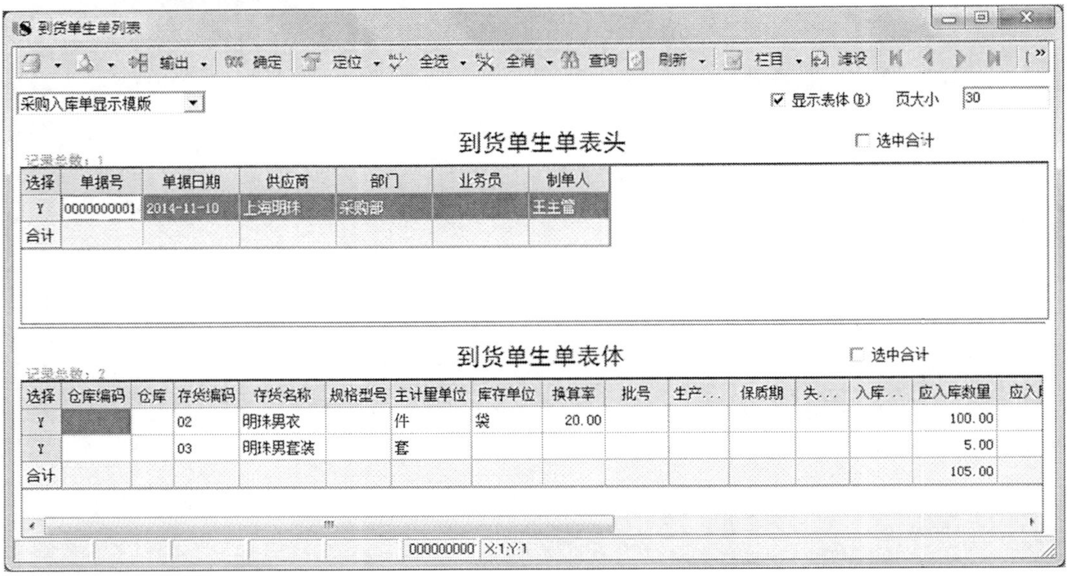

图 11-49　到货单生单信息

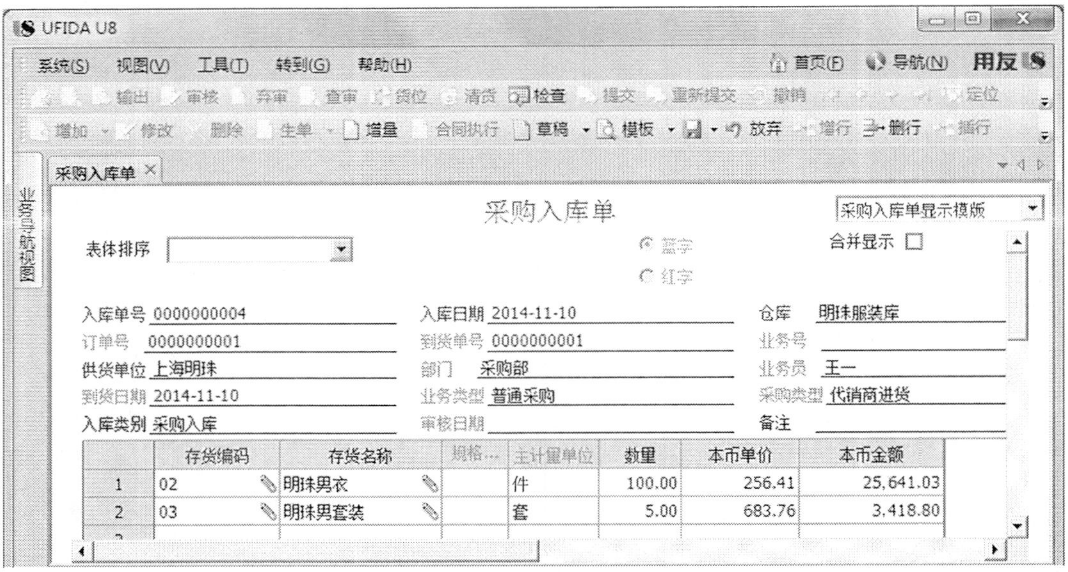

图 11-50　生成采购入库单

（3）在采购管理系统中填制采购专用发票等单据。

由于采购发票中的编号需要手工输入，所以先到基础设置中对单据编号进行设置（如图 11-51、图 11-52 所示）。

① 执行采购管理系统菜单“采购发票”—“专用采购发票”（如图 11-53 所示）。

② 输入采购专用发票，表格内项目可以利用生单功能填制（如图 11-54 所示）。

（4）在采购管理系统进行采购结算。

执行“采购管理”—“采购结算”—“自动结算”功能（如图 11-55 所示）。

① 结算条件选择（如图 11-56 所示）。

② 结算成功提示（如图 11-57 所示）。

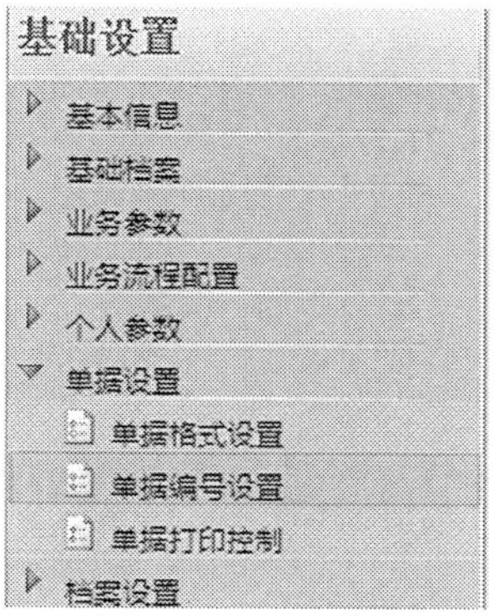

图 11-51 选择单据编号设置

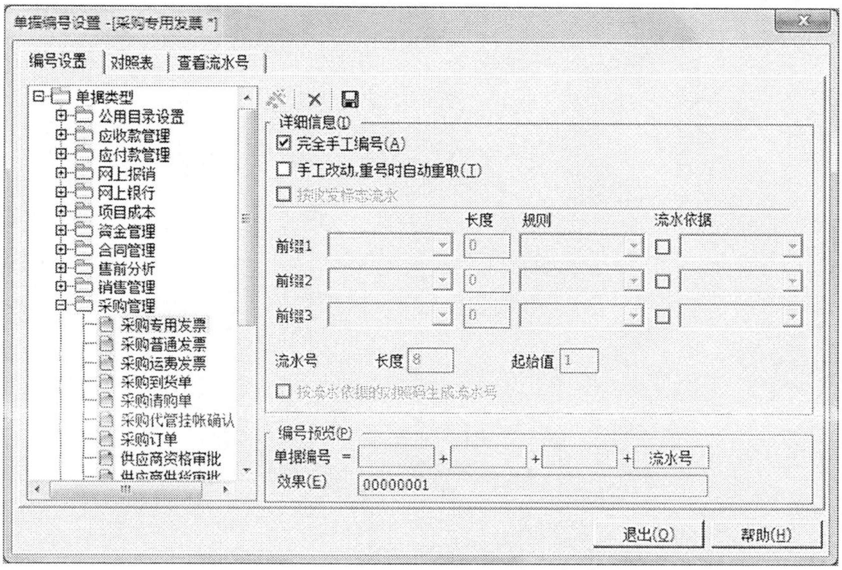

图 11-52 采购专用发票编号设置

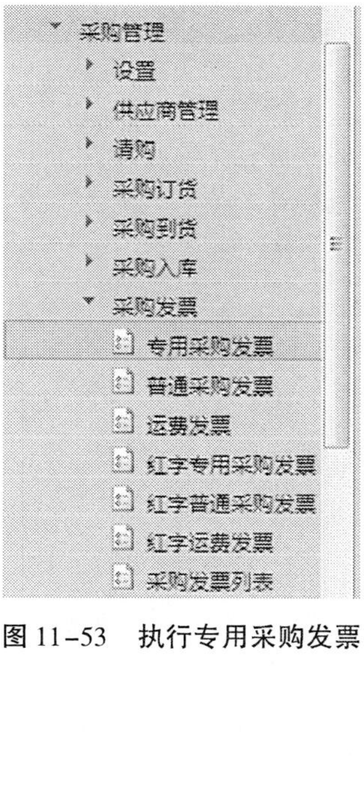

图 11-53 执行专用采购发票

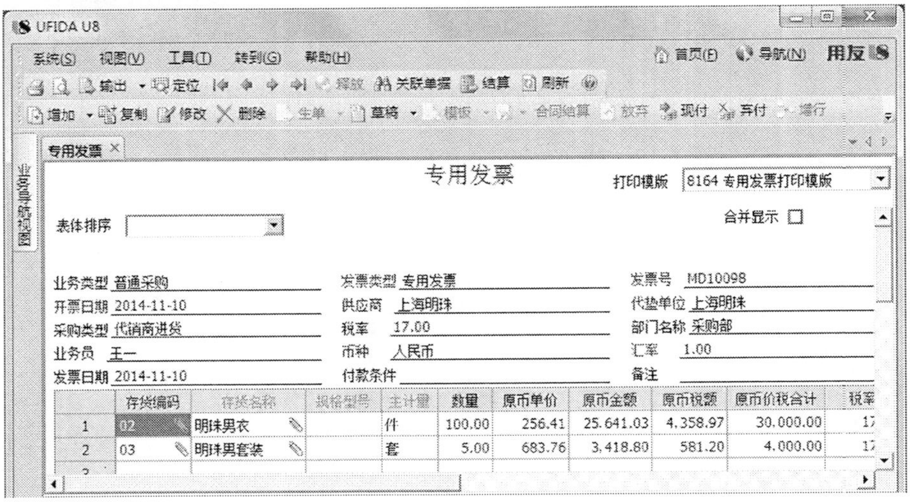

图 11-54　录入采购专用发票

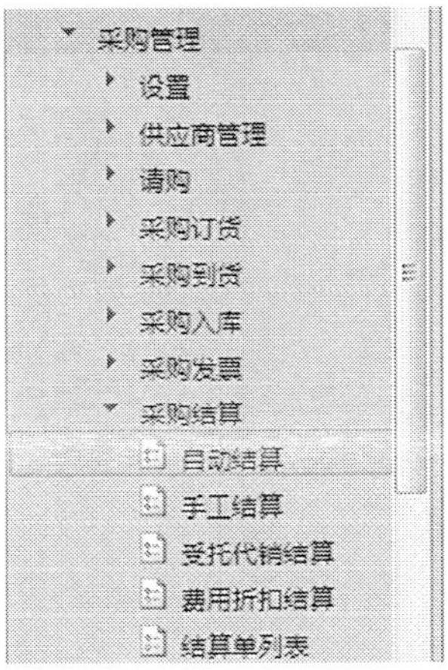

图 11-55　执行自动结算功能

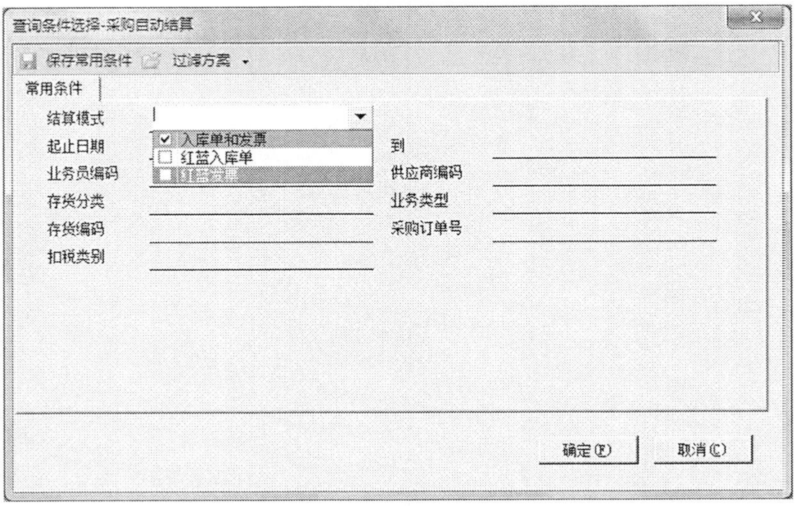

图 11-56　结算条件选择

图 11-57 结算成功提示

③ 查看采购结算列表（如图 11-58 所示）。

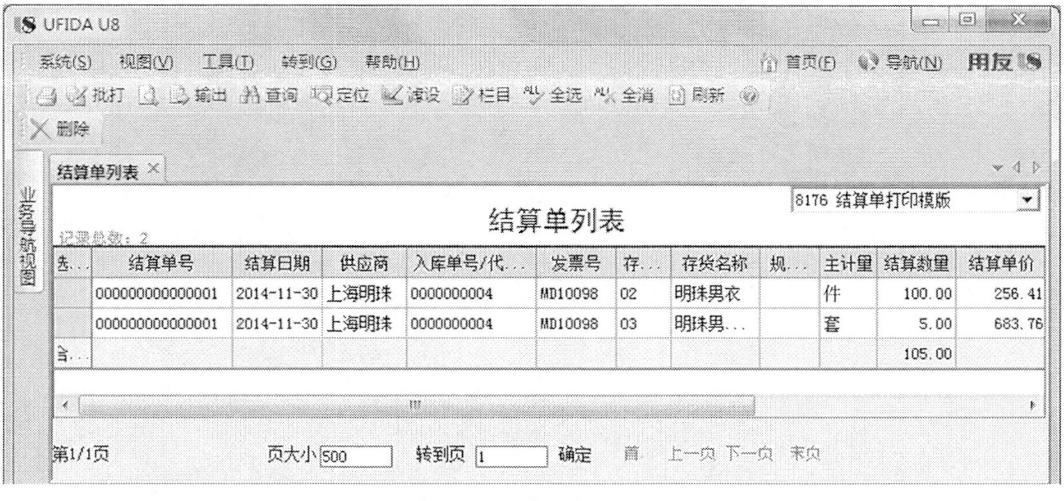

图 11-58 采购结算列表

（5）在存货核算系统中进行存货入库结算。

①执行存货核算系统菜单“业务核算”—“正常单据记账”（如图 11-59 所示）。

③ 单据记账条件设置（如图 11-60 所示）。

④ 单据记账（如图 11-61 所示）。

⑤ 执行存货核算系统菜单“财务核算”—“生成凭证”（如图 11-62 所示）。

⑥ 选择需要生成凭证的单据（如图 11-63、图 11-64 所示）。

⑦ 设置凭证类别为转账凭证、存货科目编码 1405、对方科目编码 1401（如图 11-65 所示）。

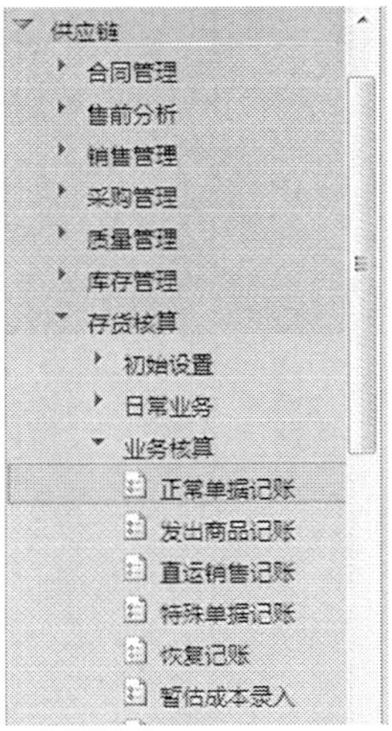

图 11-59 执行正常单据记账

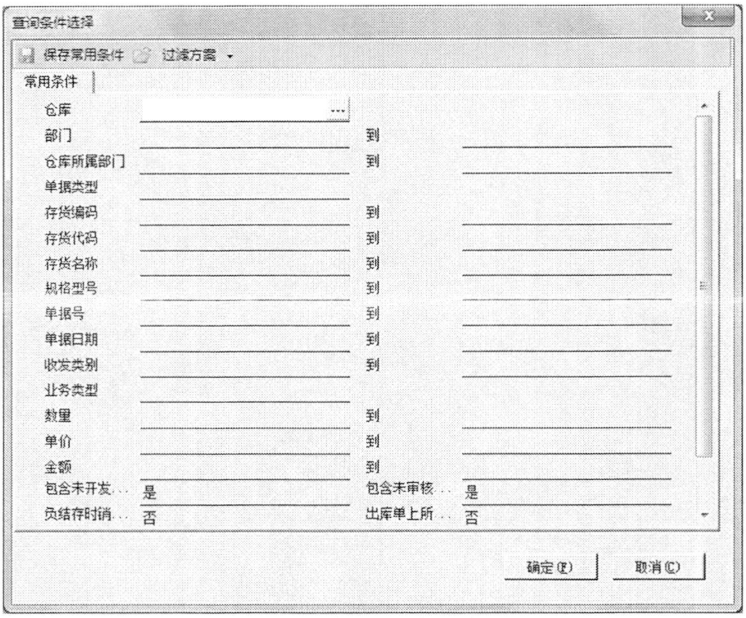

图 11-60 单据记账条件设置

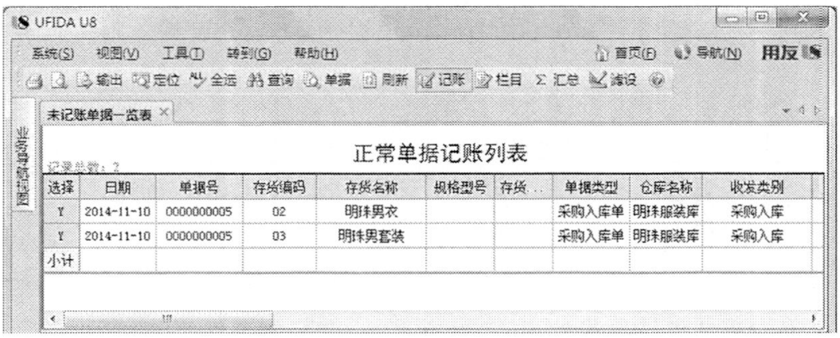

图 11-61 单据记账

⑧ 生成采购入库凭证（如图 11-66 所示）。

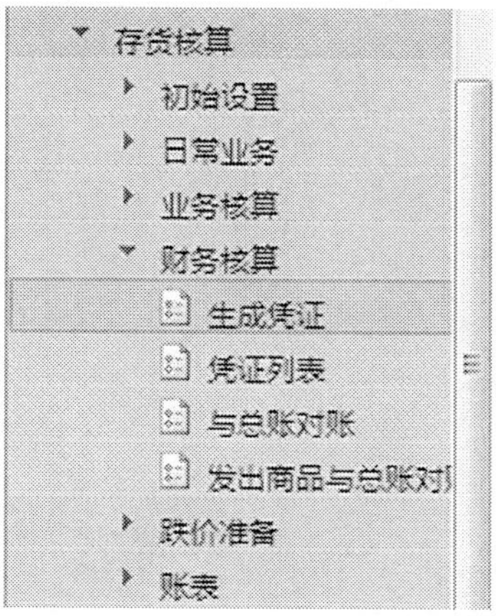

图 11-62 执行生成凭证

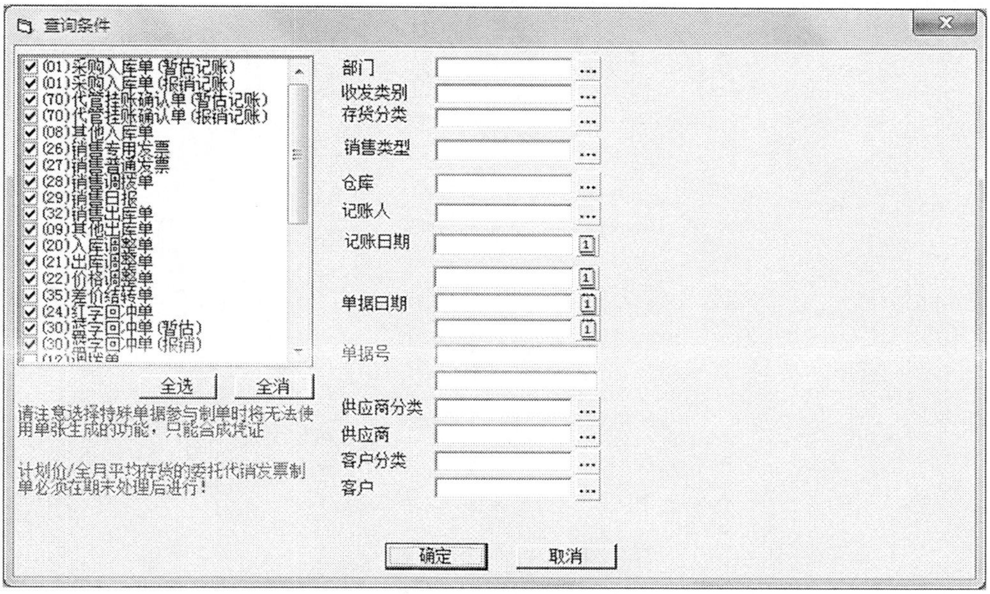

图 11-63 查询条件

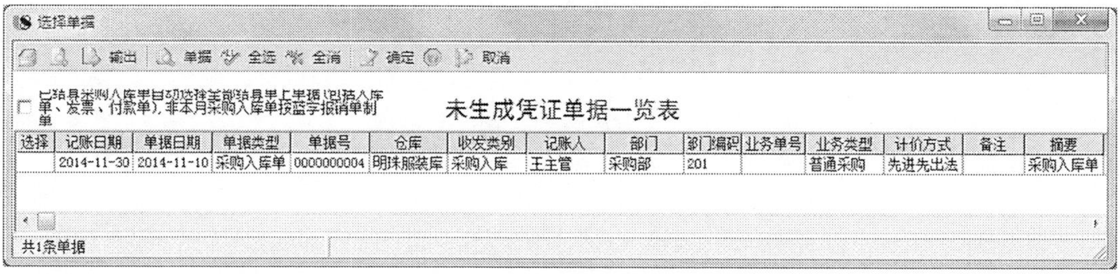

图 11-64 选择单据

（6）在应付款管理系统中确认应付款项。

①执行应付款管理系统菜单“应付单据处理”—“应付单据审核”（如图 11-67 所示）。

②进行单据过滤（如图 11-68 所示）。

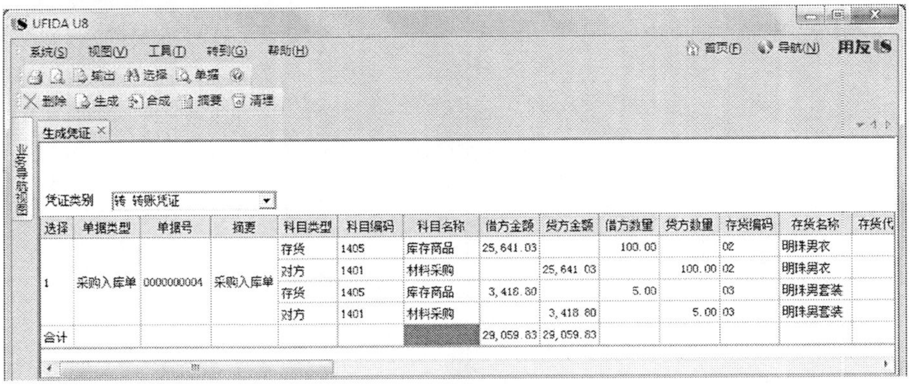

图 11-65 设置凭证类别等信息

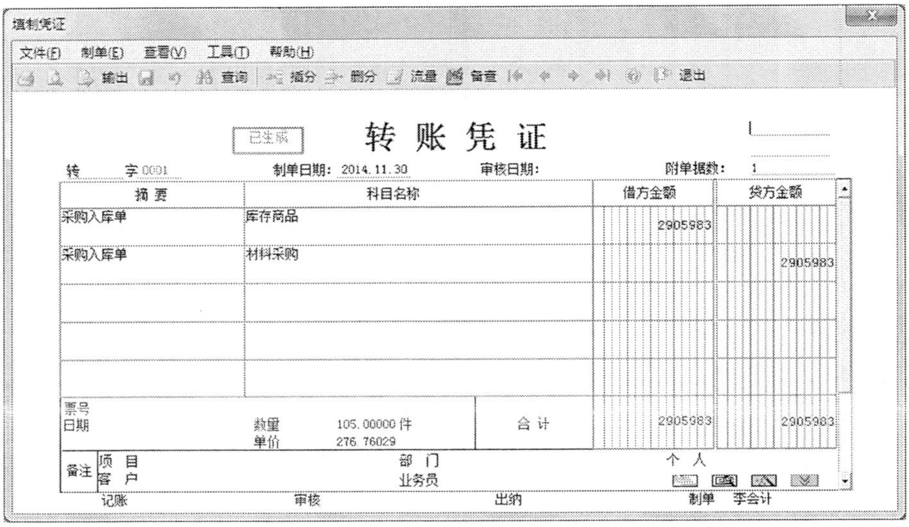

图 11-66 生成采购入库凭证

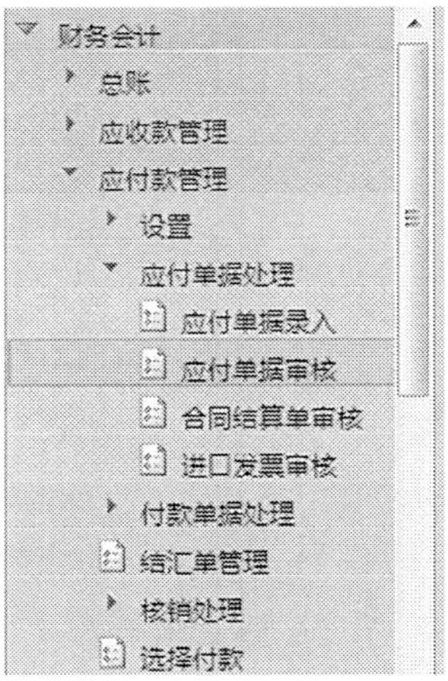

图 11-67 执行应付单据审核

③选择需要审核的应付单据（如图 11-69 所示）。

④ 执行应付款管理系统菜单“制单处理”（如图 11-70 所示）。

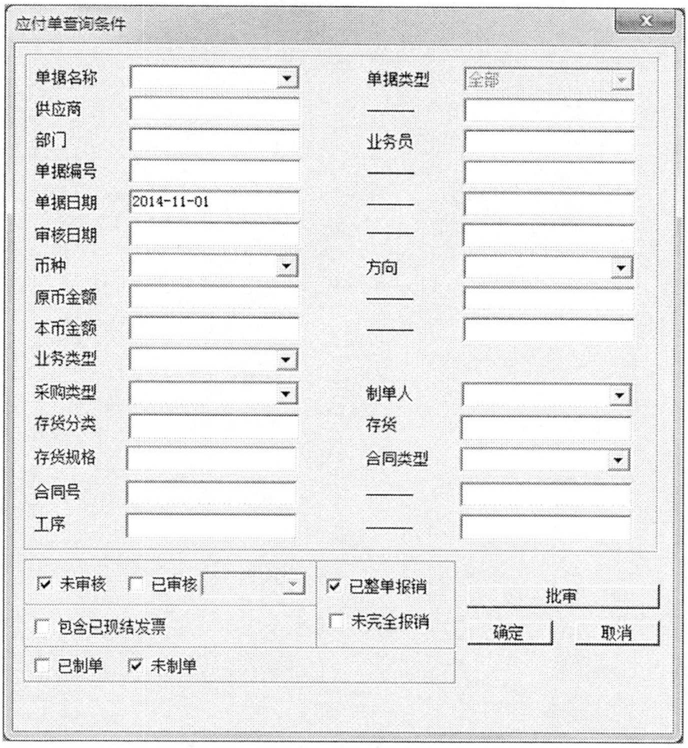

图 11-68 单据过滤

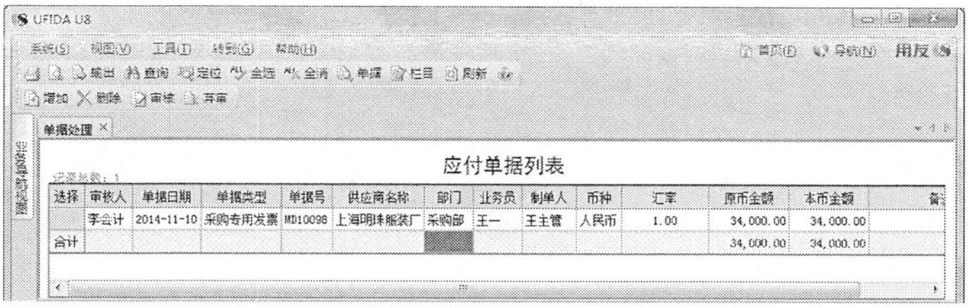

图 11-69 应付单据列表

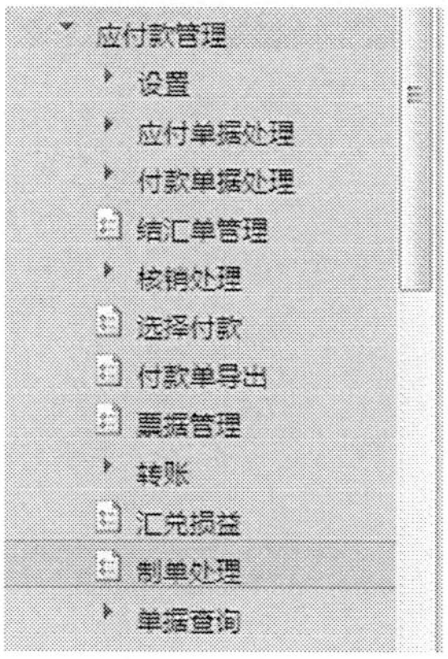

图 11-70 执行制单处理

⑤ 单据筛选（如图 11-71 所示）。

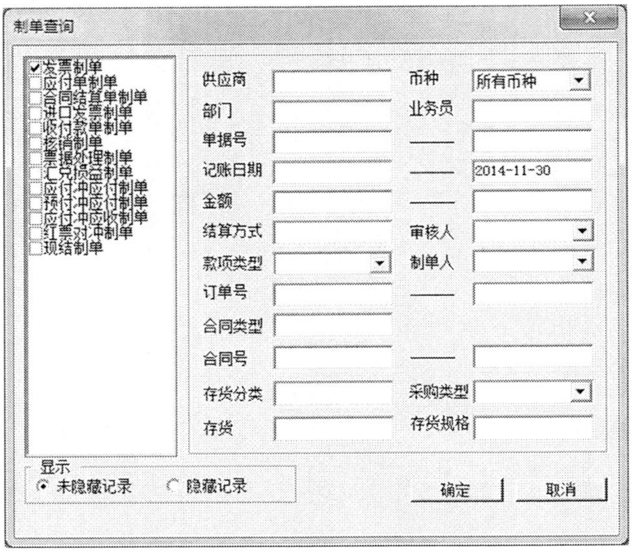

图 11-71　单据筛选

⑥ 选择需要制单的单据（如图 11-72 所示）。

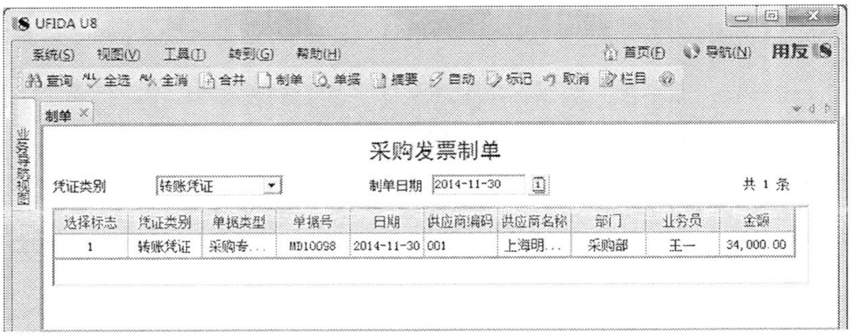

图 11-72　选择单据

⑦ 生成采购成本确认凭证（如图 11-73 所示）。

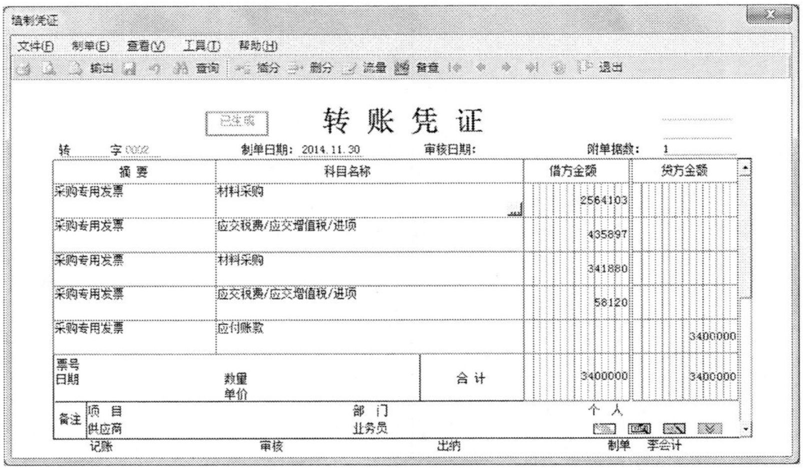

图 11-73　生成采购成本确认凭证

四、业务 4

2014 年 11 月 11 日，收到上海明珠服装厂的专用发票，系 2014 年 10 月 18 日明珠男套装的发票，发票号码 MD10088。发票载明明珠男套装 10 套，含税单价 780 元/套，增值税税率 17%。本公司验收入库后立即支付货款和税款（现金支票 XJ03）。

（1）在采购管理系统中填制采购专用发票（如图 11-74 所示）。

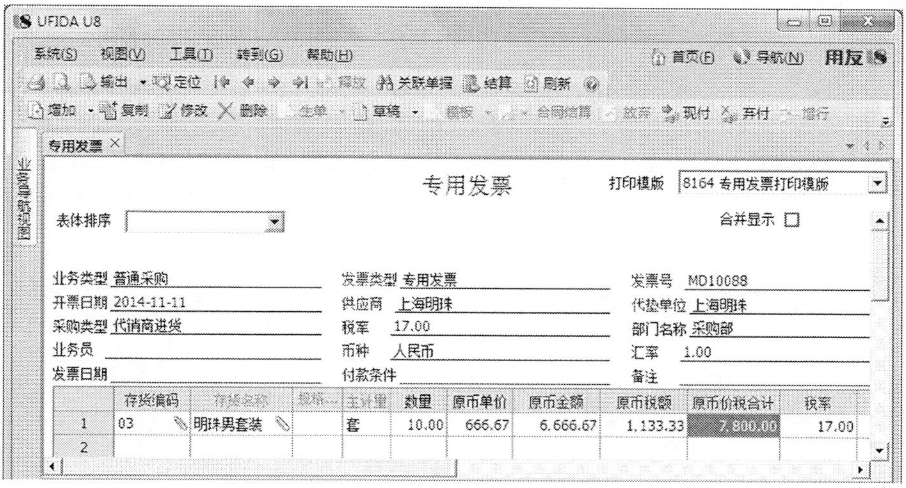

图 11-74 填制采购专用发票

（2）现付结算。

①采购专用发票存盘后点击菜单“现付”功能，输入采购现付相关信息（如图11-75 所示）。

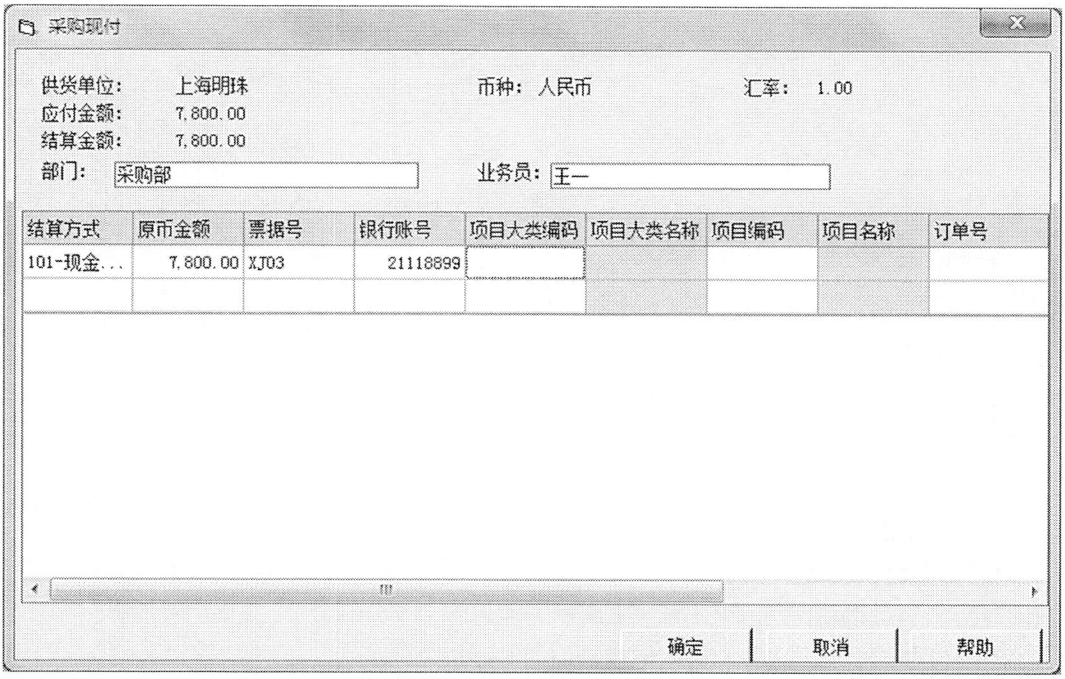

图 11-75 输入采购现付信息

②系统自动加盖“已现付”戳记（如图11–76所示）。

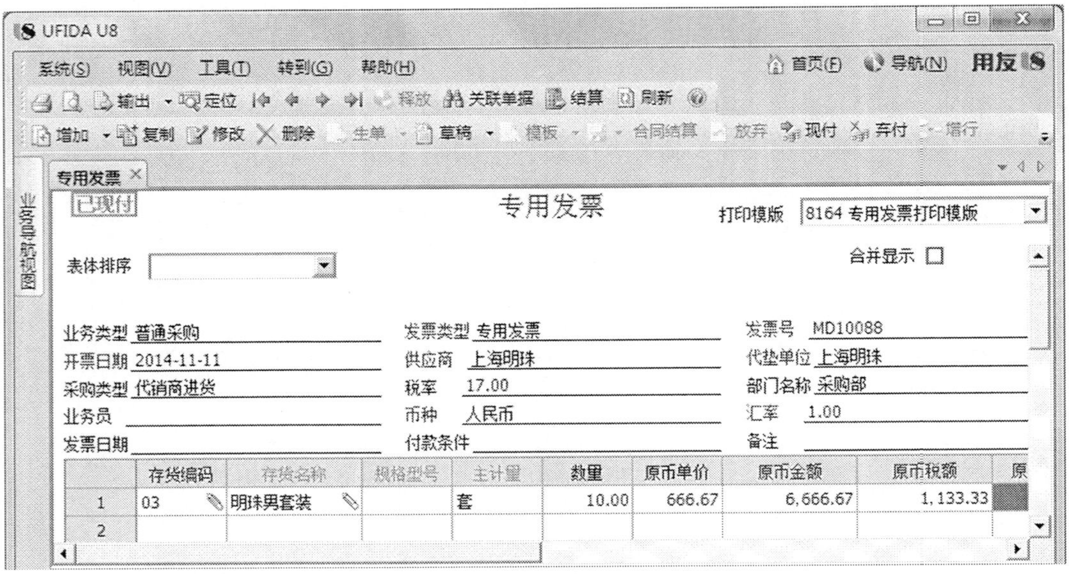

图11–76　加盖“已现付”戳记

③现付完成以后，执行菜单“结算”功能，可以完成采购发票和期初采购入库单的自动结算工作，系统自动加盖“已结算”戳记（如图11–77所示）。

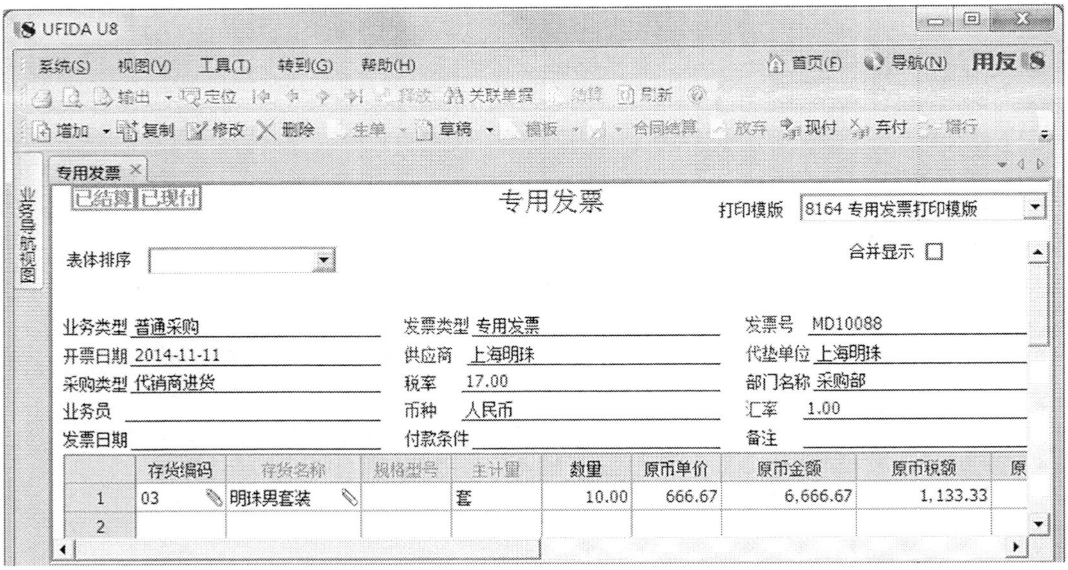

图11–77　加盖“已结算”戳记

（3）在应付款管理系统中核算现付款项。

①执行应付款管理系统菜单“日常处理”—“应付单据审核”。注意单据过滤时需要选中“包含已现结发票”（如图11–78所示）。

②选择现结制单，生成采购现付凭证（如图11–79所示）。

（4）在存货核算系统中进行入库核算。由于该笔业务属于2014年10月18日业务的后续处理，因此需要先将上月末暂估入库成本冲销，然后再核算实际入库成本。

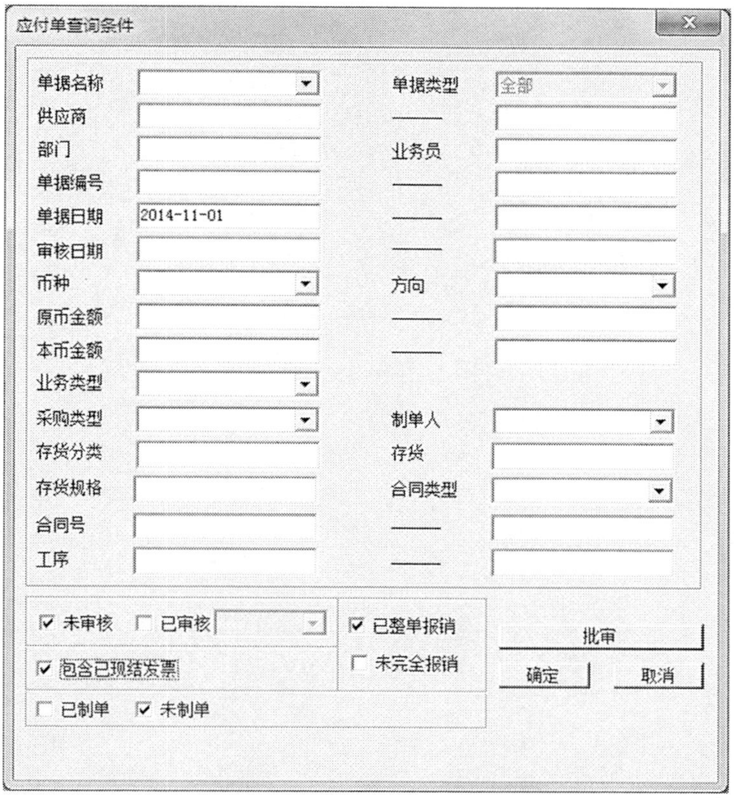

图 11-78　执行应付单据审核

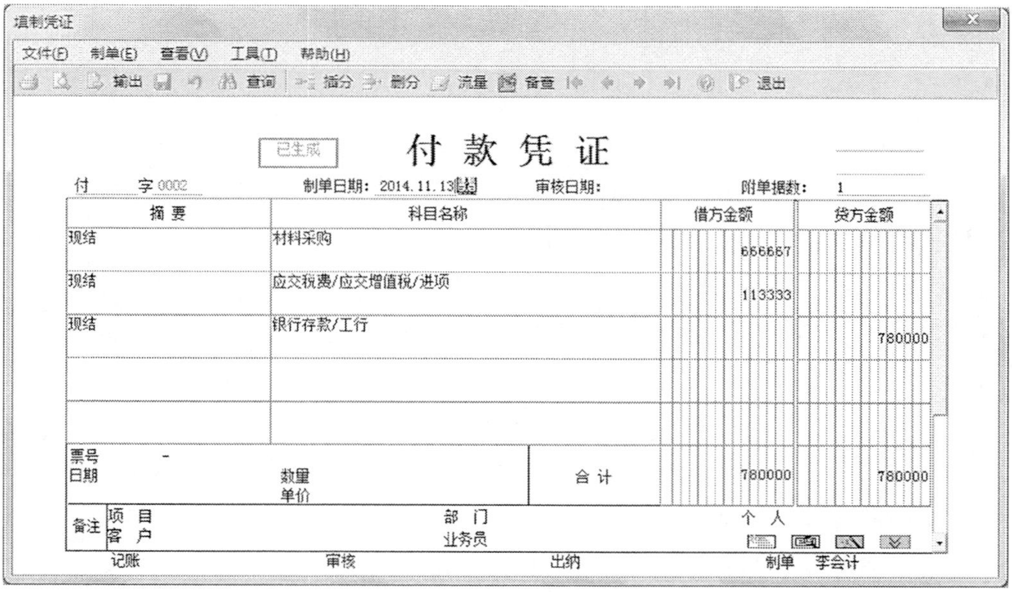

图 11-79　生成采购现付凭证

①执行存货核算系统菜单“业务核算”—“结算成本处理”（如图 11-80 所示）。

②选择需要暂估处理的单据（如图 11-81 所示）。

③在生成凭证功能中选择未生成凭证单据（如图 11-82 所示）。

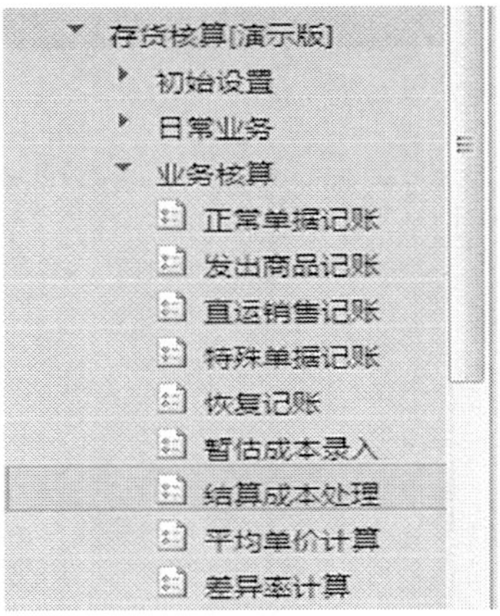

图 11-80　执行结算成本处理

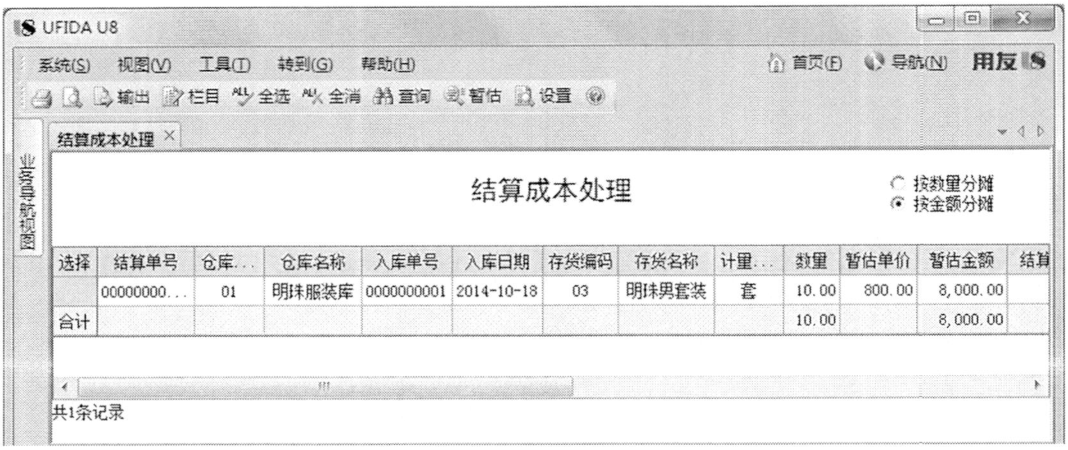

图 11-81　选择需要暂估处理的单据

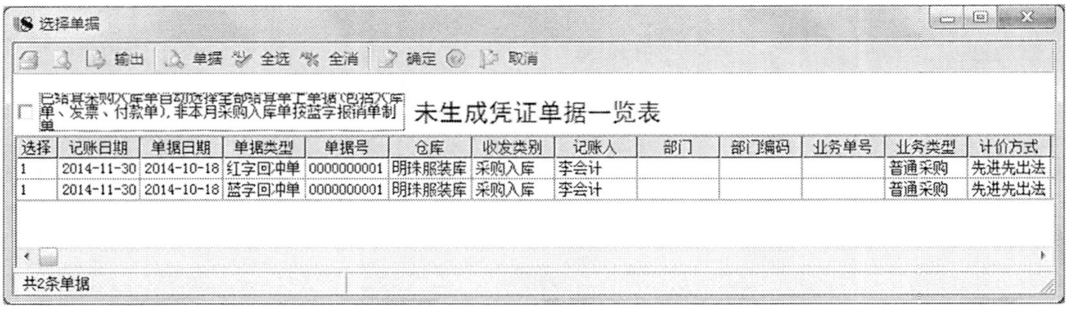

图 11-82　选择未生成凭证单据

④定义凭证内容（如图 11-83 所示）。

⑤系统自动生成红字冲销凭证（如图 11-84 所示）。

⑥系统自动生成蓝字采购入库凭证（如图 11-85 所示）。

五、业务 5

2014 年 11 月 12 日，与深圳海王手表厂签订购货合同，订购海王情侣表 4 对，单价 270 元；海王女表 6 只，单价 100 元。要求 19 日到货。

填制采购订单，完成以后需要审核（如图 11-86 所示）。

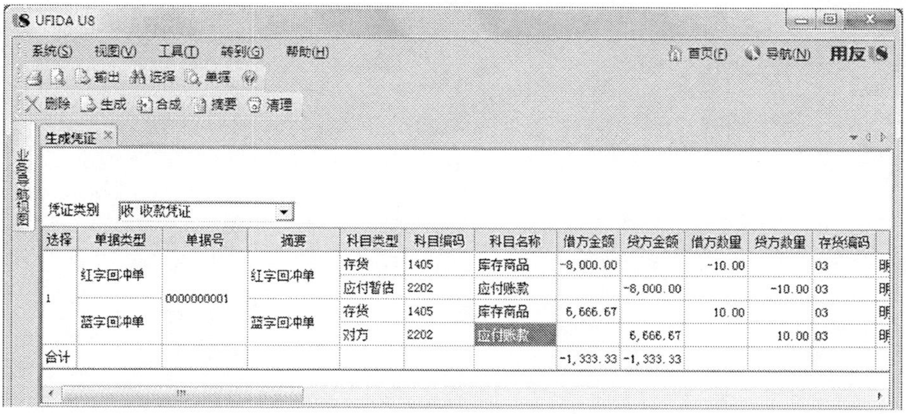

图 11-83　定义凭证内容

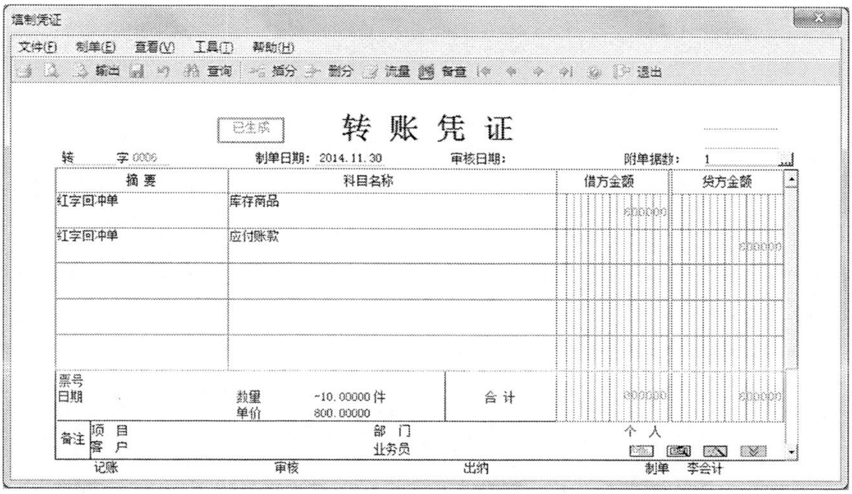

图 11-84　生成红字冲销凭证

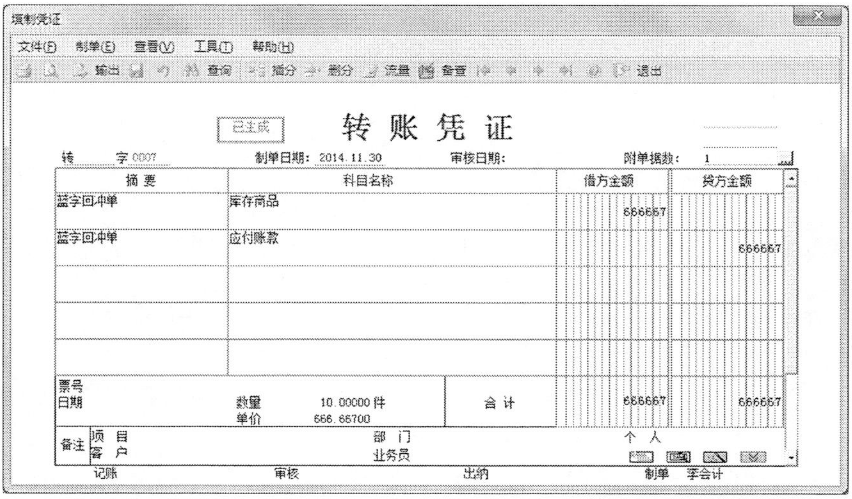

图 11-85　生成蓝字采购入库凭证

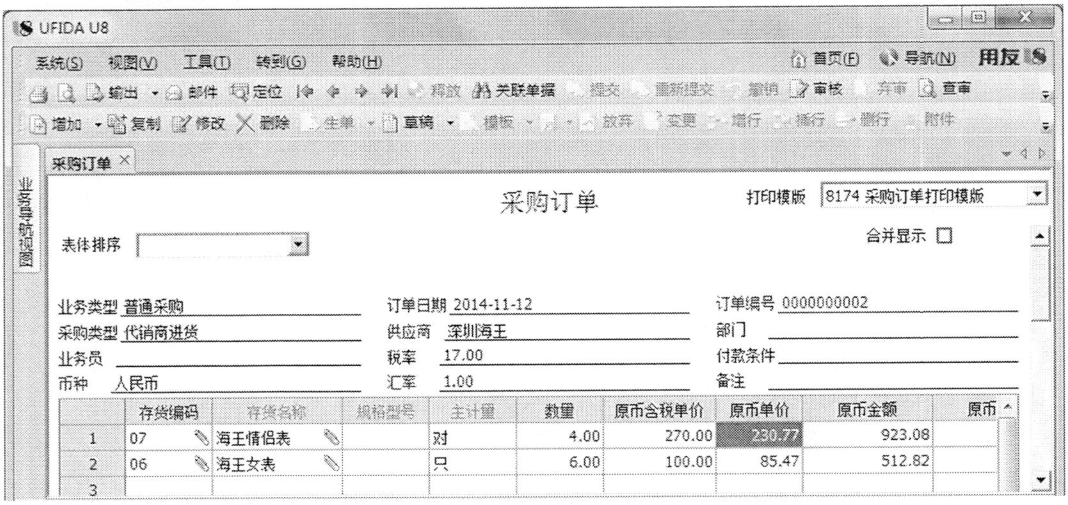

图 11-86 采购订单

六、业务 6

2014 年 11 月 19 日，收到深圳海王手表厂发来的海王情侣表和专用发票，系 11 月 12 日订购手表的订单，发票号码 MD10501。发票载明海王情侣表 4 对，单价 270 元/对，增值税税率 17%。同时，附有一张运杂费发票，发票载明运杂费 200 元，订货合同约定运杂费由本公司承担。经检验，手表质量合格，入手表库，财务部门确认采购成本和应付款项。

（1）在采购管理系统中填制采购到货单（如图 11-87、图 11-88 所示）。

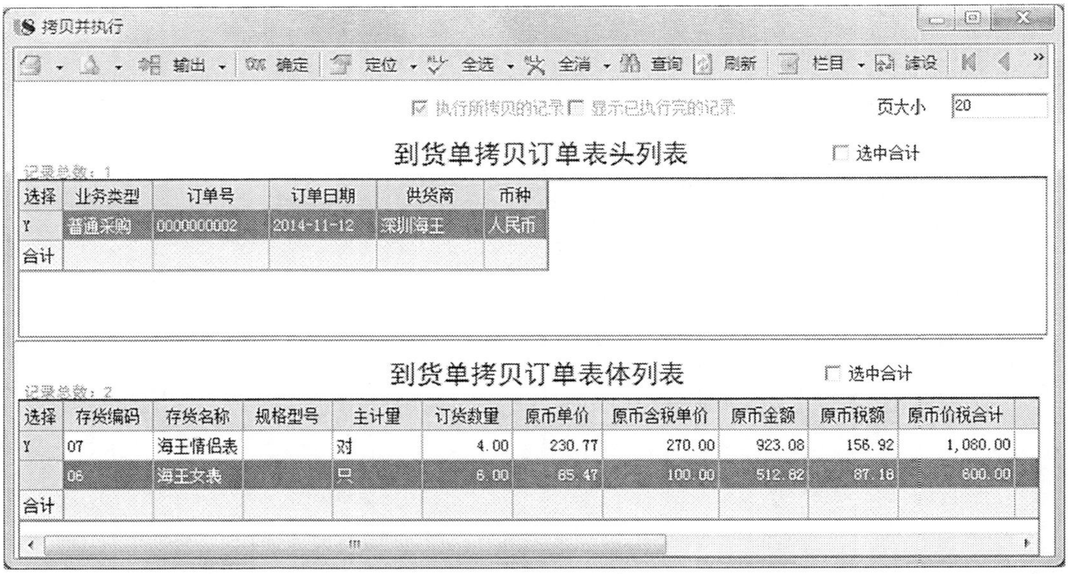

图 11-87 拷贝订单

（2）在库存管理系统中生成采购入库单（如图 11-89 所示）。

（3）在采购管理系统中开具采购专用发票（如图 11-90 所示）。

（4）利用采购管理系统菜单“采购发票”—“运费发票”开具运费发票（如图 11-91所示）。

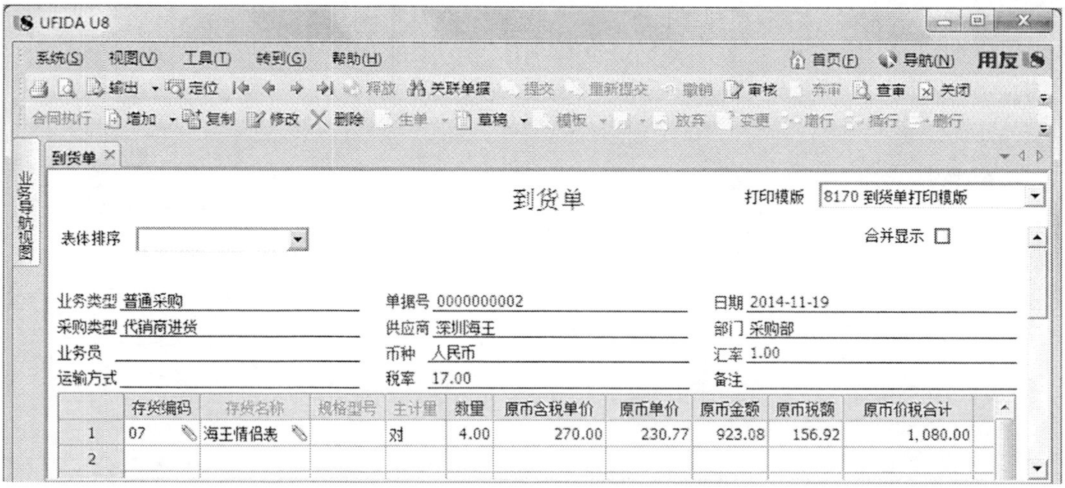

图 11-88　填制采购到货单

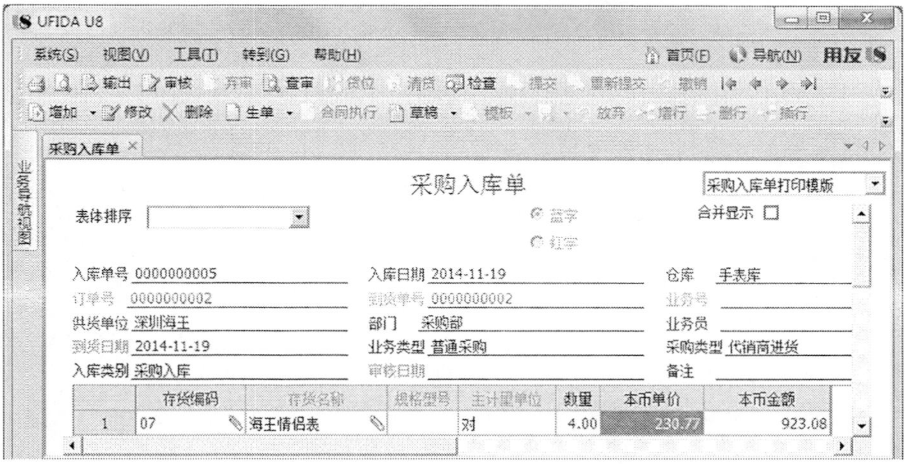

图 11-89　生成采购入库单

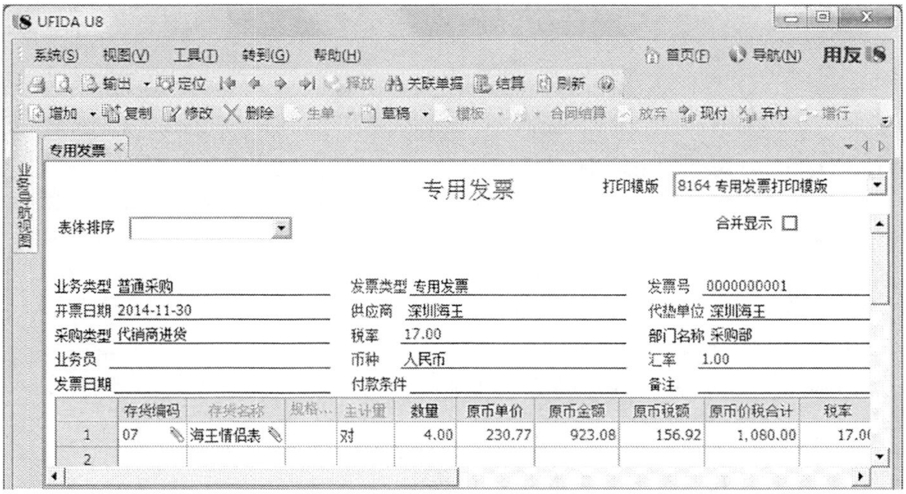

图 11-90　开具采购专用发票

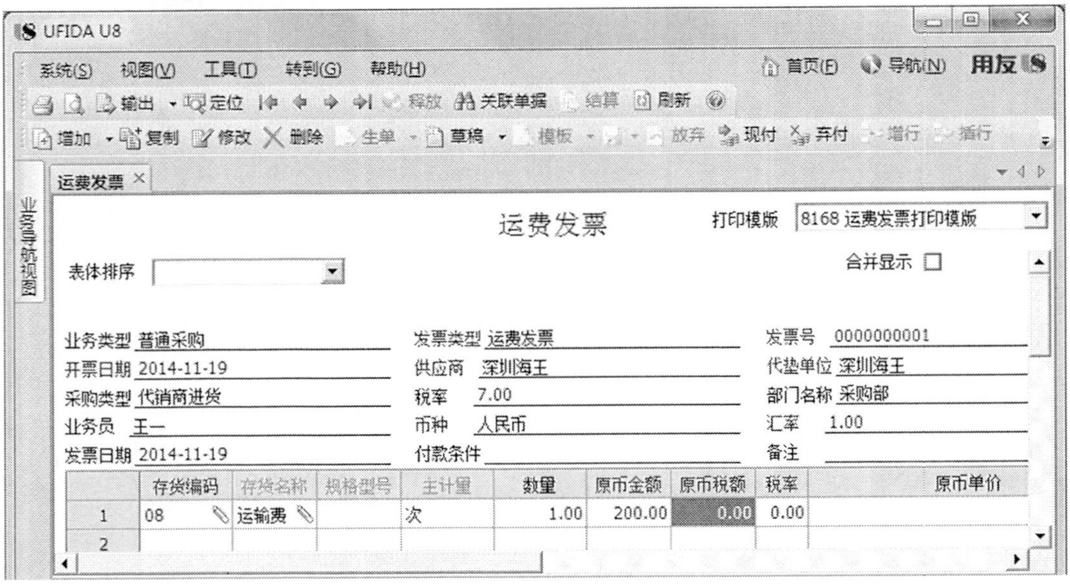

图 11-91 开具运费发票

（5）利用采购管理系统菜单“采购结算”—“手工结算”进行手工结算。

①筛选需要结算的发票和入库单（如图 11-92、图 11-93 所示）。

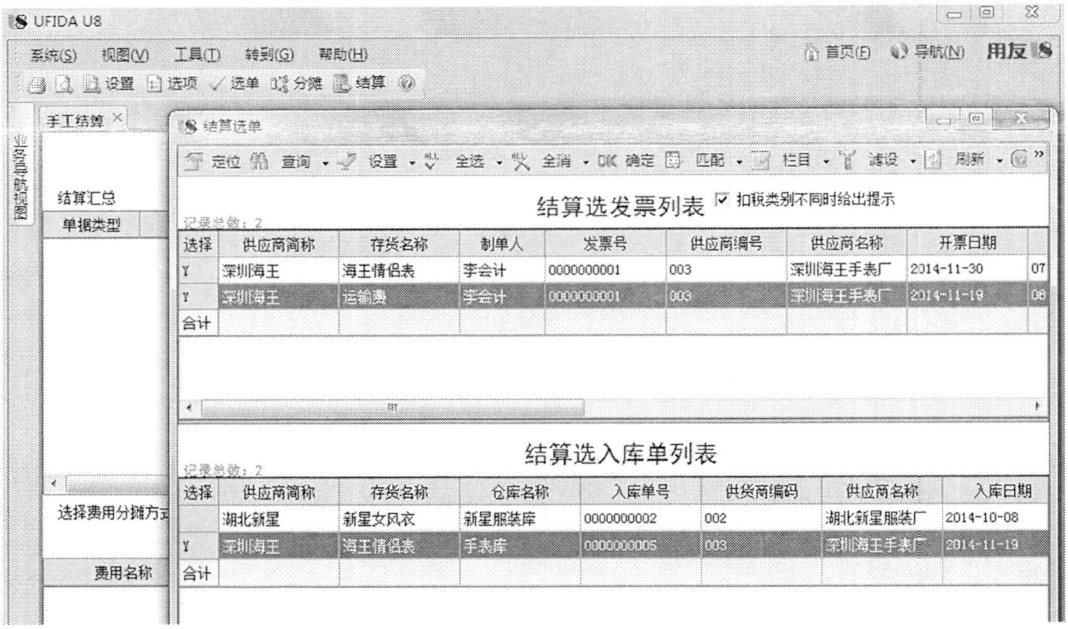

图 11-92 选单

②手工结算。选择费用分摊方式默认“按金额”，单击“分摊”，再单击“结算”，完成采购入库单、采购发票、运费发票之间的结算。

按金额分摊提示信息确认（如图 11-94 所示）。

③查询完成的采购结算单（如图 11-95 所示）。

（6）在应付款管理系统中完成应付款项核算。

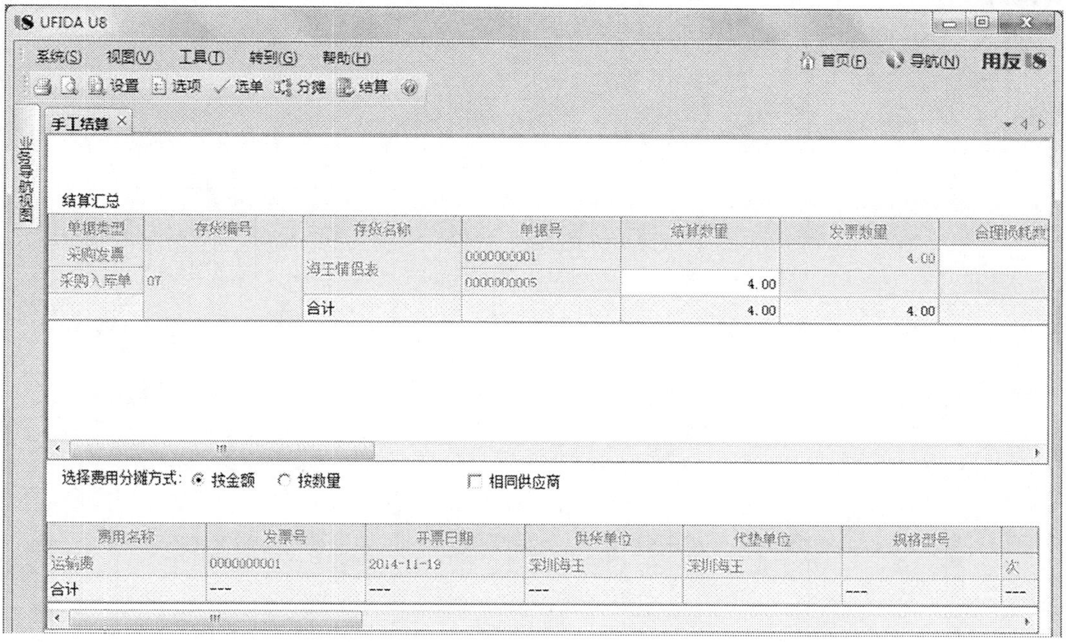

图 11–93 手工结算

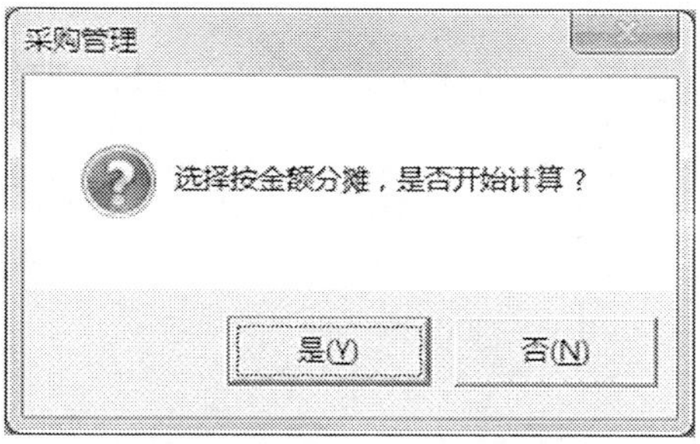

图 11–94 按金额分摊提示信息确认

图 11–95 结算单列表

①应付单据审核（如图 11–96 所示）。

②选择合并生成应付账款凭证（如图 11–97 所示）。

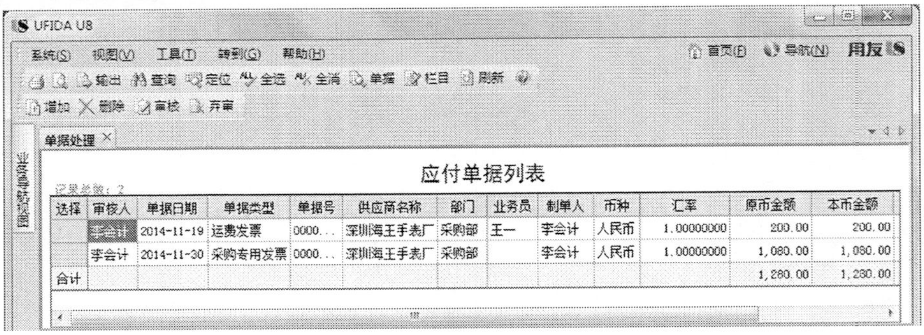

图 11-96　应付单据审核

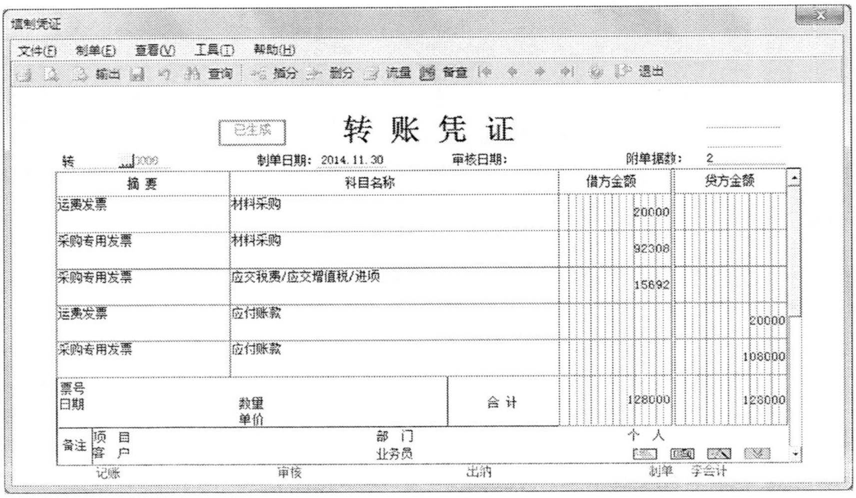

图 11-97　生成应付账款凭证

七、业务 7

2014 年 11 月 20 日，收到本月 12 日采购的海王女表 6 只，单价 100 元/只，已收到发票，发票号 MD10502。21 日验收时发现有 2 只存在质量问题，与对方协商，办理退货手续，其余验收入库。

（1）20 日根据采购订单填制到货单，如图 11-98 所示。

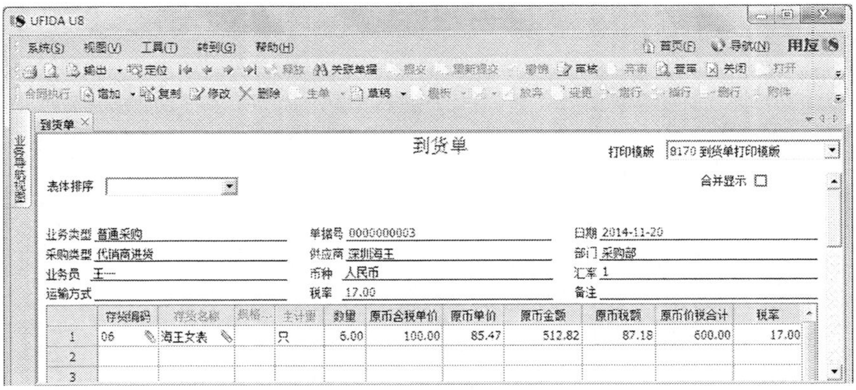

图 11-98　到货单

（2）对存在质量问题的产品准备填退货单，如图 11-99 所示。

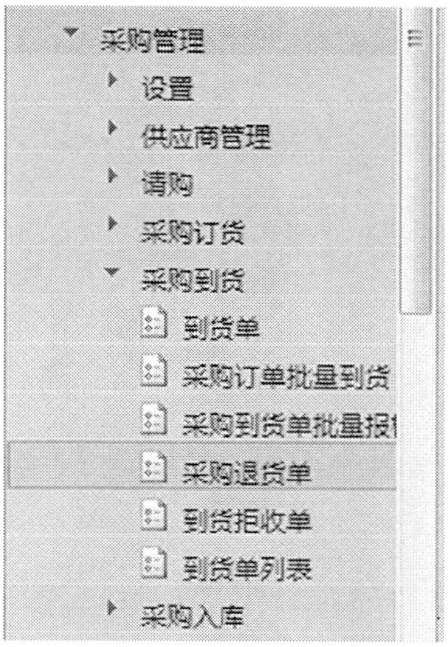

图 11-99 执行采购退货单

（3）21 日对不合格产品开具退货单（如图 11-100 所示）。注意：采购退货单中数量应输入负数。

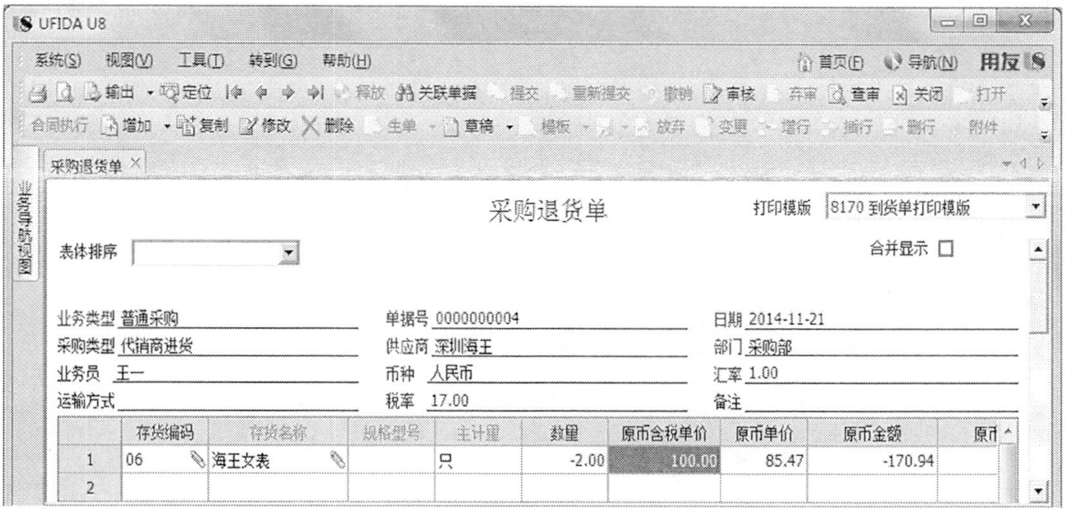

图 11-100 填制采购退货单

（4）在库存管理中填采购入库单（如图 11-101 所示）。

八、采购管理月末结账

月末结账是逐月将每月的单据数据封存，并将当月的采购数据记入有关账表中。结账前，用户应检查本会计月工作是否已全部完成。只有在当前会计月所有工作全部完成的前提下，才能进行月末结账，否则会遗漏某些业务。月末结账之前一定要进行数据备份。没有期初记账，将不允许月末结账。不允许跳月结账，只能从未结账的第一个月起逐月结账。不允许跳月取消月末结账，只能从最后一个月逐月取消。上月未结账，本月单据可以正常操作，不影响日常业务的处理，但本月不能结账。月末结账后，已结账月份的采购管理入库单、采购发票不可修改、删除。采购管理月末结账后，才能进行库存管理、存货核算、应付管理的月末结账。如果采购管理要取消月末结账，必须先通知库存管理、存货核

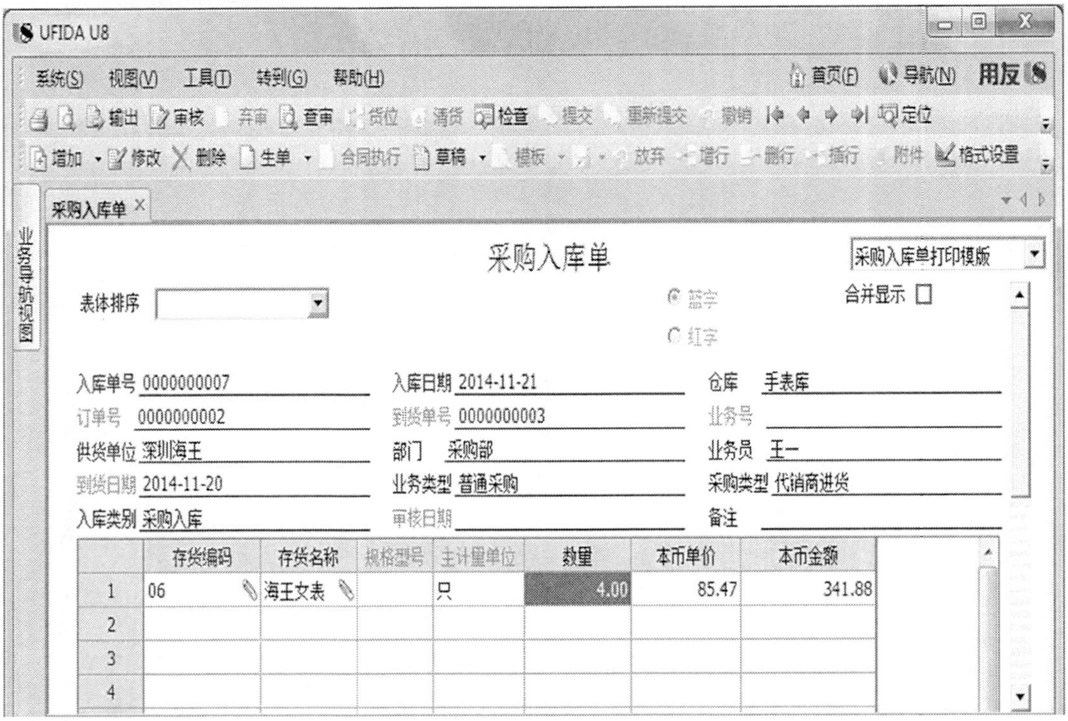

图 11-101　采购入库单

算、应付管理的操作人员，要求这几个模块取消月末结账。如果库存管理、存货核算、应付管理的任何一个模块不能取消月末结账，那么也不能取消采购管理的月末结账。采购管理结账界面如图 11-102 所示。

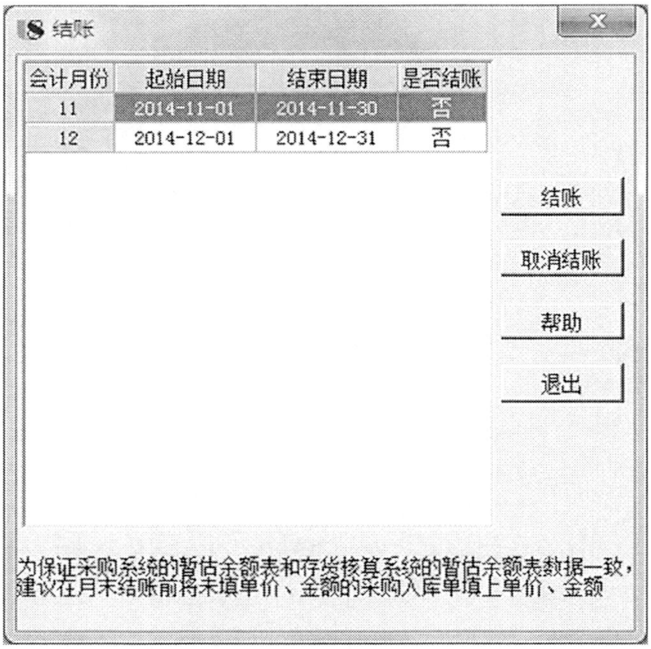

图 11-102　采购管理结账界面

第四节 销售管理日常业务

销售是企业生产经营成果的实现过程。不同的企业虽然各有特点，但销售业务流程基本相似，即通过各种渠道获取客户需求，针对客户进行报价；洽谈妥当以后与客户以订单或合同形式达成协议；根据订单办理产品出库，为客户提供产品；确认由于销售活动形成的债权，并收取货款。

一、业务1

2014 年 11 月 10 日，南昌百货大楼向本公司订购海王女表 5 只，出厂价 180 元/只，要求 11 月 15 日发货。本公司报价为 210 元/只。12 日，本公司与南昌百货大楼协商，对方同意海王女表销售单价为 200 元/只，但订购数量减为 4 只。公司确认后于 11 月 13 日发货，并以现金代垫运费 100 元。11 月 14 日，开具销售专用发票，货款尚未收到。

1. 开出销售报价单

销售报价是企业向客户提供货品、规格、价格、结算方式等信息，双方达成协议后，销售报价单转为有效力的销售合同或销售订单。企业可以针对不同客户、不同存货、不同批量提出不同的报价、折扣率。销售报价单是可选单据，用户可根据业务的实际需要选用。报价单只能手工增加，报价单可以修改、删除、审核、弃审、关闭、打开，已审核未关闭的报价单可以参照生成销售订单。

（1）执行销售管理系统菜单“销售报价”—“销售报价单”（如图 11-103 所示）。

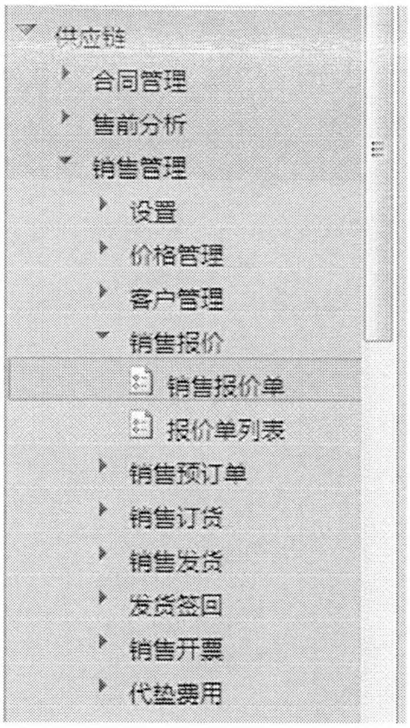

图 11-103 执行销售报价单

（2）输入报价单具体内容，完成以后存盘（如图 11-104 所示）。存盘以后可以立即审核，审核人与制单人可以是同一个人。需要注意的是，如果报价单未被审核，将无法进入下一个环节处理或者被下一个环节利用。

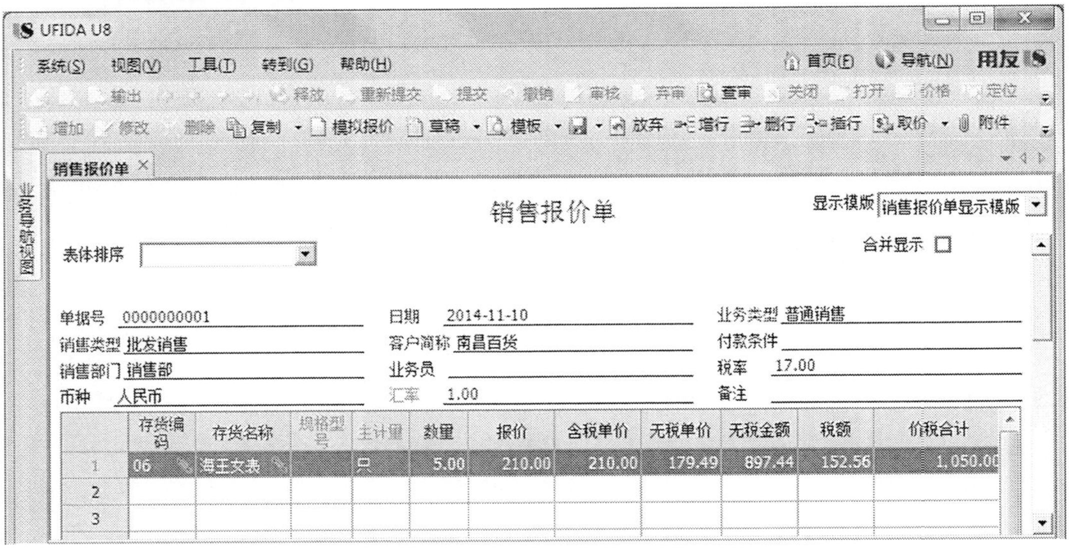

图 11-104 录入销售报价单

2. 开具销售订单

销售订货是指由购销双方确认的客户要货需求的过程。用户根据销售订单组织货源，并对订单的执行进行管理、控制和追踪。销售订单是反映由购销双方确认的客户要货需求的单据。它可以是企业销售合同中关于货物的明细内容，也可以是一种订货的口头协议。销售订单对应企业的销售合同中订货明细部分的内容，但不能完全代替销售合同，没有关于合同中付款内容的描述。

(1) 执行销售管理系统菜单“销售订货”—“销售订单”，将出现销售订单输入界面，由于该订单大部分内容与前面输入的报价单相似，因此可以执行菜单项中的“报价”功能，弹出“选择报价单”对话框，可选择对应的报价单（如图 11-105 所示）。

图 11-105 销售订单功能

（2）选择生单功能，根据报价单生成销售订单（如图 11-106 所示）。

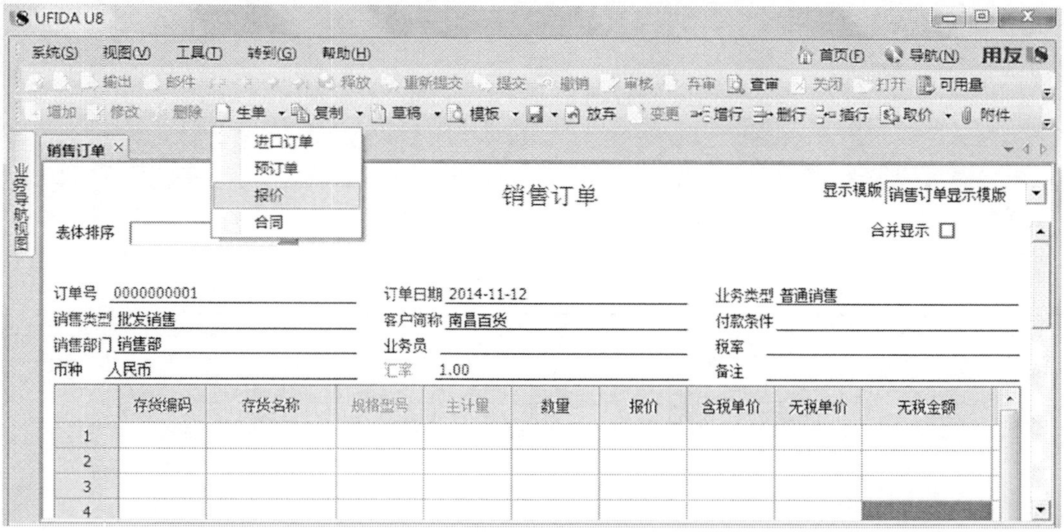

图 11-106　生单功能

（3）报价单查询条件选择（如图 11-107 所示）。

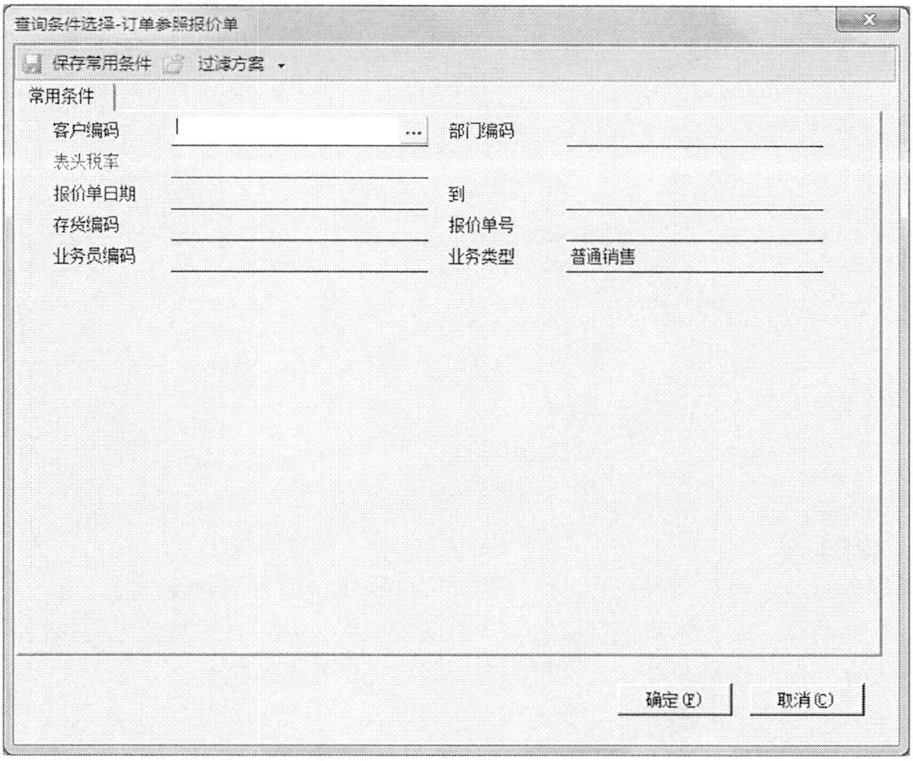

图 11-107　报价查询条件选择

（4）参照生单（如图 11-108 所示）。

（5）在报价单基础上生成销售订单，再把数量和单价修改后存盘（如图 11-109 所示），完成以后进行审核才能进入下一阶段处理。

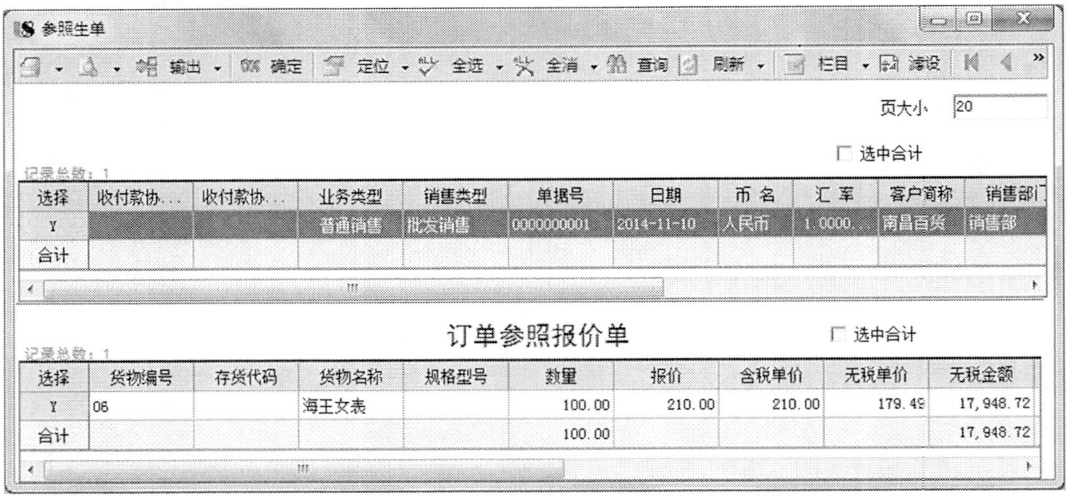

图 11-108　参照生单

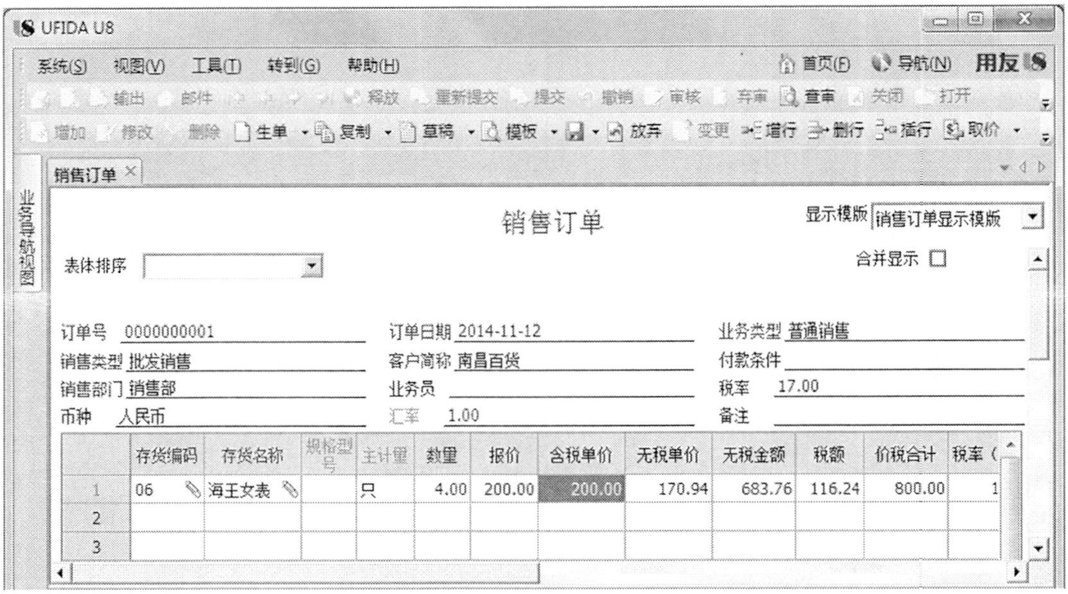

图 11-109　生成销售订单

3. 开具发货单

销售发货是企业执行与客户签订的销售合同或销售订单将货物发往客户的行为，是销售业务的执行阶段。发货单是销售方给客户的发货凭据，是销售发货业务的执行载体。无论工业企业还是商品流通企业，发货单都是销售管理的核心单据。

（1）执行销售管理系统菜单“销售发货”－“发货单”（如图 11-110 所示）。

（2）点击“增加”功能后将弹出“查询条件选择-参照订单”对话框，可选择对应的订单（如图 11-111 所示）。

（3）参照订单生成发货单（如图 11-112 所示）。

（4）在销售订单基础上生成发货单（如图 11-113 所示）。该销售订单需要审核才能进入下一阶段处理。

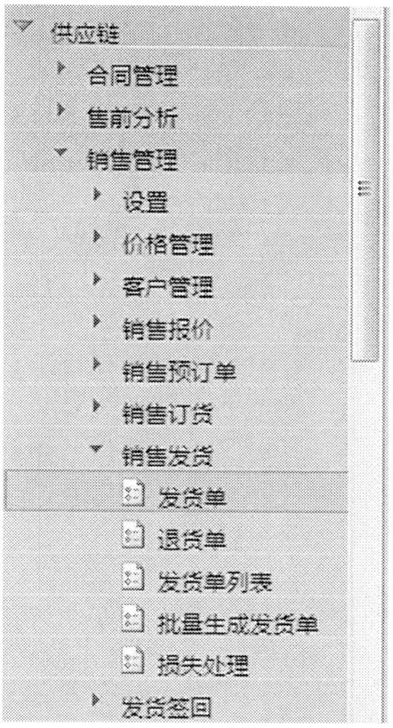

图 11-110　**发货单功能**

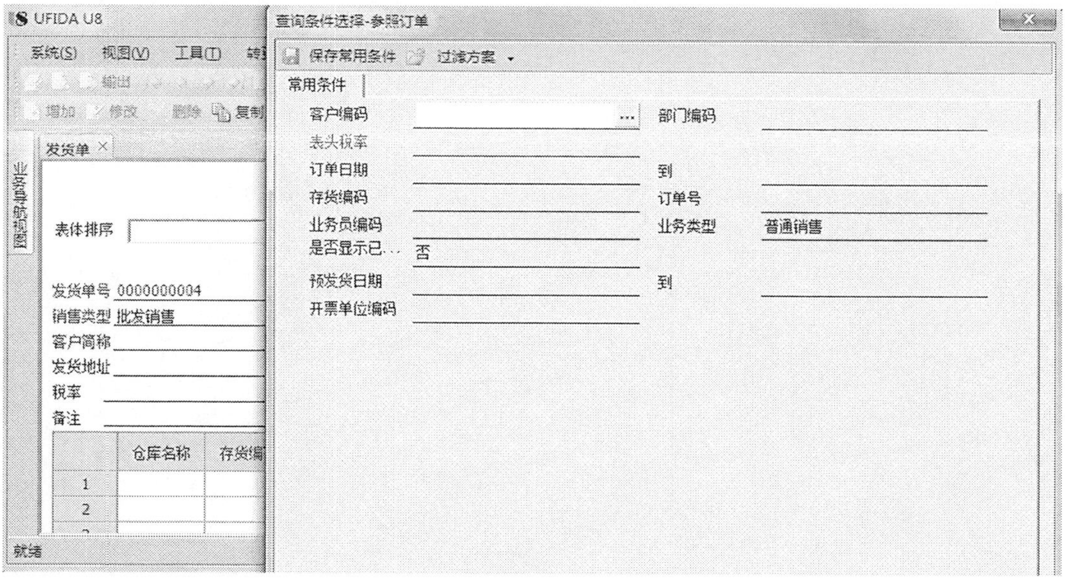

图 11-111　**选择订单**

4. 在库存管理系统中生成销售出库单

销售出库单是销售出库业务的主要凭据，在库存管理系统中用于存货出库数量核算，在存货核算系统中用于存货出库成本核算（存货核算销售成本的核算选择依据销售出库单）。

（1）执行库存管理系统菜单“出库业务”—“销售出库单”，自动根据销售管理内容生成销售出库单（如图 11-114 所示）。

（2）采用生单功能生单（如图 11-115 所示）。

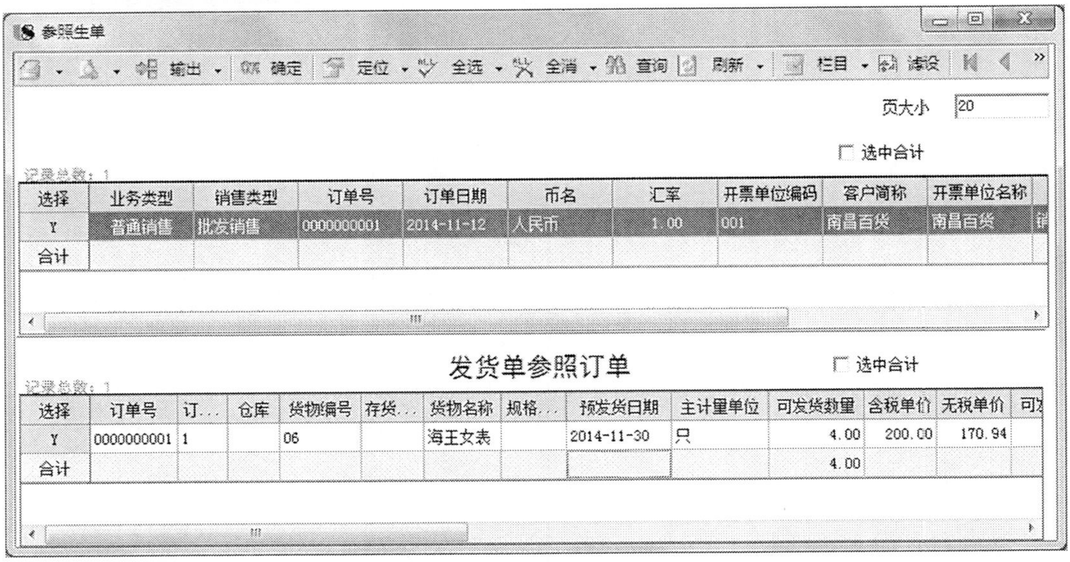

图 11–112 参照生单

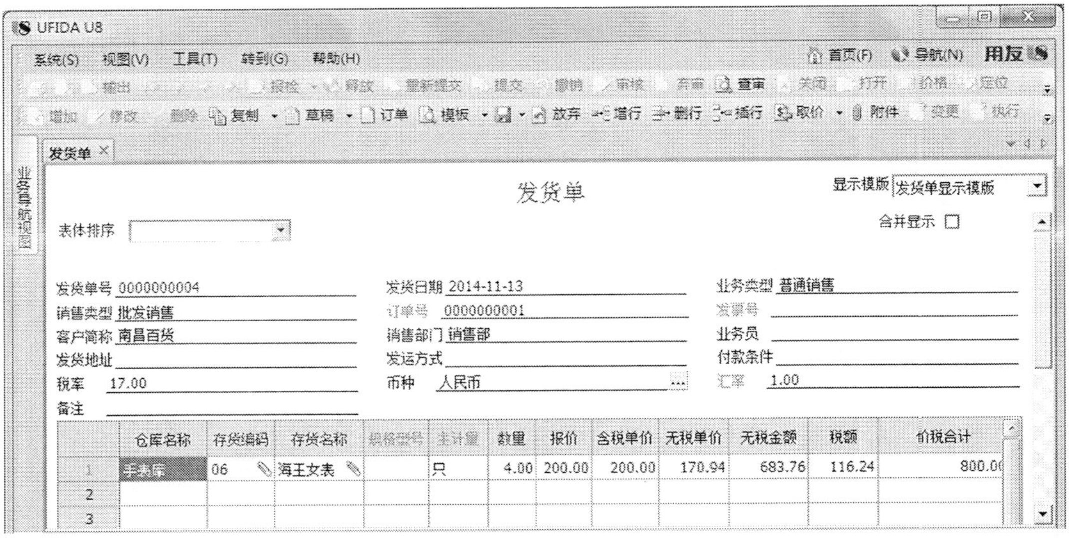

图 11–113 生成发货单

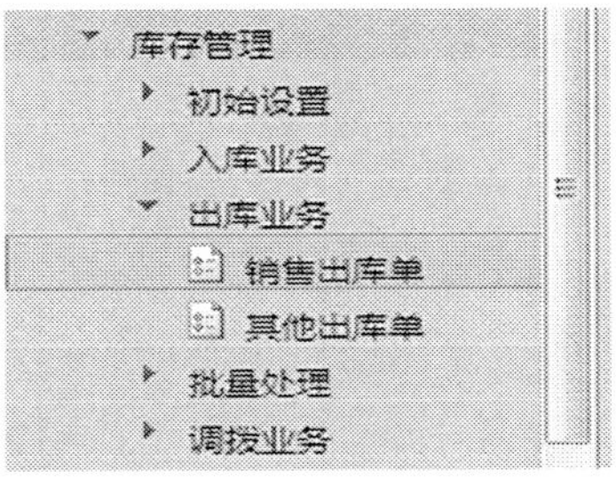

图 11–114 执行销售出库单

(3) 生成销售出库单（如图 11–116 所示）。该销售出库单需要审核才能进入下一阶段处理。

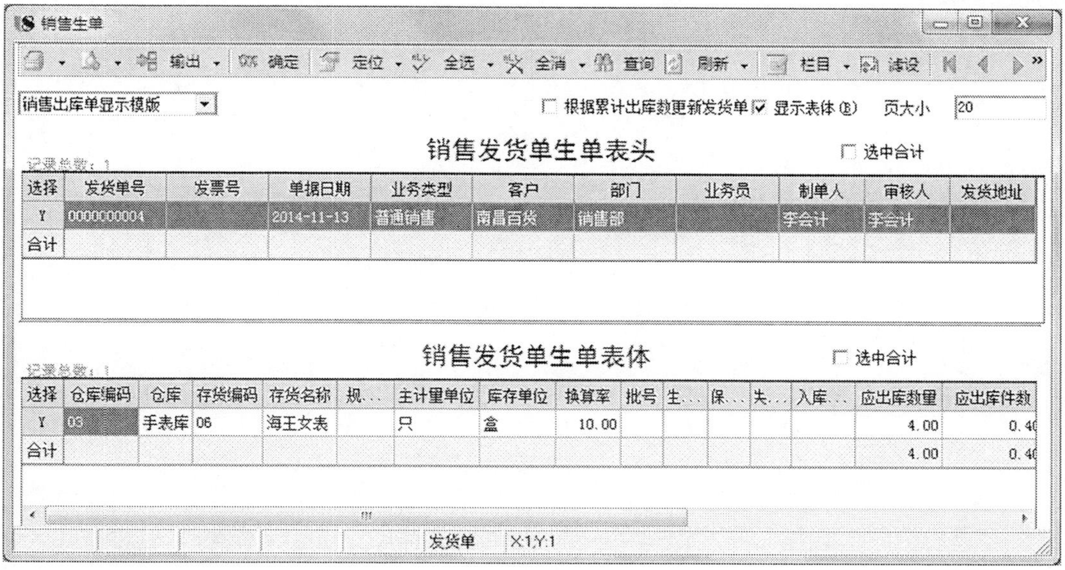

图 11–115 生单功能

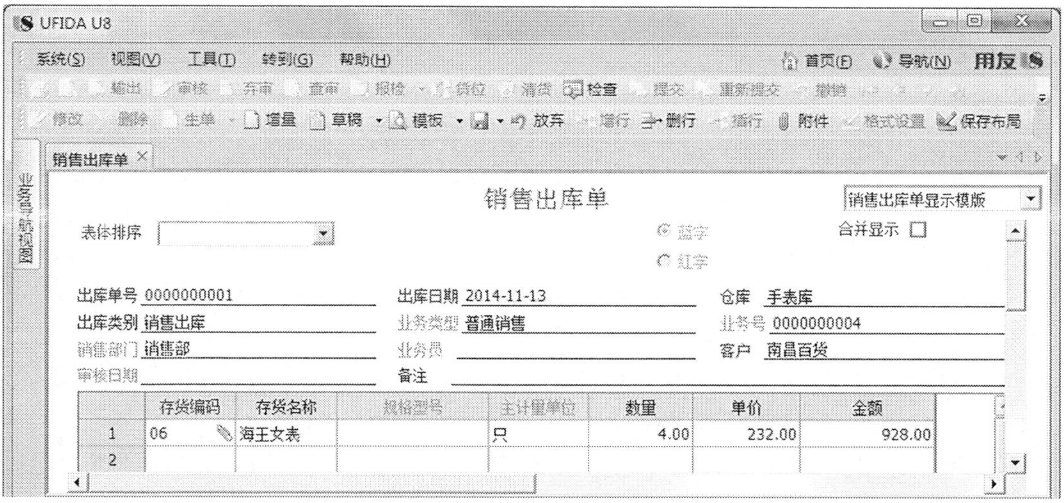

图 11–116 生成销售出库单

5. 在销售管理系统中开具销售专用发票

销售开票是在销售过程中企业给客户开具销售发票及其所附清单的过程。它是销售收入确认、销售成本计算、应交税费确认和应收账款确认的依据，是销售业务的重要环节。销售发票是在销售开票过程中用户所开具的原始销售单据，包括增值税专用发票、普通发票及其所附清单。销售发票复核后通知财务部门核算应收账款，在应收款管理系统审核登记应收明细账，制单生成凭证。

（1）执行销售管理系统菜单“销售开票”—“销售专用发票”，点击“增加”，系统弹出选择发货单（初始化时设定）对话框，选择需要开具发票的发货单（如图 11–117 所示）。

（2）生成销售专用发票（如图 11–118 所示）。需要注意的是，发票号由系统自动生成，不能修改。如果需要修改，可先在“基础信息”—“单据设置”—“单据编号设置”中进行设定。

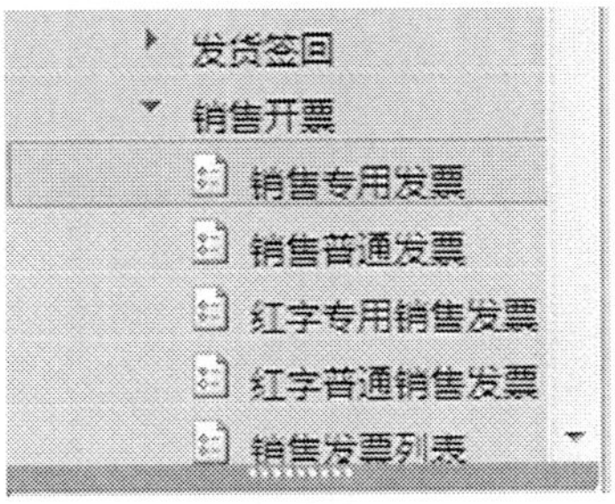

图 11-117 执行销售专用发票

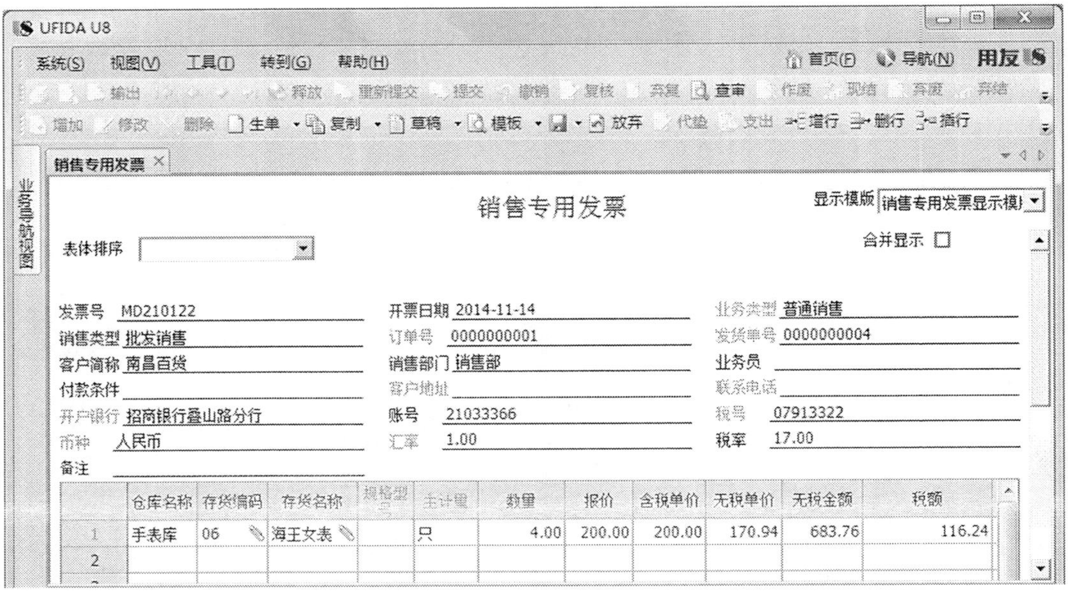

图 11-118 生成销售专用发票

（3）该销售发票需要复核才能进入下一阶段处理。

6. 在销售管理系统中开具代垫费用单

在销售业务中，代垫费用指随货物销售发生的，不通过发票处理而形成的暂时代垫、将来需向客户收取的费用项目，如运杂费、保险费等。代垫费用实际上形成了用户对客户的应收款，代垫费用的收款核销由应收款管理系统处理。

（1）执行销售管理系统菜单“代垫费用”—“代垫费用单”，输入费用单（如图 11-119所示）。

（2）输入代垫费用单具体内容（如图 11-120 所示）。该代垫费用单需要审核才能进入下一阶段处理。

7. 在应收款管理系统中核算应收款项

（1）执行应收款管理系统菜单“应收单据处理”—“应收单据审核”（如图 11-121 所示）。

（2）筛选出需要处理的单据，完成应收单据审核（如图 11-122 所示）。

（3）执行应收款管理系统菜单“日常处理”—“制单处理”，弹出制单查询对话框，选择制单依据（如图 11-123 所示）。

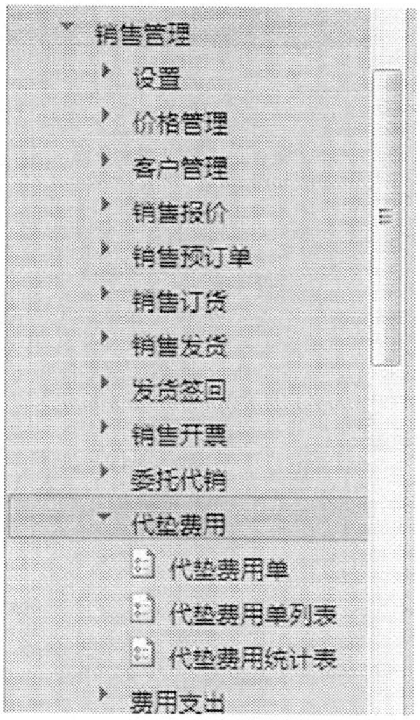

图 11-119　代垫费用单功能

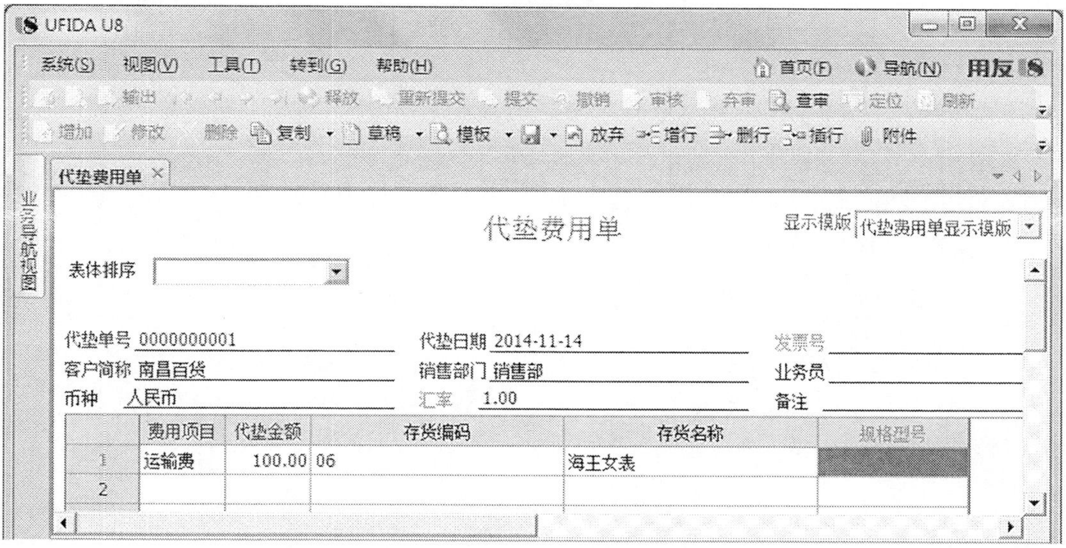

图 11-120　录入代垫费用单

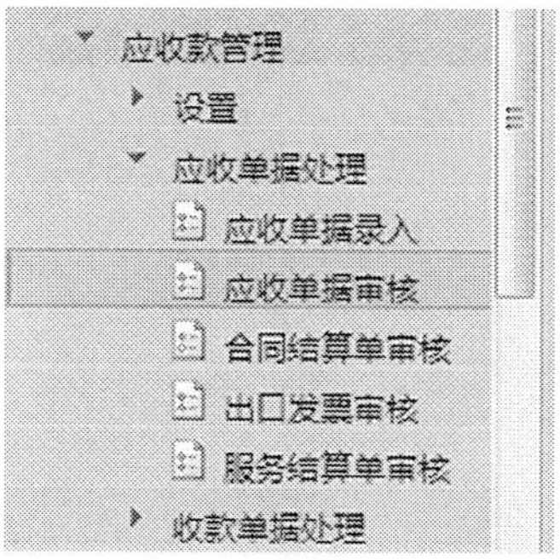

图 11-121　执行应收单据审核

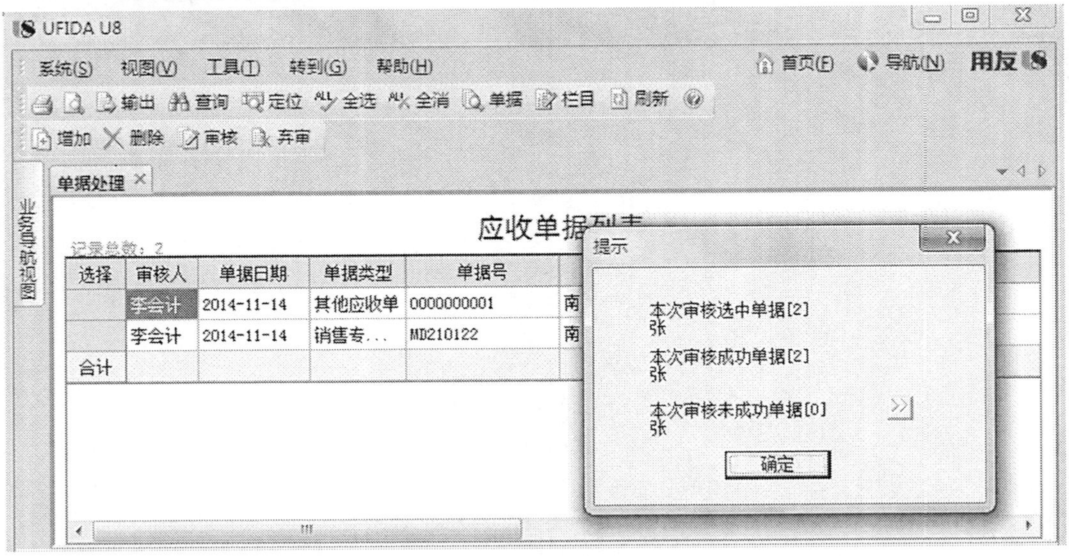

图 11-122 完成应收单据审核

图 11-123 选择制单依据

(4) 在应收制单列表中选择需要填制凭证的单据，准备填制凭证（如图 11-124 所示）。

(5) 系统自动生成应收单据凭证（如图 11-125 所示）。

(6) 系统自动生成代垫运费凭证（如图 11-126 所示）。

8. 期末需要在存货核算系统中确认销售成本

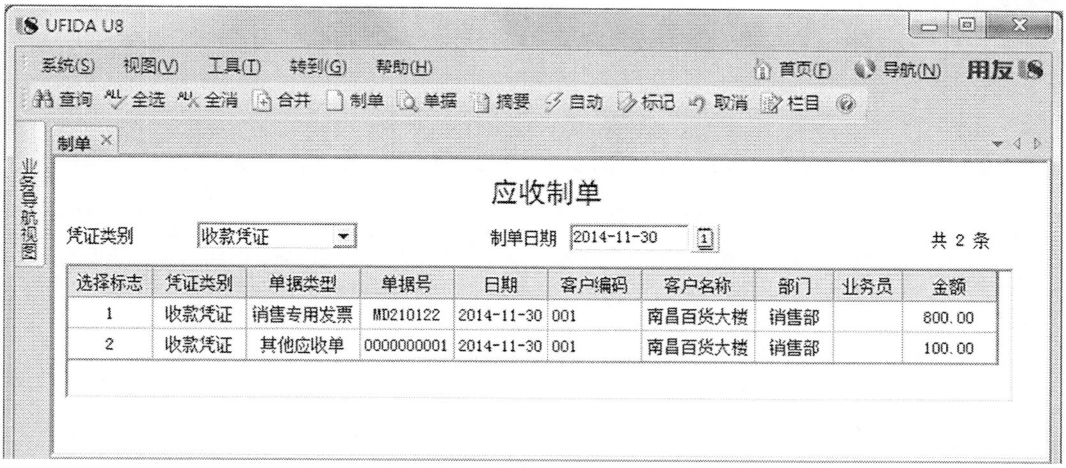

图 11-124　应收制单列表

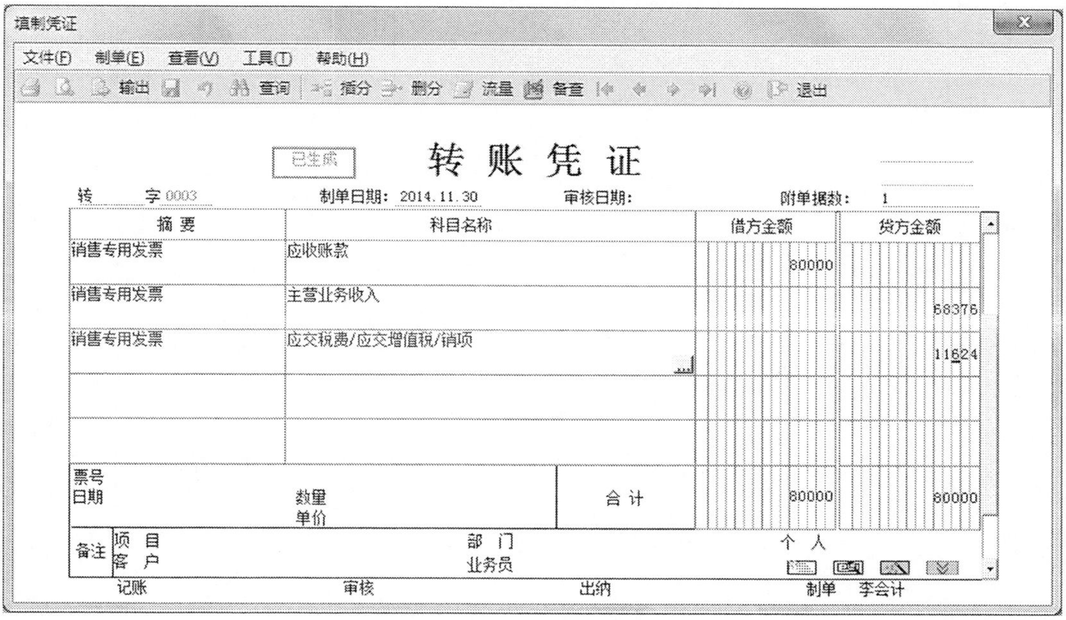

图 11-125　生成应收单据凭证

由于手表库采用售价法核算，因此只能在月末确定销售成本。

（1）执行存货核算系统菜单“业务核算”—“正常单据记账”（如图 11-127 所示）。

（2）执行存货核算系统菜单“财务核算”—“生成凭证”，选择需要生成凭证的业务（如图 11-128 所示）。

（3）选择未生成凭证单据（如图 11-129 所示）。

（4）设置凭证类型、科目编码（如图 11-130 所示）。

（5）系统自动生成销售成本记账凭证（如图 11-131 所示）。

二、业务 2

2014 年 11 月 18 日，收到广州天河百货公司 10 月 8 日购买明珠女套装的价税款 60 000元（电汇 DH020118），开具销售专用发票（MD10108），确认出库成本。

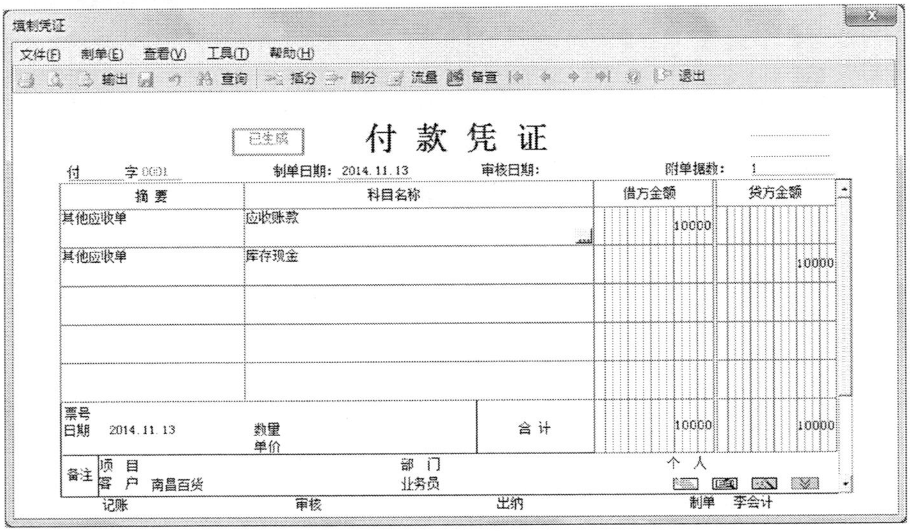

图 11-126　生成代垫运费凭证

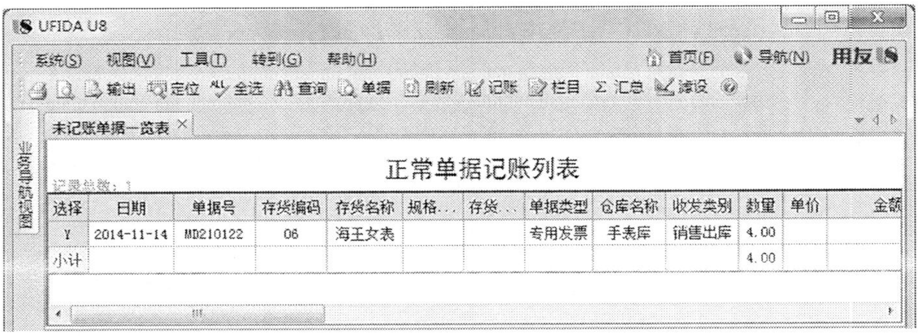

图 11-127　执行正常单据记账

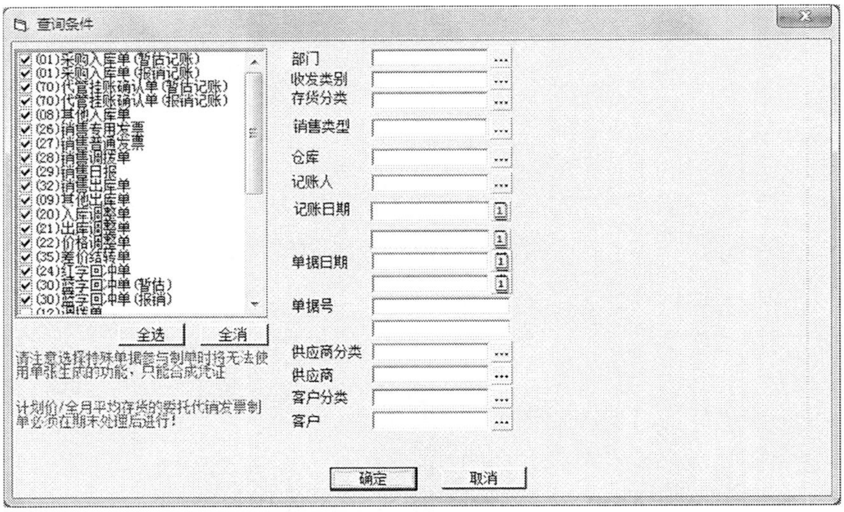

图 11-128　选择生成凭证的单据类型

1. 开具销售专用发票

该业务期初已经发货但未开发票，只在销售管理系统“期初数据”中做了登记，后续处理从开具专用发票开始。

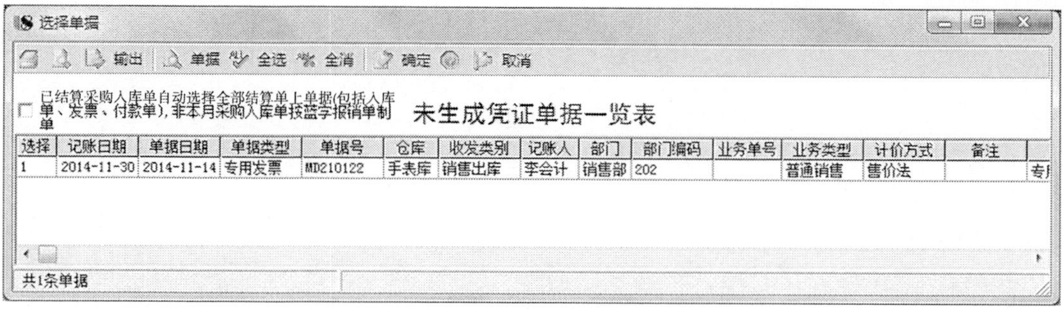

图 11-129 选择未生成凭证单据

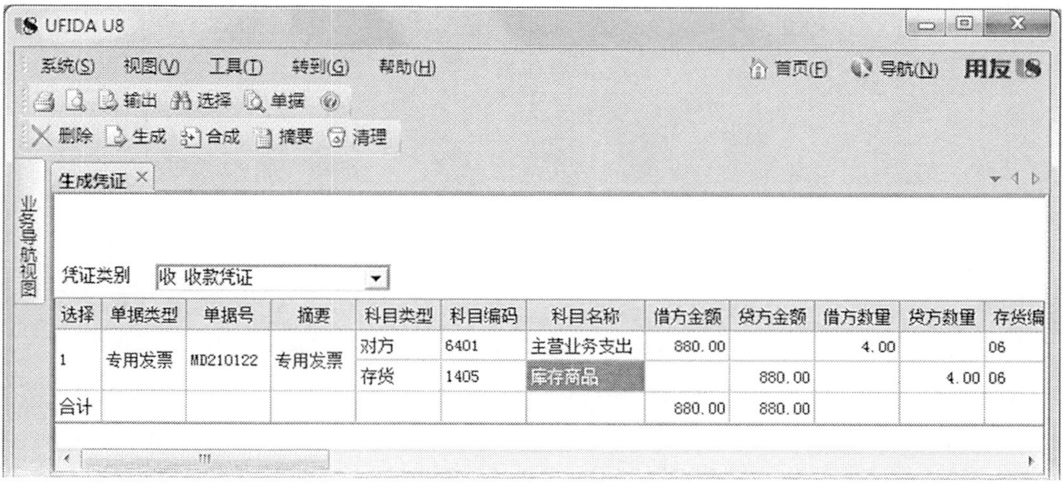

图 11-130 设置凭证类型、科目编码

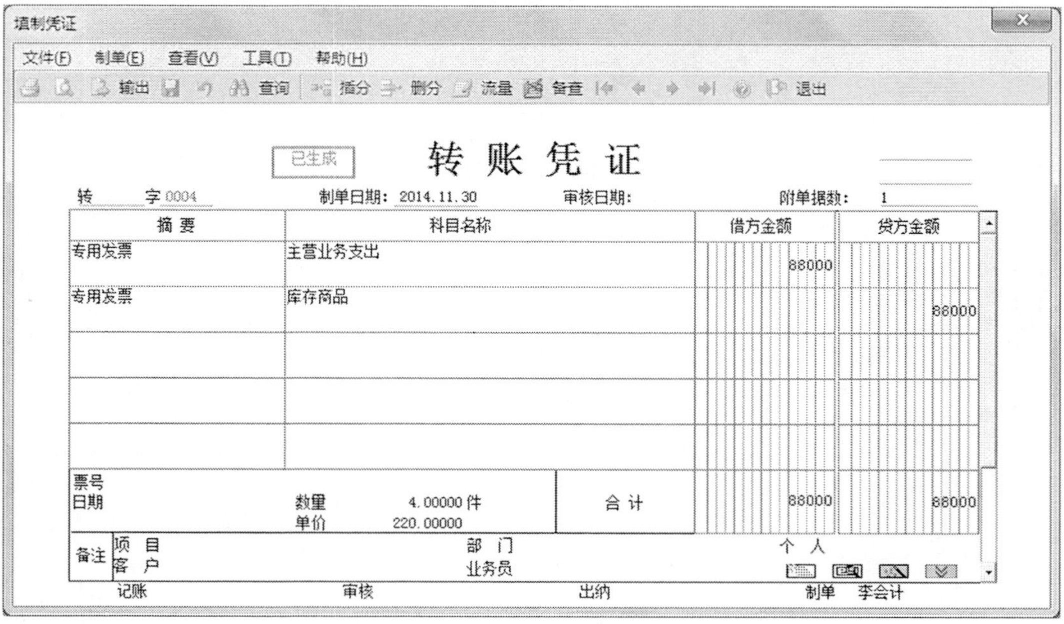

图 11-131 生成销售成本记账凭证

（1）执行销售管理系统菜单“开票”—“销售专用发票”，点击“增加”，系统弹出

参照生单对话框，选择需要开具发票的发货单（如图 11-132 所示）。

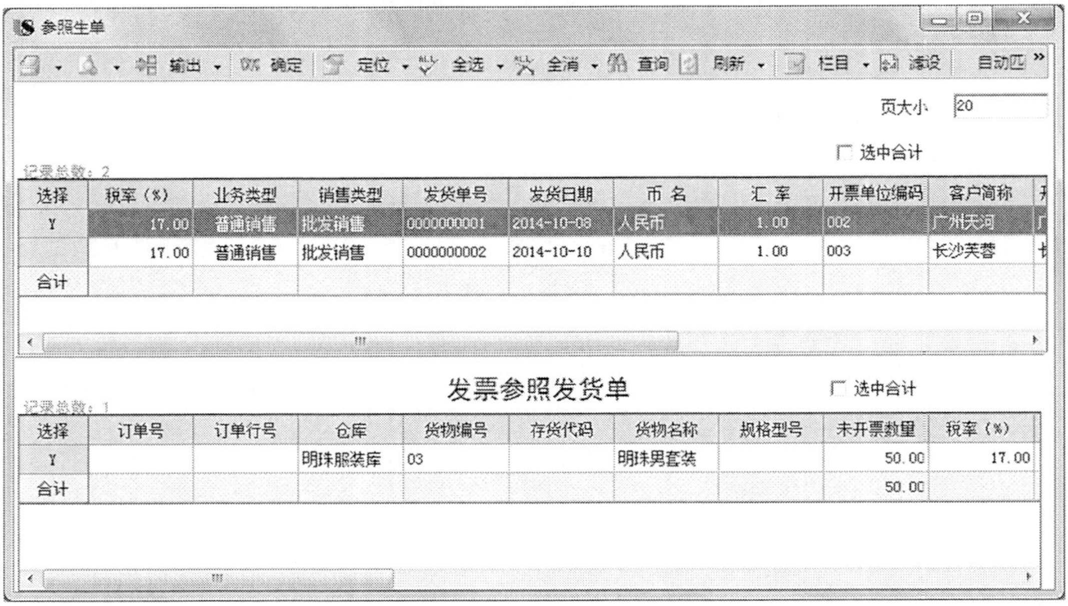

图 11-132　参照生单

（2）根据发货单生成销售专用发票（如图 11-133 所示）。需要注意的是，由于该业务开发票时收到了货款，因此发票存盘以后不能复核，要先办理现金结算，结算完成以后再复核，否则无法进行现结。

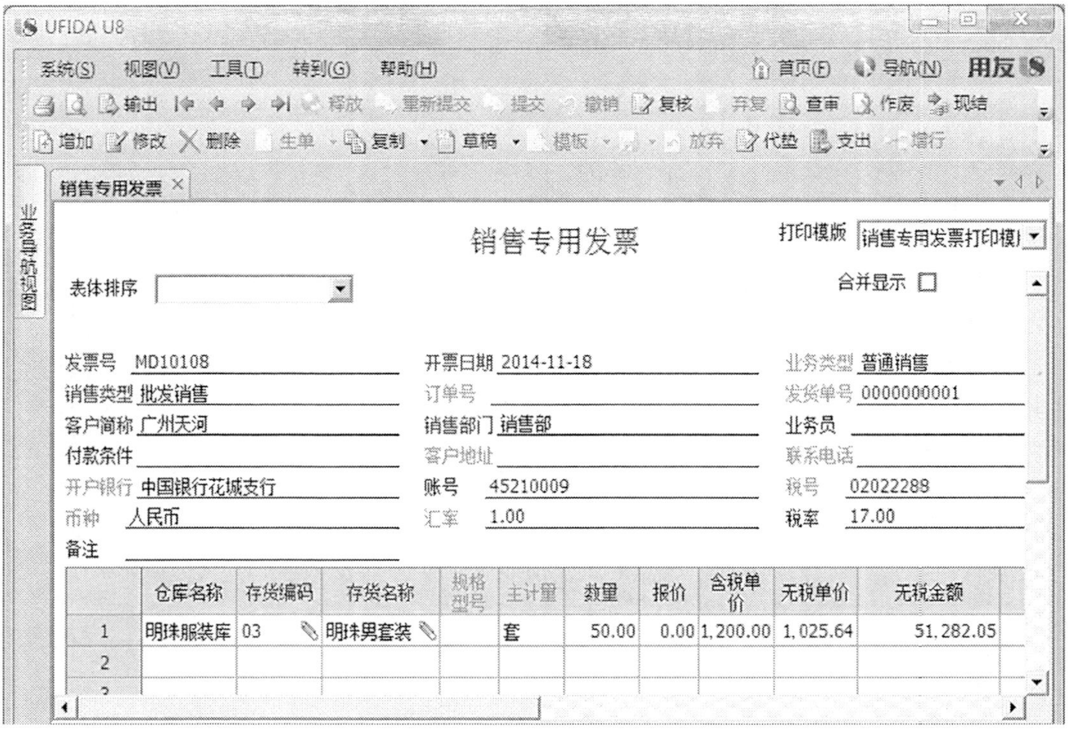

图 11-133　生成销售专用发票

2. 销售现结

执行销售专用发票上的“现结”功能，完成货款结算。

（1）输入结算相关信息（如图 11-134 所示）。

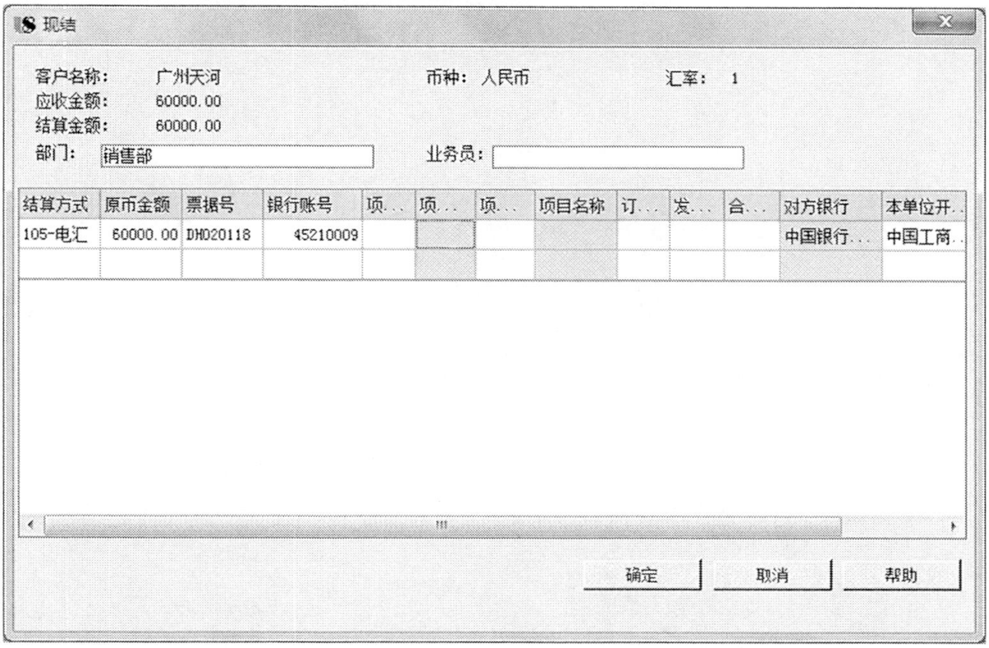

图 11-134 输入结算信息

（2）完成现结以后系统自动盖章（如图 11-135 所示）。

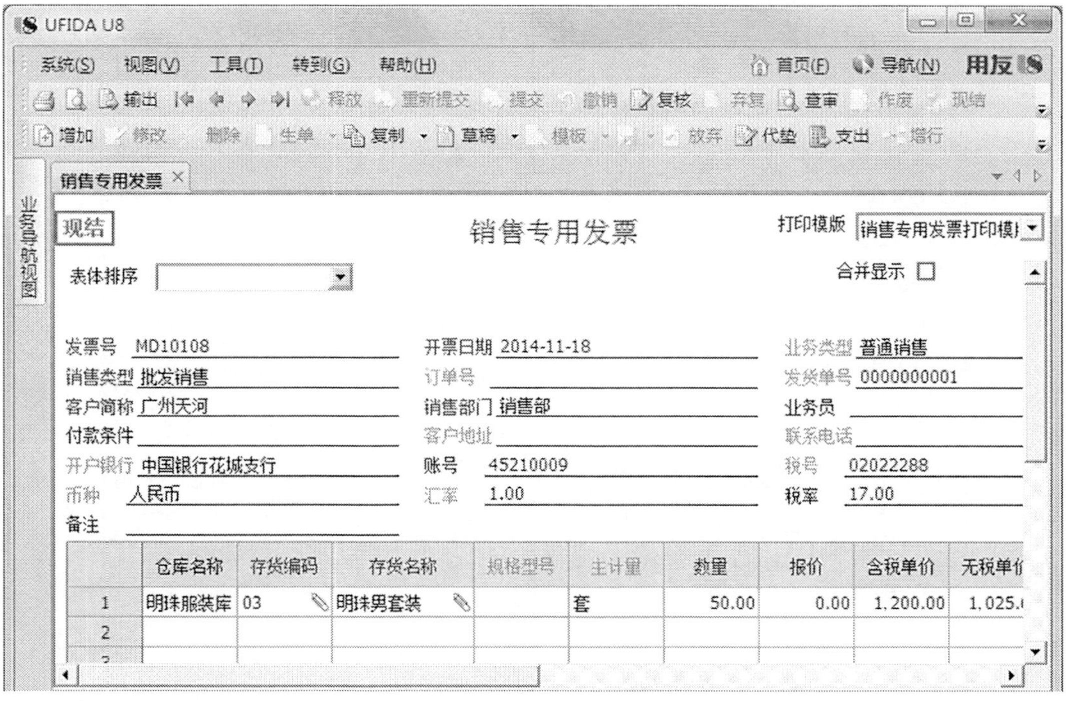

图 11-135 加盖“现结”戳记

现结完成以后需要完成发票的复核。

3. 在应收款管理系统中核算现结款项

（1）执行应收款管理系统菜单“应收单据处理”—“应收单据审核”（如图 11-136 所示）。

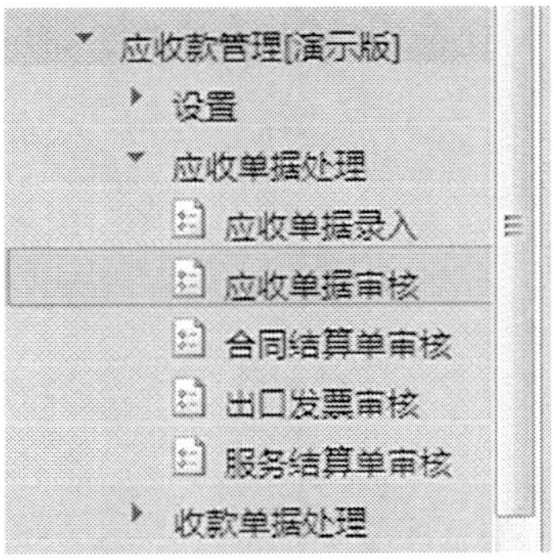

图 11-136　执行应收单据审核

（2）选择“包含已现结发票”选项，完成单据过滤（如图 11-137 所示）。

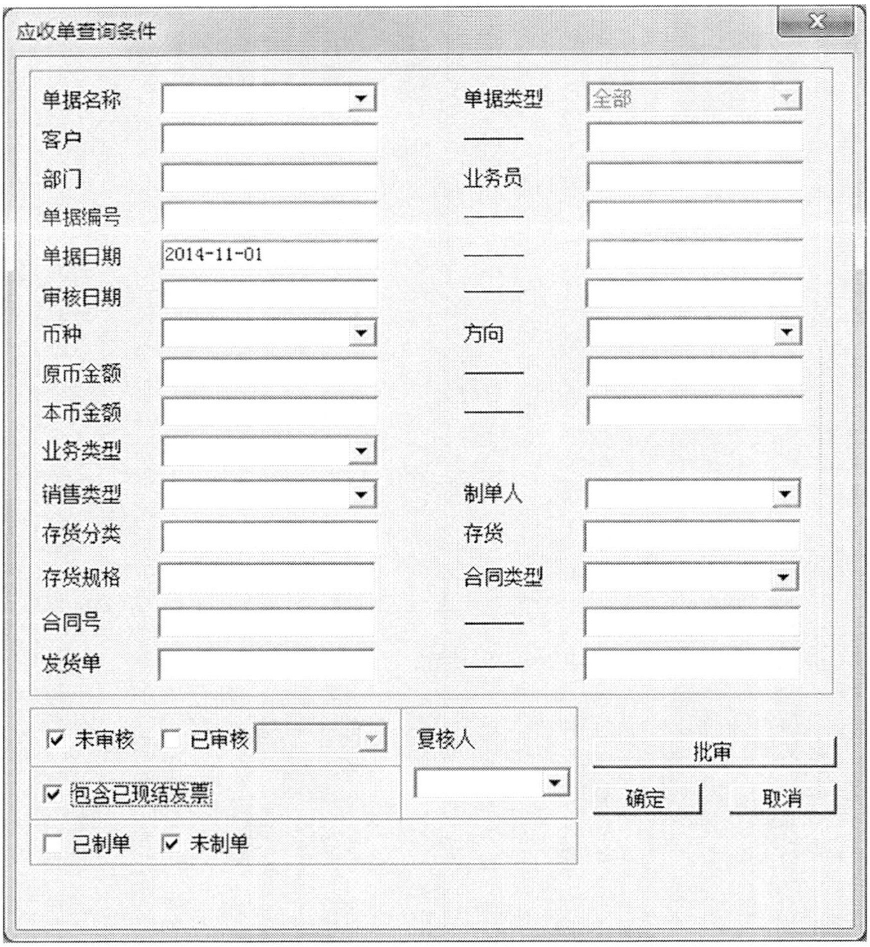

图 11-137　单据过滤

（3）单据审核（如图 11–138 所示）。

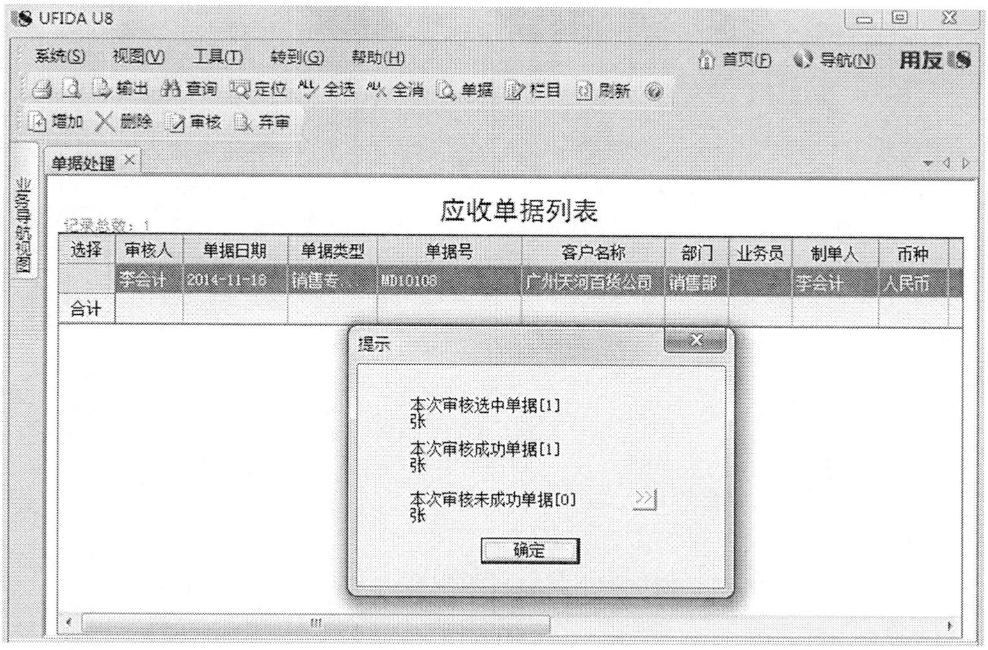

图 11–138　单据审核

（4）选择“现结制单”，准备生成凭证（如图 11–139 所示）。

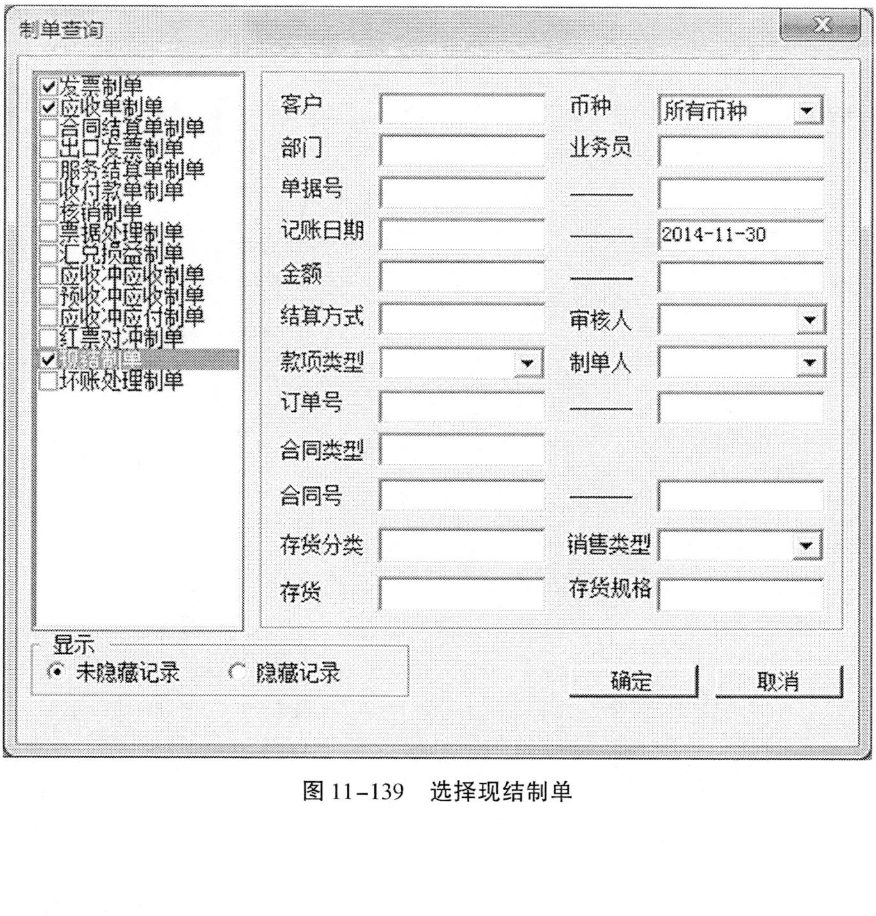

图 11–139　选择现结制单

（5）系统生成收入凭证（如图 11–140 所示）。

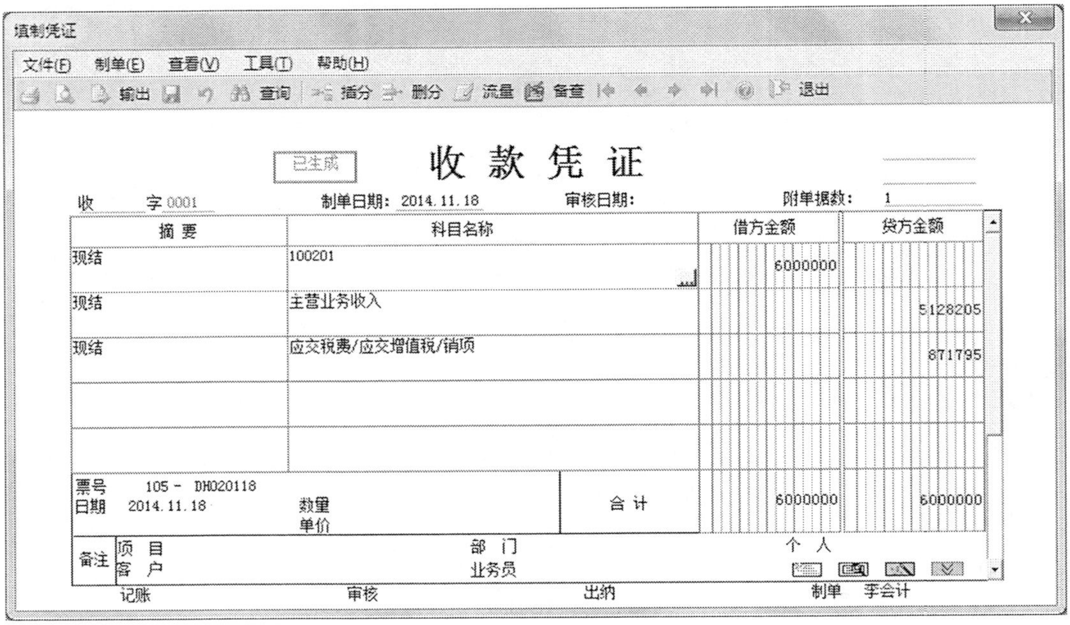

图 11–140　生成收入凭证

4. 在存货核算系统中进行销售成本核算

（1）业务单据记账（如图 11–141 所示）。

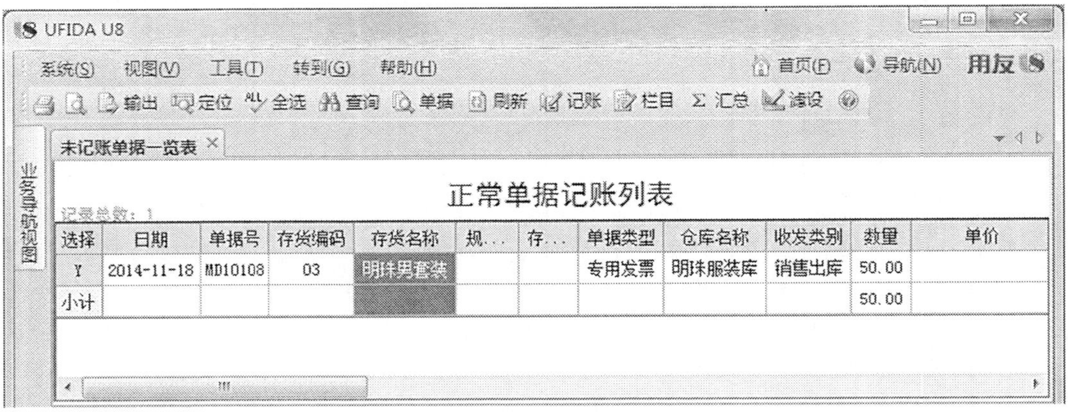

图 11–141　单据记账

（2）查询需要填制凭证的单据（如图 11–142 所示）。

（3）选择未生成凭证单据（如图 11–143 所示）。

（4）设置凭证类别、存货以及销售成本科目编码（如图 11–144 所示）。

（5）生成销售成本凭证（如图 11–145 所示）。

三、业务 3

2014 年 11 月 20 日，长沙芙蓉百货公司就明珠男衣 6 件进行询价。本公司报价 520 元/件，对方初步同意。本公司根据报价单已经生成销售订单。11 月 23 日，长沙芙蓉百货公司提出价格过高，只能接受 480 元/件，本公司不同意。对方撤销对本公司明珠男衣的订购。

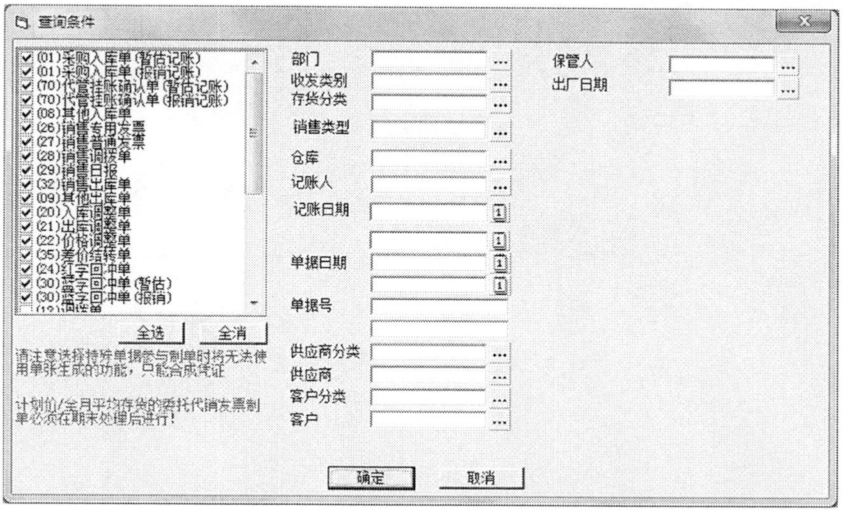

图 11-142　查询单据

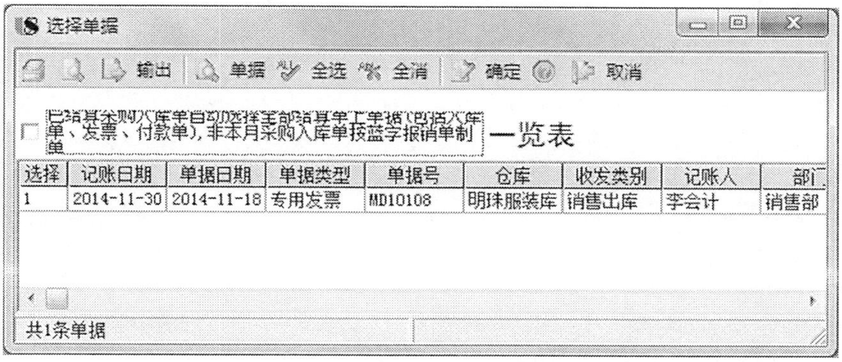

图 11-143　选择未生成凭证单据

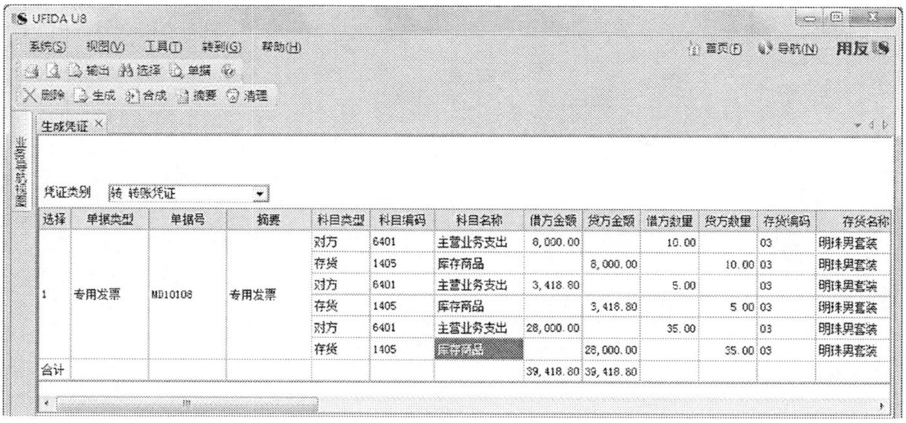

图 11-144　设置凭证类别等条件

从完整的业务流程角度来看，本业务属于没有执行完毕的业务。

（1）填制销售报价单（如图 11-146 所示）。

（2）填制销售订单（如图 11-147 所示）。

（3）关闭销售报价单和销售订单（如图 11-148、图 11-149 所示）。

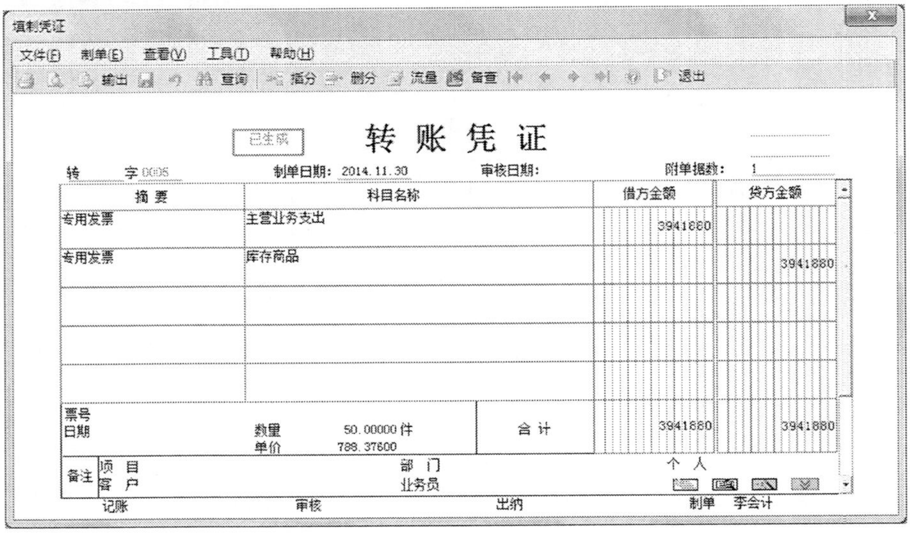

图 11-145 生成销售成本凭证

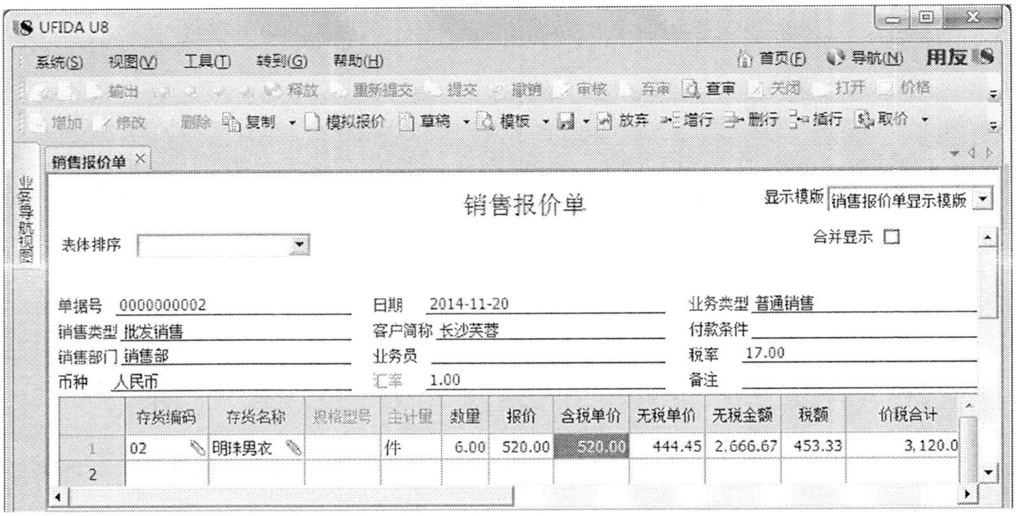

图 11-146 销售报价单

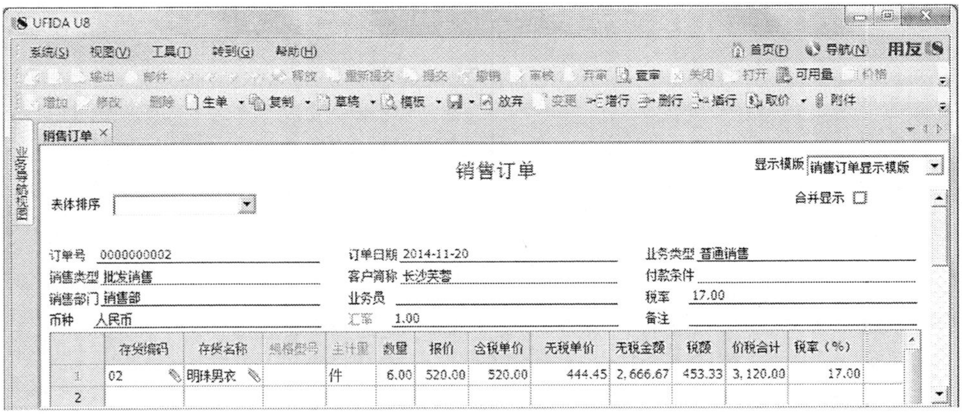

图 11-147 销售订单

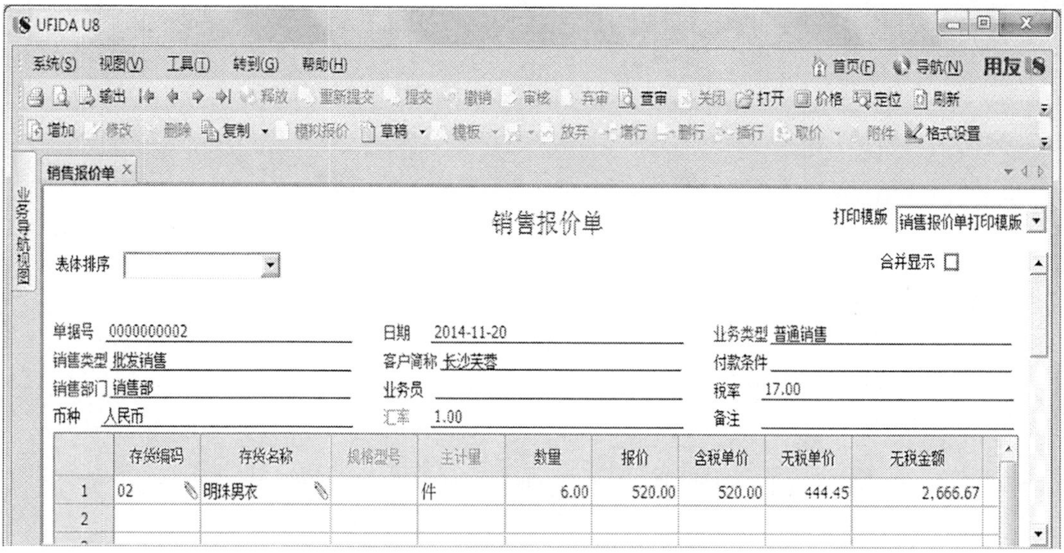

图 11-148　关闭的销售报价单

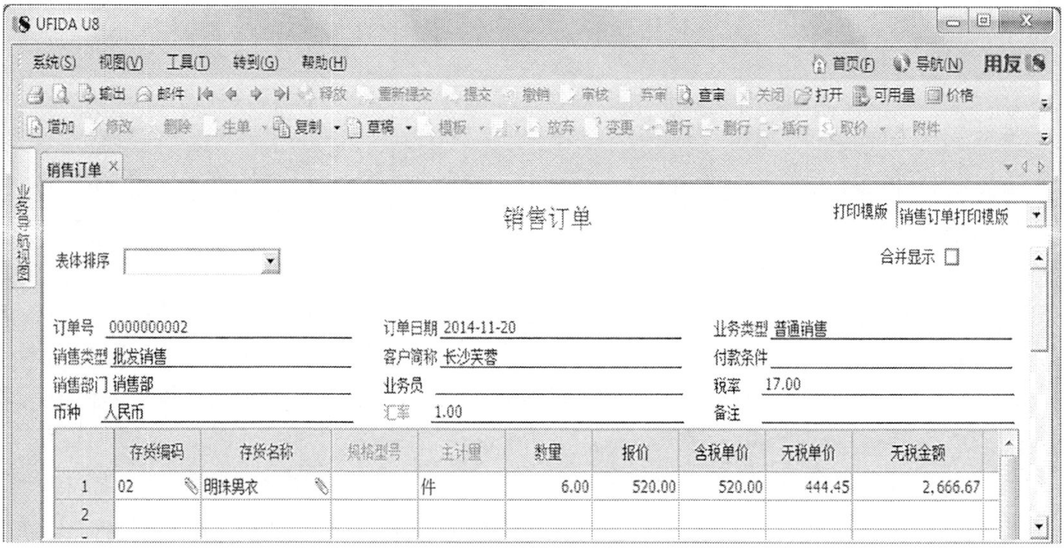

图 11-149　关闭的销售订单

四、销售管理月末结账

月末结账是逐月将每月的单据数据封存，并将当月的销售数据记入有关报表中的过程。如果应收款管理按照单据日期记账，销售管理本月有未复核的发票，月末结账后，这些未复核的发票在应收款管理系统就不能按照单据日期记账了，除非在应收款管理系统改成按业务日期记账。当某月结账发生错误时，可以执行“取消结账”恢复到结账前，正确处理后再结账。不允许跳月取消月末结账，只能从最后一个结账月开始逐月取消。销售管理月末结账界面如图 11-150 所示。

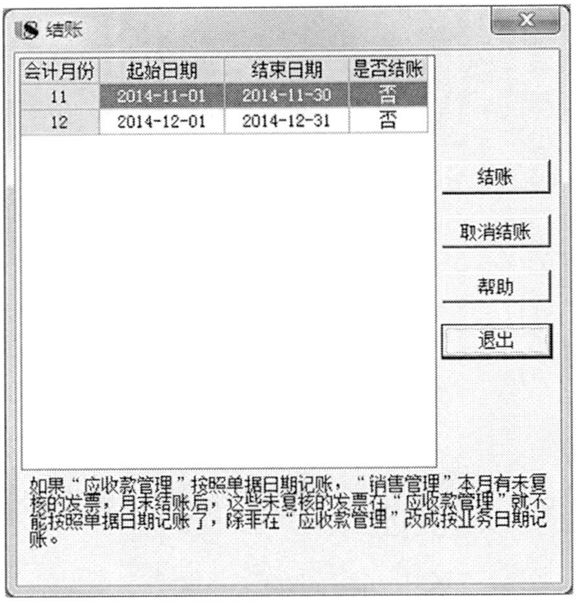

图 11-150　销售管理月末结账界面

第五节　库存管理日常业务

库存管理子系统是供应链的组成部分之一，能够满足采购入库、销售出库、产成品入库、材料出库、其他出入库、盘点管理等业务需要，提供仓库货位管理、批次管理、保质期管理、出库跟踪入库管理、可用量管理、序列号管理等全面的业务应用。库存管理可以单独使用，也可以与采购管理、进口管理、委外管理、销售管理、出口管理、质量管理、GSP 质量管理、存货核算、售前分析、成本管理、预算管理、项目成本、商业智能、主生产计划、需求规划、车间管理、生产订单、物料清单、设备管理、售后服务、零售管理等集成使用，发挥更加强大的应用功能。

（1）2014 年 11 月 18 日，将 10 件新星女风衣暂时转移到明珠服装库。

该业务是存货在仓库之间的变换，属于调拨业务，需要填制调拨单来反映这些变化。

①执行库存管理系统菜单"调拨业务"—"调拨单"（如图 11-151 所示）。

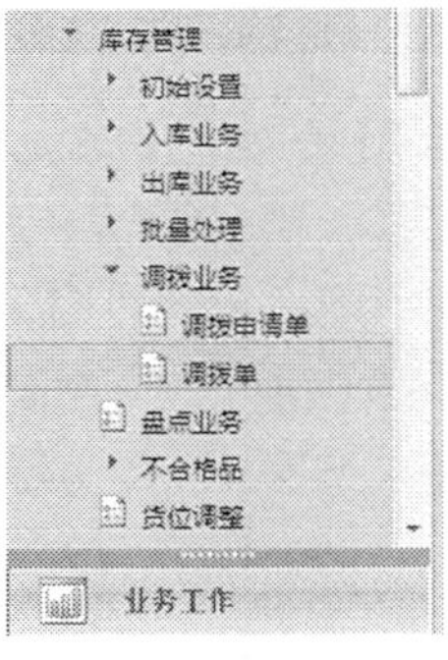

图 11-151　执行调拨单

②填制调拨单详细内容（如图 11-152 所示）。

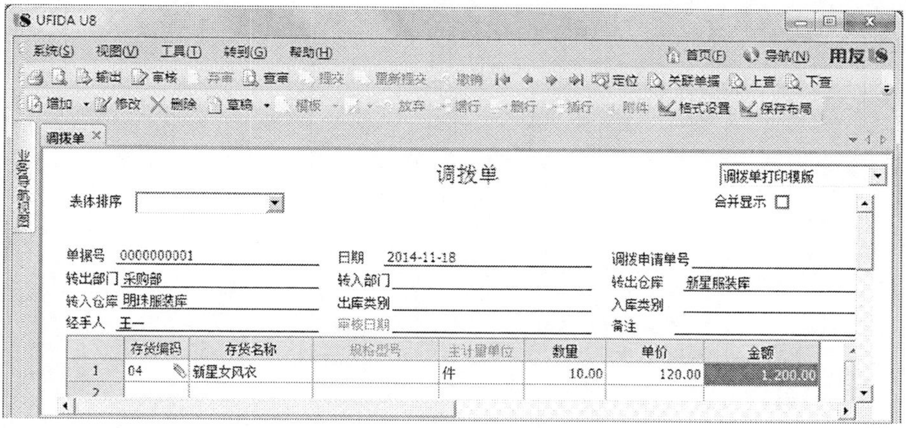

图 11–152 调拨单

③填制其他入库单（如图 11–153 所示）。

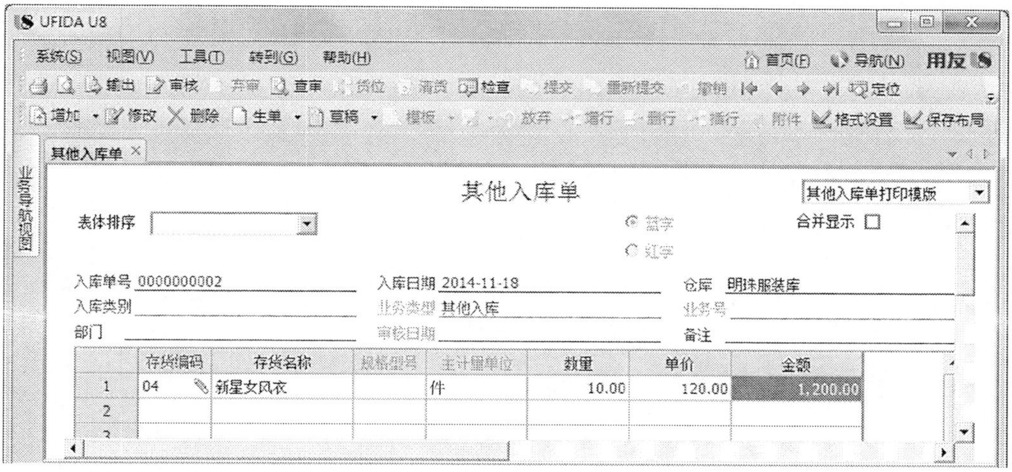

图 11–153 其他入库单

④填制其他出库单（如图 11–154 所示）。

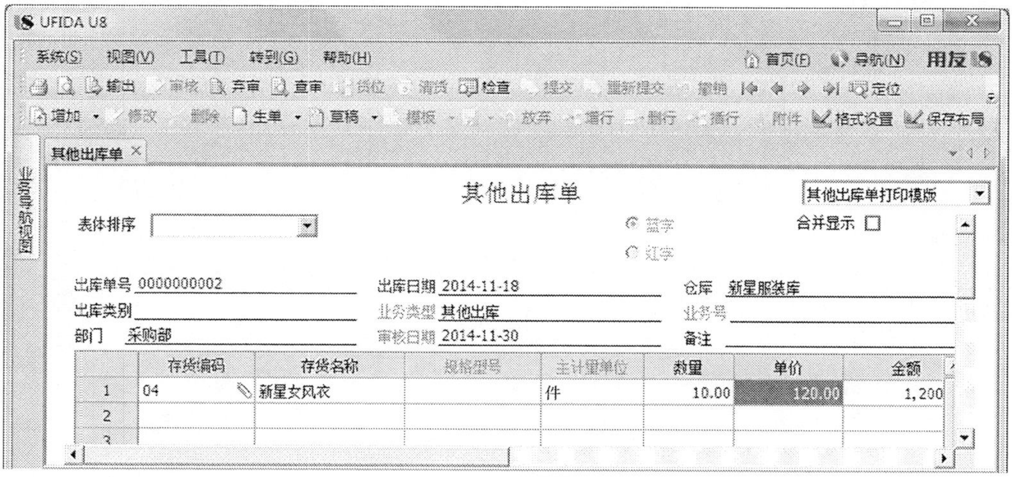

图 11–154 其他出库单

⑤在存货核算系统中执行“业务核算”—“特殊单据记账”（如图 11-155 所示）。

图 11-155　执行特殊单据记账

⑥特殊单据记账选择（如图 11-156 所示）。

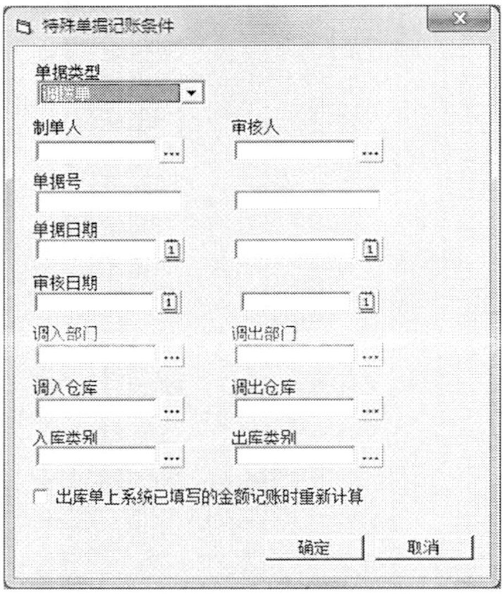

图 11-156　特殊单据记账选择

⑦完成特殊单据记账（如图 11-157 所示）。

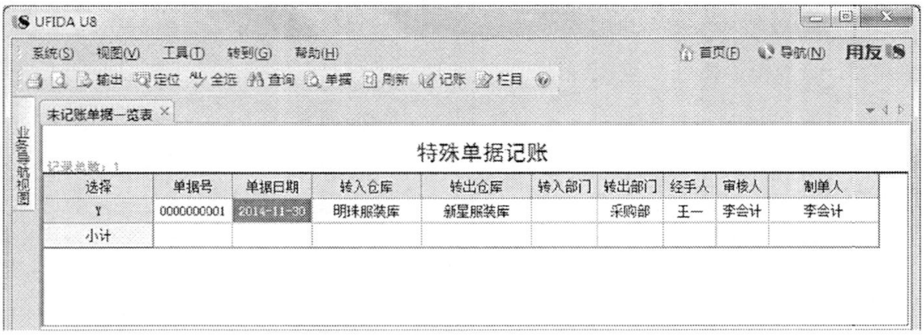

图 11-157　完成特殊单据记账

（2）2014 年 11 月 30 日，对手表库中的东方女表进行盘点，实际库存为 16 只。

①执行库存管理系统菜单“盘点业务”功能（如图 11-158 所示）。

图 11-158 执行盘点业务

②输入盘点单的详细内容（如图 11-159 所示）。

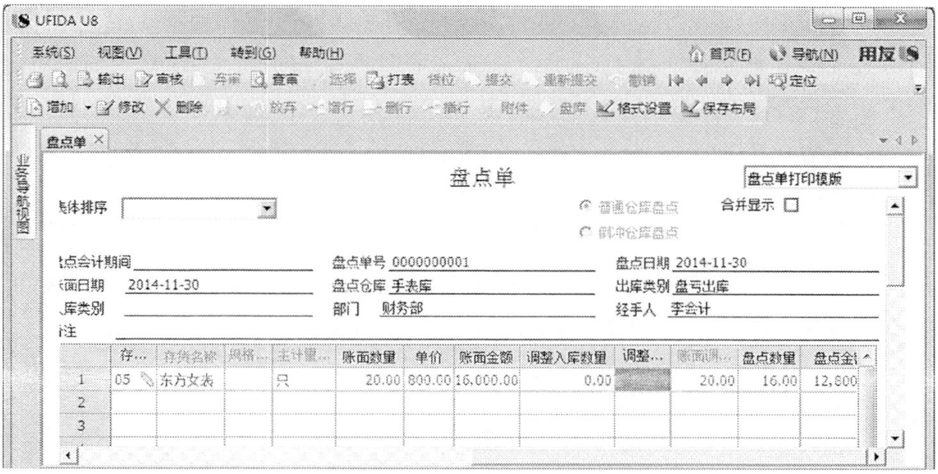

图 11-159 盘点单

（3）库存管理月末结账。

月末结账是将每月的出入库单据逐月封存，并将当月的出入库数据记入有关账表中的过程。如果库存管理和采购管理、委外管理、销售管理集成使用，只有在采购管理、委外管理、销售管理结账后，库存管理才能进行结账。如果库存管理和存货核算集成使用，必须在存货核算当月未结账或取消结账后，库存管理才能取消结账（如图 11-160 所示）。

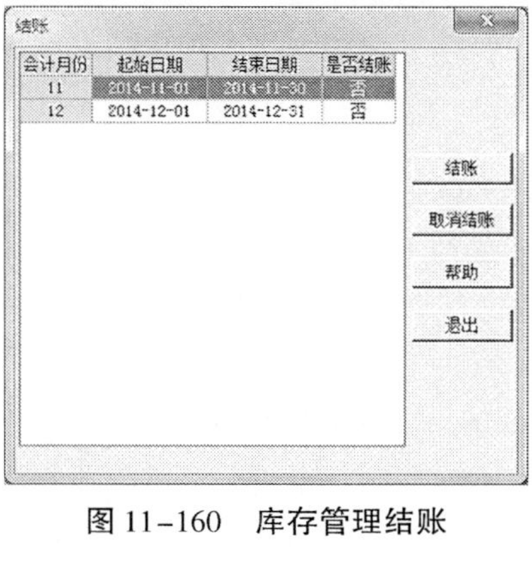

图 11-160 库存管理结账

第六节 存货核算日常业务

存货核算是企业会计核算的一项重要内容。进行存货核算，应正确计算存货购入成本，促使企业努力降低存货成本；反映和监督存货的收发、领退和保管情况；反映和监督存货资金的占用情况，促进企业提高资金的使用效果。

存货核算提供以下功能：按部门、按仓库、按存货核算；提供六种计价方式，满足不同存货管理的需要；为不同的业务类型提供成本核算功能；可以进行出入库成本调整，处理各种异常；方便的计划价/售价调整功能；存货跌价准备提取、满足企业管理需要；自动形成完整的存货账簿；符合业务规则的凭证自动生成；功能强大的查询统计功能。

一、对手表库存货进行 ABC 分析

ABC 分析法又称巴累托分析法、ABC 分类管理法、重点管理法等。它是根据事物在技术或经济方面的主要特征，进行分类、排队，分清重点和一般，以有区别地实施管理的一种分析方法。由于它把被分析的对象分成 A、B、C 三类，所以称为 ABC 分析法。ABC 分析法的基本原理可概括为“区别主次，分类管理”。它将管理对象分为 A、B、C 三类，以 A 类作为重点管理对象。

（1）执行存货核算系统菜单“账表”—“分析表”—“ABC 成本分析”（如图 11-161所示）。

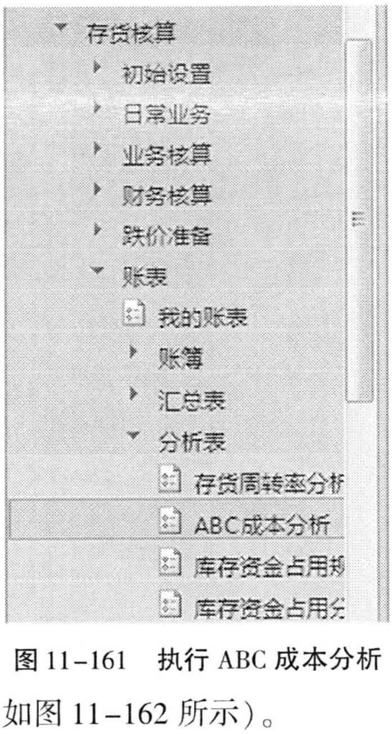

图 11-161 执行 ABC 成本分析

（2）进行分析对象选择（如图 11-162 所示）。

（3）输出 ABC 成本分析结果（如图 11-163 所示）。

二、业务

2014 年 11 月 30 日，经核查，明珠服装库中明珠女装存货价格偏低，经批准调整为 210 元/件。经查询，存货共有 10 件。

（1）执行存货核算系统菜单“日常业务”—“入库调整单”（如图 11-164 所示）。

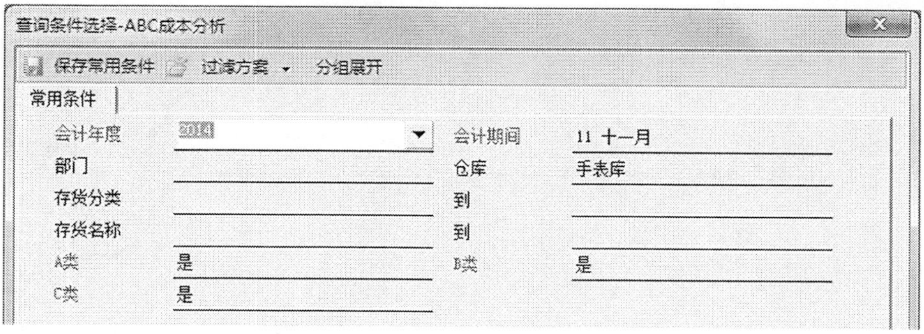

图 11-162 条件选择

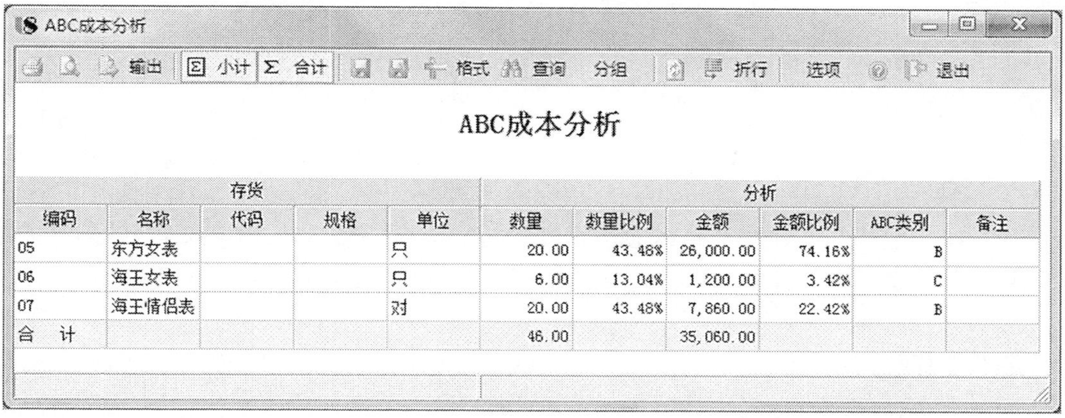

ABC成本分析

存货					分析						
编码	名称	代码	规格	单位	数量	数量比例	金额	金额比例	ABC类别	备注
05	东方女表			只	20.00	43.48%	26,000.00	74.16%	B	
06	海王女表			只	6.00	13.04%	1,200.00	3.42%	C	
07	海王情侣表			对	20.00	43.48%	7,860.00	22.42%	B	
合 计					46.00		35,060.00			

图 11-163 ABC 成本分析结果

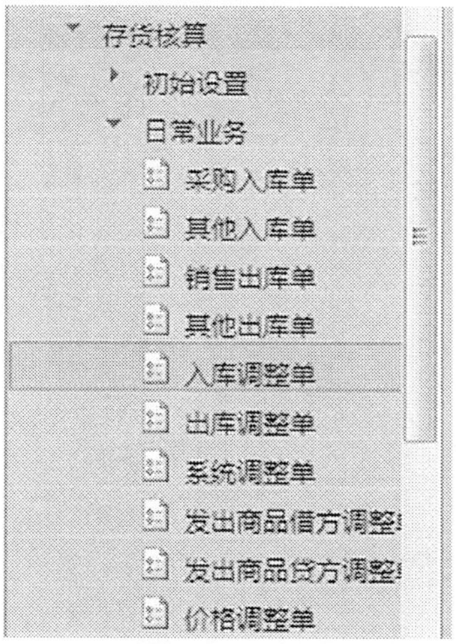

图 11-164 执行入库调整单

（2）输入入库调整单详细内容，并记账（如图 11-165 所示）。

三、存货核算月末结账

执行“业务核算”下的“月末结账”功能完成存货核算的结账，结账后本月不能再填制单据。结账前应检查本会计月工作是否已全部完成。只有在当前会计月所有工作全部完成的前提下，才能进行月末结账。如果与库存系统、采购系统、委外系统、销售系统集成使用，必须在库存系统、采购系统、委外系统、销售系统结账后，存货核算系统才能进

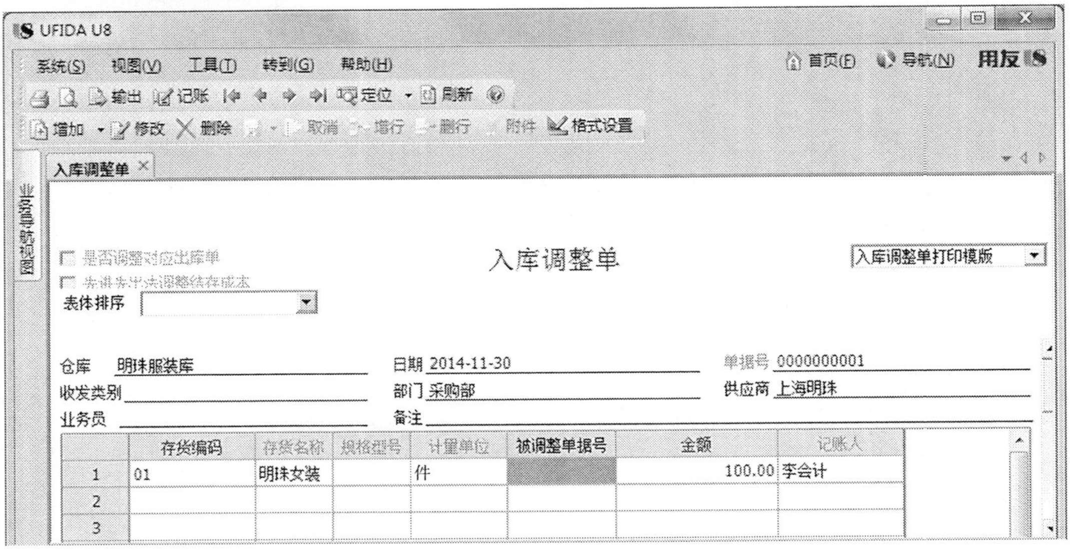

图 11-165 入库调整单

行结账。12 月结账后，系统会将本会计年度的期末结存余额结转，作为新会计年度的期初余额，包括库存商品、发出商品、委托代销发出商品、直运销售明细账。

思考题及实践题

1. 采购管理中对于月末货已到但是发票未到的业务应该如何处理？

2. 如何进行商品周转率分析？

3. 如何查询期末存货的现存量？

4. 为什么库存管理与采购管理集成使用时，只有在采购管理结账后，库存管理才能结账？

5. 引入总账期初余额完成账套，完成供应链相关业务。

第十二章

出纳管理

出纳管理是会计工作中最基本最重要的工作之一，主要内容是按照规定，办理库存现金收付、银行结算及有关账务，保管库存现金、有价证券、票据等。它与应收应付系统的单据交互很多，并通过记账凭证与总账建立数据传递关系。出纳管理流程如图 12－1 所示。

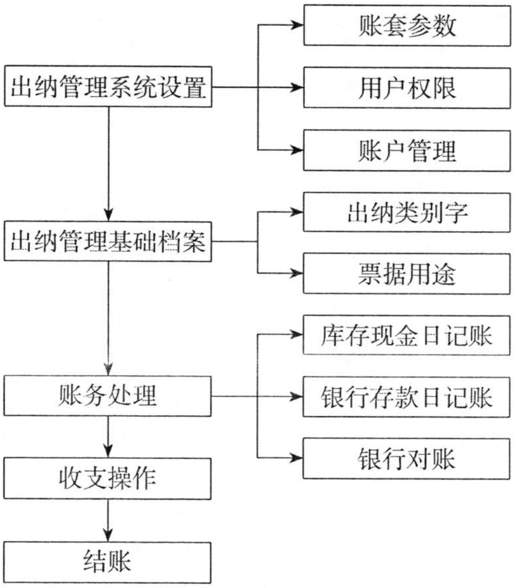

图 12－1　出纳管理流程图

第一节　出纳管理初始设置

出纳管理初始设置包括系统设置、基础档案设置两部分内容。

一、系统设置

系统设置包括账套参数、用户权限、账户管理等设置内容。

1. 账套参数

账套参数是用来设置账套操作规则的。其中几个主要的参数含义如下：

（1）银行对账单余额方向

在使用银行对账功能前，需要在此设置其银行对账单余额方向，提供了两种余额方向，默认的方向在借方。如果需要将日记账的借方与录入对账单的借方对账，那么在此需要选择余额在借方；如果需要将日记账的借方与录入对账单的贷方对账，那么在此需要选择余额在贷方。

(2) 出纳签字功能

出纳签字功能可以选择在总账进行或者在出纳管理系统进行。在启用出纳管理系统的情况下，建议出纳签字在本系统进行，以更好体现出纳系统的日记账记录与凭证记录的对应关系。若不启用出纳管理系统，应将该选项设置为在总账进行出纳签字（如图 12–2 所示）。

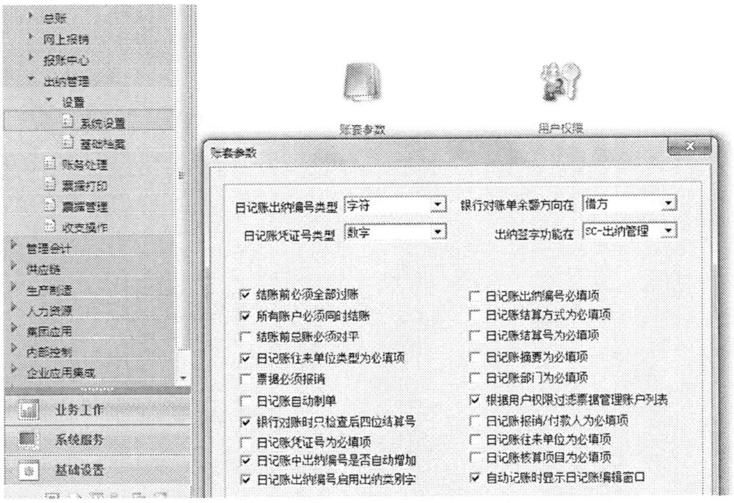

图 12–2　账套参数设置

2. 用户权限设置

用户权限设置用来定义某个用户的操作权限，其中包括了“账务处理”、“票据权限”、“票据管理权限”、“基础数据权限”、“系统设置权限”不同模块所有操作权限的设置，用户可以根据不同需要来定义各种权限。进入用户权限管理界面后，可以看到系统中的所有用户，通过“设置权限”设置用户具体的使用权限（如图 12–3 所示）。

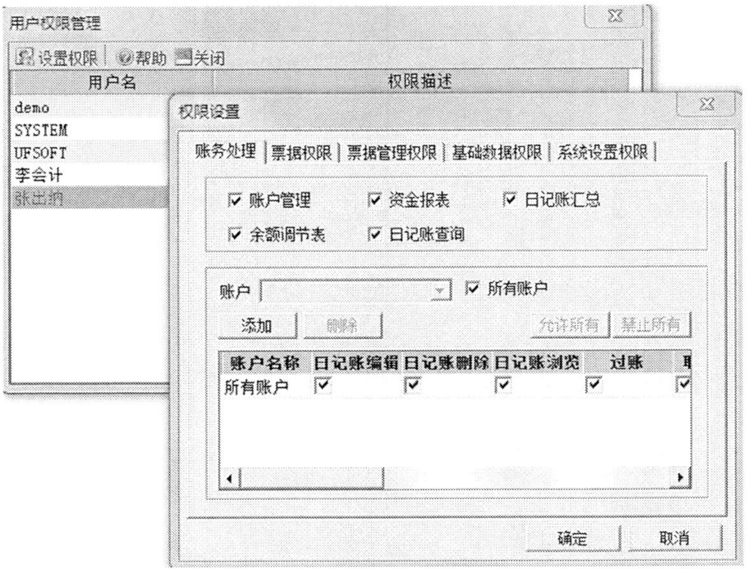

图 12–3　用户权限管理

3. 账户管理

在启用出纳管理系统的情况下，必须设置相关的资金账户，否则将无法进行正常的资金收付业务处理，通常至少需要设置现金和银行存款两个账户，企业可以根据实际需要增设多个账户以反映相关资金账户的收付详细情况。新增的账户信息其状态为“暂停”，需要启用账户才能使用该账户。这里账户的启用是指日记账期初数与对账单期初数相等的启用，如果这两个余额不等则先要进行期初未达账的设置，之后才可以启用该账户。如果暂时不使用也可冻结某账户，账户冻结后不能对该账户的日记账做任何操作。启用与暂停状态的账户都可以进行冻结与反冻结的操作。账户管理界面如图 12-4 所示。

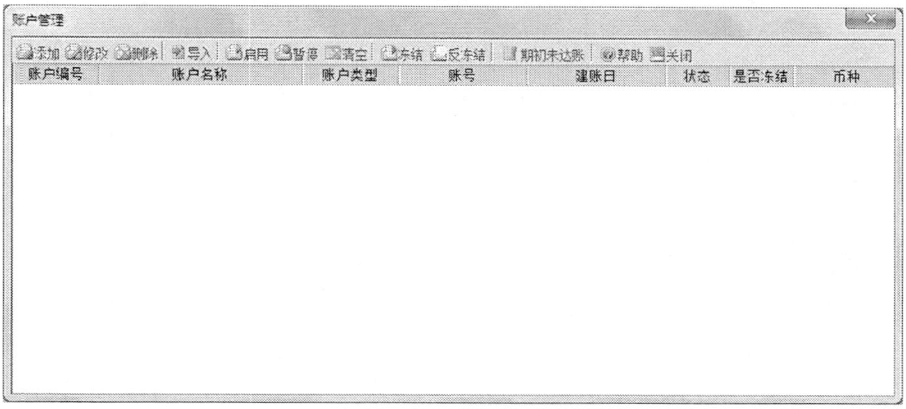

图 12-4 账户管理

（1）增加“备用金”账户（如图 12-5 所示）。

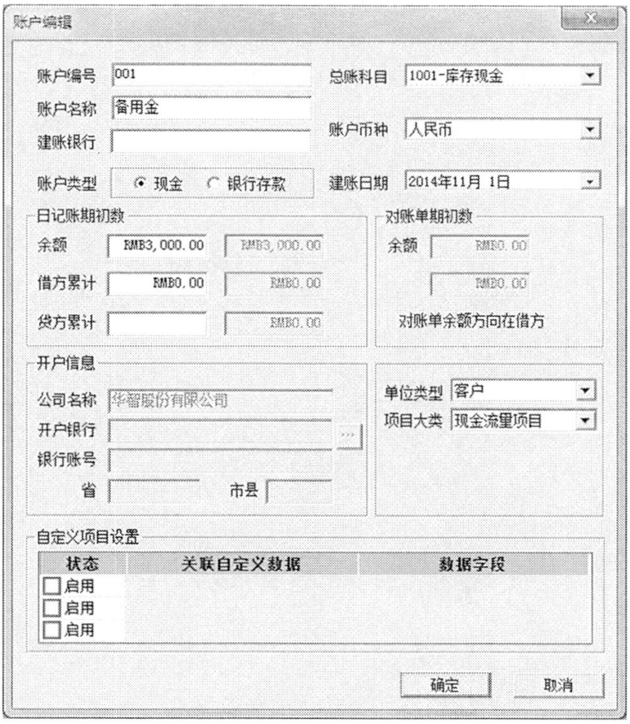

图 12-5 增加“备用金”账户

（2）启用“备用金”账户（如图 12-6 所示）。

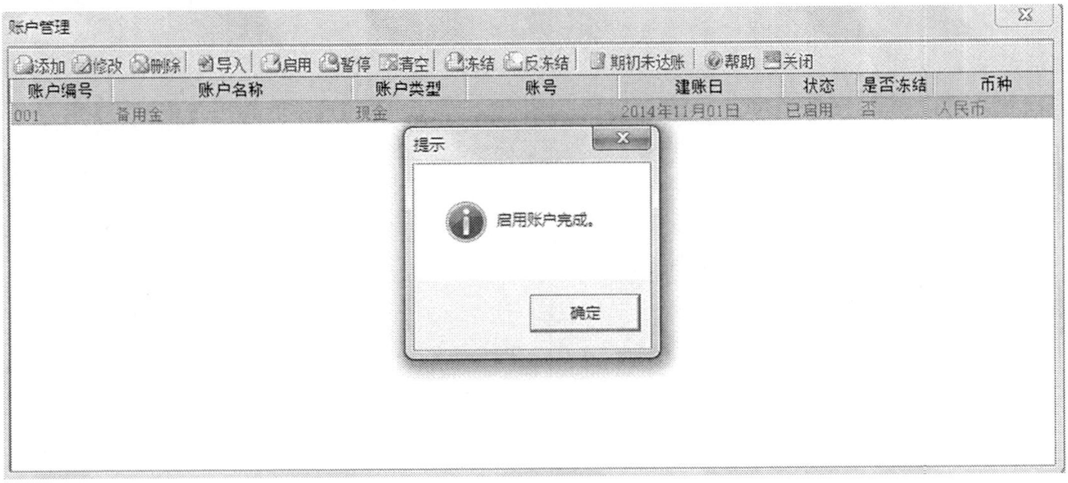

图 12-6 启用“备用金”账户

（3）增加“工商银行八一广场支行”账户（如图 12-7 所示）。

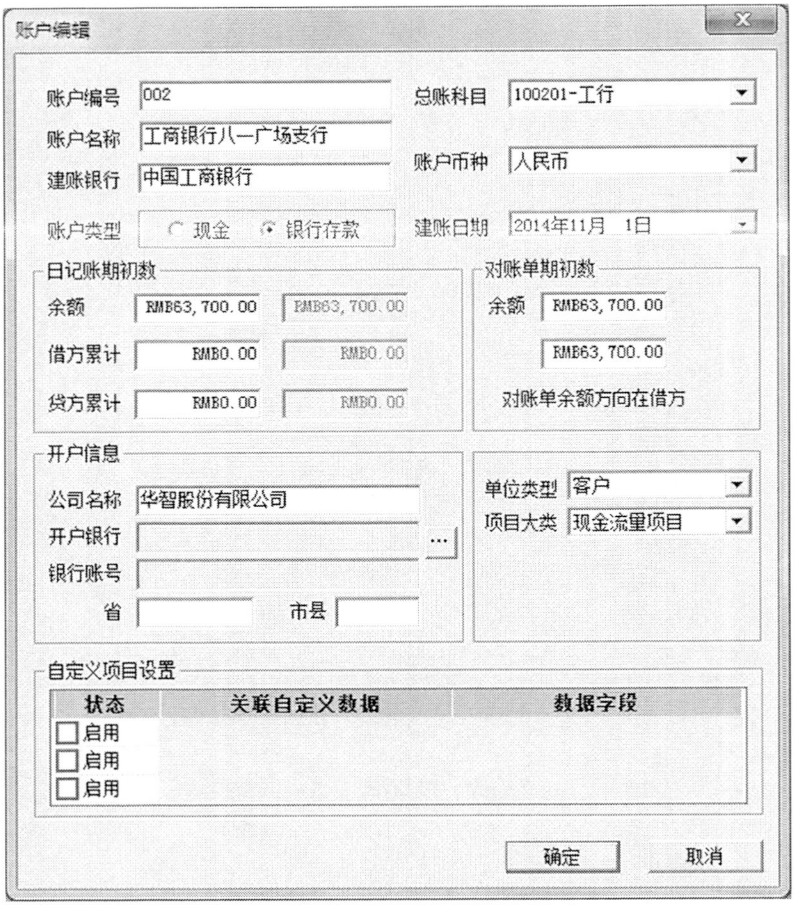

图 12-7 增加工商银行账户

（4）增加“中行老福山”账户（如图 12-8 所示）。

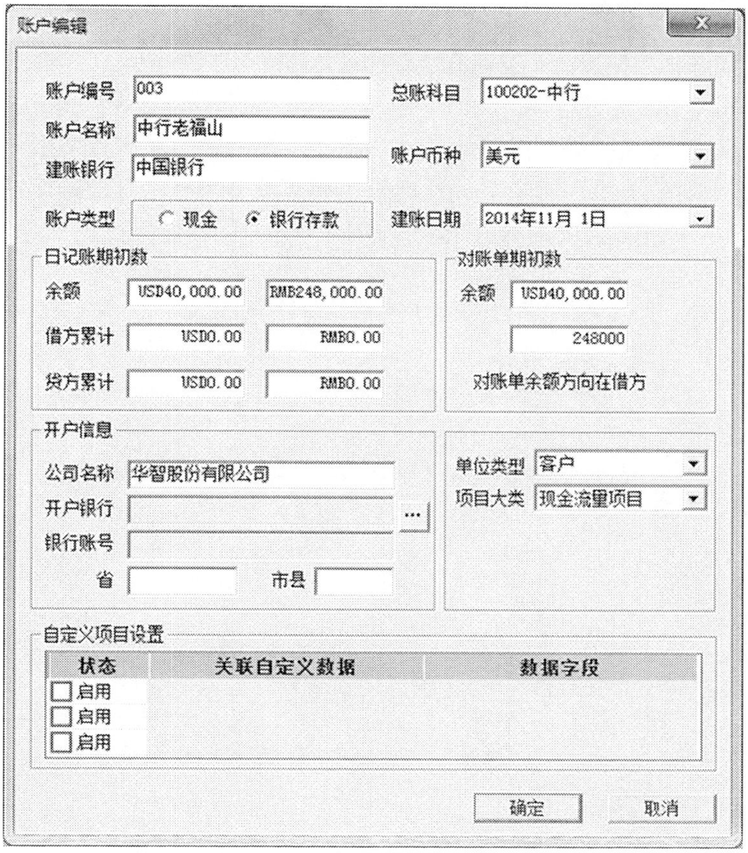

图 12-8　增加中国银行账户

（5）启用银行账户。增加银行账户以后同样需要启用账户，但是如果银行存款日记账的期初数与对账单的期初数不等，则该账户无法启用。此时需要先进行期初未达账的设置，选择系统设置—账户管理，选中日记账账户，点击“期初未达账”，左侧用来填写银行未达账信息，右侧用来填写企业未达账信息（如图 12-9 所示）。

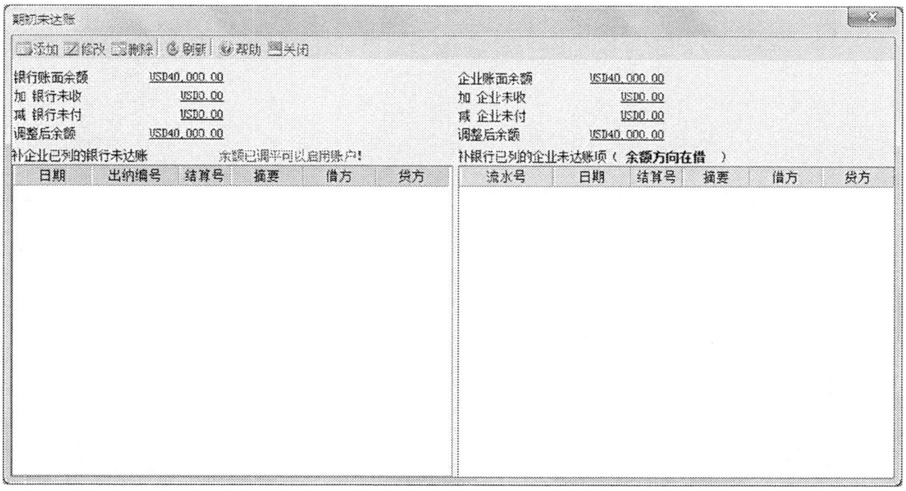

图 12-9　期初未达账

二、基础档案设置

基础档案设置包括票据用途、券别信息、自定义数据、参数设置、出纳类别字等内容。

1. 出纳类别字

类别字是出纳管理系统必须设置的基础档案，主要为收付单录入时引用。可以建立出纳类别和凭证类别对应关系，制单时凭证类别自动显示为与所选日记账出纳类别对应的凭证类别，从总账导入凭证生成的日记账的出纳类别为凭证类别对应的出纳类别（如图12-10、图12-11所示）。

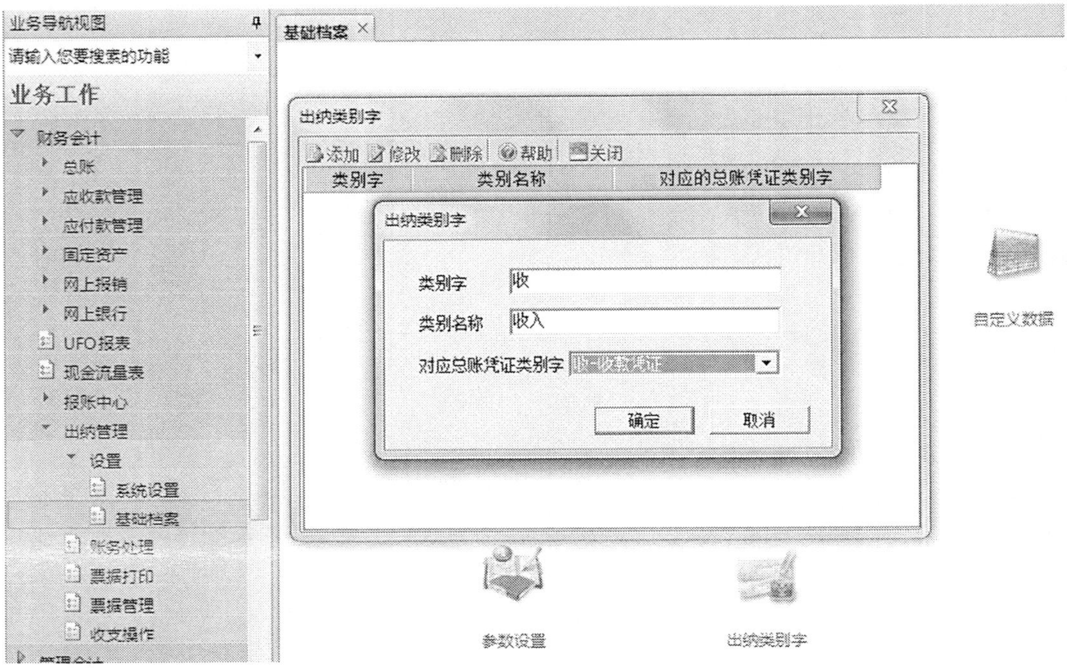

图12-10　出纳类别字设置

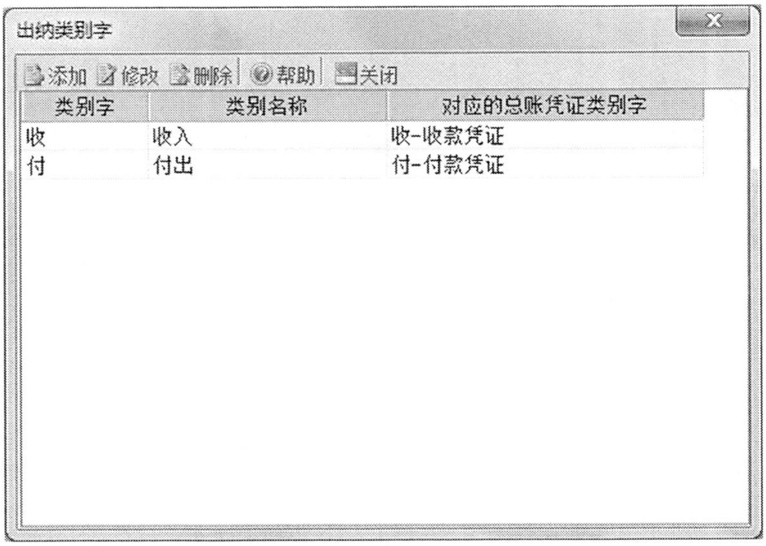

图12-11　出纳类别字列表

2. 票据用途

可以通过票据用途对票据的使用途径进行设置（如图 12–12 所示）。

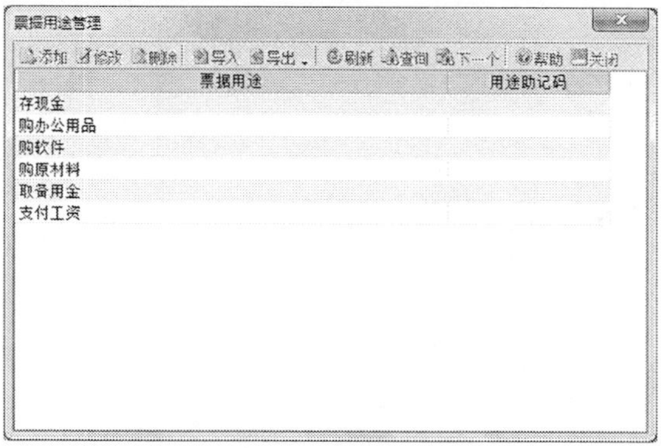

图 12–12 票据用途

第二节 出纳管理相关的账务处理

本系统主要进行日常各资金账户的收付业务登记工作，账户资金的收付记录，可以直接在各资金账户下通过增加的方式形成，也可以接收来自其他系统（如应收、应付系统）的收付单。

一、业务 1

5 日，收到投资人出资注册资金 20 000 元，存入工行存款户。

（1）该业务属于银行存款收入，点击银行存款日记账图标（注：银行存款日记账图标就是在下图中的银行日记账图标），进入银行存款日记账操作界面（如图 12–13 所示）。

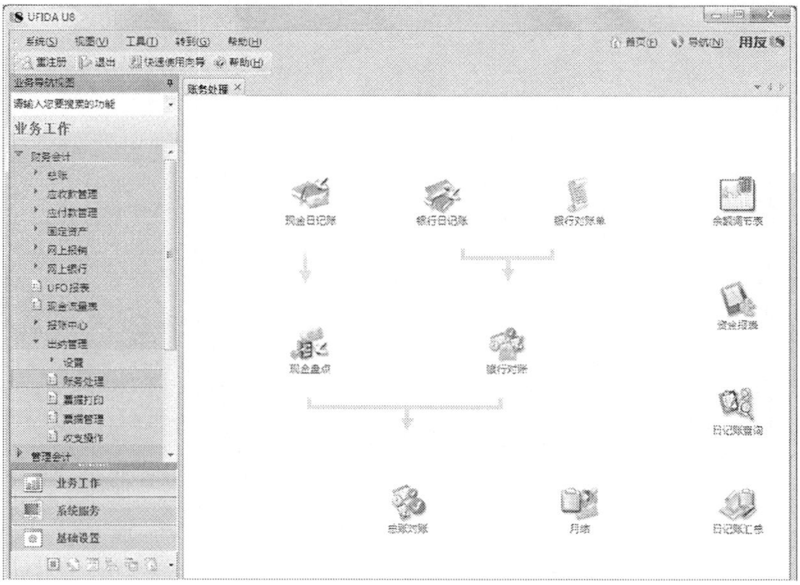

图 12–13 银行存款日记账操作界面

（2）选择收款银行（如图 12–14 所示）。

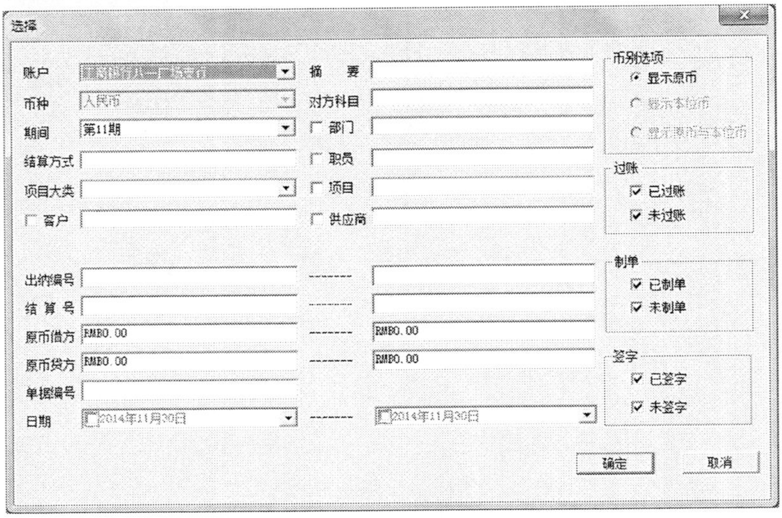

图 12-14 选择收款银行

（3）在银行存款日记账界面点击增加功能，输入收款详细内容（如图 12-15 所示）。

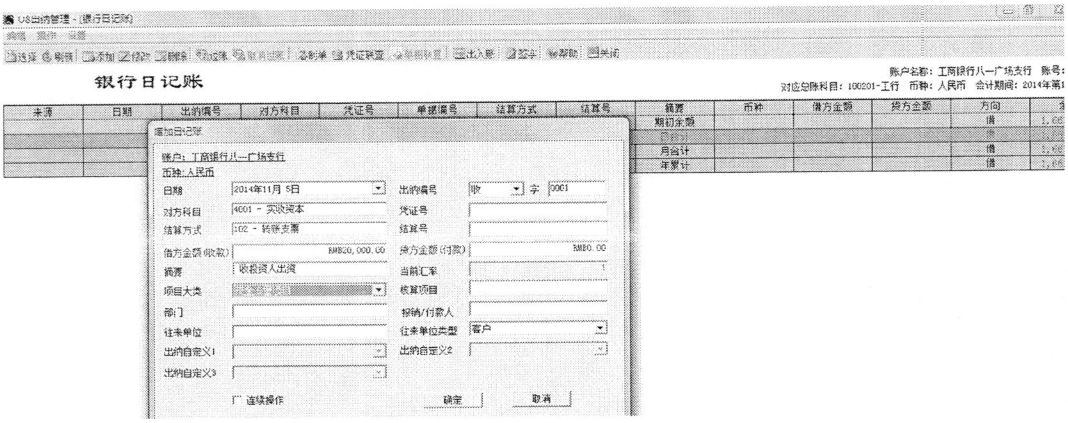

图 12-15 输入收款详细信息

（4）收款信息被记录到银行存款日记账中（如图 12-16 所示）。

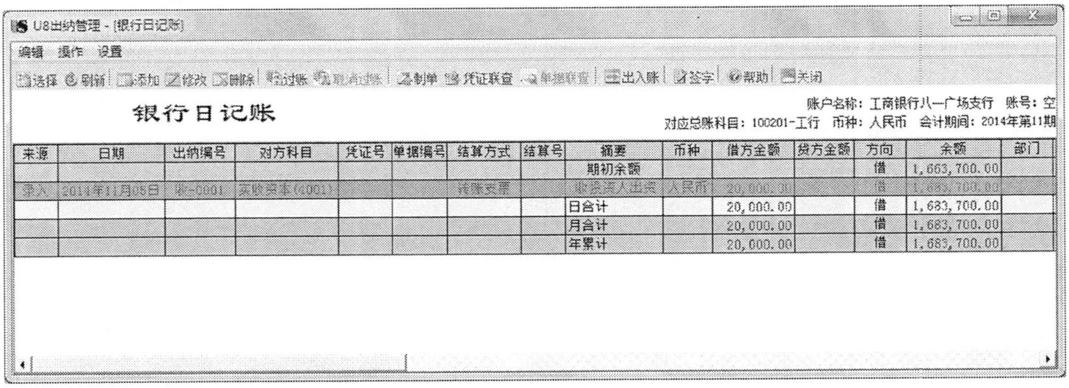

图 12-16 银行存款日记账

二、业务 2

8 日，从工商银行账户提取 30 000 元现金备发职工福利费。

（1）在银行存款日记账中选择增加功能，输入付款详细信息（如图 12–17 所示）。

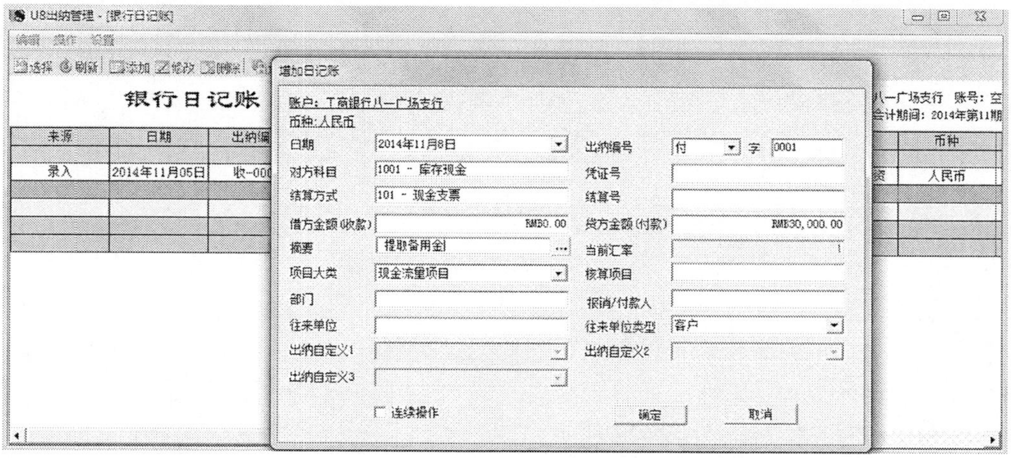

图 12–17　付款详细信息

（2）银行存款日记账内容（如图 12–18 所示）。

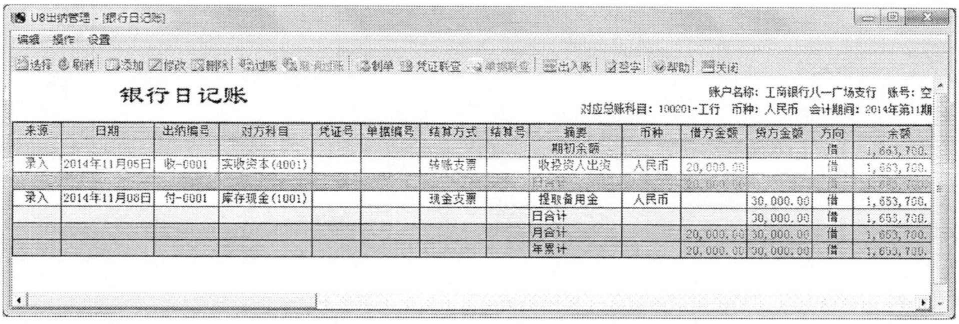

图 12–18　银行存款日记账内容

（3）该业务也涉及库存现金日记账（注：库存现金日记账图标就是在图 12–13 中的现金日记账图标），所以在库存现金日记账中也要进行相应的登记。输入业务详细内容（如图 12–19 所示）。

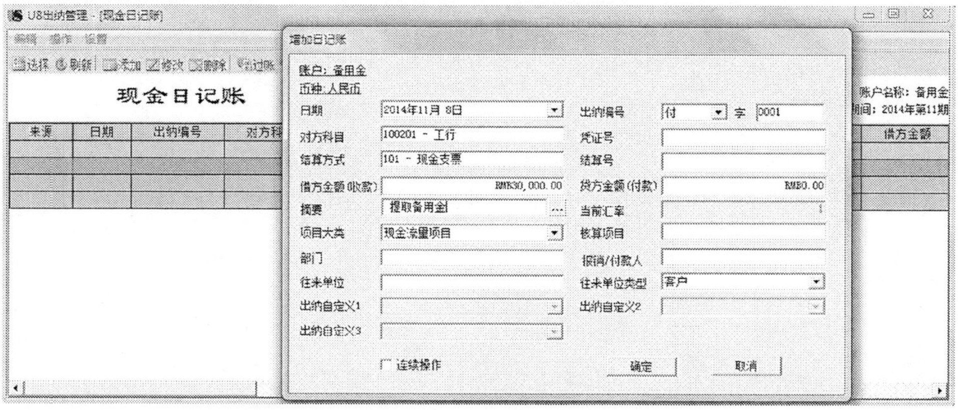

图 12–19　在库存现金日记账中输入业务内容

（4）业务被登记入库存现金日记账（如图 12-20 所示）。

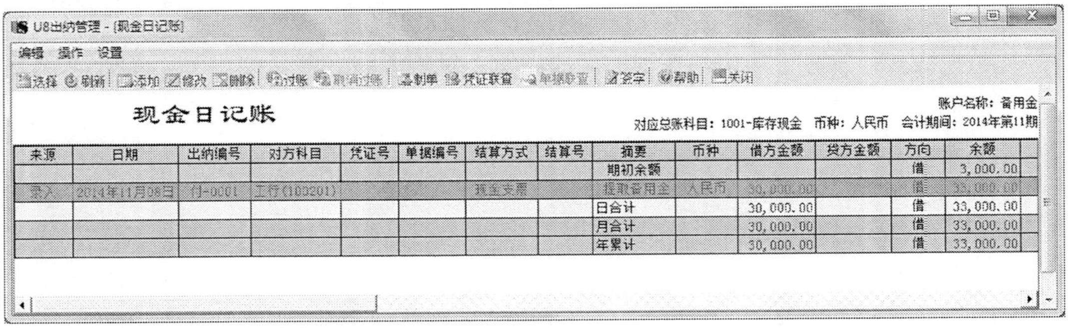

图 12-20 库存现金日记账

三、制单

制单是指以出纳日记账为依据生成总账凭证。制单前，需要进行总账科目的指定。进入银行存款日记账界面，选中一条日记账，单击“制单”，弹出填制凭证窗口，完成业务凭证的填制（如图 12-21、图 12-22 所示）。

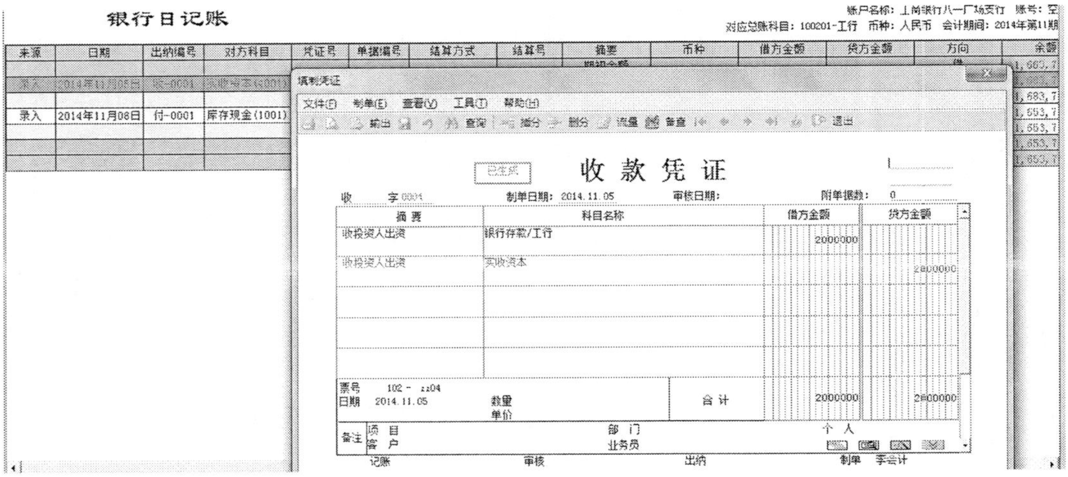

图 12-21 业务 1 凭证

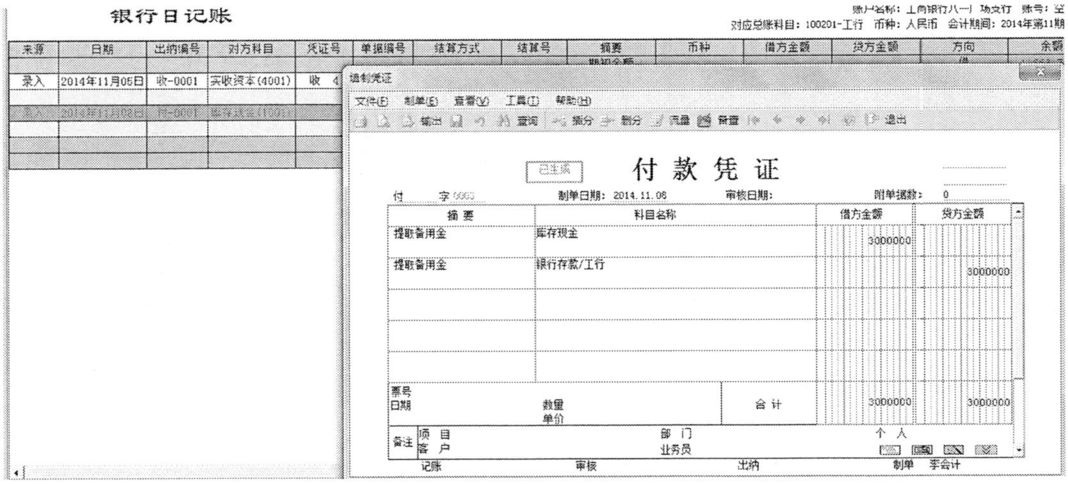

图 12-22 业务 2 凭证

四、出纳签字

出纳凭证由于涉及企业现金的收入与支出，应加强管理。出纳人员可通过出纳签字功能对制单员填制的带有库存现金、银行存款科目的凭证进行检查核对，主要核对出纳凭证和出纳日记账的科目和金额是否正确。

（1）点击日记账菜单中的“签字”功能。使用选择按钮弹出出纳签字过滤条件界面，用户可以重新进行出纳签字过滤条件的设置（如图 12–23 所示）。

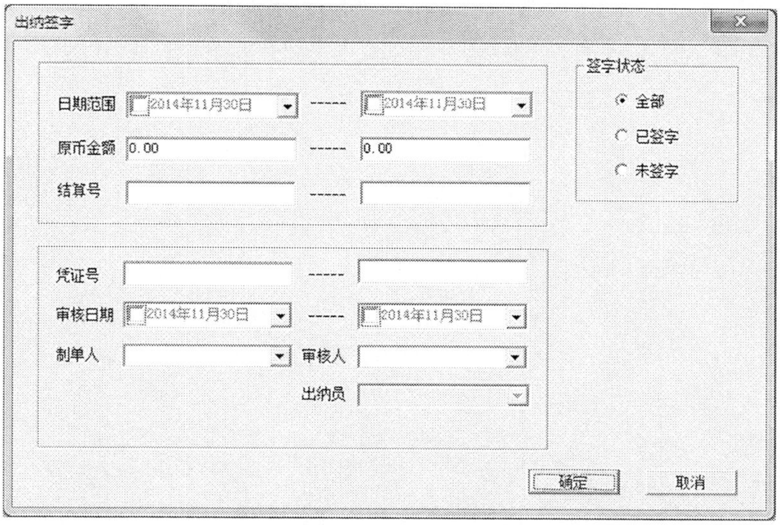

图 12–23 签字单据选择

（2）点击工具栏中的“手工签字”按钮，可以进行手工签字，手动选择一条出纳日记账与一条总账凭证，当两者金额一致时同时在出纳日记账与总账凭证已签字字段下面打上签字标记“√”。点击工具栏中的“自动签字”按钮，可以弹出自动签字的条件窗口，系统会自动找匹配的出纳日记账与总账凭证进行出纳签字，并且打上签字标记“√”，自动签字条件为出纳日记账与总账凭证的结算方式、结算号、金额是否一致。如果需要取消签字，选中需要取消签字的记录，点击工具栏中的“取消签字”，即可取消该记录的签字状态（如图 12–24 所示）。

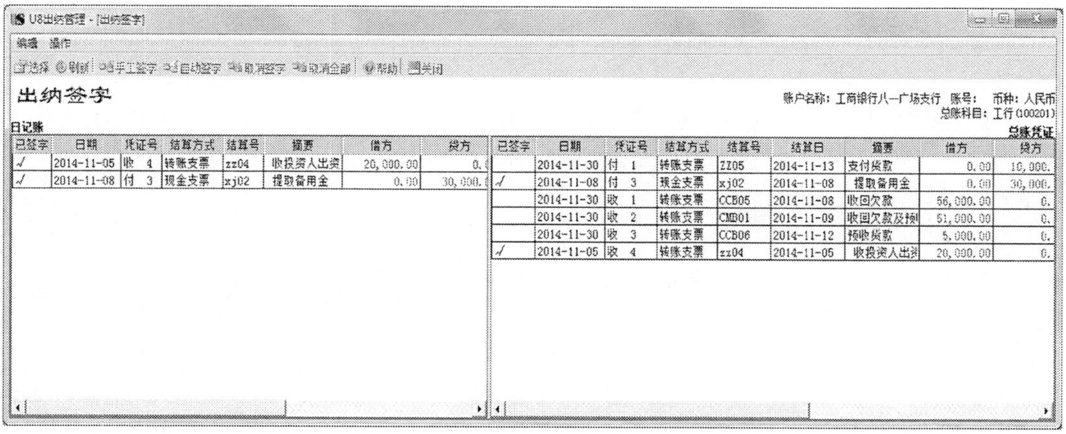

图 12–24 出纳签字

五、与其他业务系统有关的收款业务

（1）执行出纳管理—收支操作，选择客户收款中的业务收款（如图 12-25 所示）。

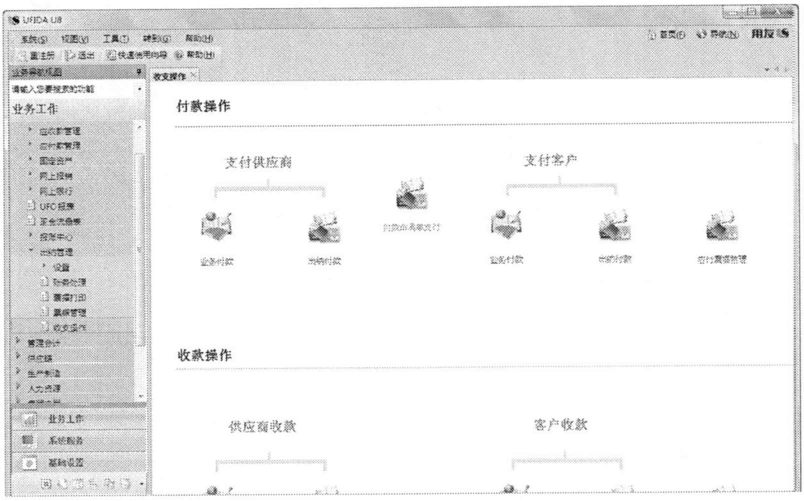

图 12-25　业务收款功能

（2）客户收款单过滤（如图 12-26 所示）。

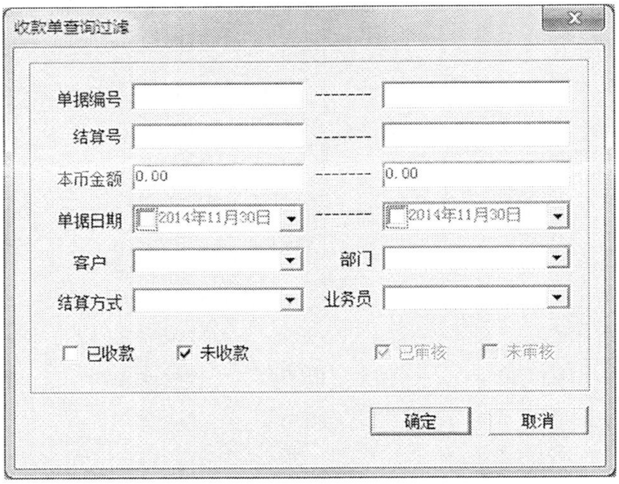

图 12-26　客户收款单查询

（3）出现客户收款列表（如图 12-27 所示）。

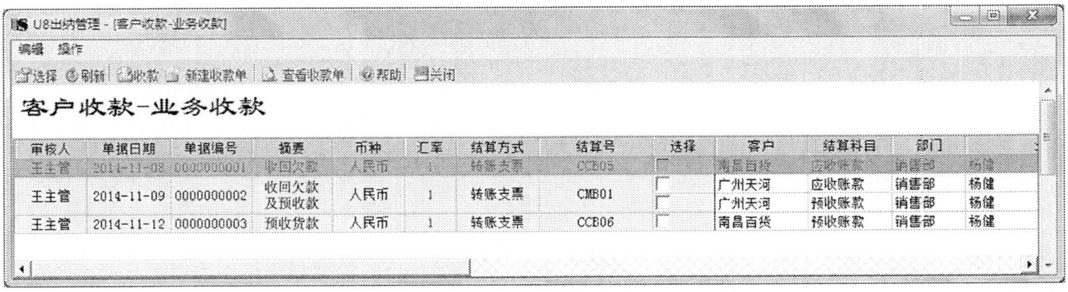

图 12-27　客户收款单列表

（4）选择一条或者多条收款记录，选择收款账户，执行收款功能（如图 12-28 至图 12-31 所示）。

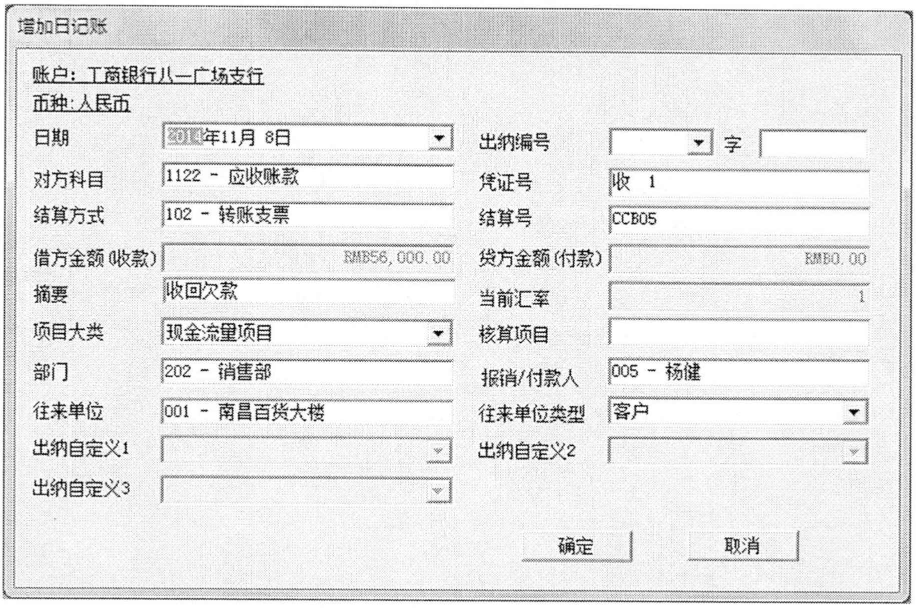

图 12-28　执行收款功能 1

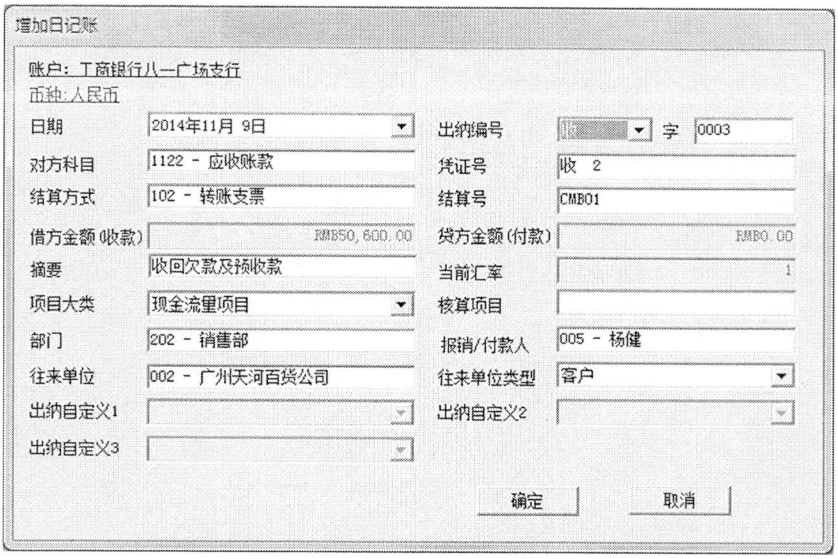

图 12-29　执行收款功能 2

（5）完成收款提示信息（如图 12-32 所示）。

六、其他系统付款

（1）执行出纳管理—收支操作，选择支付供应商中的业务付款，并进行选择（如图 12-33 所示）。

（2）选择一条或者多条付款记录，选择付款账户，执行付款功能（如图 12-34 所示）。

（3）完成付款提示信息（如图 12-35 所示）。

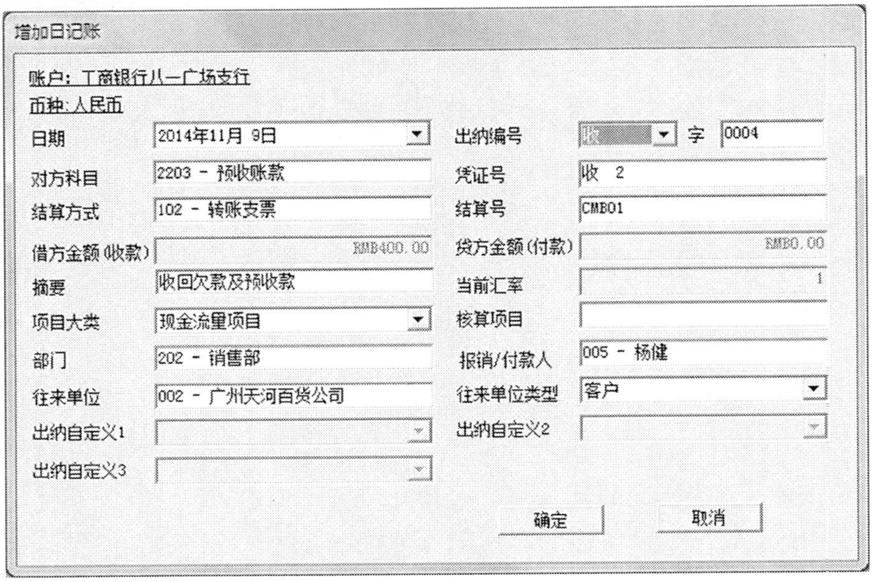

图 12–30　执行收款功能 3

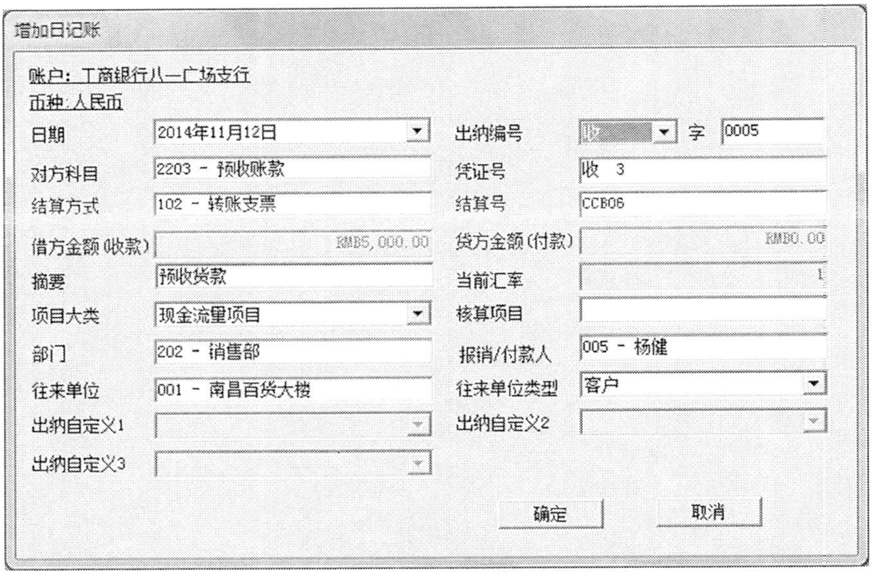

图 12–31　执行收款功能 4

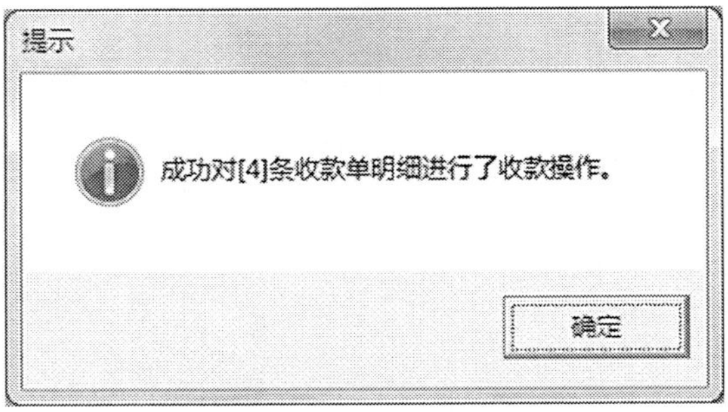

图 12–32　完成收款提示信息

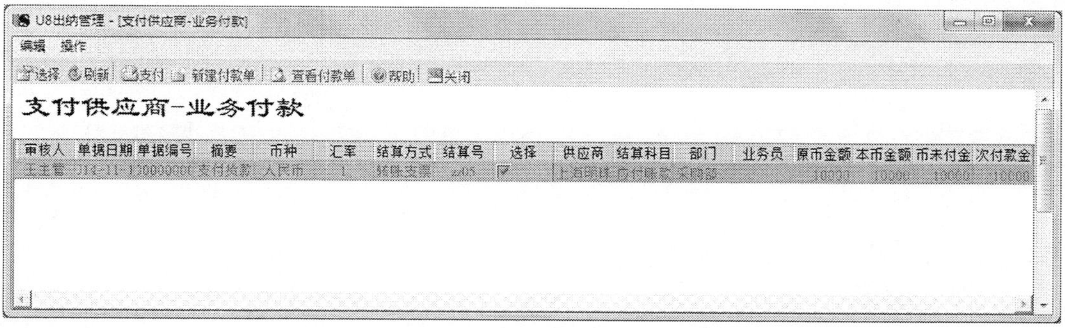

图 12–33 供应商业务付款选择

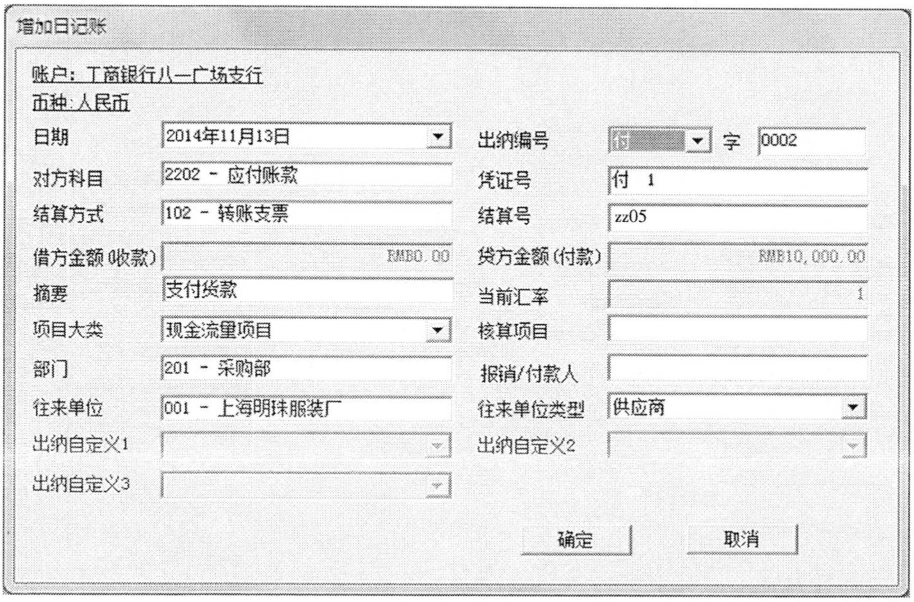

图 12–34 执行付款功能

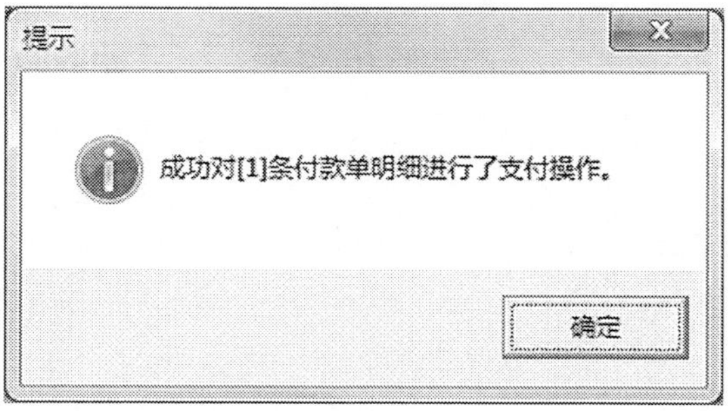

图 12–35 完成付款提示信息

（4）系统自动在银行存款日记账中登记收付款业务（如图 12–36 所示）。

（5）完成其他系统收付款业务自动出纳签字（如图 12–37 所示）。

（6）无法自动签字的要手工签字（如图 12–38 所示）。

七、银行对账

在期末，出纳有一项很重要的工作，就是银行对账，实际就是对银行存款的清查。通过将银行存款日记账的记录与银行对账单记录进行逐笔核对，在排除未达账项的基础上查

图 12-36 银行存款日记账登记信息

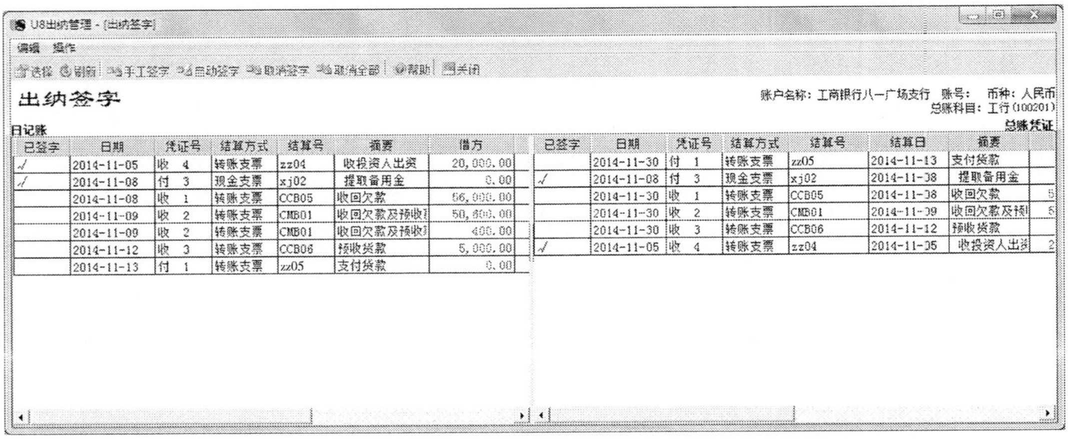

图 12-37 自动出纳签字

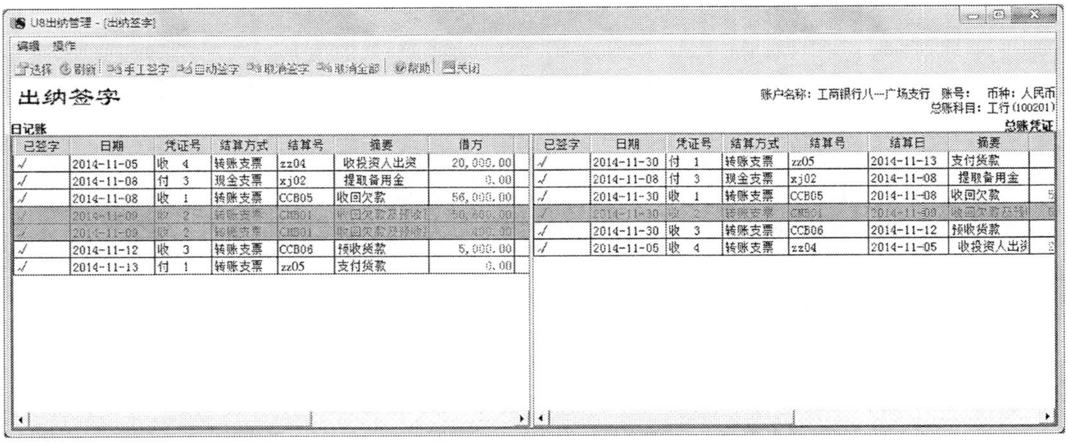

图 12-38 手工出纳签字

出可能存在的银行存款记账错误。

（1）银行对账单输入。需要把从银行获得的银行对账单输入到计算机中，以便开始对账（如图 12-39 所示）。

（2）选择对账条件（如图 12-40 所示）。

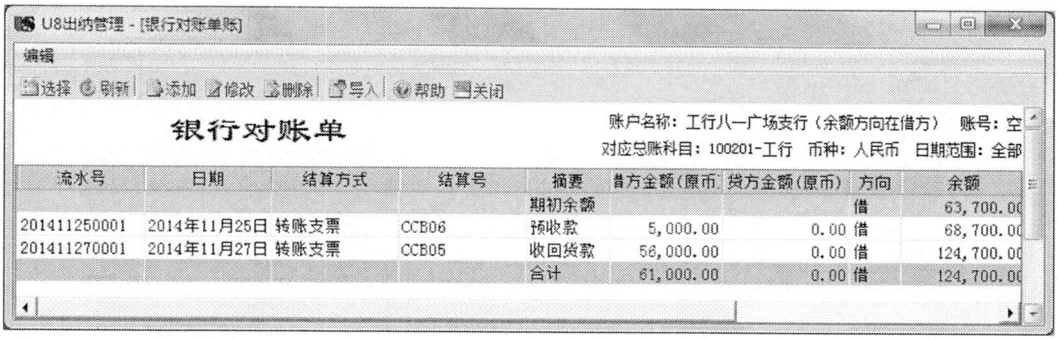

图 12–39 银行对账单输入

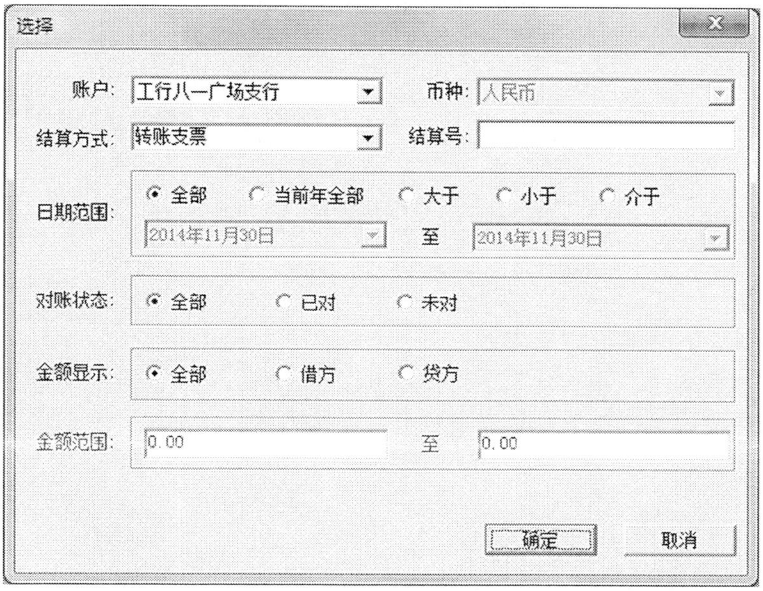

图 12–40 对账条件选择

（3）生成对账结果（如图 12–41 所示）。

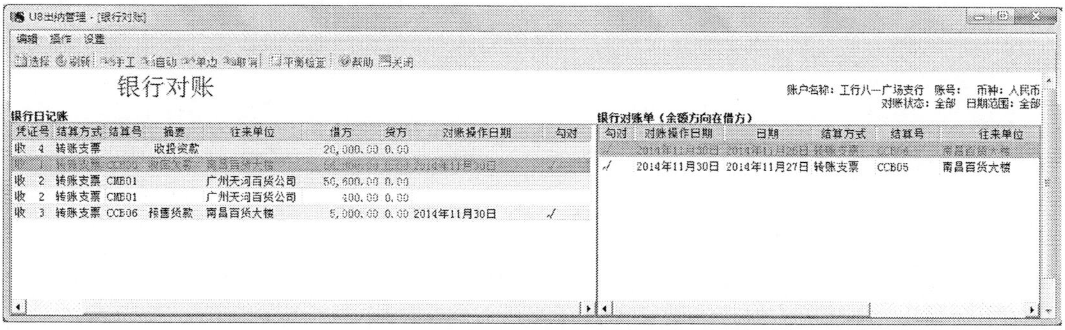

图 12–41 银行自动对账结果

（4）银行存款余额调节表查询。银行对账完成以后系统会自动生成银行存款余额调节表，可以查询利用（如图 12–42 所示）。

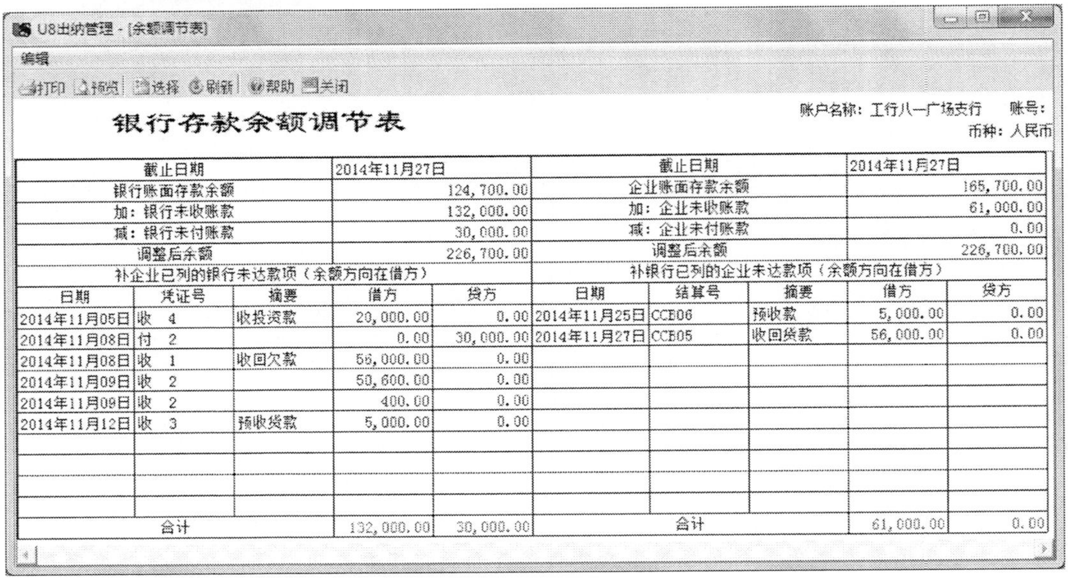

截止日期			2014年11月27日		截止日期			2014年11月27日	
银行账面存款余额			124,700.00		企业账面存款余额			165,700.00	
加：银行未收账款			132,000.00		加：企业未收账款			61,000.00	
减：银行未付账款			30,000.00		减：企业未付账款			0.00	
调整后余额			226,700.00		调整后余额			226,700.00	
补企业已列的银行未达款项（余额方向在借方）					补银行已列的企业未达款项（余额方向在借方）				
日期	凭证号	摘要	借方	贷方	日期	结算号	摘要	借方	贷方
2014年11月05日	收　4	收投资款	20,000.00	0.00	2014年11月25日	CCB06	预收款	5,000.00	0.00
2014年11月08日	付　2		0.00	30,000.00	2014年11月27日	CCB05	收回货款	56,000.00	0.00
2014年11月08日	收　1	收回欠款	56,000.00	0.00					
2014年11月09日	收　2		50,600.00	0.00					
2014年11月09日	收　2		400.00	0.00					
2014年11月12日	收　3	预收货款	5,000.00	0.00					
合计			132,000.00	30,000.00	合计			61,000.00	0.00

图 12-42　银行存款余额调节表

思考题及实践题

1. 请解释银行对账单余额方向。
2. 什么时候需要用到银行对账中的手工对账？请举例说明。
3. 引入应收款、应付款业务已完成账套，完成出纳业务。

第十三章

报表管理

用友财务软件的报表管理系统是报表事务处理的工具，又称 UFO，即 User Friend Office。它本身是一个独立于系统后台数据库的模块，但通过事先定义的各种函数与数据库又保持了密切的联系。除此之外，该系统也可以独立运行，作为一个电子表格软件用于处理日常办公事务。

在财务软件设计中，报表是比较特殊的部分，通常每种软件都会有一些与其他软件不同的设计思想和概念，理解软件中的一些独特概念是掌握该软件的基础。

1. 格式状态和数据状态

UFO 将报表制作分为两大部分来处理，即报表格式与公式设计工作、报表数据处理工作。这两部分的工作是在不同状态下进行的。

在报表格式设计状态下进行有关格式设计的操作，如设定表尺寸、行高和列宽、单元属性、单元风格、组合单元、关键字；定义报表的单元公式（计算公式）、审核公式及舍位平衡公式。在格式状态下所看到的是报表的格式，报表的数据全部隐藏。在格式状态下所做的操作会使本报表所有的表页都发生变化。在格式状态下不能进行数据的输入、计算等操作。

在报表的数据状态下可以管理报表的数据，如输入数据、增加或删除表页、审核、舍位平衡、制作图形、汇总、合并报表等。在数据状态下不能修改报表的格式，所看到的是报表的全部内容，包括格式和数据。

报表工作区的左下角有一个“格式/数据”按钮。单击这个按钮可以在“格式状态”和“数据状态”之间切换。

2. 表页

表页是指在一张报表中格式相同而数据不同的页面，一张 UFO 报表最多可容纳 99 999张表页。表页在报表中的序号在表页的下方以标签的形式出现，称为“页标”。页标用“第 1 页”至“第 99 999 页”表示，当前表的第 2 页，可以表示为@2。

3. 二维表和三维表

确定某一数据位置的要素称为“维”。在一张有方格的纸上填写一个数，这个数的位置可通过行（横轴）和列（纵轴）来描述，那么这个表就是二维表。

如果将多个相同的二维表叠在一起找到某一个数据，则需增加一个要素，即表页号（Z 轴）。这一叠表称为一个三维表。

如果将多个不同的三维表放在一起，要从这多个三维表中找到一个数据，又需增加一个要素，即表名。三维表的表间操作即为“四维运算”。因此，在 UFO 中要确定一个数据的所需要素为：表名、列、行、表页。例如，利润表第 2 页的 C5 单元，表示为“利润表”->C5@2。

4. 固定区及可变区

固定区指组成一个区域的行数和列数是固定的数目。可变区是组成一个区域的行数或列数是不固定的数字，可变区的最大行数或最大列数是在格式设计中设定的。在一个报表中只能设置一个可变区。有可变区的报表称为可变表，没有可变区的报表称为固定表。

5. 关键字

关键字是一种特殊的单元，可以唯一标志一个表页，用于在大量表页中快速选择表页。例如，一个资产负债表的表文件可放 1 年 12 个月的资产负债表（甚至多年的多张表），要对某一张表页的数据进行定位，则要设置一些定位标志，这些标志在 UFO 中被称为关键字。UFO 共提供了 6 种关键字，它们是“单位名称”、“单位编号”、“年”、“季”、“月”、“日”。除此之外，UFO 还增加了一个自定义关键字，当定义名称为“周”和“旬”时有特殊意义，可以用于业务函数中代表取数日期。

总体来看，报表的编制与手工方式下的流程相似，只是侧重点有变化，报表操作流程如图 13-1 所示。

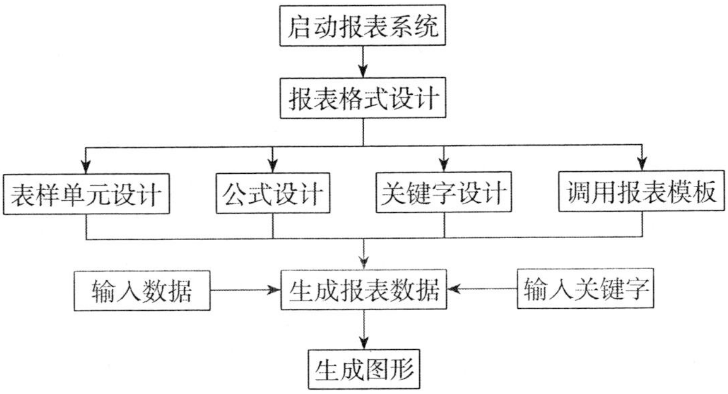

图 13-1 报表操作流程

第一节 报表格式设计

一、账套初始

由于在生成报表数据之前，需要确认报表数据是取自于哪一个账套及账套库，然后才能提取到报表相关项目的数据，这种指定报表取数的账套和账套库的工作叫账套初始。这项工作实际上就是登录指定的账套和账套库，如图 13-2 所示。

二、报表基本格式设计

报表的格式设计在格式状态下进行，设计好的格式对所有表页都有效。基本设计内容如下：

1. 报表外观定义

（1）设置表尺寸。定义报表的大小，即设定报表的行数和列数。

（2）定义组合单元。把几个单元作为一个单元使用。

（3）输入报表中的项目，包括表头、表体和表尾（关键字值除外）。在格式状态下定

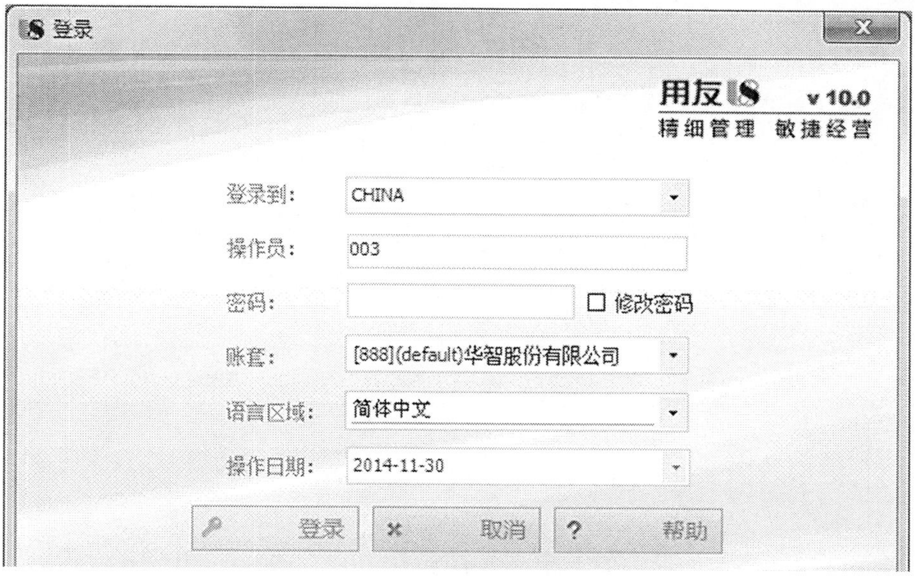

图 13-2 报表登录

义的单元内容为默认表样型，定义为表样型的单元在数据状态下不允许修改和删除。

（4）定义行高和列宽。

（5）设置单元风格。设置单元的字形、字体、字号、颜色、图案、折行显示等。

（6）设置单元属性。把需要输入数字的单元定为数值单元，把需要输入字符的单元定为字符单元。

报表外观定义如图 13-3 所示。

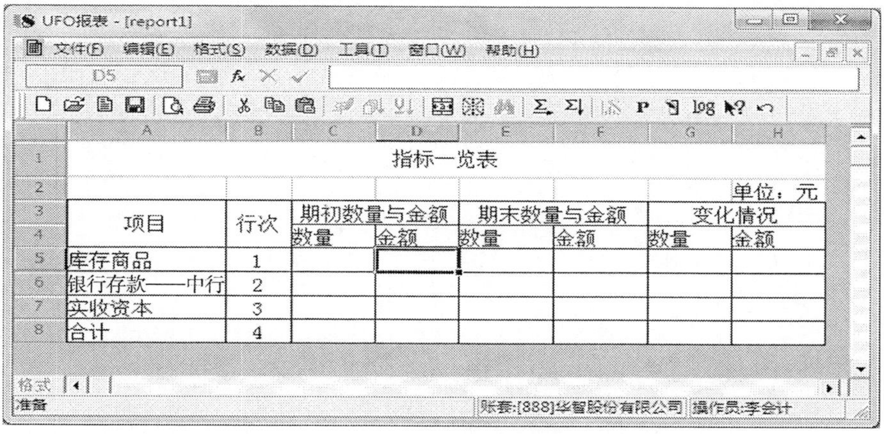

图 13-3 外观定义

2. 报表关键字定义

报表关键字定义是指确定报表需要使用哪些关键字以及关键字在表页上的位置。报表关键字定义如图 13-4 所示。

3. 报表计算公式定义

计算公式的定义在格式状态下进行，对整个报表都有效。它定义了报表数据之间的运算关系，可以实现报表系统从其他子系统中取数。企业常用的财务报表数据一般是来源于

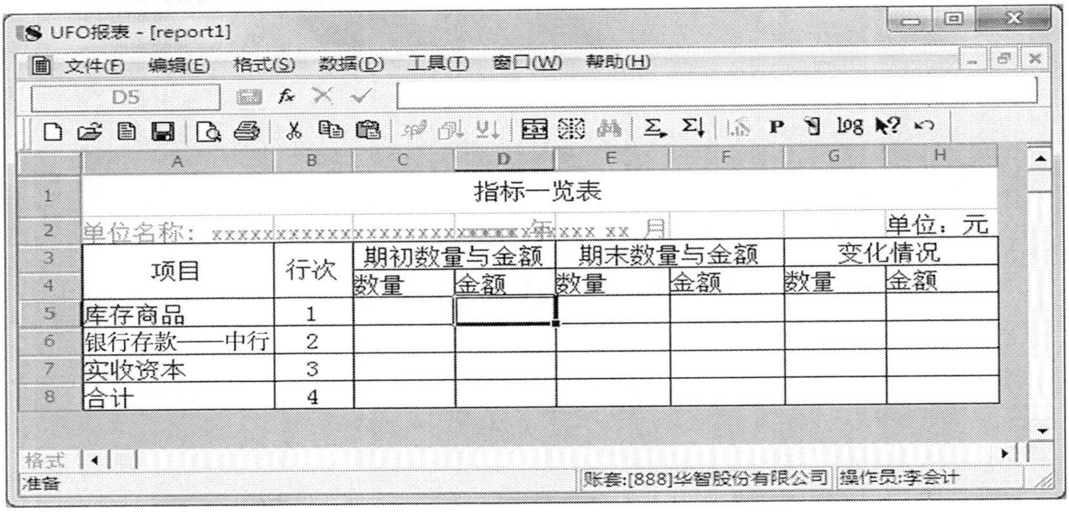

图 13-4 关键字定义

总账系统或报表系统本身，通常使用账务函数来实现数据的自动取得。账务函数的基本格式为：函数名（“科目编码”，会计期间，“方向”，[账套号]，[会计年度]，[编码 1]，[编码 2]）。公式中，科目编码也可以是科目名称，且必须用双引号括起来。会计期间可以是“年”、“季”、“月”等变量，也可以是具体表示年、季、月等的数字。方向即“借”或“贷”，可以省略。账套号为数字。会计年度即数据取数的年度，可以为具体的值，可以定义为关键字“年”，也可以省略。[编码 1] 与 [编码 2] 与科目编码的核算账类有关，可以取科目的辅助账，如职员编码、项目编码等，如无辅助核算则省略。

①选择需要定义公式的单元格，通过函数向导完成后续工作（如图 13-5 所示）。

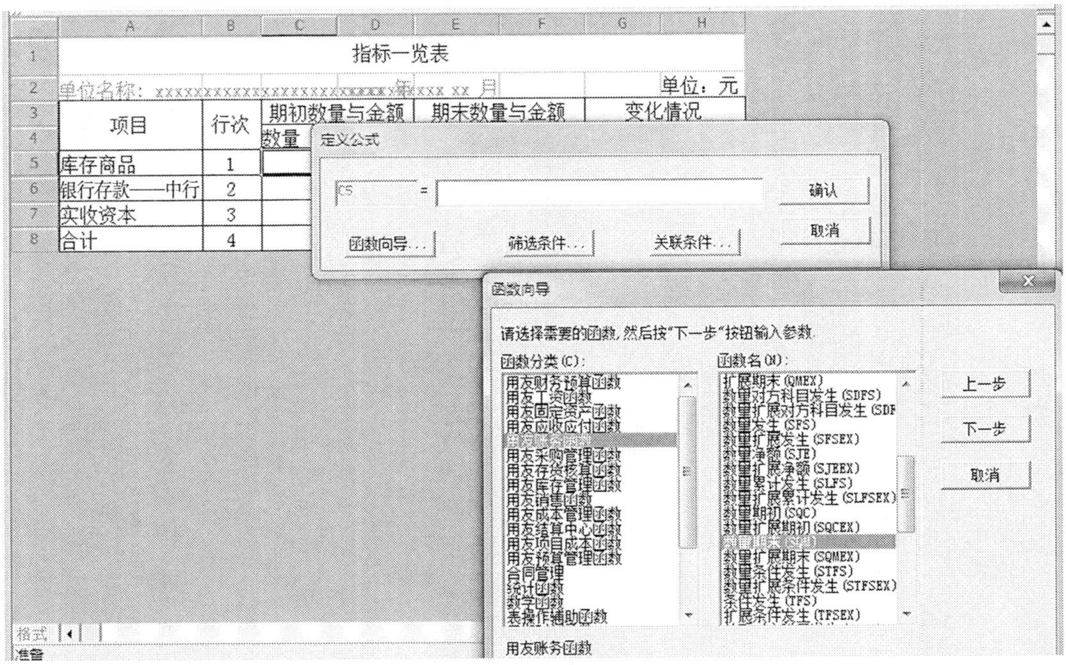

图 13-5 运用函数向导定义公式

②选择各项参数内容（如图 13–6 所示）。

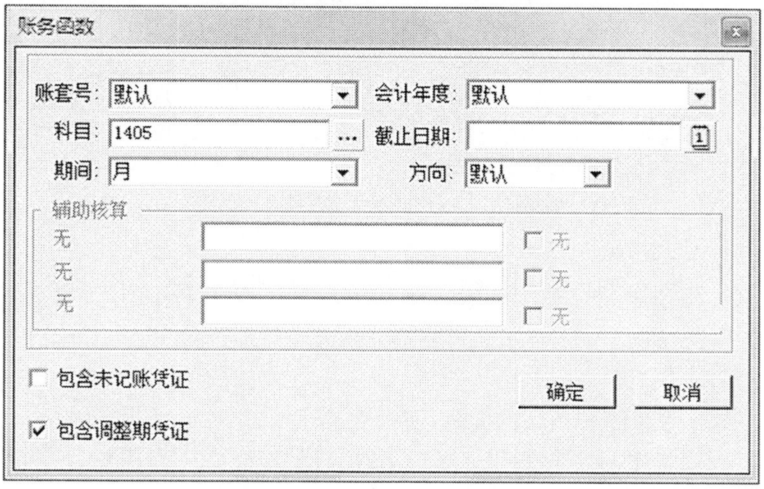

图 13–6　选择各项参数内容

③定义“库存商品”期初数量的取数公式（如图 13–7 所示）。

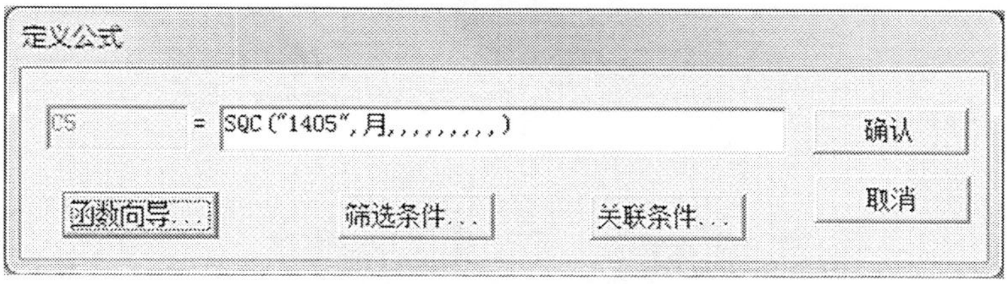

图 13–7　库存商品期初数量取数公式定义

④定义库存商品期初金额的取数公式（如图 13–8 所示）。

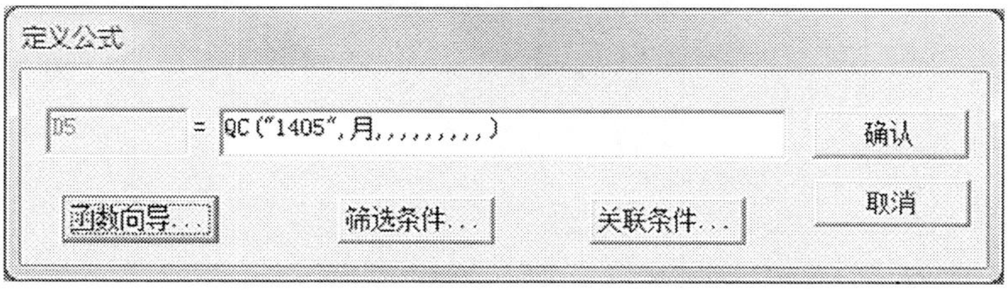

图 13–8　库存商品期初金额取数公式定义

⑤定义“银行存款——中行”项目的期初外币金额取数公式（如图 13–9 所示）。

图 13–9　期初外币金额取数公式定义

⑥定义“银行存款——中行”项目的期初本位币金额取数公式（如图 13–10 所示）。

⑦报表中期末数量与金额项目的公式可参照期初数量与金额的方式定义，只是函数名

图 13-10　本位币金额取数公式定义

分别改为 QM、SQM、WQM。

⑧报表中数量和金额变化情况的公式定义可以直接使用单元格之间的运算来完成。例如库存商品数量变化情况（G5）可定义为 E5-C5。

三、报表模板应用

通过报表格式定义和公式定义可以设置一个个性化的自定义报表。除此之外，对于一些通用的会计报表，为了减少格式设计的工作量，用友报表还为用户提供了各种标准财务报表格式，利用这些预置的报表模板可以迅速建立符合需要的财务报表。但是使用报表模板时也要注意，必须检查模板中定义的格式，特别是公式（包括会计科目、计算规则等）是否与本单位的要求完全一致，对于不一致的部分需要自己进行调整。

1. 调用报表模板生成资产负债表（如图 13-11、图 13-12 所示）

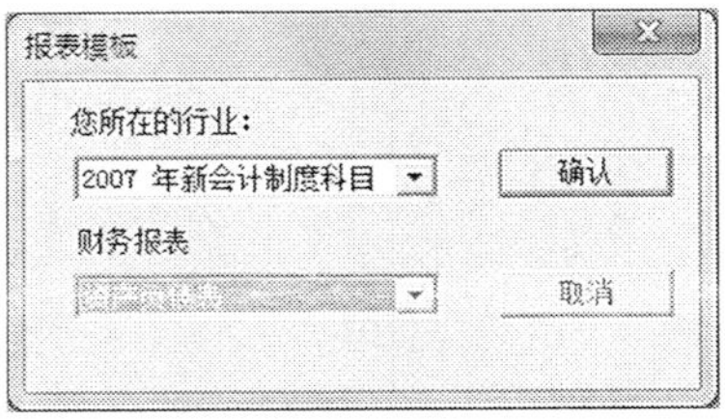

图 13-11　选择报表模板

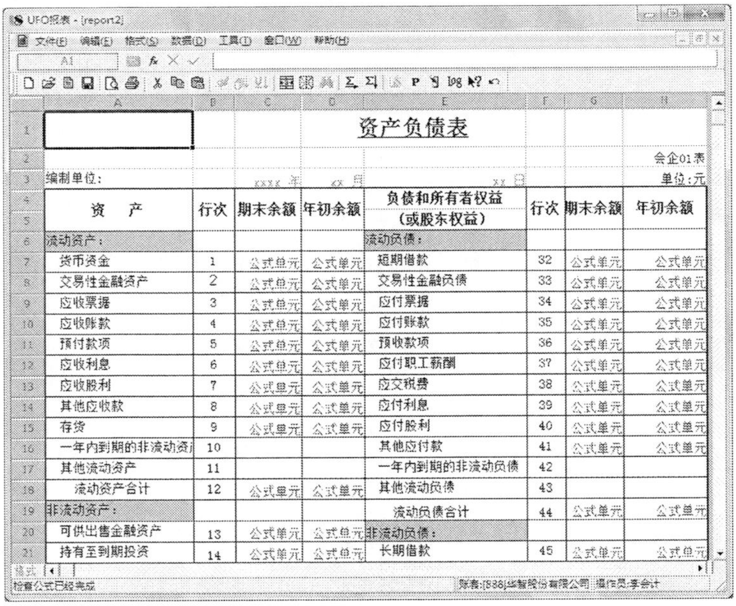

资产负债表

会企01表

编制单位:　xxxx 年　xx 月　xx 日　单位:元

资　产	行次	期末余额	年初余额	负债和所有者权益（或股东权益）	行次	期末余额	年初余额
流动资产:				流动负债:			
货币资金	1	公式单元	公式单元	短期借款	32	公式单元	公式单元
交易性金融资产	2	公式单元	公式单元	交易性金融负债	33	公式单元	公式单元
应收票据	3	公式单元	公式单元	应付票据	34	公式单元	公式单元
应收账款	4	公式单元	公式单元	应付账款	35	公式单元	公式单元
预付款项	5	公式单元	公式单元	预收款项	36	公式单元	公式单元
应收利息	6	公式单元	公式单元	应付职工薪酬	37	公式单元	公式单元
应收股利	7	公式单元	公式单元	应交税费	38	公式单元	公式单元
其他应收款	8	公式单元	公式单元	应付利息	39	公式单元	公式单元
存货	9	公式单元	公式单元	应付股利	40	公式单元	公式单元
一年内到期的非流动资	10			其他应付款	41	公式单元	公式单元
其他流动资产	11			一年内到期的非流动负债	42		
流动资产合计	12	公式单元	公式单元	其他流动负债	43		
非流动资产:				流动负债合计	44	公式单元	公式单元
可供出售金融资产	13	公式单元	公式单元	非流动负债:			
持有至到期投资	14	公式单元	公式单元	长期借款	45	公式单元	公式单元

图 13-12　资产负债表报表模板

2. 定义审核公式

用于审核报表内或报表之间的勾稽关系是否正确。例如资产负债表中期初资产合计数与期初权益合计数应该相等，期末也是这样，可以定义审核公式以及提示信息如图 13–13 所示。

3. 定义舍位平衡公式

用于报表数据进行进位或小数取整时调控数据，如将以“元”为单位的报表数据变成以“万元”为单位的报表数据，且表中的平衡关系仍然成立。例如将资产负债表计量单位“元”改变为“万元”，“负债合计=流动负债合计+非流动负债合计”计算公式应该保持平衡，可以定义舍位平衡公式（如图 13–14 所示）。

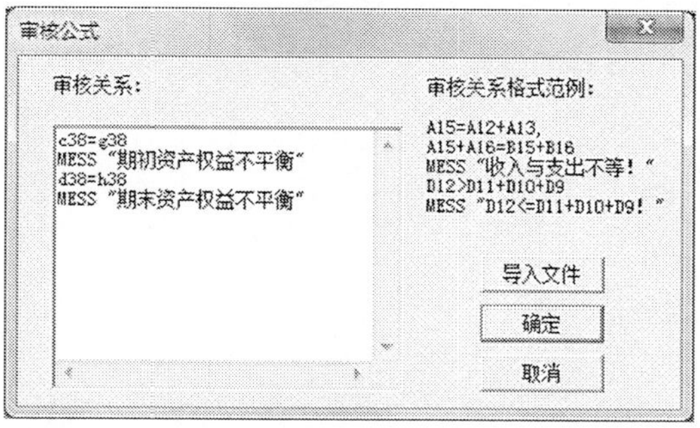

图 13–13 **审核公式**

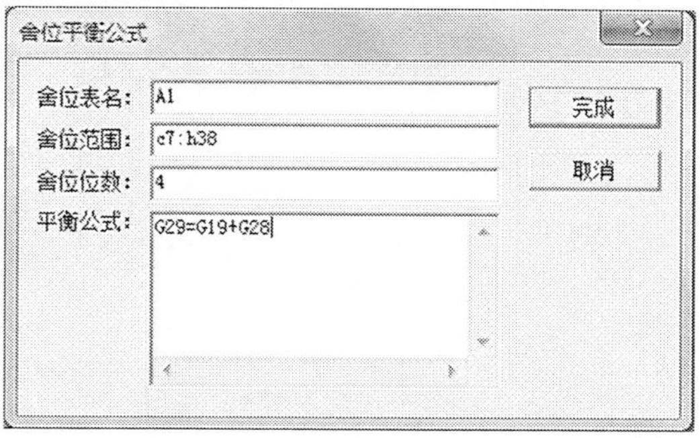

图 13–14 **定义舍位平衡公式**

4. 调用报表模板生成利润表

调用报表模板生成利润表如图 13–15 所示。

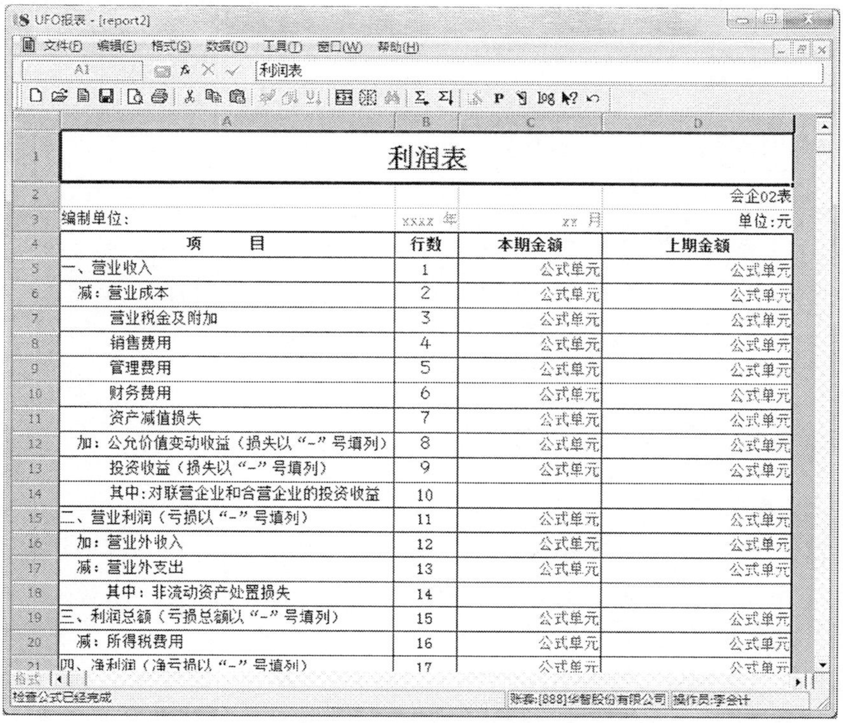

图 13–15 **利润表报表模板**

5. 自定义报表模板（如图 13-16、图 13-17 所示）

对于一些本企业常用、报表模板中没有提供的报表，在自定义完这些报表的格式和公式后，可以将其定义为报表模板，以后可以直接调用。

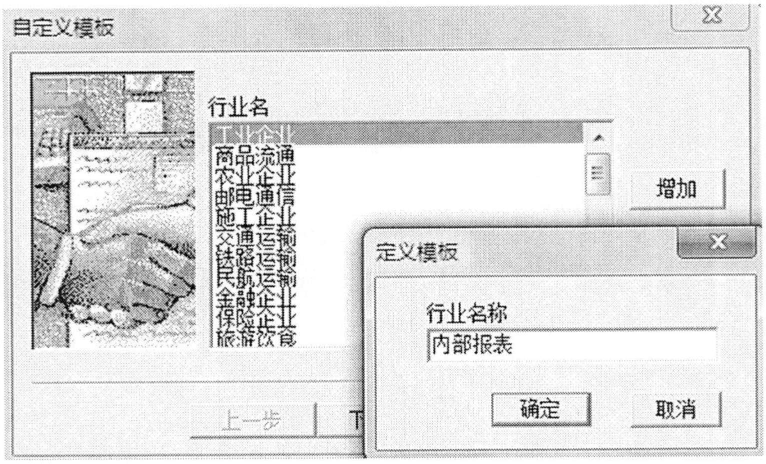

图 13-16　添加自定义报表行业名

图 13-17　添加自定义报表模板

第二节　报表数据处理

一、基本数据处理

报表数据处理主要包括生成报表数据、审核报表数据和舍位平衡等工作。数据处理工作必须在数据状态下进行。处理时计算机会根据已定义的单元公式、审核公式和舍位平衡公式自动进行取数（如图 13-18、图 13-19 所示）、审核及舍位等操作。报表数据处理一般是针对某一特定表页进行的，因此在数据处理时还涉及表页的操作，如增加、删除、插入、追加表页等。报表的数据包括报表单元的数值和字符以及游离于单元之外的关键字。数值单元只能生成数字，而字符单元既能生成数字又能生成字符。数值单元和字符单元可以由公式生成，也可以由键盘输入；关键字则必须由键盘输入。

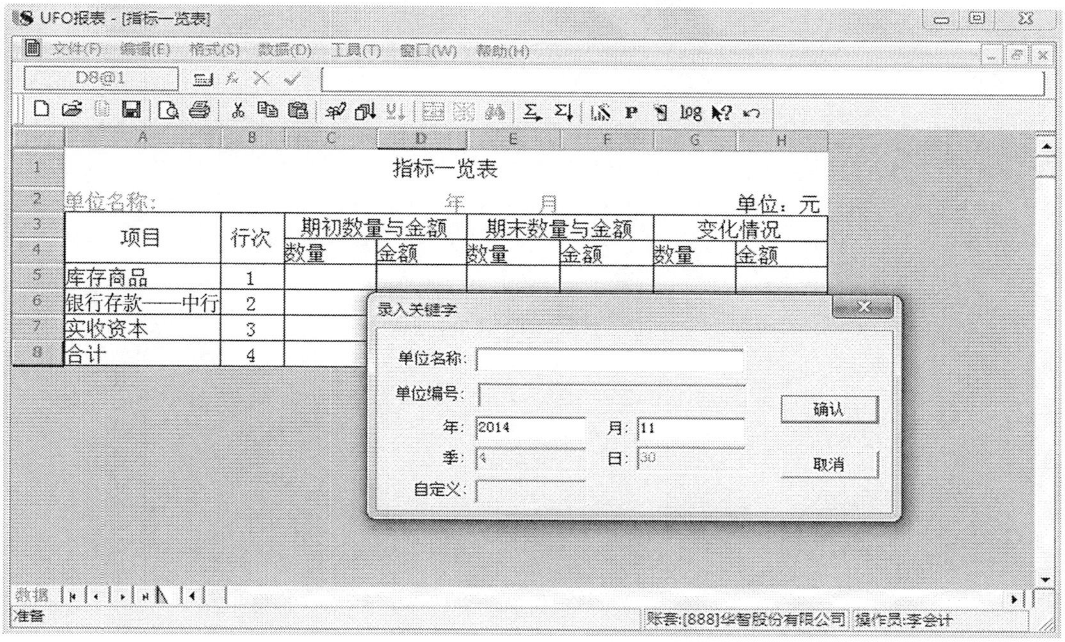

图 13-18　输入报表关键字

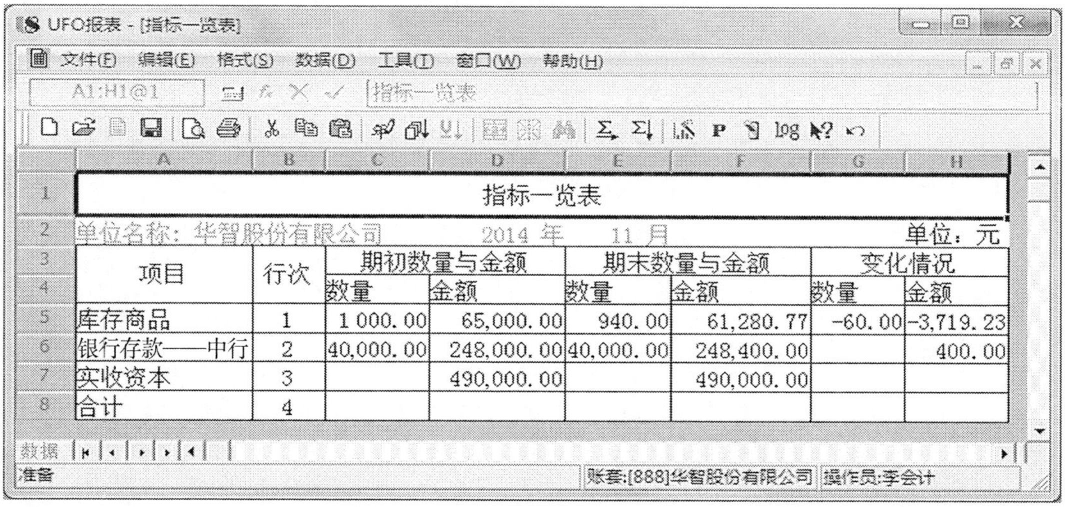

图 13-19　指标一览表数据结果

二、表页管理及报表输出

报表的输出包括报表的屏幕输出和打印输出，输出时可以针对报表格式输出，也可以针对某一特定表页输出。表页是指一张报表中格式相同而数据不同的数据表，U8 支持一张报表管理 99999 张表页。输出报表格式需在格式状态下操作，而输出表页需在数据状态下操作，输出表页时，格式和报表数据一起输出。

输出表页数据时会涉及表页的相关操作，如表页排序、查找、透视等。可以对报表的显示风格、显示比例加以设置，还可以进行页面设置和打印设置等操作。

①在“数据”状态下，执行“编辑”—“追加”—“表页”功能（如图 13-20 所

示）。

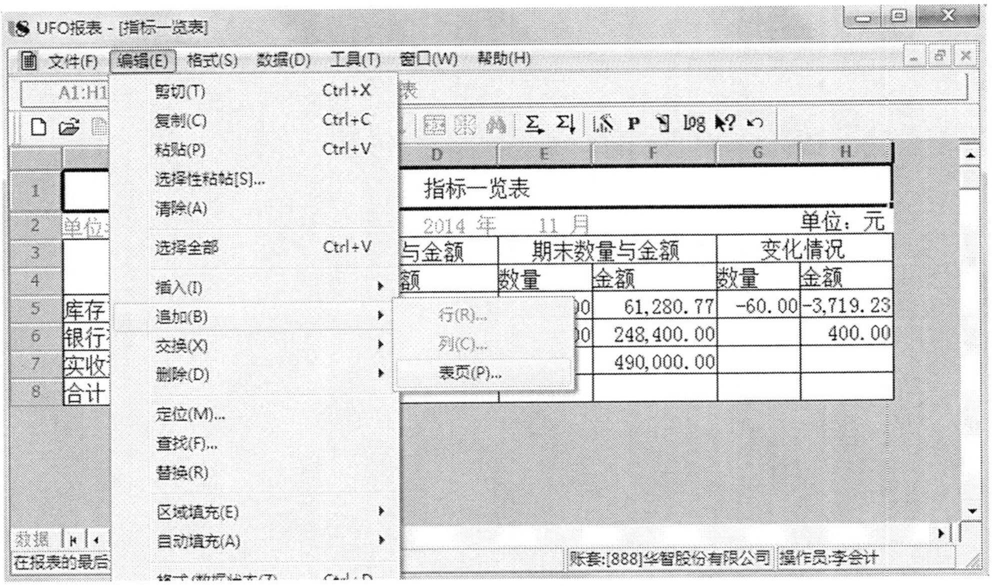

图 13-20 执行追加表页功能

②输入需要追加的表页数，可以在当前表页后面加入空白表页（如图 13-21 所示）。

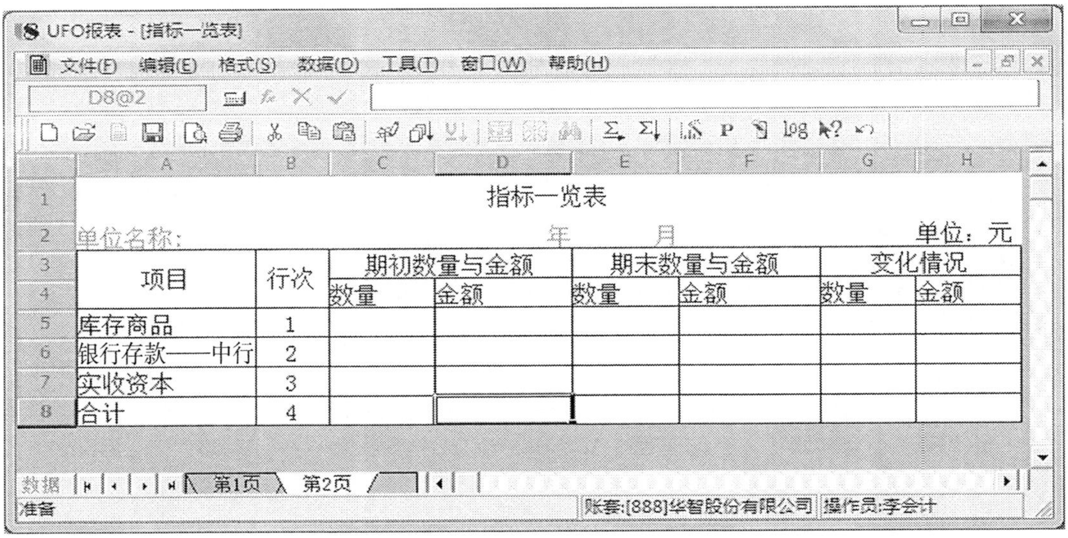

图 13-21 表页管理

③11 月和 12 月资产负债表的输出结果（如图 13-22（a）、图 13-22（b）、图 13-22（c）、图 13-22（d）所示）。

④利润表的输出结果（如图 13-23（a）和图 13-23（b）所示）。

三、图表功能

屏幕输出打印报表之前可以在预览窗口预览，打印时，报表数据生成之后，为了对报表数据进行直观的分析和了解，方便进行对数据的对比、趋势和结构分析，可以利用图形对数据进行直观显示。UFO 图表格式提供了直方图、圆饼图、折线图、面积图四大类型共十种格式的图表（如图 13-24 所示）。图表是利用报表文件中的数据生成的，图表与报

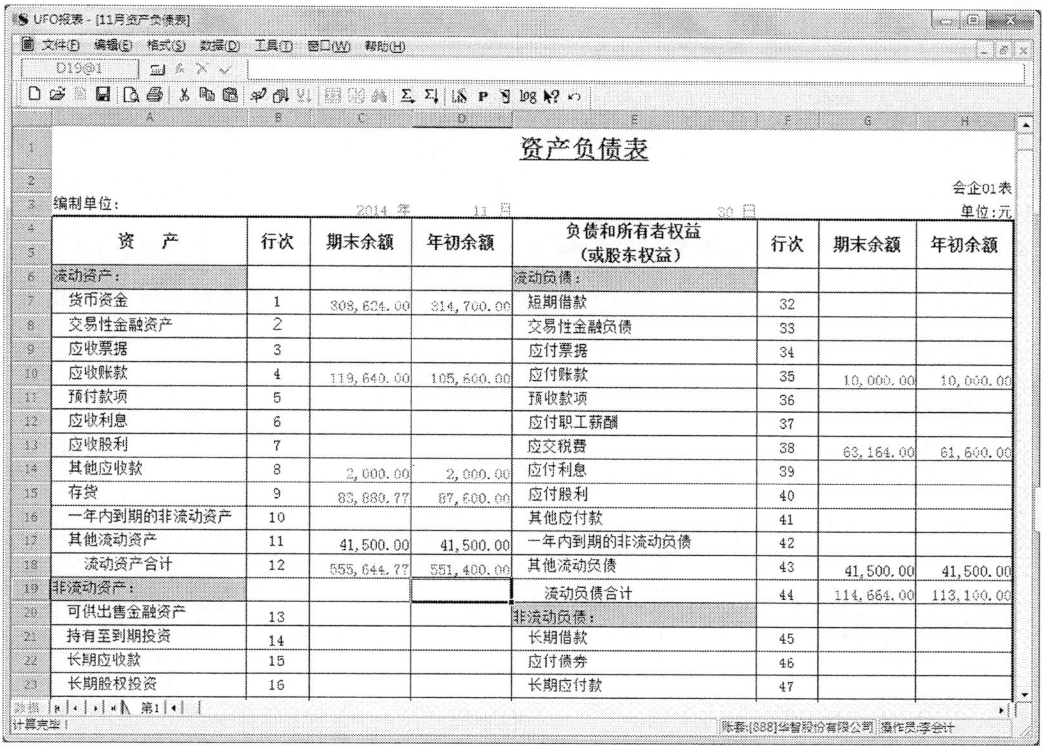

资产负债表

会企01表

编制单位：　　2014 年　11 月　30 日　　单位：元

资　产	行次	期末余额	年初余额	负债和所有者权益（或股东权益）	行次	期末余额	年初余额
流动资产：				流动负债：			
货币资金	1	308,624.00	314,700.00	短期借款	32		
交易性金融资产	2			交易性金融负债	33		
应收票据	3			应付票据	34		
应收账款	4	119,640.00	105,600.00	应付账款	35	10,000.00	10,000.00
预付款项	5			预收款项	36		
应收利息	6			应付职工薪酬	37		
应收股利	7			应交税费	38	63,164.00	61,600.00
其他应收款	8	2,000.00	2,000.00	应付利息	39		
存货	9	83,880.77	87,600.00	应付股利	40		
一年内到期的非流动资产	10			其他应付款	41		
其他流动资产	11	41,500.00	41,500.00	一年内到期的非流动负债	42		
流动资产合计	12	555,644.77	551,400.00	其他流动负债	43	41,500.00	41,500.00
非流动资产：				流动负债合计	44	114,664.00	113,100.00
可供出售金融资产	13			非流动负债：			
持有至到期投资	14			长期借款	45		
长期应收款	15			应付债券	46		
长期股权投资	16			长期应付款	47		

图 13-22（a）　11 月资产负债表输出结果 1

资　产	行次	期末余额	年初余额	负债和所有者权益（或股东权益）	行次	期末余额	年初余额
一年内到期的非流动资产	10			其他应付款	41		
其他流动资产	11	41,500.00	41,500.00	一年内到期的非流动负债	42		
流动资产合计	12	555,644.77	551,400.00	其他流动负债	43	41,500.00	41,500.00
非流动资产：				流动负债合计	44	114,664.00	113,100.00
可供出售金融资产	13			非流动负债：			
持有至到期投资	14			长期借款	45		
长期应收款	15			应付债券	46		
长期股权投资	16			长期应付款	47		
投资性房地产	17			专项应付款	48		
固定资产	18	212,369.12	212,369.12	预计负债	49		
在建工程	19			递延所得税负债	50		
工程物资	20			其他非流动负债	51		
固定资产清理	21			非流动负债合计	52		
生产性生物资产	22			负债合计	53	114,664.00	113,100.00
油气资产	23			所有者权益（或股东权益）：			
无形资产	24			实收资本（或股本）	54	490,000.00	490,000.00
开发支出	25			资本公积	55	50,669.12	50,669.12
商誉	26			减：库存股	56		
长期待摊费用	27			盈余公积	57		
递延所得税资产	28			未分配利润	58	112,680.77	110,000.00
其他非流动资产	29			所有者权益（或股东权益）合计	59	653,349.89	650,669.12
非流动资产合计	30	212,369.12	212,369.12				
资产总计	31	768,013.89	763,769.12	负债和所有者权益（或股东权益）总计	60	768,013.89	763,769.12

图 13-22（b）　11 月资产负债表输出结果 2

资产负债表

会企01表

编制单位: 2014 年 12 月 31 日 单位:元

资　产	行次	期末余额	年初余额	负债和所有者权益（或股东权益）	行次	期末余额	年初余额
流动资产：				流动负债：			
货币资金	1	306,324.00	314,700.00	短期借款	32		
交易性金融资产	2			交易性金融负债	33		
应收票据	3			应付票据	34		
应收账款	4	128,415.00	105,600.00	应付账款	35	10,000.00	10,000.00
预付款项	5			预收款项	36		
应收利息	6			应付职工薪酬	37		
应收股利	7			应交税费	38	64,439.00	61,600.00
其他应收款	8	2,000.00	2,000.00	应付利息	39		
存货	9	82,121.15	87,600.00	应付股利	40		
一年内到期的非流动资产	10			其他应付款	41		
其他流动资产	11	41,500.00	41,500.00	一年内到期的非流动负债	42		
流动资产合计	12	560,360.15	551,400.00	其他流动负债	43	41,500.00	41,500.00
非流动资产：				流动负债合计	44	115,939.00	113,100.00
可供出售金融资产	13			非流动负债：			
持有至到期投资	14			长期借款	45		
长期应收款	15			应付债券	46		
长期股权投资	16			长期应付款	47		

图 13-22（c） 12 月资产负债表输出结果 1

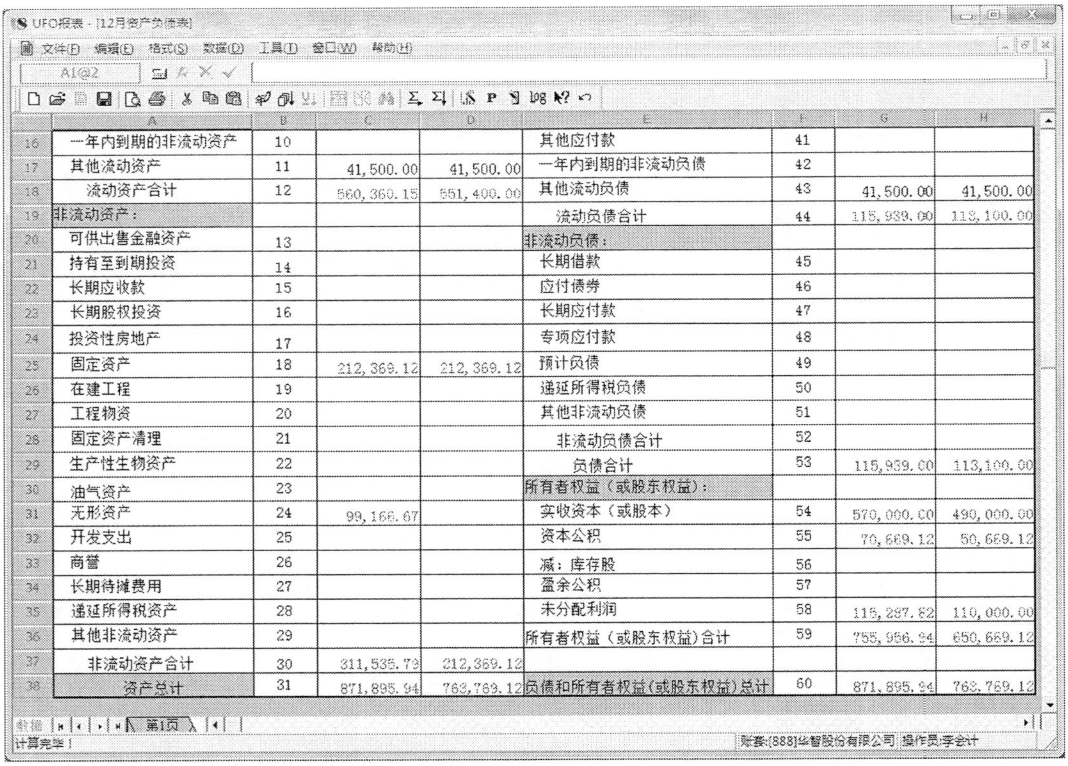

一年内到期的非流动资产	10			其他应付款	41		
其他流动资产	11	41,500.00	41,500.00	一年内到期的非流动负债	42		
流动资产合计	12	560,360.15	551,400.00	其他流动负债	43	41,500.00	41,500.00
非流动资产：				流动负债合计	44	115,939.00	113,100.00
可供出售金融资产	13			非流动负债：			
持有至到期投资	14			长期借款	45		
长期应收款	15			应付债券	46		
长期股权投资	16			长期应付款	47		
投资性房地产	17			专项应付款	48		
固定资产	18	212,369.12	212,369.12	预计负债	49		
在建工程	19			递延所得税负债	50		
工程物资	20			其他非流动负债	51		
固定资产清理	21			非流动负债合计	52		
生产性生物资产	22			负债合计	53	115,939.00	113,100.00
油气资产	23			所有者权益（或股东权益）：			
无形资产	24	99,166.67		实收资本（或股本）	54	570,000.00	490,000.00
开发支出	25			资本公积	55	70,669.12	50,669.12
商誉	26			减：库存股	56		
长期待摊费用	27			盈余公积	57		
递延所得税资产	28			未分配利润	58	115,287.82	110,000.00
其他非流动资产	29			所有者权益（或股东权益)合计	59	755,956.94	650,669.12
非流动资产合计	30	311,535.79	212,369.12				
资产总计	31	871,895.94	763,769.12	负债和所有者权益(或股东权益)总计	60	871,895.94	763,769.12

图 13-22（d） 12 月资产负债表输出结果 2

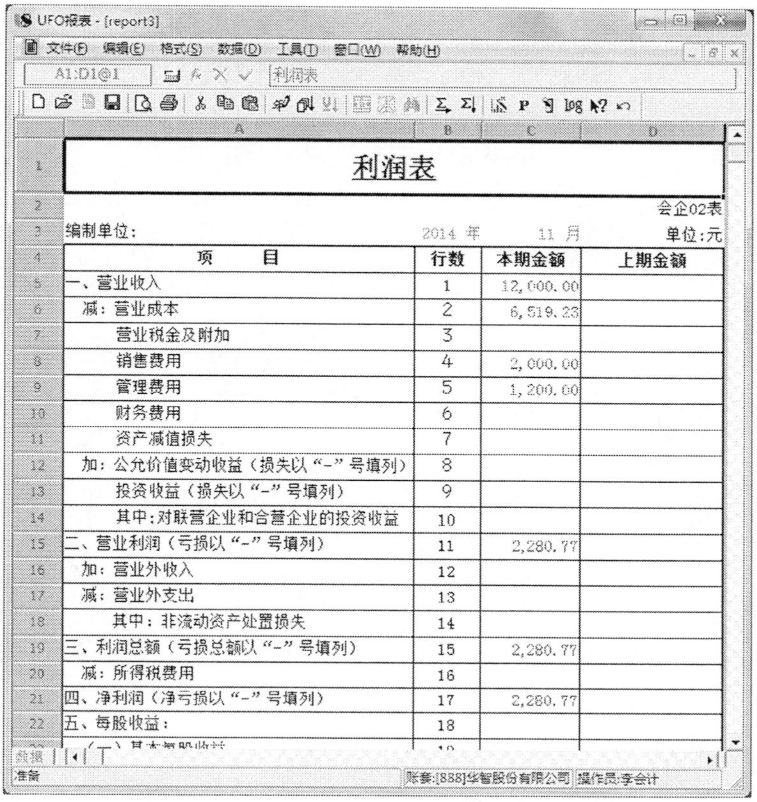
UFO报表 - [report3]

文件(F) 编辑(E) 格式(S) 数据(D) 工具(T) 窗口(W) 帮助(H)

A1:D1@1 利润表

利润表

会企02表

编制单位： 2014 年 11 月 单位：元

项目	行数	本期金额	上期金额
一、营业收入	1	12,000.00	
减：营业成本	2	6,519.23	
营业税金及附加	3		
销售费用	4	2,000.00	
管理费用	5	1,200.00	
财务费用	6		
资产减值损失	7		
加：公允价值变动收益（损失以“-”号填列）	8		
投资收益（损失以“-”号填列）	9		
其中：对联营企业和合营企业的投资收益	10		
二、营业利润（亏损以“-”号填列）	11	2,280.77	
加：营业外收入	12		
减：营业外支出	13		
其中：非流动资产处置损失	14		
三、利润总额（亏损总额以“-”号填列）	15	2,280.77	
减：所得税费用	16		
四、净利润（净亏损以“-”号填列）	17	2,280.77	
五、每股收益：	18		

准备 账套:[888]华智股份有限公司 操作员:李会计

图 13-23（a） 11 月利润表输出结果

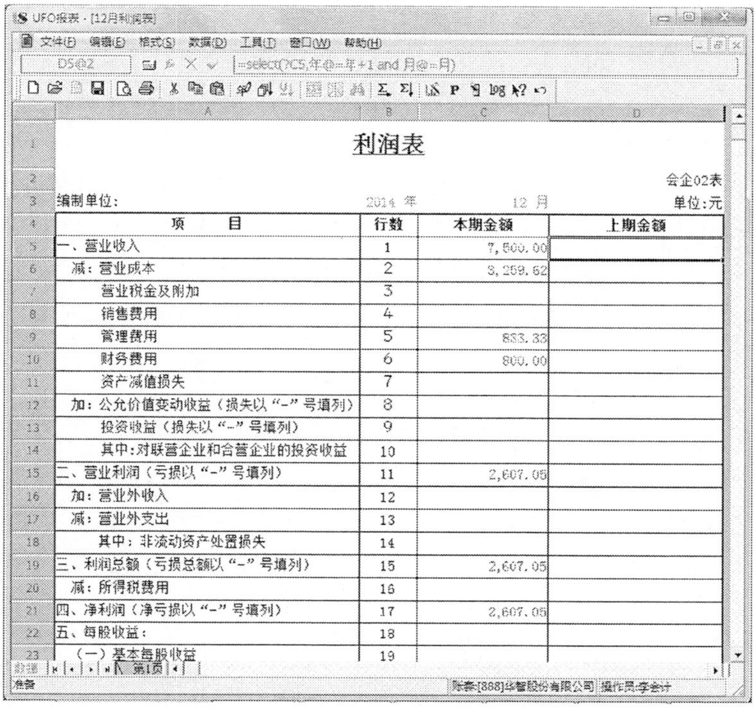
UFO报表 - [12月利润表]

文件(F) 编辑(E) 格式(S) 数据(D) 工具(T) 窗口(W) 帮助(H)

D5@2 =select(?C5,年@=年+1 and 月@=月)

利润表

会企02表

编制单位： 2014 年 12 月 单位：元

项目	行数	本期金额	上期金额
一、营业收入	1	7,500.00	
减：营业成本	2	3,259.62	
营业税金及附加	3		
销售费用	4		
管理费用	5	833.33	
财务费用	6	800.00	
资产减值损失	7		
加：公允价值变动收益（损失以“-”号填列）	8		
投资收益（损失以“-”号填列）	9		
其中：对联营企业和合营企业的投资收益	10		
二、营业利润（亏损以“-”号填列）	11	2,607.05	
加：营业外收入	12		
减：营业外支出	13		
其中：非流动资产处置损失	14		
三、利润总额（亏损总额以“-”号填列）	15	2,607.05	
减：所得税费用	16		
四、净利润（净亏损以“-”号填列）	17	2,607.05	
五、每股收益：	18		
（一）基本每股收益	19		

准备 账套:[888]华智股份有限公司 操作员:李会计

图 13-23（b） 12 月利润表输出结果

表数据存在着密切的联系。报表数据发生变化时，图表也随之变化；报表数据删除后，图表也随之消失。

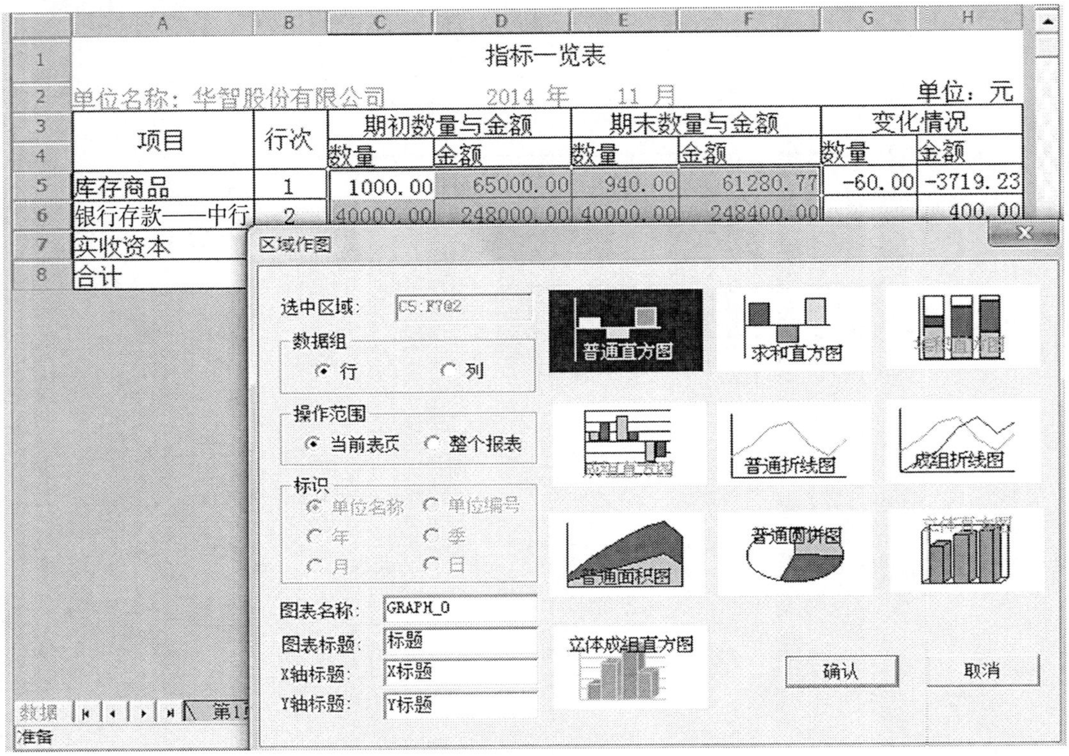

图 13–24　图表格式

第三节　现金流量表

一、现金流量表概述

现金流量表是财务报表的四个基本报告之一，所表达的是在一固定期间内，一家企业的现金的增减变动情形。现金流量表的出现，主要是要反映出资产负债表中各个项目对现金流量的影响，并根据其用途划分为经营、投资及融资三个活动分类。现金流量表可用于分析一家机构在短期内有没有足够现金去应付开销。国际财务报告准则第 7 号公报规范现金流量表的编制。

（一）经营活动产生的现金流量的编制方法

按规定，企业应当采用直接法列示经营活动产生的现金流量。

直接法是按现金流入和现金流出的主要类别列示企业经营活动产生的现金流量。在直接法下，一般是以利润表中的营业收入为起算点，调整与经营活动有关的项目的增减变动，然后计算出经营活动产生的现金流量。采用直接法具体编制现金流量表时，可以采用工作底稿法或 T 形账户法。业务简单的，也可以根据有关科目的记录分析填列。

1. “销售商品、提供劳务收到的现金”项目

本项目可根据“主营业务收入”、“其他业务收入”、“应收账款”、“应收票据”、“预收账款”及“库存现金”、“银行存款”等账户分析填列。

本项目的现金流入可用下述公式计算求得：

$$\text{销售商品、提供劳务收到的现金}=\text{本期营业收入净额}+\text{本期应收账款减少额}\left(-\text{应收账款增加额}\right)+\text{本期应收票据减少额}\left(-\text{应收票据增加额}\right)+\text{本期预收账款增加额}\left(-\text{预收账款减少额}\right)$$

上述公式中，如果本期有实际核销的坏账损失，也应减去（因核销坏账损失减少了应收账款，但没有收回现金）；如果有收回前期已核销的坏账金额，应加上（因收回已核销的坏账，并没有增加或减少应收账款，但却收回了现金）。

2. “收到的税费返还”项目

该项目反映企业收到返还的各种税费。本项目可以根据“库存现金”、“银行存款”、“应交税费”、“营业税金及附加”等账户的记录分析填列。

3. “收到其他与经营活动有关的现金”项目

本项目反映企业除了上述各项目以外收到的其他与经营活动有关的现金流入，如罚款收入、流动资产损失中由个人赔偿的现金收入等。本项目可根据“营业外收入”、“营业外支出”、“库存现金”、“银行存款”、“其他应收款”等账户的记录分析填列。

4. “购买商品、接受劳务支付的现金”项目

本项目可根据“应付账款”、“应付票据”、“预付账款”、“库存现金”、“银行存款”、“主营业务成本”、“其他业务成本”、“存货”等账户的记录分析填列。

本项目的现金流出可用以下公式计算求得：

$$\text{购买商品、接受劳务支付的现金}=\text{营业成本}+\text{本期存货增加额}\left(-\text{本期存货减少额}\right)+\text{本期应付账款减少额}\left(-\text{本期应付账款增加额}\right)+\text{本期应付票据减少额}\left(-\text{本期应付票据增加额}\right)+\text{本期预付账款增加额}\left(-\text{本期预付账款减少额}\right)$$

5. “支付给职工以及为职工支付的现金”项目

该项目反映企业实际支付给职工，以及为职工支付的工资、奖金、各种津贴和补贴等（含为职工支付的养老、失业等各种保险和其他福利费用）。但不含为离退休人员支付的各种费用和固定资产购建人员的工资。

本项目可根据“库存现金”、“银行存款”、“应付职工薪酬”、“生产成本”等账户的记录分析填列。

6. “支付的各项税费”项目

本项目反映的是企业按规定支付的各项税费和有关费用。但不包括已计入固定资产原价而实际支付的耕地占用税和本期退回的所得税。

本项目应根据“应交税费”、“库存现金”、“银行存款”等账户的记录分析填列。

7. “支付其他与经营活动有关的现金”项目

本项目反映企业除上述各项目外，支付的其他与经营活动有关的现金，包括罚款支出、差旅费、业务招待费、保险费支出、支付的离退休人员的各项费用等。本项目应根据“管理费用”、“销售费用”、“营业外支出”等账户的记录分析填列。

（二）投资活动产生的现金流量的编制方法

投资活动现金流入和现金流出的各项目的内容和填列方法如下：

1. “收回投资收到的现金”项目

本项目反映企业出售、转让和到期收回的除现金等价物以外的交易性金融资产、长期

股权投资而收到的现金，以及收回持有至到期投资本金而收到的现金。本项目不包括持有至到期投资收回的利息以及收回的非现金资产。本项目应根据“交易性金融资产”、“长期股权投资”、“库存现金”、“银行存款”等账户的记录分析填列。

2. “取得投资收益收到的现金”项目

本项目反映企业因股权性投资而分得的现金股利和分回利润所收到的现金，以及债权性投资取得的现金利息收入。本项目应根据“投资收益”、“库存现金”、“银行存款”等账户的记录分析填列。

3. “处置固定资产、无形资产和其他长期资产收回的现金净额”项目

该项目反映处置上述各项长期资产所取得的现金，减去为处置这些资产所支付的有关费用后的净额。本项目可根据“固定资产清理”、“库存现金”、“银行存款”等账户的记录分析填列。

如该项目所收回的现金净额为负数，应在“支付其他与投资活动有关的现金”项目填列。

4. “收到其他与投资活动有关的现金”项目

本项目反映除上述各项目以外，收到的其他与投资活动有关的现金流入，应根据“库存现金”、“银行存款”和其他有关账户的记录分析填列。

5. “购建固定资产、无形资产和其他长期资产支付的现金”项目

本项目反映企业购买、建造固定资产，取得无形资产和其他长期资产所支付的现金。其中企业为购建固定资产支付的现金，包括购买固定资产支付的价款现金及增值税税款、固定资产购建支付的现金。但不包括购建固定资产的借款利息支出和融资租入固定资产的租赁费。

本项目应根据“固定资产”、“无形资产”、“在建工程”、“库存现金”、“银行存款”等账户的记录分析填列。

6. “投资支付的现金”项目

该项目反映企业在现金等价物以外进行交易性金融资产、长期股权投资、持有至到期投资所实际支付的现金，包括佣金手续费所支付的现金。但不包括企业购买股票和债券时，实际支付价款中包含的已宣告尚未领取的现金股利或已到付息期但尚未领取的债券利息。

本项目应根据“交易性金融资产”、“长期股权投资”、“持有至到期投资”、“库存现金”、“银行存款”等账户记录分析填列。

7. “支付其他与投资活动有关的现金”项目

本项目反映企业除了上述各项以外，支付的与投资活动有关的现金流出，包括企业购买股票和债券时，实际支付价款中包含的已宣告尚未领取的现金股利或已到付息期但尚未领取的债券利息等。本项目应根据“库存现金”、“银行存款”、“应收股利”、“应收利息”等账户的记录分析填列。

（三）筹资活动产生的现金流量的编制方法

筹资活动产生的现金流入和现金流出包括的各项目的内容和填列方法如下：

1. “吸收投资收到的现金”项目

本项目反映企业收到投资者投入的现金，包括以发行股票、债券等方式筹集资金实际

收到的款项净额（即发行收入减去支付的佣金等发行费用后的净额）。本项目可根据“实收资本（或股本）”、“应付债券”、“库存现金”、“银行存款”等账户的记录分析填列。

2.“取得借款收到的现金”项目

本项目反映企业举借各种短期借款、长期借款而收到的现金。本项目可根据“短期借款”、“长期借款”、“银行存款”等账户的记录分析填列。

3.“收到其他与筹资活动有关的现金”项目

该项目反映企业除上述各项以外，收到的其他与筹资活动有关的现金流入。本项目应根据“库存现金”、“银行存款”和其他有关账户的记录分析填列。

4.“偿还债务支付的现金”项目

本项目反映企业以现金偿还债务的本金，包括偿还金融机构的借款本金、偿还到期的债券本金等。本项目可根据“短期借款”、“长期借款”、“应付债券”、“库存现金”、“银行存款”等账户的记录分析填列。

5.“分配股利、利润或偿付利息支付的现金”项目

本项目反映企业实际支付的现金股利、支付给投资人的利润或用现金支付的借款利息、债券利息等。本项目可根据“应付股利（或应付利润）”、“财务费用”、“长期借款”、“应付债券”、“库存现金”、“银行存款”等账户的记录分析填列。

6.“支付其他与筹资活动有关的现金”项目

本项目反映除了上述各项目以外，支付的与筹资活动有关的现金流出。例如发行股票债券所支付的审计、咨询等费用。该项目可根据“库存现金”、“银行存款”和其他有关账户的记录分析填列。

（四）汇率变动对现金及现金等价物的影响的编制方法

本项目反映企业的外币现金流量发生日所采用的汇率与期末汇率的差额对现金的影响数额。

（五）“现金及现金等价物净增加额”的编制方法

“现金及现金等价物净增加额”，是将本表中“经营活动产生的现金流量净额”、“投资活动产生的现金流量净额”、“筹资活动产生的现金流量净额”和“汇率变动对现金的影响”四个项目相加得出的。

（六）“期末现金及现金等价物余额”的填列

本项目是将计算出来的现金及现金等价物净增加额加上期初现金及现金等价物金额求得的。它应该与企业期末的全部货币资金与现金等价物的合计余额相等。

（七）补充资料项目的内容和编制方法

除现金流量表反映的信息外，企业还应该在附注中披露将净利润调节为经营活动的现金流量，以及不涉及现金收支的重大投资和筹资活动、现金及现金等价物净变动情况等信息，也就是要求按间接法编制现金流量表的补充资料。

1. 将净利润调节为经营活动的现金流量

现金流量表采用直接法反映经营活动的现金流量，同时，企业还应采用间接法反映经营活动产生的现金流量。间接法，是指以企业本期净利润为起算点，通过调整不涉及现金的收入和费用、营业外收支以及经营性应收应付等项目的增减变动，调整不属于经营活动的现金收支项目，据此计算并列报经营活动产生的现金流量的方法。现金流量表补充资料

是对现金流量表采用直接法反映的经营活动现金流量进行核对和补充说明。

采用间接法列报经营活动产生的现金流量时，需要对四大类项目进行调整。（1）实际没有支付现金的费用；（2）实际没有收到现金的收益；（3）不属于经营活动的损益；（4）经营性应收应付项目的增减变动。

企业利润表中反映的净利润是以权责发生制为基础核算的，而且包括了投资活动和筹资活动的收入和费用。将净利润调节为经营活动的现金流量，就是要按收付实现制的原则，将净利润按各项目调整为现金净流入，并且要剔除投资和筹资活动对现金流量的影响。对这些项目的调整过程，就是按间接法编制经营活动现金流量表的过程。

将净利润调节为经营活动的现金流量是以净利润为基础。因为净利润是现金净流入的主要来源。但净利润与现金净流入并不相等，所以需要在净利润基础上，将净利润调整为现金净流入。在净利润基础上进行调整的项目主要包括：

（1）“资产减值准备”项目

企业计提的各项资产减值准备，包括坏账准备、存货跌价准备，以及各项长期资产的减值准备等已经记入了“资产减值损失”科目，期末结转到“本年利润”账户，从而减少了净利润。但是计提资产减值准备，并不需要支付现金，即没有减少现金流量。所以应将计提的各项资产减值准备，在净利润基础上予以加回。

本项目应根据“资产减值损失”账户的记录分析填列。

（2）“固定资产折旧”项目

工业加工企业计提的固定资产折旧，一部分增加了产品的成本，另一部分增加了期间费用（如管理费用、销售费用等），计入期间费用的部分直接减少了净利润，计入产品成本的部分，一部分转入了主营业务成本，也直接冲减了净利润；产品尚未变现的部分，折旧费用加到了存货成本中，存货的增加是作为现金流出进行调整的。而实际上全部的折旧费用并没有发生现金流出。所以，应在净利润的基础上将折旧的部分予以加回。

本项目应根据“累计折旧”账户的贷方发生额分析填列。

（3）“无形资产摊销”项目

企业的无形资产摊销是计入管理费用的，所以冲减了净利润。但无形资产摊销并没有发生现金流出。所以无形资产当期摊销的价值，应在净利润的基础上予以加回。

该项目可根据“累计摊销”账户的记录分析填列。

（4）“长期待摊费用摊销”项目

长期待摊费用的摊销与无形资产摊销一样，已经计入了损益，但没有发生现金流出，所以项目应在净利润的基础上予以加回。

（5）“处置固定资产、无形资产和其他长期资产的损失”项目

处置固定资产、无形资产和其他长期资产发生的损益，属于投资活动产生的损益，不属于经营活动产生的损益，但却影响了当期净利润。所以在将净利润调节为经营活动现金流量时应予以剔除。如为净损失，应当予以加回；如为净收益，应予以扣除，即用“–”号列示。

本项目可根据“营业外收入”、“营业外支出”等账户所属明细账户的记录分析填列。

（6）“固定资产报废损失”项目。

本项目反映企业当期固定资产盘亏后的净损失（或盘盈后的净收益）。

企业发生固定资产盘亏盘盈损益，属于投资活动产生的损益，不属于经营活动产生的损益，但却影响了当期净利润。所以在将净利润调节为经营活动现金流量时应予以剔除。如为净损失，应当予以加回；如为净收益，应予以扣除，即用“-”号列示。

本项目可根据“营业外收入”、“营业外支出”等账户所属明细账户的记录分析填列。

(7)“公允价值变动损失”项目

该项目反映企业持有的交易性金融资产、交易性金融负债、采用公允价值模式计量的投资性房地产等公允价值变动形成的净损失。因为公允价值变动损失影响了当期净利润，但并没有发生现金流出，所以应进行调整。如为净收益以“-”号列示。本项目可根据“公允价值变动损益”科目所属有关明细科目的记录分析填列。

(8)“财务费用”项目

一般企业，财务费用主要是借款发生的利息支出（减存款利息收入）。财务费用属于筹资活动发生的现金流出，而不属于经营活动的现金流量。但财务费用作为期间费用，已直接计入了企业经营损益，影响了净利润。所以在将净利润调节为经营活动现金流量时应予以剔除。财务费用如为借方余额，应予以加回；如为贷方余额，应予以扣除。本项目应根据利润表“财务费用”项目填列。

(9)“投资损失”项目

企业发生的投资损益，属于投资活动的现金流量，不属于经营活动的现金流量。但投资损失，已直接计入了企业当期利润，影响了净利润。所以在将净利润调节为经营活动现金流量时应予以剔除。如为投资净损失，应当予以加回；如为投资净收益，应予以扣除，即用“-”号列示。

该项目可根据利润表中“投资收益”项目的金额填列。

(10)“递延所得税资产减少”项目

该项目反映企业资产负债表“递延所得税资产”项目的期初余额与期末余额的差额。递延所得税资产的减少增加了所得税费用，减少了利润。而递延所得税资产的减少并没有增加现金流出。所以应在净利润的基础上予以加回。相反，如果是递延所得税资产增加，则应用“-”号填列。

本项目可以根据“递延所得税资产”科目分析填列。

(11)“递延所得税负债增加”项目

递延所得税负债的增加，增加了当期所得税费用，但并没有因此增加现金流出，所以应在净利润的基础上予以加回。相反，如果是递延所得税负债减少，则应用“-”号填列。

(12)“存货的减少”项目

企业当期存货减少，说明本期经营中耗用的存货，有一部分是期初的存货，这部分存货当期没有发生现金流出，但在计算净利润时已经进行了扣除。所以在将净利润调节为经营活动现金流量时应当予以加回。

如果期末存货比期初增加，说明当期购入的存货除本期耗用外还剩余一部分。这部分存货已经发生了现金流出，但这部分存货没有减少净利润。所以在将净利润调节为经营活动现金流量时应予以扣除，即用“-”号列示。

总之，存货的减少，应视为现金的增加，应予加回现金流量；存货的增加，应视为现金的减少，应予扣除现金流量。

该项目可根据资产负债表“存货”项目的期初、期末数之间的差额填列。

(13)“经营性应收项目的减少”项目

经营性应收项目的减少（如应收账款、应收票据、其他应收款等项目中与经营活动有关的部分的减少），说明本期收回的现金大于利润表中确认的主营业务收入，即将上期实现的收入由本期收回了现金，形成了本期的现金流入，但净利润却没有增加。所以在将净利润调节为经营活动现金流量时，将本期经营性应收项目减少的部分应予以加回。

但上述各应收项目如果增加，即经营性各应收项目的期末余额大于期初余额，则表明本期的销售收入中有一部分没有收回，从而减少了现金的流入，在将净利润调节为经营活动现金流量时应予以扣除。

本项目应根据各应收项目账户所属的明细账户的记录分析填列。

(14)“经营性应付项目的增加”项目

经营性应付项目的增加（如应付账款、应付票据、应付职工薪酬、应付福利费、应交税费、其他应付款等项目中与经营活动有关的部分的增加），说明本期购入的存货中有一部分没有支付现金，净利润不变，但现金流出减少了，从而现金流量肯定增加了。所以在将净利润调节为经营活动现金流量时，应将本期经营性应付项目增加的部分予以加回。

如果上述经营性应付项目减少，即期末余额小于期初余额，说明除将本期购入的存货全部付款以外，还支付了上期的应付款项，所以现金流出增加了，现金净流量减少了。在将净利润调节为经营活动现金流量时，应将本期经营性应付项目减少的部分予以扣除。

本项目应根据各应付项目账户所属的明细账户的记录分析填列。

2. 不涉及现金收支的重大投资和筹资活动

“不涉及现金收支的重大投资和筹资活动”项目，反映企业一定期间内影响资产和负债但不形成现金收支的投资和筹资活动的信息。这些投资和筹资活动虽不涉及现金收支，但对以后各期的现金流量会产生重大影响，所以也应进行列示和披露。

不涉及现金收支的投资和筹资活动的具体项目见现金流量表补充资料表中所列。

二、现金流量表的编制方法

相比资产负债表和利润表来说，由于现金流量表的编制涉及每一笔经济业务，需要对每一笔业务进行分析，编制起来较为复杂，编制工作量较大。因此，这张主表目前只是作为年报，按照会计年度来进行编制的。但是对于处在信息化时代，竞争激烈的市场环境下的企业来说，现金流的健康甚至比财务状况的健康更为重要。及时反映企业资金的来源和运用情况就显得非常重要。因此，实时进行现金流量表的编制而不只是按年度编制就成为财务软件的一项重要功能。U8 软件提供了多种方式编制现金流量表：一种是通过事先定义现金流量科目和现金流量项目，平时在填制凭证的同时就把现金流量进行分类，最后通过 UFO 报表中的现金流量表模板进行汇总；另一种是平时不对现金流量进行处理，期末通过一个独立的现金流量表模块对凭证进行分析，由系统汇总生成现金流量表。

(一) 定义现金流量科目的编制方法

1. 指定现金流量科目

指定了现金流量科目以后，系统才能判断出哪些科目发生的金额需要记入现金流量表中。执行“基础设置—基础档案—财务—会计科目”功能，进入会计科目编辑界面中，点击“编辑”菜单中的“指定科目”（如图13-25所示）。

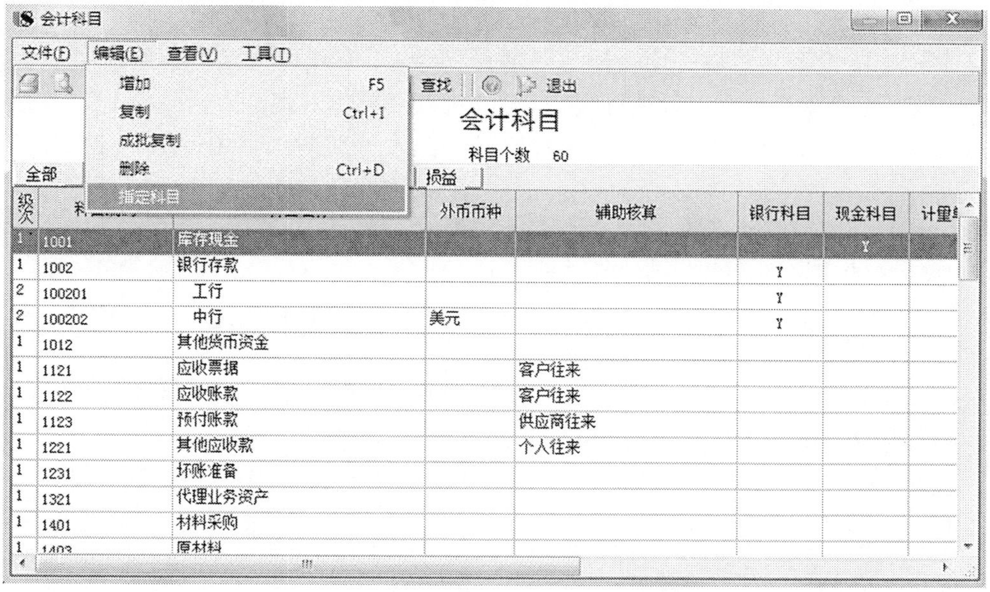

图13-25　指定科目

2. 选择现金流量科目

在待选科目列表中双击需要进行现金流量分配的科目（如“库存现金”、“银行存款”等科目和“其他货币资金”等现金等价物科目），使它出现在已选科目列表中（如图13-26所示）。

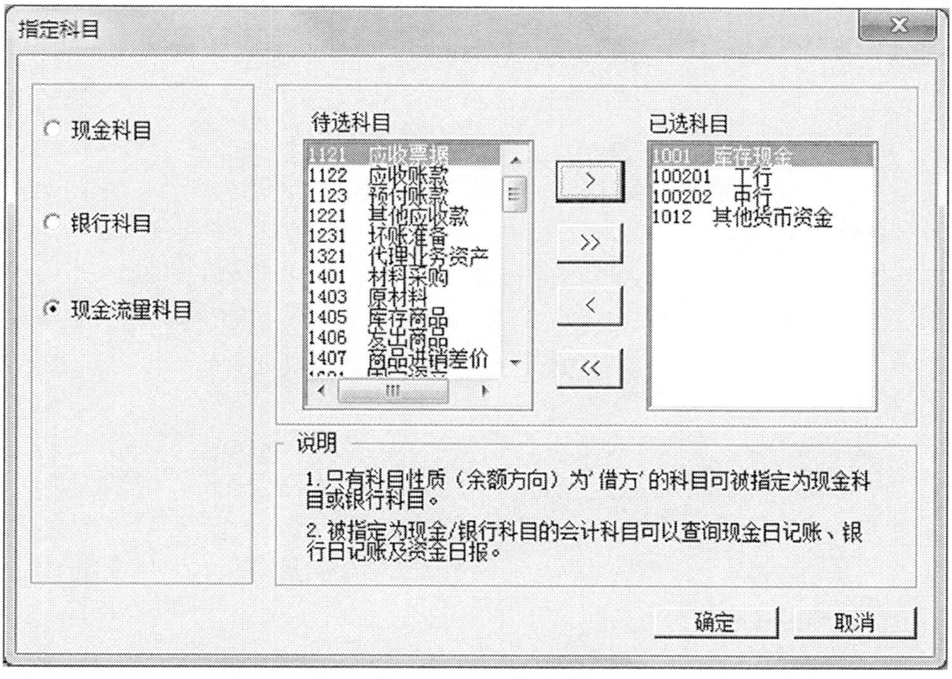

图13-26　选择现金流量科目

3. 设置现金流量项目

系统根据建账时选择的行业类型内置了现金流量项目，也提供新增、修改、删除功能，允许在此基础上进行现金流量项目的设置。

点击“基础设置—基础档案—财务—项目目录”，进入到项目档案的设置界面。在“项目大类”处选择“现金流量项目”，点击“项目目录”页签，点击“维护”按钮。进入到项目目录维护界面。可以使用“增加”、“删除”按钮对项目进行维护（如图 13–27 所示）。

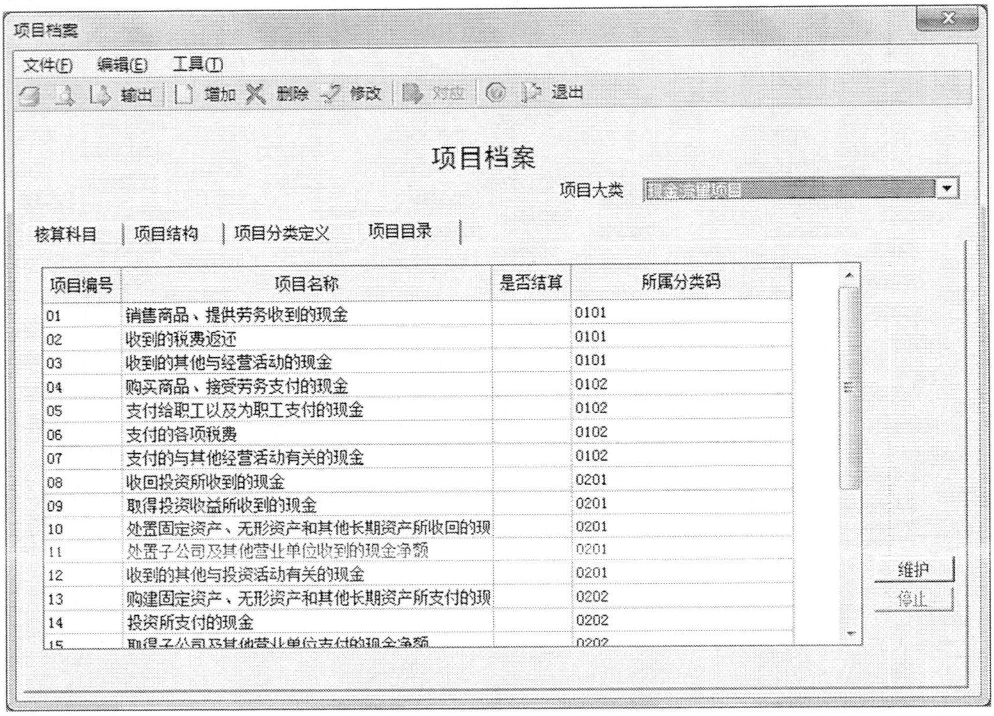

图 13–27　设置现金流量项目

除此之外，还可以进行科目和现金流量项目关系的定义，定义好关系后，填制凭证时系统自动按此关系分配现金流量，不需另外进行手工选择。先选择相应的项目记录，然后再点击“定义取数关系”按钮，弹出定义取数关系对话框。点击“增加”按钮后增加一行记录，取数方式只有“取凭证数”唯一一种，数据源处填入相应的科目内容，选择金额方向，如果有几个科目相应增加几行记录，完成后点击“确定”按钮退出（如图 13–28 所示）。

4. 凭证指定

进行完基础设置后，在制作每张凭证时需要进行现金流量项目的指定。（1）在输入凭证分录后，点击“流量”按钮，弹出现金流量录入界面进行分配。（2）直接点击保存按钮，如果事先进行了取数关系定义，那么系统自动填入现金流量项目，没有任何提示；如果没有事先进行取数关系定义，那么系统会弹出现金流量录入界面要求用户进行分配（如图 13–29 至图 13–32 所示）。

5. 期初录入

当年中启用时，如果需要现金流量查询表中提供当前年度内启用日期之前的现金流量

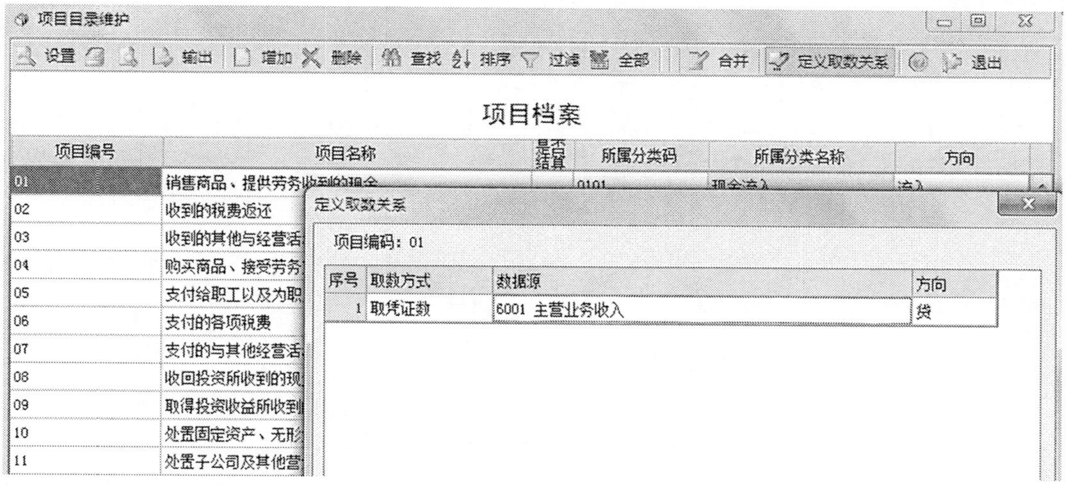

图 13-28 定义取数关系

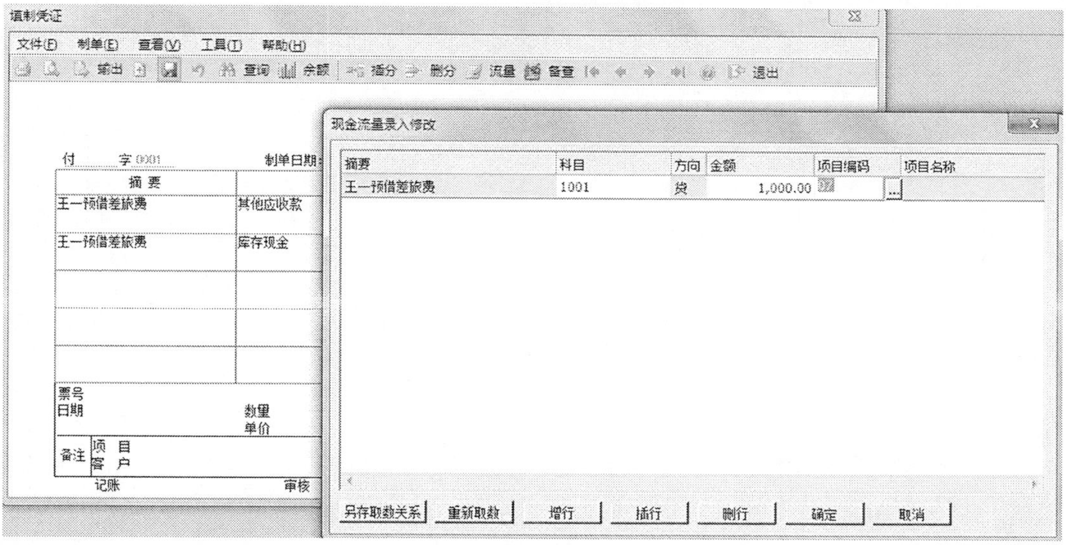

图 13-29 业务 2 流量项目

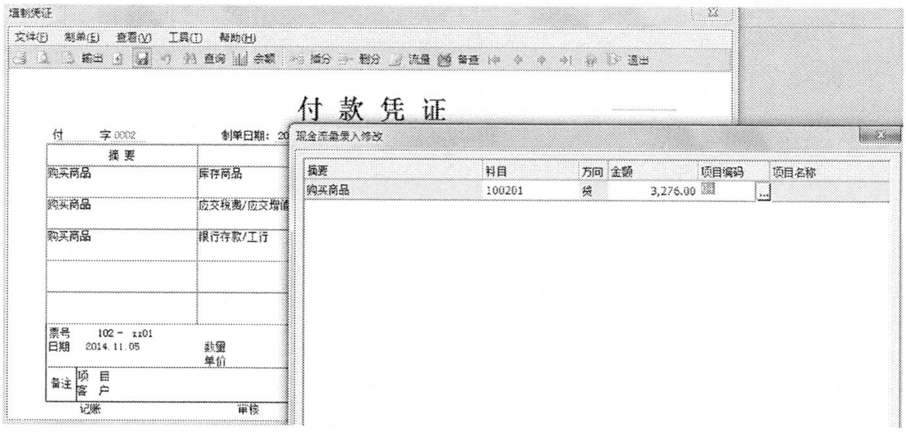

图 13-30 业务 3 流量项目

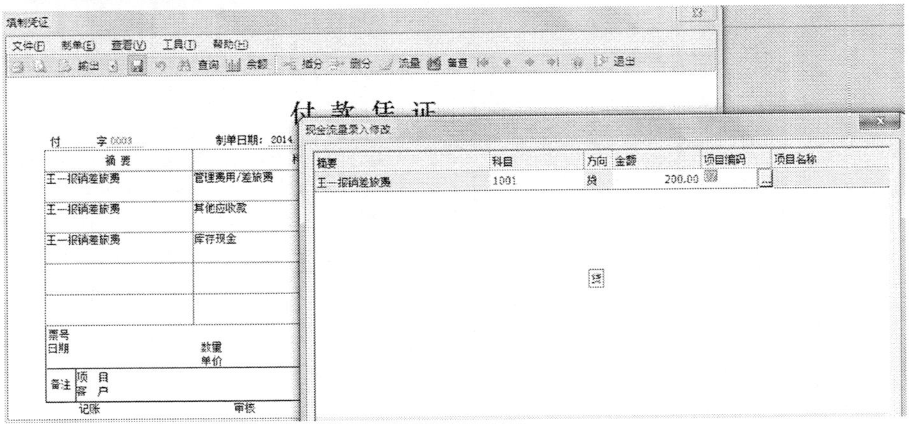

图 13-31 业务 5 流量项目

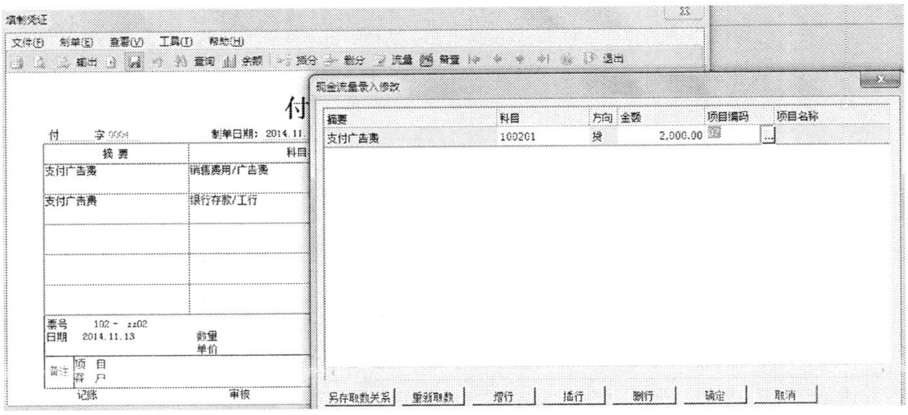

图 13-32 业务 6 流量项目

数据，就需要将现金流量启用日期之前的累计数在此补录。

点击“业务工作—财务会计—总账—现金流量表—期初录入”，进入期初录入界面(如图 13-33 所示)。

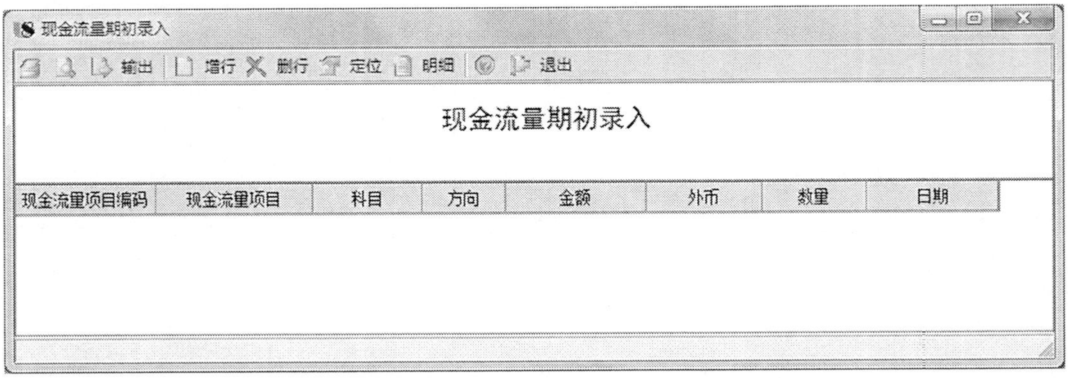

图 13-33 现金流量期初录入

6. 现金流量查询

(1) 现金流量凭证查询（如图 13-34 所示）。使用本功能可以按照已记账、未记账和全部凭证，或按已填流量项目、未填流量项目等不同的查询范围查看现金流量凭证，并可以对已分配的现金流量进行修改。左边显示现金流量凭证表，右边显示与左边凭证对应的现金流量项目。在左边的现金流量凭证表中选择要修改的现金流量凭证，点击“修改”按钮显示现金流量表修改窗口，在窗口提示中修改。

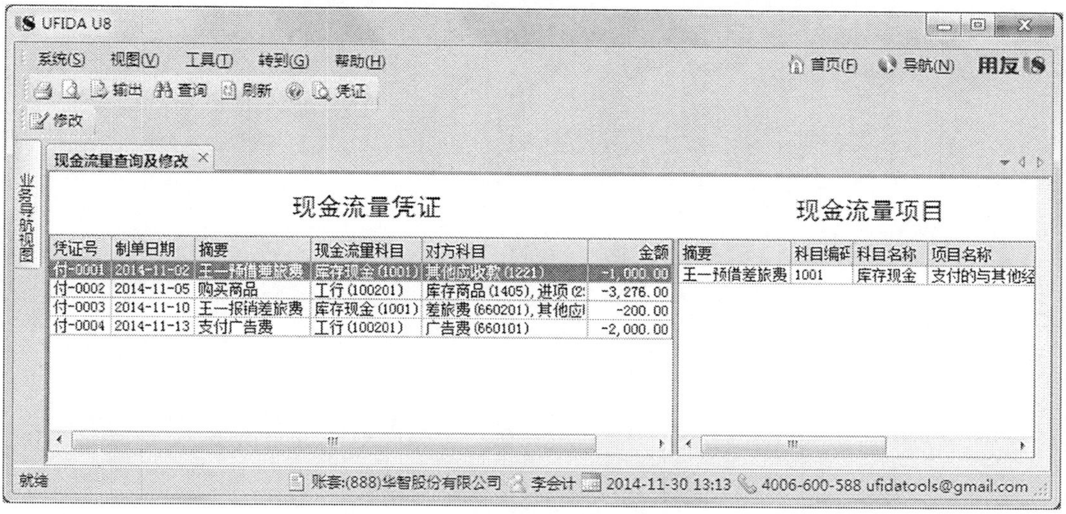

图 13-34 现金流量凭证查询

（2）现金流量明细表（如图 13-35 所示）。点击“现金流量明细表”，进入现金流量明细表查询界面。

图 13-35 现金流量明细表

（3）现金流量统计表（如图 13-36 所示）。点击“现金流量统计表”，进入现金流量统计表查询界面。

7. 制作现金流量表

进入 UFO 报表系统。新建一张空白报表，点击［格式］菜单下的［报表模板］，选择“2007 年新会计制度科目”和“现金流量表”（如图 13-37 所示）。

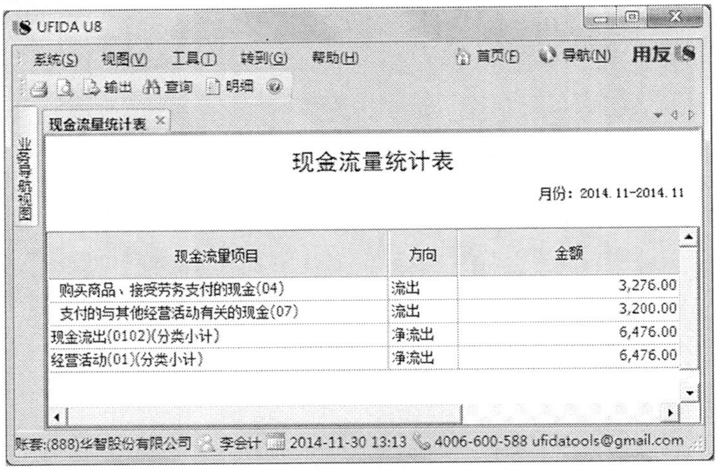

图 13-36　现金流量统计表

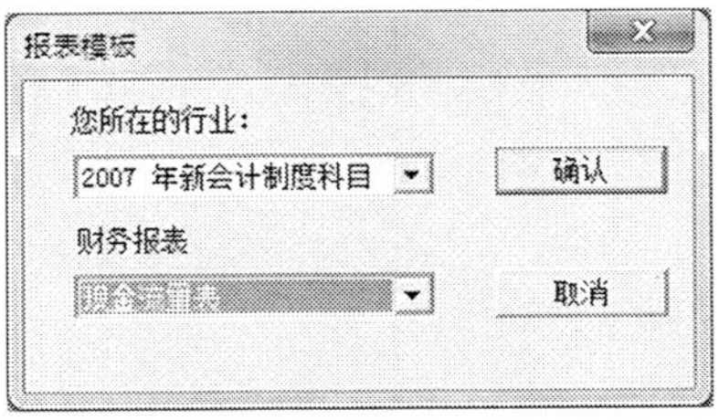

图 13-37　选择报表模板

（1）生成现金流量表模板（如图 13-38 所示）。

图 13-38　现金流量表模板

（2）进行公式设置（如图 13-39 所示）。

图 13-39 公式设置

（3）选择“函数向导”，在左边的函数分类中选择“用友账务函数”，右边的函数名中选择“现金流量项目累计金额”或“现金流量项目金额”（如图 13-40 所示）。

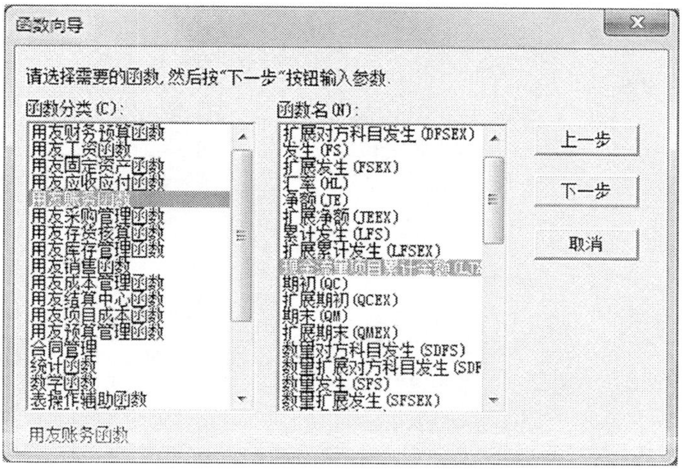

图 13-40 函数向导

（4）双击该函数名，弹出账务函数录入界面。会计期间有“月”、“季”、“年”的选择，根据所做报表期间不同进行选择，注意流入、流出方向，选择相应的现金流量项目编码（如图 13-41 所示）。

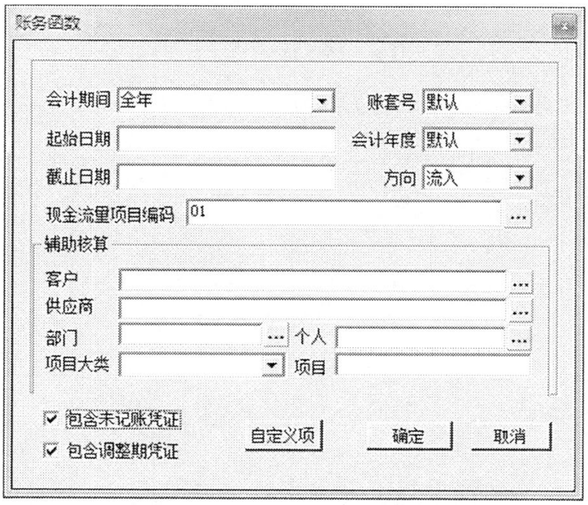

图 13-41 账务函数参数设置

（5）完成现金流量公式设置（如图 13–42 所示）。

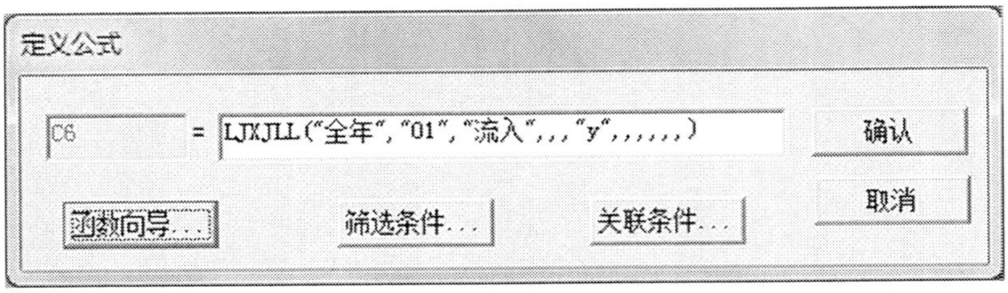

图 13–42　完成公式设置

（6）将报表从格式状态转换为“数据”状态，输入关键字即可自动填制相关数据（如图 13–43 所示）。

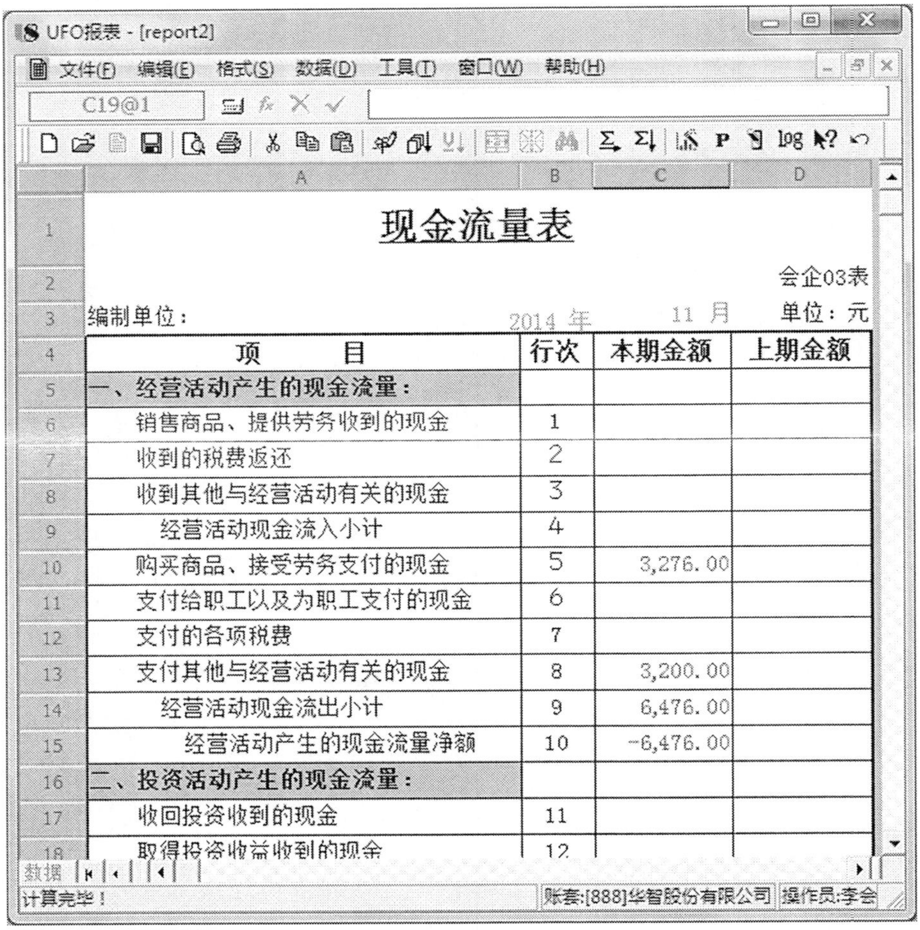

现金流量表

会企03表

编制单位：　　2014 年　11 月　单位：元

项　　目	行次	本期金额	上期金额
一、经营活动产生的现金流量：			
销售商品、提供劳务收到的现金	1		
收到的税费返还	2		
收到其他与经营活动有关的现金	3		
经营活动现金流入小计	4		
购买商品、接受劳务支付的现金	5	3,276.00	
支付给职工以及为职工支付的现金	6		
支付的各项税费	7		
支付其他与经营活动有关的现金	8	3,200.00	
经营活动现金流出小计	9	6,476.00	
经营活动产生的现金流量净额	10	-6,476.00	
二、投资活动产生的现金流量：			
收回投资收到的现金	11		
取得投资收益收到的现金	12		

图 13–43　现金流量表数据

（二）使用现金流量表模块编制方法

执行“业务工作—财务会计—现金流量表”功能（如图 13–44 所示）。

1. 现金流量表日期设置

该模块是一个独立的模块，没有包含在 UFO 报表模块中。在“现金流量表日期设置”中选择“按日（只分析现金流量表主表）”，这样就可以实时反映任意一个会计年度内一段时期现金流量的情况。现金流量表日期设置的操作界面如图 13–45 所示。

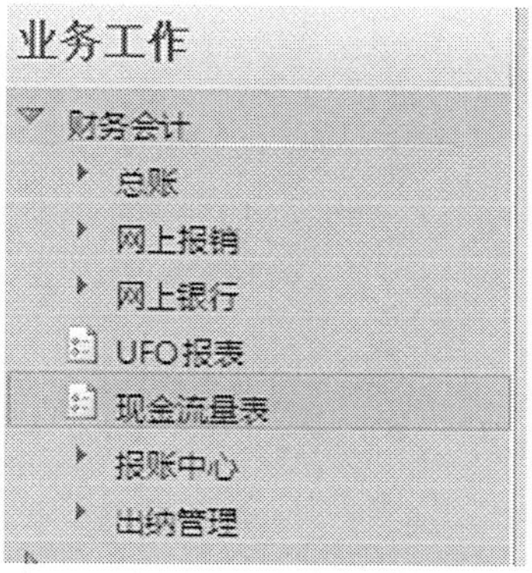

图 13-44　执行现金流量表

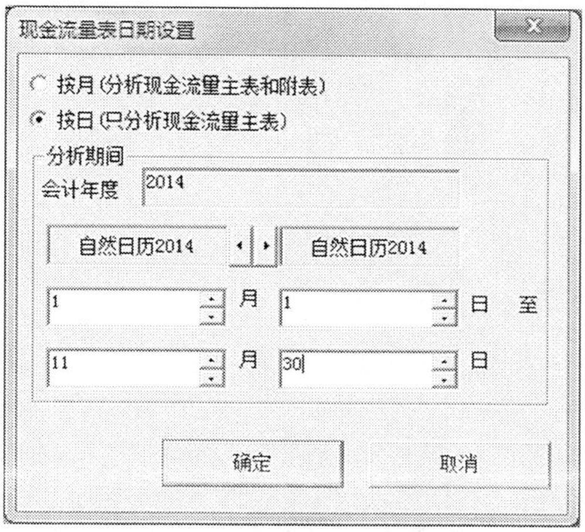

图 13-45　现金流量表日期设置

2. 选择会计制度（如图 13-46 所示）

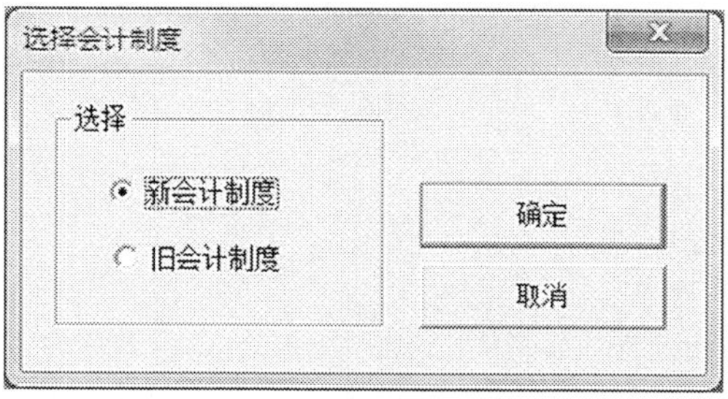

图 13-46　会计制度选择

3. 基本科目设置

双击“基本科目设置”菜单项，进行现金科目及应收应付科目设置，在这里进行两方面内容的初始化：一是规定在提取现金流量数据时凭证借方或贷方的必有科目，通常包括库存现金、银行存款、其他货币资金，在后面的核算中，这里定义的所有科目将会以现金科目（科目编号为 1）的形式出现，从而简化核算过程。二是由于现金流量表要求企业将应收应付账款中的货款和增值税税款分别核算，并将其现金流入、流出填列到不同的项目中去，不过很多企业并没有分别核算，这就要由用户选择应收应付科目。通常，应收科目应该包括应收账款、应收票据、预收账款，应付科目包括应付账款、应付票据、预付账款。如果在账务系统中已经建立了应收应付科目的价税明细科目进行核算，就不应在此选择，只需将其置为空，系统便不进行价税分离；如果在账务系统中没有建立应收应付科目的价税明细科目，则应在此选择，系统将按“税率设置”指定的税率自动将选择的应收应付科目的发生额分解成货款和税款。基本科目设置和税率、汇率设置的操作界面如图 13-47、图 13-48、图 13-49 所示。

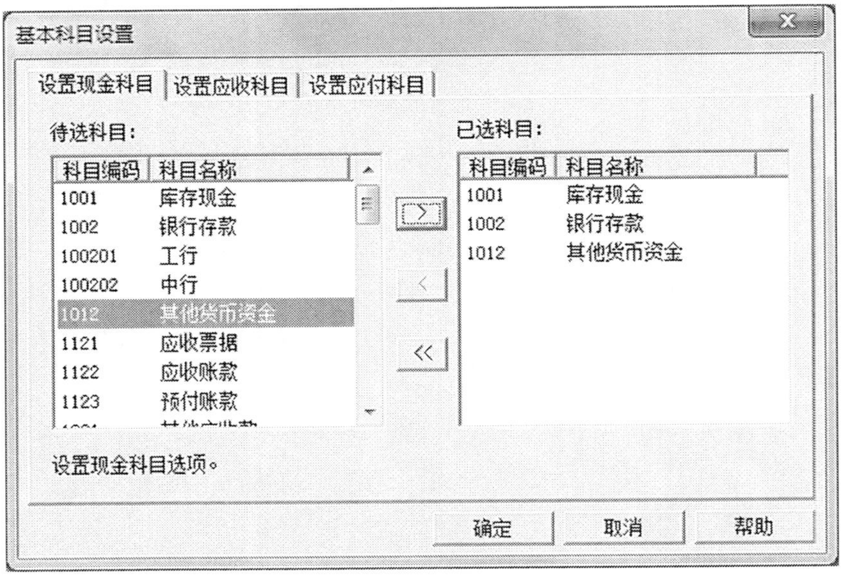

图 13-47　设置现金科目

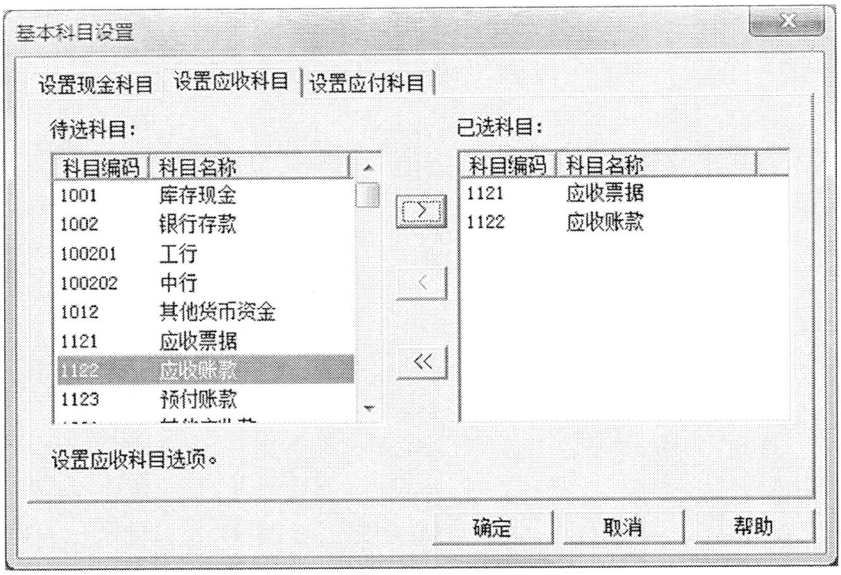

图 13-48　设置应收科目

4. 税率、汇率设置（如图 13-50、图 13-51 所示）

5. 拆分多借多贷凭证

鉴于现金流量表的填报要求，本系统在生成现金流量表之前，要对企业的凭证进行一次规范性处理，用以明确每笔业务的流向。在凭证库中保存的凭证，从借贷方的对应关系

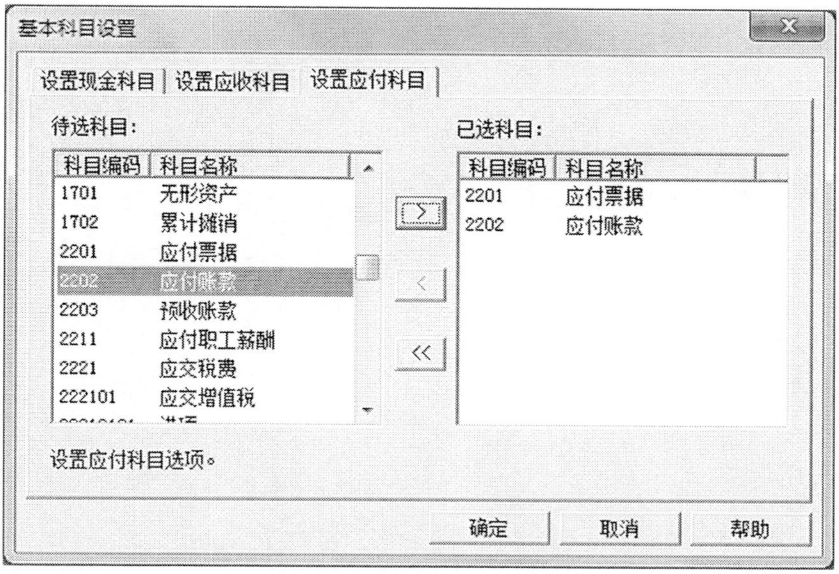

图 13-49 设置应付科目

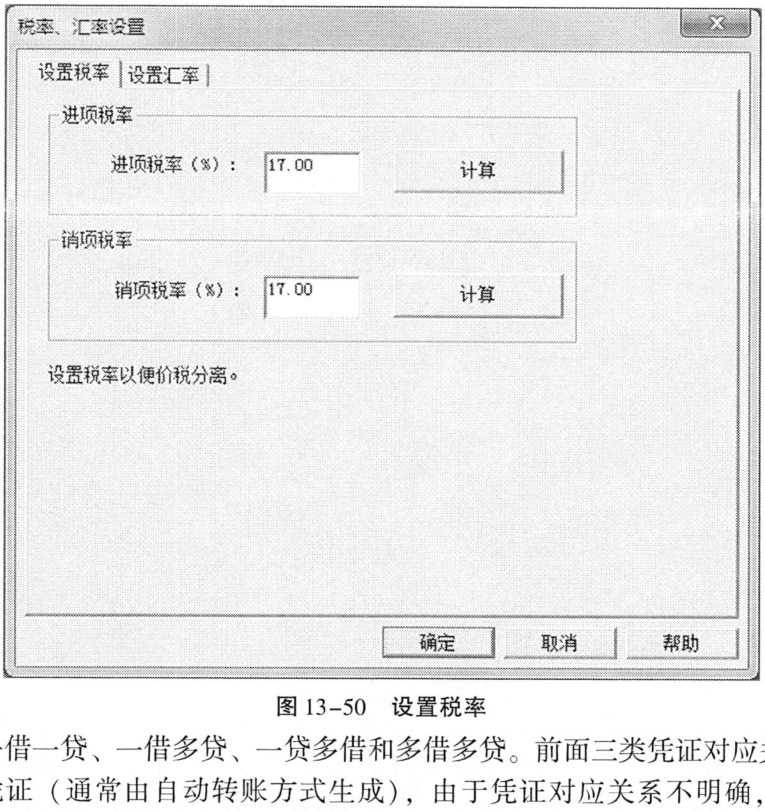

图 13-50 设置税率

来看，包括一借一贷、一借多贷、一贷多借和多借多贷。前面三类凭证对应关系明确，而多借多贷的凭证（通常由自动转账方式生成），由于凭证对应关系不明确，必须进行拆分，据此才有可能进行现金流量表的取数。具体可以采用金额对应、比例分配、月末结转、手工拆分四种方式，将多借多贷凭证拆分成对应关系明确的前三类凭证。拆分凭证是根据账务系统形成的凭证数据，在现金流量表系统中进行处理，不会影响账务系统中做过的工作。经过拆分的凭证，只是从形式上发生了变化，各科目的金额仍与账务系统相等（如图 13-52 所示）。

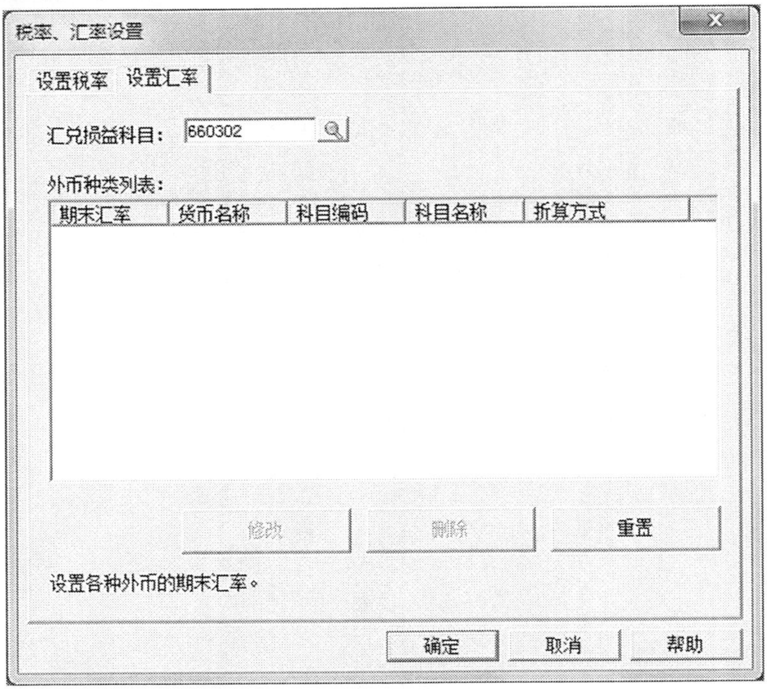

图 13-51　设置汇率

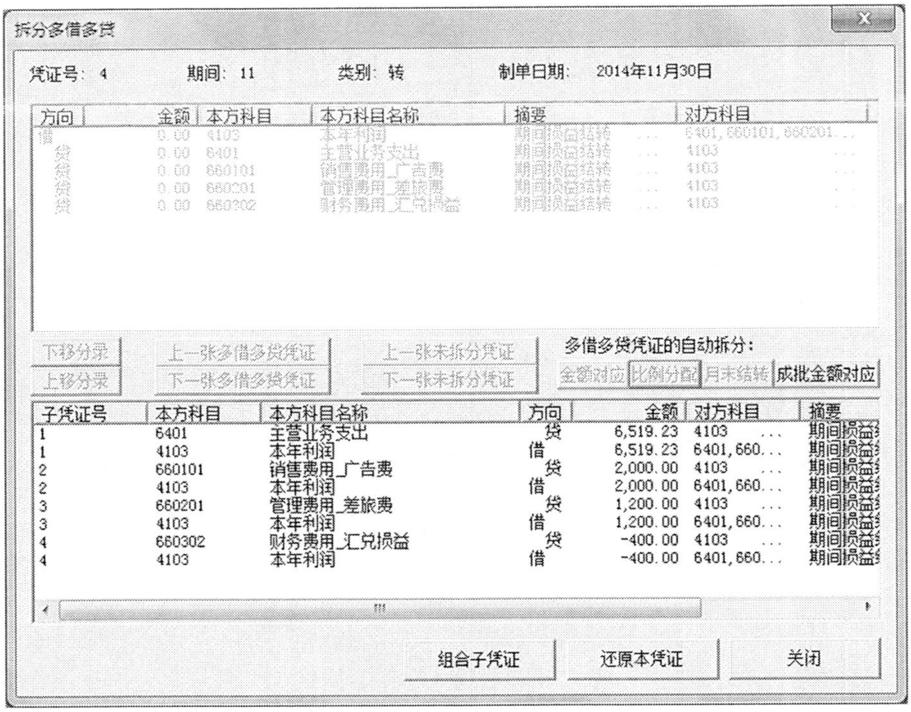

图 13-52　凭证拆分

6. 凭证准备（如图 13-53 所示）

通过这步工作，系统将把所有的凭证都分成一借一贷的凭证保存在一个缓存文件中，供后续根据定义的计算项目来源筛选现金流量时使用。从操作流程来看，这两步工作是为初始化的下一步定义计算项目来源作准备。

图 13-53　**凭证准备**

7. 定义填报项目（报表外观）

从结构来看，一张报表包括格式和数据两个部分，在空间上它们是可以分离的。我们在这里定义现金流量表的外观格式，包括项目名称和行次，不涉及各项目取数来源公式（最终形成数据）的定义。填报项目是反映在现金流量表中的项目，系统已经按企业会计准则中规定的现金流量表进行了预置，一般不需要改动。但为适应特殊需求和未来变化，也可以由用户适当增加或修改。需要注意的是，在增加项目时必须选择有预留行次的位置，即只能在“行次”有间断的项目所在单元增加新的项目，否则“增加”按钮将不可操作。定义填报项目的操作界面如图 13-54 所示。

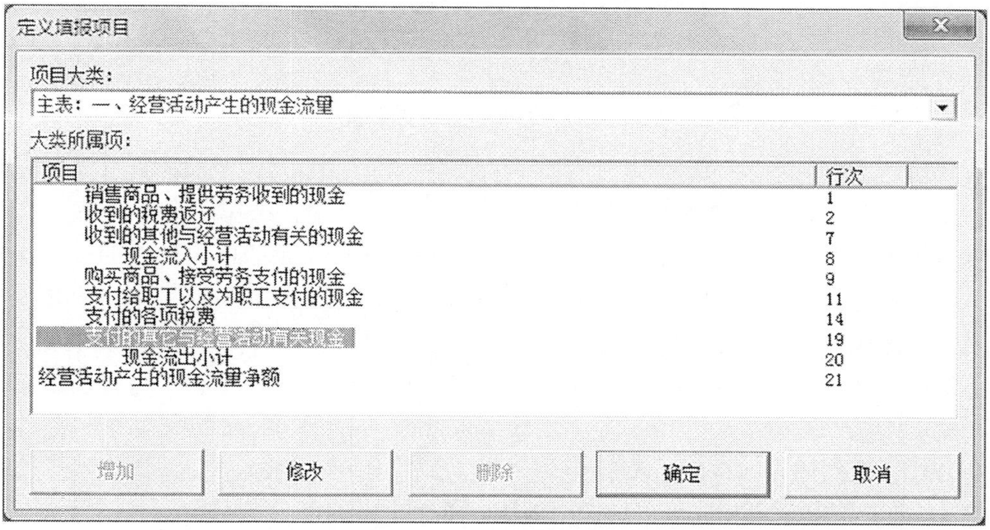

图 13-54　**定义填报项目**

8. 定义计算项目来源（报表数据）

在这里，对上一个步骤设置的填报项目确定取数公式和数据来源，这是整个报表编制的核心，也是最费时费力的部分，但是这项工作完成以后可以导出进行保存，以后各期都可以使用，因此，属于一次性的工作。对于经济业务相对稳定的企业来说，完成一次以后，将来这个步骤的工作量就会减少很多。定义计算项目来源的操作界面如图 13-55 所示。

对于一个计算项目，通常需要逐步定义其计算步骤，即本计算项目是由哪几个数据、通过哪些运算步骤得到的。具体计算时用光标在“计算项目列”框中选中某一计算项目，

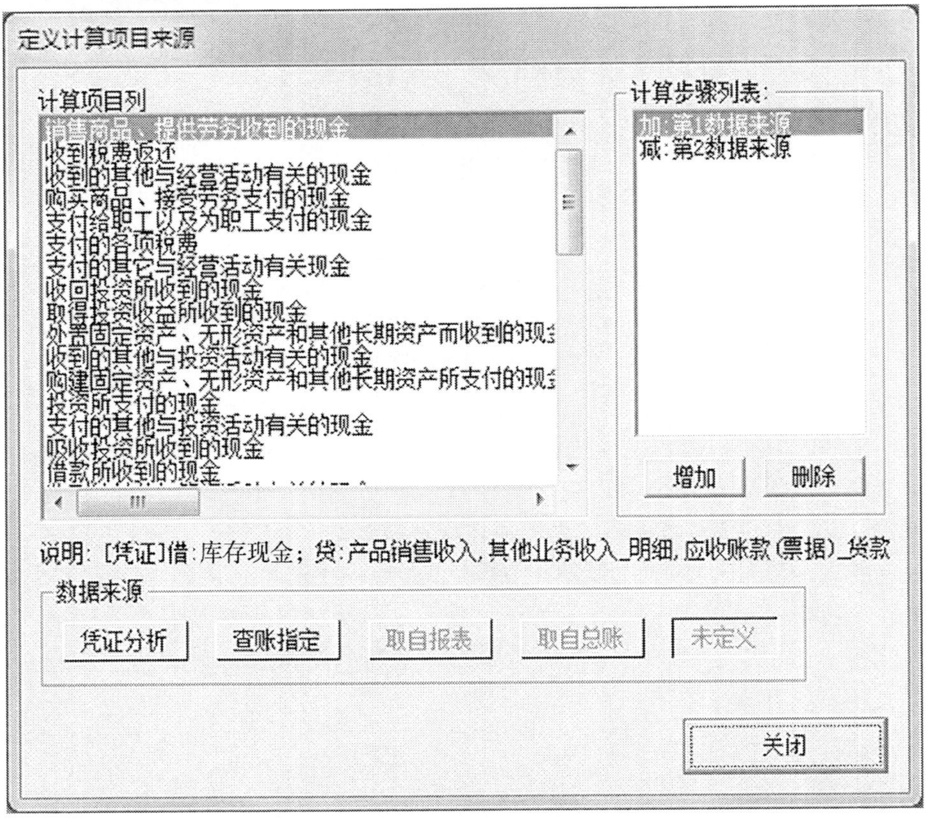

图 13-55　定义计算项目来源

再点取“增加”按钮，将弹出“增加计算步骤”对话框。在“与上一计算步骤的运算关系”框中选择相邻计算步骤间的运算关系，即“加”或“减”。在“说明”框中录入对该计算步骤的文字描述，它将显示在“定义计算项目来源”对话框中的说明位置，最后点击“确定”按钮，在“定义计算项目来源”对话框“计算步骤列表”中相应增加一条步骤。每次操作只增加一条步骤，为了表达一个完整的项目计算过程可以多次增加，增加的步骤将逐个列在“计算步骤列表”框中。如果需要删除某计算步骤，需要从最后一条步骤开始。用鼠标选中最后一条步骤，点取“删除”按钮即可。如果需要去掉其他步骤的计算公式，请先用光标选中，然后点取“未定义”按钮，系统自动将该步骤的值默认为“零”，即与删除效果相同。以后需要使用时重新定义即可。

对于计算项目的数据来源，系统提供了五种方法：凭证分析、查账指定、取自报表、取自总账、未定义（其中，对应主表的计算项目可选用凭证分析、查账指定、未定义三种方法；而对应附表的计算项目则五种方法都可以选用）。对于主表的计算项目，主要利用凭证分析来进行设置，下面主要介绍这种方法。

在使用凭证分析进行取数来源设置时，基本步骤是首先由用户定义凭证的取数条件，包括摘要、借方必有科目和贷方必有科目，然后系统根据指定的条件，对分析期间内的拆分凭证进行筛选，将所有满足条件的凭证发生额进行汇总，得到需要的数据。

具体操作时在“摘要”框中录入摘要的过滤条件，这里最好填写准确，否则在筛选凭证时将会出现找不到相关凭证的错误，系统为了提高准确性，提供了模糊筛选功能。例如，输入了“销售产品”，系统将筛选出所有摘要中有“销售产品”四个字的凭证。点取“增加”按钮，将弹出“增加科目”对话框，框中列出了账务系统中设置的所有科目，在“基本科目设置”中选定的应收科目、应付科目都已被拆分成相应的货款和税款明细科目；新增的“现金科目”是在“基本科目设置”中选定的所有现金科目集合。如果通过凭证分析定义了两条取数条件相同（完全相同或包含）的计算步骤，而且它们各自与其上一计算步骤的运算关系也相同时，为了避免数据重复，系统只计算一次，默认行次靠前的成立。使用凭证分析进行取数来源设置的界面如图 13-56 所示。

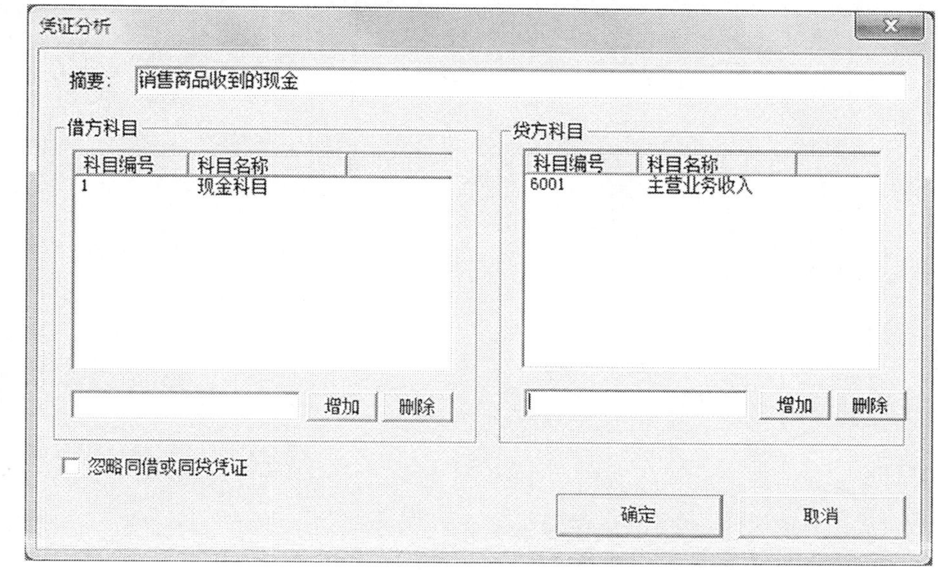

图 13-56 使用凭证分析进行取数来源设置

查账指定设置计算项目数据来源是指用户无法通过凭证分析得出数据时，本系统提供了人机交互的条件查账界面，可逐步缩小数据搜索范围，最终找到符合条件的凭证，将其数据归入现金流量表的计算项目。

取自报表或取自总账是指在生成现金流量表附表时，许多数据可直接来源于相应的资产负债表和利润表或总账，因此系统提供了取自他表或总账数据的功能。

9. 生成现金流量表

前面的准备工作完成以后，就可以双击“自动计算”按钮，系统将会按照用户设定的现金流量表格式和取数来源自动进行报表的编制。可以根据需要，修改系统自动生成的现金流量表各项的金额。在生成的现金流量表的最后两行分别为“单位负责人”、“财会负责人”、“操作员”、“复核人”项，其中操作员项由系统自动带入登录时的操作员名称。双击这四项所对应的单元格，该单元格即变为可编辑状态，用户可根据自己的需要输入相应人员的姓名。

最后，系统在协助我们自动调平的基础上还提供了手工调整的功能。如果对自动计算的结果不满意，认为个别项目中的数据不真实，可通过手动调整将部分或全部数据调整到其他项目中（如图 13-57 所示）。

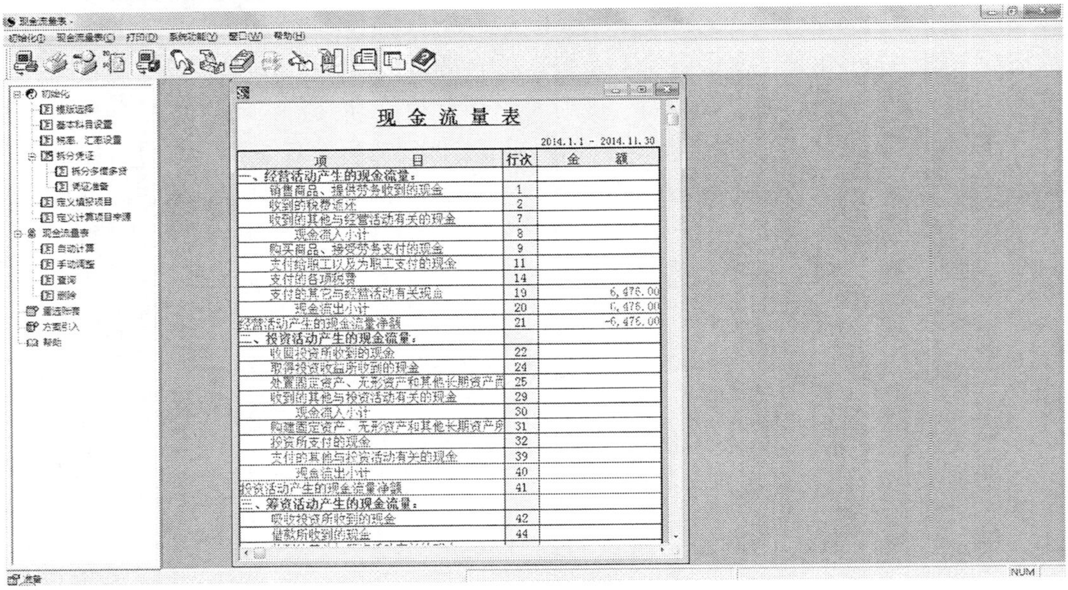

图 13-57 现金流量表

第四节 报表账务函数参数应用

一、账务函数简介

在 UFO 报表中，账务函数的使用是非常广泛的，它具有非常强大的功能，并且使用非常灵活。以期末余额函数为例，账务函数的格式形如：

QM（<科目编码>，<会计期间>，[方向]，[账套号]，[会计年度]，[编码 1]，[编码 2]，[截止日期]）

式中：QM 是函数名，（ ）中是函数的参数项，其中包含在< >内的参数是必选项，包含在 [ ] 内的参数是可选项。值得注意的是，对于可选项，如果省略的参数后面没有内容了，则可以不写逗号；如果省略的参数后面还有内容，则必须写逗号，把它们的位置留出来。例如以下公式：QM（"1001"，月），省略了方向、账套号、会计年度、编码 1、编码 2，QM（"1001"，月，，，，"单位编码"），省略了方向、账套号、会计年度、编码 2。函数中的参数除了日期字符串必须加引号"" 之外，其他参数可以不加引号。函数中的引号、逗号等标点符号支持全角和半角。在账务函数的所有参数中，除了科目编码项的使用比较固定以外，其他参数的使用都比较灵活，若能使用好这些参数，将能更好地发挥账务函数的强大功能。

二、关于会计期间

账务函数中，会计期间参数项可以直接利用报表关键字或者写日期来指定。

1. 关键字的书写格式

如果已经定义了报表关键字，并且输入了关键字的值（如图 13-58 所示），会计期间中的关键字代表如下含义：

公式 FS（"1001"，全年，"借"，001，2014），表示取 2014 年度 1 号账套全年 1001 科目的借方发生额。

公式 FS（"1001"，全年，"借"，001，年），表示取报表中登录时所选年度的全年 1001 科目的借方发生额。

公式 FS（"1001"，季，"借"），表示取报表中关键字“季”值的 1001 科目的借方发生额。

公式 FS（"1001"，月，"借"），表示取报表中关键字“月”值的 1001 科目的借方发生额。

图 13-58 关键字定义

2. 日期的书写格式

会计期间也可以直接用数字或者一个带引号的日期来表示，含义如下：

1～12 表示 1—12 月。例如，公式 FS（"1001"，5，"借"），表示取 5 月 1001 科目的借方发生额。

21～24 表示 1—4 季度。例如，公式 FS（"1001"，21，"借"），表示取一季度 1001 科目的借方发生额。

41～93 表示第 1 周—第 53 周。例如，公式 TFS（"1001"，41，"借"），表示取第 1 周 1001 科目的借方发生额。

1001～1136 表示第 1 旬—第 36 旬。例如，公式 TFS（"1001"，1001，"借"），表示取第 1 旬 1001 科目的借方发生额。

"月/日/年，月/日/年" 表示一个时间段。例如，"3/15/2014" 表示 2014 年 3 月 15 日；"3/15/2014，4/15/2014" 表示 2014 年 3 月 15 日至 4 月 15 日。公式 TFS（"1001"，"3/15/2014"，"借"），表示取 2014 年 3 月 15 日 1001 科目的借方发生额；公式 TFS（"1001"，"3/15/2014,4/15/2014"，"借"），表示取 2014 年 3 月 15 日至 4 月 15 日 1001 科目的借方发生额。

值得注意的是，在用友账务系统中，支持会计日期和自然日期不一致。如果在账套建立时指定的会计日历与自然日期不一致，例如某单位会计核算年度从当年 3 月 21 日起到次年 3 月 20 日（如图 13-59 所示），那么会计 1 月指的就是自然日期的 3 月 21 日至 4 月 20 日。此时公式 FS（"1001"，1，"借"）表示取会计 1 月 1001 科目的借方发生额，对应的是 3 月 21 日至 4 月 20 日的借方发生额。

UFO 取账务数时，以下函数的取数期间为“会计期间”，并且取数期间最小到会计月，不能取某一天或几天的数据。

例如：

FS（"1131"，5，"借"），1～12 表示会计日期的 1—12 月；

FS（"1131"，21，"借"），21～24 表示会计日期的 1—4 季度；

FS（"1131"，月，"借"），“月”表示会计月；

会计月历-建账

启用年度：2014　月度：1

期间	起始日期	结束日期
01	2014-03-21	2014-04-20
02	2014-04-21	2014-05-20
03	2014-05-21	2014-06-20
04	2014-06-21	2014-07-20
05	2014-07-21	2014-08-20
06	2014-08-21	2014-09-20
07	2014-09-21	2014-10-20
08	2014-10-21	2014-11-20
09	2014-11-21	2014-12-20
10	2014-12-21	2014-01-20
11	2015-01-21	2015-02-20
12	2015-02-21	2015-03-20

确定　放弃

图 13-59　会计月历

FS（"1131"，季，"借"），“季”表示会计季度；

FS（"1131"，全年，"借"，2014），“全年”表示取会计年度的全年。

但是，条件发生额函数 TFS 和对方科目发生额函数 DFS，它们不但可以按照会计年、会计季度、会计月取数，还可以按照自然日期取数。当“取数期间”为全年、季、月时，指的是会计期间；当“取数期间”为日、周、旬、日期字符串时，指的是自然日期。

例如，某单位会计核算年度从当年 3 月 21 日起到次年 3 月 20 日，公式含义如下：

TFS（"1001"，1，"借"），对应自然日期 3 月 21 日至 4 月 20 日；

TFS（"1001"，月，"借"），对应关键字指定会计月份自然日期；

TFS（"1001"，21，"借"），对应自然日期 3 月 21 日至 6 月 20 日；

TFS（"1001"，全年，"借"），对应自然日期 2014 年 3 月 21 日至 2015 年 3 月 20 日；

TFS（"1001"，"3/21/2014"，"借"），自然日期 2014 年 3 月 21 日；

TFS（"1001"，日，"借"），对应关键字“日”的自然日期；

TFS（"1001"，41，"借"），自然日期第 1 周；

TFS（"1001"，1001，"借"），自然日期第 1 旬。

三、关于会计科目取数方向

科目方向参数可以有三种写法：取科目借方、取科目贷方、取默认值。

如果在公式中没有显示注明取科目哪个方向，则取默认方向。默认方向的含义是：如果该科目是借方余额，则取借方余额数；如果是贷方余额，则取贷方余额数。例如，1131 科目期初为借方 100 元，则 QC（"1131"，月,，001）取出的是 100 元，若为贷方 100 元，则 QC（"1131"，月,，001）取出的也是 100 元。这样在定义公式时，针对一些可能出现借方余额也可能出现贷方余额的科目就必须指定取数方向，并进行适当处理，确保报表有关栏目计算的正确性。例如，资产负债表中“坏账准备”期初栏目的公式定义可以用 QC（"1141"，月，"贷"，001）-QC（"1141"，月，"借"，001）表示，这样不管出现哪个方向余额，都不会影响应收账款净额栏目计算的正确性。另外，对于取数为发生额的函数 FS（ ），在定义科目取数方向时也必须指定“借”或“贷”，并且在平时针对取数的会计科目做会计分录时要按特定要求，否则会造成取数不准确。例如，利润表中营业收入项目的公式定义为 FS（"6001"，月，"贷"，001），则要求平时在做涉及 6001 的业务时必须在贷方反映，期末 6001 科目结转本年利润时在借方反映。

四、关于账套号

在取数时，可以指定从哪个账套中取数。例如，公式 QC（"1001"，月，"借"，001）表示从账套 001 中取数。账套号也可以省略不写，例如公式 QC（"1001"，月，"借"）表示从默认账套中取数。在［数据］菜单中有一项［账套初始］功能，用于指定默认账套。比如常用的账套是 001，那么在此指定 001 账套为默认账套。定义账务函数时如果不写账套号，则 UFO 自动从 001 账套中提取数据。

例如，某集团公司账务系统中有 3 套账，分别为：

ZT001，公司本部；

ZT002，南昌分公司；

ZT003，长沙分公司。

在报表中定义了公式 FS（"113"，1，"借"），如果需要对公司本部账套进行操作，则不用修改公式，在“账套初始”中设为 ZT001 即可；同理，南昌分公司把“账套初始”设为 ZT002；长沙分公司把“账套初始”设为 ZT003。

五、关于会计年度

会计年度参数项在取数时，可以指定从一个账套的某个会计年度中取数。会计年度有两种形式：

一是指定 4 位会计年度。例如，公式 FS（"1111"，1，"借"，001，2014），表示取账套 001 中 2014 年 1 会计月的借方发生额。

二是省略不写，此时系统会按照账套初始功能中定义的会计年度来取数且只受登录会计年度影响。若在格式状态下定义了关键字“年”，则输入的关键字“年”的值对它没有影响。例如，某公司已建立 2014 年度的报表及取数公式，公式省略“会计年度”，形如 FS（"1111"，1，"借"，001）。进入 2015 年后，若要计算 2015 年度相关数据，则不用修改公式，只需要把“账套初始”设为 2015 年即可。

三是写“年”字，如果已经在格式状态下定义好了报表关键字“年”，在数据状态下输入关键字“年”的值，这种写法将取报表关键字“年”的值。例如公式 FS（"1111"，1，"借"，001，年），当报表中关键字“年”输入 2014 时，此公式表示取 2014 年数据；当关键字“年”为 2015 时，此公式表示取 2015 年数据。如果报表中没有定义关键字年，则按照机器时间所在年度取数。

六、关于辅助核算编码

账务函数中有“编码 1”和“编码 2”两个参数，它们是辅助核算编码，利用它们可以从辅助账中取数。辅助核算的排列的顺序是：客户，供应商，部门，个人，项目。

例如一个科目为“部门客户”，则函数应写为：

FS（"1131"，月，"借"，001，2014，"客户编码"，" 部门编码"）。

而不能写为：

FS（"1131"，月，"借"，001，2014，"部门编码"，" 客户编码"）。

例如一个科目为“部门项目”，则函数应写为：

FS（"660201"，月，"借"，001，2014，"部门编码"，" 项目编码"）。

而不能写为：

FS（"660201"，月，"借"，001，2014，"项目编码"，" 部门编码"）。

若编码 1 或编码 2 中有一个取默认值，则默认取它的全部值。

例如有一个“部门项目”科目 660202，那么取数时可以这样定义：

FS（"660202"，月，"借"，001，2014，"部门编码 1"，"项目编码 1"），表示取 660202 科目部门 1 项目 1 的数据。

FS（"660202"，月，"借"，001，2014，"部门编码 1"），表示取 660202 科目部门 1 的所有项目的数据。

FS（"660202"，月，"借"，001，2014，，"项目编码 1"），表示取 660202 科目所有部门的项目 1 的数据。

思考题及实践题

1. 报表中定义关键字有什么作用？
2. 什么是可变表？如何设置报表的可变区？
3. 引入总账业务已经完成的账套，编制各种报表。

第十四章

财务分析

财务报表是企业信息的载体，反映了企业的财务状况和经营成果等方面的情况，包含了企业的利益相关者所需要的大量据以做决策的信息。然而，报表中的这些信息必须通过财务分析才能挖掘出来据以做决策使用。

财务分析是以会计核算和报表资料及其他相关资料为依据，采用一系列专门的分析技术和方法，对企业等经济组织过去和现在有关筹资活动、投资活动、经营活动、分配活动的盈利能力、营运能力、偿债能力和增长能力状况等进行分析与评价的经济管理活动。它是为企业的投资者、债权人、经营者及其他关心企业的组织或个人了解企业过去、评价企业现状、预测企业未来并做出正确决策提供准确的信息或依据的经济应用学科。财务分析的一般目的可以概括为：评价过去的经营业绩、衡量现在的财务状况、预测未来的发展趋势。

财务分析的方法有很多种，主要包括趋势分析法、比率分析法、因素分析法。

1. 趋势分析法。趋势分析法又称水平分析法，是将两期或连续数期财务报告中相同指标进行对比，确定其增减变动的方向、数额和幅度，说明企业财务状况和经营成果的变动趋势的一种方法。

2. 比率分析法。比率分析法是指利用财务报表中两项相关数值的比率揭示企业财务状况和经营成果的一种分析方法。

3. 因素分析法。因素分析法也称因素替换法、连环替代法，它是用来确定几个相互联系的因素对分析对象的综合财务指标或经济指标的影响程度的一种分析方法。采用这种方法的出发点在于，当有若干因素对分析对象产生影响作用时，假定其他各个因素都无变化，按顺序确定每一个因素单独变化所产生的影响。

财务分析的具体流程如图 14-1 所示。

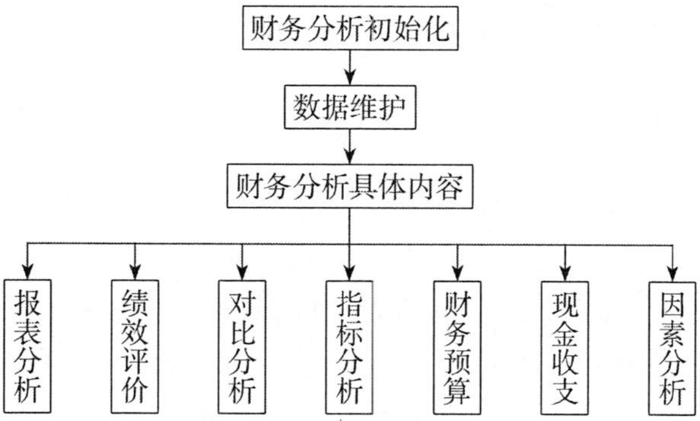

图 14-1　财务分析流程图

第一节 财务分析初始化

在用友财务软件中，要进行财务分析，首先要做财务分析初始化工作，通过创建分析数据库来完成。

一、建立财务分析数据库

1. 系统管理员在建账时选择“建立专家财务评估数据库”，由系统在建账的同时自动建立好分析数据库（如图 14–2 所示）。

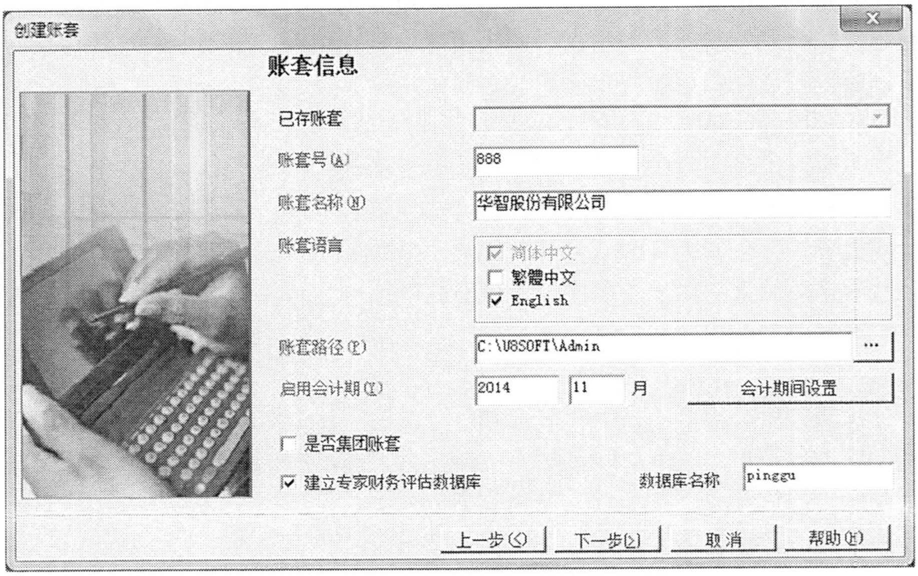

图 14–2 建立专家财务评估数据库

也可以进入专家财务数据库维护工具，在“创建环境”功能中建立专家财务评估数据库（如图 14–3、图 14–4 所示）。

图 14–3 专家财务数据库维护

2. 账套主管在系统管理中通过“决策管理设置”功能进行参数配置，将被分析的账套绑定到决策分析服务数据库上（如图 14–5、图 14–6、图 14–7 所示）。

3. 分析人员进入企业应用平台，在业务工作中执行决策管理的相关功能（如图 14–8 所示）。

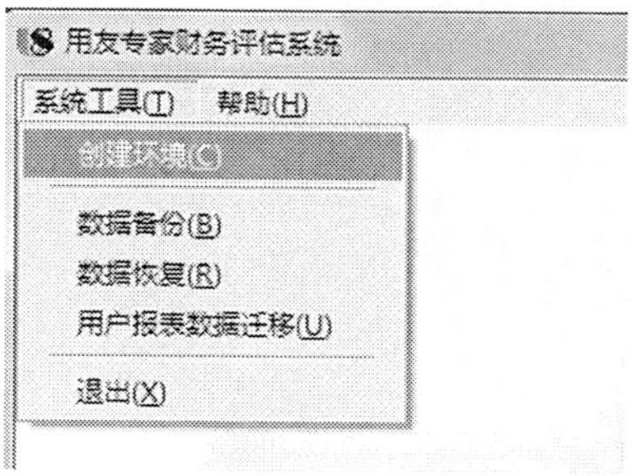

图 14-4 创建环境

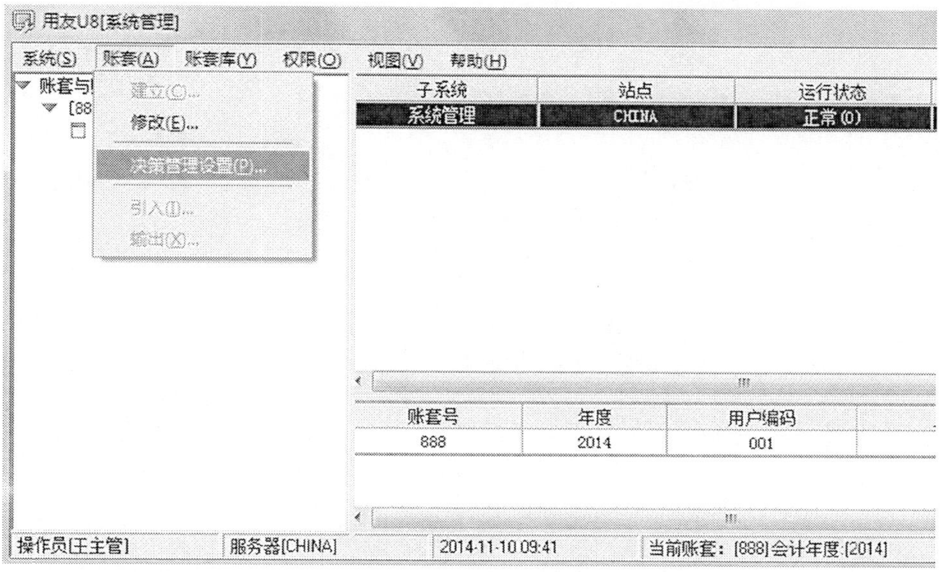

图 14-5 决策管理设置

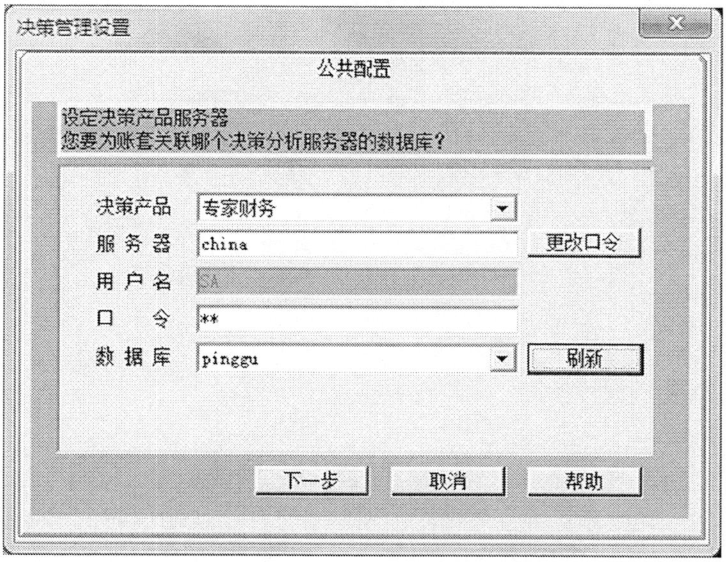

图 14-6 公共配置

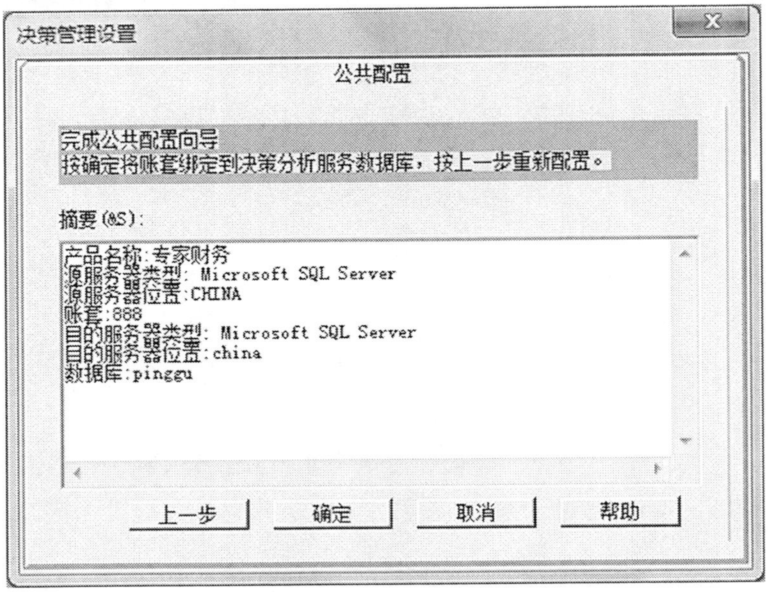

图 14-7 公共配置摘要

图 14-8 决策管理功能列表

二、财务分析的数据维护

1. 新增公司

除了产品中已经存在的企业之外，用户还可以根据需要增加新的企业，新增公司作为“我的公司”保存，是私有公司，只有创建人才能对自己新增公司的财务报表数据进行分析（如图 14-9 所示）。

2. 新增期间

在日常使用过程中，当一个新的月度、季度、年中或年度开始时，首先必须把这一新

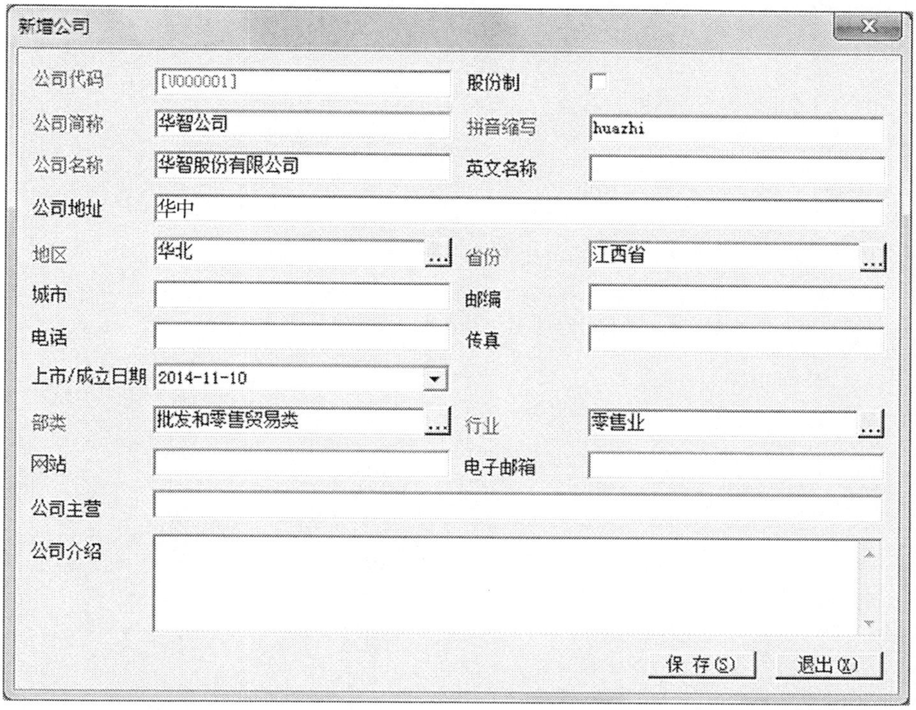

图 14-9 新增公司

的报表期间增加到本系统，才能导入新报表期间的数据并进行分析（如图 14-10 所示）。

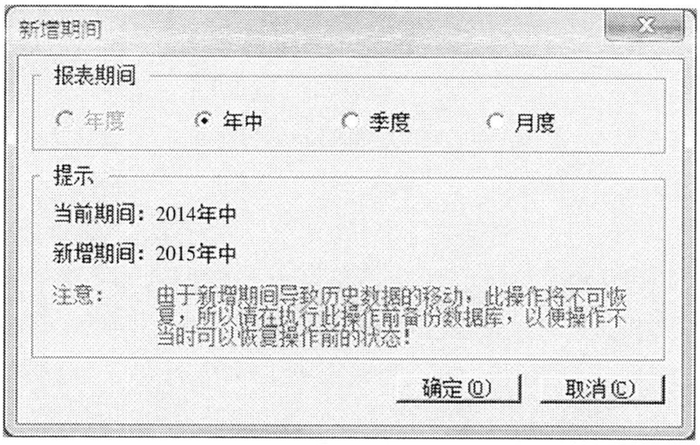

图 14-10 新增期间

3. 定义标准报表项目对应关系

定义标准报表项目对应关系如图 14-11 所示。

4. 导入报表

在新增期间之后，需要导入新一期的报表数据，也可以选择导入以前期间的报表数据，把准备的资产负债表、利润表、现金流量表等报表数据导入或手工输入本系统，这些数据是对企业财务状况及经营成果进行各种分析的最基本的“原始数据”。系统可以导入用友公司 REP 报表格式和 EXCEL 文件格式的数据（如图 14-12 所示）。

①选择功能菜单“数据维护”中“导入报表”，提供操作向导，只有完成上一步操作，才能进入下一步。其顺序如下：选择公司—选择导入的报表—设置拟生成的报表属性

定义标准报表项目对应关系

打开报表文件

第0页

上一步(P) 下一步(N) 取消(C) 帮助(H)

设置项目	设置项目	设置项目	设置项目	设置项目	设置项目	设置项目	设置项目	设置项目
1				资产负债表	资产负债表			
2								会企01表
3	编制单位:							单位:元
4	资产	行次	期末余额	年初余额	负债和所有	行次	期末余额	年初余额
5	资产	行次	期末余额	年初余额	或股东权	行次	期末余额	年初余额
6	流动资产:				流动负债:			
7	货币资金	1			短期借款	32		
8	交易性金融	2			交易性金融	33		
9	应收票据	3			应付票据	34		
10	应收账款	4			应付账款	35		
11	预付款项	5			预收款项	36		
12	应收利息	6			应付职工薪	37		
13	应收股利	7			应交税费	38		
14	其他应收款	8			应付利息	39		
15	存货	9			应付股利	40		
16	一年内到期	10			其他应付款	41		
17	其他流动资	11			一年内到期	42		
18	流动资产合	12			其他流动负	43		
19	非流动资				流动负债合	44		

图 14-11　定义标准报表项目对应关系

—执行项目匹配和导入操作。

②进行数据列设置。点击“设置项目”选中某一列，然后在“列属性”选项中设定该列是属于报表项目列还是数据列。当设定某一列为数据列时，系统会出现“数据项目设置”界面，选择报表的期间（年报、中报、季报或月报）及数据类型（决算数或预算数）。如果想取消已定义过的某一列的项目列或数据列属性，选中该列后点击“未设置”选项即可；当要导入的文件中报表项目是以行、报表数据是以列的形式存在时，可以通过“行列互换”按钮使行和列进行互换，以行的形式显示报表。

③手工进行项目匹配。项目匹配是指使用当前报表中项目列中的项目与专家财务项目公式库中的公式关系进行自动的对应，并按公式中设置的计算关系对应相关计算公式。这些公式包括系统本身设置好的公式和用户增加的公式。自动项目匹配过程中已经找到匹配关系的项目以蓝色表示，没有匹配上的项目使用红色表示。在项目自动匹配完成后，出现手工匹配项目界面，在这个界面中，系统允许用户修改匹配公式，以对未匹配的项目做公式对应，也可以对已经匹配的公式修改对应关系。在该对话框中显示为红色的项目是系统报表中没有与其名称完全匹配的报表项目，只有通过映射公式手工对其进行匹配。具体方法如下：在“需要匹配的项目”窗口中选中某个导入报表的字段，该字段会自动添加到“新公式”窗口中，使用“+”或“-”按钮将所选的项目进行加、减运算以使其更灵活

设置项目	设置项目	设置项目	设置项目	设置项目	设置项目	设置项目	设置项目	设置项目
1				资产负债表	资产负债表			
2								会企01表
3	编制单位:							单位:元
4	资产	行次	期末余额	年初余额	负债和所有	行次	期末余额	年初余额
5	资产	行次	期末余额	年初余额	(或股东权	行次	期末余额	年初余额
6	流动资产:				流动负债:			
7	货币资金	1	1908624	1914700	短期借款	32		
8	交易性金融	2			交易性金融	33		
9	应收票据	3			应付票据	34		
10	应收账款	4	119640	105600	应付账款	35	10000	10000
11	预付款项	5			预收款项	36		
12	应收利息	6			应付职工薪	37		
13	应收股利	7			应交税费	38	63164	61600
14	其他应收款	8	2000	2000	应付利息	39		
15	存货	9	83880.77	87600	应付股利	40		
16	一年内到期	10			其他应付款	41		
17	其他流动资	11			一年内到期	42		
18	流动资产合	12	2114144.77	2109900	其他流动负	43		
19	非流动资				流动负债合	44	73164	71600

图 14-12 导入报表

地与系统现有字段进行匹配。选中“系统现有字段”窗口中某一字段，系统就会将“新公式”窗口中的公式与该字段进行匹配，并显示在“现有映射公式”窗口中。如果发现正在编辑的公式有误，可以通过重新输入对“新公式”窗口中的公式进行清除并重新选定编辑；可以通过删除公式对“公式列表”窗口中选定的某一公式进行删除。对于手工设定的匹配公式系统会自动保存下来，以便以后再导入该报表时就不用再进行手工匹配了；如果一个公式中使用的项目在用户的数据表中是重复的，这个公式将不会被系统保存，但是对当前的导入过程有效。

5. 计算指标

报表数据更新之后，需要重新计算企业的各种财务指标和部类标准值、行业标准值及公司内部标准值。选择需要计算指标的公司名称、计算期间、需要计算的指标和需要计算的数据，在名称前的“□”内打“√”表示选中；在计算功效系数评价指标之前，可以点击“指标权数设置”按钮，重新设定功效系数法中各种指标的评价权数；以上各项选定后，单击“计算”按钮开始计算，进度条中将显示计算的进度。上述“需要计算的指标及数据”主要有：

①比率：主要包括清偿能力比率、长期偿债比率、盈利能力比率、资产管理效率比率、投资报酬率、发展能力比率等。

②增长率：包括销售增长率、毛利增长率、利润增长率、净利润增长率等。

③比率的预算及决算值：如果您导入的报表数据是预算值或决算值，那么相关比率的预算值或决算值是必须计算的，否则有关的分析便无法完成。

④评价：是指根据五档标准值对当前指标状况的一种评价，共分为差、较差、一般、良好、优秀等五个档次。

⑤内部标准值：是根据当前公司历史数据按一定规则由系统计算生成的一种内部标准。该值在新导入报表数据后也是必须计算的，否则与其相关的分析数据将不能输出。

⑥行业/部类排名：是指当前指标在您公司所属行业或部类中的排名情况。

⑦功效系数评价得分：该得分是根据多目标规划原理，把所要评价的各项指标分别对照各自的标准，并根据各项指标的权数，通过功效函数转化为可以度量的评价分数，再对各项指标的单项评价分数进行加总，求得综合评价的分数（如图 14–13 所示）。

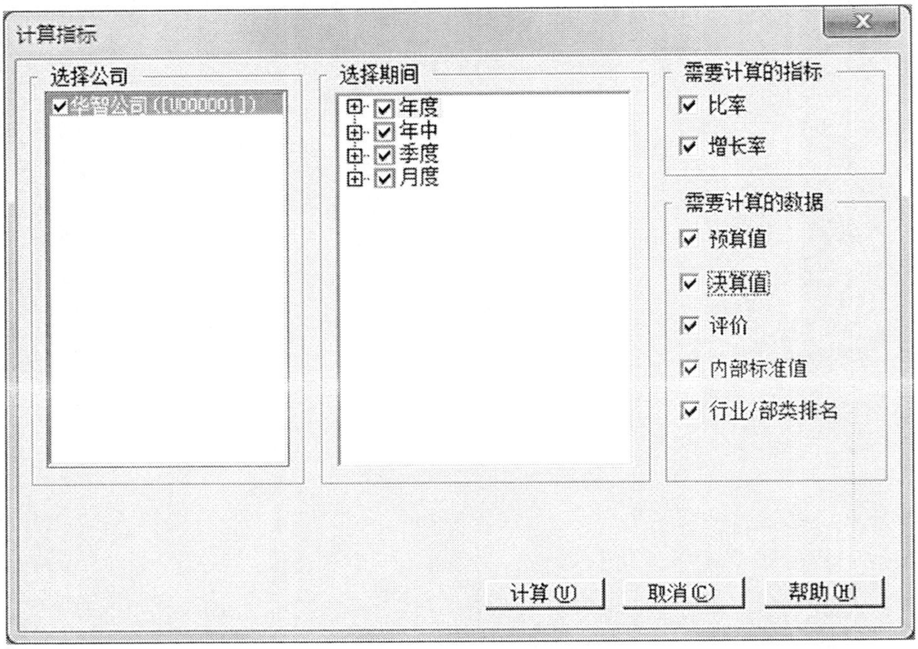

图 14–13 计算指标

第二节 财务分析具体内容

一、报表分析

该功能可以完成各种报表的各类分析内容。资产负债表报表分析如图 14–14 所示。

二、绩效评价

该功能可以完成绩效评价报告的编制（如图 14–15 所示）。

三、对比分析

该功能可以完成分析对象的对比分析（如图 14–16 所示）。

四、指标分析

该功能可以完成各自定义指标的分析任务（如图 14–17 所示）。

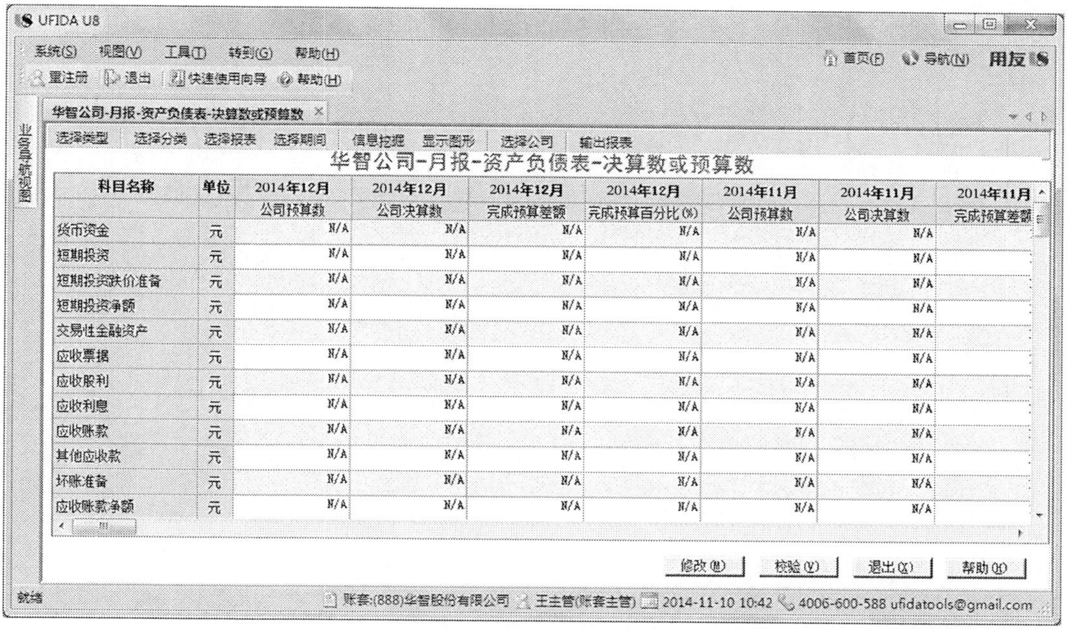

图 14-14 资产负债表报表分析

图 14-15 绩效评价报告向导

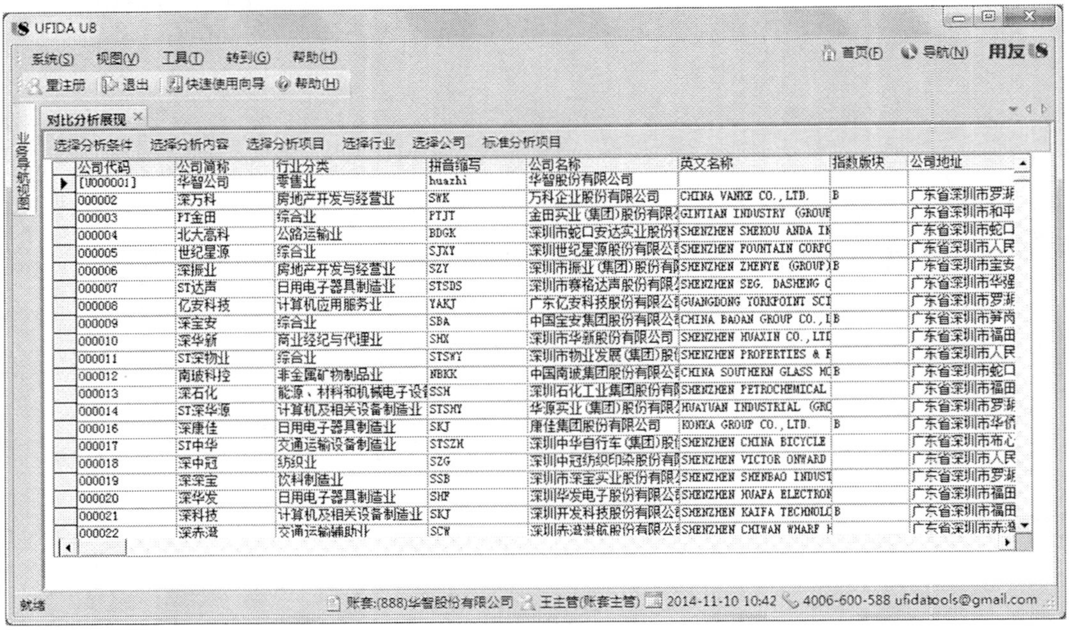

图 14-16 对比分析展现

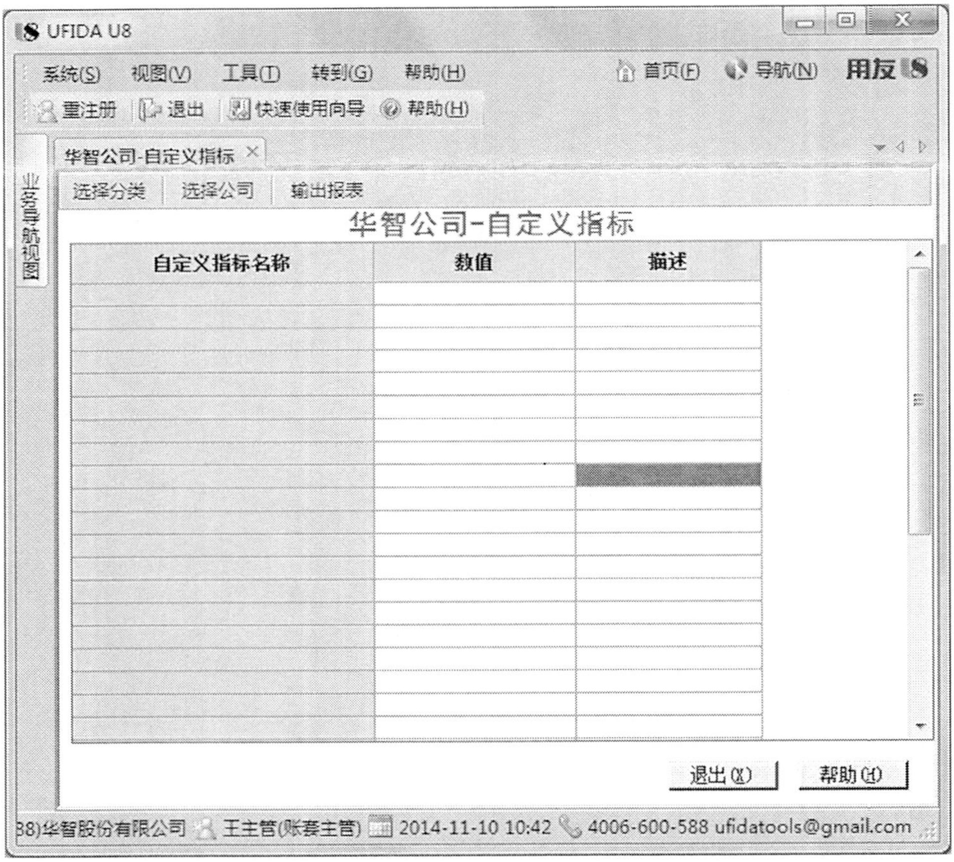

图 14-17 自定义指标

五、财务预算

该功能可以完成部门、项目、科目的相关财务预算分析。利润预算分析如图 14-18 所示。

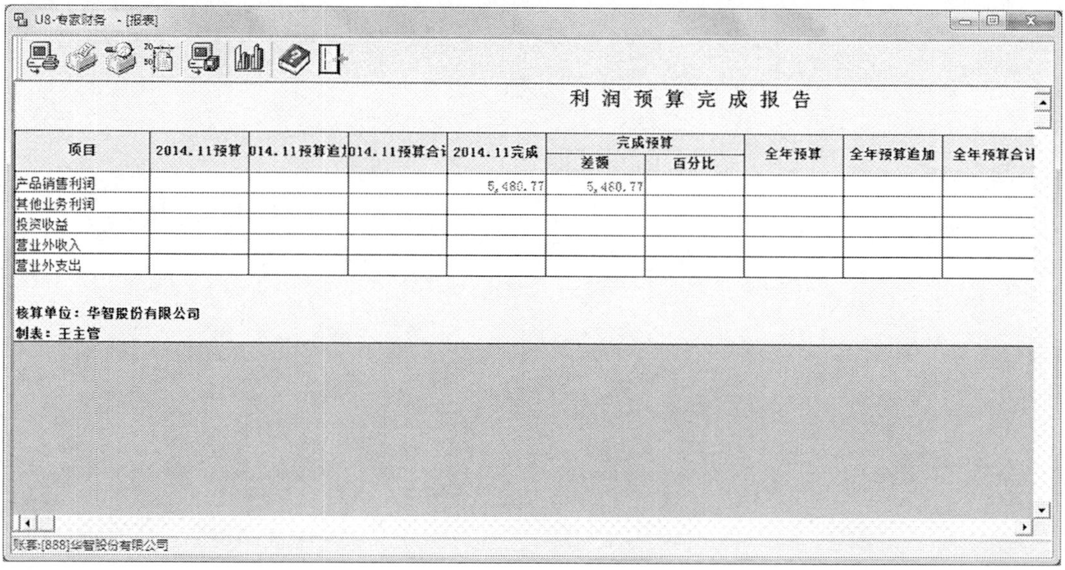

项目	2014.11预算	014.11预算追加	014.11预算合计	2014.11完成	完成预算		全年预算	全年预算追加	全年预算合计
					差额	百分比			
产品销售利润				5,480.77	5,480.77				
其他业务利润									
投资收益									
营业外收入									
营业外支出									

图 14-18 利润预算分析报告

六、现金收支

该功能可以完成现金收支的分析任务（如图 14-19 所示）。

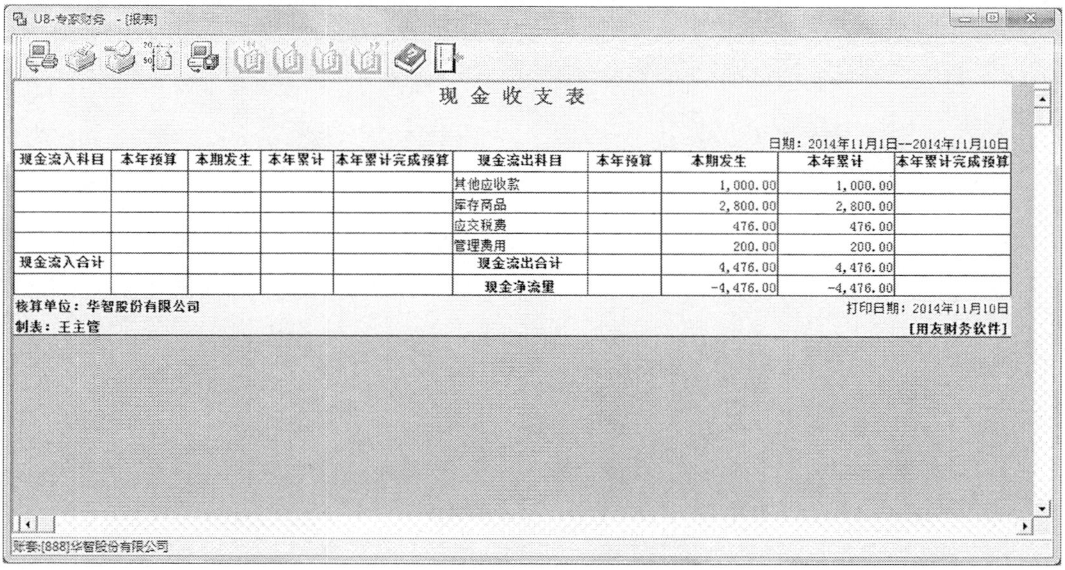

现金流入科目	本年预算	本期发生	本年累计	本年累计完成预算	现金流出科目	本年预算	本期发生	本年累计	本年累计完成预算
					其他应收款		1,000.00	1,000.00	
					库存商品		2,800.00	2,800.00	
					应交税费		476.00	476.00	
					管理费用		200.00	200.00	
现金流入合计					现金流出合计		4,476.00	4,476.00	
					现金净流量		-4,476.00	-4,476.00	

图 14-19 现金收支分析

七、因素分析

该功能可以完成部门和科目的因素分析任务（如图 14-20 所示）。

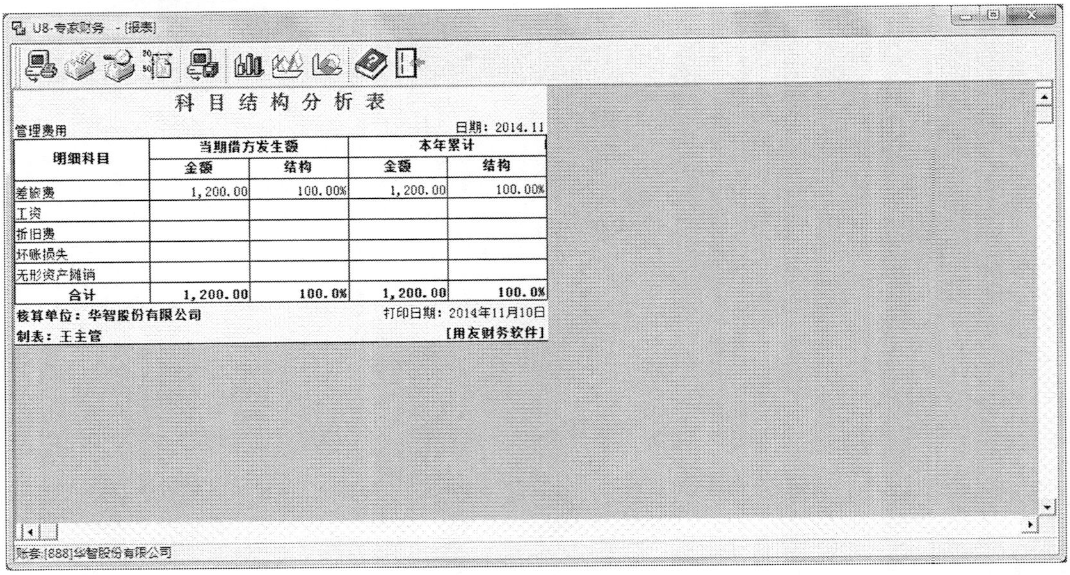

科 目 结 构 分 析 表

管理费用　　日期：2014.11

明细科目	当期借方发生额		本年累计	
	金额	结构	金额	结构
差旅费	1,200.00	100.00%	1,200.00	100.00%
工资				
折旧费				
坏账损失				
无形资产摊销				
合计	1,200.00	100.0%	1,200.00	100.0%

核算单位：华智股份有限公司　　打印日期：2014年11月10日

制表：王主管　　[用友财务软件]

图 14-20　科目结构分析表

思考题及实践题

1. 因素分析的主要目的是什么？
2. 应如何根据分析对象和内容选择分析方法？
3. 针对管理费用科目进行结构分析。

课程上机任务安排（参考）

实验顺序	上机任务	上机学时	数据要求	本书索引
1	系统安装与维护	2		第二章
2	建账及基础设置	2	输出账套	第四章
3	账套的其他操作	4	引入实验 2 账套	第五章
4	总账	4	引入实验 2 账套，实验完成后输出保存账套	第六章
5	应收款/应付款管理	4	引入实验 4 账套，实验完成后输出保存账套	第七、八章
6	薪资管理	2	引入实验 5 账套，实验完成后输出保存账套	第九章
7	固定资产管理	2	引入实验 6 账套，实验完成后输出保存账套	第十章
8	供应链管理	4	引入实验 7 账套，实验完成后输出保存账套	第十一章
9	出纳管理	2	引入实验 8 账套，实验完成后输出保存账套	第十二章
10	报表	4	引入实验 9 账套，实验完成后输出保存账套	第十三章
11	财务分析	2	引入实验 9 账套，实验完成后输出保存账套	第十四章

建议学时：64 学时。

参考文献

［1］《企业会计信息化工作规范》（财会［2013］20号）.

［2］《关于征求〈会计档案管理办法（征求意见稿）〉意见的通知》（财会便［2014］56号）.

［3］《关于全面推进我国会计信息化工作的指导意见》（财会［2009］6号）.

［4］《2006—2020年国家信息化发展战略》（中办发［2006］11号）.

［5］罗姆尼，施泰因巴特．会计信息系统［M］．张瑞君，程玲莎，译.12版．北京：中国人民大学出版社，2013.

［6］张瑞君，蒋砚章．会计信息系统［M］．北京：中国人民大学出版社，2012.

［7］王新玲，房琳琳，吕志明．新编会计信息系统实验教程（用友ERP-U8版）［M］．北京：清华大学出版社，2012.

［8］陈福军．会计电算化［M］.2版．大连：东北财经大学出版社，2013.

［9］房琳琳，王志文，张霞．用友ERP供应链管理系统实验教程［M］．北京：清华大学出版社，2009.

［10］艾文国，孙洁．会计信息化［M］．北京：高等教育出版社，2008.

［11］吴扬俊，沈文华．会计信息系统教程［M］．北京：电子工业出版社，2008.